Fichte und seine Zeit: Kontext, Konfrontationen, Rezeptionen

Fichte-Studien

BEITRÄGE ZUR GESCHICHTE UND SYSTEMATIK DER
TRANSZENDENTALPHILOSOPHIE

Begründet von

Klaus Hammacher, Richard Schottky (†) und Wolfgang Schrader (†)

Veröffentlicht im Auftrage der

Internationalen Johann-Gottlieb-Fichte-Gesellschaft

Herausgegeben von

Marco Ivaldo (*Neapel*)

Wissenschaftlicher Beirat

Daniel Breazeale (*Lexington*) – Helmut Girndt (*Duisburg*) –
Marco Ivaldo (*Neapel*) – Wolfgang Janke (*Wuppertal*) –
Jakub Kloc-Konkolowicz (*Warschau*) – Kunihiko Nagasawa (*Kyoto*) –
Peter L. Oesterreich (*Neuendettelsau*) –
Jacinto C. Rivera de Rosales Chacon (*Madrid*)

BAND 43

The titles published in this series are listed at *brill.com/fist*

Fichte und seine Zeit

Kontext, Konfrontationen, Rezeptionen

Herausgegeben von

Matteo V. d'Alfonso
Carla De Pascale
Erich Fuchs
Marco Ivaldo

BRILL
RODOPI

LEIDEN | BOSTON

Die Fichte-Studien erscheinen regelmäßig zweimal im Jahr. Publikationssprachen sind Deutsch, Englisch und Französisch.
Die veröffentlichten Aufsätze sind den internationalen Regeln gemäß dem Verfahren der blinden Doppelbegutachtung unterzogen worden.
Adresse des Vorsitzenden *ad interim* des wissenschaftlichen Beirats: Prof. Dr. Marco Ivaldo,
Via Sant'Agatone papa 50, I 00165 Roma (Italien), Email: marcoivaldo@tiscali.it
Zuständig für den Rezensionsteil der Fichte-Studien: Dr. Benedetta Bisol, benedettabisol@googlemail.com
Die Manuskripte, nach den editorisch-technischen Richtlinien der Fichte-Studien verfasst, werden an die Adresse von Marco Ivaldo erbeten.

Library of Congress Cataloging-in-Publication Data

Names: D'Alfonso, Matteo, editor.
Title: Fichte und seine Zeit : Kontext, Konfrontationen, Rezeptionen / Herausgegeben von Matteo V. d'Alfonso, Carla De Pascale, Erich Fuchs, Marco Ivaldo.
Description: Leiden ; Boston : Brill-Rodopi, 2016. | Series: Fichte-Studien, ISSN 0925-0166 ; BAND 43
Identifiers: LCCN 2016020304 (print) | LCCN 2016021197 (ebook) | ISBN 9789004319813 (pbk. : alk. paper) | ISBN 9789004319820 (E-book)
Subjects: LCSH: Fichte, Johann Gottlieb, 1762-1814.
Classification: LCC B2848 .F56 2016 (print) | LCC B2848 (ebook) | DDC 193--dc23
LC record available at https://lccn.loc.gov/2016020304

Want or need Open Access? Brill Open offers you the choice to make your research freely accessible online in exchange for a publication charge. Review your various options on brill.com/brill-open.

Typeface for the Latin, Greek, and Cyrillic scripts: "Brill." See and download: brill.com/brill-typeface.

ISSN 0925-0166
ISBN 978-90-04-31981-3 (paperback)
ISBN 978-90-04-31982-0 (e-book)

Copyright 2016 by Koninklijke Brill NV, Leiden, The Netherlands.
Koninklijke Brill NV incorporates the imprints Brill, Brill Hes & De Graaf, Brill Nijhoff, Brill Rodopi and Hotei Publishing.
All rights reserved. No part of this publication may be reproduced, translated, stored in a retrieval system, or transmitted in any form or by any means, electronic, mechanical, photocopying, recording or otherwise, without prior written permission from the publisher.
Authorization to photocopy items for internal or personal use is granted by Koninklijke Brill NV provided that the appropriate fees are paid directly to The Copyright Clearance Center, 222 Rosewood Drive, Suite 910, Danvers, MA 01923, USA.
Fees are subject to change.

This book is printed on acid-free paper and produced in a sustainable manner.

Inhaltsverzeichnis

Vorwort IX
Mitteilung des Herausgebers der Fichte-Studien XI
Nachruf auf Claudio Cesa XII
  Carla De Pascale und Marco Ivaldo

TEIL 1
Zur Einleitung

1 Fichte und seine Zeit: Versuch einer transzendentallogischen Erörterung der „Zeitigung" nebst näherer Bestimmung eines personalen Zeitbegriffs im Thema   3
  Hartmut Traub

TEIL 2
Über den Bildungsprozess des Hauptgedankens der Wissenschaftslehre

2 Fichte im Tübinger Stift: Johann Friedrich Flatts Einfluss auf Fichtes philosophische Entwicklung   21
  Ernst-Otto Onnasch

3 „Soll man ihm das glauben?" Zu Fichtes Auseinandersetzung mit dem Schulzeschen Skeptizismus in „Aenesidemus-Recension"   39
  Jindřich Karásek

4 Einsturz und Neubau: Fichtes erste Grundsatzkonzeption als Antwort auf den Skeptizismus   52
  Silvan Imhof

5 Die Logik und der Grundsatz der Philosophie bei Reinhold und Fichte   71
  Tamás Hankovszky

TEIL 3
Auseinandersetzungen und Konfrontationen

6 Les enjeux stratégiques de la critique de Fichte à Rousseau dans la cinquième leçon des *Conférences sur la destination du savant* (1794)   85
   Marco Rampazzo Bazzan

7 Das Interesse der Aufklärung – Fichte, Jacobi und Nicolai im Disput über Bedingtheit und Unbedingtheit der Vernunft   106
   Stefan Schick

8 Zwischen Wissen und Glauben: Moralität und Religion bei Kant und Fichte   128
   Luca Fonnesu

9 Selbstnegation des Wissens: Überlegungen über das Verhältnis des Wissens zum Absoluten bei Fichte unter besonderer Berücksichtigung von Jacobis Kritik   145
   Hitoshi Minobe

10 Entweder Gott oder Nichts – Nihilismus und transzendentaler Idealismus   158
   Francisco Prata Gaspar

11 Leben und Philosophie: Die *Anweisung zum seeligen Leben* als Antwort auf Jacobis Nihilismus-Vorwurf   172
   Marco Ivaldo

12 Fichte et Schiller: La fonction de l'art dans la pensée de Fichte à la lumière de la querelle des Heures   186
   Manuel Roy

13 Liefert die Wissenschaftslehre bloß eine psychologische Erklärung des „echten" Idealismus? Ein weiterer Beitrag zur Auseinandersetzung zwischen Fichte und Schelling   204
   Faustino Fabbianelli

14 Fichtes „pragmatische Geschichte" und Hegels „Phänomenologie des Geistes" 225
    Martin Vrabec

15 J. G. Fichtes kritische Lektüre von Franz Anton Mesmers „Allgemeine Erläuterungen über den Magnetismus und den Somnambulismus" als Ausgangspunkt für eigene naturphilosophischen Überlegungen 239
    Hans Georg von Manz

TEIL 4
Momente und Aspekte einer Rezeption

16 „Wechselbestimmung"? Fichte und seine Rezeption bei Schiller, Friedrich Schlegel und Hölderlin (1795) 257
    Jonas Gralle

17 Novalis et la question du prolongement poétique de la philosophie de Fichte 277
    Laurent Guyot

18 Ironie in der Wissenschaftslehre: Reflexion und Glaube bei Fichte, in romantischer Perspektive 290
    Nobukuni Suzuki

19 Drive, Formative Drive, World Soul: Fichte's Reception in the early works of A.K.A. Eschenmayer 298
    Monica Marchetto

20 Das „Losreißen" des Wissens: Von der Schopenhauer'schen Nachschrift der Vorlesungen Fichtes „Ueber die Tatsachen der Bewusstseins" und „Ueber die Wissenschaftslehre" (1811/12) zur Ästhetik von Die Welt als Wille und Vorstellung 315
    Alessandro Novembre

TEIL 5
Politik und Wirtschaft

21 Philosophische Modelle einer globalen Weltordnung im Vergleich: Kants Föderation freier Staaten vs. Fichtes geschlossenen Handelsstaat   339
   Irene Sacchi

22 Fichtes „Handelsstaat" im Kontext der Rezeption zeitgenössischen sozialökonomischen Denkens und der Begründung bürgerlich-demokratischer Ideale   356
   Jürgen Stahl

23 Fichte und die Reform des preußischen Heeres   374
   Elena Alessiato

TEIL 6
Zum Schluss

24 Zum Ineinander von Denken und Wirken in Fichtes Leben   399
   Erich Fuchs

Vorwort

Mit dem Titel „Fichte und seine Zeit" können die letzten Jahre des 18. und das erste Jahrzehnt des 19. Jahrhunderts bis zur Völkerschlacht von 1813 überschrieben werden: die ertragreichsten Jahre im Schaffen und Wirken Fichtes. Zur gleichen Zeit, als Fichte am System der Philosophie arbeitete, um eine Transzendental-Philosophie aufzubauen – so hatte sie schon Kant bezeichnet, Fichte ging aber daran, ihr eine ganz spezifische Wendung zu geben –, war er auch intensiv damit beschäftigt, eine konsistente Lösung für die zahlreichen, philosophischen sowie politischen Fragen seiner Zeit zu finden. Fichte erarbeitete das System der Wissenschaftslehre keineswegs – wie wohl bekannt ist – in Selbstisolierung und ohne Rücksicht auf die spekulativen Anregungen, die er von dem ihn prägenden geistigen und kulturellen Milieu erhielt. Man denke in dieser Hinsicht an Fichtes bis in die letzten Lebenstage hinein ununterbrochene Auseinandersetzung mit Kants Vernunftkritik, aber auch an seine kritischen und selbstkritischen Konfrontationen mit den philosophischen Lehren eines Schulze, Maimon, Bardili, Schelling, Reinhold, Jacobi, um nur einige große Philosophen der Epoche zu nennen. Nicht zu vergessen ist außerdem in diesem Zusammenhang Fichtes Stellungnahme zur Aufklärung, und zwar nicht nur seine heftige Polemik gegen die sog. Berliner Aufklärung, sondern auch seine allgemeine Beziehung auf die Aufklärung als geistiges Phänomen, dem er sowohl bejahend als kritisch (Aufklärung als „Ausklärung") gegenüberstand.

Diese Jahre des Übergangs vom 18. zum 19. Jahrhundert sind auch diejenigen, in welche man die Geburt der ‚romantischen Bewegung' ansetzt, deren Vaterschaft man wohl Fichte zusprechen muss, obzwar er bald von vielen seiner Schülern verleugnet wurde. Nicht zufällig wurde Fichtes Wohnhaus zu Jena einst auf den Namen „Romantiker Haus" getauft und bleibt immer noch unter diesem Namen bekannt. Diese Jahre machen zugleich einen entscheidenden Zeitabschnitt in der deutschen Geschichte aus, welcher große Veränderungen – sowohl in staatlich-institutioneller als auch in gesellschaftlicher Hinsicht – mit sich gebracht hat und der mit den Eroberungskriegen Napoleons zu Ende geht, welche eine Zäsur in der deutschen Geschichte des 19. Jahrhunderts bewirkt haben.

Die Nachwirkungen der Französischen Revolution, die vielfältigen Reaktionen, welche sie in Deutschland und Europa hervorgerufen hat, haben eine gewichtige Rolle auch in der Geistes- und Kulturgeschichte Deutschlands ausgeübt. Die Zeitspanne, in der das philosophische Schaffen Fichtes seinen Höhepunkt erreicht, ist somit zugleich die Epoche des Entstehens eines neuen politischen Bewusstseins, der Wiederentdeckung der ‚Bestimmung des

Gelehrten' und der Ausarbeitung eines neuen Konzepts der staatlichen Regierung und der politischen Autorität. Fichtes Zeit ist diejenige, in der am Ufer der Seine die ‚Nation' entsteht.

Viele Fragestellungen, welche mit dem Themenbereich „Fichte und seine Zeit" verbunden sind, wurden bereits von der Fichte-Forschung ausführlich und erfolgreich behandelt. Dennoch schien eine globale Ansicht und vor allem ein ‚Blick von außen', ein kontextueller Blick, noch zu fehlen. Diesen Anforderungen einer kontextuellen Lektüre optimal zu entsprechen, war das Grundanliegen des achten Kongresses, den die Internationale Fichte-Gesellschaft im September 2012 an der Universität Bologna veranstaltete. Absicht des Kongresses war es, das Geflecht der unterschiedlichen Fragestellungen, die mit dem Stichwort „Fichte und seine Zeit" verbunden sind, in Betracht zu nehmen und ihre internen Zusammenhänge und ihre Geschlossenheit deutlich zu machen. Das Ziel war daher, nicht nur die einzelnen Themen in ihrem Entstehen, Aufblühen, Sich-Entfalten zu verfolgen, sondern näher zu verstehen, wie Fichtes Gedanke gerade dank dem intellektuellen und wissenschaftlichen Austausch und der Auseinandersetzung mit ‚seiner Zeit' bzw. seinen Zeitgenossen gereift und selbstbewusst geworden ist.

Die durch die Autoren teilweise stark überarbeiteten Materialien des Kongresses werden jetzt in zwei Bänden der Fichte-Studien veröffentlicht. Sie haben zum Thema, jeder auf seine Art und Weise zu untersuchen, wie die Überlegungen Fichtes zu den Hauptfragen seiner Philosophie auch durch Außen- und Kontextbezüge angeregt worden sind – wobei unter letzteren die Beziehungen zur Gelehrtenwelt (Philosophen, Künstler, Schriftsteller, Politiker, Staatstheoretiker), zu geschichtlichen Ereignissen und zu politischen Veränderungen, die neue Theorieentwicklungen hervorriefen, zu verstehen sind. Der erste, vorliegende Band nimmt „Kontext, Konfrontationen, Rezeptionen" der Philosophie Fichtes in Betracht. Der zweite Band wird den „Streitfragen" gewidmet werden, die sich innerhalb seines Philosophierens erhoben haben.

Die Herausgeber
10. Februar 2015

Mitteilung des Herausgebers der Fichte-Studien

Im Herbst 2015 sind Hartmut Traub, Christoph Asmuth und Christoph Binkelmann von ihren Aufgaben als Herausgeber der Fichte-Studien, Mitglieder des wissenschaftlichen Beirats, oder als Mitarbeiter der Fichte-Studien zurückgetreten. Ich möchte mich bei diesen Freunden und Kollegen sehr herzlich bedanken für die höchst kompetente, leidenschaftliche und ergiebige Leistung, die sie für die Fichte-Gesellschaft und die Fichte-Studien über viele Jahre hinweg erfolgreich erbracht haben.

Inzwischen ist auch Wilhelm Metz aus dem wissenschaftlichen Beirat ausgetreten. Ich danke ihm für seine Mitwirkung. Als neue Mitglieder treten in den wissenschaftlichen Beirat Daniel Breazeale (Lexington) und Jakub Kloc-Konkolowicz (Warschau) ein.

Marco Ivaldo
30. November 2015

Nachruf auf Claudio Cesa

Carla De Pascale und Marco Ivaldo

Am 21. November 2014 ist Claudio Cesa im 86. Lebensjahr in Siena, wo er lebte, gestorben. Er wurde 1928 in Novara geboren. Nach dem Studium an der Scuola Normale Superiore (Pisa), das er 1950 mit einer Dissertation über Kants Moralphilosophie beendete (sein Referent war der hervorragende Kant-Spezialist Luigi Scaravelli), hat Cesa zunächst Politische Philosophie an der Universität Siena und dann Moralphilosophie an der Universität Florenz gelehrt. 1982 wurde er auf den Lehrstuhl für Geschichte der neueren Philosophie an der Scuola Normale berufen, den er bis zu seiner Emeritierung innegehabt hat. Claudio Cesa war u. a. Nationalmitglied der Accademia dei Lincei (Rom) und Korrespondenzmitglied der Académie des sciences morales et politiques des Institut de France.

Cesa war ein großer europäischer Gelehrter: Europa, nicht nur Italien, die europäische, facettenreiche Geistestradition waren sein Zuhause. Als akademischer Lehrer hat Cesa die Ausbildung des wissenschaftlichen Nachwuchses besonders gepflegt und so auch die Entwicklung der historisch-philosophischen Forschung wirkungsvoll gefördert.

Innerhalb der noch immer blühenden Tradition der Studien zum sog. Deutschen Idealismus bzw. zur Deutschen Klassischen Philosophie in Italien hat Cesa eine bahnbrechende Rolle gespielt, ja, man kann sagen, er sei allmählich zum Hauptvertreter, nicht nur in Italien, der Forschung zur Deutschen Philosophie zwischen dem 18. und 19. Jahrhundert geworden. Seine Hauptinteressen auf diesem Gebiet galten vorwiegend Feuerbach (dem „jungen Feuerbach" ist Cesas erste philosophische Monographie 1963 gewidmet), Schellings politischer Philosophie, Hegel (als Mittelpunkt zahlreicher, maßgebender Studien), der Hegelschen Linken, und natürlich Fichte, dem Cesa Ende der Sechziger Jahre begegnete und dem er entscheidende Untersuchungen gewidmet hat, wie im Folgenden gezeigt wird. Auf hervorragende Weise wusste Cesa in seinem Forschen die unterschiedlichen Momente zu verbinden, die den großen Historiker der Philosophie ausmachen: Ausdifferenzierte Textanalysen und kontextuelle Untersuchungen (er hat sozusagen die Konstellationstheorie auf seine Weise ‚entdeckt' und praktiziert), verfeinerte Rekonstruktionen der philosophischen Hauptbegriffe und -ideen in ihren geschichtlichen Entwicklungen und Transformationen und theoretisch-systematisches Interesse. Ganz in der Tradition der von Vico herausgehobenen Einheit von Philologie und Philosophie stehend war Cesa gleicherweise von allem historisch-philosophisch steifen Schematismus, wie auch einem theoretischen Skeptizismus und Neutralismus auf dem

Gebiet der Geschichte der Philosophie entfernt. Dadurch konnte er auf lebendige, innovative Weise von der Einheit von Geschichte der Philosophie und Philosophie Zeugnis ablegen.

Seit ihren Anfängen in den neunziger Jahren des vorigen Jahrhunderts ist Cesa an den Initiativen der Internationalen J. G. Fichte Gesellschaft intensiv beteiligt. Von 2000 (Kongress der Fichte-Gesellschaft in der Humboldt-Universität Berlin) bis 2003 (Kongress zu München) ist er in der Fichte-Gesellschaft als Vizepräsident tätig gewesen. Man schätzte an seinem Wirken in diesem Gremium seine nüchterne, klare und verantwortungsvolle Art zu intervenieren. Er war „ein Pol der Ruhe in Auseinandersetzungen und Kontroversen" (Günter Zöller).

1993 wurde Cesa von Reinhard Lauth gebeten, in die Fichte-Kommission der Bayerischen Akademie der Wissenschaften einzutreten. Cesa und Lauth waren miteinander befreundet. Zwischen ihnen gab es nicht nur menschliche Zuneigung, sondern gegenseitige Hochschätzung. 1986 hatte Cesa ein italienisches Buch von Lauth – *La filosofia trascendentale di Fichte*, Verlag Guida, Neapel – herausgegeben (dieses Buch trägt ein meisterhaftes Vorwort von Luigi Pareyson). Lauth wollte immer einen in der Fichte-Forschung führenden Italiener in der Kommission haben. Nach dem Tode von Luigi Pareyson hatte Lauth gleich an Cesa gedacht. Cesa hatte zugesagt und war seit 1993 bis 2010 (Abschluss der Arbeiten der Fichte-Kommission) Mitglied der Fichte-Kommission. „Ich habe ihn immer als sehr angenehm, zurückhaltend und freundlich erlebt", hat uns Erich Fuchs, damaliger Sekretär der Kommission, geschrieben, „er war ja auch sehr bescheiden [...], ein überzeugender Wissenschaftler, Mensch und Charakter".

Diese ihn charakterisierende, lebendige Einheit von philosophischer Strenge, menschlicher Nähe, dialogischer Haltung haben die Teilnehmer der Seminare des Italienischen Netzwerkes der Fichte-Forschung erleben können. Cesa hat die Gründung des Netzwerkes auf dem Münchner Kongress der Fichte-Gesellschaft 2003 aktiv unterstützt und gefördert und hat sich seit damals an den verschiedenen Veranstaltungen intensiv beteiligt. Cesa war der Spiritus Rektor des Netzwerkes, seine Haltung und sein Wirken stellten ein Vorbild für die jüngeren Generationen dar.

Wie angedeutet kam Cesa zum Studium der Philosophie Fichtes in reiferem Alter: davor hatte er mit lebhaftem Interesse die tagespolitischen Entwicklungen verfolgt und in den frühen Fünfzigerjahren des zwanzigsten Jahrhunderts zahlreiche Beiträge in verschiedenen italienischen und französischen Kulturzeitschriften publiziert. Im folgenden hatte er sich dem Geschichtsstudium zugewandt und im Rahmen dieser Studien die *Geschichte der Päpste* von L. von Ranke sowie *Historische Meditationen* von W. Kaegi ins Italienische übertragen.

Seine Beschäftigung mit der Hegelschen Schule, vor allem der linken, mündete 1960 zunächst in die Übersetzung von K. Löwith's *Die Hegelsche Linke* (1983³, mit der Einleitung: „K. Löwith e la sinistra hegeliana"; 1974 gab er H. Lübbe, *Gli hegeliani liberali*, heraus) und anschließend in die Abfassung der Aufsätze über B. Bauer, E. Zeller, M. Stirner, L. Feuerbach, dem er – wie bereits gesagt – die Monographie *Il giovane Feuerbach* widmete. Er übersetzte philosophische Texte, zunächst von Feuerbach, dann von Hegel (*Politische Schriften*, weiters revidierte er z.B. eine alte italienische Übersetzung der *Wissenschaft der Logik*).

Die ersten Studien zu Fichte und Schelling sind Ende der Sechzigerjahre entstanden, in einer Zeit großer Schaffenskraft, zusammen mit Studien zu Hegel, zur Romantik, zum Historismus, den Vertretern der Historischen Schule, zum italienischen Neoidealismus und der deutschen Aufklärung.

Die »Noterelle sul pensiero politico di Fichte« sind, trotz des im Titel anklingenden *Understatements* (*Noterelle* bedeutet: kurze Anmerkungen) ein in seiner Gesamtanlage bereits gefestigter Überblick über das politische Denken des Philosophen. Diesem folgten in den nächsten über vierzig Jahren vertiefende Analysen, klärende Beiträge, Berichtigungen und Studien zu speziellen Einzelaspekten. Der Aufsatz über Schelling »Alle origini della concezione „organica" dello Stato: le critiche di Schelling a Fichte« (An den Ursprüngen der „organischen" Auffassung des Staates: die Kritik Schellings an Fichte) ist eine fachbezogene Untersuchung zur Entgegensetzung von mechanischer und organischer Sichtweise des Staates, eines der ersten Themen, die Cesa in seinem Buch *La filosofia politica di Schelling* (Schellings politische Philosophie) (1969) erörtert.

Die der italienischen Leserschaft unter dem Titel *Fichte e il primo idealismo* (Fichte und der Frühidealismus) (1975) vorgestellte Textanthologie fokussiert auf die theoretische Philosophie Fichtes; die vierzigseitige Einleitung nimmt viele zentrale, in der Sekundärliteratur der vergangenen fünfzig Jahren diskutierte Themen in den Blick und stellt ihrerseits die Grundlage für alle weiteren Untersuchungen dar.

An diesem ersten Aufriss der Arbeit von Cesa ist eine seine Methode kennzeichnende Eigenschaft erkennbar: die Bereitschaft, gleichzeitig unterschiedliche Themenkomplexe zu bearbeiten, ohne dabei Anregungen zu übergehen, die zu weitergehenden Studien führen können, aber auch ohne sich zu verzetteln; er versteht es, viele Fäden gleichzeitig in Händen zu halten und das Muster ihrer Verknüpfungen nicht aus den Augen zu verlieren. Vor allem zwei Charakteristika zeichnen seine Studien aus: einerseits der direkte, aus der Nähe angestellte Vergleich zwischen den Positionen mehrerer Denker, die sich mit ein und demselben Thema befassen; andererseits die Erschließung des Bodens, auf dem eine Philosophie entstanden ist, sich entwickelt und Beziehungen zu anderen Philosophien geknüpft hat. Dieser Fähigkeit verdanken sich die wunderbaren Aufsätze, in denen es Cesa gelingt, auf wenigen Seiten die Linien zu zeichnen, entlang derer ein Begriff oder ein Thema verläuft, nicht nur im Denken eines Autors, sondern ebenso in einem Zeitabschnitt und den unterschiedlichen Denkströmungen, die diesen Zeitraum durchfließen. Seine Arbeit gründet auf einem starken theoretischen Interesse und auf einer authentischen Leidenschaft für Geschichte und Politik. Dennoch ist er immer darauf bedacht, die Ebenen nie mehr als notwendig zu vermischen, im Gegenteil, sie in den meisten Fällen getrennt zu halten.

Bei allem Anschein zweier verschiedener Spezialisierungen ist dennoch dieselbe Handschrift in folgenden Studien erkennbar: »Hegel in Italien«; G.B. Passerini und die erste italienische Übersetzung von »Der geschlossene Handelsstaat«; »Zwischen juristischem Sozialismus und sozialistischer Religion«. Dies gilt ebenso für die theoretischen Aufsätze: »Feuerbachs Kritik des Idealismus«; »La deduzione delle categorie nei primi scritti filosofici di Schelling (Die Herleitung der Kategorien in den ersten philosophischen Schriften Schellings)«; »Zum Begriff des Praktischen bei Fichte; »Trascendentale« in J.G.Fichte«; »La notion de pratique dans l'idéalisme du jeune Schelling«. Gemeinsam ist diesen Studien, dass sie alle den Eindruck erwecken, ihr Autor sei von dem Gedanken geleitet, das angestrebte Verständnis könne in vollem Umfang nur unter Berücksichtigung der Autonomie jedes Themenbereiches erreicht werden. Im übrigen hat Cesa dies einige Male explizit zum Ausdruck gebracht, als er z.B. im Vorwort zu *Hegel filosofo politico* seine „beträchtliche Ratlosigkeit" „hinsichtlich der theoretisierenden Lektüre von Hegel als Rechtsphilosoph und Staatsphilosoph" äußert. Andererseits ist gerade der Gelehrte, der beispielsweise der Entwicklung von Fichtes Denken in bezug auf die Ereignisse seiner Zeit die meiste Beachtung geschenkt hat, auch derjenige, dem es gelungen ist, fast völlig getrennt davon sich Texten von absoluter Abstraktheit zu widmen und aus dieser reinen Abstraktion neue Lebenssäfte zu ziehen. Davon legen die drei Kapitel der *Introduzione a Fichte* (1994) Zeugnis ab, die der Entstehungsgeschichte der *Wissenschaftslehre* gewidmet sind, von der ersten Fassung bis zu den späteren Entwürfen; wie auch die neue Glanzleistung in der komplizierten Sachlage der Fichteschen Interpretationsgeschichte mit der – recht kühnen – Unterstreichung einer von Fichte eingeschlagenen neuen philosophischen Richtung, die gekennzeichnet ist von zwei Tabu-Begriffen wie „Ontologie" und „Metaphysik", welche Cesa losgelöst von dem ihnen noch anhängenden alten Erbe zu verwenden weiß.

Es seien noch einige Bemerkungen erlaubt, die seine Studien zu Fichte schärfer umreißen. Unterstrichen werden muss vor allem, dass der oben genannte Aufsatz Noterelle sul pensiero politico di Fichte zu einem im Kontext der europäischen Studien sehr frühen Zeitpunkt erscheint, wohl im Kielwasser französischer Studien (zitiert werden von ihm Barni und Gueroult); in der Bundesrepublik der Nachkriegszeit mußte man für eine Analyse des *Beitrags* und seines Kontextes auf die umfangreiche Einleitung und den ausführlichen Kommentar von R. Schottky im Verlag Meiner 1973 (Neuausgabe des Textes der *Gesamtausgabe*) warten. Dieser stellt die These auf, dass zwischen dem *Beitrag* (und der Schrift über die *Denkfreiheit*) und der *Grundlage des Naturrechts* eine regelrechte Zäsur verlaufe; die letztgenannte Schrift leite, im Zeichen Rousseaus, eine Phase staatszentrierten, totalitären Denkens ein, das Fichte nie mehr aufgegeben habe, während er davor von libertären Tendenzen beseelt gewesen sei. Ganz anders der Ansatz von Cesa: zwar beruft auch er sich auf Rousseau und zieht außerdem als mögliche Bezugspunkte die ersten französischen Verfassungen in Betracht, übergeht allerdings nicht einen weiteren Bezug zu Althusius als dem Denker, der die Volksherrschaft (in vormoderner Bedeutung) und die Notwendigkeit eines Paktes zwischen Volk und *summus magistratus* thematisiert hat. Diese Frage der Beziehungen zwischen Regierenden und Volk ist zentral bei Fichte; sie findet in der Einrichtung des Ephorats eine beachtenswerte Lösung.

Nicht eine Zäsur, wohl aber einen bedeutenden Wendepunkt macht Cesa hingegen im *Geschlossenen Handelsstaat* aus; von hier nimmt eine Reihe von Themen und Problemen ihren Ausgang, die zunächst nur benannt werden und als Erinnerungshilfen für künftige Untersuchungen dienen: über die Stände (und deren freie oder nicht freie Wahl); über die politische Partizipation, die dem Bürger früher – dem offensichtlich sozialen Radikalismus zum Trotz – im wesentlichen verweigert blieb, dann ab 1807 in ihrer Relevanz anerkannt wurde; über die metapolitische Sicht (die Rolle der Religion), die ein Gegengewicht schafft zu jenem anfänglichen Fehlen eines politischen Programms; über die Bedeutung der „republikanischen Verfassung" auch in bezug auf die kantische Auffassung; über die „Gelehrtenrepublik" der *Reden an die deutsche Nation* und der *Politische(n) Fragmente* von 1813.

Aus Platzgründen können nur einige Einzeluntersuchungen angeführt werden: in der ausführlichen Analyse des *Naturrechts* wie in den erhellenden Überlegungen zum *Handelsstaat* hat Cesa im Stadium der positiven Entwicklung des „Notstaates" hin zu einer „Gleichheit der Rechte, einer garantierten sozialen Ordnung" und zur „Freiheit, die eigenen Überzeugungen mitzuteilen", die Bedingungen der „absoluten Gemeinschaft" erkannt. Es sei daran erinnert, dass Cesa wiederholt über den *Handelsstaat* nachgedacht hat, zuletzt anlässlich der Soirée der Wirtschaft im Rahmen des Fichte-Kongresses in Bologna

(2012). Die Präsenz von Machiavelli in Fichtes Denken hat Cesa ebenso konstant beschäftigt wie das Thema der Intersubjektivität, das er im realen und ideellen Gespräch mit dessen Haupttheoretiker, Reinhard Lauth, ausgelotet hat. Der Aufsatz „Fichte: la souveraineté et le peuple" gab Anlass, die beiden im Titel enthaltenen Begriffe vertiefend zu betrachten, angefangen vom *Beitrag* über die *Grundzüge*, das Werk, das Cesa für das Verständnis der Problematik als grundlegend erachtet, bis hin zur *Staatslehre*. Endresultat dieser Untersuchung ist der „Zwingherr" der *Rechtslehre*. Auch über die *Grundzüge* hat Cesa immer wieder nachgedacht, denn einerseits sah er darin ein wahres Bergwerk Fichteschen Denkens, andererseits betrachtete er die Geschichtsphilosophie als einen besonders geeigneten Gesichtspunkt, von dem aus die gesamte klassische deutsche Philosophie zu verstehen sei. Sein Abendvortrag mit dem Titel: „Urfragen und Gestalten der Menschheitsgeschichte im Hinblick auf den späten Fichte", mit dem der Fünfte Internationale Fichte-Kongress in München eröffnet wurde, legt dafür Zeugnis ab. In diesem Vortrag verheimlicht Cesa nicht die vielen Änderungen, die Fichte in den Entwicklungsverlauf seines Denkens einbringt, unterstreicht aber gleichzeitig die Relevanz, die bestimmte Themen für ihn hatten, die, zentral in den ersten Schriften, wie ein unterirdischer Fluss im abschließenden Teil seines Werkes wieder zu Tage treten: „Das gilt sowohl für die reine wie für die angewandte Philosophie" (S. 16).

Unter Cesas Arbeiten ist eine mit dem Titel „Liberté et liberté politique, de Fichte à Hegel" hervorzuheben, in der er anhand weniger Andeutungen das Thema der politischen Freiheit (15 Jahre zuvor in einem Essay hervorragend ausgeführt) wieder aufnimmt und sich ganz auf den Begriff der Freiheit im philosophischen Sinne konzentriert. Wer die von ihm angebotene Lesart der zentralen Fichteschen Frage kennenlernen möchte, kann mit dieser Synthese beginnen, in der das Thema mit einem anderen, gleichfalls zentral erachteten Thema verflochten wird: Wert und Bedeutung des Praktischen. Weitere Einzelanalysen liefert z.B. der Aufsatz »...ein Doppelsinn in der Bedeutung des Wortes Setzen«, in dem Cesa vorschlägt, den in § 4 der GWL genannten Doppelsinn einmal mit der qualitativen Bedeutung des Setzens (= *ponere*) und einmal in der quantitativen Bedeutung zu interpretieren, was Fichte erlaubt, den „Mittelweg zwischen Idealismus und Realismus" zu erkennen. Der Aufsatz »De la *Philosophie élémentaire* à la *Doctrine de la science*« enthält neben vielen Anregungen auch eine Untersuchung zum „Trieb" – ein weiteres seiner bevorzugten Themen – ausgehend vom neuen § 2 über die „Theorie des Willens", der in die zweite Ausgabe von *Versuch einer Kritik aller Offenbarung* eingefügt ist.

Übersetzung: Elsbeth Gut Bozzetti

Literaturverzeichnis

Bücher

Il giovane Feuerbach. Bari 1963.
Studi sulla sinistra hegeliana. Urbino 1972.
Hegel filosofo politico. Napoli 1976
Introduzione a Feuerbach. Roma-Bari 1978.
J.G. Fichte e l'idealismo trascendentale. Bologna 1992.
Introduzione a Fichte. Roma-Bari 1994.
Le astuzie della ragione. Ideologie e filosofie della storia nel XIX secolo. Torino 2008.
Individuazione e libertà nel »Sistema dell'idealismo trascendentale« di Schelling. Pisa 2009.
Verso l'eticità. Saggi di storia della filosofia. Pisa 2013.

Beiträge

»Noterelle sul pensiero politico di Fichte.« In: *Rivista critica di storia della filosofia* (1968), S. 61–80.
»Alle origini della concezione „organica" dello Stato: le critiche di Schelling a Fichte.« In: *Rivista critica di storia della filosofia* (1969), S. 135–147.
»Feuerbachs Kritik des Idealismus.« In: Lübbe, H. – Sass, H.-M. (Hg.): *Atheismus in der Diskussion: Kontroversen um Ludwig Feuerbach*. München 1975, S. 218–239.
»Hegel in Italien. Positionen im Streit um die Interpretation der Rechtsphilosophie.« In: *Allgemeine Zeitschrift für Philosophie* 3 (1978, 2), S. 1–21.
»G.B. Passerini und die erste italienische Übersetzung von „Der geschlossene Handelsstaat".« In: Hammacher, K. – Mues, A. (Hg.): *Erneuerung der Transzendentalphilosophie in Anschluß an Kant und Fichte*. Stuttgart-Bad Cannstatt 1979, S. 84–95.
»Die Krise der Moralphilosophie.« In: Henrich, D. (Hg.): *Kant oder Hegel? Über Formen der Begründung in der Philosophie*. Stuttgart 1983, S. 176–185.
»Tra libertà e sicurezza. Un caso esemplare: J.G. Fichte.« In: *Teoria politica* (1985, 1), S. 73–93.
»Metaphysische Themen bei Fichte.« In: Henrich, D. – Horstmann, R.-P. (Hg.), *Stuttgarter Hegelkongress 1987. Metaphysik nach Kant?* Stuttgart 1988, S. 165–180.
»Zwischen juristischem Sozialismus und sozialistischer Religion. Die Diskussion über Fichte in Italien zu Beginn des 20. Jahrhunderts.« In: Berthold, L. (Hg.): *Zur Architektonik der Vernunft*, Berlin 1990, S. 553–563.
»Zum Begriff des Praktischen bei Fichte.« In: Apel, K.-O. in Verbindung mit Pozzo, R. (Hg.): *Zur Rekonstruktion der praktischen Philosophie. Gedenkschrift für Karl-Heinz Ilting*. Stuttgart Bad-Cannstatt 1990, S. 461–480.

»Zur Interpretation von Fichtes Theorie der Intersubjektivität.« In: Kahlo, M. – Wolf, E.A. – Zaczyk, R. (Hg.): *Fichtes Lehre vom Rechtsverhältnis: Die Deduktion der §§ 1–4 der „Grundlage des Naturrechts" und ihre Stellung in der Rechtsphilosophie.* Frankfurt a.M. 1992, S. 53–70.

»Der Begriff „Trieb" in den Frühschriften von J.G. Fichte (1792–1794).« In: Cesa, C. – Hinske, N. (Hg.): *Kant und sein Jahrhundert. Gedenkschrift für Giorgio Tonelli.* Frankfurt a.M. 1993, S. 165–186.

»La première réception de Fichte et de Schelling en Italie (1804–1862).« In: *Revue de métaphysique et de morale* (1994), S. 9–17.

»De la „Philosophie élémentaire" à la „Doctrine de la science".« In: „Les Cahiers de Philosophie", n°hors série, *Le bicentenaire de la Doctrine de la science de Fichte (1794–1994)*, Lille, 1995, S. 11–27.

»„... ein Doppelsinn in der Bedeutung des Wort Setzen".« In: Fuchs, E. – Radrizzani, I. (Hg.): *Der Grundansatz der ersten Wissenschaftslehre Johann Gottlieb Fichtes.* Neuried 1996, S. 134–144.

»La notion de pratique dans l'idéalism du jeune Schelling.« In: Bienenstock, M. et Crampe-Casnabet, M. (unter der Leitung von), *Dans quelle mesure la philosophie est pratique. Fichte, Hegel*, Fontenay-aux-Roses Cedex 2000, S. 81–100.

»Liberté et liberté politique, de Fichte à Hegel.« In: Dagognet, F. – Osmo, P. (Hg.): *Autour de Hegel. Hommage à Bernard Bourgeois* 2000, S. 43–57.

»Fichte: la souveraineté et le peuple.« In: Cazzaniga, G.M. – Zarka, Y.Ch. (unter der Leitung von): *Penser la souveraineté à l'epoque moderne et contemporaine.* 2 vol., Pise-Paris 2001, II, S. 429–443.

»Die Rezeption der Philosophie Fichtes in Italien.« In: Fuchs, E. – Ivaldo, M. – Moretto, G. (Hg.), *Der transzendentalphilosophische Zugang zur Wirklichkeit.* Stuttgart-Bad Cannstatt, 2001, S. 533–551.

»Schelling und die Geschichte der Philosophie – verstreute Beobachtungen.« In: Heidemann, D.H. (Hg.): *Probleme der Subjektivität in Geschichte und Gegenwart.* Stuttgart-Bad Cannstatt 2002, S. 273–287.

»Sensibilité et conscience. Remarques sur la théorie des ‚Triebe' chez Fichte.« In: *Revue germanique internationale* 18 (2002), S. 121–132.

»Peuple, État, Histoire universelle.« In: *Recherches sur la philosophie et le langage* 22 Lardic, J.M. (Hg.): *Fichte: Idéalisme, Politique et Histoire.* (2003), S. 173–190.

»Abstufungen der Sprache im Sittlichen.« In Bubner, R. – Hindrichs, G. (Hg.): *Stuttgarter Hegel-Kongreß 2005. Von der Logik zur Sprache.* Stuttgart 2006, pp. 534–548.

»Praktische Philosophie und Trieblehre bei Fichte.« In: von Manz, H.G. – Zöller, G. (Hg.): *Fichtes praktische Philosophie. Eine systematische Einführung.* Hildesheim 2006, S. 21–37.

»Urfragen und Gestalten der Menschheitsgeschichte im Hinblick auf den späten Fichte.« In: *Fichte-Studien*, 28 (2006), S. 15–29.

»Schellings ‚Bruno' – ein letzter Versuch der Versöhnung mit Fichte?« In Beierwaltes, W. – Fuchs, E. (Hg.): *Symposion Johann Gottlieb Fichte. Herkunft und Ausstrahlung seines Denkens.* München 2009, pp. 65–83.

»Die Bedingungen der ‚absoluten Gemeinschaft' bei Fichte.« In: Fiorillo, V. – Grunert, F. (Hg.): *Das Naturrecht der Geselligkeit. Anthropologie, Recht und Politik im 18. Jahrhundert,* Berlin 2009, S. 89–101.

»„Diarium I". Le riflessioni politiche di J.G. Fichte nel 1813.« In: *Giornale critico della filosofia italiana* (2012), S. 362–378.

Bibliographie

De Pascale, C. – Savorelli, A. (Hg.): »Claudio Cesa: bibliografia degli scritti (1950–2002).« In: *Annali della Scuola Normale Superiore di Pisa* IV, (2001, VI, 2), S. 351–408.

TEIL 1

Zur Einleitung

∴

KAPITEL 1

Fichte und *seine* Zeit: Versuch einer transzendentallogischen Erörterung der „Zeitigung" nebst näherer Bestimmung eines personalen Zeitbegriffs im Thema

Hartmut Traub

Abstract

The following paper presents a transcendental concept of time. It is based on Fichte's theory of the cross-link between subjectivity and objectivity on the one hand and the manifestation of the absolute being in internal and external acts of existence (Existenzialakte) on the other hand. Referring to the theme of the congress, "Fichte and his time", and by applying the named four principles it is possible to deduce a complex structure of time divided into four dimensions. These dimensions are namely the following: the *biographical* time, which means the external, yet subjective dimension of time; the *contemporary* time, which means the external, yet objective dimension of time; the *eschatological* time, which means the internal, yet objective dimension of time and the *ontogenetic* time, referring to the internal, yet subjective dimension of time.

Understanding "Fichte and his time" cannot be reduced to explaining his thoughts in the light of the ideas of the philosophers of his time, including Kant, Schelling Reinhold etc. Neither is it possible to understand the topic just from the perspective of the contemporary, political and social circumstances Fichte lived in, e. g. the French Revolution. "Fichte and his time" should rather be explained from the context and the interaction between the four dimensions of time. According to Fichte's own understanding it is mainly the eschatological and the ontogenetic dimensions that enable a true, meaningful and blessed time life ("Zeitleben").

Zusammenfassung

Der folgende Text entwickelt ein transzendentalphilosophisches Konzept der Zeit. Es beruht auf Fichtes Theorie der interdependenten Beziehung von Objektivität und Subjektivität einerseits und der Erscheinung des Absoluten in äußerem und innerem Existenzialakt andererseits. Ausgehend vom Thema des Kongresses „Fichte und seine Zeit" und unter Anwendung der vier genannten Prinzipien ist es möglich, eine komplexe Struktur der Zeit in vier Dimensionen abzuleiten, nämlich: die *biographische*

Zeit, die Dimension in ihrer äußerlichen, aber subjektiven Gestalt; die *historische* Zeit, die Dimension in ihrer äußerlichen, aber objektiven Form; die *eschatologische* Zeit, die Dimension in ihrer innerlichen und objektiven Gestalt und die *ontogenetische* Zeit, die Dimension der inneren aber subjektiven Form.

„Fichte und seine Zeit" zu verstehen, kann nicht bedeuten, Fichte allein aus seinen Beziehungen zu den zeitgenössischen philosophischen Ideen, etwa zu Kant, Schelling, Reinhold u.a. zu erklären. Ebenso wenig lässt sich das Thema allein aus dem Kontext der biografischen, politischen oder gesellschaftlichen Verhältnisse verstehen, in die Fichte involviert war, etwa die Französische Revolution. „Fichte und seine Zeit" muss vielmehr aus dem Zusammenhang und der Wechselwirkung zwischen den vier Dimensionen der Zeit erläutert werden. Wobei es nach Fichtes eigenem Selbstverständnis die Dimensionen der eschatologischen und ontogenetischen Zeit sind, die ein wahres, sinnerfülltes und glückliches Zeitleben begründen.

Schlüsselwörter

Transzendentale Theorie der Zeit – Erscheinungslehre des Absoluten – Sinnerfülltes und sinnleeres Zeitleben – Theorie der Existenz

1 „Fichte und seine Zeit" – Griffiges Motto oder philosophisches Problem?

Mit dem Titel des Kongresses „Fichte und seine Zeit" verbindet die Fichte-Forschung eine Reihe bedeutender Publikationen. Etwa: Xavier Léons *Fichte et son temps* aus dem Jahre 1922; den 2003 in den *Fichte-Studien* erschienenen Band 19: *Fichte und seine Zeit* oder die thematisch und zeitlich etwas eingegrenzteren Arbeiten von Carla De Pascale, Erich Fuchs, Marco Ivaldo und Günter Zöller: *Fichte und die Aufklärung* aus dem Jahre 2004, den Band 12 der *Fichte-Studien* aus dem Jahre 1997: *Fichte und die Romantik*, den in den *Fichte-Studien-Supplementa* von Dan Breazeale und Tom Rockmore 2010 edierten Band: *Fichte, German Idealism and early Romanticism* sowie das in der Reihe „Berliner Klassik" von Ursula Baumann 2006 publizierte Buch: *Fichte in Berlin*. Ich bin sicher, dass es weitere einschlägige Publikationen zum Thema „Fichte und seine Zeit" gibt.

Wenn in diesen Arbeiten von „Fichte und seiner Zeit" die Rede ist, dann bedeutet das Wort *Zeit* meist etwas Spezifisches. Es meint die geistes- und realgeschichtlichen Kontexte, in denen Fichte gelebt und mit denen er sich auseinandergesetzt hat. In diesem Verständnis rückt das Thema „Fichte und seine Zeit" *die Zeit selbst* in den Horizont des „geschichtlichen Seins".[1] So gefasst, wird die Zeit zur „Zeit-Geschichte", zum „Zeit-Geschehen".

Zeitgeschichtlich verortet markiert „Fichte und seine Zeit" die „Zeit-Spanne" zwischen den Jahren 1762 und 1814, das heißt Fichtes Rammenauer, Züricher, Jenaer und Berliner Zeit. Je nach wirkungsgeschichtlicher Perspektive lässt sich dieser Zeit-Raum auch noch auf die Dekaden davor und danach ausdehnen.

Fichtisch gesprochen haben wir es bei einem zeitgeschichtlichen Verständnis von „Fichte und seine Zeit" mit einer „chronistischen" Zeitauffassung zu tun (GdgZ, GA I/8, 196).[2] In ihr geht es um mehr oder weniger beliebige ideengeschichtliche und gesellschaftspolitische Zusammenhänge und Auseinandersetzungen des 18. und 19. Jahrhunderts, insofern Fichte als Person und Philosoph für sie von Bedeutung war.

Mit den Begriffen „geschichtliches Sein" und „chronistische Zeit" wird schon angedeutet, dass ein historisierender Zugriff auf das Thema „Fichte und seine Zeit", sei er ideengeschichtlich, gesellschaftspolitisch oder kulturgeschichtlich ausgelegt, möglicherweise zu kurz greift.

Eine erste Annäherung an die Kernthese des Vortrags, die eine historisierende Erörterung des Tagungsthemas wenn auch nicht gänzlich zurückweist, so doch stark relativiert, kann dadurch gelingen, dass der Leser auf die assoziativen Kontextverschiebungen achtet, die sich einstellen, wenn die Aspekte im Titel der Tagung unterschiedlich betont werden. Denn wird die Betonung auf „Fichte und seine *Zeit*" gelegt, dann assoziieren sich damit die angedeuteten *historischen* und *geistesgeschichtlichen* Kontexte. Liegt die Betonung dagegen auf dem Possessivum „*seine* Zeit", dann konfigurieren sich andere Sachzusammenhänge. Statt auf die bisher äußerlichen historischen Gegebenheiten wendet sich die Aufmerksamkeit bei „Fichte und *seine* Zeit" nun auf *biographische*, eher lebens- und werkgeschichtliche Zusammenhänge. Diese sind zwar nicht *per se* unhistorisch. Sie haben aber gegenüber dem Geschichtlichen einen deutlich anderen Betrachtungsschwerpunkt. Betont man schließlich die Konjunktion, das *Und*, dann wird eine *metaphysische* Dimension des Themas spürbar. Es fragt sich nämlich, ob und wie das durch das Und vermittelte personale Sein Fichtes mit seinem geschichtlichen Sein, sei dieses nun biographisch oder historisch verstanden, zusammenhängt. Zur Klärung dieses Sachverhalts müsste man sich eingehender mit der These Fichtes befassen, dass das „Leben der Individuen [...] nicht unter die Zeiterscheinungen [gehört], sondern [...] schlechthin ewig, wie das Leben selbst" sei. (Staatslehre, GA II/16, 46).

---

1 Lauth, Reinhard: *Die Konstitution der Zeit im Bewusstsein*, Hamburg 1981, S. 1ff.
2 Vgl.: Traub, Hartmut: »Philosophie der Geschichte und Chronologie der Historie«, in: Ders.: *Johann Gottlieb Fichtes Populärphilosophie 1804–1806*, Stuttgart-Bad Canstatt 1992, S. 29ff.

Metaphysische, biographische oder historische Akzentuierung des Tagungstitels weisen somit darauf hin, dass das Thema „Fichte und seine Zeit" keineswegs ein selbstverständliches und nur griffiges Motto, sondern vielmehr ein komplexes philosophisches Problem darstellt, dessen Facetten es – womöglich unter einem systematischen Gesichtspunkt – zu entfalten gälte.

Im Folgenden werden – skizzenhaft – einige Anhaltspunkte benannt, die geeignet sind, über das historisch-epochale Zeitverständnis hinaus einen Verstehenshorizont der „Zeitigung" zu erschließen, der es erlaubt, „Fichte und seine Zeit" mehrdimensional, das heißt qualitativ und quantitativ umfassender, tiefsinniger und im Ansatz systematisch zu begreifen.

In der Analyse und Ausdifferenzierung der „Zeitigung" spielen einerseits transzendentallogische Überlegungen eine Rolle, die auf den Strukturprinzipien der Wissenschaftslehre beruhen. Diese Aspekte werden hier nicht deduziert, sie werden lediglich benannt und angewendet.[3] In der pragmatischen oder lebensweltbezogenen Applikation der Strukturprinzipien kommen darüber hinaus auch solche Elemente zur Sprache, die eher populärphilosophischen Charakter tragen. Diese sind für Fichtes ganzheitlichen Philosophiebegriff jedoch keineswegs marginal, sondern von zentraler Bedeutung. Als solche Elemente gelten insbesondere die der *qualitativen* Zeitanalyse zuzuordnenden Begriffe der „leeren" und „erfüllten", respektive der „wahren" und „wirklichen" Zeit.

2 Existenztheoretische Heuristik einer transzendentallogischen Konzeption der Zeitigung

Zur Explikation des Entwurfs für eine differenzierte Analyse des Zeitgeschehens wird aus dem „Arsenal" des Fichteschen Begriffsinstrumentariums die Konzeption der *Existenzialformen* und *Existenzialakte* ausgewählt, die Fichte vor allem in seiner mittleren Phase, um 1805, in der Berliner und Erlanger

---

[3] Mit der Frage nach dem » systematischen Ort « von Fichtes Konzeption der Zeit hat sich vor allem Reinhard Lauth befasst. Neben dem bereits genannten Werk sind es seine Aufsätze zur Geschichte, die für eine kritische Auseinandersetzung mit dem Thema » Zeit und Zeitigung im System der Wissenschaftslehre « herangezogen werden müssten. Vgl.: Lauth, R.: » Der Begriff der Geschichte nach Fichte «, in: *Philosophisches Jahrbuch*, Jg. 72/2, München 1965, S. 353–384 und: Ders.: » Der systematische Ort von Fichtes Geschichtskonzeption in seinem System « in: *Annalen der Internationalen Gesellschaft für dialektische Philosophie*, Köln 1982, S. 100–105.

Wissenschaftslehre sowie in der *Prinzipienschrift* (*Principien der Rechts-, Sitten und Gotteslehre*) entwickelt hat.

Die Konzeption seiner „Erscheinungslehre" ist besonders geeignet, die unterschiedlichen Dimensionen des Zeitgeschehens in klaren Distinktionen zu veranschaulichen. Überdies hat sie den Vorteil, Fichtes *transzendentalphilosophische* Lehre vom Wissen und Dasein des Absoluten mit den entsprechenden Partien seiner zur selben Zeit entstandenen großen populär-philosophischen Werke, insbesondere zu deren Theorien der Zeit und Geschichte – etwa der „Epochologie" der *Grundzüge des gegenwärtigen Zeitalters* – in eine fruchtbare Beziehung setzen zu können.

Wie eingangs erwähnt, wird an dieser Stelle die Analyse der Existenztheorie nicht deduzierend entwickelt. Vielmehr werden die in den einschlägigen Schriften Fichtes entfalteten transzendentallogischen Begriffe und Strukturen für die Untersuchung der Zeitigung bloß verwendet. Dies geschieht allerdings nicht völlig frei, sondern im Bewusstsein der von Fichte mit den Theorieelementen verbundenen Bedeutungs- und Begründungszusammenhänge.

Ein solches Verfahren, das auf die eingehende Darlegung der verwendeten Theoriebasis verzichtet, ist naturgemäß leicht angreifbar. Um des erkenntnistheoretischen und systematischen Ertrags willen, der nichts Geringeres als den Ansatz zu einer transzendentallogischen Systematisierung des Zeitgeschehens in Aussicht stellt, lässt sich unser Analysevorhaben jedoch den Vorwurf, nicht ausführlich genug abgeleitet zu haben, gefallen.

Was an Theoriegrundlage und Interpretationsrahmen für ein Verständnis des gewählten Analyseansatzes unabdingbar ist, beschreiben die nun folgenden Ausführungen.

Als Präludium zur Theorie der Existenzialakte und zur Einstimmung auf den Grundgedanken der Analyse seien zwei Fichte-Zitate vorangestellt. In der *Staatslehre* (1813) heißt es: „Die Zeit, und das in ihr liegende und durch sie ablaufende Leben ist selbst nur die Erscheinung des Lebens über aller Zeit." (Staatslehre, GA II/12, 46) Und die *Grundzüge des gegenwärtigen Zeitalters* stellen fest: „[...] an sich und für den höheren Aufschwung der Spekulation ist das menschliche Erdenleben und die irdische Zeit selbst nur eine nothwendige Epoche der Einen Zeit und des einen ewigen Lebens; und dieses Erdenleben, sammt seinen Nebengliedern, lässt sich aus dem schon hienieden vollkommen möglichen Einheitsbegriffe des ewigen Lebens ableiten." (GdgZ, GA I/8, 197f.)

Nun zu den Distinktionsbegriffen der Existenztheorie, durch die sich ein schlüssiges Schema der „Zeitigung" des „ewigen Lebens über aller Zeit" bilden lässt.

Fichtes Theorie der Existenzialformen behauptet eine jeweils geschlossene *innere* und *äußere* Existenzialform des lebendigen, absoluten Seins. Gemeint ist damit die Idee des in sich geschlossenen, selbstschöpferischen Lebens als *innere* Existenzialform einerseits, und das das Sein in einer eigenen, gesetzmäßigen Form nachbildende oder rekonstruierende Wissen desselben als *äußere* Existenzialform andererseits. Die *Anweisung zum seligen Leben* hat diesen Unterschied der beiden Existenzialformen kurz auf die Begriffe vom „Sein und Dasein" des Absoluten oder Gottes gebracht (AzsL, GA I/9, 96ff.).[4]

In klassischer Terminologie der Philosophie kann dieser Unterschied auch als die Differenz von Wesen und Erscheinung oder auch mit Fichtes differenzierter Typologie von Realismus und Idealismus (WL 04/II, GA II/8) verstanden werden.

Unmittelbar aber korreliert mit der Auseinanderlegung von innerer und äußerer Existenzialform, von Sein und Dasein, von Wesen und Erscheinung, eine weitere, von Fichte in diesem Kontext selbst angewandte, klassische Dichotomie: die Dichotomie von Subjektivität und Objektivität. So bezeichnet die Erlanger *Wissenschaftslehre* (1805) das „In-sich-sein" des Absoluten als „*objektive* Existenzialform" (WL 05, GA II/9, 241). Woraus plausibel das in der Form des Wissens rekonstruierte Sein als *subjektive* Existenzialform verstanden werden kann.

Über die Korrelationen innere-objektive und äußere-subjektive Existenzialform hinaus lassen sich unter der Berücksichtigung der Subjekt-Objekt-Dichotomie und als weiterführende Analyse- und Differenzierungsschritte die Beziehungen zwischen Subjektivität und innerer Existenzialform sowie Objektivität und äußerer Existenzialform begründet herstellen. Denn einerseits haben die Rekonstruktionsgesetze der äußeren Existenzialform des Daseins/Wissens Objektivitätscharakter, das heißt, die transzendentalen Gesetzmäßigkeiten des Wissens sind nicht bloß subjektiv gebildete Kategorien, sondern objektive, Erkenntnis konstitutive Vernunft- und Verstandesgesetze. Und andererseits haftet der inneren Existenzialform, also dem Sein und Leben, insofern sie *als solche* in einem freien Erkenntnisakt gesetzt ist, ein Wesensmoment der Subjektivität an, das heißt, sie ist nicht rein objektiv.

---

4 Womit sich eine umfassendere Begründung der Theorie der Zeit nach Fichte auseinander zu setzen hätte, ist die Differenz zwischen dem Lauthschen Ansatz zur Konstitution der Zeit *im Bewusstsein* und der hier vorgestellten eher metaphysischen Deutung. Während Lauth die Zeitigung vor allem oder gar ausschließlich aus der internen Setzungs- oder Handlungsstruktur des transzendentalen Ich ableitet, bemüht sich unsere Analyse, die Struktur des transzendentalen Wissens, innerhalb derer das Zeitbewusstsein entspringt und sich entfaltet, auch im Kontext der »Phänomenologie des Absoluten« (Janke) zu verstehen.

Aus der Dichotomie der äußeren und inneren Existenzialform und der Kreuzbeziehungen von Subjektivität und Objektivität lassen sich nun produktive Ordnungskriterien für eine komplexe und konsistente Theorie des Zeitgeschehens nach Fichte ableiten.

3 Hauptbestimmungen und Modi der Zeitigung

Gemäß der eingangs zitierten Behauptung Fichtes, dass „die irdische Zeit selbst nur eine nothwendige Epoche der Einen Zeit und des einen ewigen Lebens [sei] und dieses Erdenleben, sammt seinen Nebengliedern, [...] sich aus dem schon hienieden vollkommen möglichen Einheitsbegriffe des ewigen Lebens ableiten [lässt]" (GdgZ, GA I/8, 197f.), lautet die grundlegende These für eine konstituierende Ableitung der Zeit und des Zeitgeschehens: Zeit ist eine durch die Strukturgesetze der inneren und äußeren Existenzialform bestimmte Modifikation des absoluten (formlosen) Lebens. Näherhin bilden die Modifikationen, je nach Ab- oder Ausschnitt des Seins, spezifische Zeitkonfigurationen. Die Zeitkonfigurationen des Absoluten werden *Zeitigungen* genannt.[5]

Unter der Annahme dieser These lassen sich zwei Hauptbestimmungen und vier Submodi der Zeitigung des absoluten Lebens unterscheiden:

Die Hauptbestimmung der Zeitigung des Absoluten in der *äußeren* Existenzialform im Modus *subjektiver* und im Modus *objektiver* Zeitigung.

Die Hauptbestimmung der Zeitigung des Absoluten in der *inneren* Existenzialform ebenfalls im Modus *subjektiver* und *objektiver* Zeitigung.

Aus diesem zunächst nur transzendentallogisch angedachten Schema der Zeitigung des Absoluten lässt sich darüber hinaus sowohl ein Schema lebensweltlich bedeutsamer Zeitkonfigurationen gewinnen als auch ein Zeitverständnis erschließen, das in einem spezifischen Sinne „Fichtes Zeit" genannt werden kann.

---

5 Die Formulierungen » Abschnitt / Ausschnitt des Seins « sowie der Begriff der » Zeitigung « sind thematisch mit Bedacht gewählt. Die verbale Bedeutungswurzel des Wortes Zeit ist » teilen « / » schneiden «. Und die Verbalform von Zeit ist » zeitigen «, das heißt: » hervorbringen «. Mit dem Wort Zeit ist das Wort Zeile, die abgeteilte Reihe, verwandt. Dieses Bedeutungsumfeld hat eine hohe Affinität zu Fichtes Philosophie des anschaulichen Denkens als geistiges Linienziehen.

3.1 Subjektive und objektive Zeit in der äußeren Existenzialform – Biographie und Historie –

Die biographische Zeit

Die *äußere* Existenzialform des Seins und Lebens ist sein Dasein in der Erscheinung. Im Modus *subjektiver* Zeitigung, das heißt bezogen auf das Ich, markiert das Dasein des Seins den Verlauf und die Stationen einer Biographie. „Fichte und *seine* Zeit" im subjektbezogenen Blick der äußeren Existenzialform zu thematisieren bedeutet, den Lebenslauf des Philosophen – so wie wir ihn aus seinen Selbstzeugnissen, den Briefen und Tagebüchern sowie aus den Lebenserinnerungen seines Sohnes und Enkelsohnes kennen – zu umreißen.[6]

Fichtes biographische Zeit charakterisiert die subjektive Erfassung und Deutung der im Wesentlichen von ihm selbst überlieferten Daten und Stationen seines Lebens.

Zu dieser biographischen Zeitgeschichte muss man die Zeugnisse seiner pädagogisch-pastoralen Bestimmung ebenso wie die frühen Dokumentationen seiner gesellschaftskritischen Überzeugungen aus seiner Kindheit und Jugend rechnen, wie sie uns in den Briefen, Tagebüchern und frühen Abhandlungen seiner Rammenauer, Meißener, Naumburger, Leipziger und Züricher Zeit überliefert sind. Hierher gehören auch die Berichte über seine Bekanntschaft mit Lavater, Pestalozzi, Johanne Rahn und Kant, um nur einige prägende Begegnungen seiner biographischen Zeit zu nennen.

Einen ebenso bedeutsamen Abschnitt seines individuellen Zeitlebens in äußerer Existenzialform markiert die bewegte Phase der Jenaer Jahre: der Atheismusstreit, die studentischen Attacken gegen Fichte und seine Familie, die Flucht nach Osmannstätt sowie die Umstände seiner Entlassung aus dem Lehramt.

Schließlich markieren die eher unsicheren frühen und die etablierten späteren Berliner Jahre zwei weitere bedeutsame Abschnitte der biographischen Zeit des Philosophen. Erinnert sei an die Streitigkeiten mit den Berliner Aufklärern, allen voran Friedrich Nicolai, Fichtes Engagement in der Freimaurerei, die privaten Vorlesungen, seine Einstellungen zu den Napoleonischen Kriegen, die Zeit in Erlangen und Königsberg, die Flucht nach Kopenhagen, sein Leben in Berlin zur Zeit der französischen Besatzung, der physische Zusammenbruch, die Kuren in Bad Warmbrunn und Teplitz, und wieder der Krieg, dieses Mal mit tödlichem Ausgang für den Philosophen.

---

6 Das profundeste und umfassendste Dokument zum »gesellschaftlichen Soziogramm« von Fichtes »biographischer Zeit« ist die von Erich Fuchs edierte Reihe *Fichte im Gespräch*, FG, Bd. 1–7, Stuttgart-Bad Cannstatt 1978–2012.

Auf das Engste mit Fichtes biographischer Zeit verbunden sind die geschichtlichen Ereignisse, die die Epoche seines Lebens prägen: die *objektiven* Geschehnisse in der *äußeren* Existenzialform des Zeitlebens.

Die historische Zeit
Wir hatten eingangs darauf hingewiesen, dass mit dem Titel „Fichte und seine Zeit" in der Regel die Zeitdimension des *geschichtlichen* Seins gemeint ist. In dieser Gestalt der Zeitigung befinden wir uns nun mit unserer Analyse. Mit der *objektiven* Zeit in *äußerer* Existenzialform sind sowohl die politischen als auch die geistesgeschichtlichen Umstände gemeint, innerhalb derer sich Fichtes biographische Zeit vollzogen hat.

Auch hierzu einige exemplarische Schlaglichter, die diese Dimension des „Zeitlebens" veranschaulichen. Da ist zunächst auf die Zeit des Siebenjährigen Krieges (1756–1763) zu verweisen, in der sich der österreichisch-preußische Kampf um Schlesien zu einem alle europäischen Mächte erfassenden, europaweiten Konflikt ausdehnte und an dessen Ende der verlustreiche Sieg Preußens und die Zugehörigkeit Schlesiens zu Preußen stand. Fichtes Heimat, die Oberlausitz, war zu dieser Zeit Aufmarschgebiet der verfeindeten Truppen und auch Schauplatz einiger Schlachten. Fichtes Geburt fällt in das letzte Kriegsjahr und seine frühe Kindheit ist geprägt von den verheerenden Folgen des Krieges für die ausgeplünderte und gebeutelte Landbevölkerung.

Die *historische Zeit*, ihre politischen und gesellschaftlichen Strukturen sind vom Feudalismus und Absolutismus geprägt. Die Französische Revolution markiert dann *den* Wendepunkt der neueren Europäischen Geschichte. Die Einführung bürgerlicher Freiheitsrechte und die Etablierung demokratischer Strukturen in Politik und Gesellschaft verändern die europäische Kultur grundlegend und nachhaltig. Begleitet und gefördert werden diese Prozesse von den geistesgeschichtlichen Strömungen des Humanismus, dem Zeitalter der Aufklärung und dem Beginn des Siegeszugs wissenschaftlichen Denkens über Traditionalismus und Dogmatismus.

„Fichte und seine Zeit" meint hier also die Epoche der Auseinandersetzung zwischen der geistig-politischen Erneuerung Europas mit den restaurativen Kräften des *Ancien Régime*.

Als weitere zentrale und epochale Zeitereignisse in äußerer Existenzialform des „Zeitlebens" sind die dann folgenden Eroberungskriege Napoleons, die sich daran anschließende Zeit der französischen Vorherrschaft in Europa sowie die damit verbundenen späteren Befreiungskriege zu nennen, als deren geistesgeschichtliches Pendant das Erwachen des nationalstaatlichen Denkens insbesondere in Deutschland anzusehen ist.

An diesen geistesgeschichtlichen wie politischen Zeitereignissen bildet und schärft sich Fichtes Urteil über das Wesen seiner Epoche. Aus den Erfahrungen mit den politischen, kulturellen und wissenschaftlichen Zuständen und Tendenzen in Deutschland und Europa gewinnt er den Zugang zu den Kategorien seiner philosophischen Zeitalterdiagnose und zu den Begriffen seiner Theorie der Zeitalter.

3.2 Objektive und subjektive Zeit in der inneren Existenzialform – Eschatologie und Ontogenese –
Die eschatologische Zeit

Schon in der Dimension der historischen Zeitigung deutete sich an, dass Fichtes Auslegung und Beurteilung der Ereignisse seiner Epoche auf ein metaphysisches Zeitgeschehen verweisen, das die Menschheitsgeschichte als Freiheits- und Befreiungsgeschichte begreift. Wobei Freiheitsgeschichte nicht allein die liberalistische Umgestaltung gegebener gesellschaftlicher und politischer Strukturen der Bevormundung und Unterdrückung, sondern vor allem ein metaphysisches Offenbarungsgeschehen meint. Denn die Freiheitsgeschichte der Menschheit legt das Wesen des Menschen als Erscheinung des Absoluten frei und offenbart ihn in seiner Möglichkeit, schöpferisch-tätiges, freies und vernünftiges Ebenbild Gottes zu sein.[7]

Geschichte als Freiheits- und Offenbarungsgeschehen zu deuten heißt, Geschichte aus der *inneren Existenzialform* des selbstschöpferischen Lebens des Absoluten zu verstehen.

Zur Konzeption des Zeitlebens, die die irdische Zeit als Prozess der Erscheinung des Absoluten im Bild seiner selbst begreift, hat Fichte mehrere Anläufe unternommen und dazu verschiedene, mehr oder weniger ausgearbeitete Entwürfe vorgelegt.

Zu den wichtigsten gehören sicherlich die folgenden vier. Erstens, die bereits erwähnte frühe Schrift über die *Zurückforderung der Denkfreiheit*, die das

---

7   Sinn und Bedeutung der Worte Befreiung und Offenbarung liegen dicht beieinander. Die semantische Verwandtschaft beider Worte lässt sich über eine metaphorische Analogie veranschaulichen. So, wie sich nach einem abziehenden Gewitter der freie Himmel offenbart, so offenbart sich im Verlauf der Befreiungsgeschichte der Menschheit der offene Horizont der Vernunftkultur. Das finstere »Donnerwetter« der Freiheitskämpfe zeitigt und offenbart, in seinem Rücken sozusagen, die Lichtkultur der Aufklärung. Dass Fichte selbst in diesen Metaphern gedacht hat, lässt sich an vielen insbesondere biblischer Apokalyptik entnommenen Bildern belegen. Thematisch zentral – wenn auch nicht biblisch – etwa der Untertitel seiner Revolutionsschrift über die *Zurückforderung der Denkfreiheit*, die als Ort und Datum ihres Entstehens die Sonnenstadt »Heliopolis im letzten Jahr der alten Finsternis« angibt (ZdDf, GA I/1, 167). In dieser Schrift findet sich auch die dem 2. Petrusbrief entnommene und vielfach von Fichte verwendete apokalyptische Szene vom Untergang und Begräbnis der Welt unter ihren Trümmern (ebd., S. 187).

politische und gesellschaftliche Revolutionsgeschehen von 1789, die Zertrümmerung des alten Weltgebäudes, ausdrücklich unter die Schirmherrschaft der gütig die Geschichte durchwaltenden Gottheit stellt (ZdDf, GA I/1, 187). Als Zweites ist das Dritte Buch der 1800 erschienenen *Bestimmung des Menschen* zu nennen. In ihm wird die Kulturgeschichte als Geschichte der Befreiung der Menschheit aus natürlichen und gesellschaftlichen Zwängen gedeutet, wobei der aktive Freiheitswille des Menschen in seiner Wurzel als Göttlicher Wille erklärt wird. Menschheitsgeschichtliches und göttliches Sein werden hier in einer „Quasi-Emanationslehre" der Zeitigung Gottes mit einander verflochten (BdM, GA I/6, 293ff.).

Der dritte Entwurf einer eschatologischen Geschichtsdeutung aus der Immanenz des göttlichen Lebens sind die Vorlesungen über *Die Grundzüge des gegenwärtigen Zeitalters* aus dem Jahre 1805. Die hier vorgetragene Epochentheorie der Geschichte trägt in ihren theologischen Konnotationen – dem Zeitalter der „Unschuld", der „anhebenden Sünde", der „vollendeten Sündhaftigkeit", der „anhebenden Rechtfertigung" und der „vollendeten Rechtfertigung und Heiligung" – einen ausdrücklich heilsgeschichtlichen Charakter (GdgZ, GA I/8, 201), der dann in der sogenannten *Staatslehre* von 1813 unmissverständlich, das heißt unter ausführlicher Referenz biblischer Quellen und deren Exegese, zu einer geschichtsmetaphysischen Offenbarungstheologie ausgebaut wird (Staatslehre, GA II/16, 131–177).

„Fichte und seine Zeit" aus dem eschatologischen Zeitgeschehen zu verstehen heißt also, Historie über das Empirische hinaus als göttliche Offenbarung zu erkennen.

Die ontogenetische Zeit

Die Wendung des Seins und Lebens der *inneren* Existenzialform aus der Sphäre der objektiven in die der *subjektiven* Zeitigung bringt eine Zeitdimension in den Blick, die Fichte als Geschichte der „idealen Individualität" oder „Originalität" bezeichnet: die Geschichte der Seinszeitigung im Individuum oder die ontogenetische Zeit.

Betrachtete das *biographische* Zeitleben die Entwicklung des *empirischen* Individuums, so erschließt die Verknüpfung des individuellen Lebens mit der inneren Existenzialform den Zugang zu einem übersinnlichen Zeitgeschehen – zu einer individuellen Heilsgeschichte – zu einem „seligen Leben".

Die allgemeine Theorie und Anleitung zur Entdeckung der eigenen Originalitätsgeschichte hat Fichte vor allem in der *Anweisung zum seligen Leben* (GA I/9) niedergelegt. In dieser 1805 in Berlin gehaltenen Vorlegungsreihe wird Originalität ontogenetisch vor allem in der Dimension des (Selbst-)Gefühls verankert. Die transzendentallogisch und weltanschauungstheoretisch systematisierte Stufenlehre der Gefühle organisiert hier in einem genetischen Modell die unterschiedlichen Entwicklungsgrade und Dimensionen unmittelbarer „Seinsaffektion" im Leben des Individuums: Seinszeitigung als affektive Ontogenese.

Auch seine Bemühungen, die *Wissenschaftslehre* als Instrument der Selbsterhellung und Selbstheilung, als *medicinam mentis*, zu verstehen, auszubauen und zu didaktisieren, müssen wohl in die Richtung der Entdeckung, Gesundung und Kultivierung des individuellen Geisteslebens, insbesondere des wissenschaftlich denkenden Menschen verstanden werden. Wobei auch hier, wie in der populären Affektlehre, die subjektive Selbstaufklärung des Individuums (auch) als objektive Erscheinung des absoluten Seins und Lebens entdeckt, offenbart und begriffen wird. Das wollen wir an den folgenden beiden Schritten noch etwas eingehender erläutern. Diese konzentrieren das Thema „Fichte und seine Zeit" einerseits auf das individualisierende und besitzanzeigende *„seine* Zeit" und erläutern andererseits die beiden qualitativen Bestimmungen des Zeitlebens, die *leere* und die *erfüllte* Zeit.

4 Fichte und seine Zeit

„Fichte und seine Zeit" im Kontext der *inneren* Existenzialform und im Modus der *Subjektivität* zu erfassen heißt, Fichtes ontogenetische Bestimmung, seine Sendung, im Rahmen der eschatologischen Zeit und allgemeinen Offenbarungsgeschichte des Absoluten zu deuten.

Fichte selbst gibt zu diesem Thema eine Fülle von Hinweisen auf sein Selbstverständnis. Erinnert sei beispielsweise an die frühen Aufzeichnungen über die „Vorsehung" im Allgemeinen[8] und seine eigene zum wissenschaftlichen Kanzelredner beziehungsweise zum homiletisch geprägten Wissenschaftslehrer im Besonderen.[9] Auch Fichtes Übungen zur moralischen Selbstprüfung oder seine späteren Selbstdeutungen als vermittelnde Instanz zwischen griechischer und christlicher Kulturgeschichte belegen dieses Selbstverständnis des Philosophen.[10]

---

8   Ivaldo, Marco: » Fichtes Vorsehungsgedanke «, in: Ders.; De Pascale, C.; Fuchs, E.; Zöller, G. (Hg.): *Fichte und die Aufklärung*, Hildesheim, Zürich, New York 2004, S. 147–165.

9   Traub, Hartmut: » Der Staat und die Erziehung. Die Entstehung von Fichtes staats- und erziehungsphilosophischem Denken aus dem Geist seiner frühen Predigten «. In: Zöller, G. (Hg.): *Der Staat als Mittel zum Zweck. Fichte über Freiheit, Recht und Gesetz*, Baden-Baden 2011, S. 133ff.

10 Ebd.: S. 137f.

Insbesondere gehören Fichtes oft bizarr anmutende Selbstdeutungen als „Priester der Wahrheit", als „Seher", als „apokalyptischer Prediger in der Wüste" und als „Dichter des lebendigen Wortes Gottes" hierher.[11]

Im Zusammenhang der erörterten *eschatologisch* gedeuteten Objektivierung der inneren Existenzialform als göttliche Heils- und Offenbarungsgeschichte verlieren diese für einen Wissenschaftslehrer eher unpassend anmutenden Attributierungen ein Stück ihrer Befremdlichkeit. Vielmehr können sie jetzt als adäquate terminologische Entsprechungen der *ontogenetischen* zur *eschatologischen* Zeitigung, das heißt als schlüssige Kongruenz zwischen subjektiver und objektiver Heilsgeschichte verstanden werden. Denn wenn Zeitgeschehen als Heils- oder Verfallsgeschichte göttlicher Offenbarung erkannt ist, dann verändert sich damit selbstverständlich auch das „Rollenverständnis" des Philosophen. Der Wechsel vom biographischen zum ontogenetischen (Selbst-)Verständnis bedeutet für Fichte, dass er nicht nur in einem philosophiegeschichtlichen und historischen Sinn als „Wissenschaftslehrer" – als philosophierender und politisierender Zeitgenosse von Kant, Schelling, Goethe, Schiller, Hardenberg, Beyme usw. – verstanden werden will. Sondern die historisierende Einordnung und Interpretation des „Wissenschaftslehrers", seines Lebens und Wirkens, ist im Sinne ontogenetischer Selbstdeutung erst dann adäquat und im Ganzen des Systems der Zeitigung erfasst, wenn die „Wissenschaftslehre" selbst, sowie ihr Entdecker und Vermittler, als Erscheinung des göttlichen Heilsgeschehens erkannt werden. Dass Fichte sich selbst und sein wissenschaftliches, politisches und gesellschaftliches Wirken aus einem *eschatologisch-ontogenetischen* Selbstverständnis heraus begriffen, sich und seinem Werk vor allem auch eine heilsgeschichtliche Bedeutung beigemessen hat, ist weitgehend bekannt und wohl auch unstrittig.

Mit dieser Dimension der individuellen Daseinsauslegung sind wir an der Bestimmung desjenigen Zeitgeschehens angelangt, die es erlaubt, in einem sehr spezifischen Sinne von „Fichte und *seiner* Zeit" zu sprechen.

Denn „Fichte und *seine* Zeit" meint nun nicht mehr die historischen und geistesgeschichtlichen Umstände seiner Epoche und auch nicht die biographischen Zeitigungen seines Lebens. Sondern „Fichte und *seine* Zeit" meint jetzt die an konkrete historisch-biographische Zeitereignisse anknüpfende Verwirklichung einer „göttlichen" Bestimmung oder Berufung. An konkretem, einmalig historischem Ort stellt sich Fichtes Lebensführung in den Dienst der Offenbarung und des Fortschritts einer eschatologisch gedeuteten Menschheits- und

---

11 Oesterreich Peter L.- Traub, Hartmut: » Die Rede vom Absoluten in der Spätphilosophie Fichtes « in: Dies.: *Der ganze Fichte. Die populäre, wissenschaftliche und metaphilosophische Erschließung der Welt*. Stuttgart 2006, S. 206–223.

Kulturgeschichte und verwirklicht darin das, was er selbst die „ideale Individualität" oder „Originalität", das heißt seine „höhere Bestimmung", genannt hat.

5 Der „Zeit-Punkt" – „Leere" und „erfüllte" Zeit

Mit der Gegenüberstellung und Vermittlung des Zeitlebens in der inneren und äußeren Existenzialform sowie ihren subjektiven und objektiven Modifikationen sind zwei bedeutsame *existenzielle Qualifizierungen* des Zeitgeschehens verbunden. Gemeint ist damit zum einen Fichtes Rede vom Unterschied zwischen einer „leeren" Zeit und einer „wahren" oder erfüllten Zeit. Zum anderen wird darin jene existenzielle Qualifizierung thematisiert, die sich aus dem der *erfüllten Zeit* immanenten Moment der Ur-Zeitigung, das heißt dem vor jeder Dimensionierung und Schematisierung angelegten Übergang des absoluten Seins und Lebens in die Form seiner Zeitigung, ergibt. Gemeint ist damit jener transitive Punkt, den die *Staatslehre* andeutet, wenn sie das durch die Zeitigungen „ablaufende Leben [...] nur als Erscheinung des Lebens über aller Zeit bestimmt" (Staatslehre, GA II/16, 46). Dieses transitive Moment des Übergangs vom „Leben über aller Zeit" in die Gestaltungsformen seines Erscheinens in den Dimensionen der Zeitigung kann *das Moment des dynamischen Zeit-Punkts* – die *Ur-Zeitigung* – genannt werden.[12] Philosophiegeschichtlich klingt darin sowohl Meister Eckhardts *nunc aeternitatis* als auch und insbesondere Kierkegaards „Augenblick", jenes Zweideutige, „darin Zeit und Ewigkeit einander berühren",[13] an.

Systemtheoretisch hat Fichte den dynamischen Berührungs- und Transformationspunkt von ewigem und zeitlichem Sein in unterschiedlichen thematischen Kontexten herausgearbeitet und erörtert. Im Allgemeinen sind

---

12 Fichte selbst bezeichnet diesen Punkt in transzendental- und auch populärphilosophischen Zusammenhängen als den Punkt der » Durchkreuzung, Durchströmung oder auch Transsubstantiation «, das heißt als den Übergang, an dem sich das absolute Sein und Leben in die Form(en) seiner Erscheinung oder seines Daseins vermittelt. (AzsL GA I/9, 166 / WL 04/II GA II/8, 354) Zum Unterschied zwischen dem in der inneren Existenzialform erscheinenden Sein und Leben und dem absoluten Sein und Leben selbst vgl.: » Liebe, Sein und Leben. Vom inneren Wesen der Wissenschaftslehre «, in: Oesterreich - Traub: *Der ganze Fichte*, S. 224ff. und Lauth, R.: *Vernünftige Durchdringung der Wirklichkeit*, Neuried 1994, S. 279f.

13 Kierkegaard, Sören: *Der Begriff Angst*, Gesammelte Werke 11. und 12. Abteilung, Düsseldorf 1965, S. 90. Interessant an Kierkegaards » Augenblick « ist, dass auch bei ihm in diesem Berührungspunkt » der Begriff Zeitlichkeit gesetzt [wird], allwo die Zeit fort und fort die Ewigkeit abriegelt und die Ewigkeit fort und fort die Zeit durchdringt « (ebd.).

damit unmittelbare, produktive Formierungen des Daseins aus dem Leben des Absoluten und im Besonderen die Akte genialischer Schöpfung in den Bereichen von Kunst, Politik, Moral, Religion und Wissenschaft gemeint. Es sind die Übergänge vom Unzeitlich-Ewigen in die Formen seiner Gestaltung im Zeitlich-Bestimmten. Anknüpfungen, die Fichte auch „unmittelbare Berührungspunkte Gottes mit der Wirklichkeit" nennt.[14] (WdG, GA I/8, 114, AzsL, GA I/9, 155ff.)

Existenziell gewendet, und in der ontogenetischen Zeitdimension aufgefasst, erscheint der unmittelbare Berührungspunkt des ewigen Lebens mit dem individuellen Dasein als eine geistige Energieerfahrung, die in ihrer Veranlassung zwar frei initiiert, in ihrem Wesen jedoch gegeben ist. Besonders prägnant wird dieser „Durchkreuzungspunkt" von ewigem und zeitlichem Leben in Fichtes *Anweisung* erörtert. Dort heißt es: „Alle innere geistige Energie erscheint, im unmittelbaren Bewußtseyn derselben, als ein sich Zusammennehmen, Erfassen, und Kontrahiren seines, außerdem zerstreuten Geistes, in einen Punkt, und als ein sich Festhalten in diesem Einheitspunkte, gegen das stets fortdauernde natürliche Bestreben, diese Kontraktion aufzugeben, und sich wiederum auszudehnen. [...] nur in diesem Sichzusammennehmen ist der Mensch selbstständig, und fühlt sich selbstständig. [...] Kurz, das ursprüngliche Bild der geistigen Selbstständigkeit ist im Bewußtseyn ein – ewig sich machender, und lebendigst sich haltender, geometrischer Punkt." (AzsL, GA I/9, 130)

Berührung mit dem ewigen Leben erfährt das endliche Vernunftwesen somit dadurch, sich zumindest zeitweise mit diesem „ewig sich machenden und haltenden Punkt" durch geistige Konzentration zu verbinden. Aktive Teilhabe an der heilsgeschichtlichen Bestimmung der Menschheit und der eigenen Person bedeutet dann weiterhin, aus diesem Punkt, dem *esse in actu*, wie es die Wissenschaftslehre nennt (WL 04/II, GA II/8,), das Zeitleben insgesamt in seinen Grundstrukturen zu erkennen und von ontogenetisch-biographischen Anknüpfungspunkten ausgehend mitzugestalten. Erfülltes Zeitleben und erfüllte Zeit heißt dann: Teilhabe an der eschatologischen wie ontogenetischen Zeitigung.

Aus der Offenlegung der Vermittlungsstelle zwischen ewigem und zeitlichem Leben ist die *qualitative* Differenz im Zeitleben, die zwischen der „erfüllten" und der „leeren Zeit", nun leicht zu bestimmen.

Unter „erfüllter Zeit" wäre demnach ein Zeitleben zu verstehen, in dem sich die freie Vernunftbestimmung des Menschen aus dem „ewigen sich machenden Punkt" begreift, diesen Punkt habitualisiert und daraus in individuellen

---

14 Zu Fichtes Philosophie des Talents und Genies vgl.: Oesterreich, P.L. - Traub: *Der ganze Fichte*, S. 187ff.

und je konkreten Handlungsfeldern das Leben gestaltet. Oder, um Fichte in dieser Sache selbst zu Wort kommen zu lassen: „In die wahre und wirkliche Zeit fällt etwas, wenn es Prinzip wird, nothwendiger Grund und Ursache, neuer [...] Erscheinungen in der Zeit" (GdgZ, GA I/8, 390). Das die „wahre" und „wirkliche Zeit" bestimmende „Prinzip" ist nach Fichte die „herrschende Tendenz und Gewohnheit, alle Erscheinungen ohne Ausnahme, aus dem religiösen Standpunkte anzusehen" (ebd.). Das heißt, „wahre und erfüllte Zeit" ist der Habitus, sowohl die eigene Biographie als auch die Ereignisse der Historie – die subjektiven und objektiven Erscheinungen in der äußeren Existenzialform – aus dem Standpunkt und im Licht des absoluten Seins und Lebens – *sub specie aeternitatis* – zu erfassen, zu deuten und zu behandeln.

„Leere Zeit" bezeichnet dann konsequenterweise die „Prinzipienlosigkeit", „Oberflächlichkeit" und „Finsterniß" in der Wahrnehmung und Beurteilung der persönlichen wie der gesellschaftlichen Lebensereignisse. Ein Zustand, den Fichte „Gedankenlosigkeit, Frivolität und Leichtsinn" nennt (ebd., 392).

Gedankenlosigkeit, Leichtsinn und Oberflächlichkeit wären im Sinne Fichtes allerdings nicht angemessen verstanden, wenn man nur die darin anklingende abschätzige Polemik hören würde. Denn Fichte verwendet das Charakteristikum der „Gedankenlosigkeit" eben nicht nur oberflächlich, sondern grundsätzlich, nämlich zur Bestimmung phänomenaler Zustände des Zeitalters. Als ein zeitgeschichtlich phänomenaler Zustand „prinzipienloser Oberflächlichkeit" gilt ihm etwa der Empirismus, und zwar insbesondere auf dem Gebiet der Geisteswissenschaften. Gemeint ist damit – ganz leidenschaftslos konstatiert – das Erforschen, Sammeln, Aufbereiten und Aufbewahren historischer Quellen und Ereignisse. Fachbezogen also das, womit sich auch die philosophiegeschichtliche Forschung, auch die zu Johann Gottlieb Fichte, zu weiten Teilen beschäftigt.

Werden nun die Analysen des Zeitlebens und dessen differenzierte Entfaltung in die Subjektivität und Objektivität der inneren und äußeren Existenzialform sowie die qualitativen Ursprungsbestimmungen einer „leeren" und „erfüllten Zeit" auf das Thema des Kongresses angewandt, dann erschließt sich eine Einsicht, die es schwer macht, „Fichte und seine Zeit" vorwiegend im Rahmen philosophiegeschichtlicher Erörterung angemessen zu erfassen.

In diesem Sinne sei der Hoffnung Ausdruck verliehen, dass die Vorträge und Diskussionen unserer Zusammenkunft – um es mit Fichte zu sagen – Anlässe zur Entfaltung eines erfüllten Zeitlebens enthalten und nicht in unsere leere, sondern in unsere wirkliche Zeit fallen mögen.

TEIL 2

Über den Bildungsprozess des Hauptgedankens der Wissenschaftslehre

∴

KAPITEL 2

Fichte im Tübinger Stift: Johann Friedrich Flatts Einfluss auf Fichtes philosophische Entwicklung[1]

Ernst-Otto Onnasch

Abstract

This paper deals with the importance of Fichte's first visit at the Stift of Tübingen (June 1793) on his philosophical development, ultimately leading to the formulation of the outlines of his WL 1794/5. This paper aims to show that Fichte had been forced to his criticism of Reinhold and than that of Kant by arguments addressed by the Tübingen professor Johann Friedrich Flatt. Therefore, Fichte's own presentation of his philosophical awakening, attributed to the influence of his *Aenesidemus*-reading seems to be a skilful retouching of the historical facts. If the presented hypothesis can take some plausibility it opens an interesting perspective on the development of post-Kantian philosophy, as Flatt's criticism of Reinhold and Kant was not only of importance for Fichte, but also for Hegel and Schelling, albeit denied by all of them.

Zusammenfassung

In diesem Beitrag soll gezeigt werden, dass Fichte zu seiner Kant- und Reinhold-Kritik und damit letztendlich auch zu den ersten Schritten auf dem Wege zu seiner eigenen philosophischen Position – ausmündend in die WL von 1794 – auch durch die Kritik Johann Friedrich Flatts an Kant und Reinhold genötigt wurde. Die spätere Darstellung seiner Anfänge durch Fichte selbst, die dem Einfluss der *Aenesidemus*-Lektüre für seine philosophische Entwicklung die größte Wirksamkeit zuschrieb, könnte unter diesem Aspekt als eine geschickte Retouche der historischen Tatsachen bewertet werden, auf die es in diesem Beitrag geht. Kann die hier aufgestellte Hypothese einige Plausibilität für sich beanspruchen, eröffnet sich eine interessante Perspektive auf die weitere Ausbildung der nachkantischen Philosophie, sofern Flatts Kant- und Reinhold-Kritik nicht nur für Fichte, sondern auch für Hegel und Schelling einen wichtigen – wenn auch von ihnen verleugneten – Stellenwert hatte.

---

1 Ich bedanke mich bei Herrn Prof. Dr. Michael Franz (Tübingen) für das kritische Gegengelesen dieses Beitrags, sowie für seine wie immer guten und wichtigen Hinweise und Bemerkungen.

Schlüsselwörter

Johann Friedrich Flatt – Tübinger Stift – Entstehung der Wissenschaftslehre 1794/5 – Karl Leonhard Reinhold – Grundsatzphilosophie

Die beiden Besuche Fichtes in Tübingen im Juni 1793 und am 2. Mai 1794 haben in der Literatur bislang wenig Beachtung gefunden. In der neuen Fichte-Biographie von Manfred Kühn sind sie nicht einmal erwähnt.[2] Gleichwohl gibt es Anzeichen dafür, dass Fichte seinen ersten Besuch ganz gezielt geplant hat. Er galt offenbar dem dortigen Philosophieprofessor Johann Friedrich Flatt (1759–1821), der seit 1792 in die Theologische Fakultät gewechselt war. In diesem Beitrag soll gezeigt werden, dass Fichte zu seiner Kant- und Reinhold-Kritik und damit letztendlich auch zu den ersten Schritten auf dem Wege zu seiner eigenen philosophischen Position – ausmündend in die WL von 1794 – auch durch die Kritik Flatts an Kant und Reinhold genötigt wurde. Die spätere Darstellung seiner Anfänge durch Fichte selbst, die dem Einfluss der *Aenesidemus*-Lektüre für seine philosophische Entwicklung die größte Wirksamkeit zuschrieb, könnte unter diesem Aspekt als eine Angleichung seiner intellektuellen Biographie an diejenige Kants, der bekanntlich durch den Skeptiker Hume aus dem „dogmatischen Schlummer geweckt" wurde, verstanden und damit als eine geschickte Retouche bewertet werden. Kann die hier aufgestellte Hypothese einige Plausibilität für sich beanspruchen, eröffnet sich eine interessante Perspektive auf die weitere Ausbildung der nachkantischen Philosophie, sofern Flatts Kant- und Reinhold-Kritik nicht nur für Fichte, sondern auch für Hegel und Schelling einen wichtigen – wenn auch von ihnen verleugneten – Stellenwert hatte.[3]

1 Vorspiel

Die Universität Tübingen ist schon seit 1790 in Fichtes Visier, offenbar jedoch ohne genauere Kenntnisse über die dortigen Verhältnisse hinsichtlich Forschung und Lehre. Am 6. Dezember 1790 schreibt er seiner späteren Frau

---

2 Kühn, Manfred: *Johann Gottlieb Fichte. Ein deutscher Philosoph 1762–1814. Biographie*. München 2012.

3 Für den Einfluss Flatts auf Schelling und Hegel siehe vom Verf.: » Die Rezeption Reinholds im Tübinger Stift zwischen 1790 und 1792 «. In: Heinz, M. – Bondeli, M. –Stolz, V. (Hg.): *Wille, Willkühr, Freiheit. Reinholds Freiheitskonzeption im Kontext der Philosophie des 18. Jahrhunderts*. In der Reihe: *Reinholdiana*. Berlin-New York 2012, S. 301–325.

Marie Johanne Rahn nach Zürich, dass es über ihre Verbindung zu Johann Kaspar Lavater vielleicht eine Möglichkeit gäbe, in Tübingen eine „academische Laufbahn" einzuschlagen, wogegen er allerdings „theils um der Sache selbst willen, theils wegen des Orts, einige Abneigung habe." (GA III/1, 199) Bekanntlich hegte Fichte lange Zeit keinerlei Ambitionen, als akademischer Lehrer wirksam zu werden. Selbst noch in diesem Brief vom 6. Dezember 1790 scheint er eine – ebenfalls durch Lavater zu erreichende – „geistlichen Stelle im Würtembergischen" einer akademischen vorzuziehen. Einige Monate später, als Fichte im März 1791 beabsichtigt, nach Zürich zu reisen, konkretisiert sich jener Plan anscheinend, insofern er über Tübingen reisen möchte, wo er eine Freundin Maries besuchen wollte, eine gewisse D. Märklin.[4] Obwohl die Dokumente nicht viel mehr zu erkennen geben, wird man davon ausgehen dürfen, dass Fichte den Besuch für die Gelegenheit nutzen wollte, sich genauer an der Tübinger Universität umzusehen. Die Reise nach Zürich und damit der Zwischenstopp in Tübingen sollte jedoch zunächst nicht stattfinden. Fichte kommt finanziell und intellektuell nicht auf einen grünen Zweig und fürchtet, als „Alltags Mensch" zu verkümmern, wenn er seine Verlobte in Zürich ehelichte; Fichte kündigt sein Versprechen auf und entzieht sich der „Begierde" seiner Geliebten indem er statt nach Zürich, nach Warschau und von dort nach Königsberg geht.[5]

Es gibt zu diesem Zeitpunkt keine sicheren Belege dafür, dass Fichte irgendeinen Tübinger Dozenten kannte. Erst anderthalb Jahre später, in einem Briefentwurf vom 27. September 1792 an Friedrich David Eisenstuk (1768–1832?) erwähnt er mit Hochschätzung ein 1790 erschienenes Buch des damaligen Tübinger Repetenten Christian Friedrich Weber (1764–1831) über den christlichen Kanon.[6] Ob oder wann Fichte Webers Buch gelesen hat, lässt sich leider

---

4 Siehe GA III/1, 218. Es ist nicht geklärt, um wen es sich hier genau handelt; vermutlich aber um eine der beiden Töchter des Tübinger Theologieprofessors und späteren GeneralSuperintendenten von Denkendorf Johann Friedrich Märklin (1734–1804): Elisabeth Dorothea (* 1771) oder, wahrscheinlicher, Dorothee Gottliebin (* 1773), die später die Ehefrau von Christoph Gottfried Bardili wurde (freundliche Auskunft von Herrn Michael Franz).

5 Vgl. Kühn: *Fichte*, S. 127ff.

6 Weber war seit 1790 Repetent am Tübinger Stift und zuständig für die Stube Hegels und Hölderlins. Letzterer schätzte ihn sehr und nennt ihn den »beste[n] Mann von der Welt« (*Friedrich Hölderlin: Sämtliche Werke und Briefe*. Münchner Ausgabe. Knaupp, M. (Hg.). München 1992, Bd. 2, S. 462; vgl. dazu auch Schäfer, Volker: »Vom »Fakelnschimmer ... auf des Theuren Sarg« bis zu »Seiner Heiligkeit Herrn Teuffei«. In: *Hölderlin-Jahrbuch* 1988/89, S. 401–432, darin: »Das Tagebuch von Hölderlins Repetent Weber«, S. 428–430). Webers Buch, Beiträge zur Geschichte des neutestamentlichen Kanons, Tübingen 1791 (erschienen bereits 1790), wird in der ALZ sehr positiv rezensiert, Nr. 180, Juni 1792, Sp. 69 f.: » Es giebt, unseres Erachtens, über diese Materie bis jetzt kein gründlicheres und reichhaltigeres Buch, als dieses «. Weber war

nicht genau festzustellen. Fällt die Lektüre ins erste Halbjahr 1791, könnte auf ihr Konto Fichtes Zweiteilung der Kritik der christlichen Religionslehre zurückzuführen sein. Diese besteht nämlich aus einem historischen Teil, für den, so Fichte 1792 in jenem Brief, „durch Semler, neuerdings durch M. Weber in Tübingen gut vorgearbeitet" sei; dem aber ein philosophischer Teil folgt, „welcher prüft: hat es dabei Recht" und so den „Probierstein der Criterien" dieses Kanons entwickelt. (GA III/1, 344 und 342) Kannte Fichte Webers Buch bereits Anfang 1791, könnte er sich über den Austausch mit ihm einen Eingang in die Tübinger akademischen Kreise versprochen haben. Doch fand die Reise zunächst nicht statt. Was aber waren die Gründe diesen Abstecher dann im Juni 1793 nachzuholen?

2 Flatt – ein Anstoß für Fichtes Reinhold-Kritik

Im Allgemeinen wird die Lektüre des Schulzeschen *Aenesidemus* verantwortlich dafür gemacht, dass „Reinhold", wie Fichte im Dezember 1793 an Heinrich Stephani schreibt, „bei mir gestürzt" sei (GA III/2, 28), und dass hiermit dann zugleich ein Weg hin zur neuen Grundlegungsphilosophie der WL 94/95 eröffnet worden sei. Diese Sichtweise entspricht einer Selbststilisierung Fichtes und muss an den Fakten, soweit sie eruiert werden können, geprüft werden. Denn tatsächlich gehen der eingehenderen Lektüre des *Aenesidemus* die ersten Gespräche mit Flatt in Tübingen und wohl auch der erste Briefwechsel voraus, wodurch Fichte mit Argumenten konfrontiert wurde, die ihn zu einem Umdenken in Bezug auf die Reinholdschen Prämissen gezwungen haben.

Das Rezensionsexemplar des *Aenesidemus* war Fichte erst im Mai 1793 zugestellt worden.[7] Aller Wahrscheinlichkeit nach hatte er das Buch in seinem Reisegepäck nach Zürich. Zeichen für eine Lektüre, geschweige denn von einer Erregung, die diese bei ihm ausgelöst hätte, gibt es bis November-Dezember 1793 allerdings keine.[8] In einem Briefentwurf aus dieser Zeit schreibt Fichte nun aber ausgerechnet an Flatt, den er im Juni 1793 in Tübingen kennen

---

ein Neffe des einflussreichen und beim Herzog Gehör findenden Ephorus des Tübinger Stifts, Christian Friedrich Schnurrer (1742–1822).

7 Am 25. Mai schreibt Fichte dem Herausgeber der ALZ, Christian Gottfried Schütz: »Die Recension des Aenesidemus habe ich übernommen, und werde sie binnen einiger Zeit von Zürich aus einschicken. « (GA III/1, 409)

8 Die Hg. der GA schreiben: » Aus seinem Briefwechsel ist zu entnehmen, daß Fichte erst im Herbst desselben Jahres 1793 zu einem intensiven Studium des › Aenesidemus ‹ kam. « (GA I/2, 33).

gelernt haben muss: „Aenesidemus [...], hat mich von dem überzeugt, was ich vorher wohl schon ahndete daß selbst nach Kants, u. Reinholds Arbeiten die Philosophie noch nicht im Zustande einer Wißenschaft ist[,] hat mein eignes System in seinen Grundfesten erschüttert, u. hat mich, da sich's unter freiem Himmel nicht gut wohnt, genöthigt von neuem aufzubauen." (GA III/2, 18) Fichte äußert sich hier sehr vorsichtig, insofern er bislang bloß eine *Ahnung* davon gehabt hätte, dass die Philosophie noch keine Wissenschaft sei. Bemerkenswert ist aber der Zusatz, hierdurch sei sein eigenes System, das ja lediglich ein System sein kann, das jener *Ahnung* zugrunde liegt, umgeworfen. Diese merkwürdigen und auch sehr behutsamen Formulierungen haben augenscheinlich einen Grund. Fichte will seinem Briefpartner offenbar anzeigen, dass der neue Weg, den er bezüglich seiner Umorientierung der Philosophiebegründung beschreitet, wenig oder nichts mit der Kritik zu tun habe, die Flatt in den Tübinger Gesprächen geäußert hat. Diese These soll im Verfolg plausibel gemacht werden.

Ein Grund für Fichtes Besuch in Tübingen könnte nämlich in dem Wunsch gelegen haben, jenen Kritiker treffen und sprechen zu können, der ihm zum ersten Mal – also noch vor der Lektüre des *Aenesidemus* – die Möglichkeit einer Kritik am „erste[n] Prinzip" (GA III/1, 373f.) der Reinholdschen Grundsatzphilosophie eröffnet hatte. In einem Brief vom 20. Februar 1793 an seinen früheren Wittenberger Lehrer Franz Volkmar Reinhard (1753–1812) bekennt Fichte zum ersten Mal, dem Reinholdschen Grundsatz zu misstrauen. Er schreibt ihm, es seien „Gespräche mit einem Selbstdenker" (ebd., 373) gewesen, die ihm jenes Misstrauen nahegelegt hätten. Den Herausgebern der GA zufolge soll es sich bei diesem „Selbstdenker" um den Königsberger Hofprediger Johann Schulz (1739–1805) handeln.[9] Zu dieser Annahme sind sie angeregt durch eine Bemerkung in der „Zweiten Einleitung in die WissenschaftsLehre" von 1797 (vgl. GA III/1, 373 Anm. 7). Hier schreibt Fichte: „Mein verehrungswürdiger Freund, der Hr. Hofprediger *Schulz*, dem ich meine noch unbestimmte Idee, die gesammte Philosophie auf das reine Ich aufzubauen, bekannt machte, lange zuvor, ehe ich mit ihr im Reinen war." (GA I/4, 225) Er behauptet also, Schulz sei es gewesen, der ihn damals auf den Pfad seiner späteren Entdeckung gebracht habe, nämlich die „Idee, die gesammte Philosophie auf das reine Ich aufzubauen". Aber diese Verknüpfung der im Gespräch mit Schulz formulierten „noch unbestimmte[n] Idee, die gesamte Philosophie auf dem Ich aufzubauen" mit jenem in dem Februar-Brief an Reinhard artikulierten „Zweifel", „der nichts geringeres

---

9 Johann Schul[t]z ist Autor eines der bedeutendsten zeitgenössischen Bücher zur kritischen Philosophie (*Erläuterungen über des Herrn Professor Kant Critik der reinen Vernunft*. Königsberg 1784 und 1790²) und stand sowohl bei Kant als bei Fichte in hohem Ansehen.

als das erste Princip betrift" und der, „wenn er nicht abzuweisen wäre, die ganze Philosophie zerstören, u. den unseeligsten Skeptizismus, weit härter, als den unwidersprechlich widerlegten Humeschen, an ihre Stelle setzen würde" (GA III/1, 373f.), lässt sich doch nicht gut rechtfertigen. Die „unbestimmte Idee" des „reinen Ichs" bedarf erst noch der Gründe, mittels derer die Grundsatzphilosophie Reinholds in Zweifel gezogen werden kann, um zu einer Neubegründung der Philosophie bestimmt zu werden. Diese Zweifel hat nun aber nicht Schulz, sondern Flatt begründet; allem Anschein nach ist er nämlich jener Selbstdenker, von dem in dem Brief an Reinhard die Rede ist. Sehen wir uns noch einmal jene Briefstelle an, so wird klar, dass Fichte dort anspielt auf Flatts Rezension der *Neuen Theorie des menschlichen Vorstellungsvermögens* in den *Tübingischen gelehrten Anzeigen*,[10] die Reinhold dem ersten Band seiner *Beyträge zur Berichtigung bisheriger Mißverständnisse der Philosophen* mit Bemerkungen beigegeben hat und woher Fichte sie auch wird gekannt haben.[11] In der Rezension stellt sich Flatt auf den Standpunkt eines Skeptikers und kritisiert insbesondere die Allgemeingültigkeit des im 2. Buch des *Versuchs* entfalteten Grundsatzes (n.b. den später so genannten „Satz des Bewusstseins") und fordert Reinhold auf, „zu erweisen, daß z. B. auch *Sextus Empiricus* und *Hume* die von ihm [sc. Reinhold] als allgemeingeltend aufgestellten oder vorausgesetzten Prämissen für wahr erkannt haben."[12] Dass Sextus Empiricus, bzw. der gediegenste Skeptizismus oder Hume den Reinholdschen Bewusstseinsgrundsatz nicht als allgemeingültig anerkennen können, ist nun genau, was auch Fichte auch in seinem Brief an Reinhard behauptet, – lediglich mit der Einschränkung, dass Fichte den Humeschen Skeptizismus für (von Kant) widerlegt hält. Ist nämlich, wie Fichte schreibt, die Kritik am ersten Prinzip der Philosophie „nicht abzuweisen", dann ist dem „unseeligsten Sceptizismus" Tor und Tür geöffnet. Dass die Grundsatzphilosophie Reinholds dem Skeptizismus nicht widerstehen kann, hatte Flatt seither auch in den anonym erschienenen *Actenmäßigen Nachrichten* deutlich gemacht, deren Tendenz eine Rezension von Carl Christian Erhard Schmid in der *ALZ* in die Worte zusammengefasst hatte: „Die kritischen Philosophen besiegen die Empiriker und rationellen Dogmatiker; aber der *Skeptiker* steht am Ende *unbekämpft*, und also natürlich auch *unbesiegt* auf dem Kampfplatze."[13] Und so fällt Fichte das unvermeidliche Urteil: „Aber auch

---

10   39. Stück vom 17. Mai 1790, S. 306–312.
11   Reinhold, Karl Leonhard: *Beyträge zur Berichtigung bisheriger Mißverständnisse der Philosophen*. Erster Band das Fundament der Elementarphilosophie betreffend. Jena 1790, S. 405–412, die Bemerkungen Reinholds S. 412–423.
12   Ebd. S. 409, in den *Tübingischen gelehrten Anzeigen*, S. 310.
13   *ALZ*, 2. Juni 1792, 139. St., Sp. 427.

diesen [sc. den „unseeligsten Skepticismus"] würde ich lieber ergreifen, als ein System, das sich nicht hält." (GA III/1, 373f.)

Die Passage in Fichtes Brief an Reinhard steht der skeptischen Kritik Flatts an Reinhold inhaltlich so nahe, dass es plausibel erscheinen kann, dass sich Fichte in seinem Brief zwar auch auf *Gespräche* mit einem (im erhaltenen Briefrest nicht genannten!) Selbstdenker beziehen möchte, zumal dieser, sollte es sich tatsächlich um den mittlerweile einschlägig bekannten Königsberger Hofprediger handeln, ihn, Fichte, als im Kreise der Berühmten bestätigt ausweisen würde. Aber untergründig wäre auch die *Lektüre* von Flatts Rezension des *Versuchs* und möglicherweise die Rezension der *Actenmäßigen Nachrichten* im Spiel. Offenbar war Fichte stark beeindruckt von Flatts kritischer Rezension und man kann sich vorstellen, dass ihn die skeptischen Pointen des *Aenesidemus* über ein halbes Jahr später erst aufgrund des durch Flatt vorbereiteten Bodens empfindlich ergriffen haben.

Fichte deutet im Brief an Reinhard vom Februar 1793 zum ersten Mal eine hermeneutische Lösung der ihm entstandenen Probleme an, und zwar mittels der Rede von dem Unterschied zwischen Geist und Buchstaben der kritischen Philosophie. Diesen „Geist" der kritischen Philosophie haben „weder Kant noch Reinhold dargestellt" und auch ihm, Fichte „dämmert" er vorerst „nur". (GA III/1, 373) Wir werden sogleich auf diesen Unterschied zurückkommen. Nun hat allerdings auch Flatt selbst Fichtes Zuversicht auf eine mögliche Überwindung der skeptischen Kritik an Reinholds Grundsatzphilosophie gestiftet. Flatt behauptet nämlich, dass Reinhold die vier möglichen Standpunkte oder philosophischen Parteien nicht erschöpfend erörtert, noch gegen mögliche Kritik immunisiert habe, was er mit der Versicherung verbindet, „daß er [sc. Flatt selbst] zu keiner von diesen [sc. Parteien] gehöre."[14] Fichte konnte diese Kritik nun so auslegen, dass die Reinholdsche Standpunktlehre unvollständig ist, weshalb die kritische Philosophie, auf die sie verweist, noch nicht das eigentliche System der Philosophie sein kann. Bildet nun, wie Fichte meint, die kritische Philosophie eine „unüberwindliche Festung", hilft es nicht, sich an ihren Buchstaben festzuhalten, sondern es gilt vielmehr, deren Geist zu erfassen. Mit der Versicherung, zu keiner der vier Reinholdschen Parteien zu gehören, schafft Flatt somit im Grunde genommen selbst Raum für die Möglichkeit, die Kritik an der Reinholdschen Grundsatzphilosophie zu überwinden, ohne deshalb die kritische Philosophie ins Wanken zu bringen. Obwohl die Details Anfang 1793 noch allesamt recht dunkel sind, zeichnet sich für Fichte dennoch schon die Aufgabe ab, den Standpunkt der Reinholdschen Grundsatzphilosophie irgendwie zu überwinden.

---

14   Reinhold: *Beyträge*, S. 411, in den *Tübingischen gelehrten Anzeigen*, S. 312.

Die von Fichte verfolgte Strategie, einen Unterschied zwischen Geist und Buchstaben der kritischen Philosophie zu machen, ist offenbar lange nicht viel mehr als ein bloßer Ansatzpunkt gewesen, dem drohenden Skeptizismus zu entgehen. Offenbar hat er sich von einem Gespräch mit Flatt eine nähere Bestimmung seiner in schlichter Ahnung stecken gebliebenen Ideen erhofft. Dieses Gespräch hat ihn aber offenbar mehr verwirrt als ihm geholfen. Denn noch im Oktober 1793 hat er gegenüber Jens Immanuel Baggesen (1764–1826) lediglich daran gezweifelt, ob Reinholds Satz des Bewusstseins tatsächlich der höchste Grundsatz der Philosophie sei. Einen höheren Grundsatz hielt er zu diesem Zeitpunkt zwar für „möglich", doch wie sich dieser philosophisch ausführen lasse, darüber konnte er Baggesen noch nichts sagen.[15]

Resümierend ist zu sagen, dass nicht erst *Aenesidemus*-Schulze Reinholds Grundsatz bei Fichte „gestürzt" hat. Vielmehr war er, wie der Brief vom Februar 1793 an Reinhard zeigt, schon zu diesem Zeitpunkt, also vor der Lektüre des *Aenesidemus*, obsolet geworden, unter Beihilfe von Flattschen Argumenten. Ob Fichte das Flatt anlässlich seines Tübinger Besuchs offenbart hat, darf man allerdings bezweifeln.

3 Fichtes erster Besuch in Tübingen in Juni 1793

Anfang Juni 1793 besucht Fichte zum ersten Mal das Tübinger Stift. Hier wurde er seit dem Erscheinen seiner Offenbarungsschrift, die eifrig studiert wurde, als einer der bedeutsamsten Kantianer wahrgenommen. Dass sein Besuch eine kleine Sensation war, liegt sicherlich auch daran, dass die Stiftler um diese Zeit die große Bedeutung der Kantischen Philosophie erkannten und er der erste lebendige Kantianer war, der Tübingen besucht hat. Seiner späteren Frau schreibt Fichte, in Tübingen seien ihm viele „Ehrenbezeugungen [...] wiederfahren". (GA III/1, 416)

Leider besteht wenig Klarheit darüber, mit wem Fichte im Stift gesprochen hat. Dass die Studenten Hegel, Hölderlin und Schelling ihn mindestens gesehen haben, wird allgemein vermutet,[16] lässt sich jedoch auch belegen.[17]

---

15 Vgl. *Aus Jens Baggesen's Briefwechsel mit Karl Leonhard Reinhold und Friedrich Heinrich Jacobi*. 2 Theile, Leipzig 1831, 1. Th., S. 334.

16 Vgl. z. B. Harris, Henry Silton: *Hegel's Development. Toward the Sunlight 1770–1801*. Oxford 1972, S. 116.

17 Vgl. Schellings ersten Brief an Hegel vom Dreikönigsabend 1795: »Fichte, als er das letzte mal hier war, sagte [...] « (*Briefe von und an Hegel*. Hg. Hoffmeister, J. Band I: 1785–1812. 2. unveränderte Auflage Hamburg 1961, S. 14). Die Formulierung » das letzte mal « impliziert

Denn es ist bestimmt auch kein Zufall, dass Hegel im Juli, als er aus Krankheitsgründen daheim im Stuttgarter Elternhaus weilte (im Juni ist er noch im Stift), beginnt, Fichtes Offenbarungsschrift zu lesen. Auf jeden Fall hat Fichte den Ephorus und Orientalisten Christian Friedrich Schnurrer (1742–1822) getroffen. Dieser schreibt nämlich am 4. Juli an Friedrich Philipp Immanuel Niethammer (1766–1848), Fichte habe einige Tage in Tübingen verweilt und ihn besucht. Obwohl Schnurrer wenig mit dem Kantianismus anfangen konnte, bemerkt er: „Übrigens aber hat er meinen vollkommensten Beyfall." (FG 1, 51)

Philosophisch höchst bedeutungsvoll ist allerdings die Begegnung zwischen Fichte und dem dortigen „Spezialisten" für Kantische Philosophie gewesen, dem gerade zum Theologieprofessor ernannten Johann Friedrich Flatt.[18] Über die Einzelheiten ihrer Gespräche ist nichts bekannt, genauso wenig, wie oft und intensiv sie miteinander gesprochen haben. Klar ist auf jeden Fall, dass die Gespräche die kritische Philosophie zum Gegenstand hatten, worüber gleich mehr.

Nach Fichtes Abreise aus Tübingen hat es bis 1794 einen ausführlichen, allerdings zum größten Teil verschollenen Briefwechsel zwischen beiden gegeben. Die erhaltenen Fragmente belegen Fichtes außergewöhnliche Hochschätzung für Flatt. In einem Briefentwurf von November/Dezember 1793 gibt er unumwunden seine Freude darüber zum Ausdruck, „einen Theil" von Flatts „Wohlwollen" und „vielleicht" seine „Freundschaft erlangt zu haben". (GA III/2, 17) Anschließend folgt eines der äußerst seltenen Komplimente Fichtes für einen anderen Denker, das er allerdings charakteristischerweise in eine indirekte Wiedergabe eines Flattschen Kompliments an ihn, Fichte, verpackt, wenn er schreibt, er fühle sich „der vortheilhaften Meinung, die Sie von mir haben, als könnte ich auf dem Wege des Selbstdenkens mit Ihnen Schritt halten", verpflichtet.[19] Fichte war also nicht nur beeindruckt von Flatts unabhängigem

---

das Wissen um mehrere Besuche und so darf man vermuten, dass die Magister auch schon beim Besuch Fichtes im Juni 1793 den Gesprächen beiwohnten.

18 Zu Flatt vgl. Franz, Michael: »Johann Friedrich Flatt als Professor der Philosophie in Tübingen (1785–1792). « In: Ders. (Hg.): „... im Reiche des Wissens cavalieremente"? Hölderlins, Hegels und Schellings Philosophiestudium an der Universität Tübingen. In der Reihe: Schriften der Hölderlin-Gesellschaft, Bd. 23/2: Materialien zum bildungsgeschichtlichen Hintergrund von Hölderlin, Hegel und Schelling, Bd. 2. Tübingen 2005, S. 535–554.

19 Die Hg. der GA meinen zu Unrecht (GA III/2, 438), es handle sich bei der Wendung vom »Schritt halten können« um eine Formulierung Flatts. Diese Annahme wird durch den textkritischen Apparat widerlegt, demzufolge Fichte zuerst schreiben wollte »als könnte ich mit Ihnen denken, Ihr Begleiter [sein]«, und der somit klar macht, dass Fichte Flatt die Formulierung in den Mund legen will; außerdem passt eine solche Äußerung nicht zu Flatts bescheidenem Naturell, vgl. dazu Franz, Michael: »Johann Friedrich

Scharfsinn. Mit der Aussage über das „Schritt halten" bringt er außerdem zum Ausdruck, dass Flatt ihm in bestimmten Hinsichten um einiges voraus und vielleicht sogar überlegen sein könne, jedenfalls scheint Fichte das seinen Worten zufolge so empfunden zu haben. Bedeutsam ist freilich, dass Fichte in diesem Brief Flatt als einen „Selbstdenker" apostrophiert, was ein durchaus seltenes Prädikat bei Fichte ist. Das erinnert an den „Selbstdenker", mit dem Fichte im Brief an Reinhard im „Gespräch" gewesen zu sein berichtet.

Trotz großer Achtung zeugen Flatts seit 1788 veröffentlichte Publikationen stets auch von einer kritischen Haltung gegenüber Kants Philosophie.[20] In seinen Tübinger Gesprächen mit Fichte könnte er seine Kritik prägnant in den vier Hauptpunkten zusammengefasst haben, die er auch in einem Brief an Kant selbst vom 27. Oktober 1793 aufgeführt hat, also ungefähr zu der Zeit, aus der jener (nicht erhaltene) Brief an Fichte stammen muss, auf den dieser in seinem Briefentwurf vom November/Dezember 1793 mit der Bezeichnung „Ihr[ ] lezte[s] gütiges Schreiben"[21] Bezug nimmt. Aus Fichtes Antwortentwurf geht jedenfalls hervor, dass Fichte nicht nur beeindruckt war, sondern auch, wie aus dem Verfolg des Briefwechsels zwischen beiden hervorgeht, dass er sich nicht in der Lage sah, Flatt überzeugend zu parieren.

Die Fragmente des Briefwechsels legen es nahe, dass Flatt Fichte wohl zunächst mit einer Liste von Fragen zur Kantischen Moralphilosophie bedrängt hat. Auf diese Fragen hat Fichte ausweichend, jedenfalls nicht zufriedenstellend geantwortet. Fichte schreibt in dem soeben erwähnten Briefentwurf, wegen „mancherlei Zerstreuungen [...] wenig Zeit übrig gehabt" zu haben, auf Flatts Fragen zu antworten. Inzwischen hatte Flatt Fichte kürzlich einen „belehrenden" Brief geschrieben, d. h. einen Brief, in dem er keine Fragen mehr formuliert, sondern als Selbstdenker gegen zentrale Thesen der kritischen Philosophie Stellung nimmt. Einer seiner Kritikpunkte muss mit dem kritischen Freiheitsbegriff zusammenhängen, denn Fichte sagt ihm seine Untersuchungen zur Prüfung zu, die er gerade zum Thema der Freiheit unter der Feder hatte (vgl. GA III/2, 18). Ferner weist er Flatt hin auf seine

---

Flatts philosophisch-theologische Auseinandersetzung mit Kant «. In: Ders. (Hg.): »... *an der Galeere der Theologie«? Hölderlins, Hegels und Schellings Philosophiestudium an der Universität Tübingen.* In der Reihe: Schriften der Hölderlin-Gesellschaft, Bd. 23/2: Materialien zum bildungsgeschichtlichen Hintergrund von Hölderlin, Hegel und Schelling. Bd. 3, Tübingen 2007, S. 189–223; 216 Anm. 100.

20 Zur Entwicklung von Flatts Kant-Rezeption vgl. die » Einleitung « in: *Johann Friedrich Flatt: Philosophische Vorlesungen 1790.* Nachschriften von August Friedrich Klüpfel. Hg., eingeleitet und kommentiert von Franz, M. und Onnasch, E.-O. In der Reihe: Spekulation und Erfahrung, Bd. I, 9. Stuttgart-Bad-Cannstatt 2016 (im Druck).

21 GA III/2, 17 (Krit. Apparat).

Ausführungen zum Freiheitsbegriff in seiner *Creuzer*-Rezension, die am 30. Oktober 1793 in der *ALZ* erschienen war.[22]

Vielleicht hat Fichtes ausbleibende Antwort Flatt in seiner Meinung bestärkt, mit seiner Kant-Kritik nicht ganz falsch zu liegen. Jedenfalls hat er sich, wie eben schon erwähnt, am 27. Oktober 1793 brieflich an den Königsberger selbst gewendet. In diesem erhaltenen Brief stellt Flatt Kant vier Fragen im Zusammenhang mit den seines Erachtens zentralen Problemen bezüglich Kausalität, Übersinnlichkeit und Freiheit. (AA 11, 461–464) Es handelt sich hierbei allesamt um Fragen, die Flatt schon in seinen früheren Schriften und Rezensionen gegen die kritische Philosophie ins Spiel gebracht hatte. Nach 1791 folgen im Grunde genommen keine neuen Argumente mehr gegen die kritische Philosophie, d. h. 1791 hat seine Kritik ihre letztgültige Ausprägung erhalten. In den folgenden Jahren dürfte er seine Gegenargumente lediglich geschärft und weiter zugespitzt haben.

Zur Zeit der Begegnung beider Philosophen im Juni 1793 hatte die Tübinger Kant-Kritik ein neues Stadium erreicht, sofern inzwischen Fichtes Offenbarungsschrift, die bekanntlich zunächst für ein Buch Kants gehalten worden war, und dann Kants Religionsschrift erschienen war. Im Zuge dieser Publikationen verlagerte sich die Auseinandersetzung im Stift verstärkt auf theologische Themen. In Flatts Brief an Kant kündigt sich diese Bewegung an in der Frage, wie sich die dem Menschen unverdient gewährte Gnade verhält zum Kantischen Proportionsprinzip zwischen Glückseligkeit und moralischer Handlung. Es geht hier letztendlich um eine Frage der Vereinbarkeit der christlichen Rechtfertigungslehre mit der Kantischen Moraltheologie. Ob Flatt allerdings diese Frage auch offen mit Fichte besprochen hat, kann man bezweifeln, denn ein Interesse an der lutherischen Rechtfertigungslehre konnte man bei dem offen pelagianisch argumentierenden und auf die Verdienstlichkeit menschlicher Handlungen setzenden Fichte gar nicht erst vermuten.[23]

---

22 Vgl. *ALZ*, 30. Oktober 1793, Nr. 303, Sp. 201–205.
23 Zur Auseinandersetzung der Tübinger Theologie mit Fichtes Offenbarungsschrift und der darin vertretenen pelagianischen Position vgl. Süskind, Friedrich Gottlieb: »Bemerkungen über den aus Principien der praktischen Vernunft hergeleiteten Ueberzeugungsgrund von der Möglichkeit und Wirklichkeit einer Offenbarung, in Beziehung auf Fichte's Versuch einer Critik aller Offenbarung«. In: Storr, Gottlob Christian: *Bemerkungen über Kant's philosophische Religionslehre*. Aus dem Lateinischen. Tübingen 1794, S. 123–240. Seine eigenständige Position hat Flatt 1796 veröffentlicht in: »Bemerkungen über die Proportion der Sittlichkeit und Glükseeligkeit, in Beziehung auf die Lehre des Christenthums von der künftigen Seeligkeit gebesserter Menschen«, in: *Magazin für christliche Dogmatik und Moral*, 2. St., S. 23–55. Zum ganzen Komplex vgl. Franz, Michael und Weinberger, Amanda:

Abgesehen also von dem vierten Punkt bezüglich der Rechtfertigungslehre wird man füglich davon ausgehen dürfen, dass die anderen drei Kritikpunkte in Flatts Brief an Kant Gegenstand der Diskussion mit Fichte gewesen sind. Diese Vermutung wird bestätigt durch eine Bemerkung in dem Brief. Flatt schreibt nämlich, er habe mit „einigen scharfsinnigen Verehrern Ihrer [sc. Kants] Philosophie" insbesondere über die Kausalitätsfrage gesprochen, aber „keinen ganz befriedigenden Aufschluss erhalten". (AA 11, 461) Sofern es bis zu diesem Zeitpunkt nur einen „Verehrer" der Kantischen Philosophie nach Tübingen verschlagen hatte, kann nur die Rede von Fichte sein. Und weil die Kausalitätsfrage außerdem das eigentlich zentrale Argument Flatts gegen die kritische Philosophie ist,[24] liegt es auf der Hand, dass sie Gegenstand der Gespräche war.

Michael Franz hat Flatts Kant-Brief scharfsinnig und erschöpfend analysiert. Dem kann jedoch noch einiges hinzugefügt werden. Denn für uns interessant ist darüber hinaus, dass Flatt in seinem Brief von einem „Grundsatz (der Causalität)" spricht. Wie aus dem Verfolg des Briefes erhellt, kann es sich dabei nicht um einen Grundsatz im Leibniz-Wolffischen Sinne handeln und ebenso wenig um einen Grundsatz im Reinholdschen Sinne, denn Flatt meint zu wissen, dass Kant mit der Reinholdschen Grundsatzphilosophie unzufrieden ist.[25] Vielmehr geht es um einen Grundsatz ähnlich jenen, die bei Kant den Gebrauch der Kategorien regeln. Und ein solcher Grundsatz ist es, der als Obersatz zu dem Schlusssatz angenommen werden muss: „Eine vollkommene Harmonie der Sittlichkeit und Glückseligkeit sezt eine Ursache voraus." (AA 11, 461) Der ganze Schluss hat dann die Form:[26]

> *Major*: Alles x ist eine Ursache habend
> *Minor*: Eine vollkommene Harmonie der Sittlichkeit und Glückseligkeit ist x
> *Conclusio*: Eine vollkommene Harmonie der Sittlichkeit und Glückseligkeit ist eine Ursache habend

---

» Friedrich Gottlieb Süskinds Versuch einer › Theologie nach Kantischen Prinzipien ‹«. In: »... *an der Galeere der Theologie«?*, S. 225–259.

24 Vgl. dazu Flatt, Johann Friedrich: *Fragmentarische Beyträge zur Bestimmung und Deduktion des Begriffs u. Grundsatzes der Causalität, und zur Grundlegung der natürlichen Theologie in Beziehung auf die Kantische Philosophie*, Leipzig 1788.

25 Vgl. die Nachschrift seiner Metaphysik-Vorlesung 1790, Ms. S. 14. In: *Johann Friedrich Flatt: Philosophische Vorlesungen 1790*.

26 Vgl. für diese Analyse Franz: » Flatts philosophisch-theologische Auseinandersetzung mit Kant «, S. 217.

Für den Schlusssatz muss der Obersatz angenommen werden: alles x oder alles, was etwas ist, hat eine Ursache. Flatt fragt nun den Königsberger, was dieses x oder Irgend-Etwas sein könne. Mit der „Auflösung" dieser Frage, die Flatt, wie er dem Königsberger schreibt, bislang nicht gelungen ist, hat er auch jenen Verehrer der kritischen Philosophie, also Fichte bedrängt und keine, jedenfalls keine befriedigende Antwort erhalten. Denn, wie Flatt ferner bemerkt, müsse jenes Irgend-Etwas ein „Intelligibles" sein, worauf sich der Satz des zureichenden Grundes nicht anwenden lasse, weil ja die Harmonie kein einfach Seiendes ist. Nun kann freilich nach der zentralen Einsicht der kritischen Philosophie etwas Intelligibles niemals Ursache sein, weshalb auch ein Intelligibles angenommen werden, das „einen weiteren Umfang hat als die genannte Harmonie". Genaugenommen handelt es sich um die Frage nach einem Grundsatz, der sowohl Wirkursache des (empirisch) Seienden als auch des Intelligiblen ist. Es sei hier nebenbei daran erinnert, dass Hegels absolute Idee eine ganz ähnliche Funktion erfüllt als hier von Flatt verlangt wird.

Wir wissen nicht, ob Kant auf Flatts Brief geantwortet hat. Michael Franz meint, eine sinnvolle Antwort wäre gar nicht möglich gewesen, weil Flatt „von einem inhaltlichen wie methodischen Standpunkt" aus argumentiert, der sich ganz außerhalb der Kantischen Philosophie befindet.[27] Allem Anschein nach hat sich Fichte jedoch diesem Problem gestellt. Mithin hat er erkannt, dass die kritische Philosophie mit der Beantwortung des Flattschen Arguments steht oder fällt (womit allerdings auch ein bestimmtes Verständnis der kritischen Philosophie einhergeht, bei dem man sich zurecht fragen kann, ob dies noch in Übereinstimmung ist mit Kants Buchstaben oder gar Geist). Dem wollen wir uns im Folgenden zuwenden.

4 Fichtes Verarbeitung der Flattschen Kant-Kritik

Ende 1793 beginnt Fichtes lange währende Freundschaft mit Friedrich Niethammer, ebenfalls ein Stiftler, der gute Kontakte mit seinen Kommilitonen sowie Dozenten unterhielt. In einem Brief vom 6. Dezember 1793 an ihn kommt Fichte auf das im Sommer mit Flatt diskutierte Kausalitätsproblem zurück. Am zeitgenössischen Kant-Verständnis bemängelt Fichte, dass die Kantianer die Wirklichkeit der Erfahrung damit beweisen, dass der „Grundsatz der Kausalität blos auf Erscheinungen anwendbar sey" und denselben ein Substratum zugrunde liege, das Erfahrung *wirklich* macht. (GA III/2, 21) Woher aber, so will Fichte wissen, komme „Kant zu diesem Substrat"? Nur wer nämlich dies

---

27   Ebd., S. 218.

erklärt, „ohne jenes Gesetz [sc. das Kausalitätsgesetz] über seine Gränze auszudehnen, wird Kant verstanden haben" (ebd.). Dies ist nun genau auch Flatts stets wiederkehrende Frage an Kant: Wie kann, ohne den kritischen Kausalitätsbegriff zu verletzen, ein Intelligibles etwas wirkliches verursachen?

Fichte setzt seinen Brief mit dem Sittengesetz fort, das nach Kant, „wenn es richtig verstanden wird", wie das Sein von Erfahrung auf einer Tatsache gegründet ist. Und zu dieser Tatsache, bzw. Bewusstseinstatsache haben alle „Nachfolger" Kants ihre Zuflucht genommen, wenn „ihnen das Beweisen und Erklären etwas sauer ankommt". Sie beweisen somit nichts, sondern verlangen bloß einen „Glauben", auf den sich allerdings auch die Gegner Kants berufen dürfen. Vielleicht bezieht sich Fichte mit dem Wort „Glauben" ebenfalls auf Flatt, der der praktischen Philosophie Kants einen „blinden Glauben" vorwirft, weshalb sie auf einen „skeptischen Atheismus" hinauslaufe.[28] Vergebens, so Flatts bekannte Worte, spanne Kants praktische Vernunft „ihre Flügel aus, um sich zu dem Uebersinnlichen empor zu schwingen, wenn der theoretischen die ihrigen in dem Maasse beschnitten seyen, wie es durch die Critik der reinen Vernunft geschehen ist."[29] Das bedeutet aber, dass es Intelligibles geben müsse, dem Kausalität beigemessen werden kann. Diese Rolle möchte Kant nun der Freiheit zuweisen. Dadurch ergeben sich freilich neue Probleme.

Hier weist Flatt hin auf die *Grundlegung*, wo Kant Freiheit einerseits zum Beweis der Gültigkeit des Sittengesetzes in Anschlag bringt, das Sittengesetz jedoch anderseits auch zum Beweis der Freiheit.[30] Diesen Zirkel hat Kant in einer berühmten und genauso ominösen Fußnote der *Kritik der praktischen Vernunft* mit der Unterscheidung zu umgehen versucht, dass das Sittengesetz „die ratio cognoscendi der *Freiheit*" und die *Freiheit* „die ratio essendi des moralischen Gesetzes" (AA 5, 4) sei. Diese Differenzierung ist augenscheinlich eine Antwort auf Flatts Rezension der *Grundlegung*, die Kant nachweislich kannte.[31] Dafür spricht der von Kant in seiner Fußnote verwendete Ausdruck „Inkonsequenzen", den Flatt in seiner Rezension der *Grundlegung* ebenfalls

---

28   Flatt, Johann Friedrich: *Briefe über den moralischen Erkenntnisgrund der Religion überhaupt, und besonders in Beziehung auf die Kantische Philosophie*. Tübingen 1789, S. 108.
29   Ebd., S. 13.
30   Vgl. dazu schon Flatts Rezension der *Grundlegung* in den *Tübigischen gelehrten Anzeigen* vom 16. Februar 1786, S. 105–112. Der gleiche Vorwurf ist Kant übrigens auch von Heinrich A. Pistorius gemacht in seiner Rezension der *Grundlegung* in der *Allgemeinen deutschen Bibliothek* 1786, Nr. 65, S. 447–463.
31   Vgl. Hamanns Brief vom 13. Mai 1786 an Johann Heinrich Jacobi, in: Henkel, A. (Hg.): *Hamann, Briefwechsel*. Frankfurt/M. 1975, Bd. 6, S. 389. Kants Fußnote ist von Timmermann, Jens: *Sittengesetz und Freiheit. Untersuchungen zu Immanuel Kants Theorie des freien Willens*. Berlin-New York, 2003, S. 26 ff., ausführlich kommentiert (seinen Bemerkungen zu den verschieden Rezensenten kann ich jedoch nicht zustimmen).

gegen Kant verwendet. Mit jener Differenzierung konnte Kant den Tübinger allerdings nicht überzeugen, denn dieser wirft ihm in seiner Rezension der zweiten Kritik erneut Inkonsequenz vor.[32]

Nach Flatt muss der Grundsatz der Kausalität wie auch der der Freiheit ein intelligibler Grundsatz sein, allerdings auch das Sein von Erfahrungserkenntnis und Freiheit prinzipiieren. Wie aber lässt sich das realisieren, ohne inkonsequent zu werden, bzw. die Grenzen der kritischen Philosophie zu sprengen? Fichte scheint nun die Auflösung dieser Inkonsequenz zu seinem philosophischen Programm gemacht zu haben, wofür man allerdings über ihren Buchstaben auf ihren Geist hinausgehen müsse.

Wie gesagt wirft Fichte den Kantianern einerseits vor, nicht erkannt zu haben, dass Kant mit einem doppelten Erfahrungsbegriff hantiert, anderseits haben sie nicht verstanden, was es heißt, dass das Kantische Sittengesetz auf einer Tatsache gegründet ist. Bei dieser Tatsache kann es sich nun nicht um eine der Reinholdschen Theorie ähnliche Bewusstseinstatsache handeln, was Fichte sowohl in seinem Niethammer-Brief als auch in der *Creuzer*-Rezension als ein widersprüchliches Begründungsprinzip bloßgelegt. Er führt daher eine höhere und über die Tatsache des Bewusstseins hinausgehende Tatsache ein. Es gebe nämlich im menschlichen Geiste eine „ursprüngliche Thatsache", „welche die allgemeine Philosophie, und die theoretische und praktische, ihre zwei Zweige begründet."[33] (GA III/2, 21) In nuce hat hier die spätere „Tathandlung" ihre Geburtsstunde. Denn tatsächlich bildet dieser menschliche Geist ein „System", wie es in dem Briefentwurf von November/Dezember an Flatt heißt, „wo alles durch den immer gleichen Mechanismus, durch die einfachste Verkettung der Glieder auf Eins, u. Eins auf alles wirkt: – über die edelste Simplicität in dem künstlichsten Werke." (GA III/2, 18) Die ursprüngliche Tatsache des Geistes ist über den Reinholdschen Satz des Bewusstseins hinaus, dem Fichte zu diesem Zeitpunkt zwar noch zugesteht, der theoretischen sowie praktischen Philosophie zugrunde zu liegen, nicht aber einer „allgemeine Philosophie", die jene beiden „Zweige" dieser allgemeinen Philosophie wirklich zu begründen vermag. Es zeichnet sich hier die allgemeine Struktur des neuen Fichteschen Programms ab: Die visierte allgemeine Philosophie der Geistestatsachen geht dem Bewusstseinsstandpunkt begründend vorher, der von sich aus auf seinen intelligiblen Grund, d. h. der Geistestatsache hinweist, von der er sein Sein erhält.

---

32 *Tübingische gelehrte Anzeigen*, 9. Oktober 1788, S. 646.
33 Die kritische Philosophie sperrt sich freilich ausdrücklich gegen den Gedanken, dass die wirkenden Ursachen des (empirisch) Seienden und des Intelligiblen unter einen dritten, höheren Grund miteinander zu vereinen seien, vgl. dazu den Abschnitt »Möglichkeit der Causalität durch Freiheit in Vereinigung mit dem allgemeinen Gesetze der Naturnothwendigkeit« in der KrV B 566–569.

Fichte entwickelt zwei verschiedene und zugleich grundsätzlich aufeinander angewiesene Ebenen, wodurch, ohne in einen Zirkel zu verfallen, Gedachtes Sein erhält und das Sein des Bewusstseins begründet Anspruch auf Wirklichkeit erheben kann. Folglich gibt es Erfahrung und Freiheit nicht, weil sie in einer Tatsache gegründet sind, sondern weil ihr Gedachtsein immer schon in dem System des menschlichen Geistes statthat. Anders gewendet: Geist und Bewusstsein bilden in ontologischer Hinsicht zwei verschiedene Ebenen: Auf der einen findet Erfahrung *wirklich* statt, was auf der anderen bloß gedacht wird, allerdings notwendig so gedacht werden muss, dass die Bedingungen der Möglichkeit dieses Denkens die *Wirklichkeit* von Erfahrung gedanklich durchdringen und so überhaupt erst als Wirklichkeit *verständlich* machen.

5 Die Creuzer-Rezension

Die *Creuzer*-Rezension erscheint am 30. Oktober 1793 in der ALZ. Zwei Tage vorher hatte Flatt seinen Brief an Kant datiert. Bei der Lektüre der Rezension muss Flatt sofort klar geworden sein, dass hier Probleme erörtert werden, die auch anlässlich Fichtes Besuchs in Tübingen diskutiert worden waren. Wir wissen leider nicht, was Flatt vom Inhalt der Rezension gehalten hat, man kann sich allerdings kaum vorstellen, dass sie ihn in welcher Hinsicht auch immer überzeugt hat. Und auch wenn sich Flatt zum Inhalt der Rezension noch einmal zu Wort gemeldet haben sollte, wird sich Fichte dadurch kaum von seinem eingeschlagenen Pfad abbringen haben lassen. Schon einen Monat nach dem Erscheinen der Rezension rekonstruiert Jens Immanuel Baggesen am 7. Dezember 1793 in seinem Tagebuch ein Gespräch mit Fichte. Jetzt ist letzterem völlig klar, dass der faktische Bewusstseinsgrundsatz Reinholds nicht der höchste sein kann, weil sich von der Vorstellung noch weiter abstrahieren lässt, wobei dann das Ich zurückbleibt. Auf Baggesens Frage, was denn „Ihr erstes Princip, das Princip der gesammten Philosophie" sei, soll Fichte geantwortet haben: „Ich bin. – Im Ich wird das Ich dem Nicht-Ich entgegen gesetzt." (GA II/3, 13) Im Dezember 1793 sind somit die ersten beiden Grundsätze der WL da.

Nun ist es sicherlich bezeichnend, dass sich Fichte in seiner *Creuzer*-Rezension für seine Kritik an Reinholds Bewusstseinstatsache kaum an dessen Vorgaben hält.[34] Tatsächlich sind die Probleme, die Fichte mit Reinholds

---

34 Es wundert daher auch nicht, dass Reinhold mit Unverständnis auf Fichtes Kritik in der Rezension reagiert, vgl. dazu den Brief von H. Coch an J. Smidt vom 10. Januar 1794, vgl. Fuchs, Erich: »Reinhold und Fichte im Briefwechsel zweier Jenenser Studenten 1793/94.« In: *Fichte-Studien* 7 (1995), S. 143–171, S. 153.

Philosophie hat, von Motiven beeinflusst, die er erst im Zuge seiner Tübinger Gespräche mit Flatt entwickelt haben kann. Fichte erörtert an einer Stelle der Rezension Kants Zirkel anhand des Begriffs von Bestimmung. Erscheint nämlich das „*Bestimmtseyn* des Willens [...] entsteht die Frage: ist jenes für die Möglichkeit der Zurechnung als Vernunft-Postulat anzunehmendes Selbstbestimmen zu einer gewissen Befriedigung oder Nichtbefriedigung, *Ursache der Erscheinung* des Bestimmtseyns zu derselben Befriedigung oder Nichtbefriedigung?" (GA I/2, 11) Reinhold soll, so Fichte, diese Frage bejaht haben. Das ist allerdings falsch, und zwar deshalb, weil damit etwas Intelligibles in die Natur hinabgezogen würde. In Wirklichkeit stammt die Figur dieser Kritik von Flatt, der sie in verschiedenen Formen gegen Kant eingebracht hatte. Allgemein führt Flatt auch immer wieder gegen Kant und die Kantianer an, dass ein in der Sphäre des Intelligiblen verbleibender Freiheitsbegriff nichts für die moralische Besserung taugt. Moralische Besserung unterstellt nämlich Zeit, mithin Veränderlichkeit des Subjekts der Freiheit, weshalb das moralische Subjekt kein bloß intelligibles Subjekt sein kann, soll es moralisch gebessert werden können.

Ferner wendet Fichte gegen Reinhold ein, dass der Satz des zureichenden Grundes „auf das *Bestimmen* der absoluten Selbstthätigkeit durch sich selbst (zum *Wollen*) [...] gar nicht angewendet werden" kann (ebd., 10). Auch diese Kritik stammt allem Anschein nach von Flatt. In seinem Brief an Kant legt er nämlich dar, dass „man das Leibnizisch-Wolfische Princip des zureichenden Grundes nicht ohne Einschränkung auf das Intelligible anwenden kan" (AA 11, 461), und zwar deshalb nicht, weil das, was die Harmonie zwischen Sittlichkeit und Glückseligkeit ausmacht, kein bloß Seiendes, sondern ein Intelligibles sein muss. Fichte kommt schließlich zu dem Schluss, dass „die Freiheit [k]eine Causalität in der Sinnenwelt" habe. Er weiß, dass er damit dem Buchstaben der Kantischen Philosophie Gewalt antut, was er jedoch kurzerhand mit der Bemerkung vom Tisch fegt, es sei dies ein von Kant bloß „vorläufig [...] aufgestellter Satz." (GA I/2, 11)

Für die Lösung des Freiheitsproblems greift Fichte schließlich zurück auf die reflektierende Urteilskraft der dritten *Kritik*, die kraft einer „vorherbestimmten Harmonie der Bestimmungen durch Freyheit mit denen durch's Naturgesetz" (ebd., 11) die problematische Vermittlung leistet.[35] Die dritte

---

35   Vgl. hierzu auch die Interpretation dieser Stelle von Piché, Claude: »Fichtes Auseinandersetzung mit Reinhold im Jahre 1793. Die Trieblehre und das Problem der Freiheit.« In: Bondeli, M. – Lazzari, A. (Hg.): *Philosophie ohne Beynamen. System, Freiheit und Geschichte im Denken Karl Leonhard Reinholds*. In der Reihe: Schwabe-philosophica, Bd. 4, Basel 2004, S. 251–271, 258.

Kritik stand freilich unter den Tübinger fortgeschrittenen Studenten, die – wie aus dem Brief Schellings an Hegel vom Dreikönigsabend 1795 hervorgeht – mindestens an den erneut aufgenommenen Gesprächen bei Fichtes zweitem Besuch in Tübingen im Mai 1794 teilgenommen haben (und zwar bestimmt nicht schweigend, wie man Schelling kennt), auf der Tagesordnung und das Stichwort „vorherbestimmte Harmonie" lässt den Tübinger genius loci (den Geist Bilfingers) sofort spüren.

Genau besehen ist die eigentliche Agenda der *Creuzer*-Rezension, jenes unbekannte Etwas zu benennen, das in dem von Flatt in seinem Kant-Brief dargelegten Syllogismus Subjekt des Obersatzes „eine Ursache habend" ist und „unter welchen der Begriff von einer vollkommenen Harmonie der Sittlichkeit und Glückseeligkeit subsumirt werden kan".

Fichte verdankt den Tübinger Diskussionen mit Flatt also durchaus wichtige Anregungen zur Durchdringung der Probleme der kritischen Philosophie. Er hat Flatts Kritik nicht nur ernst genommen, er hat sie auch mit der Absicht durchdacht, die kritische Philosophie auf einen neuen Stand zu bringen. Dafür musste Fichte allerdings Abschied nehmen von einer buchstäblichen Lesung und Interpretation der kritischen Philosophie und sie vielmehr ihrem Geiste nach verstehen, da andernfalls die von Flatt formulierten Probleme unüberwindlich sind.

KAPITEL 3

„Soll man ihm das glauben?" Zu Fichtes Auseinandersetzung mit dem Schulzeschen Skeptizismus in „Aenesidemus-Recension"

Jindřich Karásek

Abstract

In my essay I try to show, how in his reaction to Schulze's sceptical critique of Reinhold's philosophy Fichte attempted to achieve the basic premises of his own program of Wissenschaftslehre.

Zusammenfassung

In dem Beitrag wird gezeigt, auf welche Weise Fichte in der Auseinandersetzung mit der skeptischen Herausforderung, die Schulzes Kritik der Reinholdschen Elementarphilosophie darstellte, versuchte, sein eigenes Programm der Wissenschaftslehre in seinen grundsätzlichen Prämissen zu profilieren.

Schlüsselwörter

Grundsatz – Bewusstsein – Vorstellung – Identität – Differenz – Synthesis

Gottlob Ernst Schulze hat bekanntlich Reinholds Programm einer Elementarphilosophie einer Kritik unterzogen, in der er sich zu einem neuzeitlichen Aenesidemos hochstilisierte. Seine Kritik sollte allerdings nicht nur Reinholds Programm einer Elementarphilosophie, sondern auch Kants transzendentalphilosophisches Programm treffen, und zwar durch den Nachweis, dass Kant Humes Skepsis keineswegs widerlegt habe. Um so dringender war es für Fichte, der sich von Anfang an als ein Interpret Kants verstand, sich dieser skeptischen Herausforderung zu stellen. Er hat dies bekanntlich bereits 1794 in seiner Rezension der Schulzeschen Schrift „Aenesidemus oder über die Fundamente der vom Herrn Prof. Reinhold in Jena gelieferten Elementarphilosophie" getan.

Fichte teilt nun seine Rezension in zwei Teile. Den ersten Teil kann man als einen *positiven* bezeichnen, denn in ihm findet Schulzes Kritik des

Satzes des Bewusstseins – des obersten Grundsatzes der Reinholdschen Elementarphilosophie – in wesentlichen Punkten Fichtes Zustimmung. In dem zweiten Teil dagegen geht Fichte darauf aus, Schulzes Skeptizismus als einen verkappten Dogmatismus zu entlarven. Somit kann der zweite Teil seiner Rezension als ein *negativer* bezeichnet werden. Das Ziel meines Beitrags besteht darin, Fichtes Argumente in beiden Teilen zu rekonstruieren. Auf diese Weise soll dargetan werden, dass und wie Fichtes Reaktion auf skeptische Herausforderung es ihm möglich machte, sein eigenes Programm der Wissenschaftslehre in seinen grundsätzlichen Prämissen zu profilieren. Fichte ging es dabei in der Tat um *das Grundsätzliche*, nämlich um die Frage, womit, mit Hegel gesprochen, der Anfang der Wissenschaft gemacht werden muss, d.h. wie derjenige Grundsatz beschaffen sein muss, von dem aus alles Wissen hergeleitet werden soll.

1 Unterscheiden und Beziehen als Identität und Differenz

Fichte macht den Leser zunächst darauf aufmerksam, was Schulze dem Elementarphilosophen zugegeben hat. Es handelt sich um vier Annahmen, die Schulze mit Reinhold teilt. Schulze scheint *zunächst* (I) die Reinholdsche Grundannahme unproblematisch, es sei *Tatsache*, dass es in uns *Vorstellungen* gibt, deren Inhalt so beschaffen ist, dass seine Momente teils miteinander übereinstimmen, teils aber unterschieden sind.[1] *Zweitens* (II) gibt Schulze zu, dass das Kriterium der Wahrheit aller Aussagen über Tatsachen die allgemeine Logik zur Verfügung stellt.[2] *Drittens* (III) gibt Schulze Reinhold zu, dass der Philosophie „bisher" der oberste Grundsatz fehlte und dass sie aus diesem Grund noch nicht als Wissenschaft hat auftreten können.[3] Und schliesslich *viertens* (IV) scheint es Schulze zusammen mit Reinhold unbestreitbar, dass der zu findende *oberste* Grundsatz so beschaffen sein muss, dass in ihm der *höchste* aller Begriffe festgesetzt und bestimmt werden muss, nämlich der Begriff der Vorstellung.[4]

Während die Annahmen (II) und (III) methodologischer bzw. philosophiehistorischer Natur sind, betreffen die Annahmen (I) und (IV) den Inhalt des in der Annahme (III) geforderten obersten Grundsatzes. Dieser müsse von dem Begriff der Vorstellung ausgehen, weil es eine unbestreitbare Tatsache sei, dass wir Vorstellungen haben, und deswegen muss des weiteren der Begriff

---

[1] Vgl. GWL GA I/2, 42.
[2] Vgl. ebd.
[3] Vgl. ebd.
[4] Vgl. ebd.

der Vorstellung den propositionalen Gehalt des Grundsatzes ausmachen. Bei Reinhold und bei Schulze steht hinter dieser Annahme eine adäquationstheoretische Überlegung, derzufolge unsere Aussagen nur dann wahr sind, wenn es Sachverhalte gibt, auf die sie zutreffen. In Reinholds Elementarphilosophie geht es jedoch nicht um beliebige Aussagen über Sachverhalte und auch nicht um beliebige theoretische Sätze über Vorstellungen, sondern weil es sich um Grundlagen der ersten philosophischen Theorie handelt, muss ihr oberster Grund*satz* den *Begriff* der Vorstellung selbst zum Inhalt haben. Genau dies hat Reinhold getan. Denn sein Satz des Bewusstseins in der Formulierung, „dass die Vorstellung im Bewusstseyn durch das Subjekt vom Objekt und Subjekt unterschieden und auf beyde bezogen werde",[5] tut ja nichts anderes, als dass in ihm der Begriff der Vorstellung in seinen wesentlichen konstitutiven Momenten bestimmt wird, von dem Reinhold darüber hinaus auch mit dem Argument ausgegangen ist, er beruhe auf der unläugbaren Tatsache der Existenz von Vorstellungen oder auf der unmittelbaren Tatsache des Bewusstseins, wie Reinhold dies ausdrückt.[6]

Fichte greift jetzt weder die adäquationstheoretische Voraussetzung, noch die Annahme der unbestreitbaren Evidenz von der Existenz von Vorstellungen in uns an. Sein Angriff ist nämlich viel radikaler. Denn Fichte greift gleich die Grundannahme an, die den Kern der bewusstseinstheoretischen Überlegungen Reinholds und Schulzes ausmachte und mit Bezug auf den es weder Reinhold noch Schulze einfiel, ihn anzuzweifeln. Es ist dies die Annahme, dass der Begriff der Vorstellung der Grundbegriff ist, über den wir in der Philosophie verfügen und von dem aus alle philosophische Sätze hergeleitet und begründet werden sollen.[7] Sollte dieser Zweifel zutreffen, folgte aus ihm für Fichte ganz natürlich, dass die Formulierung des obersten Grundsatzes von einem anderen Begriff als dem der Vorstellung ihren Ausgang nehmen muss. Wie begründet Fichte seinen Zweifel?

Schulze hat drei Merkmale des Satzes des Bewusstseins bestritten, die Reinhold mit ihm verbunden hat. So sei der Satz des Bewusstseins (I) kein absolut erster Satz, er sei (II) kein durchgängig durch sich selbst bestimmter Satz, und schliesslich sei er (III) kein allgemein geltender Satz. In dem verfolgten Zusammenhang ist insbesondere Fichtes Reaktion auf den zweiten Einwand von Belang. Nach Schulze sei der Satz des Bewusstseins deswegen kein durch sich selbst bestimmter Satz, weil seine Termini, welche Grundakte des Subjekts des Bewusstseins, die Akte des Unterscheidens und des Beziehens, bedeuten,

---

5 Vgl. Reinhold, Karl Leonhard: *Über das Fundament des philosophischen Wissens*, W.H. Schrader (Hg.), Hamburg 1978, S. 78.
6 Ebd.
7 Vgl. GWL GA I/2, 48.

von Reinhold nicht eindeutig bestimmt worden sind.[8] Diesem Einwand stimmt Fichte zu.[9] Er kann jedoch zweierlei bedeuten: *Entweder* kann mit ihm gemeint sein, dass es allein Reinhold war, der es unterlassen hat, die erwähnten Termini eindeutig zu bestimmen, *oder* seine Bedeutung kann die sein, dass es der Begriff der Vorstellung als solcher nicht erlaubt, die erwähnten Termini eindeutig zu bestimmen. Weil nun Schulze mit Reinhold der Überzeugung ist, dass der Begriff der Vorstellung der höchste philosophische Begriff ist, so muss er seinen Einwand in der ersten schwächeren Variante meinen. Dann ist sein Einwand nicht so sehr gegen den Satz des Bewusstseins, als vielmehr gegen Reinhold selbst gezielt. Die von Schulze kritisierte Unterbestimmtheit der erwähnten Termini wäre also nicht durch die Sache selbst, sondern vielmehr nur durch Reinholds Vernachlässigung verursacht. Fichte muss umgekehrt den Einwand in der zweiten stärkeren Variante verstanden haben. Denn Fichte hat angezweifelt, dass der Begriff der Vorstellung der höchste Begriff ist, und somit muss er auch darüber zweifeln, ob der Begriff der Vorstellung Potential zur Verfügung stellt, die Termini des Unterscheidens und Beziehens zu erklären und eindeutig zu bestimmen.

Diesen Zweifel drückt Fichte in der Form einer rhetorischen Frage aus, die Fichtes eigene Alternative gegenüber Reinholds Programm der Elementarphilosophie anzeigt. In dieser Frage deutet Fichte an, dass die Bestimmung jener Termini nur erfolgen kann, wenn zum Ausgangspunkt dieser Bestimmung die Begriffe der Identität und des Gegenteils gemacht werden.[10] Anders gesagt, Fichte deutet in dieser Frage als sein Programm an, die von Reinhold nicht ausgeführte Bestimmung der Termini des Unterscheidens und des Beziehens mit Hilfe der Begriffe der Identität und des Gegenteils zu liefern. Es ist deutlich, dass dieses Programm es nach sich zieht, von einem anderen Begriff als dem der Vorstellung auszugehen, um von ihm aus einen anderen ersten Grundsatz als den Satz des Bewusstseins zu formulieren. Dieser Begriff muss nun so verfasst sein, dass er die Begriffe der Identität und des Gegenteils als seine Teilbegriffe einschliesst.

Es lässt sich insbesondere mit Bezug auf den Begriff des Unterscheidens zeigen, dass diese Implikation besteht. Denn wenn Etwas von Etwas anderem unterschieden wird, so setzt es zweierlei voraus: beide Etwas müssen jeweils identisch sein und es muss zwischen ihnen eine Differenz – so ist der Begriff des Gegenteils zu interpretieren – bestehen, damit sie unterschieden werden

---

8   Vgl. Schulze, Gottlob Ernst: *Aenesidemus oder über die Fundamente der von dem Herrn Professor Reinhold in Jena gelieferten Elementar-Philosophie*. Berlin 1911, S. 48–52.
9   Vgl. GWL GA I/2, 44.
10 Vgl. ebd.

können, wie auch immer diese Differenz inhaltlich beschaffen sein mag. Denn läge die Differenz nicht vor, müsste vielmehr die Identität von beiden Etwas festgestellt werden. Jede Unterscheidung ist eine mindestens zweistellige Relation, die Identität und Differenz impliziert. Setzt nun der Begriff der Vorstellung die Akte des Unterscheidens und des Beziehens voraus, so nimmt er damit die Begriffe der Identität und der Nichtidentität – der Differenz – bereits in Anspruch, so dass diese Begriffe unabhängig von ihm geklärt sein müssen. Genau aus diesem Grund kann der Begriff der Vorstellung nicht die Funktion haben, die ihm Reinhold und Schulze zuerkannt haben, nämlich der höchste Begriff in der ganzen Philosophie zu sein. Das war das erste, das Fichte eingesehen hat.

Die Überlegung, auf der diese Einsicht beruht, kann allerdings noch vertieft werden. Wird nämlich Unterscheidung *als ein Akt* verstanden, so setzt er jeweilige Identität der Relata voraus und wird mit der Absicht *ausgeführt*, ihre Differenz festzustellen. Ist nun dieser Akt vollzogen worden, dann kann man sagen, dass zwischen beiden Etwas eine Beziehung – eine Relation – besteht, in der sie sich voneinander unterscheiden. Kurz gefasst: Etwas von Etwas unterscheiden heisst zwei jeweils identische Etwas in eine Beziehung setzen, in der ihre Differenz sichtbar gemacht wird. Daraus folgt, dass die Begriffe der Identität und Differenz die unterscheidende Beziehung von beiden Etwas begründen. Anders gesagt: Die Unterscheidung als Beziehung setzt Identität und Differenz voraus. Die Begriffe der Identität und Differenz müssen daher als Bedingungen der Möglichkeit der unterscheidenden Beziehung angesehen werden.

Nun ist Reinholds Satz des Bewusstseins als ein Satz zu verstehen, in dem beim Ausgang von der unbestreitbaren Tatsache der Existenz der Vorstellungen in uns die konstitutiven Bedingungen des Bewusstseins von diesen Vorstellungen hergeleitet werden. Reinhold verfolgte also mit seiner Elementarphilosophie das Kantische Programm einer Erklärung des Bewusstseins von Vorstellungen. Kant erklärte das Zustandekommen des Bewusstseins durch die Synthesis des Mannigfaltigen der sinnlichen Anschauung, das durch das ‚Ich denke' begleitet wird. Reinhold fand in dieser Konzeption alle Elemente vor, die er benötigte, um den Satz des Bewusstseins zu formulieren. Es reichte ihm aus, das Mannigfaltige der Erscheinung als *Objekt*, die sinnliche Anschauung als *Vorstellung* und ‚Ich denke' als *Subjekt* in der Perspektive ihrer Verallgemeinerung zu interpretieren. Aufgrund dieser Verallgemeinerung konnte er zu dem Satz gelangen, in dem das Zustandekommen des Bewusstseins als ein Akt interpretiert wird, kraft dessen das *Subjekt* das *Objekt* und die *Vorstellung von sich selbst unterscheidet* und alle drei Momente so *aufeinander bezieht*, dass klar wird, dass das *Subjekt* sich durch die *Vorstellung* auf das *Objekt* bezieht, und zwar so, dass dem *Subjekt* zugleich bewusst ist, dass es selbst mit der *Vorstellung* und dem *Objekt* dieser Vorstellung *nicht identisch* ist. Hier wird erneut deutlich, dass das Erklären des Zustandekommens des Bewusstseins in dem Satz des Bewusstseins in der Tat die Begriffe der Identität und Differenz voraussetzt.

In dem zweiten Schritt seiner Disskusion in dem ersten positiven Teil seiner Rezension der Schulzeschen Schrift leitete Fichte die mit dieser Einsicht nahegelegte Implikation mit Bezug auf den Begriff der Synthesis ab. Fichte hat nämlich die unterscheidende Beziehung, von der im Satz des Bewusstseins implizit die Rede war, als Synthesis verstanden. Und dies zu Recht. Denn es geht in dem Satz des Bewusstseins darum, das Zustandekommen des Bewusstseins zu erklären. Diesem Satz zufolge kommt nun das Bewusstsein zustande, indem die unterschiedenen Momente – Subjekt, Objekt und Vorstellung – aufeinander bezogen sind. Es lässt sich aber folgendes sagen: Sind wie auch immer definierten Momente aufeinander bezogen, sind sie in eine Verbindung gebracht, d.h. synthetisiert. Sie sind jedoch – dem Satz des Bewusstseins zufolge – so synthetisiert, dass damit zugleich ihre Differenz – ihre Verschiedenheit – zum Ausdruck gebracht ist. Was jedoch unterschieden wird, wird damit immer in Beziehung gesetzt. Beziehen ist jedoch nicht dasselbe wie Unterscheiden, denn nicht jedes Beziehen ist ein Unterscheiden. Diesem Umstand muss nun eine jede Theorie des Bewusstseins Rechnung tragen. So hat auch Kant zwei Schritte der Synthesis voneinander abgekoppelt: es sei die Spontaneität des Denkens, die es erforderlich mache, dass das Mannigfaltige der Anschauung *durchgegangen* und *verbunden* werde (KrV, B 102). Das Mannigfaltige durchgehen bedeutet eben nichts anderes als seine einzelnen Momente voneinander unterscheiden, die erst als Unterschiedene verbunden werden *müssen*. Was voneinander nicht verschieden ist, muss auch gar nicht verbunden werden. Das Bewusstsein entsteht also sowohl bei Reinhold als auch bei Kant durch den Akt der Synthesis, die zwei Schritte aufweist, nämlich Unterscheidung und Beziehung. Die Implikation, die Fichte nun aus seiner oben beschriebenen Einsicht zieht, ist wieder als eine rhetorische Frage formuliert, welche leutet: Ob es denn möglich sei, die *Synthesis* zu denken, ohne dass *Thesis* und *Antithesis* dabei vorausgesetzt werde?[11] Fichte will offenbar sagen, dass es geradezu unmöglich ist, die Synthesis ohne die Begriffe der Thesis und Antithesis adäquat aufzufassen. Anders gesagt: jede Synthesis setzt vorausgehende Thesis und Antithesis voraus.

Es ist nun deutlich, dass Fichte die Termini ‚Thesis' und ‚Antithesis' nicht Satztheoretisch deutet. Diese Termini bezeichnen bei ihm keine Propositionen, sondern genauso wie der Ausdruck ‚Synthesis' Akte, die der menschliche

---

11 Vgl. GWL GA I/2, 45.

Geist vollzieht. Und es ist auch deutlich, dass die Reihenfolge, in der diese Termini aufgelistet sind (Thesis Antithesis Synthesis), nicht zufällig ist. Wenn man dies ernst nimmt, so bekommt man folgendes Bild: Es soll Synthesis erklärt werden. Weil nun die Synthesis immer ein Akt ist, kraft dessen differente Momente in Verbindung gebracht werden, so muss dem Akt der Synthesis der Akt der Antithesis vorausgehen, kraft dessen Etwas von einem anderen Etwas unterschieden wird. Denn Synthesis ist nur dann ein sinnvoller Begriff, wenn es etwas gibt, was synthesisbedürftig ist, und das ist nur ein solches Etwas, das in sich selbst in differente Momente strukturiert ist. Weil jedoch diese Differenzierung von mehreren Etwas ihre jeweilige Identität voraus*setzt*, so muss diesem antithetischen Verfahren ein Akt vorausgehen, kraft dessen allererst Etwas als Etwas mit sich selbst Identisches *gesetzt* wird. So kommt Fichte dazu, dass der Grundbegriff, von dem aus alles Bewusstsein erklärt werden muss, der der Identität ist, wobei die Identität wiederum aus einem Akt zu erklären ist, kraft dessen Identität entsteht. Aus einem Akt also, kraft dessen die Identität allererst gesetzt wird. Und diesen Akt nennt Fichte ‚Thesis'. Es handelt sich um einen solchen Akt des menschlichen Geistes, der insofern der höchste ist, als er auf keinen anderen Akt zurückgeführt werden kann. Deswegen muss die Formulierung des höchsten Grundsatzes von ihm ihren Ausgang nehmen.

2   Unvorstellbares Subjekt von Vorstellungen

Mit den voranstehenden Überlegungen ist die Lage erreicht, in der gezeigt werden kann, warum Fichte nun genauer der Meinung war, der Schulzesche Skeptizismus sei eigentlich ein Dogmatismus.[12] Damit wird auch zugleich deutlich zu machen sein, was Fichte unter dem Dogmatismus versteht.

Fichte macht zunächst gegen Reinhold deutlich, dass der Akt der Thesis, kraft dessen die Identität von Etwas gesetzt wird, einen solchen Charakter hat, der ihn von allen anderen mentalen Akten wesentlich unterscheidet. Denn Reinhold ist bekanntlich davon ausgegangen, dass der höchste Grundsatz des Wissens auf der Tatsache des Bewusstseins gegründet werden muss. Mit der Tatsache des Bewusstseins hat Reinhold die unläugbare Evidenz von dem Vorkommen von Vorstellungen in uns gemeint: Es ist Tatsache, dass wir uns Vorstellungen in uns bewusst sind. Wie schon erwähnt, bestreitet Fichte diese

---

12   Die Formen des Nachkantischen Skeptizismus untersucht in einem Aufsatz Paul Franks, in dem er zeigt, dass der genuin Humesche Skeptizismus in der Zeit nach Kant nicht mehr identifiziert werden kann. Vgl. P. Franks: »Does Post-Kantian Skepticism Exist?« In: *Internationales Jahrbuch des Deutschen Idealismus* 1 (2003), S. 141–163.

Evidenz keineswegs, sondern verfährt viel radikaler: Der höchste Grundsatz des Wissens muss von einem Akt ausgehen, der gerade nicht den Charakter einer vorfindbaren *Tatsache* haben kann. Um diesen Akt mit einem sprachlichen Ausdruck zu versehen, greift Fichte daher zu einem Wort, in dem zwar einerseits der Akt-Charakter beibehalten wird – es geht um eine Tat oder eine Leistung. Andererseits handelt es sich bei dieser Tat gerade nicht um etwas einfach Vorfindbares, etwas bloss zu Konstatierendes, wie es bei den Sachen oder den Dingen der Fall ist, sondern eben um eine Handlung, um einen Vollzug. Es geht daher um eine Tat, die stets ihre eigene Vollzug ist. Den Ausdruck, der diesen zwei Umständen Rechnung trägt, hat Fichte in dem Wort *Thathandlung* gefunden.[13] Dieses Wort weist also darauf hin, dass man zwar reflexiv im Bewusstsein verschiedene Vorstellungen vorfinden kann. Warum man aber überhaupt über das Bewusstsein verfügt, lässt sich im Bewusstsein nicht vorfinden: Deswegen muss die Tatsache des Bewusstseins auf einen Akt zurückgeführt werden, der im Bewusstsein nicht vorkommt. Fichte entdeckt ihn mit Hilfe einer Methode, die er abstrahierende Reflexion nennt.[14]

Es mag nun ein wenig überraschen, dass Fichte die angedeutete Diagnose zunächst am Begriff des Objekts des Bewusstseins deutlich zu machen sucht. Fichte verwendet in diesem Zusammenhang den Ausdruck ‚das ursprüngliche Objekt'.[15] Bereits dieser Ausdruck deutet darauf hin, dass nicht nur der Umstand, dass wir über Bewusstsein verfügen, sondern vielmehr schon der Umstand, dass dieses Bewusstsein immer intentional ist, wie allerdings bereits

---

13   In der Schrift *Vergleichung des vom Herrn Prof. Schmid aufgestellten Systems mit der Wissenschaftslehre* aus dem Jahre 1795, die bereits in ihrem Titel an Schulzes kritische Schrift gegen Reinhold erinnert, erklärt Fichte, warum er das Ich, das nach aller Abstraktion übrigbleibt, nicht Tatsache nennen könne. Fichtes Begründung lautet wie folgt: » Ich möchte das nicht *Thatsache* nennen, denn das Ich bleibt gar nicht als ein gefundenes, als ein *Object*, übrig: sondern, wenn es doch ja nach der Analogie des bisherigen Sprachgebrauchs benannt werden sollte, nach welchem sich die bisherige Darstellung der Wissenschaftslehre nur zu sehr gerichtet, und sich dadurch den Verdrehungen der Buchstäbler blossgestellt hat – *eine Thathandlung.* « Vgl. GWL GA I/3, 259 Es ist auch nicht ausser Acht zu lassen, dass Fichte dem Leser bereits in der Schrift von 1795 sagt, dass die Bezeichnung des nicht zu abstrahierenden Ich als » Thathandlung « bloss provisorisch war und dass er die Wissenschaftslehre mit dieser Bezeichnung zu einfach den Missverständnissen ausgesetzt habe. Hierin ist der Grund dafür zu sehen, warum er diese Bezeichnung bald verlassen hat und zu dem Ausdruck » intellektuelle Anschauung « zurückkehrte, der seiner Auffassung nach den mit dem nicht zu abstrahierenden Ich gemeinten Sachverhalt angemessener bezeichnet, nämlich Einheit des Subjektiven und des Objektiven zu sein.

14   Dieser Methode kann hier nicht nachgegangen werden. Fichte erläutert sie kurz in der Schrift *Über den Begriff der Wissenschaftslehre.* Vgl. GWL GA I/2, 142.

15   Vgl. ebd., 47.

Reinhold angenommen hat, keine im Bewusstsein vorfindbare Tatsache ist, sondern auf einen ursprünglichen Akt des menschlichen Geistes zurückgeführt werden muss: Das Objekt des Bewusstseins wird gesetzt und gerade nicht als eine bare Tatsache einfach vorgefunden. Mit dem Ausdruck ‚das Objekt' ist hier allerdings kein bestimmter Gegenstand, sondern vielmehr der Gedanke einer Objektivität überhaupt gemeint. Den Inhalt dieses Gedankens macht daher der Umstand aus, dass unser Bewusstsein überhaupt auf beliebige Objekte gerichtet ist. Und dieser Objektivitätsgedanke kann selber aus beliebigen Vorkommnissen im Bewusstsein nicht erklärt werden. Er ist also selber nicht *gegeben*, sondern von dem Subjekt des Bewusstseins allererst hervorgebracht, oder *gesetzt*, wie Fichte sich ausdrückt.

Erst nachdem Fichte dies erläutert hat, kommt er auf das Subjekt des Bewusstseins zu sprechen. Wie gesagt, dieser Textbefund mag überraschen, aber dieses Verfahren macht doch einen guten Sinn: (I) Fichte geht zunächt im Rahmen der Reinhold-Schulze Debatte von der objektiven Seite des Bewusstseins aus; (II) dann macht er deutlich, dass bereits Reinhold nicht mit beliebigen Objekten des Bewusstseins, sondern mit dem Objektivitätsgedanken überhaupt operierte; und schliesslich (III) zeigt er, dass es sich eben um einen Gedanken handelt, d.h. eben nicht um etwas, das einfach gegeben wäre, sondern um etwas, das von dem Subjekt des Bewusstseins allererst hervorgebracht werden muss. Erst mit diesem dritten Schritt tritt die Notwendigkeit hervor, den Charakter dieses Subjekts selbst zu erläutern. Mit einer bestimmten, aber wichtigen Einschränkung gilt mit Bezug auf das Subjekt des Bewusstseins dasselbe, was vorher schon mit Bezug auf das ursprüngliche Objekt des Bewusstseins gesagt worden ist: Das Subjekt überhaupt ist dasjenige, das als solches nicht im Modus der empirischen Anschauung *gegeben*, sondern durch die intellektuelle Anschauung allererst *gesetzt* wird.[16] Damit ist nur gemeint, dass das Subjekt über einen auf nichts anderes reduzierbaren, unmittelbaren und prereflexiven epistemischen Zugang zu sich selbst verfügt. Der Ausdruck ‚das absolute Subjekt' besagt also, dass es auch im Falle des Subjekts des Bewusstseins nicht um beliebige bestimmte empirische Gestalten geht, die das Subjekt annehmen kann, sondern um das Grundsätzliche, nämlich um den Gedanken der Subjektivität überhaupt. Mit dem Ausdruck ‚das absolute Subjekt' soll also der Gedanke einer Subjektivität überhaupt zur Sprache gebracht werden, die auf nichts höheres zurückgeführt werden kann, und deshalb die letzte Grundlage bietet, von der aus die Existenz alles Bewusstseins erklärt werden muss.

---

16 Vgl. ebd., 48.

Fichte drückt sich aus methodologischen Gründen in Reinholds Terminologie, die er aber aus sachlichen Gründen zugleich verabschiedet, so aus, dass das absolute Subjekt dasjenige ist, das *vorstellt*, jedoch selber *nicht vorgestellt* wird.[17] Daraus folgt, dass das absolute Subjekt gerade keine solche Entität ist, auf die der Satz des Bewusstseins angewendet werden könnte. Anders gesagt, die intellektuelle Anschauung, in der das Subjekt des Bewusstseins sich selbst präsent ist, oder wie Fichte es ausdrückt, gesetzt ist, ist kein Fall des Satzes des Bewusstseins. Somit ist klar, dass Fichte auch dem dritten (III) Schulzes Einwand zustimmt, der Satz des Bewusstseins sei kein allgemein geltender Satz. Fichte will damit zugleich all diejenigen Schwierigkeiten beseitigen, mit denen sich die Reinholdsche Erklärung des Selbstbewusstseins konfrontiert sah und auf die bereits Schulze hinwies, indem er Reinhold darauf aufmerksam machte, seine Elementarphilosophie sei nur eine Theorie des Bewusstseins des Objekts und nicht des Bewusstseins überhaupt.[18] Darüber hinaus ist auch deutlich, dass Fichte den ersten (I) Schulzeschen Einwand akzeptiert hat, demzufolge der Satz des Bewusstseins kein erster Grundsatz sein kann. Fichte konnte allerdings die Schulzesche Begründung dieses Einwandes nicht akzeptieren, die in dem Hinweis darauf bestand, dass, insofern der Satz des Bewusstseins ein solcher Satz sein soll, der keinen Widerspruch impliziert, er eben dem Prinzip des auszuschliessenden Widerspruchs unterliegt. Daher ist es Schulze zufolge der Satz des Widerspruchs und gerade nicht der Satz des Bewusstseins, der es beanspruchen kann, der höchste Grundsatz des menschlichen Wissens zu sein. In diesem Punkt folgte Fichte vielmehr Reinhold, der zu zeigen versuchte, dass der Satz des Widerspruchs eine Bedingung seiner Anwendbarkeit hat, die durch diesen Satz nicht mit gegeben ist.[19]

Die bereits erwähnte spezifische und wichtige Einschränkung, die den Subjektivitätsgedanken von dem Objektivitätsgedanken wesentlich unterscheidet, kommt zum Ausdruck, indem Fichte sagt, dass das absolute Objekt von dem absoluten Subjekt so *gesetzt* wird, das es sich selbst *entgegen*gesetzt, und insofern als Nicht-Ich bezeichnet werden kann.[20] Fichte betont, dass beide Gedanken nicht aufgrund einer Abstraktion von beliebigen bestimmten Objekten bzw. von beliebigen empirisch bedingten personalen Gestalten des Subjekts zustandekommen können, denn, so lautet Fichtes Argument, es handelt sich bei ihnen um Bedingungen der Möglichkeit von Bewusstsein, die als solche von allem Bewusstsein vorhergehen müssen und daher von ihm nicht

---

17 Vgl. ebd.
18 Vgl. Schulze: *Anesidemus*, S. 269.
19 Vgl. Reinhold: *Über das Fundament*, S. 36.
20 Vgl. GWL GA I/2, 48.

abhängig sein können, was bei ihrer Abstraktion von empirischen Vorkommnissen des Bewusstseins der Fall wäre.[21]

Bereits aus dieser spezifischen Differenz zwischen dem Subjektivitäts- bzw. Objektivitätsgedanken ergeben sich unmittelbar zwei Forderungen, die Fichte sofort eingesehen hat: *Erstens* muss das Subjekt vor dem absoluten, d.h vor einem jeden Objekt vorausgehen, denn das Objekt wird von dem Subjekt gesetzt und nicht umgekehrt. Anders gesagt: Das Subjekt setzt sich das Objekt entgegen, und es ist nicht einzusehen, dass es sich umgekehrt verhalten könnte. Das ist der Grund, warum den propositionalen Gehalt des höchsten Grundsatzes der Subjektivitätsgedanke ausmachen muss, und zwar, wie oben ausgeführt, handelt es sich um einen solchen Subjektgedanken, in dem dieses Subjekt als Entität gedacht wird, die ihre eigene Identität denkt oder setzt.

Zweitens muss das absolute Subjekt – das Ich – als eine solche Entität gedacht werden, die von Anfang an über das Bewusstsein ihrer selbst verfügt. Fichte geht es um die Begründung des Bewusstseins oder des Wissens, und nicht um Erklärung von irgendwelchen mechanischen Prozessen. Für Fichte ist es schlicht undenkbar, das Bewusstsein aus etwas unbewusstem hervorgehen zu lassen. Diese Entität weiss also von sich selbst als von einer identischen Entität, und dieses ihr Wissen kann ersichtlich auf nichts ihr gegenüber anderes zurückgeführt werden, sondern muss aus einem Akt dieser Entität selbst erklärt werden, den Fichte in der Rezension als Akt der *Thesis* bezeichnet. Wie oben gezeigt, geht dieser Akt der Thesis vor aller Entgegensetzung, vor aller *Antithesis*, also von allen bestimmten Objekten des Bewusstseins und sogar von dem Objektivitätsgedanken als solchem vorher. In der *Grundlage der gesamten Wissenschaftslehre* wird Fichte ausführen, dass es sich aus dem Versuch, die Einheit von Thesis und Antithesis zu denken, ein Widerspruch ergibt, der in dem Akt der Synthesis von beiden behoben werden muss. Fichte nennt sie *die erste Synthesis*. Sie ist propositional in dem dritten Grundsatz fixiert und markiert zugleich die Grundstruktur eines jeden intentionalen Bewusstseins. Erst damit ist ein Nachweis geliefert, den Fichte dem Leser in der Rezension schuldig geblieben ist, warum denn die Synthesis ohne vorausgesetzte Thesis und Antithesis nicht gedacht werden kann.

Warum ist aber der Schulzesche Skeptizismus für Fichte dogmatisch? Die Antwort auf diese Frage ist jetzt relativ einfach, obwohl mit ihr die Radikalität von Fichtes Unternehmen erneut deutlich wird. Fichte kündigt an, dass der Leser „eine bestimmte Einsicht in die Natur des Aenesidemischen Skeptizismus"[22] dadurch erhalten könne, dass, sobald Schulzes Ohr der Reinholdsche

---

21 Vgl. ebd.
22 Vgl. ebd., 49.

Ausdruck ‚Vorstellungsvermögen' trifft, er sich darunter nichts anderes vorstellen könne als „irgend ein [...] Ding, das *unabhängig* von *seinem* Vorstellen als Ding an sich, und zwar als *vorstellendes* Ding existirt."[23] Und Fichte fügt sofort eine These hinzu, die noch in Reinholds Terminologie Grundessenz seiner eigenen Theorie zum Ausdruck bringt: „Das V.V. existirt *für* das V.V. und *durch* das V.V."[24] Ersetzt man nun den Reinholdschen Ausdruck ‚Vorstellungsvermögen', der hier mit der Abkürzung ‚V.V.' bezeichnet wird, durch den Fichteschen Ausdruck ‚Ich' und den Reinholdschen Ausdruck ‚Vorstellen' durch den Fichteschen Ausdruck ‚Denken',[25] so wird man folgendes sagen können: Es ist eine dogmatische Annahme oder gar Anmassung zu meinen, dass das Ich unabhängig vom Vollzug der es definierenden Tätigkeit des Denkens existieren könnte, und es ist noch dogmatischer zu meinen, dass es unabhängig vom Denken als ein Ding existieren könnte, das, insofern es eben unabhängig vom Denken existieren sollte, darüber hinaus als ein Ding an sich existierte.

Schulzes Skeptizismus ist also für Fichte in zwei wesentlichen Punkten dogmatisch: *Erstens* weil Schulze meint, dass das Ich unabhängig vom Denken existieren kann, d.h. unabhängig davon existieren kann, ob es sich denkt, oder nicht denkt; und weil er *zweitens* meint, dass das Ich als ein Ding existieren kann. Existiert das Ich als Ding, dann ist Fichtes ironische Frage, ob es denn als ein rundes oder als ein viereckiges Ding existiert,[26] zu Recht gestellt, denn alle Dinge als solche existieren im Raum, wie Kant zeigte, und daher müsste auch das Ich als Ding eine beliebige von dem Raum abgeleitete Eigenschaft und damit eine räumliche Gestalt haben, d.h. eben rund oder viereckig oder kubisch oder dgl. sein. Die Grundessenz von Fichtes Ich-Theorie besteht also darin, dass das Ich nicht unabhängig vom Vollzug des Denkens existiert, d.h. das Ich existiert als Vollzug des Denkens, und eben deswegen gerade nicht als ein Ding. Im wesentlichen ontologischen Unterschied von allem Dinghaften existiert das Ich nur für das Ich und durch das Ich. Damit ist nichts anderes gesagt, als dass das Ich nur existiert, insofern es seine eigene Existenz denkt oder setzt, und insofern es seine eigene Existenz setzt, existiert es für sich. Wie auch immer die Dinge existieren, so existieren sie keineswegs auf diese Weise.

---

23 Vgl. ebd., 50.
24 Vgl. ebd., 51.
25 Das ist berechtigt, denn in dem *Versuch einer neuen Darstellung der Wissenschaftslehre* verbindet Fichte das Selbstbewusstsein in der Gestalt der intellektuellen Anschauung auf eine intrinsische Weise so mit dem Begriff des Denkens, dass gesagt werden kann, dass das Selbstbewusstsein als intellektuelle Anschauung dasjenige Bewusstsein ist, das unmittelbar alle Denkakte als solche begleitet und von ihnen unzertrennlich ist. Vgl. GWL GA I/4, 276.
26 Vgl. GWL GA I/2, 50.

Zum Schluss ist also folgendes zu sagen: Obwohl Fichte mit Descartes hätte sagen können, dass ich solange existiere, als ich meine Existenz denke, versteckt sich hinter seinem Angriff auf Schulze in der Tat sein Angriff auf diejenige Gestalt der neuzeitlichen Ich-Ontologie, die das Ich als Substanz *qua res* auffassen wollte. Es ist nicht möglich, hätte Fichte mit Hobbes gegen Descartes' Verfahren in der II. Meditation einwenden können, aus der Entdeckung des Denkens als derjenigen Tätigkeit, die das Ich als solches definiert, darauf zu schliessen, dass das Ich als ein denkendes Ding – *res cogitans* – existiert, genauso wie es nicht möglich ist, daraus, dass ich spazieren gehe, zu schliessen, dass ich ein Spaziergang bin.

KAPITEL 4

Einsturz und Neubau: Fichtes erste Grundsatzkonzeption als Antwort auf den Skeptizismus

Silvan Imhof

Abstract

In the first paragraph of the *Grundlage der gesammten Wissenschaftslehre* Fichte gives an extended exposition of his first principle. The aim of the article is to show that, first, this exposition is in fact an argument in favour of the first principle of the *Wissenschaftslehre*, and, second, that it answers the central point of the sceptical criticism put forward by Jacobi, Maimon and Schulze against Kantian philosophy. In order to corroborate these theses, the central point of the sceptical critique has to be identified in a first step. Next, I examine Fichte's strategy to meet the sceptical challenge. As a result, only a pre-systematic form of argument is adequate for Fichte to establish a principle that is immune to sceptical doubts, and, therefore, is a suitable starting point for a transcendental deduction. Finally, Fichte's argument against the sceptics can be reconstructed in the following way: He takes up the central point of the sceptical critique and reformulates it as a criterion for a first principle. He then shows that the criterion is fulfilled by the I, if it is conceived in his own way, i.e. as pure activity.

Zusammenfassung

Fichte entwickelt im ersten Paragraphen der *Grundlage der gesammten Wissenschaftslehre* eine ausführliche Exposition seines ersten Grundsatzes. Der Beitrag hat zum Ziel zu zeigen, dass diese Exposition ein Argument für das erste Prinzip der Wissenschaftslehre darstellt und dass es ein Argument gegen den zentralen Punkt der skeptischen Kritik an der Transzendentalphilosophie, wie sie Jacobi, Maimon und Schulze formulierten, ist. Um diese Thesen zu untermauern, wird in einem ersten Schritt der zentrale Punkt der skeptischen Kritik identifiziert. Dem folgt eine Untersuchung der Strategie, mit der Fichte der Kritik begegnet, wobei sich eine vorsystematische Argumentation als geeignet erweist, einen ersten Grundsatz aufzustellen, der gegen die vorgebrachten Zweifel resistent und daher als Basis einer transzendentalen Deduktion tauglich ist. Fichtes Argumentation gegen den Skeptizismus kann dann folgendermaßen rekonstruiert werden: Fichte nimmt den zentralen Punkt der skeptischen Kritik auf und formt ihn in ein Kriterium für ein erstes Prinzip um. Er kann dann zeigen, dass das Ich das Kriterium erfüllt, sofern es als reine Tätigkeit aufgefasst wird.

Schlüsselwörter

Fichte – Skeptizismus – Transzendentalphilosophie – Aenesidemus – Maimon – Jacobi

1 Transzendentalphilosophie, Wissenschaftslehre und Skeptizismus

Die Auseinandersetzung mit dem Skeptizismus stellt zweifellos einen wesentlichen Faktor bei der Entstehung und Entwicklung der Philosophie des Deutschen Idealismus dar. In ihr ist einer der Gründe zu finden, weshalb überhaupt der Versuch unternommen wurde, die von Kant entworfene Transzendentalphilosophie in ein einheitliches System zu bringen, das auf einem ersten Prinzip gründet: Die für entscheidend gehaltenen Resultate Kants sollten gesichert werden, indem sie auf eine Grundlage zurückgeführt bzw. aus einer solchen entwickelt wurden, welche unbezweifelbare Gewissheit beanspruchen konnte, so dass skeptische Einwände von vornherein abgeblockt werden konnten. Den konkreten Anlass dazu gab eine sich ab Ende der 1780er Jahre formierende skeptizistische Front gegen die kantische Philosophie, als deren Hauptvertreter Friedrich Heinrich Jacobi, Salomon Maimon und Gottlob Ernst Schulze zu nennen sind.

Bei Fichte hat der neue Skeptizismus offenbar mit ganz besonderer Wucht eingeschlagen, am unmittelbarsten in der Form, in der er von Schulze 1792 in seinem *Aenesidemus* präsentiert wurde: „Aenesidemus, den ich unter die merkwürdigen Produkte unsers Jahrzehends zähle, hat mich von dem überzeugt, was ich vorher wohl schon ahndete daß selbst nach Kants, u. Reinholds Arbeiten die Philosophie noch nicht im Zustande einer Wissenschaft ist[,] hat mein eignes System in seinen Grundfesten erschüttert, u. hat mich, da sich's unter freiem Himmel nicht gut wohnt, genöthigt von neuem aufzubauen."(Brief an Flatt 1793 (November oder Dezember), GA III/2, 18; vgl. ebd., 14, 28, 274f., 281f.) Fichte wusste aber auch schon, wie mit dem Neubau zu beginnen war: „Ich habe mich überzeugt, daß nur durch Entwikelung aus einem einzigen Grundsatze Philosophie Wißenschaft werden kann, daß sie aber dann eine Evidenz erhalten muß, wie die Geometrie, daß es einen solchen Grundsaz giebt, daß er aber *als solcher* noch nicht aufgestellt ist: ich glaube ihn gefunden zu haben, u. habe ihn, soweit ich mit meiner Untersuchung bis jezt vorgerükt bin, bewährt gefunden." (Ebd.)

Fichtes Äußerungen belegen, dass er die Einwände der Skeptiker gegen Kant und Reinhold sowohl für zutreffend als auch für schwerwiegend hielt, da sie auf grundsätzliche Probleme der bisherigen Systeme der Transzendentalphilosophie hinwiesen. Das bedeutete für Fichte, dass die Transzendentalphilosophie auf fundamentaler Ebene neu angelegt werden musste, es musste von Grund auf neu angebaut werden. Für Fichte war zum vornherein klar, dass die erforderliche Neufundierung durch einen einzigen Grundsatz zu erfolgen hatte. Dieser sollte dazu geeignet sein, die gesamte Philosophie aus ihm zu entwickeln, derart dass diese den Rang einer Wissenschaft und geometrische Evidenz erhielt. Die Wissenschaftslehre war also zum vornherein auch als Antwort auf den Skeptizismus ausgelegt. Da dies durch ihr Fundament, den ersten Grundsatz, erfolgen sollte, war dieser auch zum vornherein als Antwort auf die skeptischen Argumente konzipiert.

In einem ersten Schritt (2) wird es darum gehen, den zentralen Punkt der skeptischen Kritik zu lokalisieren. Obwohl eine Vielzahl von unterschiedlichen Einwänden vorgebracht wurden, gibt es doch einen Kern der Kritik, der vor allen anderen die Neufundierung der Transzendentalphilosophie erforderlich machte, da er eine inhärente Problematik der Transzendentalphilosophie aufdeckt: Die Transzendentalphilosophie ist, so lautet der Einwand, prinzipiell nicht in der Lage, die objektive Gültigkeit oder Faktizität der bei ihren Deduktionen als Basis dienenden Prinzipien nachzuweisen. Dies führt zu einem Dilemma, das auszuschließen scheint, dass die Transzendentalphilosophie zu einer Antwort auf die skeptische Herausforderung fähig ist.

Im nächsten Abschnitt (3) werde ich die möglichen Reaktionen auf das präsentierte Dilemma aus Fichtes Perspektive behandeln. Da skeptische Argumente nicht zwingend eine Letztbegründung oder Systemfundierung als Antwort verlangen und umgekehrt eine solche Fundierung nicht in jedem Fall eine adäquate Antwort auf jede Art von skeptischen Argumenten darstellt, gilt es auch darauf einzugehen, weshalb Fichte in der Aufstellung eines ersten Grundsatzes die aussichtsreichste Strategie gegen die skeptische Kritik sieht. Dabei ist hervorzuheben, dass Fichte bereits mit der Exposition des ersten Grundsatzes in der *Grundlage der gesammten Wissenschaftslehre* eine antiskeptische Argumentation verfolgt.

In einem letzten Schritt (4) werde ich schließlich rekonstruieren, wie Fichte bei dieser Einführung konkret vorgeht, d.h. inwiefern seine Vorgehensweise eine vorsystematische Argumentation gegen die skeptische Kritik ist und inwiefern also Fichtes Grundsatzkonzeption eine Antwort auf die skeptizistische Herausforderung darstellt.

2 Das Dilemma der Transzendentalphilosophie

Wenn oben davon die Rede war, dass sich eine skeptizistische Front gegen die Transzendentalphilosophie formierte, soll das nicht heißen, dass es sich dabei um eine geschlossene Front handelte. Bei den wichtigsten und für Fichte relevanten Verfechtern skeptischer Argumente – Jacobi, Maimon und Schulze – war zwar eine gemeinsame Affinität zum Hume'schen Skeptizismus vorhanden, daneben vertraten sie aber unterschiedliche philosophische Positionen, für die der Skeptizismus einen unterschiedlichen systematischen Stellenwert hatte.[1] Um zu zeigen, dass es trotz aller Differenzen einen gemeinsamen Punkt der Kritik gibt, der als Hauptpunkt der skeptizistischen Angriffe auf die Transzendentalphilosophie zu gelten hat, werde ich zunächst auf Schulzes im *Aenesidemus* (1792) vorgebrachte Argumente eingehen. Schulze konnte sowohl von den Argumenten seiner Vorgänger profitieren und diese in pointierter Form reformulieren als auch bereits auf Reinholds Elementarphilosophie, als die nun stärkste verfügbare Variante der Kritischen Philosophie, eingehen. Nicht zuletzt war der *Aenesidemus* unmittelbar für den Einsturz von Fichtes System verantwortlich, wie die brieflichen Äußerungen belegen.[2]

Wie der vollständige Titel des *Aenesidemus* verrät, verfolgt Schulze zwei Ziele: Zum einen sollen die Fundamente „der von dem Herrn Professor Reinhold in Jena gelieferten Elementar-Philosophie" geprüft und kritisiert werden. Schulze unterzieht Reinholds System, wie dieser es zuletzt im ersten Band seiner *Beiträge zur Berichtigung bisheriger Mißverständnisse der Philosophen* (1790) präsentiert hatte, einer ins Detail gehenden Kritik. Gegen den Satz des Bewusstseins, den alles entscheidenden Systemgrundsatz, formuliert Schulze

---

1 Vgl. dazu Beiser, Frederick C.: *The Fate of Reason. German Philosophy from Kant to Fichte.* Cambridge, Mass./London 1987, Kap. 9, 10; Franks, Paul W.: *All or Nothing. Systematicity, Transcendental Arguments, and Skepticism in German Idealism.* Cambridge, Mass./London 2005, Kap. 3; Henrich, Dieter: *» Unendliche Annäherung «. Die Anfänge der philosophischen Frühromantik.* Frankfurt 1997, 3. und 4. Vorlesung; Hoyos, Luis Eduardo: *Der Skeptizismus und die Transzendentalphilosophie. Deutsche Philosophie am Ende des 18. Jahrhunderts.* Freiburg/München 2008.

2 Erst in *Ueber den Begriff der Wissenschaftslehre* werden neben Schulzes *Aenesidemus* auch » die vortrefflichen Maimonschen Schriften « als hervorragende Werke » neuer Skeptiker « genannt (BWL GA I/2, 109; vgl. auch GWL GA I/2, 280 Anm.). Auf Jacobi geht Fichte erst im Kontext seiner Kritik des Dinges an sich in der *Zweiten Einleitung in die Wissenschaftslehre,* § 6, näher ein. Mir geht es hier nicht um die historischen Abhängigkeiten, sondern um die systematische Pointe der skeptizistischen Kritik.

drei Einwände:[3] Reinholds erstes Prinzip könne „*erstlich kein absolut erster Grundsatz*" sein, da „die in ihm enthaltene Verbindung des Subjekts und Prädikats der im Satze des Widerspruchs enthaltenen Regel alles Urteilens angemessen" sein müsse und also zumindest den Satz des Widerspruchs als höheres Prinzip voraussetze.[4] Zweitens sei der Satz des Bewusstseins nicht, wie Reinhold behauptet, „*ein durchgängig durch sich selbst bestimmter Satz*", da nicht hinreichend bestimmt sei, was mit „Beziehen" und „Unterscheiden" gemeint ist.[5] Damit macht Schulze klar, dass der Satz des Bewusstseins nicht durch sich selbst verständlich, und daher nicht selbstevident sein kann, weil die Bedeutungen der verwendeten Ausdrücke unterbestimmt sind. Drittens ist der Satz des Bewusstseins „weder *ein allgemeingeltender Satz*, noch drückt er ein Faktum aus, das an keine bestimmte Erfahrung und an kein gewisses Raisonnement gebunden wäre".[6] Dies ist der entscheidende Kritikpunkt, denn er betrifft den epistemischen Status von Reinholds Grundsatz: Da es sich offensichtlich nicht um einen analytischen, sondern um einen synthetischen Satz handelt, kann seine „reale Wahrheit" sich nur auf Erfahrung gründen.[7] Das heißt konkret, dass der Satz des Bewusstseins von verschiedenen Bewusstseinsvorkommnissen oder „Äußerungen des Bewußtseins" abstrahiert sein muss.[8] Trifft dies zu, ist er ein induktiv gewonnener Satz, dessen Geltung sich nur auf jene Fälle erstreckt, von denen er abstrahiert worden ist. Er ist folglich weder allgemeingültig noch erfahrungsunabhängig, noch bezieht er sich unmittelbar auf eine Tatsache. Das alles macht Reinholds Grundsatz zu einer empirischen Aussage, die der Skeptiker als solche wohl zugestehen kann, jedoch mit dem Hinweis, dass sie – wie alle allgemeinen empirischen Aussagen – nur beschränkte Reichweite und nur bedingte Gewissheit haben kann. Somit besteht Grund zum Zweifel, sowohl an der objektiven Gültigkeit des ersten Grundsatzes wie auch am ganzen aus ihm entwickelten System.[9] Mit seiner Kritik macht Schulze klar, dass

---

3   Der Satz des Bewusstseins lautet in der » Neuen Darstellung der Hauptmomente der Elementarphilosophie «: » Im Bewußtsein wird die Vorstellung durch das Subjekt vom Subjekt und Objekt unterschieden und auf beide bezogen. « (Reinhold, Karl Leonhard: *Beiträge zur Berichtigung bisheriger Mißverständnisse der Philosophen. Erster Band, das Fundament der Elementarphilosophie betreffend.* Hg. v. F. Fabbianelli. Hamburg 2003, S. 113).

4   [Schulze, Gottlob Ernst]: *Aenesidemus oder über die Fundamente der von dem Herrn Professor Reinhold in Jena gelieferten Elementar-Philosophie. Nebst einer Verteidigung des Skeptizismus gegen die Anmaßungen der Vernunftkritik.* Hg. v. M. Frank. Hamburg 1996, S. 52f.

5   Ebd., S. 54.
6   Ebd., S. 58.
7   Ebd., S. 61.
8   Ebd.
9   Ebd., S. 62.

der Satz des Bewusstseins nicht den Anforderungen an einen ersten Grundsatz genügt, die Reinhold selbst wiederholt formuliert hatte.[10]

Schulzes zweite Linie der Kritik, die als „Verteidigung des Skeptizismus gegen die Anmaßungen der Vernunftkritik" deklariert ist, ist in Wahrheit ein frontaler Angriff auf die Transzendentalphilosophie. Schulze argumentiert, dass die Transzendentalphilosophie weder in der von Kant noch in der von Reinhold entwickelten Form den Skeptizismus Humes habe widerlegen können, und dass dies mit den Mitteln der Transzendentalphilosophie auch gar nicht möglich sei. Schulzes Argumentation kann wie folgt wiedergegeben werden: Der Skeptiker zweifelt nicht an der Wirklichkeit von Vorstellungen, d.h. daran, dass es Vorstellungen gibt.[11] Er zweifelt auch nicht daran, dass Vorstellungen einen repräsentationalen oder intentionalen Gehalt haben, d.h. dass bestimmte Dinge mit bestimmten Eigenschaften vorgestellt werden. Er stellt aber in Frage, dass diesen Vorstellungen etwas entspricht, was unabhängig davon existiert, dass wir Vorstellungen davon haben. Der Skeptiker bezweifelt also, dass den intentionalen Gehalten von Vorstellungen irgendwelche Sachverhalte entsprechen, so dass die Vorstellungen objektiv gültig sind. Die objektive Gültigkeit einer Vorstellung würde erfordern, dass sich ihr intentionaler Gehalt tatsächlich auf etwas bezieht, d.h. dass tatsächlich etwas existiert, worauf sie sich bezieht.[12]

Hinter dem Zweifel steht die Einsicht in die Möglichkeit, dass Vorstellungen über einen intentionalen Gehalt verfügen können, ohne dass ihnen etwas Reales (von der Vorstellung unabhängig Existierendes) entspricht. Der intentionale Gehalt ist logisch unabhängig von der Existenz dessen, worauf er sich vorgeblich bezieht. Daraus folgt aber, dass die intentionalen Eigenschaften von Vorstellungen nicht hinreichend sind, um bestimmen zu können, ob sich eine Vorstellung tatsächlich auf etwas bezieht und etwas Reales repräsentiert. Ob eine Vorstellung objektiv gültig ist, lässt sich daher nicht aufgrund ihrer intrinsischen, intentionalen Eigenschaften entscheiden. Dazu bedarf es vielmehr eines zusätzlichen, davon unabhängigen Nachweises.

Für Schulze läuft dies auf die Forderung hinaus, dass gezeigt werden müsste, dass in den relevanten Fällen ein reales Verhältnis zwischen Vorstellungen und den Gegenständen, auf welche sie sich im intentionalen Sinne beziehen, besteht, damit die Behauptung der objektiven Gültigkeit der zur Diskussion

---

10 Vgl. z.B. Reinhold: *Beiträge*, S. 98f.
11 Vgl. [Schulze]: *Aenesidemus*, S. 26, 40.
12 Es ist darauf hinzuweisen, dass objektive Gültigkeit nicht *Wahrheit* impliziert, sondern nur *Wahrheitswertfähigkeit*. Objektive Gültigkeit verlangt nur, dass eine Vorstellung sich auf etwas Reales bezieht, d.h. dass die präsupponierten Bezugsgegenstände existieren, nicht aber, dass der repräsentierte Sachverhalt tatsächlich besteht.

stehenden Vorstellungen begründet werden kann.¹³ Kann dieser Forderung nicht entsprochen werden, muss der skeptische Vorbehalt, dass alle Vorstellungen möglicherweise *bloß* Vorstellungen sind und sich auf nichts Reales beziehen, akzeptiert werden.

Schulze zufolge kann die Transzendentalphilosophie dieser Forderung prinzipiell nicht Genüge leisten. Auf ihren immanenten Standpunkt verpflichtet, wird sie zwar erfolgreich die Bedingungen der Möglichkeit der Intentionalität von Vorstellungen deduzieren können, die Bedingungen dafür, dass Vorstellungen einen intentionalen Gehalt haben und sich infolgedessen überhaupt auf etwas beziehen können. Zu diesen Bedingungen mag auch gehören, dass die Anwendung bestimmter Begriffe (Kategorien) notwendig ist, dass bestimmte synthetische Sätze a priori als gültig akzeptiert werden müssen und auch dass wir notwendig die Überzeugung haben müssen, dass sich unsere Vorstellungen auf etwas von ihnen Unabhängiges beziehen. Das sind aber alles bloß doxastische oder Denknotwendigkeiten: Wir haben, sofern wir Vorstellungen haben, notwendigerweise bestimmte Überzeugungen. Die Notwendigkeit, dass wir diese Überzeugungen haben, impliziert aber nicht deren Wahrheit. Dass wir etwa notwendigerweise davon überzeugt sein müssen, dass sich unsere Vorstellungen auf etwas von ihnen Unabhängiges beziehen, heißt nichts weiter, als dass es die Intentionalität von Vorstellungen erfordert, dass die Existenz der intendierten Gegenstände *präsupponiert* wird. Daraus folgt aber nicht, dass diese Präsupposition auch erfüllt ist. Im Hinblick auf die objektive Gültigkeit von Vorstellungen ist auf diese Weise also nichts zu gewinnen, so dass es sich bei transzendentalphilosophischen Behauptungen über die objektive Gültigkeit von Vorstellungen nur um unzulässige Schlüsse vom „Gedachtwerdenmüssen eines Etwas auf das reale Sein desselben" handeln kann.¹⁴

Auch Jacobis Kant-Kritik weist auf dieselbe Problematik der Transzendentalphilosophie hin, wenn auch aus einem etwas anderen Blickpunkt. Jacobi konzentriert sich vornehmlich auf Kants Behauptung, dass uns sinnliche Anschauung aufgrund einer Affektion der Sinnlichkeit durch Dinge an sich gegeben werde. Von dieser Behauptung sagt er, dass man ohne sie in Kants

---

13 Vgl. [Schulze]: *Aenesidemus*, S. 159ff. Anm., 175, 256 und 26. Mit der Forderung, dass der Nachweis objektiver Gültigkeit einen Nachweis eines realen Verhältnisses zwischen Vorstellungen und Gegenständen erfordert, verkennt Schulze wohl Kants Intention und Argumentationsstrategie. Diese lässt sich so verstehen, dass versucht wird, die objektive Gültigkeit von Erfahrung gerade *ohne* Rekurs auf ein reales Verhältnis zu beweisen. Ob tatsächlich ein Missverständnis seitens Schulze vorliegt, kann hier aber vernachlässigt werden. Wichtig ist, dass Schulze einen Einwand formuliert, der Fichte auf eine Schwäche der Transzendentalphilosophie aufmerksam machte.

14 Ebd., S. 262; vgl. ebd., S. 159ff. Anm.

System nicht hineinkomme, mit ihr aber nicht darin bleiben könne.[15] Damit macht Jacobi aber nicht nur auf eine interne Inkonsistenz aufmerksam, die daraus entsteht, dass einerseits eine Affektion durch Dinge an sich behauptet wird und zugleich das Theorem der prinzipiellen Unerkennbarkeit der Dinge an sich, aufgrund dessen Behauptungen wie die erste nicht möglich sind. Die festgestellte Inkonsistenz führt auch unmittelbar zu der Forderung, eine der sich widersprechenden Aussagen fallen zu lassen. Jacobi zufolge sollte die Affektionsthese aufgegeben werden. Folglich müsse der Transzendentalphilosoph den „kräftigsten Idealismus" vertreten, d.h. einen Idealismus, der keine Behauptungen über eine vorstellungsunabhängige Realität erlaubt und eine solche Realität geradezu negiert.[16] Die Position, die Jacobi von einem konsequenten Transzendentalismus fordert, ist aber unmittelbar als Rückzugsposition zu erkennen, die eingenommen werden muss, weil sich hinter dem Theorem der Unerkennbarkeit der Dinge an sich eine Variante der Skepsis bezüglich der Existenz einer vorstellungsunabhängigen Realität verbirgt.

Hier wird das Problem deutlich, das sich für die Transzendentalphilosophie aus Schulzes Forderung eines Nachweises eines realen Verhältnisses zwischen Vorstellungen und Gegenständen ergibt. Denn mit dem Affektionsverhältnis zwischen sinnlicher Anschauung und Ding an sich wird zwar ein solches reales Verhältnis behauptet, eine realistische Annahme dieser Art kann aber auch dann, wenn sie nicht transzendentalen Theoremen widersprechen würde, innerhalb der Transzendentalphilosophie nicht begründet werden. Es kann sich nur um eine dogmatische These handeln, die als solche weder begründet noch widerlegt werden kann, und deswegen angreifbar ist. Also selbst dann, wenn die Affektionsthese mit der kantischen Epistemologie kompatibel wäre, könnte mit ihr der skeptischen Forderung nicht entsprochen werden. Somit steht der Transzendentalphilosoph – vor dem Hintergrund von Schulzes und Jacobis Einwänden – systematisch vor der Wahl, die Faktizität des Gegenstandsbezugs dogmatisch auf einen nicht nachweisbaren Sachverhalt zurückzuführen oder aber, im Sinne des „kräftigsten Idealismus", auf jegliche Aussagen über die Objektivität von Vorstellungen zu verzichten.

Zu einem ähnlichen Resultat kommt Maimon, jedoch aufgrund anderer Überlegungen. Er orientiert sich bei seiner Kritik am Verfahren der transzendentalen Argumentation und macht klar, dass das Problem der objektiven Gültigkeit von Vorstellungen ein allgemeines Fundierungsproblem darstellt.

---

15 Vgl. Jacobi, Friedrich Heinrich: *David Hume über den Glauben oder Idealismus und Realismus. Ein Gespräch.* Gesamtausgabe. Werke Bd. 2/1. Hg. v. W. Jaeschke und I.-M. Piske. Hamburg/Stuttgart 2004, S. 109.
16 Ebd., S. 112.

Maimon bemerkt, dass eine transzendentale Deduktion nur dann zu einem Objektivitätsnachweis führen kann, wenn bereits für ihren Ausgangspunkt, die Basis der transzendentalen Deduktion, objektive Gültigkeit beansprucht werden kann. Eine transzendentale Deduktion geht, allgemein gesprochen, von einem Satz oder Urteil aus, das einen bestimmten Sachverhalt beschreibt.[17] In der Folge geht es darum, die transzendentalen Voraussetzungen dieses Urteils zu ermitteln, die Bedingungen der Möglichkeit des durch die Deduktionsbasis beschriebenen Sachverhalts. Für alles, was auf diese Weise deduziert wird, gilt, dass es hinsichtlich des beschriebenen Sachverhaltes notwendig ist. Mit anderen Worten, wenn der beschriebene Sachverhalt tatsächlich besteht, d.h. wenn die Deduktionsbasis objektiv gültig und wahr ist, kann auch für all dasjenige objektive Gültigkeit beansprucht werden, was zur Möglichkeit des beschriebenen Sachverhaltes erforderlich ist. So können etwa die Kategorien als notwendig im Hinblick auf die Möglichkeit von Erfahrungsurteilen auf diese Weise deduziert werden. Maimon macht aber darauf aufmerksam, dass es sich nur um eine bedingte (konditionale, hypothetische) Notwendigkeit handelt, solange nicht gesichert ist, dass der als Deduktionsbasis dienende Satz selbst objektiv gültig ist. Da Maimon Kants transzendentale Deduktion so versteht, dass die objektive Gültigkeit der Kategorien als Bedingung der Möglichkeit des Faktums der Erfahrung abgeleitet werden, bedeutet das, dass die Gültigkeit der Kategorien nur unter der Bedingung der Wirklichkeit von Erfahrung nachgewiesen ist. Bestehen aber Zweifel an der Wirklichkeit der Erfahrung, ist auch die objektive Gültigkeit der Kategorien zweifelhaft. Und Maimon sagt: „Ich hingegen bezweifle das Faktum selbst, daß wir nämlich Erfahrungssätze haben, daher kann ich ihre objektive Gültigkeit auf diese Art nicht beweisen."[18]

Die objektive Gültigkeit des Deduzierten hängt also an der objektiven Gültigkeit der Deduktionsbasis. Somit reicht es nicht aus, eine korrekte Analyse der transzendentalen Bedingungen der Möglichkeit der Deduktionsbasis anzugeben, und etwa zu zeigen, dass Kategorien solche Bedingungen im Hinblick auf die Möglichkeit der Erfahrung sind. Vielmehr müsste der Skeptiker auch noch davon überzeugt werden, dass die Basis der Deduktion sich tatsächlich auf etwas Reales bezieht, d.h. es müsste die objektive Gültigkeit der

---

17 Vgl. dazu Franks: *All or Nothing*, S. 201–219.
18 Maimon, Salomon: *Versuch über die Transscendentalphilosophie mit einem Anhang über die symbolische Erkenntniß und Anmerkungen*. Gesammelte Werke Bd. 2. Hg. v. V. Verra. Hildesheim 1965, S. 105. Es bestehen wiederum Vorbehalte, ob Maimons Kritik zutrifft, da durchaus nicht feststeht, dass das Faktum der Erfahrung wirklich die Basis von Kants Deduktion ausmacht. Es ist aber auch hier anzumerken, dass Maimon auf eine echte Problematik transzendentalen Argumentierens aufmerksam macht, selbst wenn ihr tatsächlich ein Missverständnis zugrunde liegt.

Deduktionsbasis gesichert sein. Das ist aber weder bei der von Maimon Kant unterstellten Deduktionsbasis, dem Faktum der Erfahrung, der Fall noch bei Reinholds Tatsache des Bewusstseins, welche durch den Satz des Bewusstseins ausdrückt wird.[19] Die Transzendentalphilosophie wird also von Maimon mit dem Problem konfrontiert, dass jede transzendentale Deduktion von einem Basissatz ausgehen muss, der objektiv gültig sein muss, wenn die Resultate der Deduktion objektiv gültig sein sollen. Die objektive Gültigkeit dieses Satzes kann aber nicht wiederum innerhalb der Transzendentalphilosophie begründet werden, da er ja den Ausgangspunkt der Deduktion darstellt. Deshalb ist die Deduktionsbasis anzweifelbar, folglich auch die objektive Gültigkeit des daraus Deduzierten.

Nimmt man zum Schluss die von Schulze, Jacobi und Maimon vorgebrachten Kritikpunkte zusammen, kann man die Herausforderung der Transzendentalphilosophie durch den Skeptizismus in allgemeiner Form als ein Dilemma formulieren: *Entweder* geht man bei der transzendentalen Deduktion ausschließlich von Annahmen aus, die auch der Skeptiker akzeptiert (die Wirklichkeit von Vorstellungen). In diesem Fall kommt man aber nicht über eine Analyse der intrinsischen Eigenschaften der Vorstellungen, die Entwicklung der Bedingungen der Möglichkeit der Intentionalität von Vorstellungen hinaus. Der zur Widerlegung des Skeptizismus erforderliche Nachweis, dass sich die intentionalen Gehalte von Vorstellungen auch tatsächlich auf etwas unabhängig von den Vorstellungen Existierendes beziehen, ist auf diesem Weg nicht möglich. Letztlich muss dem „*Humischen Skeptizismus* in seiner völligen Stärke Platz gelassen" werden.[20] *Oder* man beschränkt sich nicht nur auf die Analyse der Bedingungen der Intentionalität der Vorstellungen, sondern hält am Nachweis ihrer Objektivität und an einer Widerlegung des Skeptizismus fest. In diesem Fall kommt man aber nicht ohne Annahmen aus, welche nicht mehr bloß die intentionalen Eigenschaften von Vorstellungen betreffen und welche deshalb aus einem immanenten Standpunkt selbst nicht begründet werden können. Solche Annahmen sind jedoch unmittelbar Gegenstand skeptischer Kritik, seien das nun realistische Annahmen wie Kants These von der Affektion der Sinnlichkeit durch Dinge an sich oder Annahmen über Tatsachen wie Kants Faktum der Erfahrung oder Reinholds Tatsache des Bewusstseins.[21]

---

19 Vgl. Maimon, Salomon: *Streifereien im Gebiete der Philosophie*. Gesammelte Werke Bd. 4. Hg. v. V. Verra. Hildesheim 1970, S. 225f.

20 Maimon, Salomon: *Lebensgeschichte*. Gesammelte Werke Bd. 1. Hg. v. V. Verra. Hildesheim 1965, S. 558.

21 Auch der Satz des Bewusstseins beschreibt kein immanentes Verhältnis, da Subjekt und Objekt »*äußere* Merkmale« des Begriffs der Vorstellung sind; vgl. Reinhold: *Beiträge*, S. 119.

3 Antiskeptische Strategien

Es gibt drei Möglichkeiten, auf das durch die skeptische Kritik präsentierte Dilemma zu reagieren: (a) Man akzeptiert die Kritik und ergreift eines der beiden Hörner des Dilemmas. (b) Man unternimmt einen Gegenangriff und versucht direkt oder indirekt den Skeptizismus bzw. die skeptischen Einwände zu widerlegen. (c) Oder man zeigt die Möglichkeit eines transzendentalphilosophischen Systems auf, durch das ein Objektivitätsnachweis möglich ist, ohne dass zweifelhafte Annahmen zugrunde gelegt werden müssen, so dass man dem Dilemma entgeht.

Es ist klar, dass für Fichte die Option (a) nicht in Frage kommt. Sie bedeutet darauf zu verzichten, die Objektivität von Vorstellungen auf eine Weise zu begründen, die zweifelresistent ist – gleichgültig, welches von beiden Hörnern des Dilemmas man wählt. Der Nachweis der Möglichkeit von Wissen ist aber eines, wenn nicht gar das primäre Anliegen der Transzendentalphilosophie im Allgemeinen und der Wissenschaftslehre im Besonderen. Mit der Wahl der ersten Möglichkeit würde man daher den transzendentalphilosophischen Ansatz als solchen preisgeben und indirekt sogar zugestehen, dass das eigentliche Ziel der Philosophie nicht erreicht werden kann.[22]

Auch die Möglichkeit (b) ist nicht Fichtes Weg. Zwar finden sich bei Fichte Versuche, den Skeptizismus direkt oder indirekt zu widerlegen.[23] Näher betrachtet erweisen sich diese allerdings als nicht dazu geeignet, die von Jacobi, Maimon und Schulze erhobenen Einwände, die zum Dilemma der Transzendentalphilosophie führen, zu entkräften. Zum einen gibt es bei Fichte systemunabhängige Argumente, welche keine Annahmen der Wissenschaftslehre voraussetzen und auf den direkten Nachweis der inneren, theoretischen oder pragmatischen Inkonsistenz des Skeptizismus zielen. Selbst wenn Argumente dieses Typs genügen sollten, um den Skeptizismus als philosophische Position hinfällig zu machen, sind dadurch nicht auch schon spezifische skeptische Argumente widerlegt. Gründe für den Zweifel an bestimmten Behauptungen bleiben auch dann bestehen, wenn der Skeptizismus als systematische Position insgesamt obsolet ist. Zweitens führt Fichte Argumente gegen den Skeptizismus auf der Grundlage seines Systems. Dazu gehört insbesondere

---

22 Vgl. z.B. ZwE GA I/4, 210 Anm.
23 Vgl. Breazeale, Daniel: » Fichte on Skepticism «. In: *Journal of the History of Philosophy* 29 (1991, 3), S. 427–453, und ders.: » Über die Unhaltbarkeit und die Unentbehrlichkeit des Skeptizismus bei Fichte «. In: *Fichte-Studien* 5 (1993), S. 7–19, sowie Storheim, Eivind: » Fichtes Widerlegung des Skeptizismus «. In: Hammacher, K. (Hg.): *Der transzendentale Gedanke. Die gegenwärtige Darstellung der Philosophie Fichtes.* Hamburg 1981, S. 309–315.

die Widerlegung des Skeptikers durch die Ausführung der Wissenschaftslehre, mit der dem Skeptiker vorgeführt wird, dass die Deduktionsziele tatsächlich erreicht werden können. Argumente dieser Art mögen zwar Zweifel an der Durchführbarkeit und Adäquatheit einer Deduktion aus ersten Prinzipien ausräumen können. Davon wird sich der Skeptiker aber nicht beeindrucken lassen, solange Zweifel an der objektiven Gültigkeit der Deduktionsbasis bestehen. Außerdem ist darauf hinzuweisen, dass Fichte die skeptischen Einwände nicht für falsch oder fehlgeleitet hält. Sie sind, im Gegenteil, stichhaltig und verlangen demzufolge keine Widerlegung, sondern ein alternatives System, welches den Einwänden standhält.

Damit fällt die Wahl auf (c), ein alternatives System aufzubauen und zu zeigen, dass für dieses System die dilemmatische Situation nicht besteht. Da die skeptische Kritik zunächst die Möglichkeit betrifft, eine geeignete Deduktionsbasis zu finden, d.h. eine solche, deren objektive Gültigkeit gesichert ist, steht Fichte mit dieser Wahl primär vor einem Grundlegungsproblem: Nur wenn eine gegen Zweifel gesicherte Deduktionsbasis, ein erster Grundsatz, vorliegt, können die Resultate der Deduktion mehr als nur hypothetische Gültigkeit beanspruchen.

Es mag nun so aussehen, als ob Fichte nichts weiter tun müsste, als dem Skeptiker den Grundsatz zu präsentieren, in dessen Besitz er sich der eingangs zitierten Briefstelle zufolge befindet. Allerdings dürfte Schulzes Kritik von Reinholds Satz des Bewusstseins Fichte klar gemacht haben, dass man, gerade wenn man einen Skeptiker zum Gegner hat, nicht auf Selbstverständlichkeit und Selbstevidenz des vorgeschlagenen Grundsatzes vertrauen darf. Der Skeptiker muss erst davon überzeugt werden, dass der Satz objektiv gültig und daher als Basis der Deduktion geeignet ist. Es scheint also nötig zu sein, dem Skeptiker *Gründe* für die objektive Gültigkeit des ersten Prinzips anzugeben. Das führt aber in die unangenehme Situation, Gründe für ein Prinzip anführen zu müssen, das als solches erklärtermaßen keiner Begründung bedarf noch ihrer fähig ist. Denn eine Begründung des ersten Satzes des Systems käme dem Zugeständnis gleich, dass dieser Satz andere Prinzipien voraussetzt und folglich nicht das erste Prinzip sein kann.[24] Und selbst wenn eine Form vorsystematischer Begründung gefunden werden könnte, die den ersten Grundsatz nicht aus dem Status eines ersten Prinzips heben würde, wäre gegen den Skeptiker nur dann etwas gewonnen, wenn die angegebenen Gründe selbst zweifelsfrei sind. Das Fundierungsproblem wäre dann nur auf eine nächsthöhere Stufe verschoben worden.

---

24 Darauf zielt Schulzes oben erwähnter erster Einwand gegen den Satz des Bewusstseins, dass dieser zumindest den Satz des Widerspruchs als übergeordnetes Prinzip voraussetze.

Die Situation ist aber nicht so aussichtslos, wie sie auf den ersten Blick erscheint. Zum einen kommt die Angabe rechtfertigender Gründe für den ersten Grundsatz nicht zwangsläufig einer Deduktion oder Ableitung dieses Satzes aus den angegebenen Gründen gleich – es gibt noch andere Formen des Begründens, Beweisens oder Argumentierens. Auch wenn bei solchen Argumentationsweisen bestimmte weitere Prinzipien – wie etwa logische Sätze und Operationen oder Prinzipien rationaler Argumentation – zur Anwendung kommen, bedeutet dies nicht, dass das begründete Prinzip aus diesen Prinzipien abgeleitet würde.[25] Solange es nur um die Anwendung bloß formaler Prinzipien geht, ist außerdem nicht einzusehen, weshalb davon Fragen des Gehalts, der objektiven Gültigkeit oder Faktizität betroffen sein sollen. Jedenfalls erstrecken sich die skeptischen Argumente gegen die objektive Gültigkeit von Vorstellungen nicht auf rein formale Prinzipien, so dass nicht klar ist, weshalb diese nicht angewendet werden sollten. Wenn es sich bei den weiteren Prinzipien dann auch noch um solche handelt, deren Gültigkeit der Skeptiker explizit oder implizit zugesteht oder die er selbst verwendet, ist eine vorsystematische Argumentation der verlangten Art *prima facie* weder aus der Sicht des Transzendentalphilosophen noch aus der Sicht des Skeptikers problematisch.

Berücksichtigt man all dies, stellt eine vorsystematische Argumentation zugunsten der objektiven Gültigkeit der Basis der transzendentalen Deduktion die aussichtsreichste Strategie gegen die skeptischen Einwände gegen die Transzendentalphilosophie dar. Wie diese Argumentation bei Fichte aussieht und dass es eine solche tatsächlich gibt, wird im letzten Abschnitt zu behandeln sein.[26]

4 Die Begründung des ersten Grundsatzes der Wissenschaftslehre

Im ersten Paragraphen der *Grundlage der gesammten Wissenschaftslehre* geht Fichte bei der Einführung des ersten Grundsatzes – von der ich behaupten

---

25 Bei einer *reductio ad absurdum* zum Beispiel kann kaum behauptet werden, dass der bewiesene Satz aus »höheren« Sätzen abgeleitet wird. Er folgt bloß aus der bewiesenen Falschheit seiner Negation.

26 Dass es eine vorsystematische Argumentation bei Fichte tatsächlich gibt, ist des Nachweises bedürftig, weil Fichtes Exposition(en) seines ersten Grundsatzes öfters eine rein agogische Funktion zugeschrieben wird. Tatsächlich ist es so, dass in der zweiten Fassung der Wissenschaftslehre – im *Versuch einer neuen Darstellung der Wissenschaftslehre* und der *Wissenschaftslehre nova methodo* – das agogische Element überwiegt. Dagegen werde ich im folgenden Abschnitt zu zeigen versuchen, dass das in der *Grundlage* verfolgte Verfahren argumentativen Charakter hat.

möchte, dass sie eine Begründung desselben darstellt – vom Satz der Identität („A = A") aus und gelangt durch einen komplizierten Gedankengang zum Satz: *„Das Ich sezt ursprünglich schlechthin sein eignes Seyn."* (GWL GA I/2, 261)[27] Um die dahinter stehende antiskeptische Intention kenntlich zu machen, können drei Teile der Argumentation unterschieden werden:[28] (a) Fichte nimmt jenen zentralen Punkt auf, der bei der Formulierung der skeptischen Kritik und des fundamentalen Dilemmas im Hintergrund steht, und formt diesen zu einem Adäquatheitskriterium für eine Basis der transzendentalen Deduktion um. (b) Darauf wird gezeigt, dass es eine Instanz gibt, die das Kriterium erfüllt, und zwar das Ich. (c) Zuletzt kann dargelegt werden, dass das Ich das Kriterium nur dann erfüllen kann, wenn es eine bestimmte ontologische Beschaffenheit aufweist, woraus dann Fichtes Auffassung des Ich als reine Tätigkeit folgt.

(a) Die skeptische Kritik stützt sich, wie oben gezeigt wurde, wesentlich auf die Einsicht, dass die intentionalen Gehalte von Vorstellungen logisch unabhängig vom Bestehen der intendierten Sachverhalte und von der Existenz ihrer Bezugsgegenstände sind. Deshalb liegt eine Kluft zwischen Intentionalität und objektiver Realität, zwischen der bloßen Präsupposition der Existenz bestimmter Gegenstände und der Existenz dieser Gegenstände. Daraus zieht der Skeptiker die Konsequenz, dass die objektive Gültigkeit von Vorstellungen generell nicht zweifelsfrei erwiesen werden kann und dass speziell auch die objektive Gültigkeit der als Basis von transzendentalen Deduktionen verwendeten Sätzen nie hinreichend gesichert ist. Dementsprechend haben die Resultate einer transzendentalen Deduktion bestenfalls hypothetische Gültigkeit. Die skeptische Grundeinsicht lässt sich nun aber unmittelbar in ein Kriterium für eine Basis der transzendentalen Deduktion umformen, bei der die genannten Folgen nicht auftreten: Es muss gezeigt werden, *dass es mindestens eine Instanz gibt, bei der die Kluft zwischen Intentionalität und Realität,*

---

27 Dasselbe Vorgehen ist bereits in der Programmschrift *Über den Begriff der Wissenschaftslehre* zu finden und wird in den *Züricher Vorlesungen über den Begriff der Wissenschaftslehre* und in den *Eignen Meditationen über ElementarPhilosophie* vorbereitet. Es ist somit in die Phase zurückzuverfolgen, in der es zum Einsturz von Fichtes bisherigem System kommt. Vgl. dazu Lauth, Reinhard: »Die Entstehung von Fichtes ›Grundlage der gesammten Wissenschaftslehre‹ nach den ›Eignen Meditationen über Elementarphilosophie‹«. In: ders.: *Transzendentale Entwicklungslinien von Descartes bis zu Marx und Dostojewski*. Hamburg 1989, 155–179, und Stolzenberg, Jürgen: *Fichtes Begriff der intellektuellen Anschauung. Die Entwicklung in den Wissenschaftslehren von 1793/94 bis 1801/02*. Stuttgart 1986, Kap. 1.

28 Für eine ausführlichere Rekonstruktion, die in diesem Rahmen nicht möglich ist, vgl. Imhof, Silvan: *Der Grund der Subjektivität. Motive und Potenzial von Fichtes Ansatz*. Basel 2014, Teil II.

zwischen bloßer Präsupposition und der Erfüllung der Präsupposition, nicht besteht. Es muss, mit anderen Worten, einen Fall geben, bei dem die Intentionalität des Gehalts bereits dessen Faktizität bzw. die Präsupposition der Existenz des Bezugsgegenstandes dessen Existenz impliziert. In Fichtes Terminologie heißt das: Es muss einen Fall geben, in dem das Setzen eines Gegenstandes nicht bloß bedingt oder hypothetisch, sondern unbedingt oder absolut ist.[29]

Die Anbindung des Kriteriums für einen ersten Grundsatz an die Zweifelsgründe der Skeptiker hat mehrere Vorteile. So ist dafür gesorgt, dass man von Beginn weg mit den gleichen Voraussetzungen argumentiert wie der Skeptiker. In die Formulierung des Kriteriums sind keine Annahmen involviert, die der Skeptiker nicht zugesteht, sondern nur gerade jene, auf denen sein Zweifel beruht. Außerdem wird mit der Aufstellung des Kriteriums noch gar nicht gegen den Skeptiker argumentiert, die Pointe des Zweifels kommt, im Gegenteil, in allgemeiner Form zum Ausdruck: Nicht nur die konkreten Vorschläge Kants und Reinholds sind anzweifelbar, sondern alle, die das Kriterium nicht erfüllen. Auf diese Weise wird auch die Reichweite der Zweifelsgründe erkennbar: Sie erstrecken sich auf alle Vorschläge, welche das Kriterium nicht erfüllen. Damit weist das Kriterium aber zugleich auf die Möglichkeit von Alternativen hin. Es garantiert zwar nicht, dass es solche Alternativen wirklich gibt, zeigt aber zumindest deren Möglichkeit auf und weist so auf einen möglichen transzendentalphilosophischen Ausweg aus dem Dilemma hin.[30] Die Umformung der Zweifelsgründe in ein Kriterium erlaubt es somit, dem Skeptiker einerseits die Relevanz und die Stichhaltigkeit seiner Kritik an den bisherigen Versuchen der Transzendentalphilosophie zuzugestehen, gleichzeitig aber darauf hinzuweisen, dass die Transzendentalphilosophie noch nicht am Ende ist, da noch Alternativen zu den bereits vorliegenden Fundierungsvorschlägen offen sind.

(b) Natürlich hängt nun alles davon ab, ob auch wirklich eine Instanz angeführt werden kann, welche das Kriterium erfüllt. Mit dem Ich steht Fichte ein *prima facie* besonders geeigneter Kandidat zur Verfügung. Einerseits hat schon Descartes auf die besondere Eigenschaft des „cogito" aufmerksam gemacht, dass die Existenz dessen, worauf es sich bezieht, auf eine Weise gesichert ist, die das Bestehen des darin ausgedrückten Sachverhalts unbezweifelbar macht. Andererseits kommt dem „Ich denke" eine besondere Funktion

---

29 Vgl. GWL GA I/2, 256; vgl. Imhof: *Der Grund der Subjektivität*, Kap. II.2.
30 Es gehört gewiss zu Fichtes bemerkenswerten Leistungen, die allgemeine Pointe hinter den skeptischen Vorwürfen identifiziert zu haben und in der Folge erkannt zu haben, dass Fundierungsbemühungen eines bestimmten Typs, nämlich solche, bei denen auf vorstellungsunabhängig existierende Gegenstände rekurriert wird, diesen Vorwürfen prinzipiell nicht entgehen können.

in Kants transzendentaler Deduktion der Kategorien zu im Hinblick auf die ursprüngliche synthetische Einheit der Apperzeption. Zwar ist der genaue Status des „Ich denke" bei Kant alles andere als klar, doch geht auch er davon aus, dass durch das „Ich denke" – wenn auch sonst nichts weiter – zumindest „mein eigenes Dasein" gegeben ist (KrV B 157f. und Anm.). Der Umstand, dass im Falle des Ich die Existenz auf eine besondere Weise gesichert ist, legt es nahe, es als im Hinblick auf das Kriterium vielversprechenden Kandidaten in Betracht zu ziehen. Tatsächlich erscheint es nicht abwegig, wie Fichte zu behaupten, dass ein Satz wie „Ich bin" die Existenz des Ich genau dann präsupponiert, wenn das Ich existiert, und dass somit das Ich das Kriterium erfüllt.[31]

(c) Die Feststellung, dass das Ich das Kriterium erfüllt, reicht jedoch noch nicht aus, um das Ich als Tätigkeit und die durch das Kriterium geforderte unbedingte Setzung als Tathandlung zu bestimmen, da es offensichtlich auch andere ontologische Auffassungen des Ich gibt. Fichtes Auffassung erfährt aber eine Rechtfertigung, wenn sich einerseits herausstellt, dass aufgrund bestimmter alternativer ontologischer Deutungen des Ich – wie etwa der cartesianischen – unverständlich bleibt, wie das Ich das Kriterium der unbedingten Setzung erfüllen kann; und wenn dagegen Fichtes Auffassung des Ich eine Erklärung dafür gibt, weshalb das Ich das Kriterium der unbedingten Setzung erfüllt. Damit kann deutlich gemacht werden, dass die Erfüllung des Kriteriums durch das Ich eine bestimmte ontologische Interpretation des Ich verlangt, andere dagegen ausschließt. Bei den letzteren entsteht eine Diskrepanz zum Umstand, dass das Ich das Kriterium erfüllt, da es aufgrund solcher Konzeptionen unmöglich wäre, dass das Ich das Kriterium erfüllt. Diese Diskrepanz provoziert skeptische Einwände, nicht mit Bezug auf den Umstand, dass das Kriterium erfüllt ist, sondern in Bezug darauf, wie dieser Umstand erklärt wird.[32] Denn wenn nicht klar ist, *was* durch das Ich präsupponiert wird, kann auch nicht klar sein, *wodurch*, und letztlich, *dass* die Präsupposition erfüllt ist. Es hängt also einiges an einer adäquaten Interpretation des Ich.

Fichte trägt diesem Punkt Rechnung, indem er die Implikationen für jene Instanz analysiert, welche das Kriterium der unbedingten Setzung erfüllt. Diese sind zugleich Vorgaben für die ontologische Interpretation des Ich:[33]

---

31 Fichte drückt die cartesianische Einsicht durch die Sätze » Ich bin « bzw. » Ich bin Ich « aus, da die Zuschreibung von Prädikaten wie » denken «, » vorstellen « usw. ungerechtfertigt, weil ungesichert ist; vgl. GWL GA I/2, 262.
32 Skeptiker bestreiten typischerweise nicht die unmittelbare Evidenz des » cogito «, sondern die Rechtmäßigkeit der aus dieser Evidenz gezogenen Schlüsse, wie z.B. Descartes' Schluss auf die Existenz einer denkenden Substanz.
33 Vgl. GWL GA I/2, 256ff.; ausführlicher dazu Imhof: *Der Grund der Subjektivität*, Kap. II.2.

(1) Die Erfüllung des Kriteriums darf unmittelbar nur an der bloßen Wirklichkeit von Vorstellungen hängen. Dies deshalb, weil der Skeptiker nicht daran zweifelt, dass wir Vorstellungen haben, aber generell daran, dass diese sich auf etwas unabhängig von ihnen Existierendes beziehen. Eine Erklärung der Erfüllung des Kriteriums durch Rekurs auf etwas von Vorstellungen Verschiedenes ist daher unmittelbar Gegenstand des allgemeinen Zweifels. Ein als Ding oder Substanz verstandenes Ich im cartesianischen Sinn kann deshalb nicht die gesuchte Instanz sein, genauso wenig wie Reinholds Subjekt, da dessen Verschiedenheit von der Vorstellung durch den Satz des Bewusstseins explizit behauptet wird.

(2) Daraus folgt, dass die Erfüllung des Kriteriums nicht davon abhängig ist, dass die Faktizität irgendeines intentionalen Vorstellungsgehalts feststeht, da die Faktizität etwas von der Vorstellung Verschiedenes voraussetzt, was als solches dem Zweifel unterliegt.

(3) Wenn die Erfüllung des Kriteriums nur an der bloßen Wirklichkeit von Vorstellungen hängt, dann darf die Präsupposition der Existenz des Ich (und deren Erfüllung) nicht an bestimmten Vorstellungsgehalten hängen. Das heißt, das Ich wird von jeder beliebigen Vorstellung mit irgendeinem beliebigen intentionalen Gehalt präsupponiert. Die Präsupposition muss also an einen generischen Zug von Vorstellungen geknüpft sein.

(4) Die Präsupposition ist deshalb nicht mit dem Vorstellungsgehalt, sondern mit dessen allgemeiner Form verbunden. Fichte nennt diesen „nothwendigen Zusammenhang vorläufig=X" (GWL GA I/2, 257), womit er die allgemeine Urteilsform, die Verbindung von Begriffen in Urteilen der Form „S ist P" meint.

(5) Insgesamt verlangen die bisher genannten Implikationen, dass die gesuchte Instanz durch eine allgemeine, intrinsische Eigenschaft aller Vorstellungen präsupponiert wird und dass die Erfüllung der Präsupposition durch die Wirklichkeit bloßer Vorstellungen garantiert wird. Als allgemeine, intrinsische Eigenschaft aller Vorstellungen kommt nur die allgemeine Form des Urteils in Frage, welche nicht nur eine Begriffsverbindung darstellt, sondern welche auch und insbesondere die Intentionalität von Vorstellungen konstituiert, indem sie mit der allgemeinen Form des *bedingten* Setzens zu identifizieren ist. Dieses bedingte Setzen macht es aus, dass überhaupt ein Gegenstandsbezug – im intentionalen, nicht im faktischen – Sinne vorliegen kann. Es ist die Voraussetzung dafür, dass Vorstellungen sich überhaupt auf etwas von ihnen Verschiedenes beziehen *können*.

(6) Anders als für Reinhold und wohl auch für Kant ist die allgemeine Form der Vorstellung – die Form propositionaler, intentionaler Gehalte – nicht

nur dasjenige, was Vorstellungen auf ein vorstellendes oder denkendes Subjekt beziehbar macht, sondern auch dasjenige, was das Subjekt oder Ich allererst konstituiert. Denn nur in diesem Fall ist gesichert, dass Vorstellungen auf ein Subjekt nicht bloß *beziehbar*, sondern auch faktisch darauf *bezogen* sind. Nur dann ist erklärbar, dass das Ich das Kriterium erfüllt, wenn das Ich mit der intrinsischen Intentionalität von Vorstellungen identifiziert wird. Die unbedingte Setzung des Ich durch sich selbst besteht also darin, dass das Ich die intrinsische Intentionalität von Vorstellungen, durch welche die Existenz des Ich präsupponiert wird, konstituiert, und sich darin zugleich realisiert, so dass also die Präsupposition seiner Existenz *eo ipso* erfüllt ist.

Die Möglichkeit, dass das Kriterium erfüllt sein kann, erfordert demzufolge, dass das Ich mit dem irreduziblen intentionalen Charakter von Vorstellungen gleichgesetzt wird.

Aus dem rekonstruierten Gedankengang geht hervor, dass die Erklärung des Umstands, dass das Kriterium durch das Ich erfüllt wird, eine bestimmte ontologische Interpretation des Ich fordert. Das Ich kann nichts sein, was als etwas der Intentionalität Vorausliegendes oder als eine Intentionalität konstituierende Tatsache, und auch nichts, was als ein von den Vorstellungen verschiedener Träger derselben oder auch nur als von der Intentionalität zu unterscheidender Grund der Intentionalität verstanden werden kann. Wenn es mit einer intrinsischen Eigenschaft von Vorstellungen, deren Intentionalität, identifiziert werden muss, kann es nicht etwas Dingliches, Substanzielles sein, wie traditionellerweise angenommen wurde. Dies hebt Fichte ausdrücklich hervor, wenn er das Ich als „reine Thätigkeit" bezeichnet (GWL GA I/2, 259), womit er auf nichts anderes zielt, als den ontologisch irreduziblen und daher fundamentalen Status der Intentionalität bzw. des damit identischen Ich.

Es sollte deutlich geworden sein, dass Fichte zu diesem Befund bezüglich der ontologischen Auffassung des Ich sowie zum Begriff der Tathandlung, der unbedingten Setzung des Ich durch sich selbst, wie sie der erste Grundsatz der Wissenschaftslehre beschreibt, auf dem Weg einer Analyse dessen gelangt, was aus dem Umstand folgt, dass das Ich das Kriterium der unbedingten Setzung erfüllt. Diese Implikationen sind aber zugleich Voraussetzungen, die gegeben sein müssen, damit das Kriterium erfüllt sein kann. Dass die ermittelten Voraussetzungen gegeben sind, wenn eine bestimmte Auffassung des Ich zugrunde gelegt wird, ist ein Grund, der für diese Auffassung spricht. Und dass die Voraussetzungen unter der Annahme anderer Auffassungen des Ich nicht gegeben sind, liefert Gründe gegen diese Auffassungen. Somit findet man hier eine vorsystematische Begründung der Ich-Auffassung, welche im ersten Grundsatz der Wissenschaftslehre zum Ausdruck kommt.

Die Tatsache, dass die ermittelten Voraussetzungen bei Fichtes Ich-Auffassung gegeben sind, erklärt aber auch, *dass* das Kriterium der unbedingten Setzung durch das Ich erfüllt sein kann. Dies wiederum ist Bestandteil von Fichtes antiskeptischer Strategie einer vorsystematischen Argumentation gegen den zentralen Punkt der skeptischen Kritik der Transzendentalphilosophie. Der Einwand macht sich die logische Unabhängigkeit intentionaler Vorstellungsgehalte vom Bestehen der Sachverhalte und der Existenz der Gegenstände, auf die sie sich beziehen, zunutze. Vor diesem Hintergrund wird die Möglichkeit eines nachweisbar objektiv gültigen ersten Grundsatzes als Basis der transzendentalen Deduktion bestritten. Fichte argumentiert dafür, dass im Falle des Ich die Präsupposition seiner Existenz bereits seine Existenz garantiert. Damit argumentiert er auch für die objektive Gültigkeit des ersten Grundsatzes der Wissenschaftslehre. Sofern diese Argumentation erfolgreich ist, ist auch die objektive Gültigkeit der abgeleiteten Sätze der Wissenschaftslehre gesichert. Das erlaubt Fichte dann mitunter auch den generellen Nachweis der Objektivität von Vorstellungen und der Möglichkeit von gegenstandsbezogenem Wissen, den das antiskeptische Programm der Transzendentalphilosophie zu erbringen beansprucht.[34] Somit ist sowohl Fichtes Auffassung des Ich wie auch seine erste Grundsatzkonzeption als argumentativ begründete Antwort auf den Skeptizismus zu verstehen.

---

34 Vgl. Horstmann, Rolf-Peter: » Fichtes anti-skeptisches Programm. Zu den Strategien der Wissenschaftslehren bis 1801/02 «. In: *Internationales Jahrbuch des Deutschen Idealismus* 5 (2007), 47–89. Der Nachweis der Möglichkeit gegenstandsbezogenen Wissens mündet in die » Deduktion der Vorstellung « am Ende des theoretischen Teils der *Grundlage* (vgl. GWL GA I/2, 369–384).

KAPITEL 5

Die Logik und der Grundsatz der Philosophie bei Reinhold und Fichte

Tamás Hankovszky

Abstract

In his famous clarification Kant claimed that philosophy of Fichte is „nothing more or less than mere logic". In contrast with this interpretation Fichte from the beginning agreed with Kant and Reinhold on the fact that philosophy and logic are different from each other moreover the classical principles of logic can not be the principles of philosophy as well. However according to Fichte Reinhold did not succeed in explaining the relationship between philosophy and logic sufficiently. Hence Fichte proceeding from the detailed critique of Reinhold laid in *Review of Aenesidemus* gives a new concept for the principles of both logic and philosophy. Accordingly in *Foundations of the Entire Science of Knowledge* he building upon this idea chooses such principle of the logic (A = A) that possesses material validity and special content (I) to be the absolutely primordial axiom of the science of knowledge (I = I). As we have seen the differences from the logic conception of Kant and Reinhold we can conceive better the meaning of the sentence from Fichte: "Everything to which the proposition 'A = A' is applicable, has reality, insofar as that proposition is applicable to it." – This is one of the sentences dragged away from the context could provoked Kant's ire reasonably.

Zusammenfassung

In seiner berühmten Erklärung äußerte Kant, die Wissenschaftslehre sei „nichts mehr oder weniger als bloße Logik". Dieser Meinung widerspricht Fichtes Selbstinterpretation, weil er von Anfang an mit Kant und Reinhold darin einig war, dass sich Philosophie und Logik voneinander unterscheiden, und die klassischen Prinzipien der Logik nicht als Grundsätze der Philosophie gelten können. Nach seiner Auffassung gelingt es allerdings Reinhold nicht, das Verhältnis von Logik und Philosophie befriedigend zu klären. Ausgehend von einer gründlichen Kritik an Reinhold in der *Rezension des Aenesidemus* führt Fichte eine neue Konzeption vom Verhältnis der Grundsätze der Logik und der Philosophie ein. In der *Grundlage der gesamten Wissenschaftslehre* wählt er einen mit realer Gültigkeit und besonderem Inhalt (Ich) ausgestatteten Grundsatz der Logik (A = A) zum absolut ersten Grundsatz der Wissenschaftslehre (Ich = Ich). Betrachtet man die Veränderungen der Kantschen und Reinholdschen Logikauffassung, wird es verständlicher, wenn Fichte schreibt: „Alles, worauf der Satz A = A anwendbar ist, hat, *inwiefern derselbe darauf anwendbar ist*, Realität"– einer von vielen Sätzen, die aus dem Kontext herausgenommen mit Fug und Recht Kants Missfallen ausgelöst haben könnten.

Schlüsselwörter

Transzendentale Logik – Allgemeine Logik – Inhaltliche Logik – Reale Gültigkeit der Logik – Satz des Bewusstseins

Der rationalistischen Philosophie nach können die Gegenstände durch das reine Denken erkannt werden, weil die Gesetze der Logik und die Gesetze des Seins miteinander identisch sind. Ein ähnlicher Gedanke ist auch bei Fichte zu finden, allerdings mit einem wesentlichen Unterschied. Die Gegenstände, die seine transzendentale Logik erfassen kann, sind vom Ich und im Ich gesetzt, in dem die Gesetze des Setzens zugleich Gesetze des Gesetzten sind. Diese Gesetze sind die der Logik, da die Selbstsetzung des Ichs und die Entgegensetzung des Nicht-Ichs der Logik entsprechend vorgehende produktive Tätigkeiten sind.

1 Kants Kritik an Fichte und die Frage nach dem Verhältnis von Logik und Metaphysik

Während die Rationalisten und Fichte nur eine Art von Logik anerkennen, gibt es zwei Zweige der reinen Logik bei Kant, die sogenannte allgemeine oder *formale* und die transzendentale Logik. Die erstere abstrahiert von allen Inhalten der Erkenntnis und erkennt dementsprechend nichts von ihren Gegenständen. Könnte sich das Denken nur auf diese Logik stützen und könnte es sich nicht auf die Sinnlichkeit beziehen, so würden das Denken und das Sein zwei getrennte, miteinander nicht unbedingt korrespondierende Welten ausmachen, die auch unter verschiedenen Gesetzen stehen könnten. Kant aber verband das Denken mit der sinnlichen Anschauung und durch sie mit der Welt außerhalb des erkennenden Subjekts. Ein wichtiger Bestandteil der Vermittlung zwischen den beiden ist es, dass Kant auch eine *transzendentale Logik* annahm. Sie ist nicht rein formal, da sie „nicht von allem Inhalt der Erkenntnis abstrahiert." (KrV B 80) Aber als Logik, als apriorisches Denken, als Spontaneität kann auch die transzendentale Logik nicht rezeptiv, nicht erleidend sein. Hat sie dennoch einen Inhalt, der charakteristisch für die Gegenstände der Erkenntnis ist, so ist dies ein Inhalt, den diese Logik in sich selbst hat, und den sie, anstatt ihn von den Gegenständen zu bekommen, ihn selbst den Gegenständen gibt. So schreibt die transzendentale Logik ihnen das Gesetz vor, sie richten sich nach ihr, und so wird das a priorische Erkennen ihrer gewissen Merkmale möglich. (Vgl. KrV B 159, B XVI) Aber Kants *inhaltliche* Logik kann nicht einmal diejenigen Gegenstände vollständig erkennen, denen sie einen „transzendentalen Inhalt" gibt, weil ihr *formales* Wesen das erkennende Denken an den in der Anschauung gegebenen Stoff bindet. Damit die transzendentale Logik den Gegenständen das Gesetz vorschreiben kann und damit sie mehr sein kann als bloße Verbindung und Trennung der Begriffe, müssen die Gegenstände uns erst in der sinnlichen Anschauung gegeben werden.

Aufgrund seiner eigenen Auffassung von Logik und ihre Beziehung zur Philosophie, und mangels einer zuverlässigen Kenntnis von der Wissenschaftslehre (Vgl. AA XII, 241) hielt Kant sie „für ein gänzlich unhaltbares System." Nach seiner *Erklärung* ist sie „nichts mehr oder weniger als bloße Logik, welche mit ihren Principien sich nicht zum Materialen des Erkenntnisses versteigt, sondern vom Inhalte derselben als reine Logik abstrahirt, aus welcher ein reales Object herauszuklauben vergebliche und daher auch nie versuchte Arbeit ist, sondern wo, wenn es die Transscendental = Philosophie gilt, allererst zur Metaphysik übergeschritten werden muß." (AA XII, 370)

Allerdings wird die Einsicht in das Wesen der Logik und in ihre Beziehung zur Metaphysik durch jene Zweideutigkeit erschwert, die Kant selbst mit der Unterscheidung der allgemeinen und der transzendentalen Logik, beziehungsweise mit der Einführung einer *inhaltlichen*, aber dennoch *a priorischen* Logik verursachte. In einem Brief an Schelling ging es auch Fichte darum, Kants Kritik auf das Missverständnis der Wörter zurückzuführen. Kant nämlich begreife als Logik und interpretiere als formale Logik, was eigentlich Transzendentalphilosophie oder Metaphysik bei ihm sei. (Vgl. GA III/4 75–76)

In der Bestimmung der Logik sind allerdings auch die Texte von Fichte nicht ganz einheitlich. Zum einen denkt er, wenn er in der *Begriffsschrift* die Logik und die Wissenschaftslehre unterscheidet, an die allgemeine oder formale Logik von Kant, welche in dem Fichteschen System gerade durch die Abstraktion des Inhalts der Wissenschaftslehre zustande kommt. Hätte Kant die Wissenschaftslehre mit dieser Logik gleichgesetzt, hätte er sich sicherlich geirrt. Zum anderen, wenn wir in der *Rezension des Aenesidemus* lesen, dass man „dem Satze des Widerspruchs ausser seiner *formalen* auch noch eine reale Gültigkeit beimessen" muss,[1] und dass „die logische Wahrheit […] zugleich real sey, und dass es keine andere gebe, als jene",[2] entsteht eine Perspektive, von der

---

[1] Fichte, Johann Gottlieb: *Rezension des Aenesidemus*. GA I/2, 43–44.
[2] Ebd., GA I/2, 62.

aus die Logik Kants transzendentaler Logik nahe kommt. Ähnlicherweise sind die Grundsätze, von denen die *Grundlage* ausgeht und die Kants *Erklärung* als inhaltsleere bloße Formen begriffen hat, in Wirklichkeit Grundsätze der Logik, die eine reale Gültigkeit und einen ursprünglichen Inhalt besitzen.[3] Da die absolute Spontaneität des Ichs ausschließt, dass das Ich sich rezeptiv oder erleidend verhält, fällt Fichtes transzendentale Logik mit der Transzendentalphilosophie oder der Metaphysik zusammen und klammert eine transzendentale Ästhetik nach Kant aus. In diesem Sinne kann man tatsächlich sagen, dass die Wissenschaftslehre nichts mehr oder weniger sei als Logik – wenn auch nicht *bloße* Logik, wie Kant es gemeint hatte.[4]

2 Die Auffassung der Logik bei Reinhold

Etwa in der Mitte zwischen Kant und Fichte befindet sich die Logikauffassung von Reinhold. Die drei Positionen könnten wie folgt zusammengefasst werden: Kant kennt *zwei* reine Logiken, aber *keine* von beiden deckt den theoretischen Teil der Transzendentalphilosophie ab. Reinhold hat nur *eine* Logik, aber auch sie deckt den theoretischen Teil der Transzendentalphilosophie *nicht* ab. Bei Fichte gibt es auch nur *eine* Logik (wobei die formale Logik nur ein unselbstständiger Aspekt von ihr ist), aber diese *deckt* den theoretischen Teil der Transzendentalphilosophie *ab*.

Trotz ihrer Unterscheidung ordnete Kant die Logik überhaupt der Philosophie nicht so unter wie Reinhold. Der berühmte Passus über die „zwei Stämme der menschlichen Erkenntniß" erklärte den Verstand für ein selbstständiges Vermögen, das „vielleicht aus einer [mit der Sinnlichkeit] gemeinschaftlichen, aber uns unbekannten Wurzel entspring[t]." (KrV B 29) Demnach ist die Logik bei Kant weit davon entfernt, *tatsächlich* einem ersten Grundsatz untergeordnet zu sein. Reinhold wollte jedoch gerade dieses letzte Prinzip aufzeigen, um die Philosophie auf den Rang einer Wissenschaft zu heben. Obwohl in seinem hierarchischen System die Teildisziplinen der Philosophie ihren eigenen Grundsatz haben müssen, kann der oberste Grundsatz keineswegs

---

3 Vgl. Claesges, Ulrich: *Geschichte des Selbstbewußtseins. Der Ursprung des spekulativen Problems in Fichtes Wissenschaftslehre von 1794–95*. Den Haag 1974, S. 49; Schick, Stefan: *Contradictio est regula veri. Die Grundsätze des Denkens in der formalen, transzendentalen und spekulativen Logik*. Hamburg 2010, S. 173.

4 Vgl. Martin, Wayne M.: »Nothing More or Less than Logic: General Logic, Transcendental Philosophy, and Kant's Repudiation of Fichte's *Wissenschaftslehre*.« In: *Topoi* 22 (2003), 1), S. 29–39: S. 34.

der Grundsatz der Logik sein, wenn Reinhold sich nicht von der kritischen Philosophie abwenden will. So kann die Logik nur eine untergeordnete Stelle bei ihm einnehmen. Das drückt sich in der Reinholdschen These aus: „Die eigentliche Elementarphilosophie kann und darf durchaus nicht auf Logik; aber diese muß auf jene gegründet werden."[5] Das Analogon dieser These auf die *formale Logik* bezogen erscheint auch bei Fichte: Die „Wissenschaftslehre wird nicht durch die Logik, aber die Logik wird durch die Wissenschaftslehre bedingt und bestimmt." (BWL GA I/2, 138)

Das Verhältnis von Elementarphilosophie und Logik drückt Reinhold manchmal so aus, dass der Satz des Bewusstseins[6] den Grundsatz der Logik bestimmt, nicht aber umgekehrt.[7] Der Grundsatz der Logik redet von Vorstellungen, die gemäß dem Satz des Bewusstseins beschaffen sind, aber der Satz des Bewusstseins redet nicht nur von Vorstellungen, die nach logischen Regeln zusammengesetzt sind oder behandelt werden. Ein anderer Reinholdscher Ausdruck für die Unterordnung der Logik ist, wenn er sagt, dass der Grundsatz der Logik *unter* dem Satz des Bewusstseins steht.[8] Dies bedeutet, dass der Satz des Bewusstseins keine *Prämisse* des Grundsatzes der Logik ist (sonst wäre der letztere eher *in* ihm, nicht so sehr *unter* ihm).[9] Es geht vielmehr darum, dass, während der Satz des Bewusstseins über alle möglichen Vorstellungen spricht, die Logik nur eine Teilklasse der Vorstellungen berücksichtigt. Die Art der Vorstellung, die auf das Hoheitsgebiet der Logik fällt, steht als *species* unter der Vorstellung überhaupt als *genus*, und zwar so, dass ihre *differentia specifica* darin besteht, Vorstellung des *Denkens* zu sein. Die Logik schreibt das

---

5   Reinhold, Carl Leonhard: *Ueber das Fundament des philosophischen Wissens.* Jena 1791, S. 121.
6   » Im Bewußtsein wird die Vorstellung durch das Subjekt von Subjekt und Objekt unterschieden und auf beide bezogen. « (Reinhold, Karl Leonhard: *Beyträge zur Berichtigung bisheriger Mißverständnisse der Philosophen.* Erster Band, Jena 1790, S. 167).
7   Reinhold: *Ueber das Fundament*, S. 85.
8   Vgl. Fabbianelli, Faustino: »Elementarphilosophie *und* Wissenschaftslehre: *zwei Modelle der Transzendentalphilosophie.*« In: Fuchs, E. – Ivaldo, M. – Moretto, G. (Hg.): *Der transzendentalphilosophische Zugang zur Wirklichkeit. Beiträge aus der aktuellen Fichte-Forschung.* Stuttgart-Bad Cannstatt 2001, S. 129–146: S. 136.
9   Nur eine Ableitung im Sinne von » Beweisen « würde es nötig machen, die Sätze der Elementarphilosophie als Folgesätze in den Satz des Bewusstseins zu setzen. Obwohl einige Textstellen dafür sprechen, dass Reinhold auch eine solche Art von Ableitung vor Augen hat, führt er eine derartige Ableitung nicht durch. Er zieht meistens ein schwächeres Ableitungsmodell vor, in dem der Satz des Bewusstseins nur Bestimmungsgrund des Sinnes der unter ihm stehenden Sätze ist. Vgl. Bondeli, Martin: *Das Anfangsproblem bei Karl Leonhard Reinhold. Eine systematische und entwicklungsgeschichtliche Untersuchung zur Philosophie Reinholds in der Zeit von 1789 bis 1803.* Frankfurt am Main 1995, S. 410–422.

Gesetz für das Denkbare vor. Der Satz des Bewusstseins hingegen schreibt das Gesetz für das Vorstellbare vor. Da aber alles, was denkbar ist, zugleich auch vorstellbar ist, nicht aber umgekehrt, ist der Gültigkeitsbereich des Satzes des Bewusstseins breiter angelegt, als der der Logik. Es gibt Vorstellungen, die nicht Vorstellungen des Denkens sind und für die die Logik nicht gilt. Was das Gemüt mit den Vorstellungen tut, wenn sie nicht gedacht, sondern etwa angeschaut werden, erfolgt nicht gemäß der Logik.

Um das durch die Logik geregelte Denken unter das Vorstellen zu stellen und um auch solche Vorstellungen anzunehmen, welche nicht denkbar sind, d.h. die außerhalb des Gültigkeitsbereichs der Logik stehen, musste auch Reinhold die sonst formale Logik mit inhaltlichen Elementen bereichern. Er darf zum Beispiel nicht sagen, alles sei gleich mit sich selbst, sondern nur, dass alles *Denkbare* gleich mit sich selbst sei. Derjenige Inhalt, mit dem Reinhold die Logik ausstatten muss, damit ihr Umfang von dem der Elementarphilosophie abweicht, besteht darin, dass sich die Logik ausschließlich auf das Denkbare bezieht. Sie schreibt die Gesetze nicht für die Wirklichkeit vor, nicht einmal für die Wirklichkeit für uns, sondern bloß für das Denkbare (im Gegensatz etwa zum Empfindbaren).

Im Reinholdschen System gibt es keinen Platz für eine Logik, mit der man über mehr Dinge denken könnte, als mit seiner inhaltlichen Logik. Mit der Elementarphilosophie ist keine formale Logik im Sinne Kants verträglich, also keine Logik, die über alles redet, was ist oder sein kann, unter anderem auch über Vorstellungen, die keine Gedanken sind, oder auch über Gegenstände, die nicht für uns sind, wie das Ding an Sich. Um die Logik der Theorie des Vorstellungsvermögens unterordnen zu können, musste Reinhold eine solche Logik ablehnen und konnte nur eine inhaltliche transzendentale Logik anerkennen.

Eine Beschränkung des Gültigkeitsbereichs der Logik ist eine natürliche Folge der antirationalistischen Tendenz der kritischen Philosophie. Wenn man akzeptiert, dass die Grundsätze des Denkens nicht die (ersten) Grundsätze metaphysischer Erkenntnis sind, muss ebenfalls akzeptiert werden, dass die Dinge außer uns nicht (ausschließlich) unter den Gesetzen des Denkens stehen, und so ihr rein intellektuelles Erkennen nicht möglich ist. Setzen wir uns mit ihnen trotzdem in Verbindung, so kann die Funktion des Erkennens, durch welche sie für das Denken gegeben werden, nicht gleichfalls das Denken sein, und diese Funktion muss eine andere Form haben als die des Denkens. Die Form der Rezeptivität muss von der Logik unabhängig sein. Gerade deswegen steht auch die Kantische transzendentale Ästhetik außerhalb der transzendentalen Logik. Ähnlicherweise spielen bei Reinhold in der Theorie des Vorstellungsvermögens neben den Begriffen auch andere Vorstellungen, beziehungsweise neben dem Denken auch andere Vermögen eine Rolle.

Diese Vermögen ergänzen einander nicht so, dass jedes von ihnen einen anderen Gegenstand erkennt, sondern das Denken bezieht sich auf einen Stoff, den es durch Mitwirkung eines anderen Vermögens bekommt, und seine Rolle besteht darin, diesem Stoff eine Form zu geben. Denn so inhaltlich die transzendentale Logik auch ist, ist sie weiterhin Logik und als solche ist sie formal, d.h. sie ist dafür da, eine weitere Form in die Mannigfaltigkeit der Anschauungen zu bringen.[10] Obwohl die transzendentale Logik einen eigenen Inhalt hat, ist dieser so gering, dass ohne Anschauung auch das transzendentale Denken leer ist. Dementsprechend kann auch von der Reinholdschen Logik behauptet werden, was vom Satz des Bewusstseins behauptet wird: Er bestimmt nur die formale Seite der Philosophie,[11] und die Materie der Erkenntnis ist mit ihm noch nicht gegeben. „Es würde eine lächerliche Einbildung sein, wenn man annehmen wollte, daß eine ganze Wissenschaft in ihrem ersten Grundsatze wie eine Iliade in einer Nußschale eingewickelt liege, und dass man nur den ersten Grundsatz zu besitzen brauche, um die ganze Wissenschaft in seiner Gewalt zu haben."[12] Die Materie einer Wissenschaft soll Reinhold nach nicht *in* sondern nur *unter* ihrem Grundsatz erhalten sein. Und die Nussschale des Grundsatzes der Elementarphilosophie beinhaltet nicht viel mehr von dem Inhalt der Erkenntnis, nur weil sie mit einer inhaltlichen Logik erweitert wird. Denn auch diese hat zu wenig Inhalt in sich und ist eigentlich kaum mehr als eine Form. Woher auch die Materie unserer Erkenntnisse kommen mag, die Logik kann bei Reinhold nur ihre Form sein.

3 Fichtes Kritik an Reinhold

Bekanntlich erhob Schulze gegen Reinhold den Einwand, dass der Satz des Bewusstseins immerhin unter dem Satz des Widerspruchs steht und durch die Logik bestimmt ist.[13] Dies kann einerseits bedeuten, dass man den Satz des Bewusstseins selbst so formulieren muss, dass die in ihm enthaltenen Vorstellungen nach den Regeln der Logik verbunden werden. Das bestritt auch Reinhold nicht.[14] Andererseits kann dies auch bedeuten, dass *jene zweifache Handlung* nach den logischen Regeln erfolgen muss, welche der Satz des Bewusstseins

---

10 Reinhold: *Beyträge*. I, S. 135.
11 Vgl. Ebd., S. 115.
12 Ebd., S. 116.
13 [Schulze, Gottlob Ernst]: *Aenesidemus oder über die Fundamente der von dem Herrn Professor Reinhold in Jena gelieferten Elementar-Philosophie.* [o. O.] 1792, S. 60.
14 Reinhold: *Fundament*, S. 85. Vgl. Reinhold: *Beyträge*. 1, S. 417–418.

lediglich ausdrückt, nämlich das Beziehen der Vorstellung auf das Subjekt und das Objekt und ihr Unterscheiden von den beiden. Denn sollten wir auch annehmen, dass nicht nur das Subjekt und das Objekt, sondern auch die Vorstellung keine Gedanken sind und folglich an sich keins von ihnen unter den Gesetzen des Denkens steht, so stellt sich immer noch die Frage, was gemäß dem Satz des Bewusstseins mit ihnen gemacht wird, d.h. worin das Beziehen und das Unterscheiden bestehen. Es ist nicht einfach den Gedanken loszuwerden, dass diese Handlungen Akte des Denkens sind. Da nämlich Reinhold sich nicht klar darüber äußert, muss man sich auf den Katalog verlassen, den Schulze zusammenstellte, und den auch Fichte überzeugend in der Hinsicht fand, wie die Vorstellung von Subjekt und Objekt unterschieden und auf beide bezogen werden kann. Egal, ob als Grund und Gegründetes, als Substanz und Akzidenz, als Zeichen und Bezeichnetes usw.,[15] die Herstellung dieser Beziehungen im Bewusstsein kann kaum etwas anderes sein als ein Akt des Denkens. Diese Vermutung verstärkt, dass nach Fichte diese Handlungen mit Hilfe der logischen Begriffe der Identität und des Gegensatzes gut verstanden werden können.[16] Dementsprechend dürfen wohl das von der Logik bestimmte Gleichsetzen und Entgegensetzen diejenigen Akte sein, die wir, im transzendentalen Hintergrund des in dem Satz des Bewusstseins erwähnten Beziehens und Unterscheidens, ausführen.

Der Satz des Bewusstseins steht also unter den Grundsätzen der Logik auch in dem Sinne, dass die Handlungen, die er ausdrückt oder worüber er spricht, gemäß der Logik erfolgen. Das ist ein sehr ungünstiges Ergebnis für Reinhold. Denn so ist auch das Vorstellen selbst, das angeblich über dem Denken steht und von den logischen Gesetzen des Denkens unabhängig ist, eine Art von Denken. Für die Wahrheit der Wissenschaftslehre ist aber schon eine schwächere These ausreichend. Wenn die vom Satz des Bewusstseins ausgedrückten Handlungen tatsächlich im Bewusstsein stattfinden, dann finden sie, unabhängig davon, ob sie Denken sind oder nicht, gemäß ebenderselben Gesetze statt als ein Denken. Dieser Befund stellt nun eine Frage, die nur auf einer höheren Ebene der transzendentalen Erklärung beantwortet werden kann. Warum finden diese Handlungen gerade so statt? Offensichtlich muss das Gemüt eine oder mehrere *ursprüngliche* Handlungen haben, welche das Gemüt beim Beziehen und Unterscheiden gerade so bestimmen, dass es entsprechend der Logik handelt.[17] Diese ursprünglichen Handlungen *können kein Denken sein*, weil gerade sie das Denken bestimmen. Und zwar, wenn Reinhold recht hat und die zweifache Handlung selbst, die der Satz des Bewusstseins ausdrückt,

---

15 [Schulze]: *Aenesidemus*, S. 66–68.
16 Vgl. Fichte: *Aenesidemus*, GA I/2, 44.
17 Ebd.

kein Denken ist, dann bestimmen die angenommenen ursprünglichen Handlungen das Denken mittelbar (d.h. durch den Satz des Bewusstseins). Wenn aber Reinhold irrt, und das Beziehen und Unterscheiden eine Art von Denken sind, dann bestimmen die angenommenen ursprünglichen Handlungen das Denken unmittelbar.

Diese Einsicht führt zu einer anderen, die entscheidend hinsichtlich des Gültigkeitsbereichs der Logik ist. Nach dem antirationalistischen Erbe von Kant gelten die klassischen logischen Prinzipien nur für Gedanken, demzufolge haben sie nur eine sogenannte ideale Gültigkeit. Gibt es aber ursprüngliche Handlungen, die kein Denken sind und als solche nicht ideale, sondern reale Handlungen sind, und erfolgen sie trotzdem den Gesetzen der Logik entsprechend, so hat die Logik „eine reale Gültigkeit"[18] in ihnen. In der *Rezension des Aenesidemus*, wo Fichte sich mit Reinhold auseinandersetzt, zeigt er noch nicht, dass diese ursprünglichen Handlungen nicht nur das Gemüt zum Handeln nach den Gesetzen der Logik bestimmen, sondern auch sie selbst in Übereinstimmung mit diesen Gesetzen vorgehen. Dies erfahren wir erst in der *Begriffsschrift* und noch deutlicher in der *Grundlage*. Die beiden ursprünglichen Handlungen, von denen hier die Rede ist, entsprechen nämlich den beiden ersten Grundsätzen der Wissenschaftslehre. Das im Hintergrund des Beziehens stehende Setzen (Gleichsetzen) und das im Hintergrund des Unterscheidens stehende Entgegensetzen erfolgen so sehr den Gesetzen der Logik entsprechend, dass man auch sagen könnte: nicht die Handlungen richten sich nach den logischen Gesetzen, sondern die Gesetze richten sich nach ihnen.[19] Die formallogischen Gesetze sind erst in dieser engen Verbindung begründet, und zwar dadurch, dass jede von diesen ursprünglichen Handlungen einen Inhalt für sie bereitstellt, für den sie immer schon gültig sind. Da die ersten beiden Grundsätze der Wissenschaftslehre die reale Identität und das reale Gegenteil aufstellen, kann die so begründete und das Reinholdsche Beziehen und Unterscheiden betreffende Logik den Satz des Bewusstseins nicht nur der Form nach, sondern auch inhaltlich begründen und bestimmen.

4   Logik und Metaphysik

Es gehört zum Kern der Reinholdschen Konzeption, dass die Logik eine Teildisziplin der Philosophie ist, die dem zentralen Teil der Theorie des

---

18   Ebd.
19   Damit gibt Fichte eine auf der Spontaneität des Ichs gebaute Erklärung nicht nur für die Akte des Denkens, wie Kant, sondern auch für den Ursprung des Gesetzes dieser Akte. Vgl. ErE GA I/4, 201–202.

Vorstellungsvermögens untergeordnet ist. Aus der Kritik Fichtes folgt aber, dass die Logik an die Spitze der Wissenschaftslehre oder der sogenannte Philosophie zu setzen ist. Ihr Grundsatz muss in und mit dem Grundsatz der Wissenschaftslehre anerkannt werden. Folglich ist die Logik im gewissen Sinne in allem durch den Grundsatz der Wissenschaftslehre Begründeten und Bestimmten anwesend und hat den gleichen Umfang wie sie. Es kann keine Vorstellungen oder Gegenstände geben, die in der Wissenschaftslehre nicht nach den Regeln der Logik behandelt werden.

Die Logik aber, von der hier die Rede ist, betrifft nicht nur die Form der Wissenschaftslehre, weil sie auch einen eigenen Inhalt hat. Ihr erster Grundsatz – wie man es der *Grundlage* entnehmen kann – ist der Satz der Identität, dessen ursprünglicher Inhalt die absolute Identität, das Ich selbst ist. Der Grundsatz dieser inhaltlichen Logik und der Wissenschaftslehre lautet ebenfalls Ich = Ich,[20] wobei die wohlbekannte Formell $A = A$ nicht mehr als eine Abstraktion ist. Allerdings sind die Logik und die Wissenschaftslehre nicht nur in ihren Grundsätzen, sondern in allen weiteren Sätzen aller möglichen Wissenschaften engstes ineinander verflochten. Ihre Form stellt nämlich die Wissenschaftslehre auf. (BWL GA I/2, 137) Aber in „der Wissenschaftslehre ist die Form vom Gehalte, oder der Gehalt von der Form nie getrennt; in jedem ihrer Sätze ist beides auf das innigste vereinigt" (ebd.), so sehr, dass nicht nur von dem Grundsatz der Wissenschaftslehre, sondern von allen Sätzen gilt, „dass ihre Form nur zu ihrem Gehalte, und ihr Gehalt nur zu ihrer Form passe." (BWL GA I/2, 123) Wir bekommen also die weiteren logischen Formen so, dass wir „die bloße Form [der verschiedenen Sätze der Wissenschaftslehre], vom Gehalte abgesondert, aufstellen." (Ebd., S. 138) Es gibt keine logische Form, die nicht zugleich eine Form der Wissenschaftslehre ist. Ebenso gibt es aber keinen Inhalt, der nicht ihr Inhalt ist. Fichtes Meinung nach liegt sogar aller mögliche Inhalt in dem Inhalt des ersten Grundsatzes der Wissenschaftslehre (BWL GA I/2, 124).

Betrachten wir die logischen Formen zusammen mit dem zu ihnen innigst gehörenden Inhalt, erblicken wir eine Logik mit wesentlich mehr Inhalt, als die transzendentale Logik bei Reinhold oder auch bei Kant hat. Bei ihnen muss das Denken an einen ihm äußerlichen Stoff anknüpfen. Akzeptiert man aber im transzendentalen Hintergrund des menschlichen Erkennens ein setzendes Ich, und lehnt man die Kantische sinnliche Anschauung ab,[21] d.h. führt man

---

20 Vgl. Fabbianelli: »*Elementarphilosophie* und *Wissenschaftslehre*«, S. 139.
21 Vgl. Bertinetto, Alessandro: »„*Wäre ihm dies klar geworden, so wäre seine Ktk. W.L. geworden*". Fichtes Auseinandersetzung mit Kant in den Vorlesungen über Transzendentale Logik.« In: *Fichte-Studien* 33 (2009), S. 145–164: 161.

den Stoff des Denkens letzten Endes nicht auf eine Interaktion mit einer dem Ich fremden Wirklichkeit zurück, so sind die Gesetze der Spontaneität des Ichs die *einzigen*, unter denen seine Erkenntnisgegenstände stehen. In diesem Falle bleibt in der transzendentalen Theorie der Gegenstandskonstitution neben der Logik kein Platz für eine transzendentale Ästhetik.[22] Die Logik fällt mit der Transzendentalphilosophie oder der Metaphysik zusammen.[23]

Gleichzeitig mit dem Entfallen der transzendentalen Ästhetik schließt sich das Ich in sich. Sein Denken kann keinen Inhalt haben außer dem, was es selbst setzt, und die Logik ist von vornherein nur auf das Ich anwendbar und darauf, was in ihm ist. Im Gegensatz zur Reinholdschen Logik ordnet diese inhaltliche Logik nicht mehr nur das *unter* sich, worauf sie sich bezieht, sondern ihr ganzer Inhalt liegt sozusagen auch „eingewickelt" *in* ihrem Grundsatz. Der Inhalt des Denkens wird nicht nur bestimmt, sondern auch begründet von dem Grundsatz der Logik als Grundsatz der ganzen Wissenschaftslehre. „Aller Gehalt also, worauf er [der logische Grundsatz $A = A$] anwendbar seyn soll, muss *im* Ich liegen, und *unter* ihm enthalten seyn. Kein A also kann etwas Anderes seyn, als ein *im Ich gesetztes*." (BWL GA I/2, 140)

Als Kant seine *Erklärung* formulierte, wollte er eine Philosophie ablehnen, welche nur die Regeln der Verbindung und der Trennung der Begriffe enthält, und insofern nichts mehr als bloße Logik ist. Fichtes Philosophie ist aber von einer anderen Art, da der Grundsatz seiner Logik einen ursprünglichen Inhalt im Ich hat – im Ich, welches gerade durch einen Akt seiner Logik entsprechend gesetzt ist. Der Wissenschaftslehre nach hat die Logik durch das Selbstsetzen des Ichs von vornherein einen Stoff, und sie hat auch reale Gültigkeit, weil sie sich auf nichts beziehen will außer auf diesen eigenen Stoff.[24] Fichtes rhetorische Frage: „Wie ist Synthesis denkbar, ohne vorausgesetzte Thesis und Antithesis?"[25] enthüllt die Kluft zwischen ihm und seinen beiden Vorläufern. Das Ich bekommt keinen Stoff von außen, um ihn zu verbinden und zu trennen, weil es auch setzen kann.[26] (Vgl. GA III/2, 391) Da durch einen und ebendenselben Akt der Stoff und die Form gesetzt werden, kann die Frage nach der objektiven Gültigkeit der Logik für die Erkenntnisgegenstände nicht einmal

---

22   Vgl. Martin: *Nothing More or Less*, S. 34–35.
23   Natürlich fällt nicht diejenige Logik mit der Metaphysik zusammen, die das Denken des menschlichen Individuums untersucht, sondern nur diejenige, die die letzten Möglichkeitsbedingungen des menschlichen Denkens behandelt.
24   Vgl. Fichte: *Aenesidemus*, GA I/2, 53; BWL GA I/2, 139.
25   Fichte: *Aenesidemus*, GA I/2, 45; Vgl. GWL GA I/2, 276.
26   Vgl. Metz, Wilhelm: *Kategoriendeduktion und produktive Einbildungskraft in der theoretischen Philosophie Kants und Fichtes*. Stuttgart-Bad Cannstatt 1991, S. 244.

aufgeworfen werden.[27] Die Logik ist sogar der Probierstein der Realität. „Alles, worauf der Satz A = A anwendbar ist, hat, *inwiefern derselbe darauf anwendbar ist*, Realität." (GWL GA I/2, 261) Worauf aber derselbe nicht anwendbar ist, hat das Ich nicht gesetzt, es existiert für das Ich nicht, und das kann es auch durch keinerlei Rezeptivität erlangen.

Bei der Auswertung all dieser Gedanken darf man natürlich nicht vergessen, dass es hier nicht um die formale Logik und auch nicht um das empirische Ich geht, sondern um eine Logik, die deswegen und sofern reale Gültigkeit hat, weil und insofern auch das setzende Ich sie hat. Die Philosophie einer solchen Logik und eines solchen Ichs muss sich nicht extra „zum Materialen des Erkenntnisses versteigen", wie Kant in seiner *Erklärung* forderte. Ähnlicherweise steht der Grundsatz dieser Logik nicht weit unter dem absolut ersten Grundsatz, wie es bei Reinhold der Fall war. Reinhold wollte seinen absolut ersten Grundsatz der Gültigkeit der Logik entziehen. Fichte ist gegenteiliger Meinung. „Der Satz: A = A gilt ursprünglich *nur vom Ich*." (BWL GA I/2, 140) Je mehr das Ich das wird, was es sein *soll*, desto mehr ist es Identität, desto besser stellt es den ersten Grundsatz der Logik, den Satz der Identität dar, und umgekehrt: Mit desto mehr Realität erfüllt es den ersten Grundsatz der Logik.

Fichtes Streit mit seinen unmittelbaren Vorläufern lässt sich erst entscheiden, nachdem man eine Frage beantwortet hat, die Fichte 1812 stellte. Alles hängt nämlich davon ab, „ob das Denken selbst hervorbringend, u. schöpferisch sey [hinsichtlich] des Objekts?" (TL II GA II/14, 194) Ist die Antwort ja, dann gibt es in Wirklichkeit nur eine Logik, nämlich die die Tätigkeit des Ichs beschreibende Transzendentalphilosophie, oder mit dem Sprachgebrauch der *Rezension*, die Logik, die eine reale Gültigkeit hat. Die sogenannte formale Logik gehört dann nicht einmal zur Philosophie.

---

27 Man braucht nicht die Frage » *quid juris* « eigens zu beantworten. » In der W.-L. vollziehen sich eben metaphysische und transzendentale Deduktion in dem einen und selben Schritt. « (Janke, Wolfgang: *Fichte. Sein und Reflexion – Grundlagen der kritischen Vernunft*. Berlin 1970, S. 123.).

TEIL 3

Auseinandersetzungen und Konfrontationen

KAPITEL 6

Les enjeux stratégiques de la critique de Fichte à Rousseau dans la cinquième leçon des *Conférences sur la destination du savant* (1794)*

Marco Rampazzo Bazzan

Abstract

This paper aims at criticizing a dominant approach adopted in order to studying the relationship between Fichte and Rousseau. It concerns the tendency to reduce their relationship to the critic that Fichte delivered to Rousseau in the famous fifth lesson of Vocation of the scholar in 1794, and to transform it into its key of exhaustive reading. In our opinion, this hermeneutic approach produces some significant effects of misunderstanding of this problem, for instance the tendency to underline the features of Fichte's break with the philosophy of the 18th century. The main goal of this contribution is then to understand that critics by the presentation of the strategic challenges of this conference, and thus to show the complexity of Rousseau's influence on Fichte for the elaboration of his own philosophy in particular for the Vocation of the scholar in 1794.

Résumé

Le but de cet article est de problématiser une approche dominante dans la façon de traiter le rapport entre Fichte et Rousseau. Il s'agit de la tendance à réduire ce rapport à la critique que Fichte livre à Rousseau dans la cinquième conférence de la Destination du savant de 1794 en le transformant en sa clé de lecture exhaustive. De cette approche herméneutique découlent à notre avis des effets significatifs de mésentente, parmi lesquels une emphatisation des traits de rupture de la philosophie de Fichte avec la philosophie du 18ème siècle. Proposant de lire la critique de Rousseau à partir des enjeux stratégiques de cette conférence cet article veut relativiser la portée scientifique de cette critique afin de dégager la richesse et la complexité de l'influence exercée par les différents écrits de Rousseau sur Fichte dans l'élaboration de sa propre philosophie et en particulier en 1794.

---

* La version finale de cet article a été réalisée dans le cadre du projet "Thinking politics beyond the modern concept of individual" financé par le programme Piscopia-Marie Curie à l'Université de Padoue.

Mot-clés

Histoire de la philosophie moderne et contemporaine – Rousseau – Destination du savant – Réception de Rousseau en Allemagne – Etat de nature – Fichte

1 Introduction

Lorsqu'il suggère qu'en 1793, dans les *Contributions destinées à rectifier le jugement du public sur la Révolution française,* Fichte veut défendre l'esprit de la philosophie de Rousseau au-delà la littéralité de ses thèses, Alexis Philonenko fait allusion à deux réflexions contenues dans le cycle de leçons *de officis eruditorum* de 1794.[1] D'une part, il semble vouloir généraliser le principe sur lequel Fichte base sa célèbre critique à la conception » rousseauiste « de l'état de nature contenue dans la cinquième leçon de la *Destination du savant* : » comprendre Rousseau mieux qu'il ne se comprit lui-même. « (BdG GA I/3, 60–61) De l'autre, il renvoie au sujet que Fichte avait développé dans ses leçons sur la *Différence entre l'esprit et la lettre* qui, bien qu'elles ne seront publiées qu'en 1797 constituent – comme l'ont prouvé Hans Jacob et Reinhard Lauth – la prolongation des cinq premières leçons dans le semestre hivernal de 1794.[2]

Loin de vouloir mettre en discussion la pertinence de cette interprétation spécifique, nous la citons simplement comme un exemple d'une approche herméneutique dominante dans la *Fichte-Forschung*. Nous nous référons avec plus de précision à la tendance à réduire le rapport entre les deux philosophes à la critique que Fichte livre à Rousseau en 1794 en transformant celle-ci en une clé de lecture exhaustive.[3] S'appuyant sur ce passage la plupart des interprètes insistent en effet sur les traits de rupture de la philosophie de Fichte avec la philosophie du 18ème siècle. En outre, ils semblent utiliser *mécaniquement* le principe de » comprendre Rousseau mieux qu'il s'est compris lui-même « comme s'il était a priori une réponse valable à toute question concernant le rapport entre les deux philosophes. De cette attitude herméneutique découlent

---

[1] Philonenko, Alexis : *Théorie et praxis dans la pensée morale et politique de Kant et de Fichte en 1793.* Paris 1988, p. 184.

[2] GA I/3 Vorwort, 3–22, en part. pp. 5–11.

[3] C'est le cas par exemple de Buhr, Manfred : » Jacobinisches in Fichtes ursprünglicher Rechtsphilosophie. « In : Markow, W. (Hrg.) : *Maximilien Robespierre 1758–1794.* Berlin 1958, pp. 529–552, en part. p. 534 et Buhr, Manfred : » Die Philosophie Johann Gottlieb Fichte und die Französische Revolution. « In : Buhr, M. – Losurdo, D. : *Fichte- die Französische Revolution und das Ideal vom ewigen Frieden.* Berlin 1991, pp. 9–73, en part. p. 17.

à notre avis des effets significatifs de mésentente à l'égard de l'influence réelle exercée par les différents écrits de Rousseau sur le processus d'élaboration et de réécriture auquel Fichte soumet constamment sa pensée.[4]

Si la cinquième leçon de 1794 constitue sans nul doute le passage le plus articulé que Fichte consacre explicitement à l'auteur du *Contrat social*, les interprètes semblent ne pas avoir véritablement cerné ses enjeux stratégiques c'est-à-dire les effets que Fichte voulait produire par son exposé. Selon notre conviction, même ceux qui ont analysé avec le plus d'attention le contexte de sa rédaction comme Veillard-Baron,[5] ou qui se sont interrogé à plusieurs reprises sur le rapport entre Fichte et Rousseau dans son ensemble tout en consacrant par ailleurs à l'un et l'autre des études spécifiques, tel Philonenko,[6] n'ont pas tiré les conséquences ultimes des éléments qu'ils ont pourtant largement contribué à mettre en lumière. À partir de leur éclairage, notre proposition veut donner une réponse aux perplexités vis-à-vis de certaines tournures caricaturales, que ces interprètes ont avancées au sujet de la démarche de Fichte. Elle consiste à problématiser cette approche herméneutique par la présentation des véritables finalités de cette conférence. Ceci nous permettra non seulement de relativiser la portée critique du propos de Fichte en 1794 tout en le situant dans son exacte perspective, mais aussi de dégager l'influence multiforme que l'œuvre de Rousseau exerce sur sa pensée et sur la manière dont il réélabore certains thèmes de la philosophie du 18ème siècle.

Pour clarifier davantage notre propos, nous devons d'emblée rappeler que, dans la cinquième leçon de la *Destination du savant*, Fichte affirme convoquer Rousseau parce que personne n'aurait contredit » avec des raisons plus manifestes et une éloquence plus vigoureuse « que lui, les thèses soutenues dans les quatre premières leçons. Fichte en résume ainsi les résultats : que la destination de l'humanité réside dans le progrès constant de la culture et dans le développement uniforme et continuel de toutes ses dispositions ; et que les savants doivent » veiller sur le progrès et l'uniformité de ce développement «.[7] (BdG GA I/3, 60) En définitive, Fichte consacrerait une leçon entière à Rousseau parce qu'il avait soutenu une thèse radicalement opposée à la sienne, à

---

4 C'est le cas de Gueroult, Martial : » Nature humaine et état de nature chez Rousseau, Kant et Fichte. « In : Ders. : *Etudes de philosophie allemande*, Paris 1977, pp. 71–86, en part. p. 78 et Stoy, Karl Volkmar : » Rousseau, Fichte, Constant in der pädagogische Bekenntnis. « In : Ders. : *Kleine Schriften und Aufsätze*. Leipzig 1898, pp. 49–68.

5 Veillard-Baron, Jean-Louis : » Introduction historique «, et » commentaire raisonné « à Fichte, J-G. : *Conférences sur la destination du savant*. Paris 1994 (1969).

6 Philonenko, Alexis : » Rousseau et Fichte. « In : Radrizzani, I. (éd.) : *Fichte et la France*. Paris 1997, pp. 63–82.

7 Fichte : *La Destination du savant*, p. 81.

savoir qu'il n'y a de salut pour les hommes que dans l'état de nature «et que la position de savant est » la source aussi bien que le centre de toute misère humaine «.[8] (BdG GA I/3, 61) Le principe herméneutique » comprendre Rousseau mieux qu'il s'est compris lui-même « revient d'emblée à pointer la contradiction entre sa conduite et ses thèses. Selon Fichte, en prônant un retour à l'état de nature, Rousseau travaillerait en effet au perfectionnement de l'humanité. Autrement dit, son plaidoyer pour le retour à l'état de nature doit être cerné comme une contribution au progrès de l'humanité dans la mesure où il constitue le seul remède contre la corruption des mœurs de la société de son temps. Mais par ailleurs, c'est seulement grâce à sa culture savante que Rousseau peut formuler une telle thèse.

Si certains interprètes ont beau souligner les limites de cette critique dans la mesure où Fichte caricature (jusqu'à fausser) à plusieurs égards le discours tenu par Rousseau,[9] aucun parmi eux n'a pourtant véritablement questionné l'origine du principe à partir duquel elle est conduite, ni l'éventuelle originalité de cette critique à la lumière de la réception de Rousseau en Allemagne. Afin de répondre à ces questions nous allons en quelque sorte suivre l'indication implicite de Philonenko rappelée au tout début de notre propos, c'est-à-dire nous approprier la tâche de cerner le principe de » comprendre Rousseau mieux qu'il s'est compris lui-même « à l'aune de la théorisation de la différence entre esprit et lettre livrée par Fichte dans les conférences publiées en 1797. Nous pouvons ainsi distinguer trois plans sur lesquels nous pouvons analyser ce principe : un premier plan qu'on pourrait définir comme » historico-philosophique «, un deuxième plan » stratégique « et un dernier proprement » herméneutique «.

Sur le plan » historico-philosophique «, il nous revient d'analyser la signification de ce principe non seulement dans l'économie de l'argumentation mise en place dans la cinquième leçon, mais aussi dans le cadre de la réception des deux premiers *Discours* en Allemagne. L'étude de cet aspect nous montrera qu'en 1794, loin de vouloir se distancer de la philosophie antérieure, Fichte s'appuie largement sur la réception dominante des deux *Discours* en Allemagne. Nous verrons ainsi que l'objet de sa critique est moins la pensée de Rousseau que l'image que s'était forgée de lui le public allemand.

Par » plan stratégique « nous désignons en revanche l'ensemble des raisons concrètes qui amènent Fichte à prendre cette position publique, et les effets

---

8   Ebd., p. 61.
9   Voir par exemple : Neuhouser, Fredrick : » Entre ilustracion y Romanticismo. El Legado de Rousseau. « In : *Revista de Estudios sobre Fichte* (7, 2013) visualisé le 26 août 2014 URL : ref. revues.org/448.

qu'il vise à produire par celle-ci. Si la volonté affichée de vouloir » comprendre Rousseau mieux qu'il s'est compris lui-même « implique nécessairement de vouloir en critiquer la pensée, nous devons également considérer qu'interpréter Rousseau à une époque où *l'Allgemeine Literatur Zeitung* le présentait comme » celui qui a préparé plus que tous la voie à la Grande Révolution qui est en train d'enflammer la France du *Contrat Social* «,[10] prendre position pour ou contre ses thèses, assumait nécessairement une forte connotation politique.[11] Sur ce plan, l'analyse portera par conséquent sur la construction de l'image de Rousseau qui fait l'objet de la critique et le contexte de la conception de la cinquième conférence.

Enfin, nous pouvons évoquer un troisième plan d'analyse du principe de comprendre un philosophe mieux qu'il se soit compris lui-même. Un plan qui constitue l'essence même du geste » herméneutique «. L'évocation de cet aspect nous permettra par ailleurs de clarifier notre propre démarche interprétative. Il s'agira ici plus exactement d'appliquer ce principe aux déclarations de Fichte sur son rapport à Rousseau, et d'analyser ainsi les facteurs qui surdéterminent sa prise de position publique à partir du contexte dans lequel elle s'inscrit. Afin de contrer la réception irréfléchie et mécanique du principe que Fichte aurait compris Rousseau mieux qu'il se fût compris lui-même, notre contribution vise à dégager la complexité de l'influence de Rousseau sur la philosophie de Fichte au-delà des aveux et des intentions déclarées par Fichte sur ce sujet à partir des conférences de 1794.

2   Plan historico-philosophique : l'argumentation de Fichte contre » Rousseau «

Dans la cinquième leçon Fichte reconduit l'apparente excentricité de la thèse rousseauiste prônant un retour à l'état de nature, à une analyse inachevée sur le sentiment qui en est à l'origine.[12] (BdG GA I/3, 61–62) Rousseau confondrait plus exactement un » sentiment mêlé « avec un » sentiment pur. « Cela ne met pas en cause la nature du sentiment (qui, en soi, » ne se trompe jamais «), mais vise plutôt à pointer son insuffisance, à prouver une certitude s'il n'est

---

10   C'est ainsi que l'*Allgemeine Literatur Zeitung* présente la traduction des Œuvres de Rousseau par Rellstab, libraire et éditeur à Berlin – *Allgemeine Literatur Zeitung* (305, 1789).
11   Sur ce point : Philonenko : *Fichte et Rousseau*, p. 68 et La Vopa, Anthony : *Fichte. The Self and the Calling of Philosophy*, Cambridge 2001, pp. 225–227.
12   Guéroult : » Nature humaine et état de nature chez Rousseau, Kant et Fichte. «, p. 83.

pas analysé de façon rigoureuse.[13] Dit autrement, en ne s'étant nullement intéressé à rechercher les principes a priori du savoir humain (c'est-à-dire par le fait d'ignorer la démarche transcendantale), Rousseau mettrait à la base de ses réflexions des sentiments sans les avoir analysés avec la rigueur nécessaire.

Les leçons *Sur la différence entre l'esprit et la lettre* nous permettent de mieux cerner l'effet que cette approche produit sur les manières de philosopher. Fichte définit l'esprit comme la pulsion à la réflexion (*Vorstellungstrieb*), c'est-à-dire la faculté de s'élever sur le plan de la représentation et des idées. Dans ce scénario, tout sentiment est cerné comme un résultat de l'activité originaire de l'esprit, c'est-à-dire comme son produit, aperçu sous la forme d'une affection. Ainsi » l'esprit humain reçoit en quelque sorte quelque chose qui lui appartient, une expression de sa propre action hors de lui et il voit avec aisance dans les objets, comme dans un miroir, sa propre figure «.[14] (GB GA I/6, 345) Par le biais de la réflexion visant la reconstruction des conditions de possibilité de la formation des objets de la conscience, l'esprit se réapproprie des moments de son activité originaire qui sont devenus invisibles à la conscience naturelle. Il cerne ainsi le sentiment comme une des représentations qu'il a produites.

À ce mouvement génétique – dans lequel réside l'essence de la philosophie transcendantale – s'oppose alors celui de la » lettre « qui désigne en revanche le fonctionnement de la conscience naturelle. La lettre apprend le sentiment sans médiations, à savoir comme un produit exogène. Si la marque de l'esprit – porteur de la philosophie transcendantale en tant qu'*auto-activité* – est de cerner l'activité nécessaire de la pensée (c'est-à-dire du Moi) dans ses formes changeantes, celle de la lettre est en revanche d'opérer par copie ou reproduction mécanique d'un produit dépourvu de la loi de sa production. Son *modus operandi* détermine ainsi un détachement du concept de l'objet correspondant, en générant ce que Fichte appellera dans l'Introduction au *Fondement du droit naturel selon les principes de la Doctrine de la Science*, une » philosophie de formules «.[15] (GNR GA I/3, 317)

Un tel détachement entre concept et objet est la matrice de l'erreur que Fichte attribue à Rousseau quant au choix du principe de ses réflexions sur l'état de nature et sur la fonction éminemment sociale des savants. Fichte soutient en effet que : » conduit par la pureté de son sentiment et la vivacité de son imagination « Rousseau s'était forgé » une image du monde et en particulier de

---

13   Moiso, Francesco : *Natura e cultura nel primo Fichte*. Milano 1979, p. 316.
14   Fichte, Johann Gottlieb : *Essais philosophiques choisis (1794–1795)* (Traduction par Ferry, L./Renault, A. Présentation par Philonenko, Alexis). Paris, 1984, p. 94.
15   Fichte, Johann Gottlieb : *Fondement du droit naturel selon les principes de la doctrine de la science*. (Présentation, traduction et notes par Renaut, A.). Paris 1984, p. 22.

la position de savant « depuis une position de retrait vis-à-vis de la société. Et une fois qu'il s'était ainsi isolé du monde social, il voyait » ceux qui devraient être les précepteurs et les éducateurs de la nation, réduits à l'état d'esclaves complaisants de la corruption. « Cet écart aurait alors suscité en lui un sentiment d'indignation et de révolte contre la société, qui l'aurait finalement aveuglé (» plein de cet amer sentiment Rousseau n'était plus capable de voir autre chose que l'objet qui l'avait provoqué. «) Sa solution serait alors d'extirper à la racine la source de la dégénérescence morale. D'une telle intention découle sa théorisation de l'état de nature. À l'homme corrompu de la société de son temps, Rousseau veut alors opposer le *vernunftloses Thier*, l'homme dépourvu de raison, le sauvage étant soustrait à tout vice (BdG GA I/3, 64). Selon Fichte, Rousseau ne chercherait dans sa vision de l'état de nature idéel que du repos, de la paix d'un monde qui l'indigne et le révolte. En outre, l'état de nature tel qu'il le prospecte ne garantirait nullement à l'homme les conditions pour accomplir sa véritable destination consistant dans le perfectionnement moral. Autrement dit, dans le scénario esquissé par Rousseau, la libération des besoins induits par la sensualité n'adviendrait que par privation, voire élimination du contexte dans lequel surgit la corruption des mœurs : la société. Mais la société constitue également la condition indispensable pour le perfectionnement moral. L'opération de Rousseau serait par conséquent contradictoire et inefficace. Rousseau présenterait finalement sous le nom d'état de nature ce que les poètes appelaient l'âge d'or. Cet état se constitue en effet comme passé mythique pour lequel on ne peut éprouver que de la nostalgie puisqu'il est irrémédiablement perdu » derrière nous « (BdG GA I/3, 65).

Selon Fichte, la véritable solution est alors de se poser autrement ce problème en assumant que cet état de nature n'a jamais existé en tant que tel, et qu'il ne peut que rester un mirage sous cette forme. Et pour corriger cette perspective trompeuse en vue de la mauvaise attitude qu'elle forge, il faut déplacer la vision idéelle. Il nous faut la situer non plus dans un passé mythique, mais dans l'avenir – » devant nous « – afin qu'elle fonctionne comme mobile de l'action éthique (ou son idée régulatrice), c'est-à-dire comme l'horizon ultime d'une tâche infinie exprimant notre destination. Fichte s'appuie ici implicitement sur les interprétations que Kant avait proposées respectivement du *Contrat social* et des Lumières. En ce qui concerne le premier point, Kant avait en effet soutenu dans *Théorie et pratique* que le contrat social » est une simple idée de la raison qui possède néanmoins sa réalité pratique. « (AA VIII, 297) Quant au second, dans sa célèbre réponse à la question *Qu'est-ce que les Lumières ?*, il avait affirmé que » c'est la sortie de l'homme de l'état de tutelle, dont il est lui-même responsable. « Selon Kant, l'homme nouveau des Lumières est celui qui sait «» se servir de son entendement sans besoin de la conduite d'un autre «[16](AA VIII, 35) Dans son sillage, Fichte soutient en 1794 que, pour pouvoir se servir pleinement de son entendement et ainsi réaliser son processus d'apprentissage, l'homme a besoin d'agir sous l'égide éclairée des savants. Et s'il veut réellement dégager du temps de loisir pour pouvoir se dévouer à sa formation spirituelle, l'homme a également besoin des acquis des sciences et de l'organisation en société. Pour atteindre cet état idéel, où ils ne devront plus s'occuper tout le temps de leur autoconservation ou de la satisfaction de leurs besoins primaires, il faut en somme que les hommes vivent ensemble et qu'ils organisent collectivement la production, le commerce (par l'économie) et la vie sociale (par le droit). À cet égard les arts et les sciences sont alors indispensables dans la mesure où ils permettent l'optimisation d'exploitation des ressources naturelles et des énergies sociales disponibles. Fichte souligne ainsi le lien solidaire entre moralité, science et société comme condition d'un véritable progrès du genre humain.[17] Dans son propos, la constitution d'une société rationnelle devient en effet la condition matérielle indispensable afin que l'homme puisse se former librement, et par conséquent se perfectionner moralement, c'est-à-dire accomplir sa destination.

Par la suite, Fichte attribue l'origine du pessimisme de Rousseau à la contradiction entre le caractère statique de la satisfaction, garanti par un minimum d'action (l'inertie), et le caractère dynamique définissant la liberté de l'homme, ce qui se traduit par la tension entre nature et culture, cernée comme moteur de l'histoire du genre-humain. Comme l'a affirmé Francesco Moiso l'histoire devient ainsi : » l'histoire de la création artificielle des besoins, à savoir de la reconstitution d'équilibres statiques à tout niveau d'un processus qui ne doit recevoir son sens et sa valeur qu'à partir de son élément dynamique, de l'explication des forces libres, à savoir non-nécessaires à l'équilibre lui-même «.[18]

Tout comme Kant qui attribuait à la paresse et à la lâcheté les causes qui portent la plupart des hommes à préférer l'état de tutelle,[19] Fichte soutient que les sources de la corruption sont moins les besoins induits par la sensualité, que » la paresse « qu'il dénonce comme » la source de tous les vices. « (BdG GA I/3, 66) Sur la base de ces considérations Fichte reconduit enfin la doctrine de Rousseau à certains traits de sa personnalité. Le but du portrait de l'homme

---

16   Kant, Emmanuel : *Vers la paix perpétuelle ; Que signifie s'orienter dans la pensée ? ; qu'est que les Lumières ?* Paris 1991, p. 43.
17   Sur les deux tâches fondamentales de l'Etat et sur son dépérissement : Fonnesu, Luca : » Die Aufhebung des Staates bei Fichte.« In : *Fichte-Studien* 11 (1997), pp. 85–97, en part. 95–96.
18   Moiso : *Natura et cultura*, p. 17.
19   Ebd.

» Rousseau « par lequel il conclut sa leçon, est de transmettre aux étudiants une vision positive et optimiste, c'est-à-dire une vision fort différente de celle que Rousseau aurait transféré sur l'humanité à partir de ses » faiblesses «personnelles. Étant plus enclin à souffrir qu'à agir, l'auteur du *Contrat social* aurait projeté ses faiblesses personnelles à l'humanité toute entière, et il constituerait dans cette mesure un mauvais exemple pour les jeunes étudiants. Fichte semble ainsi vouloir appliquer *ante litteram* le principe qu'il énoncera dans la première *Introduction à la Doctrine de la science* de 1797 : » ce que l'on choisit comme philosophie dépend de l'homme que l'on est «.[20] (ErE GA I/4,195) Et celui qui veuille se détacher de cette quête par sa vanité ou son luxe, ne pourra par ailleurs jamais adhérer à l'idéalisme.[21]

Toutefois, par le fait de mettre en avant sa paresse, loin de faire preuve d'originalité, Fichte ne fait que s'appuyer sur un trait de sa personnalité que Rousseau avait complètement assumé de son vivant, et qui était par ailleurs largement connu par le public. Fichte pourrait se référer par exemple à sa lecture pendant son séjour à Zurich des *Confessions* où nous pouvons lire des passages comme le suivant : » Outre cela, quoique paresseux, j'étais laborieux, cependant, quand je voulais l'être, et ma paresse était moins celle d'un fainéant, que celle d'un homme indépendant qui n'aime à travailler qu'à son heure «.[22] Ou bien il pourrait faire allusion aux *Lettres à Malesherbe* circulées après la mort de Rousseau sans l'aval du destinataire, et qui, suite à une première publication par Jean-Antoine Roucher dans le poème *Les Mois*, avaient été intégrées par Du Peyrou dans le huitième volume de l'édition de Genève *Œuvres posthumes* de 1789. Dans ces lettres, Rousseau soutenait avoir tracé » le vrai tableau de [son] caractère et les vrais motifs de toute [sa] conduite «. Se référant aux thèses du premier discours il soutenait par exemple : » Mais Monsieur quoique je haïsse souverainement l'injustice et la méchanceté, cette passion n'est pas assez dominante pour me déterminer seule à fuir la société des hommes, si j'avais en les quittant quelque grand sacrifice à faire «.[23] Et il expliquait la manière où il avait toujours été pris par deux tendances s'opposant l'une à l'autre : d'un coté, la paresse (» une âme paresseuse qui s'effraye de tout soin «) et de l'autre, la colère (» un tempérament ardent, bilieux, facile à s'affecter et sensible à l'excès. «).[24] Autrement, Fichte pourrait également renvoyer aux écrits portant

---

20 Fichte, Johann Gottlieb : *Œuvres Choisies de Philosophie Première* (tr. fr. par Alexis Philonenko). Paris 1990, p. 253.
21 Ebd.
22 Rousseau, Jean-Jacques : *Œuvres Complètes*. Paris 1956s, Vol. I, p. 402.
23 Ebd., p. 1131.
24 Ebd., p. 1134.

sur la personnalité de Rousseau qui avaient beaucoup intéressé le public allemand. Quelle que soit sa référence concrète, ces exemples nous montrent que le pilier du portrait de » Rousseau « dessiné dans la cinquième leçon se base en définitive sur une image largement assumée et propagée par l'auteur genevois lui-même.

3 Plan stratégique : Objet et finalités de la critique

3.1 *L'image de » Rousseau « objet de la critique*

De quels écrits de Rousseau est-il encore question dans la cinquième conférence ? Comme Alexis Philonenko,[25] Wolfang Janke[26] et Martial Guéroult[27] l'ont souligné à juste titre, Fichte se réfère avant tout au » Rousseau « des deux premiers *Discours*. La seule exception pourrait être constituée par la citation d'un célèbre passage du *Contrat social* : » *Rousseau sagt : mancher hält sich für einen Herrn anderer, der doch mehr Sklav ist, als sie.* « (BdG GA I/3, 39) Il s'agit de l'incipit du premier chapitre du premier livre où après avoir affirmé que » l'homme est né libre, et partout il est dans les fers « Rousseau ajoute : » Tel se croit le maître des autres, qui ne laisse pas d'être plus esclave qu'eux «.[28] Fichte lui reproche de ne pas avoir dit plus clairement que tout homme qui se croit maître des autres est lui-même un esclave parce qu'il possède une âme d'esclave. Ainsi il pourrait évoquer un passage du deuxième *Discours* à propos du despotisme dans lequel on peut lire que le Despote » n'est maître qu'aussi longtemps qu'il n'est le plus fort. « En tout cas, son argumentation vise moins à réfuter les thèses du *Contrat social* – celles qui avaient été réceptionnées par l'aile la plus radicale de la Révolution –, qu'à se distancier et à s'opposer à Rousseau en s'appuyant sur une image de celui-ci très répandue dans le public allemand sur la base des deux *Discours* et de ses écrits autobiographiques.

Sur quelles sources peut-il s'appuyer ? Par le fait qu'il en commente en cours la première partie en 1795 nous pouvons supposer que Fichte connaissait en profondeur également la seconde partie des *Aphorismes philosophiques* de Platner, qui sont consacrés à la philosophie pratique. Tout comme Fichte, Platner soutenait en effet que par sa proposition d'un retour à l'état de nature

---

25   Philonenko : *Fichte et Rousseau*.
26   Janke, *Wolfgang: Zurück zur Natur ? Fichtes Umwendung des Rousseauischen Naturstandes* in: *Entgegensetzungen. Studien zu Fichte-Konfrontationen von Rousseau bis Kierkegaard*, Amsterdam/Atlanta 1994, pp. 9–21. en part. p. 9.
27   Guéroult : *Nature humaine et état de nature chez Rousseau, Kant et Fichte*.
28   Rousseau : *Œuvres complètes*, Vol. III, p. 351.

Rousseau tâchait de critiquer la société présente. Il affirmait plus exactement qu'il fallait cerner cette thèse simplement comme une provocation visant a » susciter une répulsion contre le despotisme «.²⁹ En même temps il renvoyait ceux qui étaient intéressés à une *lehrreiche Widerlegung,* à l'examen de ses thèses que Reimarus avait publiées dans *Die vornehmsten Wahrheiten der natürlichen Religion.*³⁰

Tout comme Fichte, Hermann Samuel Reimarus pointait la contradiction entre la conduite de Rousseau et sa doctrine. Selon lui, en le privant de la raison il était difficile d'imaginer que l'homme sauvage puisse choisir librement et ainsi se perfectionner.³¹ En outre, soutenant que l'homme naturel vit isolé, Rousseau nierait sa sociabilité naturelle.³² En bref, selon Reimarus, Rousseau aurait forgé des concepts faussés de » naturel « et de » nature «, et de la coupure entre nature et culture. En définissant par » naturel « ce que l'homme peut développer par lui-même, Reimarus pouvait désigner comme » naturel « aussi bien le sommeil ou la position bipède que le langage, la raison et la capacité d'abstraction. Rousseau appellerait, en revanche, » naturel « ce qui ne l'est pas,³³ et ainsi, son état de nature résulterait finalement contre-nature.³⁴

Un examen de la réception des premiers *Discours* de Rousseau en Allemagne montre en outre que jusqu'à la Révolution française, l'ensemble des recensions et commentaires s'inscrivent dans le sillage des premières recensions de Lessing qui, tout en manifestant son estime pour les qualités d'écrivain de Rousseau (tout comme Fichte qui le définit par ailleurs comme » un de plus grands hommes de notre siècle «) en critiquait les thèses sur la société. En outre, Lessing avait entretenu à ce sujet un dialogue épistolaire avec Moses Mendelssohn, le traducteur le deuxième Discours en allemand et auteur d'un commentaire publié en appendice de la traduction.³⁵ Mendelssohn y exprimait un jugement sévère sur l'excentricité des thèses rousseauistes. Il s'attaquait tout particulièrement à l'ambiguïté propre à la notion de perfectibilité à laquelle il

---

29 Platner, Ernst : *Philosophische Aphorismen nebst einigen Anleitungen zur philosophischen Geschichte ganz neue Ausarbeitung.* Leipzig 1800, p. 316.
30 Reimarus, Hermann Samuel : *Die vornehmsten Wahrheiten der natürlichen Religion.* (1754) Göttingen 1985.
31 Ebd., p. 509.
32 Ebd., p. 516.
33 Ebd., p. 522.
34 Ebd., p. 530.
35 Rousseau, Johann Jakob : *Abhandlung von dem Ursprunge der Ungleichheit unter den Menschen und worauf sie sich gründe.* (Mendelssohn, Moses Hg.). Berlin 1756 p. 215 et » Moses Mendelssohn's Briefwechsel mit Gotthold Ephraim Lessing. « In : Mendelssohn : *Gesammelte Schriften,* Mendelssohn G.E. (Hg) Leipzig 1843, I, pp. 373–398.

voulait attacher une valeur seulement positive en tant qu'effort à se perfectionner (*Bemühung sich zu vervollkommen*).[36]

Toutefois, le commentaire qui avait marqué le plus le public était sans nul doute celui que Wieland avait livré dans ses *Betrachtungen über J.J. Rousseaus ursprünglichen Zustand des Menschen* et *Über die von J.J. Rousseau vorgeschlagenen Versuche den wahren Stand der Natur des Menschen zu entdecken nebst einem Traumgespräch mit Prometheus* contenues dans les *Beyträge zur geheimen Geschichte des menschlichen Herzens*.[37] Wieland constitue par ailleurs une des références les plus importantes du jeune Fichte depuis le collège de Pforta.[38] Par sa satyre il avait largement propagé l'idée que » Rousseau veuille vraiment un retour à une condition primitive et animale «[39] et en avait ainsi dressé un portrait caricatural. Il affirmait par exemple que personne n'aurait soutenu des thèses plus excentriques que l'auteur plaidant pour un retour à état de nature afin que les êtres humains vivent » avec les orangs-outans et les singes «.[40] En outre, Wieland soulignait que la » perfectibilité « ne peut pas exister dans l'état de nature tel que l'imagine Rousseau. Tout comme Reimarus et Fichte, Wieland soutenait finalement que c'est seulement dans la société que l'homme peut développer ses facultés supérieures.[41]

En ce qui le concerne Rousseau avait en réalité répondu à chaud à ce type de critiques et tout particulièrement à celle pointant une contradiction entre sa conduite et sa doctrine. Il avait fait par exemple dans les *Observations De Jean-Jacques Rousseau de Genève Sur la réponse qui a été faite à son Discours* où il répondait plus précisément aux objections que le roi de Pologne Stanislas avait avancées dans le *Mercure de France*.[42] Il s'était également défendu de l'accusation d'avoir condamné tous les savants et les effets des arts et des sciences dans *Les Confessions*.[43] Il insistait sur le fait de n'avoir attaqué que les savants

---

[36] Tubach, Friedrich C.: » Perfectibilité: der zweite Diskurs Rousseaus und die deutsche Aufklärung.« In: *Etudes Germaniques* (1960, 15) pp. 143–151. Fonnesu, Luca: *Antropologia e idealismo. La destinazione dell'uomo nell'etica di Fichte*, Milano-Bari 1994, p. 48.

[37] *Wielands Werke*, (Mauermann Hrg.) Berlin 1911, 1 Abt, Vol 7.

[38] Bacin, Stefano: *Fichte a Schulpforta (1774–1780)*. Milano 2003 p. 113.

[39] Tubach: *Perfectibilité*, p. 149.

[40] *Wielands Werke*, p. 369.

[41] Tubach: *Perfectibilité* p. 150.

[42] Rousseau: *Œuvres complètes*, Vol. III, pp. 35–57. *Mercure de France*, Septembre 1751, pp. 63–84.

[43] » Le second fut le Roi Stanislas lui-même qui ne dédaigna pas d'entrer en lice avec moi. L'honneur qu'il me fit me força de changer de ton pour lui-répondre ; j'en pris un plus grave, mais non moins fort, et sans manquer de respect à l'Auteur, je réfutai pleinement l'ouvrage. « (Rousseau: *Œuvres complètes*, Vol. I, pp. 365–366).

qui se laissent corrompre par le luxe et le vice. Il y a bien de » vrais savants « qui sont ceux qui ont la force de suivre l'exemple livré par Descartes ou Newton. Rousseau réservait en somme à ces » vrais savants « une mission assez proche à la *Bestimmung* que leur assigne Fichte, et plaidait pour que les rois et princes les accueillent au sein de leurs cours et renoncent ainsi au préjugé que » l'art de conduire les Peuples est plus difficile que celui de les éclairer. «[44] Il ajoutait par ailleurs que ce sera seulement lorsque les aspects de la vie sociale (culture, moralité, politique) se solidariseront à nouveau qu'on verra » ce que peuvent la vertu, la science et l'autorité animées d'une noble émulation et travaillant de concert à la félicité du Genre humain. «[45]

Quant à Kant nous pouvons retrouver dans ses écrits une position plus nuancée et bienveillante vis-à-vis de Rousseau et de sa vision de l'état de nature. D'un côté, le philosophe de Königsberg semble partager certains aspects de la critique de Reimarus sur le rapport entre la nature de l'homme et sa destination à se perfectionner dans la mesure où il constate dans *L'idée d'une histoire universelle au point de vue cosmopolite*, que s'ils étaient restés » au milieu d'une existence de bergers d'Arcadie « les hommes » ne donneraient à l'existence guère plus de valeur que n'en a leur troupeau domestique. «[46] (AA VIII, 21) De l'autre, il accorde à Rousseau le fait qu'il » n'avait pas tellement tort de préférer l'état des sauvages « tant que la nature humaine n'aurait pas franchi le dernier degré de son développement à savoir l'association des États libres.[47] (AA VIII, 26) Avec son concept de » sociabilité insociable « Kant souligne en outre le caractère ambigu et contradictoire propre à la » nature humaine « (et non au caractère de Rousseau) qui est toujours prise par deux tendances opposées : d'un côté, une tendance à se socialiser afin de développer toutes ses potentialités, et de l'autre, une tendance à s'isoler au fur et à mesure qu'il veut s'affirmer contre les autres. L'antagonisme entre ces deux tendances constituerait par ailleurs le moteur du développement du genre-humain.[48]

En outre, dans ses *Conjectures sur les débuts de l'histoire humaine* Kant avait défendu explicitement Rousseau contre l'accusation de se contredire dans son œuvre en soutenant deux thèses opposées dans les Discours et dans les œuvres postérieures : » On peut accorder entre elles et avec la raison les affirmations qui furent si souvent dénaturées et en apparence contradictoires du célèbre J-J.

---

44   Ebd., p. 29.
45   Ebd., p. 30.
46   Kant, Emmanuel : *Opuscules sur l'histoire*. (Traduction de Piobetta, Stéphane. Introduction, notes, bibliographie et chronologie par Raynaud, Philippe.) Paris 1990, p. 75.
47   Ebd., p. 82.
48   Ebd.

Rousseau. « Selon lui, si dans les *Discours* Rousseau » montre très justement la contradiction inévitable entre la civilisation et la nature du genre humain en tant qu'espèce *physique*, où chaque individu doit réaliser pleinement sa destination, dans son *Emile*, dans son *Contrat social*, et d'autres écrits, il cherche à résoudre un problème encore plus difficile : celui de savoir comment la civilisation doit progresser pour développer les dispositions de l'humanité en tant qu'espèce morale. »[49] (AA VIII, 116)

3.2   *Les finalités de la conférence*

Revenant à Fichte nous pouvons aisément conclure qu'à la différence de Kant, dans la cinquième leçon, il ne montre aucune intention d'accorder à Rousseau le fait d'avoir pu composer lui-même les contradictions qu'il aurait énoncées. Il s'appuie en revanche sur l'image caricaturale de Rousseau que Wieland et Reimarus avaient propagée au sein du public, afin de s'opposer systématiquement à toute manifestation pessimiste ou d'impuissance de l'auteur du *Contrat social*. Fichte reprend plus précisément à Wieland sa vision sarcastique de la conception rousseauiste de l'état de nature, et à Reimarus la critique que sa doctrine serait en contradiction avec sa conduite.

Une telle attitude est néanmoins étonnante si l'on considère que Fichte venait de défendre Rousseau contre le jugement réactionnaire que Rehberg avait exprimé dans ses *Recherches sur la Révolution française*. Comment est-il possible qu'il ait soudainement changé d'avis et d'attitude vis-à-vis de Rousseau ? Un tel changement de vue ne semble pas d'emblée pouvoir trouver une explication à partir d'une raison philosophique, d'autant plus que Fichte ne renie nullement son opuscule polémique même lorsqu'un tel acte lui aurait valu un accueil bien plus paisible à Iéna. Un tel changement nous semble en revanche répondre à une stratégie consciemment mise en place par Fichte pour se défendre contre la réaction suscitée par ses *Contribution* dans les milieux conservateurs de Weimar. Plusieurs conseillers s'étaient en effet plaints du fait qu'il avait été choisi comme successeur de Reinhold à l'Université Augustana. Ainsi, à la première occasion, c'est-à-dire pendant ses leçons sur la *Destination du savant*, leurs insinuations provoquent la première d'une série de polémiques qui se suivront sans cesse au fil de son séjour à Iéna, et qui aboutiront à la célèbre dispute sur l'athéisme et à la conséquente présentation de sa démission.[50]

Les interprètes semblent en somme avoir négligé l'importance du fait que la cinquième conférence n'était pas prévue dans le plan originaire de son cours.

---

49   Ebd., pp. 154–155. Sur ce point insiste Gurwitsch : Gurwitsch, Georg : » Kant et Fichte interprètes de Rousseau. « In : *Revue de Métaphysique et e Morale* (4, 1971) pp. 385–408.

50   Sur ce point : Veillard-Baron : *Introduction*, pp. 18–19.

Tout se passe en effet comme si Fichte l'avait conçue lorsqu'il décide de publier ce qu'il avait effectivement dit en cours pour se défendre des accusations dont il avait fait l'objet. Le conseiller Krüger avait en effet répandu le bruit que Fichte avait affirmé pendant ses conférences que tous les rois et les princes allaient disparaître au bout de trente ans, en contrevenant ainsi à la promesse de s'en abstenir qu'il avait réitérée à Hufeland, Voigt et Goethe à son arrivée.[51] Fichte s'était en réalité exprimé ainsi dans ses pamphlets anonymes. Comme le prouve un examen attentif de l'épistolaire de cette période,[52] c'est précisément pour contrer cette polémique qu'il a décidé non seulement de publier le texte de ses conférences, mais aussi d'y ajouter la cinquième. Elle est par conséquent élaborée *ad hoc*.[53]

En outre, si critiquer Rousseau lui permet de rassurer les conseillers qui l'avaient choisi comme successeur de Reinhold, par cette prise de position il peut également se présenter devant les sympathisants de la Révolution française – qui étaient par ailleurs nombreux parmi ses étudiants – comme celui qui allait en développer de façon cohérente les principes afin de résoudre les impasses et les limites, aussi bien des thèses de Rousseau en elles-mêmes, que de la dynamique révolutionnaire, que celles-ci avaient largement influencée.

4 Plan herméneutique : Motifs rousseauistes dans la Destination du savant et au-delà

Si la plupart des interprètes se sont référés au principe » de comprendre Rousseau mieux qu'il s'est compris lui-même « pour présenter le rapport entre Fichte et Rousseau, aucun d'entre eux ne s'est véritablement interrogé sur l'origine de sa formulation. Par ailleurs, dans *Was heisst, einen Schriftsteller besser verstehen, als er sich verstanden hat* Otto Friedrich Bollnow atteste que son origine n'est pas très claire.[54] En outre, dans *La naissance de l'herméneutique* Dilthey présente ce principe comme une règle déjà reconnue.[55] Fichte l'emprunte vraisemblablement à Kant qui l'avait introduit pour expliquer sa prise de distance vis-à-vis de la théorie des idées de Platon. Nous pouvons en effets lire dans la *Dialectique transcendantale* qu'» il n'y a absolument rien de déconcertant à ce

---

51 FG 1/1 p. 121. Reporté également in Léon, Xavier : *Fichte et son temps*. Paris 1922, Vol. I, pp. 296–297.
52 GA 3/2 pp. 27–28, 97, 147–148 ; 204, 206 et FG 1 p. 121 ; FG 6/1 pp. 52–53 et 58.
53 Cf. Philonenko : *Fichte et Rousseau*.
54 In : *Deutsche Vierteljahresschrift* (18, 1940) Heft 2, pp. 117–138.
55 Dilthey, Wilhelm : *Gesammelte Schriften*, Vol. V, p. 335.

que, tant dans la conversation commune que dans ses écrits, on comprenne un auteur, par la comparaison des pensées qu'il exprime sur son objet, mieux qu'il se comprenait lui-même en déterminant insuffisamment son concept et en parlant ou même en pensant parfois, de ce fait, à l'encontre de ce qui était son intention propre. « (KpV B, 370)[56] Pour Fichte, cela revient à instaurer un accord plus parfait de l'auteur avec lui-même et avec nous.

Pour achever notre analyse, il ne nous reste que l'appliquer à Fichte en tant qu'interprète de Rousseau en 1794. Plus que de comprendre Fichte mieux qu'il s'est compris lui-même, il s'agira de comprendre Fichte mieux de qu'il nous laisse entendre de s'être compris dans la cinquième leçon ; ou, plus simplement, de le comprendre à partir de son intention. Si nous prenons à la lettre la contraposition totale mise en scène par Fichte dans la cinquième nous risquons en effet de négliger la présence souterraine de Rousseau dans l'élaboration des premières quatre leçons.

Il nous revient alors de repérer les motifs rousseauistes dans la *Destination du savant* que Fichte n'attribue pas explicitement à Rousseau. Nous nous bornerons simplement à signaler les aspects principaux afin d'indiquer comment, au fil des quatre premières conférences, Fichte s'approprie certains thèmes rousseauistes sans pourtant mentionner explicitement l'auteur genevois, ni y revenir dans la cinquième. Sur ce point nous convenons pleinement avec Veillard-Baron sur le fait qu'» une étude attentive des textes nous permet de dégager des convergences qui sont autant de signes de l'influence de Rousseau sur Fichte. «[57]

Si c'est sur l'analyse du sentiment que Fichte base sa critique à Rousseau, certains interprètes ont souligné l'importance de l'influence de Rousseau sur sa saisie de ce concept en rapport à ses théorisations de la conscience morale (*Gewissen*) et de l'éducation. La remarque de Fichte sur le fait que le sentiment » ne se trompe jamais «, mais que le jugement peut se tromper quand il » interprète à contre-sens le sentiment « dans la cinquième conférence semble emprunter directement à Rousseau des formulations contenues au début de la *Profession de foi du Vicaire Savoyard*. Où nous pouvons lire : » si le jugement de ce rapport n'était qu'une sensation, et me venait uniquement de l'objet, mes jugements ne me tromperaient jamais, puisqu'il n'est jamais faux que je sente ce que je sens. « Il faut souligner en outre que c'est bien au » sentiment « de

---

56   Kant, Emmanuel : *Critique de la raison pure*. (traduction et présentation par Renaut, A.). Paris 2006 (3 éd.), p. 342. Il est sans doute étonnant que Veillard-Baron ne s'y attarde pas d'autant plus qu'il s'interroge largement sur l'influence possible de Platon et qu'il renvoie même à la première Critique.

57   Veillard-Baron : *Commentaire raisonné*, p. 141.

ses auditeurs que Fichte s'appelle dans la première conférence, en le désignant explicitement comme le point de départ de la construction. Dans le sillage de la *Profession,* bien qu'il ne soit pas traité de forme systématique, le sentiment remplit dans la *Destination* une fonction éminente. Il constitue en effet la condition de possibilité de la communication rationnelle et le fondement de la conviction c'est-à-dire le critère ultime légitimant aussi bien l'action morale, que la quête philosophique. Et la source d'inspiration pour ceci paraît bien être Rousseau qui exactement dans la *Profession de foi du vicaire savoyard* avait donné une interprétation ethico-religieuse et méta-empirique aux notions de conscience et de sentiment.[58] Fichte semble par la suite reprendre à *l'Emile* la conception d'une pédagogie visant le développement libre de la personnalité à partir des dispositions naturelles, qui trouve son ancrage dans l'opposition entre nature et culture.[59]

Comme nous l'avons déjà remarqué auparavant, le rôle social central attribué par Fichte aux savants s'apparente fortement à la figure des » vrais savants « de Rousseau. Tout en partageant avec lui la critique envers l'attitude dominante des savants de l'époque, Fichte ne se borne qu'à corriger la fuite anachronique, à rebours vers un état de nature saisi comme état idéal. Pour ce faire il s'approprie la perspective philosophico-historique de Kant en faisant de la société idéelle une idée régulatrice de l'agir commun. S'il est indiscutable que Fichte et Rousseau ne partagent pas la même confiance en leur époque – ce qui s'explique à partir de l'enthousiasme de Fichte face à la Grande Révolution – il faut cependant souligner à ce propos deux points. D'un côté, que Rousseau avait consciemment inscrit ses réflexions dans le contexte de son époque qui, à ses yeux, se caractérisait par la scission entre politique et science ; et que dans celle-ci résidait la raison pour laquelle » les savants penseront rarement des grandes choses, les Princes en feront plus rarement, et les Peuples continueront d'être vils, corrompus et malheureux. « De l'autre, que Fichte lui-même s'exprimera au fil des années d'une manière qui s'approchera de plus en plus au pessimisme de Rousseau.

Enfin, en définissant la destination de l'homme comme un perfectionnement à l'infini, Fichte reprend à son tour à Rousseau le concept de » perfectibilité « Nous avons déjà mentionné que, même s'il avait beaucoup insisté sur la nature ambiguë de cette disposition, Rousseau avait bien admis – et même souhaité – la possibilité de son développement positif. Cependant, les philosophes des Lumières comme Mendelssohn l'avaient critiqué sur ce point et

---

58   Gurwitsch : *Kant et Rousseau interprètes de Rousseau.*
59   Fonnesu : *Antropologia e Idealismo,* pp. 137–139 et Lohmann, Petra : *Der Begriff des Gefühls in der Philosophie Johann Gottlieb Fichtes,* Amsterdam/New York 2004, p. 17.

s'étaient saisis » de l'idée de perfectibilité pour en faire un élément décisif de leur théorie du progrès. «[60] Si Wieland méconnaissait la valeur métahistorique que Rousseau attribuait à la notion, Mendelssohn ne pouvait point admettre qu'elle puisse ouvrir à une dégénérescence morale. La réception de la perfectibilité constitue, par ailleurs, une étape fondamentale dans l'élaboration du concept moderne de progrès comme sujet de l'histoire.[61] Si, traitant de cette question dans la *Destination du savant* Fichte met implicitement les jalons de sa future philosophie de l'histoire, ce sujet ne faisait pas pour autant partie de ses priorités à l'époque où il tendait plutôt à minorer l'importance de l'histoire et du savoir historique afin de s'opposer à l'historicisme réactionnaire de Rehberg et Brandes.[62]

Le perfectionnement constitue néanmoins l'essence même de la destination de l'homme. En 1794 Fichte focalise son attention sur la tâche présente des savants et il prête une attention tout particulière à la question de l'établissement du principe d'égalité sur le plan juridico-politique qui constitue un des fils rouges dans le développement de sa pensée. C'est dans le domaine juridico-politique que les écrits de Rousseau exercent une influence plus manifeste. Une influence qui est d'autant plus significative par le fait que Fichte se met en concurrence avec Kant sur ce point.[63] Fichte s'accorde au fond avec Rousseau sur le fait que l'homme est sociable par nature. Comme le remarque Veillard-Baron, Rousseau avait écrit dans *l'Emile* que » l'homme est sociable par sa nature et au moins apte à devenir. « Tout comme Rousseau Fichte fait de l'égalité le principe fondamental de l'ordre politique conforme à la raison. Au moment de s'interroger sur l'inégalité des *Stände*, Fichte reprend à Rousseau la distinction entre une inégalité physique – dont seule la nature est responsable – et une inégalité politique ou morale – dont sont responsables les hommes. Si l'inégalité naturelle consiste » dans la différence des âges, de la santé, des forces du Corps, et de qualités de l'Esprit, ou de l'âme, l'» inégalité morale « découle d'une décision des hommes se constituant en une société.

---

60   Delon, M.: » Perfectibilité. « In: Trousson, R/Eigelinger, S. (éd.): *Dictionnaire de Jean-Jacques Rousseau*, Paris 2006, p. 712.

61   Meier, Christian – Koselleck, Reinhard: » Fortschritt. « In: Koselleck, R. – Conze, W. – Brunner, O. (Hg.), *Geschichtliche Grundbegriffe. Historisches Lexikon zur politisch-sozialen Sprache in Deutschland.* Bd. 2, Stuttgart 1975, pp. 351–423.

62   Sur ce point: Picardi, Roberta: *Il concetto e la storia. La filosofia della storia di Fichte.* Bologna 2009, pp. 15–17.

63   Sur ce point: Rampazzo Bazzan, Marco: » 'Kant' contro Kant nella dottrina del diritto di Fichte.« In: Bacin, S. – Ferrarin, A. – La Rocca, C. – Ruffing, M. (éd.): *Kant und die Philosophie in weltbürgerlicher Absicht.* Akten des XI. Kant-Kongresses 2010, Frankfurt am Main 2013, pp. 831–844.

Il s'agit par conséquent d'une inégalité basée sur une convention ou une décision commune. Il va de soi qu'en ce qui concerne sa conception des *Stände*, Fichte se rapproche plus de Rousseau, que de Reimarus qui reprochait à l'auteur du *Contrat social* de n'en avoir pas reconnu la » naturalité. «[64]

Nous pouvons en somme considérer la *Destination du savant* comme une étape de transition dans l'élaboration de la philosophie du droit de Fichte, qui trouvera son premier aboutissement systématique dans le *Fondement du droit naturel selon les principes de la doctrine de la science* (repris dans la *Doctrine du droit* de 1812). En 1796 un de ses étudiants, Rudolf Steck écrivait emblématiquement à son ami Samuel Ith, professeur à Berne, que par son exposé sur le fondement du droit naturel Fichte avait accompli les promesses énoncées pendant les *Conférences sur la destination du savant* et que sa doctrine du droit était vouée à ouvrir une nouvelle époque.[65] Nous trouvons en effet dans ces conférences les premières formulations de concepts ou figures, comme la reconnaissance ou la théorie de l'intersubjectivité, que Fichte ne conceptualisera complètement qu'en 1796 et 1797 lorsqu'il dépassera définitivement les ambiguïtés des premières formulations polémiques de 1793. Si nous devions nous exprimer sur la façon dont Rousseau peut influencer ce processus de réélaboration, nous souscririons une thèse de Richard Schottky, selon laquelle : si » la doctrine du contrat [de Fichte], qui fonde l'état, peut être vue, d'une certaine façon, comme un achèvement et un accomplissement de la conception centrale de Rousseau « cela ne vaudrait pas » encore pour la première formulation dans les écrits de 1793. « En effet, à la différence de la plupart des interprètes qui soutiennent que Fichte s'éloignerait progressivement de la pensée de Rousseau, Schottky invite à cerner le développement de sa pensée politique et juridique dans le cadre d'un rapprochement progressif aux formulations du *Contrat social*.[66] Nous savons en outre que Fichte en discutera en profondeur les thèses avec ces étudiants et qu'il aura entre les mains la première version de la traduction du *Contrat social* que Jung ne publiera qu'en 1800 (*Vom gesellschaftlichen Vertrag oder über die Grundsätze der Staatslehre von Johann Jakob Rousseau*, Frankfurt Esslinger 1800).[67]

---

64   Reimarus : *Die vornehmsten Wahrheiten*, pp. 527–528.
65   Ebd., p. 201.
66   Schottky, Richard : *Untersuchungen zur Geschichte der staatsphilosophischen Vertragstheorie im 17. und 18. Jahrhundert (Hobbes – Locke – Rousseau – Fichte) mit einem Beitrag zum Problem der Gewaltenteilung bei Rousseau und Fichte*, Amsterdam Atlanta 1995², p. 157.
67   Voir la lettre du 5 septembre 1978 que Fichte adresse à Jung : GA III/3 pp. 138–141. Sur ce point voir : Nackimovsky, Isaac : *The closed commercial state : perpetual peace and commercial society from Rousseau to Fichte*, Princeton 2011, p. 40 et 62 ; ou aussi Rampazzo Bazzan,

5 Conclusion : Du Moi a l'Ich

Dans deux lettres, Varnhagen von Ense témoigne que Fichte lui avait souvent parlé de Rousseau avec beaucoup de profondeur et d'estime et qu'il lui avait raconté comme les écrits de cet homme extraordinaire l'avaient énormément touché et influencé. Il racontait également que Schelling se moquait de lui en disant que c'était le *Pygmalion* de Rousseau qui l'avait inspiré pour l'intuition du premier principe de la doctrine de la science. (FG 6/1, 281) Il nous est impossible de reconstruire ce à quoi faisait exactement allusion Schelling. Mais nous pouvons rappeler que Fichte évoque la scène lyrique de Rousseau à la fin de ses conférences *Sur la différence entre l'esprit et la lettre*.

La scène lyrique de *Pygmalion* avait par ailleurs eu un succès important en Allemagne au point qu'on pouvait compter non seulement sur sept traductions jusque 1788,[68] mais aussi sur de nombreuses mises en scène.[69] La scène se déroule ainsi. Dans son atelier, Pygmalion se retrouve devant la statue de la nymphe Galatée qu'il vient d'achever. L'artiste est désespéré parce qu'il croit avoir perdu depuis son génie. Il décide alors de dévoiler la statue lorsqu'il croit y percevoir une présence divine. Le monologue culmine dans sa prière à Venus afin qu'elle anime la statue. Soudain celle-ci commence effectivement à bouger et dit : » Moi «. Par la suite, elle touche un marbre en disant » ce n'est plus moi « et finalement elle atteint Pygmalion en disant » encore moi «. Pygmalion alors lui promet qu'il ne vivra que pour elle. Évoquant cette scène Fichte soutient que » si Pygmalion expose sa statue animée aux yeux du peuple qui l'acclame, il doit également – puisque rien nous empêche de compléter la fable – lui avoir communiquée, en même temps que la vie, le privilège secret de n'être regardée froide et morte aux yeux communs et stupides. « (GB GA I/6, 359) Il imagine alors l'entrée en scène d'un autre artisan sans génie qui remarquant l'enthousiasme du peuple se dit que pour devenir célèbre il n'a qu'à la copier avec précision. Il mesure alors » avec la règle et le compas, les proportions de la statue, rentre chez lui, termine son œuvre et la place à côté de celle de l'artiste : nombreux sont ceux qui ne pourront trouver aucune différence entre les deux. « (GB GA I/6, 360) Fichte veut ainsi souligner que les règles de l'art qui se trouvent dans les manuels se rapportent la plupart du temps à l'aspect mécanique, et qu'elles devraient » être interprétées d'après leur esprit et non selon

---

Marco : *L'influenza di Jean-Jacques Rousseau nell'elaborazione della filosofia del diritto di Fichte*, Padova Thèse de doctorat 2005.

68   Jansen, Albert : *Jean-Jacques Rousseau : der Philosoph als Musiker*. Zürich 1884, p. 319.
69   Cernuschi, A. : » Pygmalion « in Trousson, R-Eigelinger, S. (éd.) : *Dictionnaire de Jean-Jacques Rousseau*, pp. 775–77.

la lettre. « (GB, GA I/6, 360) L'esprit se donne par lui-même ses propres règles, tandis que celui qui ne le possède pas, suit toujours la règle d'autrui, opère selon la lettre, en reproduisant mécaniquement une mesure extérieure. *Mutatis mutandis* comme le professait déjà le Vicaire savoyard, le savant doit guider l'élève afin qu'il développe sa propre capacité d'imagination et qu'il renonce à l'enseignement sous la forme d'une doctrine.

Nous ne pouvons pas savoir si Fichte évoque le passage de *l'Émile* selon lequel » la lettre tue et l'esprit vivifie. «[70] Mais nous pouvons de même plaider afin que le rapport entre Fichte et Rousseau ne soit plus réduit au récit *mécanique* de la célèbre formule que Fichte aurait compris Rousseau mieux que lui ne s'était compris lui-même, du moins si le résultat est de ne plus s'interroger sur les façons concrètes dont Fichte réceptionne et réélabore les figures et concepts forgés par Rousseau. Soutenant que le Pygmalion avait inspiré Fichte dans la formulation de l'*Ich*, Schelling pouvait sans doute ironiser sur le fait que le philosophe de Rammenau avait pu faire de la Doctrine de la science sa Galathée et qu'il ne vivait que pour elle. Mais, si nous associons à sa remarque les considérations de la fin des conférences publiées en 1797, Schelling peut aussi témoigner non seulement que le *Moi* dont il est question chez Fichte dépasse celui de son auteur, et que l'achèvement de la DS renvoie nécessairement à une appropriation spirituelle, c'est-à-dire singulière, de la part de ses auditeurs ou lecteurs au-delà de sa lettre, mais aussi que l'une des inépuisables sources d'inspiration se trouvait pour Fichte dans le » moi « et dans l'œuvre de Rousseau.

---

70 Rousseau : *Œuvres complètes*, Vol. IV, p. 471.

KAPITEL 7

Das Interesse der Aufklärung – Fichte, Jacobi und Nicolai im Disput über Bedingtheit und Unbedingtheit der Vernunft

Stefan Schick

Abstract

Starting from the question whether one has to assign Fichte and Jacobi to the Enlightenment movement, this paper makes the attempt to show that it is the categorical interest in the reality of reason, which is an at least necessary condition for characterizing a certain way of thinking as enlightening. At the center of the study stands the relationship of Jacobi and Fichte to Friedrich Nicolai and the Berlin Enlightenment. In this controversy, all thinkers share the very same interest, namely, the interest in the reality of reason. But what distinguishes Fichte and Jacobi from Nicolai is the absoluteness of their interest in reason, scilicet an interest which is not induced by affects or needs exterior to reason. At the same time, the dispute addresses the relation between absoluteness and conditionality of reason itself. Both Fichte and Jacobi try to elaborate a critical notion of reason mediating between absoluteness and conditionality.

Zusammenfassung

Ausgehend von der Frage, ob Jacobi und Fichte der Aufklärung zuzuordnen sind, versucht der Artikel zu zeigen, dass das unbedingte Interesse an der Wirklichkeit der Vernunft eine wenn auch nicht hinreichende, so doch zumindest notwendige Bedingung für die Bezeichnung eines Denkens als aufklärerisch in einem systematischen Sinne ist. Im Zentrum der Untersuchung steht dabei das Verhältnis von Jacobi und Fichte zu Friedrich Nicolai und der Berliner Aufklärung. In ihrer Auseinandersetzung teilen alle Denker nämlich ein gemeinsames Interesse, und zwar das Interesse an der Wirklichkeit der Vernunft. Was Fichte und Jacobi aber von Nicolai unterscheidet, ist die Unbedingtheit ihres Interesses an der Vernunft – also ein Interesse, das nicht durch der Vernunft äußerliche Neigungen oder Bedürfnisse bedingt ist. Der Disput thematisiert dabei zugleich das Verhältnis von Bedingtheit und Unbedingtheit der Vernunft selbst. Fichte und Jacobi bringen jeweils einen zwischen Bedingtheit und Unbedingtheit vermittelnden kritischen Vernunftbegriff zur Geltung.

Schlüsselwörter

Fr. H. Jacobi – Friedrich Nicolai – Aufklärung – Berliner Aufklärung – Vernunftbegriff

Wenn es eine normativ aufgeladene Epochenbezeichnung innerhalb der Philosophie gibt, dann wohl die der Aufklärung. So ist Kants immer wieder zitierte Bestimmung der Aufklärung als „Ausgang des Menschen aus seiner selbst verschuldeten Unmündigkeit" (AA 8, 35.1f.) sowohl eine Begriffsbestimmung als auch eine normative Forderung, sich aus eben jener Unmündigkeit durch die Anstrengung seiner Vernunft zu befreien. Ob es sich bei der Forderung nach Aufklärung um ein gerechtfertigtes Anliegen handelt, ist jedoch insofern noch immer nicht eindeutig zu entscheiden, als auch nach 230 Jahren Johann Friedrich Zöllners Frage, was Aufklärung sei, nicht endgültig geklärt ist.[1] Dies zeigt sich nicht zuletzt an der Schwierigkeit einer exakten Bestimmung der Grenzen zwischen Aufklärung und Gegenaufklärung. Für Isaiah Berlin und Shmuel Feiner etwa ist es eindeutig, dass Autoren wie Hamann, Herder und Jacobi der Gegenaufklärung zuzurechnen sind.[2] Diese Kategorisierung ist allerdings fragwürdig. Denn offensichtlich plädieren diese Denker – anders als die Autoren von *Eudämonia oder deutsches Volksglück* – nicht für einen restaurativen Akt der Gegenaufklärung, sondern explizieren die impliziten Voraussetzungen und Vorurteile der Aufklärer, um die Vernunft so über sich selbst aufzuklären. Gleiches gilt für Kant und Fichte, bei denen es „zum Reflexivwerden der Aufklärung"[3] kommt.

---

1 Vgl. dazu: Schick, Stefan: » Aufklärung als Ethos. Der Beitrag des Moses Maimonides zur Beantwortung der Frage: Was ist Aufklärung? «. In: *Philosophisches Jahrbuch* 120 (2013), S. 46–63.

2 Vgl. Berlin, Isaiah: » Die Gegenaufklärung «. In: *Wider das Geläufige. Aufsätze zur Ideengeschichte*. Frankfurt am Main 1982, S. 63–92 und » Hume und die Quellen des Deutschen Antirationalismus «. In: Ebd., S. 259–290. Für Shmuel Feiner sind Jacobi und Hamann Repräsentanten einer » Gegenaufklärung, die den philosophischen Rationalismus kritisierte und die Aufklärer der Ketzerei beschuldigte « (Feiner, Shmuel: *Moses Mendelssohn. Ein jüdischer Denker in der Zeit der Aufklärung*. Göttingen 2009, S. 186).

3 Zöller, Günter: » Kant, Fichte und die Aufklärung «. In: De Pascale, C. u. a. (Hg.): *Fichte und die Aufklärung*. Hildesheim 2004, S. 35–52: S. 38. Hans-Joachim Becker schreibt Fichtes WL den Anspruch zu, » dem Denken der Aufklärung überhaupt erst ihre Tiefendimension erschlossen zu haben « (Becker, Hans-Joachim: *Fichtes Idee der Nation und das Judentum*. Amsterdam 2001, S. 121). Ebenso urteilt Fuchs, Erich: » Fichte und die Berliner Aufklärung. Einige charakteristische Linien «. In: De Pascale u.a. (Hg.): *Fichte*, S. 53–68: S. 63.

Bei der Frage der Zuordnung dieser Denker handelt sich aber nicht nur um die Frage, ob x unter A subsumiert werden soll, wobei A schon eindeutig bestimmt wäre und nur noch unklar ist, ob x die Eigenschaft besitzt, A zu sein – so wie man sich im Dämmerlicht fragen kann, ob ein Faden nun grün oder blau ist. Vielmehr ist mit der Subsumption bestimmter Autoren (unter Umständen entgegen ihrer eigenen Intention) unter den Begriff der Aufklärung zugleich eine Modifikation dieses Begriffes verbunden. Im schlimmsten Fall verkommt der Begriff Aufklärung dabei zu einem unscharfen Oberbegriff für alle Arten von Anstrengung des Denkens, im günstigsten Fall führt diese Modifikation zu einer systematisch eindeutigeren Bestimmung des Begriffes „Aufklärung". Erst mit einem solchen könnte dann überhaupt entschieden werden, ob ein normativ einzuforderndes Interesse an Aufklärung besteht.

In den anschließenden Überlegungen möchte ich ausgehend von der Frage, ob Jacobi und Fichte der Aufklärung zuzuordnen sind, zeigen, dass das im Folgenden begrifflich zu bestimmende unbedingte Interesse an der Wirklichkeit der Vernunft eine zumindest notwendige (wenn auch nicht hinreichende) Bedingung für eine Zuordnung zur Aufklärung in einem systematischen Sinne ist. Im Zentrum der Untersuchung steht dabei die Konstellation Jacobi/Fichte – Nicolai (als Repräsentant des engeren Kreises der Berliner Aufklärung: also v. a. Nicolai, Mendelssohn, Biester, Gedike). Bekanntlich war das Verhältnis Jacobis und Fichtes zu Nicolai von einer tiefen gegenseitigen Abneigung geprägt. Nicolai hielt Jacobi und Fichte für gegenaufklärerische Scharlatane, für Jacobi war Nicolai der Kadaver der *morgue berlinoise*. Fichte beleidigt Schelling mit der Bemerkung, dieser habe „die Wissenschaftslehre so verstanden, wie sie Fr. Nicolai auch versteht" (GA III/5, 101.14f.), ja er sei ein „zweiter Friedrich Nicolai" (GA II/10, 61.13). Umgekehrt beleidigt es ihn, wenn Jacobi ihn in die Nähe Mendelssohns und Nicolais rückt.[4]

Gerade in ihrer Auseinandersetzung teilen – wie sich zeigen wird – alle drei Denker allerdings ein gemeinsames Interesse: nämlich das Interesse an der Wirklichkeit der Vernunft. Für die Interpretation dieser Auseinandersetzung bediene ich mich also des „wenig beachteten Begriff[s] eines Interesses der Vernunft",[5] über den Axel Hutter das Verständnis der kantischen Vernunftkritik aufgeschlossen hat. Was Fichte und Jacobi aber von Nicolai unterscheidet und was sie die notwendige Bedingung für die Zuordnung zur Aufklärung

---

4 » Jacobi scheint in seinem Eifer mich oft für Mendelssohn oder seines Gleichen anzusehen, die eine Religion in die Menschen hineinraisonniren wollen. Ist ihm noch nicht bekannt, daß ich die Werke der Nicolaiten hasse, wie er, und ärger? « (GA III/4, 181.9–11).

5 Hutter, Axel: *Das Interesse der Vernunft. Kants ursprüngliche Einsicht und ihre Entfaltung in den transzendentalphilosophischen Hauptwerken*. Hamburg 2003, S. 33.

erfüllen lässt, ist ihr unbedingtes Interesse an der Vernunft – also ein Interesse, das nicht durch der Vernunft äußerliche Neigungen oder Bedürfnisse (etwa ökonomischer Art) bedingt ist. Der Streit zwischen Fichte, Jacobi und Nicolai thematisiert dabei zugleich das Verhältnis von Bedingtheit und Unbedingtheit der Vernunft selbst. Um dieses zwischen Fichte, Jacobi und Nicolai strittige Verhältnis von Bedingtheit und Unbedingtheit der Vernunft und des Interesses an ihr zu analysieren, bediene ich mich einer weiteren Kategorie, die Hutter bezüglich des Vernunftbegriffs Kants zur Geltung gebracht hat: des kritischen Vernunftbegriffs, der zwischen einem dogmatischen Vernunftbegriff (der die Vernunft für uninteressiert und vollständig unbedingt hält) und einem skeptischen Vernunftbegriff (der die Vernunft auf ein unvernünftiges Interesse und seine Bedingtheit reduziert) in der Mitte steht.[6]

1 Fichtes und Jacobis Kritik der Berliner Vernunft

1.1 *Fichtes und Jacobis ambivalentes Verhältnis zur Aufklärung*

Fichtes ambivalentes Verhältnis zur Aufklärung ist augenfällig. Der frühe Fichte ist geradezu ein „leidenschaftlicher Verbreiter der Aufklärung".[7] Dies zeigt sich nicht nur daran, dass Lessing einer von Fichtes „Lieblingsautoren"[8] war, sondern mehr noch an seinen zahlreichen Plädoyers dafür, „Aufklärung zu befördern" (ZdDf GA I/1, 168.14). 1795 glaubt Fichte noch, dass sich von Nordamerika aus „nothwendig Aufklärung und Freiheit über die bis jetzt unterdrückten Welttheile verbreiten muß" (*Rezension: Zum ewigen Frieden* GW I/3, 228.15f.). Zwei Jahre vorher schreibt er u.a. als Reaktion auf Wöllners Zensuredikt an die Fürsten gewandt: „Warum scheuet ihr euch denn so vor der plötzlich hereinbrechenden Erleuchtung, die entstehen würde, wenn jeder aufklären dürfte, so viel er könnte?" (ZdDf GA I/1, 184.13–15) Der langsame Fortschritt „zur größeren Aufklärung" (ebd., 169.23) sei der einzig sichere Weg zur Verbesserung einer Staatsverfassung und damit der menschlichen Lage selbst. Fichtes Forderung nach Denkfreiheit ist so auch begründet durch sein Eintreten für die Aufklärung. Jedes Denkverbot und jedes Verbot freier Meinungsäußerung negiert die Möglichkeit von Aufklärung: „Freie Untersuchung jedes möglichen Objects des Nachdenkens, nach jeder möglichen Richtung hin, und ins Unbegränzte hinaus, ist ohne Zweifel ein Menschenrecht." (Ebd., 182.36–183.1) Auch

---

6 Vgl. Hutter: *Das Interesse*, S. 193.
7 Radrizzani, Ives: »Die Wissenschaftslehre und die Aufklärung«. In: De Pascale u.a. (Hg.): *Fichte*, S. 79–93: S. 79.
8 Fuchs: *Fichte*, S. 54f.

offensichtliche Irrtümer dürfen nicht verboten werden, da Irrtümer notwendig für das Werden der Wahrheit sind, so „daß es schlechterdings unmöglich ist, Wahrheit mitzutheilen, wenn es nicht auch erlaubt ist, Irrthümer zu verbreiten" (ebd., 178.24f.).

Auf der anderen Seite zeigt Fichte sich in den späteren Schriften *Friedrich Nicolai's Leben und sonderbare Meinungen* (1801) und in *Grundzüge des gegenwärtigen Zeitalters* (1806) als unerbittlicher Kritiker der Aufklärung.[9] Dies lässt sich mit Fichtes persönlicher Aversion gegen Friedrich Nicolai und die Berliner Aufklärung erklären.[10] Die Publikationsorgane der Berliner Aufklärung (ADB und Berliner Monatsschrift) waren Fichte (und Jacobi) gegenüber schon früh nicht wohl gesonnen. Während des Atheismusstreites hatten besonders Anhänger Nicolais Fichte diskreditiert: Das Pamphlet *Schreiben eines Vaters* 1798 entstammt dem Umfeld der Aufklärer Nicolai, Weishaupt und Reimarus, die entschiedene Gegner der Philosophie Fichtes waren.[11] Nach besagtem Vater hatte Nicolai in *Leben und Meinungen Sempronius Gundiberts* die „Ungereimtheiten und Lächerlichkeiten der Fichtischen sogenannten Philosophie" (GA I/6, 122.10f.) bewiesen. Fichtes Gedanken seien bloß „leer[e] Grillenfängereyen", durch die die Zuhörer „zu künftigen Aemtern unbrauchbar" würden. (Ebd., 122.18f.) Fichte schreibt zudem zu Recht das Scheitern seiner Ernennung zum Mitglied der Akademie der Wissenschaften in Berlin Nicolai und seiner Partei zu. (Vgl. GA III/5, 286)

So wäre Fichtes Kritik an der Aufklärung nach 1800 vornehmlich eine Kritik an der Berliner Aufklärung, insbesondere an Nicolai. Allerdings markiert Nicolai für Fichte „den Abstieg und das Ende der Aufklärung"[12] schlechthin. Als solcher ist er ihre vollendete Konsequenz. Die Aufklärung ist das „Zeitalter der vollendeten Sündhaftigkeit".

Problematisch ist allerdings, dass die Spätphilosophie Fichtes nicht nur „gegenaufklärerische", sondern auch aufklärerische Züge aufweist.[13] Gerade in seinen *Verantwortungsschriften* gegen den Vorwurf des Atheismus stellt er sich selbst in die Tradition Lessings (GA I/6, 33) und beschwört einen fortdauernden Kampf der „*Obscuranten*" (ebd., 57.16) gegen die „*Freunde des Lichts*" (ebd., 57.19f.). Die Obskuranten halten sich dabei selbst immer für aufgeklärt, weil

---

9   Vgl. Radrizzani: *Die Wissenschaftslehre*, S. 88f.; Zöller: *Kant*, S. 47.
10 Vgl. hierzu Fuchs: *Fichte*, S. 60–63.
11 Vgl. Lauth, Reinhard: Vorwort zu Verantwortungsschriften GA I/6, S. 24.
12 Fuchs: *Fichte*, S. 60.
13 Vgl. Siep, Ludwig: »" Fichtes Kritik der Aufklärung in den › Grundzügen des gegenwärtigen Zeitalters ‹ (1806). « In: Klemme, H.F. u.a. (Hg.): *Aufklärung und Interpretation. Studien zu Kants Philosophie und ihrem Umkreis*. Würzburg 1999, S. 217–229: S. 218.

sie sich kritisch auf die ihnen vorhergegangenen Obskuranten beziehen – die Protestanten auf die Katholiken, die historischen Aufklärer auf die orthodoxen Lutheraner: „Aufklärung soll, nach ihnen, denn wohl seyn, nur gehen die Gegner darin zu weit." (Ebd., 59.12f.)

Fichte unterscheidet also die Aufklärung als Realisierung der Vernunft von der Aufklärung als historischer Epoche oder Schule. Die Bewegung der Aufklärung im ersten Sinne musste notwendig über die Aufklärung im zweiten Sinne hinweggehen. So hatte Fichte schon früh Kritik an der Aufklärung als bloßer Schule geübt: Die vorgeschriebene Form, über die sie sich als Anhänger derselben Schule einig sind, täusche sie über die Probleme ihrer Theorie hinweg.[14] Damit verhindere sie einen Fortschritt der Aufklärung.

Auch Jacobis Verhältnis zur Aufklärung ist anfänglich äußerst positiv: so schätzt und rezipiert Jacobi französische Aufklärer wie Montesquieu[15] und Voltaire[16] und nimmt regen Anteil am Schicksal Rousseaus und seiner Schriften.[17] Als einer der ersten Philosophen vertritt er in Deutschland in Wirtschaftsfragen die Ideen des englischen Liberalismus. Er bringt „notre fameux"[18] Mendelssohn durchaus große Wertschätzung gegenüber und plant sogar, dessen *Phädon* ins Französische zu übersetzen.[19] Er kritisiert den Versuch, die natürliche Moral auf offenbarte Religion zu gründen,[20] und verachtet Leuchsenring für dessen sentimentale Empfindsamkeit.[21] Seine Romanfigur Woldemar fordert „*Aufklärung* des Verstandes".[22] „Die wahre Aufklärung ist diejenige, die den Menschen lehrt, daß er sich selbst ein Gesetz ist".[23] Nicht zuletzt ist er mit deutschen Aufklärern wie Lessing und Wieland befreundet. Mit Letzterem plant er die Gründung des *Teutschen Mercur* nach französischem

---

14   Vgl. Beiträge GA I/1, S. 204.
15   Vgl. Jacobi, Friedrich Heinrich: *Briefwechsel. Gesamtausgabe.* Hg. v. M. Brüggen u. a., Stuttgart-Bad Cannstatt 1981ff., I/1, S. 20.
16   Vgl. ebd., S. 47.
17   Ebd., S. 22 und 32. Rousseaus *Bekenntnisse* zu lesen hätte ihm allerdings » erstaunlich wehe gethan « (*Briefwechsel* I/3, S. 101.22) und er wünschte sie vergessen zu können.
18   Jacobi: *Briefwechsel* I/1, S. 62.21.
19   Vgl. ebd., S. 64; 67; 73; 74; 75; 76.
20   » Lorsqu'on batit le sisteme de nos obligations uniquement sur la religion revelée, on detruit presque toujours le germe precieux de la moralité dans le cœur des enfans. « (Ebd., S. 118. 25–27).
21   Vgl. ebd., S. 127.
22   Jacobi: *Werke. Gesamtausgabe.* Hg. v. K. Hammacher-W. Jaeschke, Hamburg–Stuttgart-Bad Cannstatt 1998ff., 7/1, S. 197.
23   Jacobi: *Werke* 5/1, S. 403.18f.

Vorbild[24] und überwirft sich schließlich mit ihm, da dieser den Monarchen ein göttliches Herrschaftsrecht zuspricht.[25]

Auch Jacobis spätere Gegnerschaft gegen die Aufklärung lässt sich mit seiner späteren persönlichen Aversion, die er gegen die Berliner Aufklärer hegte, erklären: Nicolai hasste er abgrundtief, seit dieser seinen Bruder im *Sebaldus Nothanker* lächerlich gemacht hatte.[26] Mendelssohn hatte ihn persönlich schon vor dem Streit um Lessings Bekenntnis zum Spinozismus enttäuscht, indem er philosophische Annäherungsversuche Jacobis schnöde zurückgewiesen hatte.[27]

Aber auch in Jacobis späterem Werk finden sich dezidierte Bekenntnisse zum Projekt Aufklärung: Noch in seiner Akademierede bezeichnet Jacobi – wie bereits Tiedemann[28] – die karolingische Bildungsreform nicht wie später Jean-Jacques Ampère als karolingische Renaissance, sondern als „wahre, durchaus heilsame Aufklärung".[29] Jacobi unterscheidet in seinen *Fliegenden Blättern* allerdings „wahre Aufklärung" von bloßer „Aufklärerei".[30] Der Unterschied wird für Jacobi deutlich im Gegensatz zwischen Lessing und der Berliner Aufklärung. Mendelssohn und die Berliner Aufklärer klären die Vernunft nicht über sich selbst auf, da sie vor der ultimativen Konsequenz der Spekulation, dem Spinozismus, zurückschrecken. Nur die Halbherzigkeit ihres Denkens kann ihren seichten Theismus bzw. Deismus retten. Lessing hingegen (wie vor ihm Spinoza und nach ihm Fichte) ist ein echter Aufklärer und endet deshalb notwendig im Spinozismus. Der Grund hierfür ist für Jacobi kein moralisches Defizit, sondern Lessings unbedingtes Interesse an der Vernunft, das den Berlinern fehlt.

1.2   *Die Kritik Jacobis*

Fichte und Jacobi lehnen die Berliner Aufklärung also ab, weil sie das Projekt einer Verwirklichung der Vernunft im Denken nicht radikal genug verfolgen. Dies wäre aber nur ein quantitativer oder gradueller Unterschied. Es gilt also nun den qualitativen Unterschied zu bestimmen:

---

24   Jacobi: *Briefwechsel* I/1, S. 162.
25   Der Aufsatz *Über das Göttliche Recht der Obrigkeit* habe ihm Wieland » eckelhaft u abscheulich « gemacht, schreibt Jacobi an Hamann am 17.11.1785. (Jacobi: *Briefwechsel* I/4, S. 250.5f.)
26   Vgl. etwa Jacobi: *Briefwechsel* I/1, S. 190–192; 196f.; 200f.
27   Vgl. hierzu Christ, Kurt: *Jacobi und Mendelssohn. Eine Analyse des Spinozastreits*. Würzburg 1988.
28   Vgl. Tiedemann, Dieterich: *Geist der spekulativen Philosophie. Vierter Band*. Marburg 1795, S. 75.
29   Jacobi: *Werke* 5/1, S. 347.9f.
30   Ebd., S. 403.18 und 12.

Für Jacobi erheben die Berliner Aufklärer ihre Meinung zur Vernunft schlechthin. Sie glauben „in der That, *daß ihre Meynung die Vernunft, und die Vernunft ihre Meynung sey.*"[31] Deshalb identifiziert Mendelssohn seine Gotteslehre mit der natürlichen Vernunft. Damit realisieren sie nach Jacobi eine Tendenz, die der Meinung als Meinung immer schon innewohnt. Denn jede Meinung, sofern sie anderen mitgeteilt wird, muss sich für vernünftig oder zumindest gerechtfertigt halten. Der Grund für diese Voraussetzung Jacobis scheint zu sein, dass eine Meinung ohne jeglichen Verbindlichkeits- und Allgemeinheitsanspruch zumindest öffentlich (also in Zeitschriften und Büchern) gar nicht geäußert werden müsste. Denn wenn meine Meinung eben nur meine eigene wäre, dann wäre ihre Mitteilung nichts anderes als das Kundtun einer Befindlichkeit oder Stimmung.

Der Meinung qua Meinung inhäriert so nach Jacobi das dogmatische Potential, sich mit der Vernunft schlechthin zu verwechseln.[32] Dieses Potential realisiert sich nach Jacobi in der Aufklärung durch ihre vermeintlich strenge Trennung von Glaube und Vernunft: Weil die Mitglieder „der Partey der gesunden Vernunft"[33] den Glauben ohne Gründe dem Wissen aus Vernunftgründen strikt entgegensetzen, verschleiern sie sich nach Jacobi, dass jede Überzeugung aus Vernunftgründen zuletzt auf einem Glauben basiert, der uneinholbar allen Vernunftgründen vorhergeht. „[W]ir alle werden im Glauben gebohren, und müssen im Glauben bleiben",[34] da alle Vernunftbegründungen bereits auf Glaubensakten basieren. Das heißt, alle in vernünftigen Begründungen explizit gemachten Bedingungsverhältnisse setzen Bedingungen voraus, die nicht noch einmal begründet werden können, weil sie eben die Bedingung der Möglichkeit dafür sind, überhaupt etwas begründen zu können. Was genau Gegenstand dieses Glaubens ist, changiert bei Jacobi freilich – es scheint aber nur sekundär um die Evidenz erster Prinzipien zu gehen, primär viel grundsätzlicher um den Glauben, dass überhaupt etwas aus vernünftigen Gründen folgt.[35]

Wenn Johann August Eberhard dieser These in seiner Rezension der gegen Mendelssohn gerichteten Schriften Jacobis entgegenhält, die von Mendelssohn

---

31   Jacobi: *Werke* 1/1, S. 326.32ff.
32   » Denn es ist die Natur der Meynung zu urtheilen, sie würde die einzige seyn, wenn es den Menschen nicht an Vernunft mangelte: folglich sich mit der Vernunft zu verwechseln. « (Jacobi: *Werke* 5/1, S. 125.23–25.)
33   Nicolai, Friedrich: *Sämtliche Werke – Briefe – Dokumente. Kritische Ausgabe mit Kommentar.* Bern u. a. 1991ff. 6/1, S. 482.
34   Jacobi: *Werke* 1/1, S. 115.
35   Dies gilt sowohl in theoretischer als auch in praktischer Hinsicht. Siehe hierzu Sandkaulen, Birgit: » Fürwahrhalten ohne Gründe. Eine Provokation philosophischen Denkens. « In: *Deutsche Zeitschrift für Philosophie* 57 (2009), S. 259–272.

vorausgesetzten Prinzipien des Wissens müssten nicht geglaubt werden, sondern seien evident,[36] dann ist dies zirkulär. Denn es steht gerade in Frage, was evident ist und was aus einem Evidenzerlebnis folgt. Die Tatsache, dass unmittelbare Evidenz überhaupt ein Wahrheitskriterium ist, kann nur geglaubt werden. Dieser Glaube kann nun seinerseits nicht auf Vernunftgründen basieren, da er für die Überzeugungskraft von Vernunftgründen schon gegeben sein muss. Er muss also mit der Sache, an die geglaubt wird – also in diesem Fall mit der Vernunft – unmittelbar gegeben sein.[37] Die menschliche Vernunft als solche und was für sie im Einzelnen Gründe sind, ist in diesem Sinne bedingt durch eine für sie unbedingte Voraussetzung.

Die Berliner Aufklärer leugnen nach Jacobi diese Bedingtheit der Vernunft. Nicolais Urteil über wissenschaftliche Gegenstände muss deshalb, so auch Fichte, „dem Urtheile aller andern vernünftigen Wesen zur Richtschnur und zum Kriterium ihrer eignen Vernünftigkeit dienen" (*Friedrich Nicolai's Leben* GA I/7, 375.7–9). Zwar sind die Aufklärer, wie sie immer betonen, durchaus an einem Disput bestimmter Meinungen interessiert und dulden hier unterschiedliche Ansichten. Aber dieser Disput hat ausschließlich innerhalb bestimmter Paradigmen zu erfolgen, die nicht wieder in Frage gestellt werden dürfen. Nicolai selbst formuliert dies einmal so: Subjektiv seien Mendelssohn, Lessing und er dogmatisch in ihren Prinzipien, in der Untersuchung über Gegenstände aber seien sie skeptisch gewesen.[38]

Gewiss: Wer die Prinzipien einer Wissenschaft leugnet, mit dem kann innerhalb dieser Wissenschaft nicht diskutiert werden. Der Modus, in dem die Prinzipien oder Paradigmen der Überzeugungen etwa der Berliner Aufklärer in Frage gestellt werden, kann also nicht derselbe sein wie derjenige, in dem das in Frage gestellt wird, was aus diesen Paradigmen folgt. Da diese Paradigmen für die Aufklärer aber gerade keinen mit Glauben kontaminierten Charakter haben, sondern die unbedingten Prinzipien der Rationalität selbst sind, lassen sich Gegner, die diese Paradigmen selbst kritisieren (wie Jacobi oder Fichte), aus der Perspektive der Aufklärer nicht mehr widerlegen. Es lässt sich aus der Differenz selbst auch nichts über die Bedingtheit der eigenen Prinzipien lernen, wenn die Prinzipien der eigenen Meinung die unbedingten Prinzipien der Vernunft sein sollen.[39] So müssen die Gegner dann zum Wohle der Vernunft

---

36 Eberhard, Johann August: »Rezension: Morgenstunden u.a.« In: ADB 8 (1786), S. 311–379: S. 328f.
37 Dies gilt nach Jacobi auch für die sinnliche Evidenz. (Jacobi: *Werke* 2/1, S. 20.27f.).
38 Vgl. Nicolai: *Sämtliche Werke* 6/1, S. 463.
39 »Solche Menschen, die in ihrer engen Sphäre gemeiniglich sehr hell denken, und leicht sehr hell denken *können*, pflegen auf die hartnäckigste Weise die Grenzen ihrer

unterdrückt werden[40] – „Kraft einer mehr als Päbstlichen Untrüglichkeit, deren Despotismus und frommer Eifer sich bis zur Seelsorge eines Groß-Inquisitors erhebt."[41] Weil der Aufklärer als Aufklärer glaubt, gegen die Finsternis für die Entfaltung der Vernunft zu streiten, sieht er sich berechtigt, andere Meinungen zu unterdrücken:[42] „da er seine Meynung für die Wahrheit selbst ansieht, und die Vernunft *in Person* zu seyn glaubt, hört [er] keine Gründe mehr, sucht sie, *als unwürdig*, blos zu *unterdrücken*, und allen Widerspruch, durch was für Mittel es auch sey, zu hemmen. [...] Dennoch weiß er nichts von Ungerechtigkeit, und freuet sich aller seiner Werke, weil er das Gutfinden seiner Weisheit zum einzigen Gesetz hat."[43]

In dieser Unterdrückung bestimmter Meinungen besteht für Jacobi der *fromme Betrug* einer bloß vorgeblichen Vernunft, die alle Vernunft nur am eigenen Glauben prüft.[44] Nur weil ihnen „politisches Uebergewicht" fehlt, verzichten die Aufklärer nach Jacobi auf den Einsatz von „Feuer und Schwerd" im „höchsten Interesse der Menschheit, der *Alleinherrschaft der Vernunft*".[45] Stattdessen diskreditieren sie Gegner wie ihn als Krypto-Jesuiten, Proselytenmacher und freiwillige oder unfreiwillige Unterstützer einer katholisch-gegenreformatorischen Verschwörung:[46] Er wolle mit seiner Glaubensphilosophie

---

Imagination für die Grenzen der Möglichkeit; die *Beschaffenheit* ihrer Imagination für das *wahre Licht der Natur*; und die *Gesetze* ihrer Imagination *für die absoluten Gesetze der Vernunft* zu halten. « (Jacobi: *Werke* 2/1, S. 96.21–27).

40 Am 14.5.1782 schreibt Jacobi an Müller: Die meisten Philosophen der Aufklärung glauben nicht an eine Aufklärung, die » *im Verstande geschieht* « (Jacobi: *Briefwechsel* 1/3, S. 30.32), sondern wollen Menschen durch Gewalt und Unterdrückung zu ihrem Wohl zwingen.

41 Jacobi: *Werke* 1/1, S. 328.24–27. Fichte schreibt 1799 an Forberg, die Berliner Aufklärung sei eine » Macht, mit der es hier zu Lande nicht leicht Jemand zu verderben wagt. « (GA III/3, 182.18f.)

42 So plädiert ein anonymer Autor der Berlinischen Monatsschrift für eine Selbstzensur aufgeklärter Autoren, gegenüber Gründen, die den Katholizismus befördern könnten. B-n.: » Toleranz zur Intoleranz gemißbraucht. « In: *Berlinische Monatsschrift* 1 (1802), S. 126–146, S. 132, 135, 146.

43 Jacobi: *Werke* 1/1, S. 317.20–29.

44 » Wahrlich SIE sind die Leute, die die Vernunft am *Glauben* prüfen « (Jacobi: *Werke* 1/1, S. 327.22f.). Vgl. hierzu auch Jaeschke, Walter: » Eine Vernunft, welche nicht die Vernunft ist. Jacobis Kritik der Aufklärung. « In: W. Jaeschke – B. Sandkaulen (Hg.): *Friedrich Heinrich Jacobi. Ein Wendepunkt der geistigen Bildung der Zeit.* Hamburg 2004, S. 199–216.

45 Jacobi: *Werke* 5/1, S. 125.4–10.

46 Ein besonders eklatantes Beispiel der Diffamierung philosophischer Gegner ist sicher die Schrift *Vorläufige Darstellung des heutigen Jesuitismus, der Rosenkreuzerey, Proselytenmacherey und Religionsvereinigung.* Frankfurt 1786. Der Verfasser bekämpft darin die Jesuiten als einen Orden, der die Religion missbraucht, um » das Menschengeschlecht zu

die Autorität der Vernunft einer menschlichen (und das heißt päpstlichen) Autorität unterwerfen.⁴⁷ In seiner Verteidigung gegen die Vorwürfe der Berliner Aufklärung bleibt Jacobi, wie er ironisch feststellt, so nur die Berufung auf eine von den Aufklärern anerkannte menschliche Autorität: „Gründe? Ich habe etwas Besseres, worüber man nicht so schlechterdings herfahren, oder es nur gerade zu unter die Bank schieben darf, wie Gründe: ich habe eine *Autorität*."⁴⁸

Jacobis Kritik an der Vernunft richtet sich also gegen den Anspruch einer unbedingten Vernunft oder gegen einen dogmatischen Vernunftbegriff. Dieser theoretisch dogmatische Berliner Vernunftbegriff ist in praktischer Hinsicht jedoch skeptisch: er glaubt nicht daran, dass sich Vernunft allein realisieren kann und greift deshalb zu politischen Mitteln.

1.3 Die Kritik Fichtes

Für Fichte erniedrigen nun umgekehrt die Aufklärer die Vernunft zur bloßen Meinung, etwa wenn Nicolai erklärt, „daß ich alle spekulative Systeme, ohne Ausnahme, für nichts halte als für individuelle und subjektive Vorstellungsarten dieses oder jenes Gelehrten".⁴⁹ Aus der Perspektive Fichtes bedeutet dies, jegliches Interesse an der Wahrheit aufzugeben. Nicolai ist für ihn das „vollendetste Beispiel einer solchen radikalen GeistesZerrüttung und Verrückung" (*Friedrich Nicolai's Leben* GA I/7, 370.30f.), der es bloß um Meinungen geht, „da man über alles für und wider disputirt, ohne sich für irgend etwas zu interessiren" (ebd., 370.18f.).

Wer das Interesse an der Wahrheit erst einmal aufgegeben hat und seine Behauptungen trotzdem als seine subjektiven Ansichten verteidigt, der ist nicht an der Erkenntnis der Wahrheit, sondern an der Darstellung seiner eigenen Persönlichkeit interessiert. Wenn Meinung als ihren letzten Grund nicht die Wahrheit zumindest intendiert, dann hat sie keinen Grund, sondern nur eine Ursache, nämlich die Neigung, Furcht, Hoffnung oder Leidenschaft des Meinenden. (Vgl. AzsL GA I/9, 84) Die daraus resultierende Selbstbescheidung ist nur eine vorgetäuschte: Diejenigen, „die einander ihre *Meinungen* erzählen, müßen gegenseitig tolerant und höflich seyn, und sich bescheiden, daß die Meinung des andern wohl eben so viel werth seyn möge, als die ihrige."

---

       unterjochen « (ebd., S. 32). Jacobi wirft er vor, durch seine Verwendung des Wortes Glaube die Menschen » zur Anerkennung einer menschlichen Autorität [...] in Religionssachen bereden zu wollen « (ebd., S. xxxii) und damit die » Rechte der Vernunft « (ebd. S. 173) einzuschränken.

47   Vgl. Jacobi: *Werke* 2/1, S. 18.
48   Jacobi: *Werke* 2/1, S. 23.39–24.1.
49   Nicolai: *Sämtliche Werke* 6/1, S. 282.23–25.

(*Seit sechs Jahren* GA I/7, 163.30–32) Sie seien aber nur „in der äussern Form bescheiden" (ebd., 163.33) und „im wesentlichen durchaus arrogant" (ebd. 163.34), da sie glauben, ihre bloß persönlichen Ansichten und damit sie selbst seien für Andere von Interesse. Behauptungen müssen nach Fichte deshalb mit dem Anspruch auf Allgemeingültigkeit vorgebracht werden, „denn es ist unter allem Uninteressanten das alleruninteressanteste, welcher unmaßgeblichen Meinung irgend ein Einzelner sey" (*Aus einem Privatschreiben* GA I/6, 375.18ff.). Gegen diese sich für Bescheidenheit ausgebende Arroganz setzt Fichte die freiwillige Unterwerfung unter die Wahrheit:[50] „Ich darf der erkannten Wahrheit nichts vergeben. Sie ist immer Wahrheit und auch die Bescheidenheit ist ihr untergeordnet" (BdG GA I/3, 51.6f.). Der Behauptende muss seine Privatinteressen und damit auch das Interesse am bloßen Rechthaben also dem Interesse an der Wahrheit unterordnen. Dieses Interesse ist nämlich das Interesse der Vernunft an ihr selbst. Damit ist auch nicht ausgeschlossen, „daß eigneß reiferes Nachdenken, oder die Zurechtweisung Anderer *in der Zukunft* dich eines bessern belehre." (*Aus einem Privatschreiben* GA I/6, 376.3ff.) Behauptungen müssen zwar mit dem Anspruch erhoben werden, wahr und vernünftig zu sein, dieser Anspruch kann sich aber als irrig erweisen. Der Status dieser Irrtumsmöglichkeit ist damit allerdings bei Fichte und Nicolai jeweils ein anderer: Im Fall Fichtes ist er eine akzidentelle Ausfallserscheinung, die es nach Möglichkeit zu vermeiden gilt. Im Falle Nicolais inhäriert der Irrtum hingegen der behaupteten Meinung essentiell.

Fichte kritisiert also an der Berliner Aufklärung (insbesondere Nicolai), dass sie einen skeptischen Begriff von Vernunft hat. Die Berliner oder Nicolaitische Vernunft ist dabei letztlich bedingt durch ein unvernünftiges Interesse.

2 Die Berliner Kritik an Fichte und Jacobi

Bisher wurde der „Berliner Vernunftbegriff" nur aus der Perspektive Jacobis und Fichtes dargestellt. Für Jacobi ist dieser Vernunftbegriff dogmatisch, weil die Prinzipien als unbedingt gewiss vorausgesetzt werden. Für Fichte ist er skeptisch, weil die Resultate immer nur Plausibilität beanspruchen. Diese beiden Perspektiven widersprechen sich insofern nicht, als die Ursache für beide Unzulänglichkeiten die (wie in Kap. 1.1. dargestellt) in beide Richtungen nicht weit genug getriebene Spekulation ist. Also: Die Prinzipien des eignen Denkens werden nicht selbstkritisch reflektiert und die Resultate daraus

---

50   » Nichts aber macht den Menschen ehrwürdig, als freie Unterwerfung unter Wahrheit und Recht. « (ZdDf GA I/1, 190.37f.)

nicht konsequent genug entwickelt, so dass das Denken der Berliner Vernunft keinen systematischen Zusammenhang gewinnt. Diese Bestimmung der Kritik beider bleibt aber systematisch und historisch unzulänglich, solange nicht auch die Kritik der Berliner Aufklärer (insbesondere Nicolais) an Fichte und Jacobi analysiert worden ist. Dieses Desiderat der bisherigen Überlegungen gilt es nun zu beheben.

2.1 Nicolais Kritik am dogmatischen Vernunftbegriff

Die Kritik der Berliner Aufklärer an Fichte und Jacobi ist zumindest auch eine Kritik an ihrer Behauptung einer aller bedingten Vernunfterkenntnis vorausgesetzten unbedingten Gewissheit: bei Jacobi in Form eines Glaubens bzw. Gefühls, bei Fichte in Form einer intellektuellen Anschauung. Aus dem Blickwinkel dieser Kritik stellen Fichtes Transzendentalphilosophie mit ihrer Behauptung einer unmittelbaren Anschauung des Ich als Grundlage allen Wissens und Jacobis Berufung auf die Unmittelbarkeit des Glaubens gewissermaßen zwei Aspekte dogmatischer Gegenaufklärung dar. Mit ihrer Behauptung einer Gewissheit, die in unbedingter Weise in allem Denken und damit auch allem Argumentieren vorausgesetzt werden muss, entzögen sich beide nämlich jeweils auf ihre Weise jeder Möglichkeit vernünftiger Kritik und widersprächen damit dem Aufklärungsprojekt in zweifacher Hinsicht: zum einen ihrem Glauben an einen stetigen Fortschritt des Wissens, zum anderen ihrem Anspruch auf argumentative Rechtfertigung *aller* Behauptungen, die als wissenschaftlich auftreten wollen. Insbesondere Nicolai kritisiert an Fichte und dessen Anhängern (Schelling, Schlegel) diese „Jacobische Komponente"'[51] ihres Philosophierens – nämlich die Berufung auf eine sich aller Möglichkeit irgendeiner Kritik entziehenden Unbedingtheit: „Sie wollen schlechterdings nicht, daß jemand ihnen widerspreche, und neue Gründe geben sie auch nicht. Sie rufen mit Hrn. Fichte: ‚Kurz, es ist so! Es ist ohne Beweis so!' und dann schimpfen und schelten sie aufs pöbelhafteste."[52]

So würden Fichte und Schelling „aus dem dumpfigen Winkel ihrer intellektuellen Anschauung",[53] die „*nie irren kann*",[54] philosophieren. Dieses „*inner[e] Licht, das nur dem leuchtet, der es trägt*",[55] sei in Wirklichkeit aber bloß philosophische Dichtung. Bereits seine Kritik an Kant gründet Nicolai deshalb

---

51 Fuchs: *Fichte*, S. 66.
52 Nicolai: »Rezension: Schelling, System des transzendentalen Idealismus.« In: NADB 56,1 (1801), S. 143–176, S. 156.
53 Nicolai: *Sämtliche Werke* 6/1, S. 291.9.
54 Ebd., S. 291.33.
55 Ebd., S. 247.15f.

darauf, dass die „transzendentalen" Bestimmungen in einem doppelten Sinne unbedingt wären: weil sich keine Gründe für sie angeben ließen und weil sie ausnahmslos gälten. Auch im Praktischen dränge Kant seinen Lesern ein willkürliches Postulat als notwendiges Gesetz auf. Dies sei aber nichts anderes als ein unbegreifliches Vernunftgebot, das geglaubt werden soll, obwohl es nicht bewiesen werden könne.[56] Aber „ist es nicht Aberglauben, als Wahrheit zu glauben, was uns *nie kann bewiesen* werden?"[57] Fichte übersteige nun diesen Kantischen Aberglauben noch, denn er gründe die Unwiderlegbarkeit seiner Wissenschaftslehre nur auf die Versicherung einer inneren Anschauung, für die er keine Beweise liefern könne: „Er ist der erste unter allen die sich Philosophen nannten, der von dem Grunde seiner Philosophie *keinen Beweis* geben will, der sie dennoch für die *Einzige* ausgiebt".[58] Da der Grund seines Systems nicht bewiesen wird, „setzt er *Aberglauben* an die Stelle *philosophischer Begriffe*."[59] Die Voraussetzungen der Philosophie Fichtes entziehen sich also nach Nicolai der Möglichkeit einer Kritik durch die Vernunft, wodurch selbige in Widerspruch zum Projekt der Aufklärung steht.

In diesem Sinne hatte bereits Mendelssohn in seiner Auseinandersetzung mit Jacobi dessen vermeintlichen „Rükzug unter den Fahnen des Glaubens",[60] der philosophisch gar nicht weiter zu rechtfertigen sei, kritisiert – er sei „in dem Geiste ihrer [Jacobis] Religion, die Ihnen die Pflicht auferlegt, die Zweifel durch den Glauben niederzuschlagen",[61] widerspreche aber dem Geist der Aufklärung. Das Dasein und die Autorität des göttlichen Gesetzgebers müssten hingegen durch die Vernunft eingesehen werden. Sein Freund Nicolai und die Rezensenten aus dem Berliner Dunstkreis bestätigen dieses negative Urteil über Jacobis Behauptung eines unbedingten Glaubens.[62]

---

56   Vgl. ebd., S. 281f.
57   Ebd., S. 343.9f.
58   Ebd., S. 676.16–18.
59   Ebd., S. 322.9f.
60   Jacobi: *Briefwechsel* 1/3, S. 345.30.
61   Ebd., S. 345.31–33. Dagegen setzt er sein Bekenntnis als aufgeklärter Jude: »Meine Religion kennet keine Pflicht, dergleichen Zweifel anders als durch Vernunftgründe zu heben, befiehlt keinen Glauben an ewige Wahrheiten.« (Jacobi: *Werke* 1/1, S. 180.1–3.).
62   »Kann er [Jacobi] wohl den Gegenstand recht durchgedacht haben, wenn er uns vorbilden will, alle Philosophie führe zum *Atheismus*, und wenn er den *Glauben* zum ersten Principium aller menschlichen Erkenntniß machen will. Es scheint mir, wenn er vorher hätte *den ersten Theil der Morgenstunden* abwarten wollen, würde er es nicht geschrieben haben.« (Nicolai: *Sämtliche Werke* 6/1, S. 41.7–12.).

2.2 Nicolais skeptischer Vernunftbegriff

Nicolai kritisiert also das für ihn dogmatische Moment einer unbedingten Voraussetzung in den Philosophien Fichtes und Jacobis. Für Nicolai gibt es keine unbedingten Gründe und deshalb sind alle Systeme zuletzt nur hypothetisch richtig: „denn *der letzte Grund* eines spekulativen Systems wird schwerlich demjenigen können unwidersprechlich dargethan werden, der das System nicht annimmt".[63] Philosophische Behauptungen, die diesen hypothetischen Charakter aller Philosophie leugnen, verkennen wegen ihres Anspruchs auf Unbedingtheit notwendig nicht nur ihre Irrtumsmöglichkeit, sondern auch ihren rein hypothetischen Charakter. An der Unbedingtheit von Kants kategorischem Imperativ kritisiert Nicolai deshalb „die Intoleranz der unfehlbarseynwollenden allein-moralisch-machen-wollenden philosophischen Schule"[64] und tadelt „den intoleranten Dünkel"[65] der neuesten Philosophen. Für Nicolai sind Toleranz gegenüber anderen Systemen und das Zugeständnis, dass auch diese partiell wahr seien, das Kriterium zur qualitativen Unterscheidung von Philosophien:[66] Eine Philosophie sei umso schlechter, „*je intoleranter sie ihrer Natur nach ist*".[67] Am meisten bekämpft er hierbei Fichte: „Keine menschliche Einsicht darf sich von der Möglichkeit zu irren frey sprechen, außer Hrn. Fichte's *intellektuale Anschauung*".[68] Es wirkt freilich etwas paradox, wenn Nicolai seinen Kampf gegen Fichtes Aufnahme in die Akademie der Wissenschaften mit dem Postulat der Toleranz begründet: Fichte beanspruche nämlich, dass die Wissenschaft gegen Unwissenheit intolerant sein dürfe. Die Akademie mache sich dagegen die „gegenseitige billige Toleranz der Meinungen"[69] zur Grundlage.[70] Da Fichte die unbedingte Wahrheit seiner Philosophie behaupte, sie für unmittelbar evident halte, wäre es mit den Philosophien der anderen Mitglieder der Akademie vorbei.[71] Wie die Philosophie Nicolais für Fichte und Jacobi, so ist umgekehrt die Philosophie Kants und Fichtes für Nicolai philosophischer Aberglauben. Denn Aberglauben sei

---

63 Ebd., S. 309.2–4.
64 Ebd., S. 285.29f.
65 Ebd., S. 287.34f.
66 » Wenn man sich einander verständigen will, so wir man wohl den guten Willen und die Kraft haben müssen, sich wechselweise Einer in die Denkungsart des Andern zu versetzen. « (Ebd., S. 289.35–38.).
67 Ebd., S. 282.39f.
68 Ebd., S. 653.2–4.2–4.
69 Ebd., S. 680.4.
70 Der Vorwurf der » Intoleranz « taucht immer wieder gegen Fichte auf: Ebd., 560f., 564.
71 Vgl. ebd., S. 676.

„eigentlich *Ueberglauben*".[72] Die Abergläubigen schreiben ihren Meinungen mehr Kraft zu, als diesen angemessen ist, und untersuchen sie nicht ausreichend mit Vernunft.[73] An dieser Form des Aberglaubens würden fast alle spekulativen Systeme leiden. Die Überzeugung Kants und seiner Nachfolger, dass ihre Systeme nicht widerlegt, sondern nur missverstanden werden können, sei ein Beispiel „der *abergläbischen Ueberschätzung* eines eigenen philosophischen Systems".[74] Bloße Hypothesen würden für die Wahrheit selbst gehalten.[75]

3 Die Aufklärung und das Interesse an der Vernunft

Es fällt auf, dass die Kritik Jacobis und Fichtes an Nicolai und der Berliner Aufklärung sich quasi spiegelverkehrt bei Nicolai selbst findet – nur eben gegen Jacobi und vor allem Fichte gerichtet. Man würde es sich nun zu leicht machen, täte man die Kritik Nicolais insbesondere an Fichte nur als Missverständnis des transzendentalphilosophischen Gedankens ab.[76] In der wechselseitigen Kritik scheint mir vielmehr zunächst eine gewisse Pattsituation vorzuliegen: Sie werfen sich gegenseitig vor, dass sich der Vernunftbegriff des anderen nicht über die mehr schlechte als rechte Alternative von Dogmatismus und Skeptizismus erheben kann. Alle Drei beanspruchen ihren Gegner jeweils im Interesse an der Wirklichkeit einer Vernunft zu kritisieren, die jenseits von Skeptizismus und Dogmatismus verortet ist. Diese scheinbare Pattsituation lässt sich aber eindeutig zu Gunsten von Fichte und Jacobi auflösen, wenn man analysiert, was „Wirklichkeit der Vernunft" und „Interesse an der Vernunft" jeweils bedeutet.

3.1 *Bedingtes und unbedingtes Interesse an der Vernunft*
Nicolai betont, dass in seinen früheren Diskursen mit Lessing und Mendelssohn verschiedene Positionen abgewogen und untersucht wurden. Die Untersuchung sei dabei weitgehend interesselos am Inhalt gewesen. Es sei

---

72 Ebd., S. 305.27f.
73 Vgl. ebd., S. 306.
74 Ebd., S. 310.38f.
75 Vgl. ebd., S. 307f.
76 Tatsächlich zeigen Nicolais Auseinandersetzungen mit Kant, Fichte, Schelling, aber auch mit Schiller, sein Unverständnis für diese Denker. Fichte sei, so Nicolai, Idealist und damit überzeugt, » daß kein Ding außer Ihm *wirklich existirt*; sondern daß alle Dinge seine *eigenen Produkte* sind, welche er vermittelst der intellektualen Anschauung in seinem reinen Ich *konstruirt* und *producirt*. « (Ebd., S. 631.28–30).

um den freien Austausch von Argumenten gegangen. Er behauptet, dass er bei Erscheinen der *KrV* schon lange gewohnt war, „mich in die Denkungsart Anderer zu versetzen, jeden Gegenstand von mehreren Seiten zu überschauen und das *Dafür* und *Dawider* bei jeder Meinung so viel ich vermochte unparteyisch abzuwägen."[77] Ziel philosophischer Auseinandersetzungen ist für Nicolai nicht die Bestätigung einer bestimmten Wahrheit, sondern das Interesse an der Aktualisierung der Vernunft. So scheint Nicolai auf den ersten Blick also tatsächlich das Interesse an der Wirklichkeit der Vernunft mit einem kritischen Begriff von Vernunft zu verbinden. Das Spezifikum dieses Interesses ist bei Nicolai allerdings das Interesse an der Ausbildung der eigenen subjektiven Vernunft als einer persönlichen Fähigkeit oder dem individuellen Vermögen rationaler Überlegungen. Diese Haltung schreiben Nicolai und Eberhard auch Lessing zu: Lessings Interesse an den Wissenschaften habe nur der Übung des Verstandes und der Veredelung des Geistes gegolten. „Daher waren ihm auch alle Wissenschaften gleich schätzbar; denn, wenn sie philosophisch behandelt werden, sind sie alle ein geschickter Stoff, an welchem sich der Verstand üben kann."[78] Der Streit oder Disput um Meinungen bleibt der Wahrheit bei Nicolai äußerlich, da die subjektive Wahrheit oder Meinung eben nur eine äußerliche Vorstellungsart der objektiven Wahrheit ist.[79] Alle spekulativen Philosophien seien nur „*subjektive Vorstellungsarten* von Dingen, welche wir nie objektive wissen können".[80] Die gefundene Wahrheit sei stets weniger wert als die Übung des Verstandes. Wenn man Nicolai also ein Interesse an der Wirklichkeit der Vernunft zugesteht, so ist das so zu verstehen, dass Nicolai ein Vermögen der Seele aktualisieren will. Nicht einmal diese Aktualisierung ist allerdings Zweck an sich selbst, sondern, wie insbesondere Nicolais Kritik an der Unbrauchbarkeit der Transzendentalphilosophie für das „praktische" Leben zeigt,[81] letztlich anderen, ökonomischen Interessen untergeordnet.

---

77   Ebd., S. 465.16–19.
78   Eberhard: *Rezension Morgenstunden*, S. 347. Ebenso Nicolai: *Sämtliche Werke* 6/1, S. 463.
79   So schreibt er am 20.9.1783 an Jacobi: » Ich weiß daß Verschiedenheit der Meinungen sehr zur besten Welt gehört, und daß die objektive Wahrheit fest und einzig ist, wenn jedes Individuum sich gleich die Wahrheit subjektive anders vorstellt. « (Jacobi: *Briefwechsel* 1/3, S. 209.4–6).
80   Nicolai: *Sämtliche Werke* 6/1, S. 477.30f.
81   Die Transzendentalphilosophen nähmen keine Rücksicht auf inneren und äußeren Erfolg und produzierten stattdessen bloße Abstraktionen und » scholastische Subtilitäten « (Nicolai: *Sämtliche Werke* 6/1, S. 245). Gegen diese Kritik wendet Fichte ein, dass nicht » alles Gedruckte sich als ein Koch-Buch, oder als ein Rechen-Buch, oder als ein Dienst-Reglement solle gebrauchen lassen « (BdG GA I/3, 26.13–15).

Für Fichte hingegen ist das reine Interesse der Vernunft auf „die Wahrheit, blos weil sie Wahrheit ist" (GA I/3, 84.23f.), gerichtet. Der Unterschied zwischen dem Sophisten und dem Philosophen liege deshalb nicht darin, dass der eine irrt und der andere Recht hat, sondern darin, dass der Sophist „Interesse für den *bestimmten Innhalt* der Sätze" (ebd., 85.12) hat. Dies verrate ein bedingtes Interesse an der Vernunft. Aufgrund eines privaten Interesses werde die Materie eines Satzes verteidigt, weil er mit einer eigenen Hoffnung, Empfindung, Überzeugung etc. übereinstimme. Deshalb sei Aufklärung, die bestimmte Dogmen einer bestimmten kirchlichen Sekte zu widerlegen versucht, „Verfinsterung" (*Philosophie der Maurerei* GA I/8, 417.13). Fichtes Alternative hierzu ist nicht das Interesse an der Ausbildung der Vernunft als individuellen geistigen Vermögen, sondern an der Wirklichkeit der Vernunft an sich. Der echte Aufklärer ergreift nicht Partei für eine bestimmte Sekte, er unterwirft sich vielmehr der Vernunft.

Der Grund für die Unzulänglichkeit von Nicolais Interesse an der Vernunft besteht also darin, dass er die Vernunft für eine subjektive Fähigkeit hält, die man in gelehrten Diskursen ausbilden soll.[82] Er missversteht Vernunft als Eigenschaft von Individuen und nicht als deren Substanz.[83] Für ihn ist die Vernunft ein Vermögen unter anderen. Wie Nicolai zu behaupten, man besäße neben Intelligenz noch Vernunft, Denkkraft, Sinnlichkeit, ist nach Fichte hingegen so, als würde man in Beschreibung der preußischen Armee sagen, der König besäße neben seiner Armee noch Infanterie, Husaren und Pfeifer. (Vgl. *Friedrich Nicolai's Leben* GA I/7, 425.) Der Grund für diese Differenz liegt vornehmlich in Nicolais Trennung zwischen objektiver und subjektiver Wahrheit. Für Fichte hingegen gibt es nur die Vernunft und außerhalb der Vernunft gibt es keine Wahrheit. Das Interesse an der Wahrheit ist identisch mit dem Interesse der Vernunft an ihr selbst. Bei Fichte ist die Vernunft also reflexiv in ihrem Interesse an der Wahrheit.

Auch Jacobi hält zunächst einmal fest, dass Vernünftigkeit *nicht* „in gewissen angenommenen besondern Sätzen"[84] bestehen kann. Für den Deisten bestünde sonst nämlich die Vernunft im Deismus, für die Atheisten im Atheismus

---

82 » Ihm ist alles Forschen und Nachdenken lediglich Mittel zum Disputiren, keineswegs aber zur Auffindung einer bleibenden Wahrheit, die allem weitern Disput ein Ende mache. « (*Friedrich Nicolai's Leben* GA I/7, 418.7–9.) » Ihm war alle Religion nur Bildungsmittel des Kopfs zum unversiegbaren Geschwätz, keinswegs aber Sache des Herzens und des Wandels. « (Ebd., S. 418.31–33.)

83 So ordnet nach Siep der » Vernunftspinozismus « (Siep: *Fichtes Kritik*, S. 221) Fichtes das Individuum der Gattung unter.

84 Jacobi: *Werke* 5/1, S. 126.32f.

und für den Katholiken im Katholizismus. Als Konsequenz würde die Vernunft aber nur in der Übereinstimmung mit einem jeweils spezifischen Glaubensbekenntnis bestehen. Die Vernunft wäre damit nicht Interesse an sich, sondern einem spezifischen Interesse untergeordnet. Sobald die Vernunft aber mit einem spezifischen Interesse verbunden wird, schlägt sie um in den frommen Betrug einer Vernunft, welche überhaupt nicht die Vernunft ist. Auch für Jacobi darf die Vernunft also kein inhaltliches Interesse daran haben, dass dieses oder jenes wahr ist, sondern eben nur an der Vernunft selbst. Das Interesse an der Vernunft ist verschieden vom Interesse an der eigenen Meinung: „in demselben Grade, wie man die Vernunft lieb hat, ist man denen zuwider, die nur ihre Meynung lieb haben".[85] Oder anders gesagt: ein Interesse an der eigenen Meinung ist nur insofern gerechtfertigt, wie die Meinung für vernünftig gehalten wird. Auch für Jacobi ist die Vernunft bekanntlich die Substanz des Menschen – „der Geist, woraus die ganze lebendige Natur des Menschen gemacht ist: durch sie *besteht* der Mensch; er ist eine Form die sie angenommen hat."[86]

Der Unterschied zwischen Jacobi und Fichte auf der einen und Nicolai auf der anderen Seite besteht also einerseits in der Vernunftkonzeption, andererseits aber auch darin, dass für Erstere das Interesse der Vernunft ein unbedingtes sein muss.

3.2 *Bedingtheit und Unbedingtheit der Vernunft*

Nun muss diese Behauptung, Jacobi habe ein unbedingtes Interesse an der Vernunft an sich selbst, zunächst überraschen. Denn Jacobi hatte ja betont, dass er von einer rein formalen Wahrheitsbestimmung abgestoßen werde und einer „*bestimmten*, Kopf und Herz befriedigenden Wahrheit"[87] bedürfe. Es ist aber, so paradox das zunächst klingen mag, gerade Jacobis unbedingtes Interesse an der Vernunft, das ihn eine Selbstermächtigung der menschlichen Vernunft ablehnen lässt. Denn er lehnt gerade die Idee einer Wahrheit ab, die ein Geschöpf des Ich wäre, und fordert eine Wahrheit, deren Geschöpf das Ich ist: „Ich bedurfte einer Wahrheit, die nicht *mein* Geschöpf, sondern deren Geschöpf *ich* wäre."[88] Auch für Jacobi muss sich der Einzelne also der Wahrheit unterordnen. Anders formuliert: Jacobis Interesse der Vernunft gilt einer unbedingten Vernunft, die den Menschen hat.[89]

---

85 Ebd., S. 126.29–31.
86 Jacobi: *Werke* 1/1, S. 260.2–4.
87 Ebd., S. 339.21f.
88 Ebd., S. 338.1–3.
89 Vgl. hierzu: Jacobi: *Werke* 2/1, S. 232f. und 1/1, S. 259f.

Die menschliche Vernunft muss sich somit zwar in ihrer Selbsttätigkeit und Spontaneität erkennen, sie ist aber als endliche und geschaffene (sie ist nicht zureichende Ursache ihrer selbst) Vernunft nicht völlig unbedingt. „Eine reine *Selbstbestimmung* ist aber geschaffenen Wesen unmöglich."[90]

Die Konzeption einer selbstermächtigten unbedingten menschlichen Vernunft hebt deshalb für Jacobi die Wirklichkeit der Vernunft in einem doppelten Sinne auf: zunächst die wahrhaft unbedingte Vernunft, indem sie diese zu einem Geschöpf des Ich und damit zu einem Unbedingten machen möchte. Mit der Aufhebung der unbedingten Vernunft wird aber auch die durch sie bedingte Vernunft des Menschen aufgehoben. Denn die Wirklichkeit einer unbedingten Vernunft muss von der bedingten Vernunft des Menschen vorausgesetzt werden, die die Vernunft des Menschen überhaupt erst ermöglicht und vernünftig sein lässt. Insofern die Vernunft des Menschen ein Interesse an sich selbst hat, muss sie deshalb wegen ihrer Bedingtheit durch die unbedingte Vernunft ein Interesse zugleich an der sie bedingenden Vernunft haben. Anders formuliert: Ein rein auf sich selbst bezogenes Interesse der menschlichen Vernunft an ihr selbst würde selbige aufheben. Diese Aufhebung der menschlichen Vernünftigkeit ist nach Jacobi das Resultat der Spekulation Fichtes und Spinozas. Demgegenüber muss die Vernunft sich in ihrer Selbstreflexion als bedingt durch einen ihr vorausgesetzten unbedingten Grund erkennen. Dieser Grund ist der durch sie bedingten Vernunft nicht äußerlich, sondern „hat sie". Insofern ist das Interesse an diesem Grund zugleich auch ein Interesse an der Vernunft.

Jacobi bleibt also gegenüber einem dogmatischen Vernunftbegriff skeptisch – aber gerade im unbedingten Interesse an der Vernunft. Die Vernunft ist aber nicht bedingt durch etwas ihr Fremdes (ein nicht-vernünftiges Interesse), sondern durch einen Grund, der selbst vernünftig ist. Deshalb entwickelt Jacobi – unter anderem auch explizit gegen die WL Fichtes – einen kritischen Vernunftbegriff. Diesen Gedanken, dass sich die Vernunft ihren unbedingten Grund voraussetzen muss und sie insofern bedingt ist, wird Fichte dann nach dem Atheismusstreit verstärkt aufgreifen und systematisch weiterentwickeln.[91] Dieser Gedanke ist aber mit dem Konzept des Anstoßens schon der frühen WL Fichtes zumindest nicht fremd.

---

90   Jacobi: *Werke* 2/1, S. 94.36.
91   Vgl. hierzu ausführlich: Schick, Stefan: » Die Vollendung des Deutschen Idealismus in Friedrich Heinrich Jacobis Sendschreiben an Fichte? « In: *Deutsche Zeitschrift für Philosophie* 61 (2013), S. 21–41.

3.3 Bedingtheit und Unbedingtheit vernünftiger Systeme

Die menschliche Vernunft ist nach Jacobi aber nicht nur in diesem, sondern noch in einem „konkreteren" Sinne bedingt: Die konkrete „Beschaffenheit der menschlichen Vernunft" im Individuum ist immer auch durch den „Lauf der Welt" bestimmt und nicht nur durch „die Vernunft *an sich*".[92] Die menschliche Vernunft ist gewissermaßen immer historisch konkretisiert und dadurch bedingt und auch in diesem Sinne nie vollständig selbstbestimmt:

> Vorstellungsarten und herrschende Systeme – überall weniger Ursache als Wirkung des Geistes der Zeit, den sie jedesmal nur offenbaren, darstellen; freylich auch entwickeln und befördern – gehen auf und gehen unter vor dem unveränderlichen Geiste der Wahrheit, den sie weder leiten noch verführen können.[93]

Gerade deshalb, weil die Vernunft immer auf objektive Verhältnisse und Gegebenheiten und andere Konkretisierungen der Vernunft trifft und durch sie bedingt ist, kann sie aber auch nicht vollständig unvernünftig sein. So gib es „keine *innerliche oder absolute* Unvernunft",[94] sondern „eine unwandelbare *objective* Vernunft" hält „die *subjective* mit Gewalt noch immer so weit im Gleise, daß sie nicht vollends umwerfen kann."[95]

Die unbedingte Vernunft realisiert sich für den Menschen nur in den historisch bedingten Konkretisierungen der Vernunft. Die verschiedenen Denksysteme sind damit „Offenbarungen" der Vernunft bzw. der Wahrheit. Die objektive Vernunft ist zumindest hienieden nicht anders wirklich als in den unterschiedlichen Lehren. Die Vernunft realisiert sich nur in den verschiedenen Meinungen.[96] Meinungen sind zwar nicht alle gleich wahr und falsch, aber jede Meinung trägt zumindest ein Moment an Vernünftigkeit in sich. Ja, der „Geist der Wahrheit" kann von der endlichen Vernunft nur in diesen verschiedenen Meinungen empfangen werden:

> Ganz und rein kann der Mensch die Wahrheit nicht empfangen; er sieht sie nur im Bilde, in einem Bilde das ihm gleich ist. Wie die Gottheit selbst,

---

92　Jacobi: *Werke* 2/1, S. 93.29–32.
93　Jacobi: *Werke* 5/1, S. 199.1–5.
94　Ebd., S. 65.6f.
95　Ebd., S. 94.10–12.
96　Demgegenüber Fichte: »*Für Entdeckung der Wahrheit* ist die Bestreitung der entgegen gesetzten Irrthümer von keinem beträchtlichen Gewinn. Ist nur einmal die Wahrheit von ihrem eigenthümlichen Grundsatze durch richtige Folgerungen abgeleitet; so muß alles, was derselben widerstreitet, nothwendig, auch ohne ausdrückliche Widerlegung, falsch seyn.« (BdG GA I/3, 59.23–27).

ist die Wahrheit überall und nirgend; *Alles*, und *Nichts von Allem*. Laßt uns keine ihrer Erscheinungen verachten! Aber auch keine so verehren, als wär sie in eigener Gestalt die Wahrheit, die hier ganz und Ein für allemal erschienen wäre.[97]

Auch diesen Gedanken der historischen und sprachlichen Bedingtheit und Entwicklung der Vernunft, der sich in modifizierter Form bereits bei Hamann, Herder und Lessing fand, wird Fichte in seiner späteren Philosophie systematisch weiterentwickeln.

4 Zusammenfassung

1. Mit Nicolai anerkennt auch der „platteste" aller deutschen Aufklärer das Interesse an der Wirklichkeit der Vernunft. Insofern gibt es gute Gründe, in diesem Interesse eine notwendige Bedingung für die Zuordnung eines Denkers zur Aufklärung zu sehen.
2. Jacobi und Fichte erfüllen wegen ihres unbedingten Interesses an der Wirklichkeit der Vernunft ein notwendiges Kriterium für die Zuordnung zur Aufklärung. Nicolai hingegen besitzt zwar auch ein Interesse an der Wirklichkeit der Vernunft, missversteht dies aber als Aktualisierung eines individuellen Vermögens. Zudem besitzt er nur ein bedingtes Interesse an der Vernunft, die Vernunft ist gewissermaßen ein Mittel zur Realisierung anderer Interessen.
3. Jacobi und der frühe Fichte unterscheiden sich anfänglich noch einmal in ihrem Vernunftbegriff bezüglich deren Unbedingtheit und Bedingtheit. Nach Jacobi ist die menschliche Vernunft nicht rein unbedingt, sondern in zweifacher Hinsicht bedingt: In einem ontologischen Sinne muss sie sich einen unbedingten Grund voraussetzen, in einem historischen Sinne muss sie sich in ihrer historischen Bedingtheit erkennen. Damit entwickelt Jacobi eine kritischen Vernunftbegriff jenseits der Alternative von skeptischem und dogmatischem Vernunftbegriff. Diese kritische Konzeption einer doppelten Bedingtheit der Vernunft findet sich ansatzweise schon in Fichtes früher WL, wird in seiner späteren Philosophie allerdings systematisch entfaltet. Dies konnte in diesem Rahmen allerdings nur angedeutet und nicht ausführlich belegt werden.

---

97 Jacobi: *Werke* 5/1, S. 208.26–209.1.

KAPITEL 8

Zwischen Wissen und Glauben: Moralität und Religion bei Kant und Fichte

Luca Fonnesu

Abstract

The article deals with the relationship between morality and religion in Kant's and Fichte's thought. These two spheres are carefully distinguished by Kant: the knowledge of moral law as genuine conviction has a completely different status than religious faith, and the certainty of faith is just a "moral" certainty, which derives from a need. In the years of Jena Fichte stresses the immediate, active dimension of conviction, which characterizes also the conscience. In the writings of the dispute concerning atheism this conviction of the conscience implies the absolute certainty of the faith: the voice of the conscience is identified with faith.

Zusammenfassung

Der Aufsatz behandelt die Beziehung zwischen Moralität und Religion im Denken Kants und Fichtes. Diese zwei Sphären werden von Kant mit Aufmerksamkeit unterschieden: das Wissen des Moralgesetzes als eigentliche Überzeugung hat einen ganz anderen Status als das Glauben der Religion, und die Gewissheit des Glaubens ist eine nur „moralische" Gewissheit, die aus einem Bedürfnis entsteht. In der Jenaer Zeit betont Fichte die unmittelbare, tätige Seite der Überzeugung, die auch das Gewissen kennzeichnet. In den Schriften des Atheismusstreit bringt diese Überzeugung des Gewissens die absolute Gewissheit des Glaubens mit sich: die Stimme des Gewissens wird mit dem Glauben identifiziert.

Schlüsselwörter

Kant – Fichte – German Classical Philosophy – Religion

Trotz des anspruchsvollen Titels meines Beitrags, kann ich hier nur einen Aspekt des Problems in Betracht nehmen, und zwar die Begriffe von *Überzeugung* und *Gewissheit* in ihrer Verbindung mit dem *Glauben*. Damit möchte ich gewissermaßen eine methodologische These bestätigen, d. i. dass eine Analyse des konkreten Gebrauchs der einzelnen Begriffe von irgendwelcher Bedeutung sein kann, auch wenn man nicht notwendig auf die Suche nach der Einführung derselben in eine systematische Struktur geht.

Es versteht sich von selbst, dass die Interpretation der Begriffe die hier behandelt werden, die meisten großen Denker dieser Jahre interessiert: Man denke nur an die Diskussion zwischen Mendelssohn und Jacobi und an die Relevanz, die diese Diskussion für die Zeitgenossen hat, oder an die Hegelsche Kritik der „Reflexionsphilosophie", die ihren ersten öffentlichen Ausdruck gerade in der Schrift *Glauben und Wissen* findet. Ich ziehe hier nur die Philosophie Kants und Fichtes in Betracht – zweite Begrenzung – obwohl ich mir völlig bewusst bin, dass es nur um eine erste Annäherung an das Problem geht.

1 Kant: Überzeugung und Glauben

Wie bekannt, nimmt Kant am Ende der *Kritik der reinen Vernunft* diejenigen Begriffe oder Objekte der *metaphysica specialis* der Tradition wieder auf, die er in der Dialektik gründlich kritisiert hat. Damit will Kant – wie er in der Vorrede zur zweiten Auflage erklärt – das Wissen aufheben um einen Ort für das Glauben zu finden (KrV, B xxx). Das Problem ist, die Bedingungen des höchsten Guts zu finden, d. h. der Verbindung der Moralität mit einer verhältnismäßigen Glückseligkeit, um eine Antwort auf die Frage „was darf ich hoffen?" zu geben und eine eigene Lösung für das Problem der Theodizee zu finden. Die Bedingungen der Möglichkeit des höchsten Guts sind gerade die Objekte der *metaphysica specialis*, die Existenz Gottes und die Unsterblichkeit der Seele. Um eine gerechte Belohnung der Moralität mit einer verhältnismäßigen Glückseligkeit denken zu können, soll der Mensch an Gott und an seine eigene Unsterblichkeit glauben. Das alles – wohlverstanden – nur *in praktischer Absicht*, weil in der theoretischen, wie die Dialektik gezeigt hat, diese metaphysischen Begriffe nicht angenommen werden können. Glauben an Gott und Unsterblichkeit entsprechen einem *Bedürfnis der Vernunft*.

Die Rechtfertigung des Glaubens ist wahrscheinlich das Hauptziel der Abfassung des dritten Abschnitts des *Kanons der reinen Vernunft* über „Meinen, Wissen und Glauben", in dem Kant den erkenntnistheoretischen Status dieser Begriffe und mit besonderer Aufmerksamkeit den Begriff des Glaubens analysiert. Kant ist sich des problematischen Charakters des Glaubens völlig bewusst und fühlt sich verpflichtet das Problem zu vertiefen.

Das allgemeine Thema ist, den Status der verschiedenen Formen des „Fürwahrhaltens" zu klären: das Fürwahrhalten – ein neues Wort, das von Kant in die Philosophie eingeführt wird – ist eine subjektive, im weiten Sinne kognitive Einstellung, die auch objektive Gültigkeit haben kann. Der Begriff kommt in den Kantischen Schriften vor, wo der Philosoph eine Rechtfertigung des Glaubens geben will: nach der ersten *Kritik* ist er in der Schrift über das Orientieren des Denkens (gegen Mendelssohn und Jacobi), im *Theodizeeaufsatz* und im Titel einiger wichtiger Paragraphen am Ende der *Kritik der praktischen Vernunft* und der *Kritik der Urteilskraft* zu finden.[1]

Zuerst nimmt Kant die traditionelle Unterscheidung zwischen *convictio*-Überzeugung und *persuasio*-Überredung wieder auf, und gibt ihr eine neue Grundlage:

> Wenn [das Fürwahrhalten] für jedermann gültig ist, so fern er nur Vernunft hat, so ist der Grund desselben objektiv hinreichend, und das Führwahrhalten heisst alsdann *Überzeugung*. Hat es nur in der besonderen Beschaffenheit des Subjekts seinen Grund, so wird es *Überredung* genannt. Überredung ist ein blosser Schein, weil der Grund des Urteils, welcher lediglich im Subjekte liegt, für objektiv gehalten wird. Daher hat ein solches Urteil auch nur Privatgültigkeit, und das Fürwahrhalten lässt sich nicht mitteilen.
>
> KRV, A 820/B 848

Wenn der Grund eines Fürwahrhaltens die allgemeine Menschenvernunft ist, dann geht es um eine Überzeugung, und ich kann sie den anderen Menschen mitteilen. Die Mitteilbarkeit ist hier also ein erstes, *äußeres* Kriterium der Unterscheidung zwischen Überzeugung und Überredung (KrV, A 820-21/B 848-49), obwohl – wie Kant gleich bemerkt – *subjektiv* die Überzeugung von der Überredung nicht so leicht zu unterscheiden ist. Die Beziehung auf einen anderen Verstand kann aber – so Kant – wenn nicht die Überzeugung hervorbringen, wenigstens die bloße *Privatgültigkeit* der Überredung beweisen. Ein zweites, *inneres* Kriterium besteht darin, dass wir die nur subjektiven Ursachen unseres Fürwahrhaltens in unserem Gemüt durch eine Art von Selbstanalyse entdecken (Ebd.). Endlich – drittes, nochmals *inneres* Kriterium, der „gewöhnlichste Probierstein", wie Kant sagt – kann man die Überzeugung von der Überredung durch das Wetten unterscheiden – ein Argument, das schon von Lessing 1777 im *Beweis des Geistes und der Kraft* benutzt wurde. Je mehr ich auf die Wahrheit meiner möglichen Überzeugung wette, desto wahrscheinlicher

---

[1] *Vom Fürwahrhalten aus einem Bedürfniss der reinen Vernunft*, KpV, Dialektik, § VIII; KdU: § 90. *Von der Art des Fürwahrhaltens in einem teleologischen Beweise des Daseins Gottes*; § 91: *Von der Art des Fürwahrhaltens durch einen praktischen Glauben*.

ist es, dass es um eine eigentliche Überzeugung, und nicht um eine bloße Überredung geht.

Das Glauben ist zusammen mit dem Wissen und mit dem Meinen eine Form des Fürwahrhaltens: das Wissen ist ein sowohl subjektiv wie auch objektiv gültiges Fürwahrhalten, das wie die Überzeugung, oder *als Überzeugung, mitteilbar* ist, während das Glauben dagegen ein subjektives, objektiv nicht gültiges Fürwahrhalten ist, das „lässt sich nicht mitteilen" (das Meinen lasse ich hier beiseite). Was heißt aber „mitteilen" oder „Mitteilbarkeit"? Das Wort „Mitteilung" ist kein neues Wort – anders als das „Fürwahrhalten – aber es erhält nur mit Kant eine eigentliche philosophische Bedeutung. Die Mitteilung ist nur möglich, soweit gewisse Bedingungen oder Gründe in einem anderen Subjekt vorausgesetzt werden können. Nach der Kantischen Definition von Überzeugung wäre diese Voraussetzung *die allgemeine Menschenvernunft*.

Wie in der Tradition (wenigstens seit der *Logique de Port-Royal*, mit der Unterscheidung von *foi* und *croyance*)[2] und im Handbuch, das Kant als Grundlage seiner *Logik-Vorlesungen* benutzte (der *Auszug der Vernunftlehre* von Georg Friedrich Meier)[3] ist Glauben in der *Kritik der reinen Vernunft* kein eindeutiges Wort. Seine Vieldeutigkeit wird übrigens mit Berufung auf Hume von Hamann und Jacobi ausgenutzt.

Unter den Formen oder Bedeutungen des Glaubens unterscheidet Kant also ein pragmatisches, ein doktrinales und ein moralisches Glauben. Die zwei ersten Formen des Glaubens weisen auf verschiedene, aber ähnliche Gründe, auf ein nur wahrscheinliches, im weiten Sinne hypothetisches Wissen hin. Es ist z. B. ein starker Glaube, schreibt Kant, dass es auch Bewohner anderer Welten gebe (KrV, A826/B854). Hier geht es, anders gesagt, um *croyance, belief*. Als Kant gewissermaßen eine neue Version dieses Abschnitts des Kanons bietet – im § 91 der *Kritik der Urteilskraft* – wird für ein echtes *Glauben* nur das moralische Glauben gehalten, eine Stellungnahme, die am klarsten von einer Passage der *Logik-Jäsche* bestätigt wird: «*der moralische Vernunftglaube*, der allein im eigentlichen Verstande ein Glauben genannt und als solcher dem Wissen und aller theoretischen oder logischen Überzeugung überhaupt entgegengesetzt werden muss, weil er nie zum Wissen sich erheben kann.» (AA IX, 72 A.) Es kann wohl sein, dass die Auseinandersetzung mit Jacobi eine Rolle in dieser neuen Interpretation des Glaubens und in der Verwerfung seiner Vieldeutigkeit spielte: man denke an die Orientierungsschrift oder an die Fußnote der zweiten Auflage der KrV: »so bleibt es immer ein Skandal der Philosophie und

---

2 Siehe neuerdings die kritische Ausgabe: Arnauld, Antoine – Nicole, Pierre: *Logique, ou l'art de penser*. Édition critique par D. Descotes. Paris 2011.
3 Halle 1752.

allgemeinen Menschenvernunft, das Dasein der Dinge ausser uns [...] bloss auf *Glauben* annehmen zu müssen.« (KrV, B XXXIX–XL A.) Eigentliches Glauben ist jetzt nur das religiöse Glauben.

Die Lehre vom Dasein Gottes gehörte in theoretischer Absicht zum doktrinalen Glauben (KrV, A 826/B 854), weil eine teleologische Betrachtung der Natur Hinweise in diese Richtung gibt. Aber, schreibt Kant, der bloß doktrinale Glauben hat „etwas wankendes in sich" (KrV, A 828/B 856): »Ganz anders ist es mit dem *moralischen Glauben* bewandt. Denn da ist es schlechterdings nothwendig, dass etwas geschehen muss, nämlich dass ich dem sittlichen Gesetze in allen Stücken Folge leiste« (Ebd.): Der Zweck der Vernunft, d. h. das höchste Gut, ist kein beliebiger Zweck, und seine Bedingungen als Objekte dieses Glaubens, Gott und die Unsterblichkeit der Seele, obwohl nur „postuliert", sind in einem Sinne für „notwendig" zu halten. Diese Notwendigkeit wird aber von Kant gleich beschränkt.

Wenn auch die Objekte des moralischen Glaubens keine Objekte des Wissens sind (das Wissen wäre doch *zu viel*, schreibt Kant), hat der Glaube seine eigene Form der Gewissheit, eben weil diese Objekte Bedingungen der Verwirklichung des höchsten Guts sind: »Die Überzeugung ist also in diesem Fall nicht logische, sondern *moralische* Gewissheit, und da sie auf subjektiven Gründen (der moralischen Gesinnung) beruht, so muss ich nicht einmal sagen, *es ist* moralisch gewiss, dass ein Gott sei usw., sondern: *ich bin* moralisch gewiss usw.« (KrV A 829/B 857) Die moralische Gewissheit ist die Gewissheit des Vernunftglaubens, und es lohnt sich darauf hinzuweisen, dass Kant hier einem Begriff – *moralische Gewissheit, certitudo moralis* – eine neue Bedeutung gibt, dessen Geschichte bis zu den *Prinzipien der Philosophie* von Descartes zurückgeht.[4]

Auf ein wichtiges Problem dieser Kantischen Aussagen muss man an dieser Stelle hinweisen. Dass der moralische Glaube eine eigentliche „Überzeugung" sei – wie Kant mehrmals behauptet – scheint sehr problematisch zu sein. Wenn die Mitteilbarkeit das erste Kriterium der Identifizierung der Überzeugung ist, dann sollte eigentlich der Glaube überhaupt nicht als „Überzeugung" bezeichnet werden. Dass der Glaube *nicht* mitteilbar ist, wird von Kant oft in den Reflexionen und in den Logik-Vorlesungen, aber auch in der *Kritik* geschrieben: »Zwar wird freilich niemand rühmen können, er *wisse*, dass ein Gott und dass ein künftig Leben sei... Alles Wissen kann man mitteilen.«[5] (KrV, A 828-29/B 856–57)

---

4 Darüber vgl. Fonnesu, Luca: »Kant on moral certainty.« In Cataldi Madonna, L. – Rumore, P. (Hg.): *Kant und die Aufklärung*. Hildesheim-New York 2011, S. 183–204.

5 Vgl. z. B. AA XVI, 391 (Refl. 2489): »Glauben giebt eine Überzeugung, die nicht kommunicabel ist (wegen der subjektiven Gründe). Wissen muß sich mittheilen lassen, und gebietet Beistimmung.«

Die moralische Gewissheit als Gewissheit des moralischen Glaubens ist also eine *eigentümliche* Form sowohl der Gewissheit wie auch der Überzeugung. Der moralische Glaube scheint ein irreduzibel subjektives Erlebnis zu sein, das *nicht* mitgeteilt werden kann, wie übrigens in der Unterscheidung zwischen den Sätzen: „es ist moralisch gewiss" und „ich bin moralisch gewiss" deutlich wird.[6] Glaube und Überredung – kann man hinzufügen – haben wenigstens ein gemeinsames Element: die Unmöglichkeit, mitgeteilt zu werden.

Die Kantische Postulatenlehre geht in verschiedenen Formen durch die drei *Kritiken* hindurch und wird durch den sogenannten moralischen Beweis gerechtfertigt. Es geht immer noch um einen *Beweis*, obwohl nicht um einen logischen oder theoretischen. Die Stärke dieses Beweises ist nicht so zwingend wie die der theoretischen Beweise. Wie bekannt, wird das Thema von Kant immer mit großer Vorsicht behandelt. Der Paragraph über das Fürwahrhalten am Ende der *Kritik der praktischen Vernunft* lässt in der Tat den Raum für einen *Zweifel* „auch bei den Wohlgesinnten", ein sozusagen legitimer, erlaubter Zweifel (KpV, AA V, 146) dessen Recht auch in der *Kritik der Urteilskraft* verteidigt wird. (KdU, AA V, 472) Die Frage „glauben oder nicht-glauben" ist durch eine Wahl zu entscheiden – wie Kant ausdrücklich schreibt (KpV, AA V, 145) – die mit der eigentlichen moralischen Entscheidung zugunsten des Sittengesetzes nicht verwechselt werden darf. Diese Beschränkung der Gültigkeit der Gewissheit des Glaubens wird in der *Kritik der praktischen Vernunft* ausdrücklich verteidigt, und sogar für einen wichtigen Bestandteil eines eigentlichen moralischen Glaubens gehalten. Sonst, so Kant, «würden Gott und Ewigkeit mit ihrer furchtbaren Majestät uns unablässig vor Augen liegen», und das moralische Leben könnte ein bloßes „Marionettenspiel" werden (KpV, AA V, 147). Die Gewissheit des Vernunftglaubens kann weder die Gewissheit der theoretischen Beweise und der Mathematik noch diejenige des Moralprinzips sein, obwohl diese Gewissheit auch kein nur wahrscheinliches Wissen sein kann, weil es überhaupt um kein Wissen geht: sie ist die Gewissheit des Glaubens. Anders gesagt: Moralität und Religion sind und sollen getrennt werden, und das apodiktische Wissen der Moralität (das demjenigen der mathematischen Sätze ähnlich ist)[7] kann nicht auf das Glauben übertragen werden: ersteres hat vor dem Glauben einen axiologischen und epistemologischen Vorrang. Derjenige, der nicht glaubt, darf nicht das Sittengesetz ignorieren. Das Bewusstsein des Gesetzes kann in jedem Mensch als Faktum der Vernunft vorausgesetzt werden, etwas, dass im Falle des Glaubens nicht möglich ist.

---

6 Diesbezüglich vgl. AA XVI, 375, 389, 390 (*Refl.* 2454, 2484, 2487).
7 Vgl. KrV A 823/B 851.

2 Fichte

Ganz kurz stelle ich jetzt einige Thesen – und Gegenthesen – über Fichte vor.

> 1. Die epistemischen Begriffe, die von Kant benutzt werden – *Überzeugung, Gewissheit, Glauben* –, haben auch für Fichte eine entscheidende Relevanz. 2. Was ihre Beziehung zum Glauben betrifft, sind die *Objekte* des Glaubens bei Fichte genauso wie bei Kant die Begriffe der *metaphysica specialis*: die Existenz Gottes und die Unsterblichkeit der Seele. 3. Zu diesen Begriffen, oder Objekten, kann man genauso wie bei Kant einen Zugang nur durch die Moralität haben.

Aber (Gegenthesen):

> 1. Epistemische Begriffe wie Überzeugung, Gewissheit und Glauben werden von Fichte neu interpretiert. 2. Das bringt eine Veränderung der Beziehung zwischen Moralität und Religion mit sich, die *auch* eine erkenntnistheoretische Grundlage hat. 3. Auch die Objekte der *metaphysica specialis* und des Kantischen Glaubens werden neu interpretiert.

2.1 *Überzeugung*

Der Begriff der Überzeugung hat für Fichte schon in seiner „vorkantischen Zeit" eine eigene Relevanz, als er die Tiefe der Überzeugung des Herzens gegen die intellektualistische Überzeugung des Verstandes spielen lässt.[8] Die Möglichkeit der Überzeugung ist schon das Grundthema der Valediktionsrede.[9] Im *Versuch einer Kritik aller Offenbarung* erwähnt Fichte sowohl die Überzeugung wie auch die Möglichkeit, sich zum eigenen Glauben an Gott zu überreden, ohne einen eigentlichen, echten Glaube zu haben (*Schlussanmerkung*). Es kann sein, dass die Quelle dieser Verwendung Kant ist: in der Valediktionsrede hatte Fichte auf die *persuasio*, auf die Überredung, hingewiesen, aber ohne negative Bedeutung. Da ging es (in einer Schrift über die Rhetorik!) um die *persuasio*, die von mathematischen Axiomen hervorgebracht werden kann (GA II/1, 20–21). Man muss aber sagen, dass in den späteren Schriften der Gegensatz Überredung-Überzeugung keine ausdrückliche systematische Rolle spielt.

---

[8] Vgl. Preul, Reiner: *Reflexion und Gefühl. Die Theologie Fichtes in seiner vorkantischen Zeit.* Berlin 1969.

[9] Vgl. Bacin, Stefano: *Fichte in Schulpforta (1774–1780). Kontext und Dokumente.* Stuttgart-Bad Cannstatt 2007, S. 86ff. und GA II/1, 15, 20, 25.

Die Rolle der Überzeugung in Verbindung mit der Gewissheit und mit dem Glauben ist bei Fichte besonders bedeutungsvoll wenn er, nach der *Grundlage der gesammten Wissenschaftslehre*, an einer neuen Version der Wissenschaftslehre, an der systematischen Darstellung der Sittenlehre und – später – an der Vertiefung des Glaubens- und Religionsbegriffs arbeitet. Diese Fichtesche Entwicklung führt zu einer Art von Verschmelzung der epistemischen Begriffe – Überzeugung, Gewissheit, Glauben – die einer Verschmelzung von Moralität und Religion entspricht.

Schon die *Erste Einleitung zur Wissenschaftslehre* zeigt, dass der Begriff der Überzeugung keine nur gemeinsprachliche Bedeutung hat. Am Anfang dieser Schrift wird der Begriff neben den der Wissenschaft – d. h. der Philosophie – gestellt: »Ich schreibe nur für solche, denen Wissenschaft und Überzeugung etwas gilt.[...] Mit denjenigen, die durch langwierige Geistesknechtschaft sich selbst, und mit sich selbst ihr Gefühl für eigene Überzeugung, und ihren Glauben an die Überzeugung Anderer verloren haben [...] – mit ihnen habe ich nichts zu thun.« (GA I/4, 185)

Eine sicherlich bedeutendere Rolle spielt der Begriff der Überzeugung aber in der *Zweiten Einleitung*: dem Begriff wird hier ein ganzer Abschnitt gewidmet, der sich mit dem Begriff der Überzeugung auf zwei – sozusagen – Stufen beschäftigt. Zuerst analysiert Fichte die Grenzen der Mitteilbarkeit einer Überzeugung, d. h. die *intersubjektive Seite* der Überzeugung; danach vertieft er die Bedeutung der philosophischen Überzeugung, eine Analyse, die auch für den Begriff der Überzeugung *tout court* wichtig ist.

Fichte weist hier auf sein polemisches Ziel hin, d. h. auf diejenigen, die denken, dass »Jede Überzeugung [...] sich durch Begriffe mittheilen lassen [müsse].« (GA, I/4, 258) Die Herausgeber der Gesamtausgabe erwähnen hier verständlicherweise die *Briefe* von Forberg. Ich glaube aber, dass das Ziel der Fichteschen Polemik Kant selbst ist, der – wie wir gesehen haben – in der *Kritik* die Mitteilbarkeit als den Grundcharakter einer eigentlichen Überzeugung versteht. Forberg hat nur eine Kantische These wiederholt. Fichte polemisiert gegen die Kantische (und Forbergsche) Position, weil er denkt, dass sie eine nur intellektualistische Interpretation der Überzeugung, des Wissens und der intersubjektiven Mitteilung sei.

Mitteilung setzt nach Kant eine Bedingung – die allgemeine Menschenvernunft – voraus, die eine typische Leitidee der Aufklärung ist und die mit der aufklärerischen und Kantischen Idee des *Selbstdenkens* einhergeht. Wenn ein Fürwahrhalten in der allgemeinen Menschenvernunft begründet ist – so Kant – dann geht es um eine eigentliche Überzeugung, und man kann sie mitteilen. Fichte teilt die aufklärerische Grundidee, aber nicht die sozusagen abstrakte Auffassung einer nur allgemeingültigen Überzeugung.

Es gibt doch auch für Fichte keinen «ursprünglichen und angebohrnen Unterschied zwischen Menschen und Menschen», weil «die Vernunft [...] allen gemein [ist], und [...] bei allen vernünftigen Wesen ganz dieselbe [ist].» (GA, I/4, 258) Das eigentliche Problem ist das des Selbstdenkens, d. h. der autonomen, aktiven Teilnahme der Empfänger einer Mitteilung am Kommunikationsprozess. Manche Überzeugungen können wohl auf dem „bloßen" Grund der gemeinsamen, allgemeinen Menschenvernunft mitgeteilt werden. Jene Überzeugungen aber, die mit der – im tiefen Sinne – Persönlichkeit des Empfängers zu tun haben, müssen eine weitere Bedingung erfüllen. Das ist der Fall, wenn es um eine philosophische Grundeinstellung (oder Überzeugung) oder um eine moralische Grundeinstellung (oder Überzeugung) geht: in beiden Fällen geht es um eine Einstellung und konsequenterweise um eine Überzeugung, die von der Freiheit abhängt, d. h. die auf keinen logisch oder diskursiv unbestreitbaren Prämissen beruht. Die Übereinstimmung der Prämissen ist in diesen Fällen von der Freiheit abhängig.

Wenn die Mitteilung eine bloße „Einwirkung" auf die anderen ist, kann sie in den erwähnten Fällen keine eigentliche Überzeugung hervorbringen. Eigentliche Überzeugung braucht Selbsttätigkeit, d. h. aktive Teilnahme des Subjekts, das durch einen Akt der Freiheit eine neue Denkungsart annimmt und annehmen soll. Es geht um eine Position, die auf die Fichtesche jugendliche Valediktionsrede und die in jenem Kontext entwickelten pädagogischen Reflexionen zurückgeht. Es ist kein Zufall, dass sich Fichte in der *Zweiten Einleitung* auf die (Rousseausche) Notwendigkeit einer vornehmlich *negativen* Erziehung bezieht (GA I/4, 259). Dass hier das Hauptthema die Erklärung der Wissenschaftslehre sei, ändert nichts an der allgemeinen Bedeutung dieser Aussagen. Die aufklärerische und Kantische Idee des Selbstdenkens wird von Fichte der Idee der allgemeinen Menschenvernunft gegenüber radikalisiert: eine eigentliche Überzeugung kann nur durch die tätige, freie Wahl des Subjekts hervorgebracht werden. Von außen kann man nur eine „Anleitung" geben, die anderen nur – so könnten wir uns ausdrücken – zur Aufmerksamkeit auffordern. Das bedeutet auch, dass die Mitteilbarkeit der Begriffe beschränkt sein kann, wenn die Prämissen nicht geteilt werden: Diese Übereinstimmung der Prämissen hat aber keine argumentative oder diskursive Natur, sondern ist von einer Entscheidung oder von der Selbsttätigkeit des Subjekts als unentbehrliche Voraussetzung der Mitteilung abhängig.

Nur diese *tätige* Seite der Überzeugung kann nach Fichte ihre *Tiefe* und ihre Wirkung auf „den ganzen Menschen" erklären und rechtfertigen: Es geht um eine Tiefe, die ein reines intellektuelles oder sogar intellektualistisches Verfahren weder erklären noch erreichen kann. Es ist klar, dass eben deswegen zwischen Idealismus und Dogmatismus eine *Wahl* besteht, wie sich Fichte bekannterweise in der *Ersten Einleitung* ausdrückt. Diese Wahl hängt davon ab, was für ein Mensch man ist (die Quelle dieser Behauptung, nebenbei gesagt, ist Rousseau).[10]

Im zweiten Teil des Abschnitts stellt Fichte die Frage, ob die Philosophen der modernen Philosophiegeschichte wirklich *überzeugt* waren: die Beispiele sind Spinoza, Kant und Leibniz. Kant und Spinoza konnten, aus verschiedenen Gründen, nicht wirklich überzeugt sein. Aus verschiedenen Gründen, habe ich gesagt, aber mit einem gemeinsamen Zug: der widersprüchliche Charakter der Philosophien von Spinoza und Kant. Dazu nur eine Bemerkung. Spinoza «konnte seine Philosophie nur denken, nicht sie glauben, denn sie stand in dem directesten Widerspruche mit seiner notwendigen Überzeugung im Leben, zufolge welcher er sich für frei, und selbständig halten musste.» (GA, I/4, 264) Diese These über Spinoza ist wichtig nicht nur für die komplexe Beziehung Philosophie-Leben oder für die selbstverständliche Betonung der Relevanz der Freiheit oder, endlich, für das Verhältnis Fichte-Spinoza, sondern auch für die Bedeutung der Überzeugung selbst. Die Überzeugung wird hier mit dem Glauben gleichgesetzt: etwas in einem nicht banalen Sinne zu glauben, bedeutet davon *wirklich überzeugt zu sein*. Eine derartige Interpretation der Verbindung zwischen Überzeugung und Glauben kommt in der *Bestimmung des Menschen* vor. Im Dialog mit dem Geist, der dem Ich – am Ende des Buches über das Wissen – eine bedeutungslose Welt von *Bildern* gezeigt hat, sagt das Ich: «Ich habe eingesehen, und sehe klar ein, dass es so ist; ich kann es nur nicht *glauben*.» (GA I/6, 251) Hier kommt noch einmal deutlich hervor, dass ein rein intellektuelles, begriffliches Verstehen die Tiefe der Überzeugung nicht haben kann. Eine tiefe Überzeugung ist ein Glauben.

Der Begriff der Überzeugung wird von Fichte in der *Sittenlehre* thematisiert, die erst 1798 erscheint. In seinen Hauptinhalten ist eine ausführliche Behandlung dieses Begriffes schon im *Collegium ueber die Moral* vom Sommersemester 1796 erfolgt.[11] Von der *Sittenlehre* will ich nur an zwei Thesen erinnern. Erstens behandelt Fichte hier den höchsten Zweck der Vernunft – die „Verwandlung" des Kantischen höchsten Guts –, der mit dem Kantischen Begriff wenig zu tun hat. Die Glückseligkeit als Belohnung der Moralität spielt jetzt keine Rolle mehr, und der Zweck der Vernunft ist die Realisierung ihrer eigenen absoluten Selbständigkeit, was eine artikulierte Theorie der Gesellschaft und der Pflichten des Menschen mit sich bringt, die jenen Zweck befördern sollen.

---

10   »La raison n'est pas un meuble qu'on pose et qu'on reprenne a son gré« in: (Rousseau, Jean-Jacques: *Oeuvres complètes*. Ed. par B. Gagnebin et M. Raymond, vol. II. Paris 1964, S. 246 (*Nouvelle Heloise*)).
11   Vgl. GA IV/1, 78ff.

Zweitens stellt Fichte eine weitere – eine hatte er schon in den *Vorlesungen ueber die Bestimmung des Gelehrten* dargestellt – Formulierung des Prinzips der Moralität dar, die sowohl formale wie auch materiale Bedingungen seiner konkreten Anwendung, d. h. einer eigentlichen Sittenlehre, hat. Das formale Prinzip lautet »*handle stets nach bester Überzeugung von deiner Pflicht*; oder; *handle nach deinem Gewissen.*« (GA I/5, 146) Wie schon in den *Vorlesungen ueber den Gelehrten*[12] wird das Moralprinzip 1798 auf eine Art und Weise formuliert, die die *individuelle* Dimension der Pflicht – man könnte sagen: der Bestimmung des Menschen, die eine Reihe von Handlungen als Pflichten enthält – betont. Das Prinzip ist also doch formal und allgemeingültig, aber nicht leer. Ohne hier auf das Problem des Gewissens einzugehen, möchte ich auch in diesem Fall nur einen bestimmten Aspekt dieser komplexen Frage hervorheben.

Fichte braucht nämlich ein Kriterium, um eine eigentliche von einer scheinbaren Überzeugung zu unterscheiden, d. h. um eine willkürliche Entscheidung zu vermeiden, weil das Moralprinzip sagt, dass man immer nach der besten Überzeugung von der Pflicht handeln soll. Dieses Kriterium ist ein Gefühl, genauer ein »*Gefühl* der Wahrheit und Gewissheit, als das gesuchte absolute Kriterium der Richtigkeit unserer Überzeugung von Pflicht.« (GA I/5, 156) Die Überredung wird hier nicht erwähnt, aber das Fichtesche Problem hat Züge, die etwas mit dem Kantischen Verfahren gemeinsam haben. Die Frage ist auch für Fichte eine scheinende, d. h. vom empirischen Ich abhängige, Überzeugung, von einer eigentlichen, d. h. individuell durch eine bestimmte Stelle und Lage, privatgültigen, aber *ewigen* Überzeugung zu unterscheiden. Es geht um die absolute Gewissheit des *Gewissens*, die für Fichte keine retrospektive Bedeutung hat, sondern Bestandteil des Entscheidungsprozesses ist, und dass eben deshalb für Fichte von Bedeutung ist, dass die individuelle Formulierung des Prinzips der Richtigkeit der Überzeugung eine entscheidende Funktion zuschreibt.

Kant hatte von einem äußeren (die Mitteilbarkeit), von einem inneren (die Selbstanalyse) Kriterium der Überzeugung und vom Wetten gesprochen. Das erste Kriterium nimmt Fichte nicht an – wie man gesehen hat, setzt die Mitteilbarkeit einige Bedingungen voraus, und ist also kein absolutes Kriterium. Außerdem lehnt Fichte entschieden und ausdrücklich die Möglichkeit eines äußeren Kriteriums ab (GA I/5, 158). Er teil aber ein inneres Kriterium, das wie bei Kant auf die Erforschung seiner selbst begründet ist: »sich mit der jedesmaligen Überzeugung die man von einer Sache hat, begnuegen, und nicht forschen ob die Überzeugung richtig sey, ist hoechst unmoralisch.« (*Collegium*

---

12   »Handle so, daß du die Maxime deines Willens als ewiges Gesez für dich denken könnest« (GA I/3, 30).

ueber die Moral: GA IV/1, 78) Endlich kommt auch das dritte, wiederum innere Kantische Kriterium vor (das des Wettens), wenn auch nicht in der Formulierung der ersten *Kritik*, sondern der *Religion* (vgl. GA I/5, 156–157). Wie könnte ein Ketzerrichter wirklich überzeugt, d.h. gewiss sein, dass er nicht unrecht tue? Er könnte sich fragen ob er, im Falle eines Irrtums, annehmen würde, ewig verdammt zu sein, was für Fichte bedeuten würde *seine Besserung auf alle Ewigkeit aufzugeben* (Ebd.).

2.2 Glauben

Im *Versuch einer Kritik aller Offenbarung* schreibt Fichte, daß »von der Realität aller Ideen vom Uebersinnlichen keine objektive Gewißheit, sondern nur ein Glaube an sie stattfinde.« (GA I/1, 119) Wie bei Kant ist hier die Gewissheit des Glaubens keine völlige Gewissheit. In kurzer Zeit wird aber diese Position gründlich modifiziert, wie schon in der *Aenesidemus-Rezension* deutlich wird: der Glaube an Gott und an ewige Fortdauer ist doch ein Glaube;

> Dieser Glaube ist aber so wenig bloss eine *wahrscheinliche Meynung*, dass er vielmehr, wenigstens nach des Rec. innigster Überzeugung, mit dem unmittelbar gewissen: *Ich bin*, den gleichen Grad der Gewissheit hat, welche alle, erst durch das intelligente Ich mittelbar mögliche, objektive Gewissheit unendlich uebertrifft.
>
> GA, I/2, 65

Diese schnell angedeutete Stellungnahme von Fichte wird später bestätigt und konsequent entwickelt, als Fichte das Problem des Glaubens wieder vertieft.

Die Idee einer unmittelbaren Gewissheit, die Fichte, wie Günter Zöller geschrieben hat »je nach systematischen Kontext als intellektuelle Anschauung, Tathandlung, Gewissen bzw. Glauben kennzeichnet,«[13] ist in der Tat ein charakteristisches Merkmal der Fichteschen Philosophie. Ich bin aber nicht überzeugt, dass die einzige und vielleicht auch die Hauptquelle dieses Merkmals die Philosophie Jacobis ist, weil die Idee eines unmittelbaren Überzeugungs- und Gewissheitsgefühls schon in der Philosophie des jungen Fichte eine wichtige Rolle spielt, die auf den Einfluss von mehreren Autoren der Philosophie und der Theologie der Aufklärung zurückzuführen ist.[14]

Es ist wahr, dass Fichte sehr oft auf seine Übereinstimmung mit Jacobi hinweist, aber mit diesen öffentlichen Erklärungen von Fichte, und nicht nur von

---

13 Zöller, Günter: »» Das Element aller Gewissheit «. Jacobi, Kant und Fichte über den Glauben.« In: *Fichte-Studien* 14 (1998), S. 21–41, S. 34.

14 Diesbezüglich sei hier nochmals auf das Buch von Reiner Preul, *Reflexion und Gefühl*, hingewiesen.

Fichte, muss man m. E. immer vorsichtig sein. Man hat in dem Fall von Jacobi wie in anderen – Kant ist selbstverständlich der wichtigste – das Gefühl, dass gewisse Erklärungen von konkreten begrifflichen Analysen begleitet werden, die vielmehr eine Distanz als eine Übereinstimmung ausdrücken wollen.

Als Fichte in den *Platner-Vorlesungen*[15] und zwischen 1798 und 1800 eine Untersuchung des Begriffs des Glaubens unternimmt, wird die bei Kant selbst und im *Versuch* relativierte Gewissheit des Glaubens (wie schon in der Aenesidemus-Rezension) von einer absoluten Gewissheit ersetzt, die sogar als Grundlage alles Wissens und aller Gewissheit dienen soll und die ihre Wurzeln in dem Überzeugungsbegriff der *Sittenlehre* hat, d. h. im sittlichen Gewissen.

Fichte verwirft – genauso wie Kant, aber aus anderen Gründen – die Interpretation der Gewissheit des Glaubens als einer nur wahrscheinlichen Gewissheit: diesbezüglich kritisiert er auch die traditionelle Benutzung des Ausdrucks „moralische Gewissheit" als nur wahrscheinliches Wissen, die er bei Platner findet. Eine so interpretierte „moralische Gewissheit" ist für Fichte überhaupt keine Gewissheit (GA IV/1, 411). Fichte benutzt vielmehr wie Kant den Ausdruck „moralische Gewissheit" als Gewissheit des Vernunftglaubens, ohne aber den Status der moralischen Gewissheit des Vernunftglaubens, d. h. der eines minderen Grads der Gewissheit, zu teilen: »Es giebt keine Gewißheit – wird Fichte schreiben – als die moralische.« (GA I/5, 430)

Zusammen mit den Vorlesungen über Platner, sind die Schriften der Zeit des Atheismusstreits die beste Quelle für eine Analyse des Fichteschen Begriffs des Glaubens in der Auseinandersetzung mit Kant. Unter den vielen Fragen, die Fichte in der Schrift von Forberg *Entwickelung des Begriffs der Religion* findet, widmet er in seinem Aufsatz von 1798 besondere Aufmerksamkeit gerade dem Status des Glaubens, wie übrigens der Titel seiner kurzen Schrift beweist: sie betrifft *den Grund* des Glaubens. Fichte wendet sich hier gegen zwei Thesen: die eines auf einem bloßen Bedürfnis begründeten Glaubens und die eines minderen Grads seiner Gewissheit. Diesen zwei Thesen stellt er seine eigene Auffassung des Glaubens gegenüber.

Fichte erklärt vor allem, was der Glaube *nicht* sein kann: keine willkürliche Annahme, kein freier Entschluss auf einen Wunsch gegründet, keine Ergänzung der Hoffnung. Noch weniger darf man den Glauben durch die Sinnenwelt begründen. Die erste positive These ist, dass die Notwendigkeit des Glaubens an Gott nicht bewiesen werden kann, nicht einmal durch einen, schreibt Fichte, »sogenannten moralischen Beweis.« (GA I/5, 348) Der Glaube ist eigentlich ein Factum (GA II/4, 279) und die Philosophie kann nicht facta hervorbringen, sondern sie nur erklären: die Menschen können also nicht durch die

---

15 Vgl. GA II/4, 279ff., 332ff.; GA IV/1, 157ff., 400ff.

Philosophie zum Glauben „beredet" (man könnte sagen: „ueberredet") werden (GA I/5, 348). Es geht also nicht um die Überführung des Ungläubigen, sondern um die Ableitung der Überzeugung des Gläubigen: »wie kommt der Mensch zu jenem Glauben?« (Ebd.) Der Glaube gründet sich auf das Gewissen, d. h. auf das Bewusstsein unserer jeweiligen Pflicht, auf die tiefe Überzeugung meiner Teilnahme an der Beförderung der Zwecke der Vernunft, die in jeder sittlichen Entscheidung enthalten ist. Das logisch Erste ist wohl das Gewissen mit seiner Stimme, Gewissen und Glauben können aber nicht wirklich getrennt werden. Dem Subjekt erscheint die Religion – schreibt Fichte in den *Rückerinnerungen, Antworten, Fragen* –

> nur inwiefern er in jedem bestimmten Falle seines Handelns fest überzeugt ist (und diese Überzeugung findet sich eben durch die moralische Willensbestimmung), dass das von ihm Gewollte und Gehandelte auch ausser seinem Willen der absolute Zweck der Vernunft sey, dass es seyn und geschehen solle schlechthin um deswillen, und dass der eigene Wille nur Werkzeug jenes absoluten Zweckes sey: so glaubt er religiös.
>
> GA II/5, 157, § 30

Auch aus diesem Grund ist ein Beweis sinnlos, eine These, die nicht nur die Aufgabe der Philosophie in der Glaubenslehre, sondern die Genese selbst des Glaubens betrifft und mit dem schon erwähnten Thema der Grenzen der Mitteilung zu tun hat. Bedingung des Glaubens ist eine sittliche Entscheidung – man könnte sagen: ein moralischer Status – der überhaupt von keinem Beweis, von keiner diskursiven Argumentation, sondern nur von einem Akt der Freiheit, von der Selbsttätigkeit des Subjekts, von seiner Moralität hervorgebracht werden kann.

Fichte radikalisiert also sowohl den Grad der Gewissheit des Glaubens, wie auch die Inhalte dieses Glaubens. Da der Glaube in der sittlichen Entscheidung – in jeder sittlichen Entscheidung des Einzelnen – enthalten ist, ist das Glauben wirklich notwendig, wenn diese Entscheidung stattfindet. Die Stimme des Gewissens wird mit dem Glauben identifiziert und überträgt dem Glauben ihre absolute Gültigkeit. Ein Zweifel ist in der Tat nicht möglich.

Diese absolute Gewissheit besteht nicht aus einem unbestimmten Vertrauen auf die Zukunft, sondern schließt mehrere Bestandeilen in sich ein, die höchst bedeutungsvoll sind und die die eigentlichen Objekten dieser absoluten Gewissheit, d. h. dieses Glaubens, ausmachen. Zusammen mit der Rechtfertigung des Glaubens, die dieser Form des Fürwahrhaltens eine absolute Grundlage gibt (die der völligen und höchsten Gewissheit), wird den Begriffen der *metaphysica specialis* durch ihre Einführung in eine merkwürdige Erweiterung des Begriffs des Glaubens eine eigene, neue Bedeutung gegeben.

Im Aufsatz von 1798 antwortet Fichte auf die Behauptung Forbergs, dass die Existenz Gottes „zweifelhaft" sei:

> Es ist gar nicht zweifelhaft, sondern das Gewisseste, was es giebt, ja der Grund aller anderen Gewissheit, das einzige absolut gueltige Objektive, dass es eine moralische Ordnung giebt, dass jedem vernuenftigen Individuum seine bestimmte Stelle in dieser Ordnung angewiesen, und auf seine Arbeit gerechnet ist; das jedes seiner Schicksale, inwiefern es nicht etwa durch sein eigenes Betragen verursacht ist, Resultat ist von diesem Plane [...] dass jede wahrhaft gute Handlung gelingt, jede boese misslingt, und dass denen, die nur das Gute recht lieben, alle Dinge zum Besten dienen muessen.
> GA I/5, 356

Von einem persönlichen Gott kann für Fichte keine sinnvolle Rede sein. Gott ist eine moralische Ordnung, die mit der Ausführung der Zwecke der Vernunft zu tun hat. Die Stimme des Gewissens schließt das Glauben an eine derartige Ordnung ein, die die Ausführung jenes Zwecks und gleichzeitig die Möglichkeit einer tätigen Teilnahme an dieser Aufgabe garantieren kann. Eine eigentliche Wahl zu glauben – oder nicht zu glauben – findet nicht statt: die Wahl kann nur die Entscheidung betreffen, der Stimme des Gewissens zu folgen. Der Entschluss sittlich zu handeln gibt dem Handeln eine Bedeutung, die sonst es nicht haben kann, *nicht* weil ein moralisches Leben ohne eine gerechte Belohnung durch die Glückseligkeit bedeutungslos wäre, sondern weil ein Handeln bedeutungslos wäre, das seinen bestimmten Beitrag zur Ausführung des Zwecks der Vernunft, d. h. ihre absolute Selbständigkeit, nicht erfüllt. Dieser individuelle Beitrag des Einzelnen ist seine eigentliche Bestimmung, die nur durch die vom Plan der Vernunft entworfene Einführung in ein meta-individuelles Handeln sinnvoll werden kann.

Die praktische, moralische Grundlage des Glaubens wird von Fichte beibehalten, obwohl sie kein Bedürfnis mehr ist, sondern die absolute Gewissheit und Überzeugung. Moralisch überzeugt zu sein impliziert die Notwendigkeit des Glaubens: eine Folgerung, die Kant überhaupt nicht teilen könnte. Diese Notwendigkeit hat ihre Wurzeln in einem alten Problem der moralphilosophischen Tradition, und zwar dem Verhältnis zwischen Gesinnung und Folgen der Handlungen, die sicherlich nicht von Fichte entdeckt wurde, und auch nicht mit Fichte endet. Dank der Identifizierung von Moralität und Religion wird das Problem der Folgen der Handlungen in eine andere Ordnung versetzt: klügeln oder vernünfteln über die Folgen ist jetzt der wahre Atheismus, der eigentliche Unglaube und Gottlosigkeit (GA I/5, 354).

Die Teilnahme am Plan der moralischen Ordnung, d. h. der Vernunft, bestimmt auch die eigentümliche Interpretation des zweiten Grundbegriffs der *metaphysica specialis*, der Unsterblichkeit (die dagegen bei Kant eine sekundäre Rolle spielt). Erstens nimmt Fichte die Idee einer unendlichen Vervollkommnung, die schon bei Mendelssohn und Kant vorkommt, wieder auf. Zweitens wird diese auf die Zukunft gerichtete Auffassung von einer Perspektive begleitet, die die aktuelle Ewigkeit des sittlichen Menschen behauptet: das Subjekt, das am Weltplan aktiv teilnimmt, ist schon jetzt ewig. Es hat sich in eine ontologische Ordnung versetzt, die keine ideale Dimension ist, sondern sein einziges wahres Sein ausmacht. Die Seligkeit ist kein zukünftiger möglicher Zustand, sondern ein wirklicher und aktueller. Die christliche Lehre der verdammten Seelen wird also durch die Fichtesche „ontologische" Interpretation reformuliert: unsterblich sind nur diejenigen, die sich durch ihre eigene sittliche Entscheidung in die moralische Ordnung und also in das Verfahren der Vernunft versetzen, während die anderen nur eine vergängliche Existenz haben können. Die Existenz des sittlichen Menschen ist gleichzeitig eine aktuelle Präsenz in der übersinnlichen Welt und eine, die durch eine Reihe von Leben und Welten hindurchgeht, eine Auffassung, die in den *Platner-Vorlesungen* mit ausdrücklicher Beziehung auf Lessing auftaucht und diskutiert (GA IV/1, 441) und in der *Bestimmung des Menschen* und in den späteren Schriften dargestellt wird. Jedes sittliches Subjekt ist in dieser Perspektive zugleich zeitlich und ewig, d. h. unzeitlich. Und diesbezüglich kann man daran erinnern, dass das Moralgesetz schon in den Jenaer Vorlesungen ein „ewiges Gesetz für dich" sein sollte und dass die eigentliche Überzeugung – sowohl in der *Zweiten Einleitung* wie auch in der *Sittenlehre* – auch von seiner Ewigkeit charakterisiert wird: hierin besteht die Heiligkeit und die Seligkeit, die bei Fichte schon vorhanden sein können, während sie bei Kant dem endlichen Wesen nur fremd bleiben.

Die Identifizierung von Gewissen und Glauben und ihre gemeinsame absolute Gewissheit begründen die Behauptung Fichtes, dass Moralität und Religion absolut Eins sind (GA I/5, 428). Diese Behauptung wird von der einheitlichen Gewissheit der Zwecksetzung und seiner Ausführung gerechtfertigt: »beides sind in der That nicht zwei Acte, sondern ein und ebenderselbe untheilbare Act des Gemüths.« (GA I/5, 352) Die Identifizierung von Moralität und Religion hat also auch eine erkenntnistheoretische Grundlage.

Kant hatte versucht, die Autonomie der Ethik zu verteidigen, obwohl er versuchte, seine Auffassung der Pflicht mit der Hoffnung auf eine kosmische Gerechtigkeit zu ergänzen, die nur Objekt eines ungewissen Glaubens sein kann (eine Ergänzung der Hoffnung, gerade das, was Fichte kritisiert). Er war überzeugt, dass diese Ergänzung nicht denselben erkenntnistheoretischen

Status des Bewusstseins des Moralgesetzes haben konnte, eben wegen der Notwendigkeit, die Autonomie der Ethik von der Religion zu verteidigen. Im Laufe der Zeit wird seine Aufmerksamkeit mehr auf die institutionellen, politischen und geschichtlichen Bedingungen der Realisierung der Moralität unter den Menschen gelenkt, als auf die Möglichkeit eines höchsten Guts, ein Ausdruck, der immer weniger in seinen Schriften vorkommt. Die Postulatenlehre spielt nach der *Kritik der Urteilskraft* keine systematische Rolle mehr.

Die Unzulänglichkeit einer nur weltlichen Perspektive kommt am deutlichsten im dritten Teil der Fichteschen *Bestimmung des Menschen* vor, und nicht nur weil hier eine grundlegende Rolle des Glaubens betont wird (das könnte auch auf den Plan der Betrachtung der Welt als Material der Pflicht, d.h. auf einer moralischen Weltauffassung zurückgeführt werden). Die Unzulänglichkeit einer nur geschichtsphilosophischen Perspektive – eine Perspektive, die im dritten Buch skizziert wird – gibt hier den Anlass, den Begriff des Glaubens zu entwickeln: die Folgen der Handlungen sind überhaupt nicht unter der Kontrolle der Menschen, und das daraus entstehende Bewusstsein führt zum Fatalismus und zu einer Sinnlosigkeit der menschlichen Existenz und Geschichte. Der Sinn- und Gottlosigkeit der sinnlichen Welt stellt Fichte eine ewige Welt als ewigen Willen gegenüber, die als höchste vernünftige Ordnung auch der ersten Welt eine tiefere Bedeutung geben kann. Das eigentliche Leben ist das ewige Leben, und das Leben der Einzelnen hat nur dann eine nicht vergängliche Bedeutung, wenn sie sich im unendlichen Leben verschmelzen. Die eigentliche Dimension der Vernunft, und eben deswegen auch des Subjekts, ist die der Ewigkeit.

KAPITEL 9

Selbstnegation des Wissens: Überlegungen über das Verhältnis des Wissens zum Absoluten bei Fichte unter besonderer Berücksichtigung von Jacobis Kritik

Hitoshi Minobe

Abstract

Fichte as well as Jacobi posit that the Absolute cannot be grasped from the standpoint of knowledge. Therefore we must go beyond this point, in order to achieve the Absolute. Both agree that knowledge is negated in the face of the Absolute. What, however, Fichte understands by the negation of knowledge differs from Jacobi's understanding. The negation of knowledge refers to, in Fichte's case, the self-negation of knowledge. Whereas in Jacobi's case it refers to the renunciation of knowledge. In this essay the author attempts to bring out the salient characteristics of the negation of knowledge in Fichte on the basis of *Jacobi to Fichte*, *Vocation of Man* and *Science of Knowledge 1801/02*.

Knowledge cannot grasp the Absolute. Knowledge knows, however, that it cannot grasp the Absolute (i.e. the Absolute, which it cannot grasp, exists). According to Fichte the Absolute appears in this way through knowledge. Knowledge is not merely negated in the face of the Absolute, but rather lets the Absolute, through its self-negation, appear. This knowledge is so in its self-negation in contact with the Absolute.

In Fichte the Absolute is not something not-appearing. The misunderstanding, that the Absolute is something not-appearing, comes from objective cognition. The Absolute appears, as an appearance appears as an appearance (i.e. without confusing it with the Absolute).

Zusammenfassung

Sowohl Fichte als auch Jacobi meinen, dass das Absolute auf dem Standpunkt des Wissens nicht erfasst werden kann, und dass man daher über den Standpunkt des Wissens hinausgehen muss, um das Absolute zu erreichen. Die beiden sind in dem Punkt einig, dass das Wissen angesichts des Absoluten negiert wird. Was aber Fichte dabei unter der Negation des Wissens versteht, unterscheidet sich davon, was Jacobi darunter versteht. Die Negation des Wissens meint bei Fichte Selbstnegation des Wissens, während sie bei Jacobi Abschaffung desselben meint. Im vorliegenden Aufsatz versucht der Verfasser, das Charakteristische der Negation des Wissens bei Fichte anhand von *Jacobi an Fichte*, *Bestimmung des Menschen* und *Wissenschaftslehre* 1801/02 herauszuarbeiten.

Das Wissen kann kein Absolutes erfassen. Das Wissen weiß aber, dass es kein Absolutes erfassen kann, d. h. dass es ein Absolutes gibt, das es nicht erfassen kann. Nach Fichte erscheint das Absolute auf diese Weise im Wissen. Das Wissen wird dabei angesichts des Absoluten nicht bloß negiert sondern lässt vielmehr durch seine Selbstnegation das Absolute erscheinen. So steht das Wissen durch seine Selbstnegation mit dem Absoluten in Berührung.

Das Absolute ist bei Fichte nicht etwas Nicht-erscheinendes. Das Missverständnis, dass das Absolute ein Nicht-erscheinendes wäre, stammt daraus, es gegenständlich zu erfassen. Das Absolute erscheint, indem die Erscheinung als Erscheinung (d. h. ohne Verwechselung mit dem Absoluten) erscheint.

Schlüsselwörter

Fichte – Jacobi – Selbstnegation des Wissens – Wissen und Glaube – Erscheinung des Absoluten

Im März 1799 schrieb Jacobi einen Brief an Fichte, den er im darauffolgenden Herbst publizierte. Es ist der allseits bekannte Brief, in dem die Wissenschaftslehre Fichtes mit einem Strickstrumpf verglichen und als Nihilismus beurteilt wird. Darin finden sich zahlreiche Gesichtspunkte, die für Überlegungen über den Charakter der Wissenschaftslehre sehr dienlich sind. Im Folgenden versucht der Verfasser, Fichtes Einstellung zum Absoluten anhand dieses Briefs zu klären.[1] Um Fichtes eigene Ansicht herauszuarbeiten, wird dabei außer der *Bestimmung des Menschen*, die Fichte kurz nach dem Erhalt des Briefes verfasste, auch die *Darstellung der Wissenschaftslehre* (1801/02), in der er seinen Begriff der Selbstnegation des Wissens entwickelte, in Betracht gezogen. Der Hinzunahme letzteren Textes liegt die Ansicht zugrunde, dass die Selbstnegation des Wissens in Fichtes Denken des Absoluten eine entscheidende Rolle spielt.

---

1 Zum Überblick über das Verhältnis Fichtes zu Jacobi vgl. die klassische Darstellung von Lauth, Reinhard: »Fichtes Verhältnis zu Jacobi unter besonderer Berücksichtigung der Rolle Friedrich Schlegels in dieser Sache.« In: Hammacher, K. (Hg.): *Friedrich Heinrich Jacobi. Philosoph und Literat der Goethezeit*. Frankfurt 1971, S. 165–197.

1 Jacobis Kritik an der Wissenschaftslehre

In der *Grundlage der gesamten Wissenschaftslehre* (1794/95) vertritt Fichte den Grundsatz, dass das Prinzip aller Realität das Ich sei. Darin sind zwei Ansichten enthalten: (1) dass alle Realität die des Wissens sei und (2) dass das Prinzip des Wissens das Ich sei. Die Kritik Jacobis richtet sich gegen die erste Ansicht. Der zweiten stimmt er zu.

Es ist der Status des Wissens bei Fichte, den Jacobi in Frage stellt. Nach Fichte ist das Wissen wesentlich mit dem Wahren verbunden, entsprechend ist das Wissen notwendig Wissen eines Wahren. Denn wenn eine Vorstellung sich nicht auf ein Wahres beziehen sollte, ist sie kein „Wissen" im eigentlichen Sinne, und etwas, wovon man nichts weiß, kann nicht wahr sein. Das Wissen und das Wahre sind also nach Fichte untrennbar verbunden. Jacobi ist aber anderer Meinung. Er meint vielmehr, dass das Wissen uns von dem Wahren entferne. Er weist darauf hin, dass wir beim Wissen den Begriff, mit dem wir von der Sache wissen, mit der Sache selbst verwechseln und den Begriff für real erachten, obwohl er in Wahrheit eine bloße Gestalt der Sache ist. Es ist nach Jacobi eben das Wissen, das uns die Realität verbirgt und die Sache in ein Nichts verwandelt. Im oben genannten Brief schreibt er über die menschliche Erkenntnis: „[...] der Mensch erkennt nur indem er begreift; und er begreift nur indem er – Sache in bloße Gestalt verwandelnd – *Gestalt zur Sache, Sache zu Nichts macht*." (GA III/3, 233)

Solcher Verwechselung des Wissens liegt Jacobi zufolge die Tendenz der menschlichen Vernunft, sich in sich zu verschließen, zugrunde. Beim Bilden der Erkenntnis hat nämlich die Vernunft die Tendenz, mit ihrem eigenen Begriff auszukommen, anstatt diesen der Sache zu erschließen und zu prüfen, ob er der Sache entspricht. Die Philosophie ist Jacobis Auffassung nach ein Entwurf der Vernunft, alles mit ihren der Sache nicht entsprechenden Begriffen zu erklären. Sie ersetzt die Sache durch den leeren Begriff und verwandelt somit alles in nichts. Die Wissenschaftslehre ist ihm zufolge eben die Vollendung der so verstandenen Philosophie und in diesem Sinne „Nihilismus". Das Ich als Prinzip der Wissenschaftslehre ist daher nichts anderes als die in sich geschlossene Vernunft. Die Wissenschaftslehre stellt damit die „Philosophie der reinen Vernunft" dar, die mit der Sache überhaupt nicht in Berührung komme, d. h. ein System, das alles ins Nichts verwandelt. Die folgende Stelle im Brief drückt Jacobis Ansicht über die Wissenschaftslehre deutlich aus:

> Von Vernunft ist die Wurzel, *Vernehmen*. – Reine Vernunft ist ein Vernehmen, das *nur* sich selbst vernimmt. Oder: die Reine Vernunft vernimmt nur sich. Das Philosophieren der reinen Vernunft muß also ein

chemischer Proceß seyn, wodurch alles außer ihr in Nichts verwandelt wird, und sie allein übrig läßt.

GA III/3, 233

Der Ansicht Jacobis liegt also ein Misstrauen gegen das Wissen zugrunde. Aber er denkt darum nicht, dass das Wissen für den Menschen nutzlos oder gar schädlich wäre. Denn er ist der Meinung, dass das Wissen dem Menschen Anlass zur Suche nach dem Wahren gibt, indem es ihn seine eigene Unfähigkeit merken lässt. Durch das Bewusstsein der Unfähigkeit des Wissens bekommt man nach ihm das Gefühl und die Ahndung des Wahren, das das Wissen transzendiert. Er schreibt:

> Ich verstehe unter dem Wahren etwas, was *vor* und *außer* dem Wißen ist; was dem Wißen, und dem *Vermögen* des Wißens, *der Vernunft*, erst einen Werth giebt. Vernehmen sezt ein Vernehmbares; Vernunft das *Wahre* zum voraus: sie ist das Vermögen der Voraussetzung des Wahren. Eine das Wahre nicht voraussetzende Vernunft ist ein Unding. Mit seiner Vernunft ist dem Menschen nicht das Vermögen einer *Wißenschaft* des Wahren; sondern nur das Gefühl und Bewustseyn seiner *Unwißenheit* desselben: *Ahndung* des Wahren gegeben.

GA III/3, 239

Diese Unwissenheit oder das Nichtwissen meint Jacobi also nicht negativ. Es ist vielmehr ein positives Bewusstsein, womit man das Wahre ahnden kann. In diesem Sinne ist sie als Äußerung des Wahren zu verstehen. Aufgrund dieser Ansicht denkt Jacobi ferner, dass das Bewusstsein des Nichtwissens zum Glauben an das Wahre, d. h. Gott führt: „Mit unwiderstehlicher Gewalt weiset das Höchste in mir auf ein Allerhöchstes über und außer mir; es zwingt mich das Unbegreifliche – ja das im Begriff *Unmögliche* zu glauben." (GA III/3, 241)

Das Höchste, was wir erreichen können, ist nach Jacobi das Bewusstsein des Nichtwissens, d. h. das Bewusstsein, dass wir das Wahre bzw. das Allerhöchste nicht begreifen können. Jacobi meint, dass das Allerhöchste nur auf solche Weise in unserem Bewusstsein vorkommt und dass es daher eben dieses Bewusstsein ist, das uns zum Glauben führt. So ist das Bewusstsein des Nichtwissens bei Jacobi für das menschliche Leben von entscheidender Bedeutung. Auf diesem Standpunkt hält Jacobi die Wissenschaftslehre Fichtes besonders in dem Punkt für problematisch, dass sie dem Menschen keinen Raum für das Bewusstsein des Nichtwissens gebe.

2 Jacobis Kritik und Fichtes Verständnis der Wissenschaftslehre

Wie erwidert nun Fichte diese Kritik Jacobis? Von dem Brief, den Fichte an Jacobi am 22. April 1799, d. h. kurz nach Erhalt des oben behandelten Briefs schrieb, erhalten wir den Eindruck, dass Fichte zwischen seinen Ansichten und denen Jacobis keinen großen Unterschied ausmacht. Fichte beginnt den Brief wie folgt:

> Meinen wärmsten Dank, verehrungswürdiger, innigst geliebter Freund, für das trefliche Schreiben, das Sie Güte hatten, *für* mich zu schreiben. Meine Zeit [...] hat mir noch nicht erlaubt, dasselbe so sorgfältig zu studieren, um zu finden, wie jenes Schreiben *gegen* mich sein könne. Der ersten natürlichen Ansicht nach unterschreibe ich dasselbe fast durchgängig unbedingt.
>
> GA III/3, 334

Jacobi meint, wie gesagt, dass die Wissenschaftslehre ein das Bewusstsein des Nichtwissens ausschließendes System sei. Fichte betrachtet selbige jedoch anders. Sie steht nach Fichte zwar auf dem Standpunkt, dass alle Realität die des Wissens und dass das Prinzip des Wissens das Ich sei, aber darum schließt sie das, was das Ich negiert, nicht aus. Das zeigt ihr zweiter Grundsatz deutlich, der das Entgegensetzen des Nicht-Ich zum Ich feststellt. Das Ich produziert demnach die Realität in seiner Wechselwirkung mit dem Nicht-Ich, das sich ihm schlechthin entgegensetzt. Das Bewusstsein, dass es ein Nicht-Ich, von dem das Ich nicht wissen könne, gibt, ist nach der Wissenschaftslehre ein Bestandteil der Realität des Wissens. Fichte ist der Ansicht, dass das Bewusstsein des Nichtwissens das Wissen notwendig begleitet. In diesem Punkt stimmt seine Einstellung mit der Jacobis überein. Es verwundert also nicht, dass Fichte im oben zitierten Brief Jacobi seine Zustimmung gibt.

Natürlich gibt es Unterschiede zwischen Jacobi und Fichte. Ihre Einstellungen über die Bedeutung der Philosophie stehen geradezu im Gegensatz zueinander: Nach Jacobi ist die Philosophie, wie oben dargestellt, ein Entwurf, alles mit leeren Begriffen zu ersetzen und so in Nichts zu verwandeln – also ein solcher, der Realität verlustig zu werden und den Weg zum Wahren zu versperren. Dem entgegen ist sie nach Fichte der dem Menschen unentbehrliche Weg zum Wahren.

Fichte und Jacobi sind sich in der Erkenntnis einig, dass das Wissen nicht alles erfassen kann, d. h. dass es unvollständig ist. Aus dieser einen Erkenntnis ziehen sie aber zwei verschiedene Schlüsse: Jacobi nämlich richtet seine

Aufmerksamkeit darauf, dass die Philosophie auch eine Art des wesentlich unvollständigen Wissens sei, und meint, dass sie als ein System solchen Wissens für die Suche nach dem Wahren nicht tauglich und sogar hinderlich sei. Fichte zieht aber aus derselben Erkenntnis den entgegengesetzten Schluss, dass die Philosophie dem Menschen als Mittel zum Wahren unentbehrlich sei.

Jacobi zufolge ist die Ansicht Fichtes in dem Punkt problematisch, dass er übersehe, dass die Philosophie selbst eine Art des unvollständigen Wissens ist. Die Philosophie ist nach Jacobi ein Prozess, alle Realität außer ihr auszuschließen und sich in sich zu verschließen. Er ist der Meinung, dass wir uns vom Wahren desto weiter entfernen, je vollständiger wir ein System der Philosophie aufstellen. Die Ansicht Jacobis ist aber von Fichtes Standpunkt aus gesehen in dem Punkt problematisch, dass Jacobi wiederum übersehe, dass die Erkenntnis der Unvollständigkeit des Wissens auch ein Wissen ist. Da nach Fichte erst mit der philosophischen Reflexion – bzw. mit der „Spekulation" (GA III/3, 330ff.) – festgestellt werden kann, dass das Wahre unser Wissen transzendiere, so ist es ohne Philosophie überhaupt nicht möglich, vom Wahren zu sprechen. Fichte ist nämlich der grundlegenden Ansicht, dass das menschliche Leben eigentlich Leben mit philosophischer Reflexion sei. Die Einstellung Jacobis, dass das wahre Leben ohne philosophische Reflexion ist, ist also von Fichtes Standpunkt aus gesehen einseitig. Fichtes Zweifel im oben genannten Brief, ob Jacobi nicht im „Enthusiasmus des Lebens" (GA III/3, 335) befangen sei, liegt eine solche Kritik an letzterem zugrunde.

In dieser Hinsicht also sind sich die beiden Denker über die Bedeutung der philosophischen Reflexion nicht einig. Was aber den grundlegenden Standpunkt angeht, stehen sie sich nach Meinung des Verfassers zu dieser Zeit sehr nahe. Denn beide vertreten die Ansicht, dass das Wissen die Realität der Sache nicht vollständig erfassen kann und dass es nötig ist, über den Standpunkt des Wissens hinauszugehen, um das Wahre zu erreichen. Die Nähe Fichtes zu Jacobi lässt sich weiterhin in der *Bestimmung des Menschen* erkennen.

3 Glaube als letzter Grund der Realität des Wissens – Standpunkt der *Bestimmung des Menschen*

Die *Bestimmung des Menschen* wurde von Sommer bis Herbst 1799 geschrieben. Sowohl zeitlich als auch inhaltlich ist diese Schrift als eine Erwiderung auf den oben genannten Brief Jacobis zu betrachten. Beispielsweise nimmt Fichte den problematischen Status des Ich bzw. des Wissens ernster als früher und schreibt am Ende des zweiten Buchs dieser Schrift: „[E]in System des Wissens ist notwendig ein System bloßer Bilder, ohne alle Realität, Bedeutung und

Zweck" (GA I/6, 252). Solcher Ausdruck ist in den früheren Schriften Fichtes nicht zu finden.

Wie oben dargestellt behandelt die *Grundlage* auch die Unvollständigkeit des Wissens. Die Unvollständigkeit des Wissens bedeutet dort jedoch nur, dass das Nicht-Ich, das das Ich als Prinzip des Wissens negiert, im Wissen enthalten ist. Die Gültigkeit des Wissens selbst steht dabei nicht in Frage. Das Nicht-Ich negiert zwar das Ich, aber diese Negation setzt die Realität des Ich voraus, weil sie eine Negation *für das Ich* ist. Der zweite Grundsatz lautet entsprechend: Dem Ich wird „schlechthin entgegengesetzt ein Nicht-Ich" (GA I/2, 266), aber im dritten Grundsatz erklärt Fichte, dass sich diese Entgegensetzung „im Ich" befindet (GA I/2, 272). In der *Grundlage* kommt Fichte nie auf die Idee, dass die Gültigkeit des Ich selbst negiert werden könnte.

In der *Bestimmung des Menschen* stellt er demgegenüber gerade die Gültigkeit des Ich als Prinzip des Wissens in Frage. Auf dem Standpunkt der *Grundlage* würde man behaupten müssen, dass die Gültigkeit des Ich darum nicht zu bezweifeln ist, weil es eben das Ich sei, das selbige bezweifelt. Dabei kann man aber weiter fragen, ob nicht die angebliche Realität, die sich im Ich befindet, überhaupt leer sei. In der *Grundlage* hält Fichte es nicht für nötig, eine solche Frage zu stellen. Denn er meint, dass die Realität des Ich „ursprünglich schlechthin" (GA I/2, 261) gesetzt wird und dass kein Zweifel an der Gewissheit der Realität des Ich besteht. In der *Bestimmung des Menschen* überprüft er dann aber aufs Neue gerade diese Gewissheit und gelangt dadurch zu der Ansicht, den oben genannten Verdacht, dass das System des Wissens keine Realität habe, ernst zu nehmen. Er stellt fest, dass im Wissen nichts sei, was uns der wahren Realität des Ich versichern würde. Das macht uns betroffen. Denn wenn es dem Wissen an Realität fehlen sollte, würden wir, wie Jacobi sagt, unweigerlich dem Nihilismus ausgeliefert sein.

Angesichts dieser Krise des Nihilismus macht Fichte uns in der *Bestimmung des Menschen* auf das „Gewissen" in unserer Seele aufmerksam. Fichte sagt, dass wir den Nihilismus dadurch vermeiden können, der Stimme des Gewissens zuzuhören. Die Stimme des Gewissens befiehlt uns kategorisch, was wir tun sollen. Das heißt, dass sie einem jeden von uns mit der schlechthinnigen Gewissheit mitteilt, was er in Wahrheit ist, oder was dasselbe heißt, worin seine wahre Realität besteht. So gelangt ein jeder nach Fichte durch die Stimme des Gewissens zu der Überzeugung, dass er real existiert und dass sein Wissen nicht leer ist.

Gewissen ist aber in der *Bestimmung des Menschen* nicht das letzte Wort. Fichte fragt weiter nach dem Grund der Überzeugung, die uns das Gewissen liefert. Es ist nach ihm nicht das Wissen, das uns überzeugt. Denn das Wissen ist nur unter der Bedingung möglich, dass wir von der Realität des Ich überzeugt sind. Fichte führt weiter aus, dass sich die Überzeugung nicht auf das Wissen, sondern auf den „Glauben" gründet. In der *Bestimmung des Menschen* schreibt er entsprechend: „Ich habe das Organ gefunden, mit welchem ich diese Realität, und mit dieser zugleich wahrscheinlich alle andere Realität ergreife. Nicht das Wissen ist dieses Organ. [...] Der Glaube ist es." (GA I/6, 257)

So drückt Fichte in der *Bestimmung des Menschen* den letzten Grund der Realität, genauso wie Jacobi, mit dem Wort „Glaube" aus.[2] Natürlich meint Fichte mit diesem Wort nicht dasselbe wie Jacobi. Fichte bestimmt seinen Glaubensbegriff wie folgt: „[I]ch glaube, weil ich will" (GA I/6, 259). Der Glaube ist nach ihm „ein Entschluß des Willens" (GA I/6, 257) und gründet sich zwar nicht auf das Wissen, ist aber doch etwas, was seinen Grund im Ich hat, während er bei Jacobi darin besteht, sich einem Allerhöchsten „über und außer mir "oder „einem ganz Anderen" (GA III/3, 241) hinzugeben. Außerdem denkt Fichte im Unterschied zu Jacobi, dass es zwischen dem Übersinnlichen, das man mit dem Glauben ergreift, und dem Sinnlichen, das man mit dem Wissen ergreift, keine Kluft gibt und dass jenes vielmehr dieses gelten lässt (GA I/6, 257).

Aber trotz all dieser Unterschiede stehen sich nach der Meinung des Verfassers die Einstellungen von Fichte und Jacobi sehr nahe. Denn beide sind sich in dem entscheidenden Punkt einig, dass das Wahre mit dem Wissen nicht ergriffen werden kann.

In der Ansicht, dass das Wahre mit dem Wissen nicht ergriffen werden kann, sind aber natürlich noch weiter zu klärende Probleme enthalten. Besonders ist das Problem hervorzuheben, wie man das Wahre, das nie Gegenstand des Wissens wird, für wahr halten kann. In der *Bestimmung des Menschen* schreibt Fichte, dass dieses Fürwahrhalten seinen letzten Grund im Glauben als einem Entschluss habe. Es ist wohl richtig, dass der Glaube an sich kein Wissen ist, jedoch ist die Erkenntnis, dass nicht das Wissen, sondern der Glaube der letzte Grund sei, auch eine Art von Wissen. Dies ist ein Wissen, das man „transzendental" nennen kann, weil es darin um die Seinsweise des Wissens selbst geht. Den Glauben begleitet also immer ein transzendentales Wissen. Um die Bedeutung des Glaubens genau zu verstehen, müssen wir unsere Aufmerksamkeit auf dieses Wissen richten.

---

2 Zur genaueren Charakterisierung von Fichtes Glaubensbegriff bis zur *Bestimmung des Menschen* im Vergleich zu Kant und Jacobi vgl. G. Zöller: »‚Das Element aller Gewissheit' – Jacobi, Kant und Fichte über den Glauben.« In: *Fichte-Studien* Bd. 14 (1998), S. 21–41, insbesondere 36ff. W. Janke nennt in seinem Buch *Die dreifache Vollendung des Deutschen Idealismus. Schelling, Hegel und Fichtes ungeschriebene Lehre*. Amsterdam/New York 2009 diesen Glauben » aletheuisch « (S. 275) und betrachtet ihn als » eine notwendige Durchgangsphase auf dem Wege zu einer vollendeten philosophischen Wahrheits- und Erscheinungslehre. « (S. 280).

Die Grundeinstellung der *Bestimmung des Menschen* ließe sich in etwa wie folgt charakterisieren: Jeder soll bei der Suche nach dem Wahren die Gültigkeit der angeblichen „Realität" des Bildes leugnen und sich dazu entschließen, an die Gültigkeit der Realität seiner Bestimmung, die er im Gewissen findet, zu glauben. Um aber einen solchen Entschluss zu fassen, ist es notwendig, zu wissen, was für eine Realität die Bestimmung hat. Es ist wohl bekannt, dass der Gegenstand des Wissens als bloßes Bild nicht real ist. Man muss sich also dabei bemühen, zu *wissen*, wie man das, was das Bild transzendiert, vom Bild unterscheiden kann, oder was das Maß ist, mit welchem man das, was das Bild transzendiert, vom Bild unterscheiden kann. Es scheint dem Verfasser, dass Fichte in der *Bestimmung des Menschen* dieses Problem des Wissens im Glauben nicht durchdenkt.

Ebenso fehlt Jacobi ein solches Problembewusstsein.[3] Das Wahre stellt nach ihm etwas dar, das vorausgesetzt oder gefühlt werden soll. Es zu glauben, heißt dann, es ohne weiteres so aufzunehmen. Es ist die Offenbarung, die uns lehrt, was man glauben soll. Dem Menschen sei nicht erlaubt, darüber zu spekulieren. – Diese Ansicht Jacobis betrifft zwar eine wichtige Seite des Glaubens, aber man müsste zugleich sagen, dass hier die Gefahr besteht, zum „blinden Glauben" geführt zu werden.

Nähere Überlegungen bzgl. dieses Problem finden sich bei Fichte nach der Meinung des Verfassers erst in der *Darstellung der Wissenschaftslehre* (1801/02). Das Verhältnis zwischen dem Absoluten und dem Wissen, das das zentrale Thema dieser Schrift bildet, ist daher näher zu untersuchen als das Verhältnis zwischen dem Wahren und dem Wissen bzw. dem Glauben und dem Wissen – das Verhältnis also, das zuvor in Jacobis Brief und in der *Bestimmung des Menschen* betrachtet wurde.

4 Selbstnegation des Wissens als eine neue Konzeption in der *Darstellung der Wissenschaftslehre* (1801/02)

Das Wissen, um das es in der *Darstellung* geht, ist absolutes Wissen, das allem Wissen zugrunde liegt und beim Unterscheiden des Wissens vom Nichtwissen

---

3 Im Brief Jacobis findet sich zwar die Erwähnung des Wissens im Glauben. Er schreibt: » So gewiß ich Vernunft besitze, so gewiß besitze ich mit dieser meiner menschlichen Vernunft *nicht* die Vollkommenheit des Lebens, nicht die Fülle des Guten und des Wahren; und so gewiß ich dieses mit ihr *nicht* besitze, *und es weiß*, so gewiß *weiß* ich, es ist ein Wesen, und ich habe in ihm meinen Ursprung. « (GA III/3, 240f.) Aber er thematisiert dieses Wissen nicht weiter.

als Maß fungiert. Aber im absoluten Wissen ist Fichte zufolge wesentlich ein Nichtwissen, d. h. etwas, das über das Wissen hinausgeht, enthalten. Er schreibt, das absolute Wissen besteht im „Schweben" zwischen dem Wissen und dem absoluten Sein, das über das Wissen hinausgeht:

> Der Mittel- und WendePunkt des absoluten Wissens ist ein *Schweben* zwischen Seyn und Nichtseyn des Wissens, und sodann Nichtabsoluten Seyn, und absoluten seyn des Seyns; indem eben das Seyn des Wissens das absolute Seyn aufhebt, und das absolute Seyn das Seyn des Wissens.
> GA II/6, 183

Das Wissen ist ein Bewusstsein. Aber nicht alles Bewusstsein ist Wissen. Man nennt ein Bewusstsein Wissen, insofern es das wahre Sein beinhaltet. Das wahre Sein meint hier ein Sein, das unabhängig vom Bewusstsein an sich ist, d. h. das Bewusstsein transzendiert. Das Wissen ist also Bewusstsein des Seins, welches das Bewusstsein transzendiert. Das Wissen weiß nun ferner davon. Es weiß nämlich, dass das Sein, das das Bewusstsein transzendiert, im Bewusstsein vorkommt. So ist man sich im Wissen sowohl des Bewusstseins selbst als auch des transzendenten Seins bewusst, oder was dasselbe heißt, im Wissen weiß man sowohl vom Wissen selbst als auch vom Sein. Wenn aber das Sein vom Wissen gefasst würde, wäre es nicht mehr das Sein, das das Wissen transzendieren soll. Wenn es jedoch darum vom Wissen nicht gefasst werden könnte, wäre überhaupt kein Wissen möglich. So kann das Wissen weder auf dem Wissen selbst noch auf dem Sein beruhen, sondern es schwebt zwangsläufig zwischen beiden. – Aus diesen Betrachtungen könnte man nun den Schluss ziehen, dass das Fundament des Wissens nicht stabil wäre oder sogar dass das Wissen selbst nicht möglich wäre. Fichte zieht diese Konsequenz jedoch nicht und meint, dass das Schweben die Berührung des Wissens mit dem Sein und somit das Wissen im wahren Sinne ermöglicht.

Jacobi wiederum meint, wie oben dargestellt, dass das Sein, wenn es mit dem Wissen in Berührung kommt, im Sinne einer chemischen Veränderung zu nichts werde. Fichte gelangt jedoch zu einer anderen Ansicht, indem er an diesem Punkt nicht aufhört zu denken. Er richtet seine Aufmerksamkeit auf den Berührungspunkt zwischen Wissen und Sein und bemüht sich, diesen zu beschreiben. Die Darstellung des absoluten Wissens in der *Darstellung* ist dem zufolge als die des Berührungspunktes des Wissens mit dem Sein zu verstehen.

Am Ende des ersten Teils der *Darstellung* (§§ 21–22) stellt Fichte diesen Berührungspunkt mit den Zeichen A und B dar. A bezeichnet das Sein, das das Wissen transzendiert und B das Wissen. Nach Fichte besteht das Wissen nicht aus B allein. Denn B soll B von A sein. Für das absolute Wissen ist außer B noch A und dazu ferner der Zusammenhang zwischen A und B, den Fichte mit dem Zeichen „+" bezeichnet, notwendig. Der „Siz des absoluten Wissens" ist nach ihm weder in A noch in B, sondern „zwischen beiden in +" (GA II/6, 194). Dieses + ist eben der Berührungspunkt zwischen Sein (A) und Wissen (B). Über den Berührungspunkt schreibt er folgendes: „A. komt sichtbar doppelt vor: theils als vorausgesezt *allem Wissen* – theils *im freien Wissen*, zufolge der *Voraussetzung in ihm* selbst. +. Hierher allein mag es kommen, daß wir von A. sprechen konnten." (GA II/6, 194)

Dass A mit B in Berührung kommt, heißt nach Fichte, dass A in B doppelt vorkommt. (Man könnte diesen Sachverhalt von der Seite des B auch so ausdrücken, dass B A auf doppelte Weise begreift.) Sowohl in dem Falle, dass A außer B steht, als auch in dem Falle, dass A in B steht, berühren sich die beiden nicht. Für die Berührung ist gefordert, dass A außer B und zugleich in B steht. Nur durch die Doppelheit, dass A außer und in B steht, kommt die Berührung zustande, die das absolute Wissen ermöglicht.

Hier beschreibt Fichte diese Doppelheit mit dem Wort „voraussetzen". Zuerst führt er aus, dass A „allem Wissen" vorausgesetzt ist. Damit meint er ebenso wie Jacobi, dass A völlig außer B steht. Jacobi betrachtet, wie oben zitiert, die menschliche Vernunft als „Vermögen der Voraussetzung des Wahren" (GA III/3, 239). Er meint damit, dass das Wahre die Vernunft völlig transzendiert. (Bei der Verwendung des Wortes „Voraussetzung" denkt Fichte wahrscheinlich an Jacobi.) Diese Einstellung Jacobis ist nach Fichte zwar richtig, aber unzureichend. So fügt Fichte hinzu, dass das A, das völlig außer B steht, dennoch zugleich in B, nämlich „im freien Wissen" steht.

Wie ist es aber möglich, dass A außer B und zugleich in B steht? – Nach Fichte ist dies nur möglich „zufolge der Voraussetzung in ihm [=B]". „Zufolge der Voraussetzung in B" in dieser Stelle würde heißen: zufolge des Wissens, das A voraussetzt. Das Wissen, das A voraussetzt, ist nun ein Wissen, das seine eigene Gültigkeit, wenigstens in Bezug auf A, negiert. Also lässt sich die Einstellung Fichtes in der oben zitierten Stelle folgendermaßen verstehen: Das absolute Wissen ist nur durch das Wissen möglich, das *sich selbst negiert*.

Durch die Selbstnegation des Wissens verschwindet das Wissen nicht. Es kommt vielmehr dadurch mit dem Sein in Berührung und wird somit zu einem Wissen, dessen Grund das Sein ist. Das Wissen ist dann nicht mehr ein bloßes Bild, sondern das Bild des Seins oder des Absoluten, d. h. das absolute Wissen. Fichte zufolge ist das wahre Wissen also nur durch die Selbstnegation des Wissens möglich.

Jacobi versteht demgegenüber unter der Negation des Wissens die Abschaffung desselben, so dass das Wissen durch die Negation verschwindet und an dessen Stelle der Glaube tritt. Dagegen argumentiert Fichte, dass die Negation des Wissens notwendig die *Selbst*negation desselben beinhaltet, wodurch das absolute Wissen entstehe.

Fichte stellt diese Selbstnegation im Wissen, die das absolute Wissen charakterisiert, in der *Darstellung* auf verschiedene Weisen dar. An einer Stelle schreibt er z. B., dass das Wissen „in sich und durch sich sein absolutes *Ende*" (GA II/6, 195) findet. Damit meint er nicht bloß, dass das Wissen endlich ist, sondern dass es sein Ende ergreift und dadurch das Sein als seinen „Ursprung" erreicht. Er meint, dass das Wissen durch das Ergreifen seines Endes mit seinem Ursprung in Berührung kommt und zum „Für sich seyn des Ursprunges" (GA II/6, 200) wird. Das Ergreifen des Endes hier ist also als ein Ausdruck für die Selbstnegation des Wissens zu verstehen. An einer anderen Stelle führt er aus, dass die Negation des Wissens zugleich als eine Position zu verstehen ist: „Nun kann es wohl seyn, daß hier die Negation selbst die absolute Position, und unsere Position selbst in gewisser Rücksicht eine Negation ist." (GA II/6, 196)

Die Einstellung Fichtes in der Zeit der *Bestimmung des Menschen* stand, wie oben dargelegt, der Jacobis nahe. Aber in der *Darstellung* entfernt sich Fichte allmählich von Jacobi dahingehend, dass die Überwindung des Wissens auf dem Weg der Suche nach dem Wahren nicht durch die einfache Abschaffung des Wissens, sondern vielmehr durch die Umwandlung des Standpunktes des Wissens, d. h. dadurch, dass das Wissen seinen eigenen Standpunkt negiert und auf dem Standpunkt des Seins steht, zustande kommt.

Ausgehend von dieser Ansicht, dass das Wissen nur durch die Selbstnegation des Wissens möglich ist, lässt sich Folgendes feststellen: 1) Das Wissen als leeres Bilden, das unvermeidlich zum Nihilismus führt, ist eben ein Wissen, das sich nicht zu negieren weiß. Denn dieses Wissen verschließt sich in sich selbst, wie Jacobi feststellt, und kommt nie mit dem Sein in Berührung. 2) Das „Sein" bzw. das „Absolute", das durch das Wissen, das sich nicht zu negieren weiß, gesetzt wird, ist kein wahres Absolutes. Denn ein solches angebliche Absolute ist etwas, was sich im Bereich des Wissens als bloßes Bild befindet. Es ist sozusagen ein dogmatisch gesetztes Absolutes, das oft den Charakter eines Abgottes hat.

Ferner könnte man vom Absoluten feststellen, dass es notwendig im Wissen erscheint. Denn außer dem sich selbst negierenden Wissen gibt es keinen Ort, an dem sich ein Absolutes darstellen könnte. Natürlich ist das Absolute an sich keine Erscheinung. Aber es erscheint, indem es im Wissen gleichsam sich selbst negiert. Wie das Wissen durch seine Selbstnegation nicht aufhört, ein Wissen zu sein, sondern vielmehr zum wahren Wissen wird, wird ebenso das Absolute durch seine Selbstnegation zum wahren Absoluten.

Das Absolute ist, wie gesagt, keine Erscheinung. Man kann also wohl sagen, dass es als solches nicht erscheint. Das bedeutet aber nicht, dass man es mit dem Begriff des „Nicht-erscheinenden" fassen könnte. Denn ein Nicht-erscheinendes ist kein Absolutes, sondern eine Erscheinung, der man den Begriff des Nicht-erscheinenden prädiziert. Dabei bleibt man noch im Bereich des Wissens, das sich nicht negiert, und erkennt das Absolute nicht. Das echte Absolute erscheint, indem es nicht erscheint. Es erscheint nämlich, indem die Erscheinung *als* Erscheinung (d. h. nicht als Absolutes) erscheint.

Wenn die Erscheinung nicht als Erscheinung, sondern als Sein erscheinen würde, würde das wahre Sein oder das Absolute damit verhüllt werden und aufhören zu sein. Dass das Absolute ist, heißt also eben, dass die Erscheinung als Erscheinung erscheint. Es hat keine andere Weise zu sein. Manche fragen, warum das Absolute, das auch in sich bleiben könnte, erscheinen muss. Diese Frage gründet sich auf die oben genannte Verwechselung des Absoluten mit dem Nicht-erscheinenden. Und diese Verwechselung stammt aus dem Mangel an der Einsicht, dass das Wissen wesentlich in der Selbstnegation besteht. Das Absolute ist keineswegs etwas, das nicht erscheint, sondern ist, indem die Erscheinung als Erscheinung erscheint.

Es ist eine grundlegende Einsicht der Wissenschaftslehre nach 1804, dass das Wissen die Erscheinung des Absoluten ist.[4] Diese Einsicht ist als eine Entwicklung der Ansicht zu verstehen, die Fichte ausgehend von einer Überprüfung der Wissenschaftslehre unter Berücksichtigung der Kritik Jacobis in der *Darstellung* erreicht hat, nämlich der Ansicht, dass die Selbstnegation das Wissen ausmacht.

---

4 Zum Verhältnis der Wissenschaftslehre von 1804 tu Jacobi vgl. H. Traub: »Über die Grenzen der Vernunft. Das Problem der Irrationalität bei Jacobi und Fichte.« In: *Fichte*-Studien 14 (1998), S. 87–106.

KAPITEL 10

Entweder Gott oder Nichts – Nihilismus und transzendentaler Idealismus

Francisco Prata Gaspar

Abstract

Either God or nothing – Nihilism and transcendental Idealism. By the time of the "Atheism-Controversy" (*Atheismusstreit*) Jacobi wrote a "Letter to Fichte" (*Brief an Fichte*) in which he described the doctrine of science as Nihilism and not as Atheism. According to Jacobi, the doctrine of science would incur in to an emptiness of meaning and in to an artificial belief. Nevertheless, Fichte's first and immediate position towards those critiques was not one of perplexity, because according to him the critiques Jacobi's on the doctrine of science were in fact to be understood as a confusion between life and philosophy. The aim here is to discuss the distinction Fichte's between the point of view of life and the one of the philosophy. This contribution isn't however based only on texts that approach this distinction, but also analyses it in an illustrative way by interpreting some speculative writings of Fichte himself, specially the published exposition of his doctrine of science: the *Grundlage der gesamten Wissenschaftslehre*. Those texts apparently reinforce Jacobi's position, but show in fact that Fichte is right. This way it may possible to reach a clear description of transcendental idealism, or at least as it was presented by Fichte in his Jena-period (1794–99).

Zusammenfassung

Anlässlich des Atheismusstreits schreibt Jacobi einen Brief *An Fichte*, in dem er die Wissenschaftslehre nicht als Atheismus, sondern als Nihilismus darstellt. Jacobi zufolge würde die Wissenschaftslehre an eine Sinnenleerung und an einen künstlichen Glauben verfallen. Die erste und unmittelbare Stellungnahme Fichtes gegenüber diesen Kritiken ist allerdings nicht durch Betroffenheit gekennzeichnet, weil diese Kritiken Jacobis an der Wissenschaftslehre, so Fichte, sich durch eine Verwirrung zwischen Leben und Philosophie erklären lassen. Hier geht es folglich darum, diese methodologische Unterscheidung zwischen dem Standpunkt des Lebens und dem der Philosophie zur Diskussion zu stellen. Dieser Beitrag lässt sich aber nicht nur durch eine Bezugnahme auf die Texte, die sich allein mit dieser Unterscheidung auseinandersetzen, begründen, sondern auch illustrativ, d.h. durch die Bewertung einiger spekulativen Texte Fichtes, im Besonderen seine veröffentlichte Darstellung der Wissenschaftslehre: die

Grundlage der gesamten Wissenschaftslehre. Solche Texte bestärken nur anscheinend Jacobis Position, deuten aber tatsächlich, dass Fichte eigentlich Recht hat. Dadurch lässt sich vielleicht eine hervortretende Beschreibung des transzendentalen Idealismus gewinnen, wenigstens wie er sich bei Fichte in der Jenaer Zeit (1794-99) darstellte.

Schlüsselwörter

Reflektion – Nihilismus – Standpunkt – Leben – Wissenschaftslehre – transzendentaler Idealismus

Als eine Erklärung seiner noch in Grundlage stehende Religionslehre und somit auch als öffentliche Verteidigung gegen seine Gegner schreibt Fichte anlässlich des Ausbruchs des Atheismusstreits die *Appellation an das Publikum gegen die Anklage des Atheismus* und sendet zugleich einigen Freunden und zeitgenössischen Gelehrten den Text, damit sie ihn berücksichtigen und die Sache Fichtes erweitern können. Unter diesen Gelehrten befindet sich Jacobi, dessen Name zudem prominent in jenem Text erscheint – Fichte schreibt sogar an Jacobi, dass er bei Abfassung dieser Schrift oft und lebhaft an ihn gedacht habe.[1] Jedoch rechnete Fichte wahrscheinlich nicht mit der Antwort Jacobis, die er postwendend bekam und die später veröffentlicht wurde. Zwar bezichtigt Jacobi ihn weder des Atheismus, noch bezieht er sich auf die vermeintlich schädlichen Folgen seiner Wissenschaftslehre, seine Vorwürfe scheinen jedoch, indem er eine Kritik an den Prinzipen selbst und der allgemeinen Beschaffenheit des philosophischen Wissens des transzendentalen Idealismus übt, viel weiter zu gehen als die der Ankläger selbst: Jacobi stellt die Wissenschaftslehre als einen *Nihilismus* dar.

Ohne Zweifel enthält dieser ganz polemische Brief *An Fichte* viele wichtige Elemente und relevante Fragen, die Fichte sein ganzes Leben beschäftigen mussten, obwohl er sie nie öffentlich beantwortete.[2] Ausgehend allein von der ersten und unmittelbaren Stellungnahme Fichtes zum Brief, die sich vor allem in den damaligen Briefen an Reinhold und an Jacobi, in der *Bestimmung des Menschen* und im *Sonnenklaren Bericht* befindet, möchten wir hier die methodische Frage, die Fichte zufolge dem ganzen Streit zugrunde liegt, zur Diskussion stellen, nämlich die methodologische Unterscheidung zwischen dem Standpunkt des Lebens und dem der Philosophie, die Fichte seit einigen Jahren

---
1 Vgl. GA III/3, 176.
2 Vgl. Traub, Hartmut: »Über die Grenzen der Vernunft. Das Problem der Irrationalität bei Jacobi und Fichte«. In: *Fichte Studien* 14 (1998), S. 87-106.

traf, deren Missverständnis aber im Atheismusstreit „in die Augen springend und bedeutend in seinen Folgen" (GA III/3, 325) wurde. Dieser Beitrag lässt sich aber nicht nur durch die Bezugnahme auf die Texte bestreiten, die allein diese methodische Unterscheidung behandeln, sondern auch illustrativ, also durch die Ausdeutung einiger spekulativer Texte Fichtes, die vermeintlich Jacobi, tatsächlich aber Fichte Recht geben, besonders die veröffentlichte Darstellung der Wissenschaftslehre, die *Grundlage der gesamten Wissenschaftslehre*, denn zu ihr hatte Jacobi Zugang. Dadurch lässt sich vielleicht eine hervortretende Beschreibung des transzendentalen Idealismus gewinnen, wenigstens wie er sich bei Fichte in der Jenaer Zeit darstellte. Wir haben demnach den Anspruch, zu zeigen, dass es in einem gewissen Sinn möglich ist, einen solchen transzendentalen Idealismus nihilistisch zu nennen, insofern sein Standpunkt recht verstanden wird, was nach der ersten Stellungnahme Fichtes Jacobi unterließ.

In diesem Sinn wiederholen wir kurz und schematisch die kritische Argumentation Jacobis in dem Brief, damit wir uns danach der Ausdeutung der Texte der ersten Produktion Fichtes widmen können.

1   Wissenschaftslehre als Nihilismus

Die Kritik Jacobis an der fichteschen Wissenschaftslehre geht aus dem Verständnis hervor, dass ein gewisses Entleeren und Vernichten des bekannten Wesens, des Objektes der Erkenntnis, in dem Prozess selbst der Erkenntnis *überhaupt* eingeprägt ist: das Objekt wird zu Etwas bloß subjektivem, zu einem bloßen Produkt des erkennenden Subjekts gemacht,[3] und das ist klarer in der reinen durchaus immanenten Philosophie der reinen Vernunft, die nach Jacobi die Wissenschaftslehre ist.[4] Eigentlich ist es, als ob die transzendentale Philosophie das reflexive Bewusstsein dieses bewusstlosen Verfahrens wäre, das in allem Erkennen liegt und nach welchem jeder erkennende Mensch bewusstlos strebt. Insofern kann dieses, alles Erkennen beherrschende Verfahren, das erkannte Ding zum bloßen Produkt des Ich zu machen, als ein Vernichten beschrieben werden. – Wie Jacobi sagt, „wenn daher ein Wesen ein von uns *vollständig* begriffener Gegenstand werden soll, so müssten wir es *objektiv* – als für sich bestehend – in Gedanken aufheben, vernichten, um es durchaus *subjektiv*, unser eigenes Geschöpf – *ein bloßes* Schema – werden zu lassen." (GA III/3, 234) Jacobi kennzeichnet dieses Verfahren genauer als ein *Reflektieren*, in dem das Subjekt auf das Wesen als Objekt der Erkenntnis reflektiert, und als

---

3 Vgl. GA III/3, 233–4.

4 Dieses Philosophieren wird als einen chemischen Prozess beschrieben, „wodurch alles außer ihr in Nichts verwandelt wird" (GA III/3, 233).

ein *Abstrahieren*, in dem das Wesen in immer allgemeinere Glieder zersetzt wird – und weil eine dieser Handlungen nicht ohne die andere möglich ist, ist dieses Verfahren eine *abstrahierende Reflektion*.[5] Infolgedessen wird alles, was in einem Wesen fremd und unbekannt ist, durch sein Verständnis im Wissen aufgelöst, so dass das Wesen ein Produkt des Subjekts wird: es hört auf, etwas geheimnisvolles zu sein, um etwas zu werden, worin das Subjekt sein eigenes Produzieren anerkennt; jedoch hat das zur Folge, dass sich jedes Wesen in bloßes Produkt der *produktiven Einbildungskraft* verwandelt: „Es darf nichts in ihm bleiben und einen wesentlichen Teil seines Begriffs ausmachen, was nicht unsere Handlung, *jetzt* eine bloße Darstellung unserer produktiven Einbildungskraft wäre." (Ebd.)

Inwiefern man nun aus Vernichtung und Zergliederung des Wesens schließt, dass es nichts außer dem Ich ist, zeigt sich zugleich, dass es möglich ist, durch einen selbstständigen Akt aus der Einbildungskraft heraus alle Wesen als für sich bestehende zu schaffen, und es ist durch Vernichtung, dass der menschliche Geist seinen schöpferischen Akt lernt. Damit der menschliche Geist sich aber anerkennt und Weltschöpfer und Selbstschöpfer als solcher wird, damit er einerseits das Wesen auflöst und andererseits sich durch die produktive Einbildungskraft als Schöpfer anerkennt, muss er sich selbst begreifen und folglich sein eigenes Wesen vernichten, denn er begreift nur, indem er das bekannte Wesen aufhebt.[6] Nun liegt in dieser Selbstvernichtung und mithin in der Vernichtung alles Wesens der Grund dafür, dass Jacobi die Wissenschaftslehre als einen Nihilismus kennzeichnet – denn, indem sie auf die Vernunft selbst reflektiert, stellt sie auf, dass jedes Verfahren des menschlichen Geistes von der Einbildungskraft ausgeht und demzufolge dass alle Realität nur Produkt der Einbildungskraft ist:

> Aber auch sein eigener Schöpfer kann er [der menschliche Geist] nur unter der angegebenen Bedingung sein: er muss sich dem *Wesen* nach vernichten, um allein im Begriff zu entstehen, sich zu haben: in dem Begriffe eines reinen absoluten Ausgehen und Eingehen, ursprünglich – *aus* Nichts, *zu* Nichts, *für* Nichts, *in* Nichts.
> Ebd.

---

5 Vgl. GA III/3, 235.
6 Jacobi legt sogar nahe, dass dieser Prozess der Erkenntnis zum Ich als Grund aller Wissenschaften und alles Wissens unvermeidlich einführt: „Eine Wissenschaft, die sich selbst, als Wissenschaft allein zum Gegenstand, und außer diesem keinen Inhalt hat, ist eine Wissenschaft an sich. Das Ich ist eine Wissenschaft an sich, und die Einzige: Sich Selbst weiß es, und es widerspricht seinem Begriffe, dass es außer sich selbst etwas wisse oder vernehme, usw. [...]" (GA III/3, 234).

Angesichts dieser Auffassung löst sich alle Welt in ein bloßes Produkt des reinen Ich auf: die Sonne, die Blumen, die Sterne sind nichts als die in einer Stickerei durch die Fäden der Einbildungskraft gemachten Zeichnungen. Wenn aber diese Stickerei zerstört wird, bleibt nichts übrig als der nackte Faden zwischen dem Ich und dem Nicht-Ich, und alles Trikot ist nichts weiter als der durch das Schweben der Einbildungskraft gestrickte Faden.

Auf die gleiche Weise ist das Ich selbst nichts als ein leeres und reines Nichts, und ein wissenschaftliches System der Moral allein auf diesem Ich zu begründen heißt, Jacobi zufolge, dem moralischen Leben einen Willen, der Nichts will, die „bloße Ichheit des Ich ohne Selbst" zugrunde zu legen und daher „einem Lebendig todten der Vernünftigkeit das Gewissen" (GA III/3, 242) zu unterwerfen. Jacobi legt sogar nahe, dass das Sittengesetz des transzendentalen Idealismus, als der notwendige Trieb der Übereinstimmung des Ich mit sich selbst, nicht von dem Selbsterhaltungstrieb Spinozas, dem *Conatus*, unterschieden werden kann, weil er unter dem Gesetz der Identität steht. Zwar ist das Gesetz der Identität das Höchste für die Vernunft, aber nur im *Begriff*, und daher ist es etwas beschränktes und mechanisches oder, mit den Worten Jacobis, etwas ödes, wüstes und leeres – sein Gesetz kann nie das Herz des Menschen werden – und nach Jacobi kann sich der Mensch lediglich durch das Herz über sich selbst erheben: „Ist das höchste, worauf ich mich besinnen, was ich anschauen kann, mein leer und reines, nackt und bloßes Ich, mit seiner Selbstständigkeit und Freiheit: so ist besonnene Selbstanschauung, so ist Vernünftigkeit mir ein Fluch – Ich verwünsche mein Dasein." (GA III/3, 243)

Führt das Wissen also zur Vernichtung des Wesens, führt es alle Wesen auf ein Produzieren des Ich zurück, vernichtet endlich das Ich sich selbst in einer reinen Leere, so gibt es keine "tiefer liegende Bedeutung" für die Welt, so gibt es nichts außer diesem Nichts. Daher ist die Wissenschaftslehre in Jacobis Augen dazu bestimmt, an eine Sinnentleerung und an einen künstlichen Glauben zu verfallen, dessen Folge also die Behauptung ist, dass der transzendentale Idealismus der Wissenschaftslehre als das Resultat dieses Prozesses der Vernunfterkenntnis ein Synonym für Nihilismus ist (GA III/3, 245).

Im Gegensatz dazu hält Jacobi an der Freiheit als einem Geist fest, der angesichts alles Wissens und alles Begriffes unbegreiflich ist und der folglich nur durch einen *Salto Mortale* über das Wissen hinaus stattfindet, ein Salto Mortale, den Jacobi auch mit den Worten *Wunder* und *unerforschliches Geheimnis* beschreibt. Das Gebiet dieser Freiheit ist demnach das Gebiet der Unwissenheit, und ihr Glaube darf sich nicht in einem Unwissen gründen, das später durch die Vernunft als Wahnsinn oder Täuschung gewusst werden wird, vielmehr soll diese Unwissenheit wesentlich der Wissenschaft unzugänglich sein. Und eben deswegen ist sie für Jacobi der Ort des Wahren, dessen Voraussetzung die Vernunft notwendig machen muss, denn sie selbst ist nur Vernunft, insofern sie ihr Unvermögen angesichts dieser Unwissenheit anerkennt. Nun nennt Jacobi dieses Wahre, das außer und jenseits der Vernunft liegt, „Gott". Und nur darum, weil Gott dem Menschen notwendig unbegreiflich und unergründlich bleibt, findet der Mensch ihn: „Notwendig! sagt Jacobi, weil sonst im Menschen ein *übergöttliches* Vermögen wohnen, Gott von dem Menschen müsste erfunden werden können. Dann wäre Gott nur ein Gedanke des Endlichen." (GA III/3, 251) Gott begreifen zu wollen heißt schon deshalb ihn zu leugnen: man muss ihn also als Unergründliche an sich notwendig finden. Infolgedessen, zwischen dem Wissen des Wissens und dieser Unwissenheit, ist der Schluss Jacobis eine Alternative: *entweder* das Wissen des Wissens und das Nichts, *oder* das Nicht-Wissen und Gott:

> eine solche Wahl aber hat der Mensch; diese Einzige: das *Nichts* oder ein *Gott*. Das Nichts erwählend macht er *sich* zu Gott; das heißt: er macht zu Gott ein *Gespenst*; denn es ist unmöglich, wenn kein Gott ist, dass nicht der Mensch und alles was ihn umgibt bloß *Gespenst* sei.
> Ebd.

2   Leben und Wissenschaftslehre

Angesichts dieser Vorwürfe, die tatsächlich beanspruchen, die spekulative Auffassung der Wissenschaftslehre in Frage zu stellen, ist die erste Stellungnahme Fichtes nicht durch Betroffenheit gekennzeichnet. An Reinhold schreibt er einige Tage nach dem Erhalt vom Brief Jacobis:

> Ich unterschreibe Jacobis Äußerungen in ihrer ganzen Ausdehnung; habe alles, was er da sagt, längst gewusst und gedacht; und so innig es mich freut, dass Jacobi dieses treffliche Schreiben *für* mich schrieb, eben so unbegreiflich ist es mir, wie er glauben konnte, es *gegen* mich zu schreiben.
> GA III/3, 325–6

Zugleich aber lässt Fichte den Grund dieser Verwirrung Jacobis zur Sprache kommen: dass Jacobi gegen Fichte sei, könne er nur glauben, weil er die methodologische Unterscheidung zwischen dem Standpunkt der Philosophie und dem des Lebens nicht in Anspruch nehme und daher die Philosophie von dem Standpunkt des Lebens aus beurteile. Es ist gerade diese Verwirrung, behauptet Fichte, der Hauptgrund des Missverständnisses des Atheismusstreits und in Wahrheit des ganzen Missverständnisses in Bezug auf die Wissenschaftslehre, denn es handelt sich gerade um die Verwirrung, die allem dogmatischen Anspruch der Philosophie zugrunde liegt und die deshalb das

Verständnis der Wissenschaftslehre als eines originellen philosophischen Diskurses verhindert. Es gibt, so Fichte, ein „von aller bisherigen Philosophie aus fest eingewurzeltes Vorurteil, nach welchem man Philosophie für Lebensweisheit hält."[7] (GA III/3, 325)

Einerseits gibt es also einen natürlichen Standpunkt, in dem die Objekte unmittelbar gedacht werden und das Denken und die Welt schlechthin gegeben sind. Auf diesem Standpunkt stehend hat das gewöhnliche natürliche Bewusstsein den Anspruch, in die Welt einzugreifen und sie zu erkennen. Das ist der faktische Standpunkt des Lebens. Andererseits gibt es einen künstlichen Standpunkt, der keinen Anspruch hat, in die Welt einzugreifen; vielmehr reflektiert das Denken absichtlich nur auf die Handlungsweise des natürlichen Bewusstseins, so dass das Denken, das auf diesem genetischen Standpunkt der Philosophie erscheint, kein reelles Denken, „sondern eine Darstellung, und Beschreibung des reellen Denken" (GA II/5, 117) ist. Deswegen ist auch kein Satz „einer Philosophie, die sich selbst kennt, ein Satz für das wirkliche Leben" (GA II/5, 120), „was auf das Leben Einfluss haben soll, muss selbst aus dem Leben hervorgegangen sein" (GA II/5, 118) und im Falle des Glaubens an Gott und der Religion kann Fichte behaupten:

> Wir wollen unser Räsonnenment keineswegs für eine Überführung des Ungläubigen, sondern für eine Ableitung der Überzeugung des Gläubigen gehalten wissen. Wir haben nichts zu tun, als die Kausalfrage zu beantworten: wie kommt der Mensch zu jenem Glauben?
>
> GA I/5, 348

Um das Leben jedoch zu reflektieren, muss man aus dem Leben herausgehen, denn, insofern man im Leben befangen ist, kann man es nicht erkennen. Dieses Herausgehen aus dem Leben geschieht nach Fichte durch die vollendete Abstraktion, deren Folge jedoch das Verschwinden aller Realität an sich ist. In diesem Sinn hat Jacobi Recht, wenn er sagt, die Reflektion führe zu einer

---

7   Gerade diese Verwirrung Jacobis hatte Fichte schon anlässlich seiner Lektüre über das Problem des Dinges an sich in der *Kritik der reinen Vernunft* Kants angezeigt: „Etwas als Ding an sich, d. i., unabhängig von *mir, dem empirischen*, vorhandenes, *muss ich* mir auf dem Gesichtspunkte des Lebens, wo ich nur das Empirische bin, denken; und weiß eben darum nichts von meiner Tätigkeit in diesem Denken, *weil sie nicht frei ist*. Nur auf dem philosophischen Gesichtspunkte kann ich auf diese Tätigkeit in meinem Denken *schließen*. Daher mochte es kommen, dass der hellste Denker seines Zeitalters [Jacobi], auf dessen Schrift ich mich oben berufe, den so richtig gefassten transzendentalen Idealismus nicht annahm, [...], weil er sich diesen Unterschied der zwei Gesichtspunkte nicht klar dachte und vermutete, die idealistische Denkart werde *im Leben* angemutet." (ZwE GA I/4, 236).

Vernichtung des reflektierten Objekts und all sein an-sich-Bestehen zu einem subjektiven Produkt des Handelns der Vernunft, und Fichte selbst erkennt dieses Vernichten der Reflektion an.[8] Da dieses Verfahren der Entleerung des Wesens in das Wissen doch nur in der Philosophie, aber nie auf dem Standpunkte des Lebens, stattfindet, rivalisiert sie nicht mit ihm – sie hat mithin keinen Anspruch, eine höhere Lebensweisheit zu sein. Vielmehr geschieht das Gegenteil: eben darum, weil diese Reflektion des Philosophen das Bestehen eines Wesens über das Handeln der Vernunft hinaus vernichtet, ist sie fähig, den Grund des Lebensstandpunkts, seine Rechtmäßigkeit und die Grenze seiner Überzeugung aufzuzeigen, und auf diese Weise garantiert sie die vollen Rechte des Lebensrealismus. So wird sich jetzt gerade diese Unterscheidung, die der ersten Stellungnahme Fichtes gegen die Vorwürfe Jacobis zugrunde liegt, illustrativ, nämlich durch die Ausdeutung der spekulativen Texte Fichtes, zeigen, so dass sich zugleich klar hervortritt, dass alles, was Jacobi gegen die Wissenschaftslehre sagt, auch zu ihren Gunsten verstanden werden kann.

3 Wissenschaftslehre und Leben

Zwar ist das absolute Ich eine intellektuelle Anschauung im Akt, dieses intuitive Element bezieht sich aber allein auf das, was das Ich in sich selbst ist. Damit es als ein in der wissenschaftlichen Form gestalteter Begriff in der philosophischen Darstellung vorkommt und *gedacht* wird, ist für das Aufstellen des ersten Grundsatzes alles Wissens eine abstrahierende Reflektion des Philosophen notwendig. Und dies geschieht als eine prophylaktische Maßnahme, eine Kritik an allem, was den ersten Grundsatz mit irgendeiner empirischen Bestimmung anstecken oder ihn mit dem empirischen Bewusstsein selbst verwechseln könnte, denn er könnte sich, als erster Grundsatz, mit gar keiner Tatsache, mit keinem Gegenstand des empirischen Bewusstseins verbinden, sondern müsste ihnen zugrunde liegen. Daher geht die philosophische Darstellung in der *Grundlage der gesamten Wissenschaftslehre* von einer Tatsache des empirischen Bewusstseins aus und trennt von dieser *nacheinander die empirischen Bestimmungen*, bis rein das zurückbleibt, woran man schlechthin nicht denken lassen und von dem nichts getrennt werden kann.[9] Das geschieht gerade durch eine abstrahierende Reflektion: „Es wird durch sie

---

8 Fichte selbst nimmt später an: „Alle Reflektion zerstört die Realität", und gesteht sogar: „Das Reflektieren der Wissenschaftslehre ist der Grund ihres (vermeinten) Nihilismus." (GA II/13, 50) Vgl. auch GA II/12, 152.
9 Vgl. GA I/2, 256.

erkannt, dass man jene Tathandlung, als Grundlage alles Bewusstseins, notwendig *denken* müsse." (GA I/2, 255) Eben darum, weil man von einer Tatsache des Bewusstseins ausgehend eine empirische Bestimmung nach der anderen wegnimmt, gelangt man zu einem ersten Grundsatz alles Wissens; oder, mit den Worten Jacobis, die Reflektion des Philosophen entleert diese frühe Tatsache des empirischen Bewusstseins, vernichtet all ihre empirischen Bestimmungen, bis nur das zurückbleibt, was ihr zugrunde liegt und das, was durch keine empirische Bestimmung bestimmt wird, sondern rein und die absolute Voraussetzung alles Wissens ist: ein Handeln des Ich, das, als reines Handeln, das Handeln des Ich *par excellence* ist, weshalb es Tathandlung genannt wird. Durch die abstrahierende Reflektion des Philosophen so denkbar geworden, stellt sich der erste Grundsatz als eine reine Tätigkeit des Ich dar, die, insofern sie in sich selbst zurückgeht und sich auf kein Objekt richtet, eine unendliche Tätigkeit der Selbstgründung ist, welche, selbst unbestimmbar, aller Bestimmung zugrunde liegt – sie ist eine absolute Position: ich bin schlechthin, was ich bin, und ich bin schlechthin, weil ich bin. Daher sagt Fichte in der *Grundlage*: „Das absolute Ich des ersten Grundsatzes ist nicht *etwas* (es hat kein Prädikat, und kann keins haben); es ist schlechthin, *was* es ist." (GA I/2, 271) Was Jacobi also nicht versteht, ist Folgendes: eben darum, weil *nichts* von diesem reinen Ich bestimmt wird, weil es aus *nichts* empirischem besteht, sondern sich als eine reine auf kein Objekt gehende Tätigkeit bildet, wird es möglich, der Welt einen absoluten *Wert* zu postulieren. Das kommt deutlicher zum Ausdruck, wenn die Natur des thetischen Urteils bezüglich der durch den Satz des Grundes beschränkten Urteile analysiert wird.

Denn die durch den Satz des Grundes beschränkten Urteile sind diejenigen, in denen das Ich durch einen Beziehungs- oder Unterscheidungsgrund zwei Dinge synthetisch gleich- oder analytisch entgegensetzt. Solche Urteile sind diejenige, welche die ganze Erkenntnis konstituieren, denn jede Erkenntnis eines Objekts kommt durch die Bestimmung dieses Objekts zustande, so dass es immer einen Grund gibt, der dieses Objekt erklärt und bestimmt. Nun kann der erste Grundsatz weder bewiesen noch begründet werden, weil er sich selbst begründet, und wenn er in einem Urteil ausgedrückt wird, ist dieses Urteil nicht durch den Satz des Grundes beschränkt, sondern muss ein ganz anderes Urteil sein:

> Ein Urteil über dasjenige, dem nichts gleich, und nichts entgegengesetzt werden kann, steht gar nicht unter dem Satze des Grundes, denn es steht nicht unter der Bedingung seiner Gültigkeit; es wird nicht begründet, sondern es begründet selbst alle möglichen Urteile; es hat keinen Grund, sondern es gibt selbst den Grund alles Begründeten an.
>
> GA I/2, 273

Dieses Urteil wird deswegen ein thetisches Urteil genannt, denn es vereinigt oder unterscheidet zwei Dinge nicht, es behauptet oder leugnet nicht etwas von etwas, es wendet das Wort *Sein* nicht im relativen Sinn eines Prädikates an, es ist vielmehr die Position schlechthin einer These. Ein thetisches Urteil, sagt Fichte, „würde ein solche sein, in welchem etwas keinem anderen gleich- und keinem anderen entgegengesetzt, sondern bloß sich selbst gleich gesetzt würde: es könnte mithin gar keinen Beziehungs- oder Unterscheidungsgrund voraussetzen" (GA I/2, 277), und deswegen ist es kein Erkenntnisurteil, sondern ein Urteil, das sich selbst behauptet. So wie es Grund seiner selbst und alles Begründeten ist, ist auch klar, dass das Objekt aller thetischen Urteile nur das absolute Ich des ersten Grundsatzes sein kann, und dass solche Urteile, inwiefern sie nicht unter dem Satz des Grundes stehen, nicht bewiesen werden können und eigentlich keine Begründung fordern, sondern „alle Urteile, deren Subjekt dasselbe [das Ich] ist, gelten schlechthin und *ohne allen Grund*." (GA I/2, 273, meine Hervorhebung) Man ist hier versucht zu sagen, dass eben jenes leere und reine Ich, jenes Nichts und jene grausige Leere, die Jacobi zur Verwünschung des Daseins führt, gerade dasjenige ist, was Jacobi selbst die Behauptung einer absoluten These jenseits aller Begründung, jenseits alles Wissens und jenseits aller Gründe ermöglicht – seinen Salto Mortale. Wie Fichte sagt: „Das ursprüngliche höchste Urteil dieser Art [thetischen Urteils] ist das: Ich bin, in welchem vom Ich gar *nichts* ausgesagt wird, sondern die Stelle des Prädikats für die mögliche Bestimmung des Ich ins Unendliche *leer* gelassen wird." (GA I/2, 278, meine Hervorhebung)

Vom Ich wird nichts ausgesagt und das thetische Urteil ist kein Erkenntnisurteil, das ein Wissen durch Gründe und Prädikate ausdrückt; vielmehr, eben dadurch, dass nichts vom Ich ausgesagt wird, zeigt sich das Vermögen im Ich, sich selbst absolut zu behaupten; und die Leere der Stelle des Prädikats heißt nicht Mangel an Bedeutung, sondern Mangel an einer auf einen relativen Grund, sei es auf einen Beziehungs- oder auf einen Unterscheidungsgrund, zu beziehenden Bedeutung; und gerade darum, weil es kein Wissen ist, ermöglicht es dem Ich selbst, diesen Sinn durch „die Bestimmung des Ich ins Unendliche" zu produzieren; kurz gesagt: die leere Stelle des Prädikates zeigt, dass nicht von etwas, das *ist*, die Rede ist, vielmehr weist die Leere über das Urteil hinaus, weist auf ein *Handeln* hin, das das Urteil erfüllte, weist also auf eine *Aufgabe* hin: „Das Dritte, das es der logischen Form nach doch voraussetzen muss, wäre bloß eine *Aufgabe* für einen Grund." (Ebd.) Denn, wenn dem absoluten Ich etwas prädiziert würde, wenn es durch etwas anderes bestimmt würde, so stellte es sich als ein Wissen dar, und so wäre es im Verhältnis zu diesem anderen etwas – also wäre es ein Mittel, ein Werkzeug zu seiner Verwirklichung, und es ist unmöglich, dass eine Erkenntnis, die immer etwas endliches und bestimmtes ist, einen Grund für all das Begründete aus sich selbst liefert.

Dadurch, dass nichts vom Ich ausgesagt wird, ist es das Merkmal, dass es sich selbst jenseits aller empirischen Bestimmung und jenseits alles Wissens, als Grund von sich selbst und insofern als Zweck an sich selbst behaupten kann.[10]

Nun ist dieser thetische Charakter des Ich die Quelle der *übersinnlichen Welt*,[11] er drückt sich durch die Ideen und die Zwecke der Vernunft aus und liegt dem *Gewissen* zugrunde, das aber erst in weiterer Entwicklung der philosophischen Deduktion vorkommt. Nur weil das Ich absolutes Ich ist, von dem nichts ausgesagt wird, sondern reine in sich selbst zurückgehende Tätigkeit ist, kann es, anlässlich einer Beschränktheit,[12] *schlechthin und ohne alle Grund* eine absolute und kategorische Forderung behaupten; eine Behauptung, die deshalb als ein *absolutes Postulieren* der Vernunft ausgedrückt werden muss, weil ihr thetischer Charakter sich selbst das *Recht* zuschreibt, diese Forderung schlechthin zu postulieren.[13] Nicht ohne Grund kann dieses absolute Postulieren als ein Imperativ formuliert werden: als der kategorische Imperativ, wie er von Kant dargestellt wurde – oder in den Worten Fichtes: der *Machtspruch der Vernunft*. Und bewies Kant durch das moralische Gesetz, *dass* die Vernunft praktisch ist, so ist, was Fichte hier dartut, indem er von dem absoluten Ich

---

10   Vgl. GA I/6, 284: „Der ganze Endzweck der Vernunft ist reine Tätigkeit derselben, schlechthin durch sich selbst und ohne eines Werkzeugs außer sich zu bedürfen – Unabhängigkeit von allem, was nicht selbst Vernunft ist, absolute Unbedingtheit."

11   Vgl. GA I/4, 221: „Geht sie [die Philosophie] von der Tatsache aus, so stellt sie sich in die Welt des Seins und der Endlichkeit, und es wird ihr schwer werden, aus dieser einen Weg zum Unendlichen und Übersinnlichen zu finden; geht sie von der Tathandlung aus, so steht sie gerade auf dem Punkt, der beide Welten verknüpft, und von welchem aus sie mit Einem Blicke übersehen werden können." Vgl. auch GA I/5, 351.

12   Wir benutzen hier das Wort „Beschränktheit", um die Schranken der Vernunft zu bezeichnen, obwohl diese Schranken entweder als *Anstoß* (in der *Grundlage*) oder als *Beschränktheit* (in der *Nova Methodo*) erscheinen. Dazu vgl. Rosales, Jacinto: »Die Begrenzung. Vom Anstoß zur Aufforderung«. In: *Fichte-Studien* 16 (1999), S. 167–190.

13   Vgl. GA I/6, 285: „Die letztere [sinnliche] Ordnung ist nur eine Erscheinung für mich selbst, und für diejenigen, die mit mir in dem gleichen Leben sich befinden; die erstere [übersinnliche] allein gibt dem letzteren Bedeutung, Zweckmäßigkeit und Wert [...] Die übersinnliche Welt ist keine zukünftige Welt, sie ist gegenwärtig." Hier müssen wir auf einen Text hinweisen, der im Hintergrund diese Lektüre beeinflusst: Lebrun, Gerard: *Kant et la fin de la métaphysique*. Paris 1970, vor allem den Kapitel „Le droit du seigneur"(S. 489): „Le concept kantien de , délivré de l'interprétation spiritualiste qui l'a faussé et rendu à sa signification *négative* (disons même: nihiliste), ne signifiant plus que la mise à l'écart de la question: que annonce-t-il d'autre que cette décision d'instaurer une par rapport à tout présupposé utilitariste ou instrumentaliste? La n'est pas au bout du chemin; elle est le vide dans lequel, à la question , nulle réponse ne viendra plus de la biologie ou de l'histoire, bref de la au sens large."

sein Recht, absolut diesen kategorischen Imperativ zu postulieren, ableitet, tatsächlich dies: zu zeigen, *wie* die Vernunft praktisch ist. Nämlich: sie ist praktisch eben darum, weil auf ihrem Grund ein reines Ich steht, das sich selbst schlechthin setzt und insofern einen Grund für all das Begründete aus sich selbst postulieren kann. Wie Fichte sagt:

> Wird es irgendwo klar, dass Kant seinem kritischen Verfahren, nur stillschweigend, gerade die Prämissen zu Grund legte, welche die Wissenschaftslehre aufstellt, so ist es hier. Wie hätte er jemals auf einen kategorischen Imperativ, als absolutes Postulat der Übereinstimmung mit dem reinen Ich, kommen können, ohne aus der Voraussetzung eines absoluten Seins des Ich, durch welches alles gesetzt wäre, und, inwiefern er nicht *ist*, wenigstens sein *sollte* [...]. – Nur *weil*, und *inwiefern* das Ich selbst absolut ist, hat es das Recht, absolut zu postulieren.[14]
>
> GA I/2, 396

Gerade weil das Bewusstsein auf dieser sich aus dem absoluten Ich ergebenden übersinnlichen Welt festen Boden für das Leben fasst, kennt es eine Wahrheit, die sich nicht auf relativem Grund begründet, und die sich als erste Wahrheit darstellt. Wie es im *Über den Grund unseres Glaubens an eine göttliche Weltregierung* zu lesen ist: „Dass ich soll, und was ich soll, ist das erste, unmittelbarste. Dies bedarf keiner weitern Erklärung, Rechtfertigung, Autorisation [...]. Es wird durch keine Wahrheit begründet und bestimmt; sondern alle andere Wahrheit wird vielmehr durch sie bestimmt."[15] (GA I/5, 352) Insofern diese Forderung aber dem natürlichen Bewusstsein erscheint, kann sie

---

14 Hier könnte man vielleicht sagen, dass Fichte bei diesem Verfahren, das zeigt, wie die Vernunft praktisch ist, das Gewissen ableiten kann, obwohl das Gewissen und auch das Sittengesetz selbst im philosophischen Gang erst viel weiter erscheinen. Vgl. Ebd., S. 449–450 und GA IV/3, 439. In diesem Sinn könnte man die Feststellung Hammachers überprüfen: „Für die Theorie hatte er zwar schon in der *Grundlage der gesamten Wissenschaftslehre* dargetan, wie die Freiheit selbst unser Erkenntnisbewusstsein konstituiert. Für die eigentlich sittliche Bedeutung der Freiheit ergab sich aus dieser Ableitung jedoch keine Verbindlichkeit", Hammacher, Klaus: »Jacobis Brief ›An Fichte‹«. In: Jaeschke, W. (Hg.): *Transzendentalphilosophie und Spekulation. Der Streit um die Gestalt einer ersten Philosophie (1799–1807)*, 2.2. Hamburg 1993, S. 72–84.

15 In der *Bestimmung des Menschen* sagt Fichte: „Durch diese Gebote des Gewissens allein kommt Wahrheit und Realität in meine Vorstellungen. [...] Es ist schlechthin wahr, ohne weitere Prüfung und Begründung, es ist das erste Wahre, und der Grund aller anderen Wahrheit und Gewissheit, dass ich jener Stimme (des Gewissens) gehorchen soll." (GA I/6, 261).

nie als ein Objekt der Erkenntnis sondern nur als ein *Glauben* erscheinen, da jene sich auf dem (sittlichen) Gefühl begründet, und aus jedem Gefühl kommt nur ein Glaube hervor. Erst wenn dieses Gefühl vorgestellt wird, das heißt, in einen *Begriff* übertragen wird, erscheint es daraufhin und wegen der Endlichkeit unseres Verstandes als ein Sein, welch das natürliche Bewusstsein „Gott" nennt. Jedoch kann dieser Glaube nicht als eine Resignation einer Vernunft verstanden werden, die zum Erkennen zu schwach ist und sich deshalb bloß mit dem Glauben abfindet. Vielmehr ist er *ursprünglich* ein *Glaube*[16] und nur weil er ein Glaube ist, verwirklicht er sich als absolutes Postulieren eines Wertes. Im Gegenteil: wenn er in Erkenntnis verwandelt wird, verliert er alle seine Absolutheit und wird etwas bestimmtes und relatives für dasjenige, das ihn bestimmt: „Ihr könnt, sagt Fichte weiter, jene Erklärung gar nicht versuchen, ohne in euch selbst dem Range jener Annahme Abbruch zu tun, und sie wankend zu machen. Ihr Rang ist der, dass sie absolut durch sich gewiß ist, und keine Klügelei duldet." (GA I/5, 355) Eigentlich wurde diese übersinnliche Welt allein kraft einer Täuschung durch die dogmatische Metaphysik in ein Objekt der Erkenntnis umgewandelt.

Indem die Wissenschaftslehre also auf einem anderen Standpunkt steht, rivalisiert sie weder mit dem Leben, noch hat sie den Anspruch, eine Lebensweisheit zu sein. Insofern sie aber zugleich auf die Handlungsweise der Vernunft, die dem Wissen *überhaupt* zugrunde liegt, reflektiert, kann sie eben deswegen den Standpunkt des Lebens verstehen und die Grenze seiner Rechte ziehen,[17] und dadurch garantiert sie diese Rechte in Bezug auf das, was die dogmatische Philosophie als Objekte der *metaphysica specialis* betrachtete: sie reinigt das natürliche Bewusstsein „von aller fremden Zutat" (der dogmatischen Metaphysik) und überlässt es dem Leben, sich selbst zu bilden. Mit anderen Worten: wenn es möglich ist, zu sagen, dass die Philosophie nihilistisch[18]

---

16   Vgl. Zöller, Günter. »›Das Element aller Gewissheit‹ – Jacobi, Kant und Fichte über den Glauben.« In: *Fichte Studien* 14 (1998), S. 21–42. Man kann auch sagen, dass jeder Glaube sich auf dem praktischen Charakter der Vernunft begründet, sowohl der Glaube an das Übersinnliche, als auch an eine sinnliche Welt: „Was hält sie [die Menschen] doch in jener ersten natürlichen Ansicht befangen? Vernunftgründe sind es nicht, denn es gibt keine dieser Art; das *Interesse* für eine Realität ist's, die sie hervorbringen wollen [...]. Von diesem Interesse kann keiner scheiden, der da lebt; und eben so wenig von dem Glauben, den dasselbe mit sich führt. Wir werden alle im Glauben geboren." (GA I/6, 258–9).

17   Vgl. GA I/7, 188 und 249–50.

18   Fichte selbst sagt: „ich glaube keinen Enthusiasmus zu haben, [...] und halte diese *Apathie* für schlechthin notwendig, um den transzendentalen Idealismus zu verstehen, und durch ihn nicht entweder zur Heillosigkeit verleitet, oder durch ihn geärgert zu werden." (GA III/3, 326, meine Hervorhebung).

ist, so gibt sie anderseits dem Leben volles Recht auf ein absolutes Postulieren und somit auf einen Glauben an ein Unbegreifliches. Und dieser ist der *kritische* Charakter der Wissenschaftslehre als transzendentaler Idealismus. In diesem Sinn stellt Fichte in einem Brief an Jacobi von 1795 die beiden Standpunkte, den der Philosophie und den des Lebens, dar, und scheint im Voraus die Vorwürfe seines Briefpartners zu beantworten: er verwirft die Alternative Jacobis zwischen Gott und dem Nichts, denn er behält beide Pole, jeden aber auf seinem richtigen Standpunkt:

> Sowie wir uns als Individuum betrachten – und so betrachten wir uns immer im *Leben*, nur nicht im den *Philosophieren* und *Dichten* – stehen wir auf diesem Reflexionspunkte, den ich den *praktischen* nenne (den vom absoluten Ich... den *spekulativen*). Von ihm aus ist eine Welt für uns, unabhängig von uns da, die wir nur modifizieren können; von ihm aus wird das Ich, das uns auch auf ihm gar nicht verschwindet, außer uns gesetzt und heißt Gott. Wie kämen wir auch sonst zu den Eigenschaften, die wir Gott zuschreiben und uns absprechen, wenn wir sie nicht doch in uns selbst fänden, und wir in einer gewissen Rücksicht (als Individuen) sie uns absprächen?
>
> In dem Gebiet dieses praktischen Reflexionspunktes herrscht der Realismus; durch die Deduktion und Anerkennung dieses Punktes von *der Spekulation selbst*, erfolgt die gänzlich Aussöhnung der Philosophie mit dem gesunden Menschenverstande, welche die Wissenschaftslehre versprochen.
>
> GA III/2, 392

KAPITEL 11

Leben und Philosophie: Die *Anweisung zum seeligen Leben* als Antwort auf Jacobis Nihilismus-Vorwurf

Marco Ivaldo

Abstract

The aim of my contribution is to show that Fichte in the *Anweisung zum seeligen Leben* (1806) confronts the charge of nihilism raised against the *Wissenschaftslehre* by Jacobi in his "Open Letter" to Fichte of 1799. Although the term "nihilism" does not appear in the text of the *Anweisung*, it is nevertheless evident that the problem of nihilism, which Jacobi placed at the center of philosophical discussions, has influenced the development of the fundamental thought of this work. The transcendental ontology of the *Anweisung* expresses in popular form the principles of the *Wissenschaftslehre* during the period 1804–1807. In this popular work Fichte endeavors to show that the principles of the *Wissenschaftslehre* do not result in the "annihilation" of reality, as Jacobi seems to have thought, but contain instead the core of a profound theory of life. Philosophy is conceived of in the *Anweisung* as a self-critical and reflective way of looking at life, and thus it should not be confused either with a "totalitarian" way of thinking ("logicism") nor with a purely deconstructive way of thinking ("empiricism"); instead, philosophy is characterized here as a "reasonable understanding of reality".

Zusammenfassung

Mein Beitrag will zeigen, dass Fichte sich in der *Anweisung zum seeligen Leben* vom Jahre 1806 mit dem Vorwurf des Nihilismus gegen die Wissenschaftslehre auseinandergesetzt hat, den Jacobi im Sendschreiben *An Fichte* im Jahre 1799 geäußert hatte. Selbst wenn im Text der *Anweisung* das Wort Nihilismus als solches faktisch nicht vorkommt, lässt sich dennoch behaupten, dass das Problem des Nihilismus, durch Jacobi in den Mittelpunkt der philosophischen Diskussionen gerückt, auf die Ausarbeitung des Grundgedankens dieses Werkes eingewirkt hat. Die transzendentale Ontologie der *Anweisung* bringt in populärer Form *die* Grundgedanken der Wissenschaftslehren des Zeitraums 1804–1807 zum Ausdruck. Fichte unternimmt darin den Versuch nachzuweisen, dass die Wissenschaftslehre in ihren Prinzipien und ihrer Entfaltung keine Vernichtung der Wirklichkeit vollzieht, wie Jacobi zu meinen scheint, sondern dass sie den zentralen Kern einer grundlegenden Lebenslehre beinhaltet. Philosophie wird in der *Anweisung* als selbstkritische und reflexive Darstellung des Einen Lebens konzipiert, welche weder mit einem „totalitären" Denken („Logizismus") noch mit einem bloß dekonstruierenden Denken („Empirismus") zu verwechseln ist, sondern sich als „vernünftige Durchdringung der Wirklichkeit" auszeichnet.

Schlüsselwörter

Leben – Wissen – Nicht-Wissen – Nihilismus – System – Liebe

Zum Thema „Fichte und seine Zeit" gehört gewiss die Auseinandersetzung mit dem durch Jacobi gegen die Wissenschaftslehre erhobenen Vorwurf des Nihilismus, der die Rezeption der Fichteschen Transzendentalphilosophie zu ihrer Zeit – und man dürfte hinzufügen: bis in unsere Zeit hinein – bedingt hat.[1] Mein Beitrag soll im folgenden zeigen, dass die *Anweisung zum seeligen Leben* vom Jahre 1806 sich mit diesem im Sendschreiben *An Fichte* von Jahre 1799 erstmals geäußerten Nihilismus-Vorwurf befasst hat. Selbst wenn nach meinem Wissen im Text der *Anweisung* weder das Wort Nihilismus als solches noch eine eindeutige Bezugnahme auf die einschlägigen Stellen im Jacobischen Brief faktisch vorkommen, lässt sich dennoch behaupten, dass das Problem des Nihilismus, durch Jacobi in den Mittelpunkt der philosophischen Diskussionen gerückt, auf die Ausarbeitung des Grundgedankens dieses Werkes eingewirkt hat.[2] Ziemlich häufig begegnet man in der Sekundärliteratur der interpretatorischen These, dass Fichte sich vorwiegend im zweiten und dann im dritten Buch der *Bestimmung des Menschen* (1800) mit dem Einwand des Nihilismus auseinandergesetzt habe.[3] Nun ist meine These im vorliegenden Beitrag, dass nicht nur in diesem Werk, sondern ganz besonders mit der transzendentalen Ontologie der *Anweisung* Fichte eine gewichtige Antwort auf den Nihilismus-Vorwurf konzipiert habe. Denn diese Ontologie bringt in populärer Form *die* Grundgedanken der Wissenschaftslehren dieses Zeitraums (von 1804 bis 1807)[4] zum Ausdruck; und Fichte unternimmt darin den

---

1 Für die wertvollen Sprachverbesserungen bin ich Erich Fuchs sehr dankbar.
2 Zum Thema des Nihilismus bei Jacobi verweise ich auf meinen Aufsatz: » Una prima interpretazione del nichilismo: Friedrich Heinrich Jacobi. « In: *Il cannocchiale. Rivista di studi filosofici* 2/3 (2011), S. 9–31.
3 Einige Hauptmomente dieser Konfrontation habe ich herausgestellt im Aufsatz: »Wissen und Leben. Vergewisserungen Fichtes im Anschluß an Jacobi.« In: Jaeschke, W.- Sandkaulen, B. (Hg.): *Friedrich Heinrich Jacobi. Ein Wendepunkt der geistigen Bildung der Zeit*. Hamburg 2004, S. 53–71 (mit bibliographischen Hinweisen).
4 Vgl. dazu Rametta, Gaetano: *Fichte*. Rom 2012, S. 211 ff.

Versuch nachzuweisen, dass die Wissenschafts-Lehre *in ihren Prinzipien und ihrer Entfaltung* keine nihilistische Entleerung bzw. Vernichtung der Wirklichkeit vollzieht, wie Jacobi zu meinen scheint, sondern dass sie den zentralen Kern einer grundlegenden Lebens-Lehre beinhaltet und bewahrt. Dem Leitgedanken der *Anweisung* zufolge erweist sich die Philosophie im Fichteschen Sinne – also die Wissenschaftslehre – als Auslegung bzw. Aufklärung des Lebens selbst in seiner *actualitas* („Aktualität"). Anders gesagt: Philosophie wird in der *Anweisung* als selbstkritische und reflexive Darstellung des Einen Lebens konzipiert, welche – will man diese Idee von Philosophie mit späteren Ausdrucksformen charakterisieren – weder mit einem „totalitären" bzw. totalisierenden Denken („Logizismus") noch mit einem „schwachen", bloß dekonstruierenden Denken („Empirismus") zu verwechseln ist, sondern sich als vernünftige Durchdringung der Wirklichkeit auszeichnet.

1 Der Vorwurf des Nihilismus gegen die Wissenschaftslehre

Um den Grund des Nihilismus-Vorwurfs zu veranschaulichen, empfiehlt es sich, auf das Spannungsverhältnis von Philosophie und Leben bei Jacobi und Fichte Rücksicht zu nehmen. Im Gespräch mit Lessing zu Wolfenbüttel, das Fichte aus den Spinoza-Briefen gekannt haben wird, findet man das berühmte Wort Jacobis, das seine ganze Denkrichtung weitgehend charakterisiert: »Das größeste Verdienst des Forschers [ist], Daseyn zu enthüllen und zu offenbaren.«[5] Das, was Jacobi in diesem Zusammenhang »Erklärung« nennt – unter solchem Ausdruck darf man die Verfahrensweise der Philosophie selber verstehen –, kann nur Mittel zum Zweck sein, nämlich Mittel zum Erscheinen bzw. Offenbarwerden dessen, was an dieser Stelle *Dasein* benannt wird. Als solche darf Erklärung niemals letzter Zweck sein; sie steht vielmehr im Dienste eines „Anderen", und zwar des Erscheinens bzw. Offenbarwerdens des Lebens in dessen irreduzibel konkreter Faktizität. Dadurch wird eine Bestimmung der Philosophie zum Ausdruck gebracht, deren Verwirklichung Jacobi zeitlebens angestrebt hat. Das noch heute Faszinierende an seiner Suche eines »philosophischen Wissens des Nichts«, die „Modernität" seiner »Philosophie des Nicht-Wissens« – nun von allen epistemologischen Fragestellungen dazu abgesehen – besteht aller Wahrscheinlichkeit nach gerade in dieser Vorstellung von Philosophie als Daseinsenthüllung, als Auslegung – und zwar als unendlicher

---

5 Jacobi, Friedrich Heinrich: *Werke. Gesamtausgabe*. Hammacher, K.–Jaeschke, W. (Hg.). Bd. 1/1: *Schriften zum Spinozastreit*. Hamburg/Stuttgart-Bad Cannstatt 1998, S. 29.

Auslegung – des konkreten, »unauflöslichen, unmittelbaren, einfachen«[6] Lebens. Anders ausgedrückt: Jacobi schildert eine Idee von Philosophie als „Praxis des Denkens", durch die das menschliche Ich sich – wie es im Sendschreiben an Fichte zu lesen ist – einem »Mehr als Ich«, einem »Besser[en] als Ich«, ja einem »ganz Andere[n]« aufschließt und dieses rezipiert (GA III/3, 241). In gewisser Hinsicht begegnet man in diesen Ausführungen Jacobis – allen Unterschieden zum Trotz – vorweg einigen Zügen jenes „Denkens des Anderen und aus dem Anderen", das dann in zahlreichen Strömungen der Philosophie des zwanzigsten Jahrhunderts eine bedeutende Rolle gespielt hat.

Nun, wie aus dem *Brief an Fichte*[7] deutlich hervortritt, hat Jacobi die Wissenschaftslehre als das Gegenmodell zu seiner Philosophie des Nicht-Wissens betrachtet. Wenn also sein »philosophisches Wissen des Nichts«, oder seine »Unphilosophie, die ihr Wesen [...] im Nicht-Wißen [hat]« (GA III/3, 226), sich als eine Praxis des Denkens im Dienste des Lebens versteht, wie bereits dargelegt, dann ist die Leitperspektive der Wissenschaftslehre – die er als die Vollendung der modernen *ratio* deutet – als *lebensfeindlich* anzusehen. Hier liegt meines Erachtens der letzte Grund des Vorwurfs von Nihilismus, den Jacobi gegen die Wissenschaftslehre erhebt: »Wahrlich, mein lieber Fichte, es soll mich nicht verdrießen, wenn Sie, oder wer es sei, Chimärismus nennen wollen, was ich dem Idealismus, den ich Nihilismus schelte, entgegensetze.« (GA III/3, 245) Jacobi setzt somit seine eigene »Unphilosophie« dem »Idealismus« der rein spekulativen Philosophie entgegen. Selbst wenn der spekulative Philosoph (Fichte!) das Nicht-Wissen als »Chimärismus« herabwürdigen könnte, kann der Vertreter der »Unphilosophie« (Jacobi!) diesem Vorwurf noch immer mit einer schärferen Kritik entgegentreten: Der Idealismus der Wissenschaftslehre sei im Grunde genommen lebensfeindlicher Nihilismus.

2   Jacobis Wissenschaftsbegriff

Ich lasse hier außer Betracht, wie Jacobi den Terminus Nihilismus aus der theologischen und philosophischen Tradition rezipiert und ihn philosophisch

---

6   Ebd.
7   Zum *Brief an Fichte* vgl. die neulich erschienenen Ausgaben in französischer und italienischer Sprache, mit ausführlichen Einleitungen und Kommentaren: Jacobi, Friedrich Heinrich: *Lettre sur le nihilisme et autres textes*. Presentation, traductions et notes par Ives Radrizzani. Paris 2009; Jacobi, Friedrich Heinrich: *Lettera a Fichte (1799, 1816)*. Traduzione e commento di Ariberto Acerbi. Neapel 2011. Siehe auch den dritten Teil (»In dialogo con Fichte«) des Sammelbandes: Dini, T. – Principe S. (Hg.) : *Jacobi in discussione*. Mailand 2012.

auslegt und verwendet.⁸ Ich beschränke mich hier nur auf einige Züge des Sendschreibens, die für mein Anliegen von Bedeutung sind. Warum soll der Idealismus der Wissenschaftslehre nihilistisch sein? Jacobi denkt, die Wissenschaftslehre als »ungekehrter Spinozismus«,⁹ als Vollendung der spekulativen Philosophie, als »mathesis pura«, als vollständiges Vernunftsystem führe zu einer Vernichtung (=Annihilation) des Lebens im Namen eines bloß konstruktivistischen Wissens. Es gäbe also ihm zufolge eine ursprüngliche Feindschaft zwischen Leben und Wissen (bzw. Wissenschaft), während erst vom Standpunkt des »Nicht-Wissens« bzw. eines un-philosophischen Wissens des Nichts das Leben selbst beachtet und bewahrt werden könnte. Was ist aber die Konzeption des Wesens des Wissens bzw. der Wissenschaft, welche Jacobi seiner Beurteilung (und Verurteilung) derselben zugrunde legt? Im *Brief an Fichte* erscheint die Antwort auf diese Frage als eindeutig und facettenreich zugleich. Wesen der Wissenschaft sei das »Selbsthervorbringen [selbst] ihres Gegenstandes« (GA III/3, 231). Als solche sei die Wissenschaft Destruktion und Konstruktion des faktischen Gegenstandes: Sie unternimmt die gedankliche *Destruktion* des natürlichen Gegenstandes und (zugleich) seine *Konstruktion* in Gedanken »*in bloß wißenschaftlicher Absicht*«. An einer wichtigen Stelle des Sendschreibens liest man: »Wir begreifen eine Sache nur in sofern wir sie construiren, in Gedanken vor uns entstehen, *werden* laßen können« (GA III/3, 233). Begreifen bedeutet demnach, eine reelle Sache in eine bloße Gestalt zu verwandeln, und zwar so, dass man die »Gestalt zur Sache, und [die] Sache zu Nichts mach[e].« Folge der wissenschaftlichen Leistung ist also, *die Sache zu Nichts zu machen*. Die Wissenschaft destruiert, vernichtet im Gedanken die natürliche, »objektive« Realität der Welt und macht letztere rein »subjektiv«, d. h. sie transformiert die seiende Welt zu einem bloßen Schema.

Wegen dieses – destruierenden und künstlich konstruierenden – Verfahrens verpasst jedoch das wissenschaftliche Wissen das Dasein in seiner unvermittelten Lebendigkeit, jenes Dasein, das Jacobi zufolge der Forscher (der Philosoph) zu enthüllen und (bloß) zu »erklären« hätte. Auf der einen Seite steht also das Enthüllen des Nicht-Wissens und der »Unphilosophie«, auf der Gegenseite das Destruieren/Konstruieren der Wissenschaft. Nun, eben in ihrer destruierenden und konstruierenden Handlung bestünde dem *Brief an Fichte* zufolge der nihilistische Zug der Wissenschaft. Aus diesem Blickwinkel lässt

---

8 Vgl. dazu den oben erwähnten Aufsatz: »Una prima interpretazione del nihilismo« und meine *Introduzione a Jacobi*. Rom/Bari 2003 (mit Hinweis auf die Sekundärliteratur zum Thema).

9 Zur Assimilation der Wissenschaftslehre an den Spinozismus vgl.: Zöller, Günter: »Fichte als Spinoza, Spinoza als Fichte. Jacobi über den Spinozismus der Wissenschaftslehre.« In: Jaeschke - Sandkaulen (Hg.): *Friedrich Heinrich Jacobi*, S. 37–52.

sich wohl nachvollziehen, dass Jacobi gemäß seinem eigenen Wissensbegriff die Wissenschafts-Lehre – als die Vollkommenheit des Wissens anstrebende Wissenschaft der Wissenschaft gedeutet – des Nihilismus anklagt; und man versteht auch, dass er konsequenterweise den Ort sucht, in dem er das Leben auffinden könnte. Dieser muss für Jacobi *außerhalb* der Wissenschaft und der wissenschaftlichen Philosophie liegen, und er glaubt ihn im Nicht-Wissen bzw. in der Philosophie des Nicht-Wissens aufgefunden zu haben.

Ich lasse hier den Gedanken unberührt, dass man – wie übrigens Fichte selbst es tut – in dieser Auffassung Jacobis, der zugunsten einer angeblich »unphilosophischen« Position *philosophisch* argumentiert, einen performativen Widerspruch zwischen Sagen und Tun aufdecken könnte. Von direktem Interesse ist hierbei folgendes: Jacobi ist einerseits der Meinung, dass der eigentliche Begriff der Wissenschaft nicht anders ausfallen könne, als er durch die Wissenschaftslehre – als Vollendung der »spekulativen Philosophie« – geprägt wurde. *Jacobi zufolge* stimmen er und Fichte, wenn auch von ganz unterschiedlichen Ausgangspunkten aus, darin überein, dass der Wissenschaftsbegriff nur ein rein formalistischer, konstruktivistischer Begriff sein könne. Andererseits aber – und in der Konsequenz seiner Auffassung – hält Jacobi daran fest, dass das, was er den »Grund der Wahrheit« nennt, wesensnotwendig außerhalb einer bloß formalistischen und konstruktivistischen Wissenschaft liegen müsse. Eine tragende Rolle spielt hierbei die von Jacobi angeführte Differenz zwischen der Wahrheit, die er als Regel und Ziel des wissenschaftlichen Verfahrens versteht, und dem Wahren. »Ich verstehe unter dem Wahren – erklärt Jacobi – etwas, was *vor* und *außer* dem Wißen ist; [und] was dem Wißen, und dem *Vermögen* des Wißens, *der Vernunft*, erst einen Werth giebt.« (GA III/3, 239) Das wissenschaftliche Wissen hat mit der Wahrheit zu tun, d. i. mit der Übereinstimmung von Verstand und Sache. Vor und außer dem Wissen liegt jedoch nach Jacobi das Wahre, das kein Objekt des Wissens im eigentlichen Sinne, sondern der »Grund der Wahrheit« sein muss, und welches sich als das der Vernunft wert- und sinngebende Prinzip erweist. Im Sendschreiben an Fichte wird die Vernunft vom Verstand abgehoben und als ein komplexes Vermögen charakterisiert. Grundsätzlich wird sie als »das Vermögen der Voraussetzung des Wahren« verstanden: »Eine das Wahre nicht voraussetzende Vernunft ist ein Unding«, schreibt Jacobi. Darüber hinaus wird die Vernunft als das »Vermögen des Wissens« selbst angesehen – sie ist die durch das Wahre bewährte Fähigkeit des Verstandeswissens. Letzteres kann nur die wissenschaftliche Wahrheit (und nicht das Wahre) zu seinem Objekt machen.

Eine solche Vernunft, als »substantive Vernunft« bezeichnet und von der »adjektiven Vernunft« abgehoben, wird in der zweiten Beilage zum Sendschreiben an Fichte mit dem »Geist des Menschen« identifiziert. Den Unterschied paulinischer Herkunft von Geist und Buchstabe aufgreifend führt Jacobi aus, der Geist vertrage keine wissenschaftliche Behandlung, weil er nicht zum Buchstaben (und das bedeutet: zur Wissenschaft) werden kann. Wird der Geist zum Buchstaben, dann verliert (und vernichtet) er sich selbst: »Wir vertilgen nothwendig den Geist, indem wir ihn in Buchstaben zu verwandeln streben.« (GA III/3, 259)

Die Vermutung liegt nahe, Jacobi habe die Philosophie Fichtes – aller Bewunderung ihrer Strenge und deduktiven Kraft zum Trotz – für eine Philosophie *ohne Geist* bzw. für eine geistarme Philosophie gehalten. Als reiner «Wissenschaftslehrer» hätte Fichte vom Wahren »keine Notiz« weder genommen noch nehmen dürfen. Denn die Wissenschaft, auch und gerade die Wissenschafts-Lehre, kann nur die Wahrheit, nicht das Wahre erkennen. Im Vorbericht zur gedruckten Ausgabe des Sendschreibens hatte Jacobi erklärt, er halte »das Bewußtseyn des *Nichtwißens* für das *Höchste* im Menschen, und den Ort dieses Bewus[s]tseyns für den der Wißenschaft unzugänglichen Ort des *Wahren*.« (GA III/3, 225) Wenn nun Fichte mit seiner Wissenschaftslehre diesen Ort, den Grund der Wahrheit, in den Bereich der Wissenschaft habe einschließen wollen, dann habe er sich an der »Majestät dieses Orts« versündigt. Denn das »Wahre«, der Grund der Wahrheit, soll wesensnotwendig außerhalb der Philosophie als eines Wissenssystems liegen und es kann erst im Nicht-Wissen »geahnt« (»vernommen«) werden. Wenn daher eine systematische Philosophie, wie die Fichtesche, den Unterschied zwischen Wahrheit und Wahrem verwischt und das Wahre in den systematischen Zusammenhang einzuordnen (und einzuengen) beansprucht, statt seine unverfügbare Differenz aufzubewahren, dann weist sie nihilistische Züge auf. Der Vorwurf des Nihilismus gegen die Wissenschaftslehre gründet auf einem solchen Gedanken des Wahren als extrasystematischen Prinzips.

3 Dekonstruktion nach der *Bestimmung des Menschen*

Wie vorher angedeutet wurde die Ausarbeitung des Systems der Transzendentalphilosophie um die und nach der Jahrhundertwende durch diese Kritik Jacobis erheblich beeinflusst. Im Folgenden beschränke ich mich darauf, nur einige Schritte der Strategie Fichtes bezüglich dieser Kritik zu rekonstruieren. Zunächst zur Frage des Nihilismus. Von Bedeutung ist, dass Fichte dem Nihilismus-Vorwurf ein gewisses Recht insofern einzuräumen scheint, als er selbst das Wissen – man sollte aber sofort hinzufügen und präzisieren: *das bloße Vorstellungswissen für sich allein genommen* – für realitätsfremd und realitätsleer hält. Im zweiten Buch der *Bestimmung des Menschen* – »Wissen« betitelt – findet man das, was sich eine Dekonstruktion des Vorstellungswissens nennen ließe.

Ein solches dekonstruktives Verfahren – wie Fichte sich äußert – »zerstört und vernichtet den Irrthum« (BdM GA I/6, 252) des „dogmatischen" Gesichtspunktes, dem gemäß unser Wissen (irrtümlicherweise) für die Realität *an sich* gehalten wird. Aus der Dekonstruktion des Vorstellungswissens ergibt sich, dass das Wissen nur Bild sei, dass es (nur) phänomenalen Charakter habe, und nicht Realität an sich sei. In diesem Sinne würde sich eine gewisse Konvergenz zwischen Jacobi und Fichte – wie Jacobi selbst erkannt hat – über den Wissensbegriff feststellen lassen: Beide stimmen darüber ein, dass das Wissen ein „Nichts von Realität" sei. Mit Fichteschen Ausdrücken: Das Wissen könne »die Wahrheit [nicht] geben.« (Ebd.)

Diese Konvergenz soll aber den grundlegenden Unterschied zwischen beiden Philosophen nicht übersehen lassen. Denn Fichte zufolge fällt das in der zweiten Buch der *Bestimmung des Menschen* dekonstruierte Vorstellungswissen überhaupt nicht mit dem *Ganzen* des Wissens selbst zusammen. Fichte verfügt über einen komplexeren Begriff vom Wissen, dem gemäß dieses nicht nur Vorstellung, sondern auch (und *konstitutiv*) praktisches Wissen bzw. Wissen des Praktischen ist. Nun, eben das praktische Wissen – bzw. die grundlegende Praktizität des menschlichen Geistes –[10] schließt den Zugang des Bewusstseins zur Realität auf und gewährleistet die objektive Gültigkeit des Vorstellungswissens selbst. Die Entfaltung der Philosophie als Wissenslehre kann sich deshalb auf die Dekonstruktion des Vorstellungswissens nicht beschränken, sondern sie muss über das theoretische Wissen hinausgehen und die realitätskonstitutiven Akte des praktischen Wissens miteinbeziehen. Die Erkenntnis des Nihilismus des bloßen Vorstellungswissens übt dem zufolge eine epistemologisch bedeutsame Dienstfunktion aus – Fichte spricht anderenorts vom »negativen Nutzen« der Wissenschaft. (GA II/5, 194) Wie es in der *Königsberger Wissenschaftslehre 1807* heißt: »Nur durch den gefürchteten Nihilismus [d. i. durch die Dekonstruktion des Vorstellungswissens] hindurch geht der Weg zur Realität.« (WL-1807 GA II/10, 137) Fichte kann sich demnach den Terminus Nihilismus zueigen machen, weil dieser Terminus (richtig verstanden) für ihn ein (Zwischen-)Ziel der philosophischen Wissensauslegung selber bezeichnet, und zwar die Erlangung der Erkenntnis, dass das theoretische Wissen in sich nur Vorstellung und überhaupt nicht das Sein selbst ist. In der *Einleitung in die Wissenschaftslehre 1813* ist folgende Aussage zu lesen: »Nihilismus [sey] strenge Nachweisung des absolute Nichts [der Erscheinung] außer dem Einen unsichtbaren Leben, Gott genannt« (GA II/17, 267), eine

---

10   Diesen grundlegenden Charakter des Fichteschen Wissensbegriffs habe ich in meinem Buch: *Ragione pratica. Kant, Reinhold, Fichte*. Pisa 2012, hervorzuheben und zur Geltung zu bringen versucht.

Aussage, welche – auch rückblickend – die Stellungnahme Fichtes zu der Nihilismus-Frage glücklich wiedergibt. Nihilismus ist nicht Annihilation, Vernichtung (und Selbstvernichtung), wie bei Jacobi, sondern Anerkennung des Nichts der Phänomenalität. Es gibt somit eine transzendental relevante Rolle des Nihilismus, als ein dekonstruktives Verfahren verstanden, welches zeigen muss, dass die vorgestellte Welt nur Erscheinung und *nicht* das Sein selbst ist.

4   Leben und »Spekulation«

Die Erkenntnis, dass das Vorstellungswissen keine Realität an sich ist, soll zur denkenden Anerkennung der eigentlichen Realität des Lebens führen. Dies ist ein Leitmotiv der sog. mittleren Phase des Fichteschen Philosophierens, in der der Begriff »Leben« an wachsender Bedeutung gewinnt. Auch nach Fichte soll die Philosophie im »Dienste des Lebens« sein. »Wozu ist denn nun der spekulative Gesichtspunkt und mit ihm die ganze Philosophie, wenn sie nicht für's Leben ist?«, fragt er Jacobi im Brief vom 30. August 1795 (GA III/2, 392). Im *Sonnenklaren Bericht* vom Jahre 1801 ist folgende Ausführung zum Thema Leben zu lesen, die – wie Fichte selbst bemerkt – die ganze »Tendenz« seiner Philosophie zeigt: »Nichts hat unbedingten Werth und Bedeutung, als das Leben; alles übrige Denken, Dichten, Wissen hat nur Werth, insofern es auf irgend eine Weise sich auf das Lebendige bezieht, vom ihm ausgeht, und in dasselbe zurückzulaufen beabsichtigt.« (GA I/7, 194) Fichte will sich über diese »Tendenz« des wahren Philosophierens mit Kant und ausdrücklich mit Jacobi selbst (wie Kant als »Reformator in der Philosophie« bezeichnet) einig wissen.

Nicht, dass das Leben und die Philosophie einfach zusammenfallen. Fichte hält an ihrem Unterschied *und* an ihrer Wechselbestimmung zugleich fest. Was den Unterschied anbelangt, schreibt er ganz deutlich im Brieffragment an Jacobi vom 22. April 1799: »Leben ist ganz eigentlich *Nicht-Philosophieren*: Philosophieren ist ganz eigentlich *Nicht-Leben*.« (GA III/3, 333) Derjenige des Lebens ist ein selbstständiger Standpunkt. Man kann wohl leben, und zwar vernunftgemäß leben, ohne zu philosophieren. Andererseits heißt philosophieren, aus dem wirklichen Leben *idealiter* herauszugehen (= Abstraktion), um über es zu reflektieren (= Reflexion). Auch der philosophische ist demnach ein selbstständiger Standpunkt angesichts des Lebens.

Nun bilden Leben und Philosophie – wie Fichte erklärt – die höchste Stufe der Duplizität, welche durch das ganze Vernunftsystem hindurchgeht und sich auf die ursprüngliche Duplizität des Subjekt-Objekt gründet: Leben sei »die Totalität des objektiven Vernunftwesens«, Philosophie (bzw. »Spekulation«) die »Totalität des subjektiven.« Das bedeutet, jeder Standpunkt sei auf den anderen verwiesen, oder: »Eines ist nicht möglich ohne das andere.« Die jeweilige Autonomie von Leben und Spekulation ist daher eine nur relative – »Beide, Leben und Spekulation sind nur durch einander bestimmbar.« Denn Leben ist – wie Fichte sich äußert – »thätiges Hingeben in den Mechanismus« des Lebens und des Denkens. Anders gesagt: Leben heißt, sich der Strömung der Erlebnisse hinzugeben. Leben ist Erleben und Sicherleben, was aber ohne die geistige Tätigkeit und Freiheit des Sich-Hingebens selbst nicht möglich wäre. Im Leben ist demnach die anhebende Tätigkeit des Reflektierens, der Keim der Spekulation schon mit-enthalten. Der bedeutsame Gesichtspunkt, den Fichte hier vertritt, ist, dass das Leben nie völlig ohne Tätigkeit der Vernunft da ist, selbst wenn die Durchdringung dieses Vernünftig-seins des Lebens Sache der Philosophie ist. Anderseits ist die Philosophie ohne das Leben, von welchem sie abstrahiert, überhaupt nicht möglich. Philosophie ist nur Mittel, um das Leben zu erkennen. Dies bedeutet auf der einen Seite, dass das Leben der Zweck des Spekulierens ist und dessen aktive Grundlage bleibt. Auf der anderen Seite aber kann man »nicht das Leben erkennen, ohne zu spekulieren«: Der anfängliche Erkenntniskeim des Lebens kann zur eigentlichen Lebenserkenntnis erst mittels der philosophischen Besinnung gelangen, welche als die systematische Entfaltung jenes Wahrheitstriebs anzusehen ist, die im Leben bereits eingebettet und tätig ist. Aufgrund dieser Ausführungen, die übrigens in den Fichteschen Texten überhaupt nicht isoliert dastehen, sondern die Grundrichtung seines Denkens weitgehend auszeichnen, würde sich m. E. der vorstehend dargelegte Vorwurf Jacobis, dass die Philosophie Fichtes in sich lebensfeindlich sei, grundsätzlich und mit guten Gründen in Frage stellen lassen.

5 Die *Anweisung zum seeligen Leben* als Lebenslehre

Das Projekt, die Philosophie als Lebenserkenntnis aufzufassen, findet in der *Anweisung zum seeligen Leben* eine beeindruckende Entfaltung. In der ersten Vorlesung setzt Fichte die »Anweisung zum Leben« der »Lebenslehre« gleich (AzsL GA I/9, 55) und in der zweiten Vorlesung erklärt er, zum Zweck der Lebenslehre habe er in diesen Vorlesungen »die tiefsten Gründe, und Elemente aller Erkenntnis, über welche hinaus es keine Erkenntnis gibt« darstellen müssen. Das bedeutet: »Die tiefste Metaphysik und Ontologie«, wie Fichte sie nennt (AzsL GA I/9, 67), die in der *Anweisung* dargelegt ist, beinhaltet die Prinzipien einer Lebenserkenntnis, welche aus ihnen entfaltet werden können/sollen.[11]

---

11 Zum Thema »Leben« in der *Anweisung* siehe: Colette, Jacques: »La vie bienheureuse.« In: Vetö, M. (Hg.): *Philosophie, théologie, littérature. Hommage à Xavier Tilliette, sj, pour ses*

Von Interesse ist, dass Fichte sich durch dieses Projekt mit der Grundintention Jacobis übereinstimmend wissen will. Er gibt dieser Übereinstimmung Ausdruck, als er Jacobi seine drei »populären« Vorlesungen aus den Jahren 1804–1806 (darunter auch die *Anweisung*) übersendet, »Sie [Jacobi] forderten immer und mit Recht, von der Spekulation, daß sie das Daseyn erkläre, versteht sich aus dem Seyn; und also, daß der Widerspruch zwischen den beiden gehoben werde« (GA III/5, 355) – Übereinstimmung, weil die Erklärung der Existenz und die Behebung des Widerspruches zwischen Sein und Dasein das Vorhaben selbst der Wissenschaftslehre darstellen. Selbstverständlich muss man den Unterschied, der zwischen ihren Ansichten besteht, nicht übersehen: Fichte hält daran fest, dass das System des Denkens, welches zugleich »System der Freiheit« ist, eine entscheidende Vermittlungsrolle im Aufbau der Lebenserkenntnis auszuüben habe – was als solches Jacobi nicht teilen konnte. Fichte vertritt nämlich eine Systemidee, der zufolge ein Ursprüngliches anerkannt wird, das sich als „unabhängig" vom ableitenden, nachkonstruierenden Verfahren erweist. Die Aufgabe der Philosophie besteht darin, aus diesem Ursprünglichen (in der *Anweisung* Sein, Leben, Liebe, Gott genannt) das Wissen bzw. das Dasein in systematischen Reflexionsschritten abzuleiten (= zu rechtfertigen), ohne jedoch das erstere auf das letztere zu reduzieren. Fichte vertritt somit die Idee eines „offenen" Systems der prinzipiellen Erkenntnis, welches auf der Differenz zwischen Absolutem und absoluter Erscheinung gründet und sich als Durchdringung des Erscheinens *als Erscheinen* erkennt. Die Offenheit des Systems besteht darin, dass es das Sein (und Leben) *nicht* auf das Wissen des Seins (und des Lebens) reduziert. Das System des Wissens erkennt und umfasst somit nicht alles, sondern nur die prinzipielle Dimension, d. h. die Konstitutionsakte der Gesamtwirklichkeit. Als solches gibt das transzendentale System dem Faktischen Raum, welches in seiner konkreten Konkretheit (nicht: prinzipiellen Konkretheit!) nur empirisch bzw. geschichtlich feststellbar ist.[12]

Es wäre m. E. irreführend zu meinen, dass die »Metaphysik und Ontologie« der *Anweisung* – wie Fichte selbst sie nennt – einen Rückfall in eine „objektivistische Metaphysik" bzw. in einen Dogmatismus darstellen würde. Selbst wenn die populäre Darstellung – wie diejenige der *Anweisung* – sich von der wissenschaftlichen methodisch abhebt, wenden sich *beide* Darstellungsweisen

---

quatre-vingt-dix ans. Louvain-Paris 2011, S. 228–243. Der Verfasser verweist u. a. auf die Auslegung der *Anweisung zum seeligen Leben*, die Michel Henry in *L'Essence de la manifestation* (Paris 1963) entfaltet hat.

12 Zum Begriff eines »offenen« Systems vgl.: Lauth, Reinhard: *Transzendentale Entwicklungslinien von Descartes bis zu Marx und Dostojewski*. Hamburg 1989; Ders.: *Vernünftige Durchdringung der Wirklichkeit. Fichte und sein Umkreis*. München 1994.

an den »natürlichen Wahrheitssinn« und führen *beide* zur selben Erkenntnis des Grundgerüstes der Wirklichkeit.[13] Die Ontologie der *Anweisung* widerspricht somit nicht dem epistemologischen Gedanken der Wissenschaftslehre – sie liefert die selben Resultate mit anderer Methode. Denn auch nach dieser populären Darstellung soll Philosophie nicht als „Onto-Theo-Logik" verfasst werden, als spekulative Selbstdarstellung des Seins bzw. des absoluten Lebens. Philosophie muss eher als Selbstdurchdringung des Erscheinens des Seins, daher als Selbstbesinnung des absoluten Wissens konzipiert werden – wie dies für die Wissenschaftslehre bereits der Fall ist. Philosophie ist und bleibt – auch in der *Anweisung* – Wissenswissen, ein Wissen, das um sich selbst *als* Dasein des Seins und Lebens weiß.[14] Noch mehr: Beide Darstellungsweisen, sowohl die wissenschaftliche als auch die populäre, beziehen und stützen sich auf die gleiche Form des Denkens, das Fichte an mehreren Orten dieses Werkes als »reines Denken« bzw. als »lebendiges Denken«, oder als »höheres Denken« bezeichnet. Dieses Denken – wie in der dritten Vorlesung zu lesen ist – ist »dasjenige, welches, ohne alle Beihilfe des äußeren Sinnes, und ohne alle Beziehung auf diesen Sinn, sein – rein geistiges Objekt, schlechthin aus sich selbst erschafft.« (AzsL GA I/9, 84) Es handelt sich also um ein schöpferisches Denken – wie die intellektuelle Anschauung der Jenaer Jahre –, dessen allererste Ausgabe darin besteht, »das Sein scharf zu denken«, ein Ausdruck, der m. E. eine methodisch grundlegende Idee Fichtes zu bestätigen scheint, nämlich dass die Philosophie von einer Aufforderung zum autonomen Denken, also von einem Postulat im praktischem Sinne Ausgang nimmt. Nun ist dieses Denken keine bloß theoretisierende Einstellung, sondern es hat unvermittelt eine praktisch-existentielle Valenz. Denn dieses Denken ist – wie es in der ersten Vorlesung heißt – »das Element, der Äther, die substantielle Form des wahrhaftigen Lebens.« (AzsL GA I/9, 62) Die Form des Denkens, zu der man hier aufgefordert wird, stellt in eins eine Form des Lebens dar – ja sie ist theoretisch-praktische Anweisung zum wahrhaften Leben. Nicht zufällig stellt Fichte dieses Denken dem gleich, was der Glaube im Christentum ist, nämlich eine Form des Lebens und der Einsicht in eins.

---

13   Vgl. den Aufsatz von Gilli, Franco: »Filosofia popolare e dottrina della religione nelle *Popolärwerke* di J.G. Fichte.« In: *Annuario filosofico* 16 (2000), S. 159–188; und den Band von Oesterreich, Peter L. – Traub, Hartmut: *Der ganze Fichte. Die populäre, wissenschaftliche und metaphilosophische Erschließung der Welt*. Stuttgart 2006.

14   Vgl. den Beitrag von Gilli, Franco: »Dialettica, ontologia e filosofia della religione nelle lezioni I–IV della *Anweisung zum seeligen Leben*.« In: Bertinetto, A. (Hg): *Leggere Fichte*. Neapel 2009, S. 211–236.

6 Zurück zum Nihilismus-Vorwurf

Zum Schluss möchte ich nochmals auf das Thema des Nihilismus eingehen. Tragender Gedanke der *Anweisung* ist, dass das Sein bzw. das Leben an sich, von sich, durch sich nicht nur in seinem unergründlichen Wesen *ist*, sondern auch *da ist*, also erscheint. Dieser Gedanke – „das Sein erscheint" – tritt nicht nur in der Wissenschaftslehre der sog. mittleren Phase auf, sondern er tritt ganz besonders in den letzten Berliner Jahren in den Vordergrund.[15] Das Dasein bzw. die Existenz des Seins erweist sich in dessen Hauptform als Bewusstsein – transzendentales Bewusstsein –, oder als Logos. Sein und Leben werden auch der Liebe gleichgestellt. Letztere wird als die ursprüngliche Energie betrachtet, die das »tote Sein« – man könnte darunter verstehen: die bloße Faktizität am Dasein – »teilt« *und* in eins »vereinigt« und »verbindet«. Als Einheit in der Zweiheit ist somit Liebe die alles belebende und beseelende Kraft, so dass sich behaupten lässt: »Offenbare mir, was du wahrhaftig liebst [...] und du hast mir dadurch dein Leben gedeutet. Was du liebest, das lebest du.« (AzsL GA I/9, 57) Im Hinblick auf den Jacobischen Vorwurf des Nihilismus kann nun bemerkt werden, der „Inhalt" des transzendentalen Bewusstseins, die „Substanz" des Daseins, seien das Sein bzw. das Leben selbst, oder die Liebe. Die absolute Phänomenalität (= Dasein, Existenz) ist das Erscheinen und Sich-Erscheinen des reinen Lebens. Anders ausgedrückt: die Phänomenalität ist Nichts an sich, kein Sein, sie ist aber das lebendige Sich-Affizieren des Einen Seins und Lebens. Dieses Selbst-Affizieren des Lebens drückt bei dem mittleren und späteren Fichte den Kern der transzendentalen Apperzeption aus und wird durch ein »Soll« erschlossen: keine Apperzeption ohne Soll, kein Selbst ohne Imperativ, kein Ich ohne eine absolute Aufforderung.[16]

Im zweiten Teil der *Anweisung* – nach der beeindruckenden Auslegung des Prologs des Johannes in der sechsten Vorlesung – wird eine Ethik des Lebens, eine »Anweisung« zur wahrhaften Lebensführung entfaltet, die in der zehnten

---

15   Für eine Gesamtdarstellung der Grundgedanken des späten Berliner-Zyklus vgl. die »Einleitung« von Reinhard Lauth zu: Fichte, Johann Gottlieb: *Die späten wissenschaftlichen Vorlesungen II*. Von Manz, H.G.-Fuchs, E.-Lauth, R.-Radrizzani I. (Hg.). Stuttgart-Bad Cannstatt 2003, S. XV–LXIII. Vgl. auch: Zöller, Günter: »Leben und Wissen. Der Stand der Wissenschaftslehre beim letzten Fichte.« In: Fuchs, E.-Ivaldo, M.- Moretto, G. (Hg.): *Der transzendentalphilosophische Zugang zur Wirklichkeit. Beiträge aus der aktuellen Fichte-Forschung*. Stuttgart-Bad Cannstatt 2001, S. 307–330; Furlani, Simone: *L'ultimo Fichte. Il sistema della Dottrina della scienza negli anni 1810–1814*. Milano 2004.

16   Reinhard Lauth hat nachdrücklich auf diese Implikation hingewiesen. Vgl. Lauth, Reinhard: »Zur grundsätzlichen Richtung der philosophischen Fichte-Forschung.« In: *Fichte-Studien* 28 (2006), S. 49–62.

Vorlesung in die Auffassung der Liebe als tragenden Grundes des menschlichen Daseins gipfelt. Nicht, dass diese Ethik in eine Selbst-Annihilation des menschlichen Daseins mündete, wie Jacobi zu meinen scheint. Diesbezüglich hatte Jacobi in den Kladden kritisch notiert: »Fichtes Anweisung zum seeligen Leben, ist eine Anweisung zur Selbstvernichtung«, Selbstvernichtung des Daseins und des Seins (Eintragung etwa vom Herbst 1806; FG, 6/2, 674). Das Thema des Nihilismus als Annihilation kommt wieder, wie man sieht, jetzt eher in existentieller Hinsicht ausgedrückt. Mir scheint aber, dass hier Jacobi Fichte nicht gerecht wird. Letzterer vertritt in der *Anweisung* vielmehr ein positives »Menschheitsideal«, um ein Wort von Husserl aus seinem Fichte-Vortrag vom Jahre 1917 und 1918 aufzugreifen.[17] Wenn Fichte von »Selbstvernichtung« (vgl. AzsL GA I 9, 149) spricht, meint er in der Tat Annullierung, Absetzung einer falschen Autonomie. Fichte ist eher der Ansicht, dass das menschliche Dasein – und zwar das, was wir „Ich", oder „Selbst" nennen – nicht das Zentrum des Universums, sondern nur eine bestimmte Individuation des Einen Lebens in dessen Dasein (= Manifestation, Erscheinung) ist. Nun erfolgt diese Individuation nicht aufgrund einer bloßen Gegebenheit, sondern als (dynamische) Antwort auf ein absolutes Soll, als „das Soll Verantworten", was das Sich-setzen des Ich selbst ermöglicht. Die Individuation des Individuums hängt schließlich von der Grundrichtung seiner Liebe ab: „Was Du liebst, das bist Du". Der Sinn der menschlichen Existenz somit besteht darin, diese Stellung des Menschen in der Welt angesichts des absoluten Soll zu erkennen und nach dieser Erkenntnis, die theoretisch und praktisch zugleich ist, zu leben. Die Bedeutung dieser Erkenntnis erläuternd und auf Johannes anspielend hatte Fichte im 24. Vortrag der Wissenschaftslehre 1804 (zweiter Darstellung) geschrieben: »Dies ist das ewige Leben, [...] daß sie dich, und den du gesandt hast, d. h. bei uns [=philosophisch ausgedrückt], das Urgesetz und sein ewiges Bild, *erkennen*; bloß *erkennen;* und zwar führt nicht etwa nur dieses Erkennen zum Leben, sondern es *ist* das Leben.« (WL-1804-I GA II/8, 380)

---

17   Vgl. Husserl, Edmund: »Fichtes Menschheitsideal.« In: Husserl, Edmund: *Aufsätze und Vorträge 1911–1921. Husserliana XXV.* Nenon, Th. – Sepp, H.R. (Hg.). Dordrecht 1985, S. 267–293.

KAPITEL 12

Fichte et Schiller: La fonction de l'art dans la pensée de Fichte à la lumière de la querelle des Heures

Manuel Roy

Abstract

In June 1795, Fichte sent his second contribution to Schiller's journal, *The Hours*: his article, *Concerning the Spirit and the Letter within Philosophy*, where he explains his views on the relation between aesthetic experience and virtue. Schiller, who had until then been rather well-disposed toward Fichte, violently and categorically rejected the article, thus putting an end to their friendship. Scholars commonly understand this conflict as a predictable confrontation between two irreconcilable conceptions of the moral ideal: that of the cold philosopher, personified by Fichte, aiming to repress sensibility, and that of the warm-blooded artist, personified by Schiller, advocating for it. I shall argue that this interpretation is untenable, since Fichte and Schiller not only shared the same conception of virtue, but also agreed concerning the function assumed by the artist in mankind's moral education. Rather, the conflict arose because Schiller could not bear the idealistic conception of nature – as pure representational activity – which Fichte thought was implied by these views.

Résumé

En juin 1795, Fichte fit parvenir à Schiller sa deuxième contribution destinée aux *Heures*: l'article *Sur l'esprit et la lettre dans la philosophie*, où il expose ses idées sur le rapport entre l'expérience esthétique et la vertu. Schiller, jusque-là plutôt bien disposé envers Fichte, lui opposa un refus de publication violent et catégorique, mettant ainsi un terme à leur amitié. On interprète habituellement cette rupture comme la conséquence prévisible d'une rencontre opposant deux conceptions irréconciliables de l'idéal moral : celle du froid philosophe, incarné par Fichte, visant à réprimer la sensibilité, et celle de l'artiste brûlant de passion, incarné par Schiller, souhaitant la glorifier. Je conteste pour ma part cette interprétation, Fichte et Schiller s'accordant non seulement sur la manière dont la vertu devait être conçue, mais également sur la fonction assumée par l'artiste dans l'éducation morale de l'être humain. À l'origine du conflit se trouve plutôt l'aversion de Schiller pour la conception idéaliste de la nature (comme activité purement représentative) qui, selon Fichte, était impliquée par ces idées.

Mots-clef

Esthétique – art – Fichte – Schiller – *Horenstreit*

Mai 1794. Appelé à relever Reinhold à la chaire de philosophie kantienne de ce qui était sans doute alors l'université la plus réputée d'Allemagne, Fichte arrive à Iéna.¹ Il y côtoie notamment Schiller, qui y occupe une chaire d'histoire depuis mai 1789.² Ce dernier est alors justement à la recherche de collaborateurs pour les *Heures*, le journal mensuel qu'il souhaite vouer à l'éducation du „beau monde", à la „libre recherche de la vérité" et au „partage des idées".³ Enthousiasmé par les idées de Fichte, qu'il considère comme „la plus grande tête spéculative du siècle après Kant",⁴ Schiller confie au successeur de Reinhold la fonction d'éditeur de la revue, qu'il devra partager avec Karl Ludwig Woltmann et Wilhelm von Humboldt, et l'accueille même au sein du comité de rédaction.⁵ Cette collaboration, pourtant bien engagée, connaîtra une fin abrupte en juin 1795, suite au refus de publication opposé par Schiller à l'article de Fichte *Sur l'esprit et la lettre dans la philosophie*, jugé en tous points mauvais. Comment comprendre une attitude aussi cassante et catégorique envers Fichte, de la part de celui qui semblait tout d'abord si bien disposé à son égard?

La plupart des commentateurs interprètent cette rupture entre Fichte et Schiller comme la conséquence inévitable et „prévisible"⁶ d'une rencontre entre deux caractères fondamentalement opposés. Ils reprennent

---

1 Voir Léon, Xavier: *Fichte et son temps*, I. Paris 1954, p. 269.
2 Voir Safranski, Rüdiger: *Schiller oder Die Erfindung des Deutschen Idealismus*. Munich/Vienne 2004, p. 310, 534. En réalité, Schiller n'enseignera l'histoire que du semestre d'été 1789 au semestre d'hiver 1790–91. Suite à l'obtention d'une bourse de trois ans en décembre 1791, il se consacrera à l'étude de l'esthétique, qu'il enseignera à Iéna jusqu'au semestre d'été 1793, après quoi il mettra un terme à son enseignement. Pour un tableau chronologique de la carrière universitaire de Schiller, voir ibid., p. 534–535.
3 Schiller: *Einladung zur Mitarbeit*. NA (Nationalausgabe) XXII, p. 103.
4 Schiller: Lettre 69 (22 nov. 1794) NA XXVII, p. 93. Sur les éloges de Schiller à l'égard de Fichte, voir aussi Schiller, Lettre 10 (12 juin 1794) NA XXVII, p. 11 ; et Schiller, Lettre 31 (8 sept. 1794) NA XXVII, p. 41.
5 Voir Fichte, Lettre 292 (27 juin 1795) GA III/2, 336. Sur ce point, voir aussi Juillard, Catherine: » La collaboration de Fichte aux *Heures*: chronique d'un échec annoncé. « In: Raymond Heitz et Roland Crebs (éd.): *Schiller publiciste/Schiller als Publizist*. Berne 2007, p. 297. Fichte en réalité ne siégera toutefois jamais au comité de rédaction.
6 Juillard: » La collaboration de Fichte aux *Heures* «, p. 324.

essentiellement sur ce point le jugement de Schiller lui-même, qui, dans une lettre à Fichte des 3 et 4 août 1795, tentera de justifier son attitude : „Si nous étions seulement divisés sur les principes", écrit-il, „je chercherais sincèrement à vous tirer de mon côté ou à vous rejoindre du vôtre ; mais nous sentons différemment, nous sommes de natures tout à fait différentes, et là contre je ne connais pas de remède."[7] C'est par exemple le point de vue d'Elisabeth Winkelmann, selon laquelle on ne peut „comprendre comment un tel degré de violence et d'agitation peut être atteint, dans le cadre d'une controverse concernant des principes et des idées philosophiques, sans faire intervenir une opposition des personnalités sous-jacentes."[8] Winkelmann va jusqu'à affirmer que Fichte et Schiller étaient de natures si différentes que cela les rendaient inaptes à toute communication proprement dite et qu'„aucun véritable contact n'a jamais pu se produire entre eux."[9] Une idée qui fut reprises par plusieurs commentateurs tels que Dorothea Wildenburg et Catherine Juillard, qui considèrent que les échanges entre Fichte et Schiller n'ont jamais été qu'un „dialogue de sourds."[10]

La plupart des commentateurs, malgré quelques divergences, s'entendent également, pour l'essentiel, sur la manière dont cette différence de caractère doit être comprise. Il s'agit, suppose-t-on généralement, d'un antagonisme opposant le philosophe, froid rationaliste hostile à toute sensibilité, incarné par Fichte, et l'artiste enflammé soucieux de lui rendre ses lettres de noblesses, incarné par Schiller. „Fichte", écrit par exemple à ce propos Catherine Juillard, „reste ancré dans la tradition kantienne et ne démord pas de la supériorité de l'esprit sur la sensibilité. En tant que philosophe, il privilégie l'intelligible aux dépens du sensible : l'homme triomphe par l'esprit de la vie sensible et du monde [...]. Schiller demeure influencé par Kant mais réhabilite la sensibilité en refusant de la soumettre à l'esprit, c'est là le ciment de son esthétique."[11]

---

7   Fichte, Brouillon de lettre (3 et 4 août 1795) GA III/2, 362–363 ; Schiller, Lettre 20 (4 août 1795) NA XXVII, p. 19–22. Trad. inspirée de Léon, Xavier : » Schiller et Fichte. « In : Léon : *Études sur Schiller*. Paris 1905, p. 83.

8   Winkelmann, Elisabeth : » Schiller und Fichte «. In : *Zeitschrift für Geschichte der Erziehung und des Unterrichts* (1934, 4), p. 225.

9   Winkelmann, Elisabeth : » Schiller und Fichte «, p. 225.

10 Juillard, Catherine : » La collaboration de Fichte aux *Heures* «, p. 319. Sur ce point, voir aussi Wildenburg, Dorothea : » Aneinander vorbei. Zum Horenstreit zwischen Fichte und Schiller «, In : *Fichte-Studien* 12 (1997), p. 27.

11 Juillard, Catherine : » La collaboration de Fichte aux *Heures* «, p. 322. Voir aussi ibid., p. 297 ; Léon : » Schiller et Fichte «, p. 69–70 ; Winkelmann, Elisabeth : » Schiller und Fichte «, p. 240–241.

Certes, admet-on d'ordinaire, les pensées de Fichte et de Schiller trouvent l'essentiel de leur inspiration chez Kant[12] et ces deux auteurs développent leur philosophie propre sur la base d'un diagnostique commun[13] concernant la corruption de l'époque. Tous deux croient pouvoir mettre les découvertes kantiennes au service d'une régénération morale de l'humanité.[14] Cependant, en raison de leurs natures incompatibles, Fichte et Schiller auraient compris Kant différemment et ne se seraient pas entendus sur la manière dont la vertu devait être conçue. Pour Fichte, qui identifie le moi humain à l'activité intellectuelle, la dimension sensible de notre être ferait radicalement obstacle à ce que nous sommes. Ainsi, l'homme serait d'autant plus vertueux qu'il s'affranchirait de cette partie de son être et subordonnerait la sensibilité à la raison. La vertu serait l'idéal – d'ailleurs réalisable de manière simplement asymptotique – d'une raison pleinement indépendante, et donc complètement désincarnée. Pour Schiller, au contraire, qui reconnaît la double nature de l'être-humain – sa nature intellectuelle et sa nature sensible -, le monde sensible serait le lieu de la réalisation des fins de la raison, le lieu où celle-ci aurait le devoir de se manifester et de s'incarner. La manifestation de l'esprit dans la matière étant ce qu'on appelle communément la *beauté*, l'agir moral devrait être ainsi caractérisé en termes esthétiques. Comme l'écrit Xavier Léon : „Toute la théorie de Schiller a justement pour but de rétablir entre les deux éléments de la nature humaine [la raison et la sensibilité] […] l'équilibre et l'harmonie, à montrer que l'idéal humain, loin de comporter, comme paraît à ce moment le croire Fichte, l'entière subordination de la sensibilité à la raison, exige au contraire leur parfait accord (réalisé dans l'art) […]"[15]

Ces divergences dans la manière de concevoir l'homme et l'idéal humain entraîneraient des conceptions bien différentes de l'éducation. Pour Fichte, le salut de l'humanité serait tout entier entre les mains du savant, c'est-à-dire du *philosophe* éclairé par les résultats de la doctrine de la science, qui appelle

---

12 Voir Léon : » Schiller et Fichte «, p. 42–43 ; Winkelmann : » Schiller und Fichte «, p. 177. Wildenburg : » Aneinander vorbei «, p. 39 ; Juillard : » La collaboration de Fichte aux *Heures* «, p. 300.

13 Voir Léon : » Schiller et Fichte «, p. 69 ; Juillard : » La collaboration de Fichte aux *Heures* «, p. 321.

14 Voir Juillard : » La collaboration de Fichte aux *Heures* «, p. 300–301.

15 Léon : » Schiller et Fichte «, p. 70. Voir aussi Winkelmann : » Schiller und Fichte «, p. 221: » L'artiste Schiller met beaucoup plus fortement l'accent sur la valeur de la matière. Sa conception de la nature est fondamentalement différente de celle de Fichte. Tandis que Fichte considérait la nature ou la matière comme une simple limite, […] Schiller allait au-delà de cette façon de voir et insistait sur la valeur en soi de l'élément sensible du monde. «

l'humanité à comprendre la nature exclusivement intellectuelle de son être et, par là, à considérer la dimension sensible de son existence comme un joug dont il s'agit de s'affranchir. Pour Schiller, qui voit dans la beauté la manifestation de la raison infinie au sein du monde fini, c'est plutôt l'artiste qui mettrait l'humanité sur la voie de la vertu, d'une part en démontrant par son art que l'affirmation de la raison n'exige pas le sacrifice de la sensibilité, et d'autre part en cultivant notre goût de manière à nous faire comprendre de quelle façon l'esprit infini peut s'incarner dans la réalité finie. Bref, les deux hommes, comme le soutient par exemple Wolfram Hogrebe, s'opposeraient „l'un à l'autre comme le *prêtre de la vérité* qu'est Fichte au *prêtre de la beauté* qu'est Schiller."[16]

Le refus de Schiller et la rupture qui s'ensuivit devraient être ainsi compris de la manière suivante. Schiller, dans ses *Lettres sur l'éducation esthétique de l'homme* parues dans les *Heures* entre janvier et juin 1795, aurait soutenu que les exigences de la raison n'étaient pas incompatibles avec celles de la sensibilité, et qu'il appartenait à l'artiste d'orienter l'humanité vers cette heureuse cohabitation de nos deux natures. En désaccord avec cette vision des choses, Fichte aurait voulu lui donner la réplique dans son article *Sur l'esprit et la lettre dans la philosophie*. Schiller, piqué au vif, lui aurait alors opposé une fin de non-recevoir.

Cette opposition caricaturale entre le philosophe qui cherche à réprimer la sensibilité et l'artiste qui prétend la glorifier, pour commode qu'elle soit, est cependant bien loin de rendre compte des subtilités de la réalité. Dans les pages qui suivent, je tâcherai de démontrer que Fichte et Schiller s'accordaient non seulement sur la manière dont la vertu devait être conçue, mais aussi pour reconnaître à l'artiste un rôle fondamental dans l'éducation morale de l'être humain – ou plus précisément : dans la préparation de l'être humain à la vertu.

Premièrement, il est faux de dire que Fichte concevait la raison comme radicalement opposée à toute sensibilité et que la vertu constituait selon lui un état de la raison désincarnée. Cette idée selon laquelle Fichte aurait vu dans l'incarnation sensible un obstacle aux fins de la raison, héritée de l'interprétation hégélienne de Fichte et reprise jusqu'aujourd'hui par un grand nombre de commentateurs, est contraire à l'esprit aussi bien qu'à la lettre de la philosophie fichtéenne. La doctrine de la science, comme l'écrit Fichte dès la première exposition de 1794–1795, peut être caractérisée comme un *idéalisme*

---

16   Hogrebe, Wolfram : » Schiller und Fichte. Eine Skizze. « In : Jürgen Bolten (éd.) : *Schillers Briefe über die ästhetische Erziehung*. Francfort-sur-le-Main 1984, p. 282, n. 11. Voir aussi Léon : » Schiller et Fichte «, p. 71 ; Léon : *Fichte et son temps*, I, p. 360 ; Winkelmann : » Schiller und Fichte «, p. 202–203, 235 ; Juillard : » La collaboration de Fichte aux *Heures* «, p. 308, 322.

„*pratique*".[17] Il s'agit d'un idéalisme, parce qu'elle affirme la réalité absolue de l'intelligence universelle. La réalité empirique, d'après les conclusions de la doctrine de la science, est pure représentation ; il s'agit selon Fichte d'un pur produit de l'activité intellectuelle inconsciente. Cela suffit déjà à établir qu'il n'y a pas d'opposition radicale entre raison et sensibilité, selon Fichte, puisque la réalité empirique dans la perspective fichtéenne n'est justement pas quelque chose de séparé de la raison. Ensuite, cet idéalisme est *pratique*, parce qu'à travers la représentation de la *multiplicité empirique* qu'elle se donne à elle-même, la raison n'a pas pour but ultime de se faire une image de la réalité effective, mais plutôt de la tâche qu'il lui appartient d'accomplir au plan moral, qui est de ne pas se perdre elle-même dans la multiplicité et de demeurer conforme à sa nature rationnelle comme principe d'identité. Le but de l'être humain, en tant qu'être fini doué de raison pratique, est de se préserver lui-même comme être raisonnable en dépit de tout ce qui advient dans le monde. Puisque la raison est principe d'identité, il y parvient dans la mesure où il arrive à penser chacune de ses actions dans le monde comme répondant à une intention unique. Comme l'écrit Fichte dans ses leçons sur la *Destination du savant* : „Le principe fondamental du système de l'éthique" peut être exprimé „par la formule suivante : *Agis de telle sorte que tu puisses penser la maxime de ta volonté comme loi éternelle pour toi.*"[18] (BdG GA I/3, 30) Dans la mesure où il s'élève à la conscience de cette intention unique, l'homme se saisit comme étant mu par la pure raison. Pour citer Fichte encore une fois : „Le moi empirique, déterminable et déterminé par les choses extérieures, peut se contredire ; – et chaque fois qu'il se contredit, c'est un signe certain qu'il n'est pas déterminé [...] par soi-même, mais par des choses extérieures. Et il ne doit pas en être ainsi [...] ; il doit se déterminer par soi-même, et ne jamais se laisser déterminer par quelque chose d'étranger." (Ibid.)

Ainsi, la raison pratique telle que la conçoit Fichte vise à affranchir l'homme non pas de toute *sensibilité*, comme on l'a dit trop souvent, mais de toute *détermination sensible*, ce qui est très différent. L'homme, d'un point de vue moral, selon Fichte, n'a pas pour tâche de s'évader du monde – ce qui est d'ailleurs absurde, puisque cela reviendrait à avoir l'obligation de se suicider -, mais simplement de s'affirmer dans le monde ou face au monde comme être raisonnable par une action cohérente.

Deuxièmement, il est également faux de dire que Schiller concevait la vertu en tant qu'harmonie de la raison et de la sensibilité s'exprimant

---

17   Voir Fichte : GWL GA I/2, 311 ; trad. Philonenko : Fichte : *Œuvres choisies de philosophie première (1794–1797)*. Paris 1980, p. 62 » Notre idéalisme n'est pas dogmatique, mais pratique; il ne détermine ce qui *est*, mais ce qui *doit être*. «

18   Trad. Vieillard-Baron (Fichte : *Conférences sur la destination du savant*. Paris 1994), p. 39.

esthétiquement. Le poète est très clair à ce sujet dans les *Lettres sur l'éducation esthétique de l'homme* : ce qu'il appelle dans ce texte l'*état esthétique* n'est pas l'*état de moralité*, mais un état intermédiaire entre l'état de nature et l'état de moralité, conditionnant la possibilité de ce dernier. C'est par la beauté, selon Schiller, qu'on arrive à la liberté[19], mais la beauté n'est pas elle-même la liberté morale. Comme il l'écrit :

> On peut donc distinguer trois moments ou trois degrés de développement différents que l'homme individu aussi bien que l'espèce entière doivent traverser nécessairement et dans un ordre déterminé, afin de parcourir le cycle entier de leur destination. [...] Aucune ne peut être entièrement omise [...]. L'homme dans son état *physique* subit purement et simplement le pouvoir de la nature ; il fait contrepoids à ce pouvoir dans l'état *esthétique*, et le maîtrise dans l'état *moral*.[20]

Les *Lettres* font simplement valoir qu'il est possible, à travers ce que Schiller appelle l'*état esthétique*, d'opérer la transition entre l'état originaire et naturel de l'être humain, dans lequel toute l'activité de ce dernier est déterminée de l'extérieur, et l'état moral dans lequel l'homme se détermine à l'action de manière autonome. Or que veut dire agir de manière autonome, selon Schiller ? Est autonome, explique-t-il, celui dont l'action répond à l'impératif d'identité de la raison pratique, c'est-à-dire celui qui s'affirme comme étant le même à travers tous les changements qui se produisent dans la réalité empirique. Pour citer encore une fois les *Lettres* : „On peut dire que chaque être humain individuel porte [...] en lui un homme pur et idéal, et la grande tâche de son existence est de rester d'accord, à travers tous les changements subis, avec l'immuable unité de ce dernier."[21]

Autrement dit, est moral celui dont l'action, dans sa multiplicité apparente, manifeste une unité de principe ou d'intention. Schiller calque sa définition de la vertu sur celle de Fichte, dont il cite d'ailleurs, précisément sur ce point, les *Leçons sur la destination du savant*.[22] Schiller, il est vrai, dans d'autres écrits – surtout dans les écrits antérieurs aux *Lettres* – semble parfois défendre une position différente. „L'art", écrit-il par exemple dans une lettre du 9 février 1789, „ [...] [prépare] la culture scientifique et morale, [...]. [Mais] celle-ci ne consti-

---

19   Voir Schiller : *Lettres sur l'éducation esthétique de l'homme*. NA XX, p. 312 ; trad. Régnier (Schiller : *Esthétique de Schiller*. Paris 1862), p. 190.
20   Schiller : *Lettres* NA XX, p. 388 ; trad. Régnier, p. 279.
21   Ibid., p. 316 ; trad. Régnier, p. 195.
22   Ibid., p. 316, n. ; trad. Régnier, p. 195, n. 1.

tue pas en elle-même le but suprême, mais simplement un deuxième échelon conduisant au but. Quoi qu'en pensent le chercheur et le penseur, qui décrètent précipitamment que la couronne leur revient et qui assignent à l'artiste la place au-dessous, la perfection humaine n'est atteinte que quand la culture scientifique et morale se résolvent de nouveau en beauté."[23] Cependant, on ne doit pas confondre ici l'idéal esthétique dont parle Schiller avec la vertu. Cet idéal, comme il ressort clairement de l'extrait cité, n'est pas la vertu, mais un état dont la vertu est la condition. Or un tel idéal dont l'atteinte est conditionnée par la vertu, dans la tradition kantienne à laquelle appartient Schiller, est ce qu'on appelle le souverain bien, à savoir l'état d'un bonheur dont on est digne, d'un bonheur proportionné à la vertu. La beauté du mouvement dont parle par exemple Schiller dans l'essai *Sur la grâce et la dignité* n'est pas l'expression de la vertu, mais du bonheur dont on devient digne lorsqu'on atteint la vertu, parce qu'elle exprime la réconciliation pleine et entière de la raison avec le monde. L'état que Schiller, dans les *Lettres*, caractérise comme *esthétique*, ne semble pas être identique à cet état idéal correspondant au souverain bien. Il s'agit plutôt, on le verra un peu plus loin, de l'état de la *sensibilité esthétique*, où l'homme développe son *goût*, c'est-à-dire son *amour de l'apparence*.

Enfin, il est encore faux d'affirmer que Fichte ait considéré que l'éducation morale de l'humanité dépendait des seuls progrès de la raison au sens strict et qu'il y ait vu la tâche exclusive du philosophe ou du savant. Fichte ne conteste absolument pas l'idée de Schiller selon laquelle la possibilité de l'état de moralité serait conditionnée par un état qu'il convient de caractériser comme *esthétique*. Il admet que l'éducation morale de l'humanité suppose l'éducation de la sensibilité esthétique, c'est-à-dire du goût, et que l'artiste joue un rôle essentiel à cet égard. Fichte, dans l'article *Sur l'esprit et la lettre*, est d'ailleurs beaucoup plus précis que Schiller ne l'est dans les *Lettres* concernant la nature du travail de l'artiste et de la manière dont ce dernier forme l'âme humaine et nous prépare à la vertu. Bien loin de les contredire, ses explications sur ce point, pour l'essentiel, confirment celles de Schiller. Cela mérite d'être expliqué de manière détaillée.

Pour Schiller, comme on vient de le voir, la destination morale de l'homme est de s'affranchir de toute détermination d'origine empirique, ce qui signifie qu'il doit s'élever à la conscience de l'identité de son agir. Originairement, l'homme concentre son attention sur l'objet, de telle sorte qu'il s'apparaît à lui-même comme ayant non pas une volonté, mais une foule de désirs incohérents. Puisqu'il se voit lui-même porté tantôt vers un objet, tantôt vers l'autre, il est pour lui-même un être hétéronome, sans *moi*, c'est-à-dire sans unité,

---

23   Schiller : lettre 144, NA XXV, p. 199.

déterminé par la multitude des choses extérieures : „éternellement changeant dans ses jugements, égoïste sans être lui-même, effréné sans être libre, esclave sans obéir à une règle."[24] Du sein de cette disposition, qui constitue son état d'esprit naturel, l'homme doit parvenir à s'affirmer comme être libre, c'est-à-dire qu'il doit se saisir comme agissant d'après un unique principe. Autrement dit, l'homme doit comprendre que son agir n'est pas déterminé ou limité par l'objet, que ce qui est recherché à travers l'action posée, n'est jamais quelque chose en particulier ; il doit comprendre que l'objet de son agir est illimité, qu'il s'agit de l'infini lui-même, ou ce qui est encore la même chose : que son agir constitue pour lui-même son propre objet.

Mais comment est-ce possible ? Comment l'homme apprendra-t-il à se détacher de l'idée selon laquelle sa satisfaction dépend de la réalité de l'objet et des avantages qu'il espère tirer des résultats de son action, pour comprendre que c'est l'action elle-même qu'il veut et dont il cherche à maintenir à travers son action les conditions de possibilité ? Réponse de Schiller : il l'apprend dans la mesure où se développe en lui l'amour de l'apparence, c'est-à-dire sa sensibilité esthétique, son goût.

> Quel est donc le phénomène par lequel s'annonce chez le sauvage l'entrée dans l'humanité ? Aussi loin que nous portions nos regards dans l'histoire, ce phénomène est toujours identique chez tous les peuples qui se sont affranchis de la servitude de l'état bestial : l'amour de l'*apparence*, le penchant à la *parure* et au *jeu*.[25]

Plus il cultive son intérêt pour la pure forme des choses, plus l'homme réalise que l'objet de son aspiration n'est pas lié à l'*existence* matérielle des choses : le bel objet, il l'aimerait tout autant même s'il ne s'agissait que d'une illusion, d'un simple reflet, d'une image.[26] C'est ainsi qu'il se libère de l'emprise qu'exercent sur lui les objets pour trouver sa satisfaction en lui-même, dans sa propre faculté de représentation, dans son pouvoir de fabriquer mentalement des images dont il ne peut faire aucun usage pragmatique ni ne peut tirer aucun avantage. Ce plaisir qu'il découvre ainsi peu à peu et développe en lui insensiblement, est celui de la pure création, de l'action pour l'action.

---

24   Schiller : *Lettres* NA XX, p. 388 ; trad. Régnier, p. 279.
25   Ibid., p. 399 ; trad. Régnier, p. 291.
26   Voir Schiller : *Lettres*, NA XX, p. 402 ; trad. Régnier, p. 294 : » Il n'est nullement nécessaire que l'objet dans lequel nous trouvons la belle apparence soit sans réalité, pourvu que, dans le jugement que nous portons sur lui, nous ne tenions aucun compte de cette réalité ; car dès qu'on en tient compte le jugement n'est plus esthétique. «

> La réalité des choses est l'œuvre des choses; l'apparence des choses est l'œuvre de l'homme, et une âme qui se repaît de l'apparence ne trouve déjà plus de plaisir à ce qu'elle reçoit, mais à ce qu'elle fait.[27]

Lorsque l'amour de l'apparence se sera développé au point de surpasser l'intérêt pour l'objet réel, l'homme pourra être considéré comme ayant définitivement quitté l'état de nature.

> Partout où nous découvrons chez l'homme les indices d'une estime libre et désintéressée pour la pure apparence, nous pouvons conclure [...] que l'humanité a vraiment commencé en lui. [...] Dès qu'en général il commence à préférer la forme au fond, et à risquer la réalité pour l'apparence (mais il faut qu'il la reconnaisse pour telle), on peut être certain que les barrières de la vie animale sont tombées, et qu'il se trouve sur une voie qui n'a point de fin.[28]

Le beau affranchit l'homme de toute nécessité d'agir de manière particulière, il le met en possession de la liberté en lui faisant comprendre que ce qui est visé par l'action n'est rien d'extérieur à l'action elle-même. Il nous place donc dans un état de calme, de quiétude et d'inaction, qui constitue le prélude et la condition de tout agir spontané. „Si [...] la disposition esthétique de l'âme doit d'un côté, eu égard aux effets particuliers et déterminés, être considérée comme zéro ; il faut d'un autre côté la considérer comme l'état de *la réalité la plus élevée*, considérant l'absence de limite [...] des forces qui y sont en jeu."[29] Au moment où le chasseur réalise qu'il préfère l'arc finement travaillé et ornementé à celui qui remplit le mieux sa fonction d'arme, il réalise (intuitivement, bien entendu, non conceptuellement) que sa destination dépasse infiniment la survie, le plaisir des sens et la domination de l'ennemi : il réalise que rien au monde ne pourra jamais lui donner satisfaction, mais qu'il tire la totalité de sa satisfaction de lui-même, du simple fait d'agir et de créer.

Et c'est ici bien entendu que l'artiste, selon Schiller, est susceptible de jouer dans l'éducation humaine un rôle fondamental. Il lui appartient, par ses œuvres d'art, sinon d'éveiller, du moins de nourrir chez les autres l'amour de l'apparence et, par là, la conscience de leur destination morale qui est d'agir ou de créer spontanément, sans calcul d'utilité. L'œuvre d'art réussie est celle qui met le mieux en valeur la forme de l'objet en l'opposant à sa fonction ou

---

27   Ibid., NA XX, p. 399 ; trad. Régnier, p. 292.
28   Ibid., NA XX, p. 405 ; trad. Régnier, p. 298–299.
29   Ibid., NA XX, p. 379 ; trad. Régnier, p. 269.

sa matérialité (son existence), c'est celle qui se donne comme négation de la fonction ou de la matérialité par la forme. Comme l'écrit Schiller :

> Le véritable secret de l'art du maître consiste à anéantir la matière par la forme ; et plus la matière est par elle-même imposante, démesurée, séduisante, [...] plus grand est aussi le triomphe de l'art qui la dompte et maintient sa domination sur le spectateur.[30]

Lorsqu'une épée est si finement travaillée et ornementée que, quoique parfaitement fonctionnelle, elle apparaît immédiatement comme n'étant pas faite pour être utilisée, il s'agit d'une œuvre d'art accomplie. Lorsqu'un marbre est si finement sculpté qu'on est tenté de le toucher pour s'assurer qu'on a bien affaire à de la pierre, on est en présence d'une œuvre d'art réussie.

Néanmoins, il est absolument fondamental de le noter, cet état esthétique, dans lequel l'être humain ayant cultivé le goût de l'apparence réalise que l'objet de son agir n'est jamais l'objet, mais l'agir lui-même, *n'est pas encore l'état de moralité*. Dans la mesure où il prend conscience du fait qu'il ne tire pas sa satisfaction des conséquences de l'action, mais de l'action elle-même, l'homme est affranchi de toute soumission à l'objet, mais cela ne suffit pas à rendre son agir *moral*. Il ne suffit pas qu'une action soit posée sans prendre garde aux conséquences qu'elle pourrait avoir, pour être morale. Si c'était le cas, n'importe quelle action irréfléchie, posée pour le simple plaisir de faire quelque chose et d'échapper à l'ennui, devrait être considérée comme un témoignage de vertu. Certes, l'action morale, en dernière analyse, n'est rien de plus que l'action posée pour elle-même, l'action gratuite. Mais à la différence de l'action créatrice propre à l'état esthétique, elle fait l'objet d'une compréhension conceptuelle : là où l'homme de l'état esthétique se contente de jouir de la spontanéité de son action sans y réfléchir, l'homme de l'état moral saisit *conceptuellement* l'action comme étant la fin qu'il poursuit pour elle-même. Et cette compréhension introduit une différence qualitative importante dans la manière dont l'homme choisira d'agir : il ne se contentera pas d'agir spontanément, comme l'homme de l'état esthétique, mais il tâchera d'agir de manière à maintenir éternellement la possibilité de l'action, de telle sorte que l'action ne tende pas à anéantir sa propre possibilité. Autrement dit, une action est morale dans la mesure où elle répond au concept d'une activité universalisable et durable, dans la mesure où elle répond au principe de l'identité rationnelle. Schiller suit Kant. Comme il l'écrit, l'homme moral est celui qui parvient à considérer „la voix de

---

30   Ibid., NA XX, p. 382 ; trad. Régnier, p. 272.

la raison comme son véritable moi"[31]. Ainsi, l'état esthétique est très certainement un préalable à la vertu, parce qu'il met l'homme en possession de la liberté d'arbitre, c'est-à-dire qu'il lui donne la capacité de faire ce qu'il veut, d'agir de manière spontanée. Mais il n'est pas la vertu elle-même, qui suppose encore de la part de l'homme un effort intellectuel afin de déterminer le concept d'une activité éternelle d'après lequel il devra agir s'il veut être moral, ainsi que la force de caractère nécessaire en vue de conformer réellement son action à ce concept. Pour citer encore une fois les *Lettres* :

> Par la culture esthétique, la valeur personnelle d'un homme ou sa dignité, en tant qu'elle peut dépendre de lui-même, demeure ainsi complètement indéterminée, et le seul résultat obtenu, c'est [...] [qu'il] devient pour lui possible de faire de lui-même ce qu'il veut – que la liberté d'être ce qu'il doit être lui est complètement rendue.[32]

Or il ressort de l'article *Sur l'esprit et la lettre* et des autres textes de Fichte datant de la même période, que, tout cela, Fichte l'accorde sans réserve à Schiller.

Pour Fichte, comme pour Schiller, l'homme, originairement déterminé par les objets empiriques extérieurs,[33] doit s'élever, comme on l'a vu, à la conscience de son autonomie, c'est-à-dire à la conscience de l'unité de son agir, à la conscience de ceci que son agir est déterminé d'après le concept d'une activité durable.

Et pour Fichte, comme pour Schiller, c'est dans l'état esthétique que nous prenons originairement conscience de notre autonomie. „C'est le sens esthétique, et lui seul", écrit Fichte dans l'article *Sur l'esprit et la lettre*, „qui nous fournit le premier point d'appui solide au sein de notre intériorité"[34] (GB GA I/6, 353). C'est-à-dire que c'est dans l'état esthétique, dans la disposition d'esprit où nous nous trouvons lorsque notre sensibilité esthétique, notre goût,

---

31 Ibid., NA XX, p. 392 ; trad. Régnier, p. 283. D'aucuns s'étonneront peut-être de trouver une telle phrase sous la plume de Schiller – surtout s'ils le connaissent à travers la lecture antirationaliste qu'on en propose habituellement. Elles montrent pourtant à quel point Schiller, malgré toutes les critiques qu'il a pu formuler à leur égard, était proche des pensées de Kant et de Fichte.

32 Ibid., NA XX, p. 377–378 ; trad. Régnier, p. 267.

33 Voir BdG, GA I/3, 30 ; trad. Vieillard-Baron, p. 39 ; et GB GA I/6, 348 ; trad. Ferry (Fichte : *Essais philosophiques choisis*. Paris 1984), p. 96 : » Au premier degré de la culture, aussi bien celui de l'individu que celui de l'espèce, la pulsion pratique, et ce dans sa manifestation la plus basse, celle qui vise la conservation et le bien-être de la vie animale, surpasse toutes les autres pulsions [...]. «

34 Trad. Ferry, p. 101.

se trouve développé, que l'homme réalise que ce qu'il est essentiellement ne dépend pas de quelque chose d'extérieur, mais constitue pour lui-même son propre fondement. En effet, qu'est-ce que le goût ? C'est „l'aptitude à juger [...] de façon juste et valable pour tous"[35] (GB GA I/6, 351–352) de ce que doit être un objet considéré de manière „tout à fait désintéressée"[36] (GB GA I/6, 351), indépendamment de son existence. Autrement dit, c'est l'aptitude à juger non pas de ce qu'est l'objet ou de ce qu'il devrait être, mais de la manière dont il devrait nous *apparaître* afin de nous plaire. Il existe en l'homme, dit Fichte, un intérêt pour „la représentation en tant que pure représentation"[37] (GB GA I/6, 342), c'est-à-dire un intérêt qui nous pousse à considérer les représentations empiriques indépendamment de leur objectivité, indépendamment de l'extériorité à laquelle nous les rapportons. En vertu de cet intérêt, les représentations empiriques sont donc considérées comme la manière dont les objets *nous apparaissent*, en vue de savoir si cette apparence, en tant que telle, nous convient ou non. Fichte donne à ce propos l'exemple suivant :

> [...] Il devrait, disiez-vous alors [en vous arrêtant devant tel paysage], y avoir sur cette hauteur un petit village sous les arbres, ou un bois. Vous ne désiriez pas avoir une maison dans ce village, ou vous promener à l'ombre de ce bois ; et cela vous aurait tout à fait suffi si l'on avait, à votre insu, par un artifice optique, produit simplement l'apparence que vous souhaitiez. D'où cela provenait-il ? Votre sens esthétique était déjà éveillé à la vue des premiers objets, du fait que ceux-ci l'avaient satisfait de manière imprévue ; mais il était offensé que cette vue dût s'abîmer si soudainement et que vos yeux dussent sombrer derrière la colline dans l'espace vide.[38]
> GB GA I/6, 351

Cet intérêt, que Fichte appelle la pulsion esthétique,[39] n'est évidemment rien d'autre que l'amour de l'apparence dont parle Schiller. Or, en tant qu'elle est animée de cet intérêt, notre intelligence constitue son propre objet : elle agit en produisant une représentation, et cette représentation suffit à la satisfaire, elle est elle-même ce qui était visée par l'activité de notre esprit. Ainsi, dans la mesure où nous cultivons cet intérêt, nous prenons conscience que notre activité n'est pas nécessairement déterminée par les objets extérieurs, et c'est

---

35   Ibid., p. 100.
36   Ibid.
37   Ibid., p. 91.
38   Ibid., p. 99–100.
39   Voir GB GA I/6, 341 ; trad. Ferry, p. 90.

en ce sens qu'il est possible d'affirmer avec Fichte que c'est le développement du sens esthétique ou du goût qui nous ouvre à notre intériorité, ou en d'autres termes : qui nous révèle à nous-mêmes en tant qu'entités indépendantes.

Or si chacun – comme dans l'exemple du paysage donné un peu plus haut – peut découvrir cette intériorité par lui-même à l'occasion de l'expérience ordinaire, c'est avant tout grâce à l'artiste de „génie" et à „l'art qui l'accompagne", poursuit Fichte, qu'il est donné à la plupart des individus d'en découvrir les „profondeurs cachées" (GB GA I/6, 353).[40] Seul l'artiste inspiré a véritablement le pouvoir de révéler à l'humanité toute la puissance de l'attraction que la pure représentation est susceptible d'exercer sur nous. Certes, „ce que l'inspiré ressent en son sein se trouve en tout cœur humain, et son sens est le sens commun de l'humanité entière" (ibid.), mais l'artiste seul a le pouvoir de sonder les profondeurs du cœur humain pour mettre au jour les trésors qui y sont enfouis. Ainsi, il est clair que l'artiste, dans la perspective fichtéenne, comme dans celle de Schiller, joue un rôle clef dans le développement moral de l'humanité. Car l'homme, de manière originaire, ne peut s'élever selon Fichte à la conscience de son autonomie si ce n'est dans l'expérience esthétique que l'artiste seul peut lui faire connaître dans toute son intensité. On aurait donc tort d'affirmer, par exemple, avec Catherine Juillard, que „la notion d'éducation esthétique, ainsi que l'analyse de la tendance qui pousse l'homme vers la beauté sont des thèmes étrangers à Fichte."[41]

Et enfin, pour Fichte, comme pour Schiller encore une fois, la liberté de l'état esthétique à laquelle accède l'humanité grâce à l'artiste n'est pas encore la liberté morale. Fichte écrit à ce propos :

> L'artiste inspiré ne s'adresse nullement à notre liberté, il compte même si peu sur elle que son charme ne commence à opérer qu'après que nous avons renoncé à elle. Grâce à son art, il nous élève par moments dans une sphère plus élevée, sans que nous y soyons pour rien. Nous ne devenons en rien plus vertueux ; cependant, les champs non défrichés de notre esprit s'en trouvent ouverts, et lorsqu'un jour, pour d'autres raisons, nous nous décidons librement à en prendre possession, nous trouvons que la moitié des résistances est levée, que la moitié du travail est faite.[42]

---

40   Ibid., p. 102.
41   Juillard : » La collaboration de Fichte aux *Heures* «, p. 307.
42   GB GA I/6, 361 ; trad. Ferry, p. 109. Xavier Léon (voir » Schiller et Fichte. « In : Léon : *Études sur Schiller*. Paris 1905, p. 78) veut voir dans ce passage une critique adressée à Schiller, » dont toute la théorie «, écrit-il, » a justement son principe dans la liberté, dont tous les efforts visent justement la moralisation générale. « Cette analyse toutefois ne m'apparaît

L'état esthétique n'est pas encore la vertu, mais seulement la condition – *sine qua non* – de la vertu. Il prépare à la vertu. L'art et l'artiste ne nous rendent pas encore vertueux. Relativement à l'éducation morale de l'humanité, ils ne peuvent pas tout faire : ils n'accomplissent que „la moitié du travail". En quel sens „la moitié" ? Selon toute vraisemblance, précisément au sens où l'entend Schiller : l'artiste, comme on l'a vu, nous révèle notre propre intériorité, c'est-à-dire qu'il nous révèle à nous-mêmes comme des êtres dont la satisfaction ne dépend pas de quelque chose d'extérieur, comme des êtres capables de se satisfaire eux-mêmes par leur propre activité intellectuelle. Par là, il nous met en possession d'une autonomie qui ne connaît pas de bornes, ni extérieures ni intérieures. Une telle autonomie cependant n'est pas encore la moralité, qui, comme l'explique Fichte dans les *Leçons sur la destination du savant*, consiste à limiter sa propre activité afin de la rendre cohérente, ou ce qui est la même chose : afin de la rendre éternellement possible. Être moral, comme je l'ai déjà dit plusieurs fois, c'est agir d'après le concept d'une activité cohérente. Or l'artiste peut nous amener à nous libérer de la limitation extérieure, mais il ne peut nous amener à nous limiter nous-mêmes librement. C'est d'ailleurs ce que Fichte affirme encore plus clairement dans le *Système de l'éthique* de 1798 – qui est justement l'année où Fichte, après y avoir apporté quelques modifications mineures, publiera finalement son article *Sur l'esprit et la lettre* :

> Le bel art renvoie l'homme en lui-même et fait qu'il s'y trouve chez lui. Il l'affranchit de la nature donnée et en fait un être autonome et n'existant que pour soi. Or l'autonomie de la raison constitue comme on le sait notre fin dernière.
>
> Le sens esthétique n'est pas la vertu : en effet, la loi morale exige l'autonomie d'après des *concepts*, tandis que le premier apparaît spontanément sans aucun concept. Mais il est une préparation à la vertu, il lui prépare le terrain et, quand intervient la moralité, elle trouve déjà accomplie la moitié du travail, à savoir la libération des liens de la sensibilité.
>
> La formation esthétique a donc un rapport on ne peut plus étroit avec la promotion des fins de la raison [...].[43]
>
> SL GA I/5, 308

---

       pas fondée. Car s'il est vrai que Schiller a pour but de favoriser le développement de la liberté morale, il admet également comme on l'a vu que l'art ne peut pas nous rendre vertueux, mais seulement nous préparer à la vertu en nous affranchissant des déterminations d'origine extérieures.

43   Trad. Naulin (Fichte : *Le système de l'éthique d'après les principes de la doctrine de la science*. Paris 1998), p. 331–332.

L'accord de Fichte et de Schiller, du moins sur les points abordés, paraît donc total. Leur conception de la vertu est la même, ils posent tous deux l'état esthétique comme état intermédiaire entre l'état de nature et l'état moral et comme condition de possibilité de ce dernier, et ils s'accordent également pour l'essentiel sur l'importance du rôle qui échoit au génie artistique dans l'éducation morale de l'homme. Bien que cette connivence n'exclue pas certaines divergences de points de vue sur d'autres aspects, on est bien loin de pouvoir conclure, avec Xavier Léon ou Catherine Juillard, que l'article de Fichte *Sur l'esprit et la lettre* était essentiellement une riposte aux *Lettres* de Schiller.[44] Objectivement, on peut le dire, Fichte avait de quoi s'étonner et s'irriter de l'attitude de Schiller : pourquoi cette violence à son égard alors qu'il lui concédait l'essentiel de l'argument développé dans les *Lettres sur l'éducation esthétique de l'homme* ? Mon hypothèse à ce propos est que celle-ci n'avait rien à voir avec le *contenu spécifique* de l'article de Fichte, c'est-à-dire avec la conception fichtéenne du rôle de l'art et de l'artiste dans l'éducation morale de l'être humain. Schiller, sans doute, avant même de recevoir l'article *Sur l'esprit et la lettre*, songeait déjà à l'écarter de sa revue et à rompre ses rapports avec lui. Qu'on ne s'y trompe pas : le refus de publication de Schiller, communiqué à Fichte dans une lettre d'une désobligeance extrême et excessive,[45] ne vise pas simplement l'article *Sur l'esprit et la lettre* ; il s'agit d'un avis de rupture. La suite des événements parle d'ailleurs d'elle-même : après avoir expliqué à Fichte les motifs de son refus, Schiller coupera les ponts : il refuse désormais toute discussion et tout commerce avec Fichte ; une décision sur laquelle il ne reviendra jamais, malgré tous les efforts déployés par Fichte afin de renouer avec lui.[46] Est-ce à dire que les motifs de cette rupture étaient d'ordre irrationnel ? Plusieurs l'ont cru. Jugeant la violence du rejet de Schiller disproportionnée par rapport aux raisons invoquées par ce dernier pour se justifier, ils concluent que les motifs de cette querelle n'étaient pas de nature philosophique. À leur avis, on a ici affaire à

---

44 Voir Léon : » Schiller et Fichte «, p. 70, 73–74. Juillard : » La collaboration de Fichte aux *Heures* «, p. 312 : » Son essai [l'essai de Fichte *Sur l'esprit et la lettre*] […] est en réalité une riposte aux *Lettres* de Schiller sur l'éducation esthétique […]. «

45 Voir Fichte : Brouillons de lettre 291a, 291b et 291c (23 et 24 juin 1795), GA III/2, 329–335.

46 Trois ans après ces événements, Fichte osera finalement se présenter de nouveau chez Schiller pour se heurter à la même morgue. Dans le cadre de la querelle de l'athéisme, Schiller, au dire de Fichte lui-même, se montrera tout aussi peu amical. Voir Schiller : Lettre 265 (28 août 1798), NA XXIX, p. 268. À ce sujet, voir aussi Winkelmann : » Schiller und Fichte «, p. 246–247. Xavier Léon, qui voit toute la carrière de Fichte avec des lunettes roses, prétend que le „différend littéraire [de Fichte et Schiller] n'effleura même pas leur amitié" (» Schiller et Fichte «, p. 83). Ce jugement m'apparaît très peu lucide. Fichte à coup sûr ne cessa jamais d'estimer Schiller et de l'aimer profondément, mais l'inverse n'est pas vrai.

deux auteurs extrêmement fiers, aux égos hypertrophiés, rivalisant d'une manière générale pour la domination de leur système philosophique, et pour l'approbation de Goethe en particulier.[47] Personnellement, il m'est impossible d'admettre que des hommes pareils, animés, comme ils l'étaient sans conteste, d'un amour de la vérité dont l'histoire de l'humanité offre peu d'exemples, aient été capables d'une telle bassesse, et je ne veux voir dans ce conflit que l'expression d'un désaccord touchant la manière de penser – qui bien entendu implique elle-même une façon de sentir expliquant l'engagement affectif des auteurs dans le conflit. L'examen de la correspondance, me semble-t-il, permet de développer un argument en ce sens. Il semble que Schiller, quelque temps avant la réception de l'article de *Sur l'esprit et la lettre*, se soit ouvert les yeux sur un aspect essentiel de la philosophie fichtéenne lui ayant échappé jusqu'alors, et que la reconnaissance de cet aspect l'ait amené à juger *infranchissable* l'intervalle séparant sa propre vision du monde de celle de Fichte. De quel aspect s'agit-il ? Qu'est-ce donc qui, dans la philosophie de Fichte, irritait et exaspérait Schiller à tel point qu'il estima que tout dialogue et tout rapport avec ce dernier étaient peine perdue ? Cette question, bien entendu, devrait faire l'objet de développements détaillés dans un article séparé. Qu'il suffise de dire, à titre indicatif, que cet aspect de la philosophie de Fichte devait lui préparer bien des misères encore. Il lui devrait bien d'autres ruptures, et de plus douloureuses : avec Reinhold, avec les Romantiques, avec Schelling... Je veux parler de sa conception de la nature. En effet, dans une lettre à Goethe du 28 octobre 1794, Schiller parle de la philosophie fichtéenne dans les termes suivants :

> D'après les déclarations orales de Fichte – car dans son livre [la *Grundlage*] il n'en était pas encore question -, le moi est également le produit de sa propre représentation, et toute la réalité se trouve dans le seul moi. Le monde, de son point de vue, n'est rien de plus qu'une balle que le moi a lancée en l'air, et qu'il rattrape au moyen de la réflexion ! Ainsi, Fichte aurait donc vraiment déclaré sa propre divinité, comme nous nous y attendions récemment.[48]

---

47 Sur le supposé orgueil de Fichte et de Schiller, ainsi que leur désir de voir leur système philosophique l'emporter sur celui de l'autre, voir Juillard : » La collaboration de Fichte aux *Heures* «, p. 314, 324. Sur l'idée selon laquelle Fichte et Schiller auraient rivalisé afin d'obtenir l'approbation de Goethe, voir Schulz, Günter : » Die erste Fassung von Fichtes Abhandlung *Über Geist und Buchstab in der Philosophie in einer Reihe von Briefen. Ein Beitrag zum Verhältnis Fichte-Schiller.* « In : *Neue Folge des Jahrbuchs der Goethe-Gesellschaft* 17 (1955), p. 117. Voir aussi Juillard : » La collaboration de Fichte aux *Heures* «, p. 301.

48 Schiller : Lettre 56 (28 sept. 1794), NA XXVII, p. 74.

Schiller, comme il ressort de cet extrait, ne souffrait pas l'idée que la réalité empirique puisse être de nature purement représentative.[49] Ce trait fondamental de la pensée de Fichte, qui, on ne sait comment, lui avait échappé au point de départ, lui rendit apparemment Fichte insupportable. La correspondance le confirme : suite à sa découverte touchant la nature de l'idéalisme fichtéen, Schiller ne trouve plus que du mal à dire de Fichte ; les sarcasmes se mettent à fuser à propos de ce dernier entre lui et Goethe. „Avec le départ de l'ami Fichte", écrit-il par exemple à Goethe en mai 1795 après que Fichte ait quitté temporairement Iéna pour Osmanstädt, „s'est tarie la source la plus abondante en matière d'absurdités".[50] Dès qu'il découvrit en Fichte un ennemi du réalisme transcendant, Schiller, peut-on penser, chercha une occasion de rompre ses relations et, surtout, sa collaboration avec lui. Elle lui sera fournie par l'article *Sur l'esprit et la lettre*,[51] dans lequel Fichte affirme clairement sa position idéaliste.[52]

---

49 Certains commentateurs, tout en cédant à la vision caricaturale selon laquelle le conflit Fichte-Schiller aurait opposé le philosophe, valorisant la raison au détriment de la sensibilité, à l'artiste soucieux de défendre la valeur intrinsèque de cette dernière, ont tout de même su reconnaître que la position idéaliste de Fichte faisait partie de ce que Schiller était incapable d'accepter chez ce dernier. Voir Juillard : » La collaboration de Fichte aux *Heures* «, p. 301–302.

50 Schiller : Lettre 148 (15 mai 1795), NA XXVII, p. 184.

51 Schiller il est vrai publiera dans les *Heures* en janvier 1795 une première contribution de Fichte, l'article *Sur la stimulation et l'accroissement du pur intérêt pour la vérité*. Sans doute a-t-il jugé que cet article, qui ne trahit pas clairement l'idéalisme de Fichte – mais que Schiller cependant n'apprécia guère (voir Juillard : » La collaboration de Fichte aux *Heures* «, p. 310–311, 320) -, n'était pas suffisamment embarrassant pour justifier un refus.

52 Voir Fichte : GB GA I/6, 340 ; trad. Ferry, p. 89 : » Quand bien même, comme le veulent quelques philosophes, nous ferions provenir des objets la matière de [...] [notre] représentation et accorderions que les images affluent vers [...] [nous] de tous côtés en provenance des choses [...]. « Fichte dans cet extrait sous-entend clairement qu'il soutient pour sa part que la matière de nos représentations, tout comme leur forme, n'est pas d'origine extérieure, mais trouve son origine dans l'intelligence elle-même.

KAPITEL 13

Liefert die Wissenschaftslehre bloß eine psychologische Erklärung des „echten" Idealismus? Ein weiterer Beitrag zur Auseinandersetzung zwischen Fichte und Schelling

Faustino Fabbianelli

Abstract

The paper aims to explicate on the basis of the concept of psychologism the debate between Fichte and Schelling on the first philosophy. It moves from some statements of the year 1801–1806 that Schelling makes in the context of his philosophy of nature as well as of her relationship to Fichte's doctrine of science. Because of his various meanings, of them the two philosophers do not seem to be always conscious, the category of psychologism is not as clear as it instantly could appear. It comes for different reasons along with concepts like anthropologism, philosophy of reflection, life as well as knowledge.

Zusammenfassung

Ziel des vorliegenden Beitrags ist, die Auseinandersetzung zwischen Fichte und Schelling um die erste Philosophie anhand des Begriffs von „Psychologismus" nochmals zu erläutern. Ausgangspunkt stellen einige Äußerungen dar, die Schelling in verschiedenen Schriften aus den Jahren 1801–1806 im Zusammenhang mit der Naturphilosophie sowie deren Verhältnis zur Wissenschaftslehre macht. Man wird sehen, dass die Kategorie des Psychologismus gar nicht so eindeutig ist, wie es auf den ersten Blick aussehen könnte; in sie fallen nämlich unterschiedliche Bedeutungen, die innerhalb der Debatte zwischen Fichte und Schelling im Spiel sind und derer die Disputanten selbst sich nicht unbedingt bewusst zu sein scheinen. Mit der Kategorie des Psychologismus gehen aus unterschiedlichen Gründen Begriffe wie Anthropologismus, Reflexionsphilosophie, Leben bzw. Wissen einher.

Schlüsselwörter

Psychologismus – Anthropologismus – Ontologie – Transzendentalphilosophie

1 Kurze Einleitung

Der vorliegende Beitrag hat zum Ziel, die bereits aus verschiedenen Gesichtspunkten beleuchtete Auseinandersetzung zwischen Fichte und Schelling um die erste Philosophie durch den Begriff des „Psychologismus" auf eine andere Weise zu erläutern. Ausgangspunkt stellen einige Äußerungen dar, die Schelling im Zusammenhang mit der Naturphilosophie sowie deren Verhältnis zur Wissenschaftslehre zum Ausdruck bringt. Dies ist kein theoretischer Zufall, es stellt vielmehr eine wesentliche Notwendigkeit dar, weil nur anhand bestimmter spekulativer Ressourcen von Psychologismus als Einwand die Rede sein kann. Man wird auch sehen, dass die Kategorie des Psychologismus gar nicht so eindeutig ist, wie es auf den ersten Blick aussehen könnte; in sie fallen unterschiedliche Bedeutungen, die innerhalb der Debatte zwischen Fichte und Schelling im Spiel sind und derer die Disputanten selbst sich nicht unbedingt bewusst zu sein scheinen.

2 Fichtes Wissenschaftslehre und die Psychologie

Fichtes spekulatives Unternehmen folgt bewusst der neuen Konzeption der Philosophie, die Kant in der *Kritik der reinen Vernunft* darstellt. Nach der dort ausgeführten Widerlegung der rationalen Psychologie boten sich den Anhängern der neuen Transzendentalphilosophie mindestens drei Möglichkeiten: erstens sich empirisch orientierten Untersuchungen zu widmen – man denke z. B. an die *Empirische Psychologie* von Carl Christian Erhard Schmid –, zweitens den transzendentalphilosophischen Ansatz nicht mehr wie bei Kant im Sinne einer strengen *quaestio iuris* zu verstehen, sondern ihn in eine höhere Psychologie zu transformieren, die auf Tatsachen des Bewusstseins rekurriert (wie es Karl Leonhard Reinholds Elementarphilosophie tut), oder drittens die authentische Transzendentalphilosophie Kants auf eine andere Weise aufzustellen. Fichtes Wissenschaftslehre stellt in dieser Hinsicht einen der wichtigsten Beiträge der nachkantischen Reflexion dazu dar, ein kritisches Denken zu formulieren, dessen Ziel es ist, sich nicht mit den Gegenständen, sondern vielmehr mit dem Wissen von denselben a priori zu befassen. Die Möglichkeitsbedingungen der Erfahrung sollen in diesem Zusammenhang weder im Sinne der Empirie noch im Sinne faktischer höherer Gegebenheiten verstanden werden, die ihrerseits anderen empirischen Tatsachen zugrunde liegen, sie sollen hingegen als die genetisch rekonstruierbaren Elemente des Wissens angesehen werden, welches sie als Handlungen eines reinen Ich betrachtet.

Im Kontext des letzten Ansatzes scheint *prima facie* für die Psychologie kein Raum übrig zu bleiben. Der *Sonnenklare Bericht* behauptet das in aller Klarheit: „Die Wissenschaftslehre ist nicht Psychologie, welche letztere selbst nichts ist." (GA I/7, 222) Und doch: Wenn das Augenmerk auf die Terminologie der Wissenschaftslehre gerichtet wird, erweist sich die Sachlage als komplizierter. Man begegnet nämlich Begriffen wie z. B. „Trieb" oder „Vermögen", die der alten vorkritischen Schulphilosophie angehören und welche von Fichte transzendentalphilosophisch als Möglichkeitsbedingungen des Wissens ausgelegt werden. Mir scheint, dass Fichtes Wissenschaftslehre gerade durch das Übernehmen solcher psychologischer Begrifflichkeit, die dazu dient, das System der Wissenschaftslehre selbst zu begründen, imstande ist, über Kants Kritik hinauszugehen.[1] Diese transzendentalphilosophische Transformation stellt als solche keinen Psychologismus dar, sie kann jedoch unter bestimmten Bedingungen so angesehen werden. Dies zeigt uns Schellings Fichtekritik klar.

Der Weg meiner Überlegungen ist somit bereits beschrieben: Nachdem ich in einem ersten Schritt die Hauptkoordinaten von Fichtes und Schellings Auseinandersetzung mit Hinsicht auf den Psychologismus erläutert habe, will ich mich der Frage zuwenden, in welchem Sinne eine derartige Kritik Schellings vom Standpunkt der Wissenschaftslehre aus legitimiert bzw. nicht legitimiert werden kann.

3 Schellings Einwände

Schelling ist der Meinung, es bestehe zwischen der Wissenschaftslehre Fichtes und der Psychologie ein Verhältnis, welches dazu berechtigt, gegen die erste den Einwand des Psychologismus zu erheben. Es lohnt sich, an die exakte Formulierung von Schellings Behauptungen zu erinnern. In einem Brief vom 3. Oktober 1801 an Fichte stellt Schelling fest, der Idealismusbeweis, so wie er im *Sonnenklaren Bericht* ausgeführt ist, scheine ihm „ziemlich psychologisch, fast wie in Lichtenbergs nachgelassenen Schriften." (GA III/5, 89) Fünf Jahre später definiert Schelling die von Fichte in den populären Schriften aus den Jahren 1804–1806 (*Über das Wesen des Gelehrten, Grundzüge des gegenwärtigen Zeitalters* und *Anweisung zum seligen Leben*) angeführte Erklärung des Idealismus

---

1 Den Beweis dieser Sachlage innerhalb der praktischen Philosophie habe ich zu liefern versucht in meinem Buch *Impulsi e libertà. » Psicologia « e » trascendentale « nella filosofia pratica di J. G. Fichte*. Genua 1998.

nochmals als „psychologisch."[2] Bezüglich der Deduktion der Mannigfaltigkeit unterstreicht Schelling, dass die Spaltung des Seins in ein unendliches Vieles im wirklichen Bewusstsein nicht aufzuheben sei; „denn nicht *Er*, das bestimmte Individuum, Fichte genannt, sondern das absolute Bewußtsein macht sie, und muß schlechthin sie machen, ohne sich ihrer selbst wieder bewußt zu seyn." Diese Notwendigkeit stellt nun Schelling zufolge keine echte Wesensnotwendigkeit dar, sie beruht hingegen auf einer zufälligen sowie individuellen Reflexion.

> So war es immer, und so wird es auch wohl ferner mit ihm [Fichte] bleiben, dass er nämlich, was bloß psychologischer Erklärungsgrund seyn könnte, sich beziehend auf die Eigenheit gewisser individueller Naturen, zu welchen die seinige gehört, zum transzendentalen und allgemeinen Grund erhebt; das, was nur einer verhärteten Reflexion natürlich ist, dem absoluten Ich aufbürdet, und sodann durch eine sehr begreifliche Operation auch wieder eben die todte und verzerrte Welt aus ihm zum Vorschein bringt, deren Bild in jener Reflexion entworfen worden.[3]

Während der letzte Vorwurf klar ist – Fichte habe zu Unrecht das nur individuell Gültige mit dem transzendental Allgemeingültigen vermengt –, bedarf der explizite Hinweis Schellings auf Lichtenbergs Idealismusbeweis, welcher in seinem Brief vom 3. Oktober 1801 zum Ausdruck kommt, einer Erläuterung. Lichtenberg knüpft in seinen *Philosophischen Bemerkungen* den Begriff des Idealismus an die verschiedenen Momente des Lebens eines Individuums und relativiert somit dessen absolut-logische Bedeutung. Während also der Knabe „über die Albernheit desselben" lächelt, erscheint die Vorstellung des Idealismus später „witzig und verzeihlich." „Bey reifen Jahren findet man ihn zwar ganz sinnreich, sich und Andere damit zu necken, aber im Ganzen kaum einer Widerlegung werth und der Natur widersprechend." Überlegt man sich aber ernsthaft, in welchem Verhältnis die Welt zum Menschen steht, bekommt schließlich der Idealismusbegriff „eine ganz unüberwindliche Stärke." Lichtenberg scheint hier das Kantische Argument der Nichterkennbarkeit der Dinge an sich (er spricht von Gegenständen außer uns), von welchen wir keine objektive Realität feststellen können, zu übernehmen; von Bedeutung ist, dass

---

2 Schelling, Friedrich Wilhelm Joseph: *Darlegung des wahren Verhältnisses der Naturphilosophie zu der verbesserten Fichteschen Lehre. Eine Erläuterungsschrift der ersten.* In: *Schellings Werke.* Nach der Originalausgabe herausgegeben von M. Schröter. München 1927ff., Bd. 3, S. 648.

3 Ebd., S. 672–673.

seine Ausführungen bezüglich der Wahrheit des Idealismus mit der Erklärung stehen und fallen, man könne keine Wirklichkeit an sich kennen, weil von ihr nur die Rede sein kann, wenn man sie sich vorstellen kann. Die idealistische Position sei also die einzig vertretbare, weil nur sie unwidersprechlich und kohärent ist: „Denn alles kann uns ja nur bloß durch unsere Vorstellung gegeben werden." Selbst der Glaube an eine äußere Realität, durch welche unsere Vorstellungen und Empfindungen veranlasst würden, wäre „wieder eine Vorstellung." Der Idealismus erweist sich somit nach Lichtenberg insofern als unwiderlegbar, als „wir immer Idealisten seyn würden, selbst wenn es Gegenstände außer uns gäbe, weil wir von diesen Gegenständen unmöglich etwas wissen *können*."[4] Unterzieht man nun Lichtenbergs Verteidigung des Idealismus einer genauen Analyse und vergleicht man sie z. B. mit der von Kant, muss man zwangsläufig feststellen, dass sein Argument nur äußerlich als transzendentalphilosophisch betrachtet werden kann. Wendet man sich der *Kritik der reinen Vernunft* zu, liest man einerseits, dass wir „es doch nur mit unseren Vorstellungen zu tun haben" (KrV B 235), dies verunmöglicht es aber andererseits nicht, den materialen Idealismus (um welchen es sich letztendlich auch bei Lichtenberg handelt) zu widerlegen. Kants Transzendentalphilosophie erhebt den Anspruch, gleichzeitig idealistisch und realistisch zu sein. Neben dem transzendentalen Idealismus, demzufolge die Erscheinungen bloße Vorstellungen und nicht Dinge an sich sind, ist nämlich der empirische Realismus zweifellos als diejenige Lehre zu betrachten, nach welcher „unseren äußeren Anschauungen etwas Wirkliches im Raume korrespondiert." (KrV A 375) Wo Lichtenbergs Verteidigung des Idealismus sich am meisten als ungenügend erweist, ist nun aber nicht in deren Distanz gegenüber Kant, sondern in der von ihr vorgeschlagenen Ankoppelung des Begriffs des Idealismus an ein ontogenetisches Argument, nach welchem der Idealismus selbst die natürliche philosophische Lehre eines reif gewordenen Individuums darstellt.

Schelling bezieht sich gerade auf diese Sachlage, wenn er in seinem Brief an Fichte vom 3. Oktober 1801 die Idealismusableitung des *Sonnenklaren Berichts* in Zusammenhang mit Lichtenberg stellt. Fichtes Erklärung des Idealismus muss laut Schelling als „psychologisch" betrachtet werden, weil sie als transzendentalphilosophisch ausgibt, was in Wirklichkeit nur eine individuell gültige Reflexion ist. Schellings Psychologismusvorwurf zielt offenbar darauf ab, die Vermengung des Absoluten (bzw. des absoluten Bewusstseins) mit dem Relativen hervorzuheben. Fichtes Idealismusbeweis erweist sich nach Schelling im Grunde genommen als ein empirisch gekennzeichnetes Unternehmen, welches nicht imstande ist, die richtig verstandene Transzendentalphilosophie zu begründen.

---

4 Lichtenberg, Georg Christoph: *Vermischte Schriften*. Bd. 2. Göttingen 1801, S. 61–64.

Mehrere Fragen stellen sich uns an dieser Stelle: Muss der Idealismusbeweis des *Sonnenklaren Berichts* tatsächlich psychologistisch im Sinne Lichtenbergs verstanden werden? Was meint Schelling eigentlich, wenn er Fichte vorwirft, die spekulativen Ebenen des Individuellen und des Allgemeinen zu verwechseln? Welche Rolle spielt der naturphilosophische Ansatzpunkt innerhalb von Schellings Einwand? Wie muss man letztendlich die ganze Auseinandersetzung zwischen den beiden Philosophen betrachten, wenn man nicht dazu bereit ist, Schelling selbst ein krasses Missverständnis der Philosophie Fichtes zuzuschreiben, welches darin bestünde, die Wissenschaftslehre nicht als Transzendentalphilosophie, sondern als Empirie anzusehen, und ihn gerade aus diesem Grund insofern einer widersprechenden Lehre zu bezichtigen, als Schelling selbst anerkannt hat, dass Fichte die Transzendentalphilosophie in eine Wissenschaft transformiert hat?

4 Fichtes „Sonnenklarer Bericht" und Lichtenberg

Der Plausibilität des Idealismus ist insbesondere die „Erste Lehrstunde" des *Sonnenklaren Berichts* gewidmet. Für uns soll es prinzipiell nur darum gehen, festzustellen, wie Fichte sie erläutert, mit anderen Worten ob sein Argumentieren als psychologistisch im Sinne Lichtenbergs angesehen werden kann.

Den Ausgangspunkt der Reflexion Fichtes stellen zwei unterschiedliche Gegebenheiten für das Ich dar, die anscheinend zu einer unterschiedlichen Definition der Realität führen. Man kann nämlich erstens an das Lesen eines Buches bzw. an das Sich-Vorstellen eines Gesprächs mit einem Freund, das gestern stattgefunden hat, denken. In diesem ersten Fall befindet man sich vor Gegenständen, die eine evidente Relation zu einem Bewusstsein haben. Es gibt andererseits auch Formen der Gegenständlichkeit, für welche dies nicht zu gelten scheint. Fichte verweist diesbezüglich auf eine Uhr: Das Fortrücken ihres Zeigers hat nicht im gleichen Sinne wie im ersten Fall eine direkte Beziehung zum Bewusstsein. Während nämlich im ersten Beispiel das Bewusstsein sozusagen vom Lesen des Buches bzw. vom Sich-Vorstellen des gestrigen Gesprächs mit dem Freund erfüllt ist, weiß das Bewusstsein während dieser Erfahrungen normalerweise nicht vom Fortrücken des Uhrzeigers. Eine erste, noch provisorische Konklusion, zu der Fichte in diesem Zusammenhang kommt, besteht darin, die Differenz zwischen den zwei Fällen bezüglich deren Erleben anzuerkennen. Während nämlich das Lesen des Buches sowie das Sich-Repräsentieren des Gesprächs echte Bewusstseinserlebnisse sind – Fichte spricht von „wirklich und wahrhaft *gelebte*[n] Begebenheit[en]" (GA I/7, 199) –, stellt das Fortrücken des Uhrzeigers eine unerlebte Gegenständlichkeit dar, deren Wirklichkeit nur durch einen formalen Schluss festgestellt werden kann:

> Ich habe vorher meine Uhr wirklich angesehen, und die Stelle wahrgenommen, auf welcher der Zeiger stand. Ich sehe sie jetzt wieder an, und finde den Zeiger nicht mehr auf derselben, sondern auf einer andern Stelle. Ich *schließe* aus der mir vorher gleichfalls durch Wahrnehmung bekannt gewordenen Einrichtung meiner Uhr, daß der Zeiger, während der Zeit, da ich räsonnirte, allmählich fortgerückt sey.
>
> GA I/7, 200

Fichte ist nun der Meinung, dass die Realität des Fortrückens des Uhrzeigers erst dann besteht, wenn diese Gegebenheit zu einem Bewusstseinserlebnis werden kann. Dies geschieht, indem man z. B. auf das Fortrücken selbst attendiert und es wahrnimmt. Obwohl man also mit zwei Arten der Wirklichkeit zu tun hat – einerseits mit dem Repräsentieren des gestrigen Gesprächs, welches erst dann eintritt, wenn ich mich entscheide, zu repräsentieren, andererseits mit dem Bewegen der Uhr, die „sich selbst macht" und deren Machen von mir unabhängig ist –, ist für beide Fälle ein gemeinsames Merkmal festzustellen, das in der Beziehung, aktuell dort und potentiell hier, zum Ich besteht. Auch der Schluss auf das Fortrücken des Uhrzeigers kann nämlich nur insofern als legitim betrachtet werden, als er von der Möglichkeit abhängig ist, dass man es zwischen der ersten und der letzten Wahrnehmung als fortrückend wahrnimmt, d. h. auf es attendiert. Behaupte ich also, dass der Uhrzeiger sich wirklich bewegt, meine ich eine Gegebenheit meines Bewusstseins, die ich in ihrem Erlebnischarakter immer wieder aktualisieren kann.

> Du sagst sonach durch die Behauptung einer Begebenheit außer deinem Leben doch nur eine *mögliche* Begebenheit deines eignen Lebens aus, ein mögliches Fortfließen, und Gefülltseyn dieses Lebens von der ersten Wahrnehmung des Zeigers zur zweiten; du supplirst, und setzest hinein eine Reihe möglicher Beobachtungen zwischen die Endpunkte zweier wirklichen.
>
> GA I/7, 202

Fichte kann somit auf einen Begriff der Realität verweisen, die sowohl für das Sich-Vorstellen des gestrigen Gesprächs als auch für das Fortrücken des Uhrzeigers gilt, und demzufolge alle Realität nicht an sich, sondern nur für das Bewusstsein ist.

Wendet man sich nun dem Einwand Schellings zu, Fichte habe in seiner Schrift bloß einen Idealismus *à la* Lichtenberg dargestellt, die Wissenschaftslehre gehe nämlich deshalb „psychologisch" voran, weil sie sich auf die philosophische Reflexion eines Individuums – in unserem Fall des ins Gespräch mit dem Autor verwickelten einzelnen Lesers samt seiner empirischen

Bewusstseinserlebnisse – beziehe, erscheint eine solche Lektüre im ersten Moment problematisch. Schelling weiß sehr wohl, dass die dritte Lehrstunde des *Sonnenklaren Berichts* von einem Bewusstsein spricht, das nicht das Bewusstsein des Individuums X oder Y, sondern dasjenige Selbstbewusstsein ist, welches mit der Ichheit bzw. dem reinen Ich identisch ist. (GA I/7, 219–221) Selbst im Brief vom 3. Oktober 1801, in welchem er seinen Psychologismuseinwand erhebt, entgeht Schelling nicht, worauf die eigentliche Auseinandersetzung mit Fichte gründet: Während sein eigenes absolutes Prinzip der Philosophie die Identität bzw. die quantitative Indifferenz des Denkens und des Seins ist, vertritt Fichte die Notwendigkeit, vom reinen Sehen auszugehen. (GA III/5, 82) Wir müssen nun deshalb die Frage stellen: Aus welchem Grund ist Schelling der Meinung, dass gerade in der Wissenschaftslehre eine Vermengung des Individuellen und des Allgemeinen stattfindet?

5 Schellings Gründe für den Psychologismusvorwurf

Versucht man nun Schellings Gründe für seinen Psychologismusvorwurf gegen die Wissenschaftslehre ausfindig zu machen, ist die Strategie, einige theoretische Zusammenhänge hervorzuheben, die seine Identitätsphilosophie kennzeichnen und von der Wissenschaftslehre hingegen prinzipiell ausgeschlossen sind, von Erfolg gekrönt.

Der angeblich psychologischen Erklärung Fichtes will Schelling eine ontologische Betrachtung entgegensetzen. Nicht nur das Bewusstsein oder das Ich soll als Moment des Absoluten hervorgehoben werden, sondern auch das Sein, von welchem insbesondere die Naturphilosophie spricht. Die *Darstellung meines Systems der Philosophie* (1801) erklärt diesbezüglich, dass die Transzendentalphilosophie, die sich mit dem Subjekt bzw. dem Erkennen befasst, und die Naturphilosophie, welche die reale Seite des Absoluten untersucht, zwei komplementäre Figuren des Systems der absoluten Indifferenz ausmachen. „Ich habe – so Schelling – das, was ich Natur- und Transcendentalphilosophie nannte, immer als entgegengesetzte Pole des Philosophirens vorgestellt."[5] Die Schrift von 1801 soll denjenigen Indifferenzpunkt zeigen, in welchem Subjektives und Objektives zusammenfallen. Ihr Standpunkt stimmt Schelling zufolge mit dem Standpunkt der absoluten Vernunft überein, welche als die „totale Indifferenz des Subjektiven und Objektiven" gedacht werden muss.[6] Die

---

5 Schelling, Friedrich Wilhelm Joseph: *Darstellung meines Systems der Philosophie.* In: *Schellings Werke,* Bd. 3, S. 4.
6 Ebd., S. 10.

absolute Vernunft ist mit sich selbst qualitativ absolut identisch, die quantitativen Unterschiede gelten nur bezüglich der Endlichkeit. Subjekt und Objekt stellen insofern keinen Gegensatz für die absolute Identität der Vernunft dar, ihre quantitative Differenz betrifft nur das „Uebergewicht" des einen oder des anderen, welches in unterschiedlichen Potenzen vorhanden ist.[7] Nennt man die subjektive Seite des Absoluten Erkennen, die objektive Seite Sein, dann kann man behaupten, dass zwischen ihnen eine „*quantitative Differenz*" stattfindet, welche aber „[...] *nur in Ansehung des einzelnen Seyns*", d. h. der Endlichkeit, „*nicht aber an sich, oder in Ansehung der absoluten Totalität denkbar*" ist.[8] Dies bedeutet, dass die absolute Identität der Vernunft „*nur unter der Form der quantitativen Indifferenz des Subjektiven und Objektiven* [und also auch des Erkennens und Seyns] ist."[9]

Für eine solche Philosophie des Absoluten erweist sich die Wissenschaftslehre Fichtes als das Produkt einer Kultur der Trennung, der Entzweiung, die den Dualismus von Descartes und der ganzen modernen Philosophie fortsetzt. Geboren wird innerhalb dieser philosophischen Auffassung „eine besondere Reflexionsform", deren Basis der Verstand ist und welche nicht die absolute Einsicht der Vernunft, sondern nur einen „einzelnen und darum untergeordneten Standpunkt" widerspiegelt.[10] Da der Gesichtspunkt der Wissenschaftslehre sowie jeder anderen Reflexionsphilosophie nicht der absolute ist, kann der legitime Anspruch der Philosophie, als strenge Wissenschaft aufzutreten, nicht erfüllt werden. Dadurch gelangen vielmehr Willkür und Hypothetizität in sie hinein; die Konsequenz davon ist, „daß das Endliche als das, was es ist, in seiner Trennung erhalten, und das Absolute eine Idee, ein Jenseits, d. h. mit einer Endlichkeit behaftet bleibt."[11]

Schelling ist der Meinung, dass die Unzulänglichkeit der Reflexionsphilosophie sich an deren Einstellung gegenüber der Naturphilosophie zeigt. Die idealistische Auffassung nährt sich nach Schelling einerseits aus dem Kantischen Ansatz, demzufolge das An-Sich, um reell zu sein, unabhängig vom Ich sein soll, theoretisch betrachtet aber nur ein „*Gedankending, in das Ich setzbar, und insofern ein Produkt des Ich*" ist, andererseits aus der für den gemeinen Verstand beeindruckenden Lehre, laut welcher die einzelnen sinnlichen

---

7   Ebd., S. 19.
8   Ebd., S. 22.
9   Ebd., S. 24.
10 Schelling, Friedrich Wilhelm Joseph: *Ueber das Wesen der philosophischen Kritik überhaupt, und ihr Verhältnis zum gegenwärtigen Zustand der Philosophie insbesondere*. In: *Schellings Werke*, Bd. 3, S. 517.
11 Ebd., S. 520.

Dinge nicht außerhalb des Subjekts existieren können.[12] Was nach dieser Form des Idealismus übrig bleibt, ist ein Ich, das für sich bestehen und gerade deshalb jedes An-Sich wegschaffen und es außer sich denken muss. Für unseren Zusammenhang ist von großem Interesse, dass Schelling diesen Idealismus nur für fähig hält, eine empirische Integrität des Ich zu sichern. Die neuere idealistische Philosophie (Kant und Fichte) spricht ja vom reinen Bewusstsein, sie meint in der Tat aber nur das empirische Bewusstsein. Das zeigt sich nach Schelling in der Notwendigkeit, mit welcher das Ich sich nicht ohne Berührung der Objekte als solches denken kann. Da das reine Bewusstsein nur im empirischen Bewusstsein gegeben ist, „so ist notwendig, daß durch einen theoretisch *unbegreiflichen Anstoß* oder auch vermöge *unbegreiflicher* das Ich einschließender *Schranken* so viel Affektionen in es gesetzt sey'n, als den Objekten entsprechen."[13] Die Natur reduziert sich innerhalb dieses Idealismus auf die sinnlichen Qualitäten (Grün, Gelb usw.) des Ich, sie wird in der Tat insofern annihiliert, als sie als die Reihe der empirischen Akzidentien betrachtet wird, die der einzigen Substanz, dem Ich, inhärieren.[14] Somit entsteht ein empirischer Realismus, der mit dem Idealismus des Ich einhergeht. Demgegenüber plädiert Schelling für einen absoluten Idealismus, welcher nichts hält vom beschriebenen empirischen Realismus, weil er davon ausgeht, dass das An-Sich der Natur nicht in seiner Äußerlichkeit in Bezug auf das Ich, sondern in seinem absoluten Charakter als Vernunft angeschaut werden muss.

In dieser Kritik Schellings an der Reflexionsphilosophie wird noch einmal der Einwand des empirischen Charakters der Wissenschaftslehre vorgebracht. Auch jetzt ist von der Beziehung zwischen dem Reinen bzw. Allgemeinen und dem Empirischen die Rede, welche letztendlich insofern übereinstimmen müssen, als das erste sich nur im zweiten geben kann. Schelling anerkennt also deren nominale Differenz, ist aber der Meinung, dass die Transzendentalphilosophie auf dem Standpunkt des Relativen, des empirischen Ich bleibt, weil sie keinen richtigen Begriff der Natur hat. Nur wenn man diese auch als die objektive Seite der Vernunft versteht, welche deshalb als Identität von Subjekt-Objekt angesehen werden muss, wird es möglich, eine Auffassung des Ich bzw. der Subjektivität zu vertreten, für welche der subjektive Pol des Absoluten nicht mehr ein Sein der Natur außer sich hat. Es handelt sich hier um zwei Seiten des gleichen Problems. Natur und Bewusstsein sind nämlich beide das Absolute; betrachtet man eines von ihnen nicht als das Absolute – so wie es

---

12   Schelling, Friedrich Wilhelm Joseph: *Ueber das Verhältniß der Naturphilosophie zur Philosophie überhaupt*. In: *Schellings Werke*, Bd. 3, S. 530–531.
13   Ebd., S. 531.
14   Ebd.

in Fichtes Wissenschaftslehre bezüglich der Natur der Fall ist –, muss zwangsläufig auch das andere als nicht absolut im strengen Sinn ausfallen. Ist anders gesagt die Vernunft durch den Satz der Identität A=A ausgedrückt, ist zwischen dem Subjekt und dem Prädikat keine Differenz, „vielmehr absolute Indifferenz beider gesetzt"; die Differenz, „mithin Unterscheidung beider" könnte erst dann eintreten, wenn „entweder überwiegende Subjektivität oder überwiegende Objektivität gesetzt würde, wodurch dann das A=A in ein A=B [...] überginge."[15] Nimmt man den Standpunkt der absoluten Vernunft ein, welcher der rechte Standpunkt der Philosophie ist, merkt man, dass es von ihm aus keine Endlichkeit gibt, „und daß die Dinge als endlich betrachten, so viel ist, als die Dinge nicht betrachten, wie sie an sich sind."[16] An sich ist das Absolute sowohl das Ich als auch die Natur selbst, ihre gegenseitige quantitative Differenz hebt sich in der Betrachtung auf, dass beide die absolute Vernunft darstellen.

6 Welche Konsequenzen impliziert eine psychologistische Erklärung der Philosophie?

Während nun geklärt ist, worauf sich Schellings Psychologismuseinwand stützt – es ist also die Vernachlässigung einer Philosophie der Natur, welche die Vermengung von Absolutem und Individuellem mit sich bringt –, bleibt weiterhin unverständlich, was für theoretische Konsequenzen dies haben soll. Hier ist ein weiterer Schritt vonnöten, um diejenigen Sachverhalte ausfindig zu machen, in welchen sich der angebliche Psychologismus der Wissenschaftslehre eventuell verstecken könnte.

Drei Momente müssen in dieser Hinsicht unterstrichen werden: (a) der Anthropologismus der Wissenschaftslehre, (b) ihr Abzielen auf die Bewusstseinsakte und endlich (c) die von ihr gezogene Trennung zwischen Philosophie und Leben.

(a) Was den ersten Punkt angeht, haben wir bereits erwähnt, dass nach Schelling die Philosophie den Gesichtspunkt der absoluten Vernunft annimmt. Dies bedeutet, dass – obwohl eine Reflexion über die Vernunft jedem Menschen zuzumuten ist – ihr Denken vom Denkenden selbst absehen muss. Jedes einzelne Merkmal, das in Zusammenhang mit dem die Reflexion ausübenden

---

15 Schelling: *Darstellung*, S. 20.
16 Ebd., S. 15.

Individuum steht, muss unberücksichtigt bleiben. Einer *a parte subjecti* umzusetzenden ‚Entmenschlichung' sowie ‚Entindividualisierung' der philosophischen Tätigkeit entspricht *a parte objecti*, dass der reflektierende Philosoph die Vernunft unmittelbar anschaut und sie weder als etwas Subjektives noch als etwas Objektives, sondern in ihrem absoluten Charakter, d. h. als Subjekt-Objekt betrachtet. Die dadurch erreichte Erkenntnis der Vernunft ermöglicht gleichzeitig, die Dinge so zu erkennen, wie sie an sich sind: „Es ist die Natur der Philosophie alles Nacheinander und Außereinander, allen Unterschied der Zeit und überhaupt jeden, welchen die bloße Einbildungskraft in das Denken einmischt, völlig aufzuheben, und mit Einem Wort in den Dingen nur das zu sehen, wodurch sie die absolute Vernunft ausdrücken, nicht aber, insofern sie Gegenstände für die bloß an den Gesetzen des Mechanismus und in der Zeit fortlaufende Reflexion sind."[17] Die Philosophie sieht anders gesagt nicht die Dinge an, wie sie erscheinen, sondern wie sie in ihrer Absolutheit sind. Vom Standpunkt der Vernunft aus ist es z. B. geboten zu behaupten, dass nichts außer ihr, sondern alles in ihr ist,[18] dass alles, was an sich ist, ein und dasselbe ist,[19] dass alles unendlich ist.[20] Vorauszusetzen, dass die Vernunft aus sich herausgetreten sei, stellt Schelling zufolge den „Grundirrthum aller Philosophie" dar. Er lehnt somit auf implizite Weise einen spekulativen Ansatz wie den von Fichte ab, nach welchem hingegen die Wissenschaftslehre nicht den Standpunkt des Absoluten, sondern den des absoluten Wissens annimmt. Sofern das Wissen bloßes Dasein, Bild des Seins ist, muss es zwangsläufig als das subjektive Moment erscheinen, demgegenüber das objektive Absolute steht. Da aber aufgrund der bereits besprochenen Relation zwischen dem Absoluten und dem Relativen einer falschen Auffassung des ersten auch eine Missdeutung des zweiten notwendig folgen muss, erweist sich die Reflexion des absoluten Wissens als ein individuelles Denken. Dadurch wird aber nach Schelling nur ein menschliches Wissen erlangt, das in der Tat auf so unterschiedliche Weisen ausfallen kann, wie verschiedene Personen die Reflexion durchführen. Die Vernunft erscheint somit nicht ursprünglich als solche, sondern ist gezwungen, ein Wissen anzunehmen, welches ein „sehr individuell-menschliches, nämlich ein Fichtesches" ist.[21] Darauf gründet letztendlich

---

17   Ebd., S. 11.
18   Ebd.
19   Ebd., S. 15.
20   Ebd.
21   Schelling: *Darlegung*, S. 661.

der Psychologismus der Wissenschaftslehre. „Es ist nicht das in dem ganzen Universum lebende Wissen und Selbstbejahen, von dem das subjektive Wissen selbst nur eine besondere Potenz und Weise ist, sondern es ist eben dieses subjektive, beschränkte Wissen selbst; – das Wissen *oder* auch *Wir selber* ist das göttliche Daseyn."[22] Schelling zitiert in diesem Passus eine Stelle aus der vierten Vorlesung der *Anweisung zum seligen Leben*, in welcher Fichte den zuvor dargestellten Gedankengang zusammenfasst und die Deduktion der Erscheinung Gottes in der Welt nochmals auf den Punkt bringt. Schelling kann nicht akzeptieren, dass die göttliche Erscheinung sich nur in der Beschränktheit der menschlichen Natur konkretisiert; aufgrund dieser Reduzierung der göttlichen Unendlichkeit auf die Menschheit sieht sich Schelling berechtigt, auf die Anthropologisierung der Philosophie zu verweisen, die in Fichtes Wissenschaftslehre stattfindet. Man sieht hier klar, wie in Schellings Augen der Psychologismuseinwand mit der Anthropologismuskritik zusammenhängt. Diese Interpretation steht und fällt mit der Überlegung, dass die Grundlage der ganzen philosophischen Ableitung der Welt sowie deren Mannigfaltigkeit die Reflexion des Bewusstseins, und nicht, wie es ihm zufolge sein sollte, das Absolute selbst ist. Dies bedeutet, dass die Relation zwischen dem Absoluten und dem Endlichen von der unterscheidenden Tätigkeit des Wissens selbst abhängt. Fichte ist nämlich der Meinung, dass das Unterscheiden des Seins und des Daseins, welches im Begriff des „Als" zum Ausdruck kommt, „im Daseyn selber" geschieht und „von ihm aus" geht. (AzsL GA I/9, 97) Schelling verschweigt jedoch, dass Fichte neben dieser Lehre der *Anweisung* auch die Auffassung vertritt, dass es das Leben bzw. das Sein selbst ist, das selbstständig imstande ist, „von sich und durch sich selbst, dazuseyn." (AzsL GA I/9, 57) Und auch die *Wissenschaftslehre 1804-II* opponiert der Akzentuierung der Tätigkeit des Wissens als spekulativer Motor der philosophischen Reflexion die Tätigkeit des Absoluten selbst. Darin liest man z. B., dass die philosophische Tätigkeit sich „auf die genetische Einsicht des Lebens, und Ich, aus der Construktion des reinen Seyns, und umgekehrt" stützt. (WL-1804-II GA II/8, 233) Hier wird dem Realismus eine Evidenz zugesprochen, die dem Idealismus das Gleichgewicht hält.

Abgesehen davon, ob die Wissenschaftslehre idealistisch oder realistisch ist, bleibt Schellings Anthropologismuseinwand jedoch weiterhin bestehen: Unabhängig davon, ob die philosophische Konstruktion vom Sein oder nur vom Bewusstsein ausgeht, kennzeichnet sich die Wissenschaftslehre in beiden

---

22 Ebd.

Fällen durch die These, dass „das Wissen und Bewußtseyn [...] die Aeußerung und Offenbarung des Seyns [...] in seiner einzig möglichen Form" ist. (AzsL GA I/9, 88) Dieses Wissen bzw. Bewusstsein ist nach Fichte das der Menschen. Bereits die *Grundlage* hatte diese Beziehung zwischen der Philosophie und dem Menschen hervorgehoben: „Die Wissenschaftslehre soll den ganzen Menschen erschöpfen; sie läßt sich nur mit der Totalität seines ganzen Vermögens auffassen." (GWL GA I/2, 415) Dies ist die anthropologische Färbung der Wissenschaftslehre, gegen welche Schelling durch seine Identitätsphilosophie kämpft. Lassen wir ihm selbst das Wort: „Woher weiß aber Herr Fichte, daß *nur* wir das Wissen sind, und daß überall sonst kein Wissen ist als in uns? Etwa daher, daß das Wissen nur als unseres unmittelbare Thatsache des Bewußtseins ist?"[23] Die absolute Vernunft sowie das Wissen derselben hat aber nach Schelling unterschiedliche Potenzen, die jedoch an sich nichts anderes als die Identität der Vernunft selbst ausdrücken. Aus diesem Grund kann er weiterfahren: „Woher ist Hrn. Fichte bewußt, daß ein sich-Fassen, sich-Bejahen nur in unserm Bewußtseyn vorkommt? Etwa weil Er (wie wir zugeben) es sonst nirgends hat finden können? Dagegen haben wir es *allerwärts* [...] gefunden und nachgewiesen."[24] Zeigt Schellings Anthropologismuskritik an Fichte eine gewisse Legitimität, scheinen sein Psychologismuseinwand sowie dessen Verbindung mit der Anthropologismuskritik dagegen erst dann annehmbar zu sein, wenn man dazu bereit ist, mit ihm eine Philosophie des Absoluten zu vertreten. Bleibt man hingegen innerhalb des transzendentalphilosophischen Ansatzes im Sinne Fichtes, ist unverständlich, in welchem Sinne die angebliche Vermengung vom Allgemeinen und Individuellen stattfinden soll, die Schellings Psychologismuseinwand zugrunde liegt.

Der Anthropologismus der Wissenschaftslehre kommt in Fichtes Auseinandersetzung mit Schelling auch in einer anderen Hinsicht zum Vorschein. Im Brief vom 27. Dezember 1800 schreibt z. B. Fichte an Schelling, er könne die Differenzen zwischen seiner Transzendentalphilosophie und der Naturphilosophie durch die Ausdehnung der Prinzipien der ersteren begründen; er fügt aber hinzu, dass deren Ausführung mit dem noch fehlenden System der intelligiblen Welt stattfinden wird. Das Thema der Naturphilosophie wird somit auf die Abwesenheit einer Interpersonalitätslehre zurückgeführt, zu welcher das dritte Buch der *Bestimmung des Menschen* wichtige Winke bieten soll. Fichte ist nämlich der Meinung, dass Schellings Auffassung, das Individuum sei „nur eine höhere Potenz der Natur" nur insofern richtig ist, als man „die Natur nicht bloß als Phänomen (und insofern offenbar von der endlichen

---

23   Ebd.
24   Ebd. Hervorhebung von mir.

Intelligenz erzeugt, daher nicht wiedrum sie erzeugend) setze, sondern ein Intelligibles in ihr finde, von welchem überhaupt das Individuum die niedere, von *etwas* in ihm aber (dem *nur bestimmbaren*) die höhere Potenz (das bestimmte) ist." (GA III/4, 406) Die Natur wird von Fichte offensichtlich nur im Zusammenhang mit dem Thema des Individuums sowie dessen Verhältnis zu anderen individuellen Ich besprochen. Und im Brief vom 31. Mai–7. August, nachdem er Schellings *Darstellung meines Systems der Philosophie* erhalten hat, verweist Fichte nochmals auf den unvollendeten Charakter der Wissenschaftslehre, welche aber durch „Synthesis der GeisterWelt" zum endgültigen System werden sollte. (GA III/5, 45) Man sieht hier klar, dass Fichte die Erweiterung der Transzendentalphilosophie durch die Naturphilosophie deshalb ablehnt, weil er den Begriff sowie die Bedeutung der Natur durch die theoretische Beziehung zwischen Individuum und Geisterwelt ersetzt. Er kann somit Schelling seine Meinung erklären, dass die Wissenschaftslehre *„das durchaus universelle Bewußtseyn der gesammten Geisterwelt, als solches"* darstellt und „selbst dieses Bewußtseyn" ist. (GA III/5, 48) „Jedes Individuum – fährt er im selben Brief fort – „ist eine *besondre Ansicht* jenes Systems aus einem eignen GrundPunkte; aber dieser Punkt ist der Wissenschaftslehre, die selbst Wissenschaft, ein Durchdringen des universellen Bewußtseyns ist, undurchdringlich=X." (GA III/5, 48) „Jedes Individuum ist ein rationales Quadrat einer irrationalen Wurzel, die in der gesammten Geisterwelt liegt; und die gesammte Geisterwelt ist wiederum rationales Quadrat der [...] irrationalen Wurzel=dem immanenten Lichte oder Gott." (GA III/5, 49) Vom Handeln des einzelnen Individuums hängt nach Fichte das ganze Geisterreich ab (AzsL GA I/9, 170), ihm muss insofern eine wichtige Rolle innerhalb der Wissenschaftslehre zugesprochen werden. Von Schellings Indifferenzphilosophie kann nun keineswegs dasselbe behauptet werden. Indem er die Philosophie mit dem Standpunkt des Absoluten identifiziert, ist er veranlasst, das Individuelle als den endlichen Schatten des ersteren zu betrachten. Die Lehre des Abfalls des Endlichen vom Absoluten, welche einen wichtigen Bestandteil der Indifferenzphilosophie darstellt, impliziert eine negative Einstellung gegenüber dem Individuellen. Schelling behauptet in *Philosophie und Religion* (1804), dass die Philosophie zu den erscheinenden Dingen ein bloß negatives Verhältnis hat, „sie beweist nicht sowohl, daß sie sind, als daß sie nicht sind."[25] Dem endlichen Sein kann innerhalb seines Systems nur ein quantitativer

---

25 Schelling, Friedrich Wilhelm Joseph: *Philosophie und Religion*. In: *Schellings Werke*, Bd. 4, S. 28.

Wert zugeschrieben werden, in welchem allein sich jede Qualität erschöpft.[26] Fichtes Anthropologismus erweist sich somit im Vergleich mit Schellings Philosophie des Absoluten als eine Verteidigung der qualitativen Differenz des Individuellen.

b) Fichtes Unterstreichung des Bewusstseins als der einzig möglichen Form der Offenbarung Gottes, von welcher in der *Anweisung* die Rede ist, führt uns zu einer anderen Eigenschaft seines Philosophierens. Ich möchte diese Charakteristik als das *aktphilosophische Gepräge* der Wissenschaftslehre bezeichnen; damit meine ich, dass die ganze philosophische Reflexion nach Fichte auf das Wissen bzw. auf das Bewusstsein zurückgeführt werden muss. Nicht die vom Subjekt unabhängigen Gegenstände mit ihren Qualitäten, sondern vielmehr die Akte des Ich sowie dessen Erlebnisse bzw. Handlungen stellen die Bestimmungsgründe der Realität dar. Sind die Objekte nur insofern real, als sie sich auf das Ich beziehen, kann man von ihnen prinzipiell nur anhand der Bewusstseinsakte sprechen. Eine Stelle aus den *Tatsachen des Bewußtseins* von 1810/11 ist in dieser Hinsicht besonders klar: „Wir müssen [...] im Objecte unterscheiden zwei Hauptbestandtheile, die aus sehr verschiedenen Quellen entspringen: die objective Form, entspringend aus dem Denken, und das, was dieses Object selbst seyn soll, entspringend aus der Sichanschauung des Anschauenden, und zwar die materiale Qualität aus der Bestimmung des äußern Sinnes, die Ausdehnung aus der Anschauung des eignen unendlichen Vermögens." (TdB GA II/2, 25) Der Gegenstand entsteht, wie man sieht, aus der Zusammenarbeit verschiedener Akte des Ich. Es kann deshalb nicht erstaunen, dass Fichte die Natur als nichts anderes als das Material für die Erfüllung der menschlichen Pflichten versteht; Schelling sträubt sich vehement gegen eine derartige Auffassung der Natur, die – wie Fichte selber in seiner *Bestimmung des Menschen* behauptet – nichts „als Verhältnisse und Beziehungen meiner selbst zu mir selbst" ausdrückt. (BdM GA I/6, 260–261)

Diesem aktphilosophischen Gepräge der Wissenschaftslehre steht die ontologische Dimension von Schellings Identitätsphilosophie entgegen. Es wäre diesbezüglich nicht sachgemäß zu behaupten, dass Fichte gerade deshalb nur psychologistische Erklärungen liefert, weil er – wie Schelling ihm vorwirft – von einem individuellen Ich, letztendlich von seinem eigenen Ich spricht. Wir haben gesehen, dass ein solcher Einwand nur dann erhoben werden kann, wenn man zusammen mit Schelling davon ausgeht, dass die Philosophie den Standpunkt des Absoluten annehmen und alle endlichen Erscheinungen dieses letzteren als absolute auffassen muss. Da das Ich der

---

26 Vgl. Schelling: *Darstellung*, S. 27.

Wissenschaftslehre nicht mit dem Absoluten übereinstimmt, ist Schelling der Meinung, dass jenes nicht absolut, d. h. individuell und empirisch ausfällt. Er überspringt somit das Zwischenreich des reinen Ich bzw. absoluten Wissens, welches gerade den Anspruch erhebt, einerseits Erscheinung des Absoluten und andererseits als solches nicht empirisch zu sein. Es gibt jedoch noch eine andere Möglichkeit, die Präsenz des Psychologismus innerhalb der Wissenschaftslehre zu rechtfertigen, und sie stützt sich gerade auf das aktphilosophische Gepräge der Wissenschaftslehre. Vorausgesetzt werden sollte dabei, dass dieser Charakter von Fichtes Denken weder darin besteht, die Identität zwischen Philosophie und Psychologie als empirischer Wissenschaft festzustellen (man denke z. B. an Friedrich Eduard Beneke, für welchen die „gesammte [...] Philosophie [...] nichts anderes als eine *angewandte Psychologie*" ist[27]), noch dann verständlich wird, wenn man darunter den logischen Psychologismus versteht, so wie die Diskussion vom Anfang des XIX. Jahrhunderts uns gelehrt hat.[28] Psychologismus und Transzendentalismus würden sich insofern nicht widersprechen, als für beide das Philosophieren eine Reflexion über die Akte des menschlichen Geistes als solchen darstellt. Fichte hat dies, wie bereits erwähnt, nicht negiert, wenn überhaupt hat er es vielmehr ausdrücklich behauptet. Dies würde auch zeigen, dass Psychologismus eine Kategorie ist, in die verschiedene Bedeutungen aufgenommen werden können. Psychologismus wäre in dieser Hinsicht nicht die Vermengung des Absoluten mit dem Individuellen, wie Schelling es in der ganzen Diskussion mit Fichte unterstellt; Psychologismus wäre vielmehr das Merkmal jedes philosophischen Ansatzes, für welchen letztendlich nur die Akte des Geistes bzw. des Bewusstseins relevant sind. In dieser letzten Bedeutung würde sich der Psychologismus nicht mehr wie im ersten Fall durch das Opponieren mit einer Philosophie definieren, deren Standpunkt das Absolute ist, sondern durch die Gegenüberstellung mit einer Auffassung, die nicht nur als aktmäßig, sondern auch als gegenstandsmäßig charakterisierbar ist. Beide Kontrapositionen fallen nicht unbedingt zusammen; man kann nämlich eine gegenstandsphilosophische Position annehmen, ohne dass man zwangsläufig eine Philosophie des Absoluten vertritt.

(c) Einen letzten Punkt möchte ich berühren, der mit dem Psychologismuseinwand in Verbindung steht und wie mir scheint deutlich zeigt, in welchem

---

27   Beneke, Friedrich Eduard: *Kant und die philosophische Aufgabe unserer Zeit. Eine Jubeldenkschrift auf die Kritik der reinen Vernunft.* Berlin 1832, S. 91.
28   Vgl. dazu Rath, Matthias: *Der Psychologismusstreit in der deutschen Philosophie.* Freiburg/München 1994.

Ausmaß Fichtes und Schellings Auffassung der Philosophie voneinander entfernt sind. Wir haben die psychologischen Erklärungen, von denen Schelling spricht, mit dem Anthropologismus sowie dem aktphilosophischen Gepräge assoziiert, welche beide die Wissenschaftslehre kennzeichnen. Schelling ist der Meinung, dass es in der Transzendentalphilosophie Fichtes nur um den idealen Teil der ganzen Philosophie des Absoluten geht, dass der reale Teil hingegen für die Naturphilosophie reserviert ist. Fichte negiert diese Rollenverteilung ausdrücklich. Im bereits zitierten Briefe vom 31. Mai–7. August antwortet er auf den von Schelling in der *Darstellung meines Systems* gemachten Vorschlag, eine doppelte Form des Idealismus zu vertreten – Fichte „in völlig subjektiver", er selbst hingegen „in objektiver Bedeutung"[29] –, dass die Fragen, ob die Wissenschaftslehre „das Wissen subjektiv, oder objektiv nehme, ob sie Idealismus sey, oder Realismus" sinnlos sind. (GA III/5, 45) Derartige Distinktionen werden nämlich „erst *innerhalb* der w.L. gemacht, nicht ausserhalb ihrer, und vor ihr vorher". Die Rede vom Idealismus oder Realismus bzw. von einer Naturphilosophie erweisen sich unabhängig von der Wissenschaftslehre als unwahr; es gibt „überall nur Eine Wissenschaft, dies ist die w.L.; und alle übrigen Wissenschaften sind nur *Theile* der w.L. und sind wahr, und evident, nur inwiefern sie auf dem Boden derselben ruhen." (GA III/5, 46) Ausgehen muss eine wohl verstandene Transzendentalphilosophie nicht von einem Sein, sondern von einem Sehen; anstelle der Identität des Idealen und des Realen im Sinne Schellings muss die Identität des Ideal- und Realgrundes aufgestellt werden, die letztendlich mit der Identität „des Anschauens und Denkens" übereinstimmt (GA III/5, 46). Hier sieht man klar, wie Fichte eine Frage des Seins, subjektiv und objektiv, durch eine Frage der Vermögen bzw. der Bewusstseinsakte, Anschauen und Denken, ersetzt – eine theoretische Strategie, die Schelling kurzerhand unter dem Begriff der psychologischen Erklärung zusammenfasst. Wie wir gesehen haben, kann Fichtes Ansatz als psychologistisch betrachtet werden, insofern er die ontologischen Gründe auf Handlungen des (menschlichen) Ich zurückführt. Wenn nun aber Schelling seinen Psychologismuseinwand erhebt, meint er, dass die Transzendentalphilosophie Fichtes in einen halben Idealismus sowie Realismus mündet. Er ist der Auffassung, dass jede Art von psychologischer Erklärung nur insofern überwunden werden könne, als man die subjektive Seite des Absoluten, an welcher die Wissenschaftslehre nach ihm hauptsächlich interessiert ist, nicht bloß als subjektiv, sondern auch als objektiv versteht. Das Absolute erscheint nämlich sowohl im Ich als auch in der Natur ganz, beide Pole tragen deshalb dessen vollständige Natur in sich, wenn auch in unterschiedlicher Quantität. Wendet man nun

---

29 Schelling: *Darstellung*, S. 5.

diese Lehre auf die Unterscheidung zwischen dem Wissen und der gewussten Gegenständlichkeit an, welche den transzendentalphilosophischen Ansatz Fichtes kennzeichnet, dann geht daraus hervor, dass das Wissen sich nicht bloß um die Möglichkeitsbedingungen der erfahrenen Gegenstände, sondern vielmehr um die Produktion der Gegenständlichkeit kümmern soll. Das *System des transzendentalen Idealismus* (1800) stellt in dieser Hinsicht fest, dass, wo es die Aufgabe der Naturphilosophie ist, das „*Objektive* zum Ersten zu machen, und das Subjektive daraus abzuleiten", der Transzendentalphilosophie nur die andere Richtung übrig bleibt, d. h. „vom *Subjektiven, als vom Ersten und Absoluten, auszugehen, und das Objektive aus ihm entstehen zu lassen.*"[30]

Diese Differenz zwischen Fichte und Schelling hat nun erhebliche Auswirkungen hinsichtlich der Gegenüberstellung von Philosophieren und Leben. Ist die Transzendentalphilosophie nach Schelling Produktion der Realität, geht es in ihr nicht nur um die Deduktion des Realen im Wissen, kann sich das Philosophieren als nichts anderes als ein Synonym des Lebens darstellen. Bestünde eine Trennung zwischen beiden, wäre die philosophische Tätigkeit nicht absolut, sondern wiederum abhängig vom Philosophierenden selbst. Nur insofern als die Philosophie nicht bloß ein ideales Wissen, sondern auch ein reales Produzieren bzw. Leben ist, kann sie den Anspruch erheben, mehr als eine bloß transzendentalphilosophische Rekonstruktion der Wirklichkeit zu liefern. In seinem Brief an Fichte vom 19. November 1800 erklärt Schelling, dass der Gegensatz von Transzendentalphilosophie und Naturphilosophie nicht, wie Fichte meint, auf die Unterscheidung zwischen idealer und realer Tätigkeit des Ich zurückführbar ist. Die Opposition hat einen tieferen Grund; wenn die Transzendentalphilosophie im Sinne Fichtes „ganz bloß logisch" verfährt, oder anders gesagt „mit Realität nichts zu thun" hat, ist geboten, auf die Naturphilosophie zu rekurrieren, welche als einzige imstande ist, den nicht bloß formalen, sondern materialen „Beweis des Idealismus" zu liefern. Schelling postuliert zu diesem Zweck den Begriff der nicht subjektiven (Wissenschaftslehre), sondern objektiven Einheit des Subjekt-Objekts, deren höhere Potenz das Ich selbst ist. Da die Wissenschaftslehre eine Wissenslehre ist, spricht sie notwendigerweise von einem Objekt, welches nur gewusst ist. Die Naturphilosophie hingegen abstrahiert von dieser theoretisch-praktischen Betrachtung, die bloß im Bereich des Wissens bleibt, um eine theoretisch-realistische Auffassung der Realität anzubieten. Nur indem man Natur- und Transzendentalphilosophie „nicht mehr als entgegengesetzte Wissenschaften, sondern nur als entgegengesetzte Theile

---

30 Schelling, Friedrich Wilhelm Joseph: *System des transscendentalen Idealismus.* In: *Schellings Werke.* Bd. 2, S. 342.

eines und desselben Ganzen, nämlich des Systems der Philosophie" versteht, wird es Schelling zufolge möglich, einen absoluten Idealismus zu begründen, welcher gleichzeitig ideal und real und für das Wissen sowie für das, was diesem vorangeht, gültig ist. (GA III/4, 362–365) Wissen und Leben werden somit zu zwei Aspekten desselben Ganzen; insofern als ihr Standpunkt der vom Absoluten ist, spricht die Philosophie nicht bloß von einer gewussten Gegenständlichkeit, sondern auch von den Weisen, wie solche Gegenständlichkeit real zustandekommt.

Dieser Identifikation von Wissen und Leben in der absoluten Vernunft steht Fichtes Trennung derselben gegenüber. Die *Zweite Einleitung in die Wissenschaftslehre* unterscheidet wie bekannt zwei verschiedene Reihen des geistigen Handelns: „die des Ich, welches der Philosoph beobachtet, und die der Beobachtungen des Philosophen." (ZwE GA I/4, 210) Dadurch kann man auch die Differenz zwischen Philosophieren und Leben begründen. Fichte antwortet damit auf Schellings *Briefe über Dogmatismus und Kritizismus* (1795), welche die Lehre vertreten hatten, es gebe außer dem Idealismus der Wissenschaftslehre ein von ihm unabhängiges System des Realismus. Die Annahme – so Fichte –, „daß Gegenstände ganz unabhängig von uns außer uns existiren, liegt im Idealismus selbst, und wird in ihm erklärt, und abgeleitet." (ZwE GA I/4, 210) Man sieht, wie die Diskussionsbegriffe bzw. der Auseinandersetzungshorizont denjenigen sehr ähnlich sind, die am Anfang des XIX. Jahrhunderts im Spiel sind. Bereits 1797 benutzt Fichte seine spekulativen Waffen, um Schellings Überwindung der Wissenschaftslehre zu neutralisieren; die Unterscheidung der zwei Reihen des geistigen Handelns dient gerade diesem Zweck. Erklärt die Reihe des Philosophen, wie alles Gegenständliche eine Beziehung zum Ich hat, erläutert die Reihe des Ich, in welchem Sinne man von Objekten sprechen kann, die außer dem Ich selbst existieren. Ist also die eine die Reihe der transzendentalphilosophischen Beobachtung, der Möglichkeitsbedingungen der Erfahrung, stellt die andere die Reihe des Lebens dar. „Der Philosoph sagt nur in *seinem* [des Ich] Namen: Alles, was für das Ich ist, ist durch das Ich. Das Ich selber aber sagt in seiner Philosophie: So wahr ich bin und lebe, existirt etwas außer mir, das nicht durch mich da ist." (ZwE GA I/4, 210–211) Die Wissenschaftslehre erfüllt nach dem *Sonnenklaren Bericht* ihre Hauptaufgabe, indem sie die Bestimmung des ganzen Bewusstseins ableitet, sie bildet somit nur das Leben ab, gibt sich aber nicht für das Leben selbst aus. Es geht in ihr nur um „Gedanken von Gedanken, die man hat, oder haben sollte", die ihren sind nur „Sätze von Sätzen, die man sich zu eigen machen, Aussprüche von Aussprüchen, die man selbst aussprechen soll." (GA I/7, 247) Philosophen, die das Gegenteil meinen – und Schelling gehört Fichte gemäß zu diesen – sind letztendlich der Meinung, dass Philosophie mehr sein soll als bloße Wissenschaft des Wissens: Sie soll nämlich zur Weisheit werden, sie soll das Leben selbst deshalb transformieren, weil sie nichts anderes als Lebensweisheit ist. Die Wissenschaftslehre dagegen „kann den Menschen nicht weise, gut, religiös demonstriren"; sie kennt jedoch ihre Grenzen und will deshalb nicht, was sie nicht kann. „Sie will die, welche sich ihr widmen können, nur *wissenschaftlich* machen. Was sie über Weisheit, Tugend, Religion sagt, muß erst wirklich *erlebt*, und *gelebt* werden, um in wirkliche Weisheit, Tugend, und Religiosität überzugehen." (GA I/7, 247–248)

KAPITEL 14

Fichtes „pragmatische Geschichte" und Hegels „Phänomenologie des Geistes"

Martin Vrabec

Abstract

The paper investigates Fichte's and Hegel's philosophy in perspective of their theories of transcendental history of human spirit. According to their programmes, explication of our usual experience and of its a priori structure is to be done through a systematic, i.e. principle led scale of basic actions of the human spirit. The paper discusses particular implementations of the project in Fichte's *Foundation of the Entire Wissenschaftslehre* and *Outline of the Distinctive Character of the Wissenschaftslehre* and in Hegel's *Phenomenology of Spirit* and *Encyclopaedia of the Philosophical Sciences*. The paper shows that even though the two concepts of idealistic history of the human spirit share some common features, they differ both in the positions they assign to the idealistic history in the whole of the philosophy system and in the concept of the „mechanism", through which the development of the human spirit happens.

Zusammenfassung

Der vorgelegte Aufsatz behandelt Fichtes und Hegels Philosophie in Hinblick auf ihr gemeinsames Theorie-Programm einer transzendentalen Geschichte des menschlichen Geistes. Diesem Programm gemäß soll die Explikation unserer gewöhnlichen Erfahrung und ihrer apriorischen Struktur dadurch geliefert werden, dass eine systematische, d. h. durch ein Prinzip geleitete Stufenfolge der verschiedenen grundlegenden Handlungsweisen des menschlichen Geistes dargestellt wird. Es werden hier die konkreten Ausführungen dieses Projekts in der Fichteschen *Grundlage der gesamten Wissenschaftslehre* bzw. im *Grundriss des Eigentümlichen der Wissenschaftslehre* und in der Hegelschen *Phänomenologie des Geistes*, die er in der gleichnamigen Schrift und in der *Enzyklopädie der philosophischen Wissenschaften* vorlegt, erörtert. Dabei zeigt sich, dass sich trotz mancher gemeinsamer Züge diese zwei Auffassungen der idealistischen Geschichte des menschlichen Geistes sowohl in der Stellung, die ihr im Ganzen des philosophischen System zugewiesen wird, als auch in der Auffassung des „Mechanismus", mittels dessen die Entwicklung des Geistes geschieht, unterscheiden.

Schlüsselwörter

Geschichte des Geistes – Phänomenologie des Geistes – Einbildungskraft – Reflexion – Bewusstsein – Selbstbewusstsein

Es ist kaum zu leugnen, dass der deutsche Idealismus eine grundlegende Einheit aufweist, die ihn von allen anderen philosophischen Richtungen unterscheidet. Die Frage, worin diese Einheit eigentlich besteht, wurde vielmals aufgeworfen und auf verschiedenste Weisen beantwortet. In diesem Aufsatz ist es natürlich nicht möglich, auf das Thema in seiner Komplexität einzugehen. Ich möchte mich hier nur auf einen gemeinsamen Aspekt dieser Epoche beschränken, nämlich auf den Aspekt der philosophischen Methode.

Den spezifischen methodischen Zugang des deutschen Idealismus betreffend kann zuerst gesagt werden, dass seine Protagonisten eine von Kant stammende und in der weiteren post-kantischen Debatte sich verbreitende Ansicht geteilt haben. Dieser Ansicht gemäß kann unsere Erfahrung nur dann befriedigend erklärt werden, wenn diejenigen Handlungen des menschlichen Geistes, die unsere Erfahrung zustande bringen, ausfindig gemacht werden. Fichte, Schelling und Hegel teilten aber eine konkretere Überzeugung betreffend der Methode des philosophischen Erklärens, die dem deutschen Idealismus erst sein spezifisches Gepräge verleiht. Diese Überzeugung besagt, eine systematische und vollständige Darlegung solcher Handlungen sei nur dann möglich, wenn die verschiedenen Handlungen aus einer elementareren Tätigkeit des menschlichen Geistes auf eine *genetische* Weise deduziert werden. Dieses gemeinsame Theorie-Programm, in dem eine apriorische Stufenfolge der Handlungen des menschlichen Geistes und zugleich eine Stufenfolge der diesen Handlungen korrespondierenden Gestalten der Erfahrung dargestellt werden soll, kann mit dem allgemeinen Titel „transzendentale Geschichte des menschlichen Geistes" bezeichnet werden. Im Rahmen dieses Einverständnisses haben jedoch die einzelnen Protagonisten des deutschen Idealismus verschiedene Positionen eingenommen sowie eigene Entwürfe solch einer „Geschichte des menschlichen Geistes" vorgelegt. Ich möchte hier Fichtes Philosophie gerade in diesem Kontext thematisieren und seine „pragmatische Geschichte des menschlichen Geistes", die er in der *Grundlage der gesamten Wissenschaftslehre* (1794/95) bzw. im *Grundriss des Eigentümlichen der Wissenschaftslehre* (1795) vorlegt, darstellen. Im zweiten Teil des Aufsatzes wird Fichtes pragmatische Geschichte mit Hegels Projekt der „Phänomenologie des Geistes" verglichen und die Unterschiede dieser zwei Projekte werden näher untersucht.

1 Fichte

In Fichtes *Grundlage der gesamten Wissenschaftslehre* taucht die pragmatische Geschichte des menschlichen Geistes erst in der zweiten Hälfte der Schrift auf, nämlich in der „Deduktion der Vorstellung" und in den §§ 6–11 des praktischen Teils. Die Darstellung solcher Geschichte kann nämlich nicht unmittelbar anfangen, vielmehr benötigt sie ein Vorfeld, mittels dessen uns ein Eintritt in dieselbe erst gewährt wird. In diesem Vorfeld werden Grundvermögen des Ich aufgesucht, aus welchen in der pragmatischen Geschichte alle spezifischen Handlungen des Ich entwickelt werden. Solche Grundvermögen gewinnt Fichte mittels eines synthetisch-analytischen Verfahrens aus den drei Grundsätzen und am Ende dieses – aus Sicht der pragmatischen Geschichte nur vorbereitenden – Teils zeigt er, dass die zwei Grundvermögen des Ich die Einbildungskraft und das praktische Streben sind.

Das notwendige Bestehen der Einbildungskraft ist im theoretischen Teil der *Grundlage* dadurch gerechtfertigt, dass sie die einzige denkbare Weise des epistemischen Setzens und Entgegensetzens ist, welche die Einheit des Bewusstseins gewährleisten kann.[1] Es zeigt sich nämlich, dass lediglich die Einbildungskraft eine gemeinsame Grenze schaffen kann, an welcher sich die ursprünglich gesetzten Sphären des Ich und des Nicht-Ich, bzw. der Unendlichkeit und Endlichkeit treffen und als entgegengesetzte zusammengefasst werden.[2] Das heißt also, dass alles, was ursprünglich gesetzt ist, ausschließlich durch diese verbindende Funktion der Einbildungskraft zum Inhalt des Bewusstseins werden kann.[3] In Hinblick auf die Bewusstseinsinhalte oder Vorstellungen kann sogar gesagt werden, dass sie durch die Einbildungskraft selbst hervorgebracht werden und alles Bewusstsein mittels einer gesamten thetisch-antithetisch-synthetischen Handlung der Einbildungskraft zustande kommt. Aus diesem Grunde ist es also zutreffend, eben sie als das epistemische Grundvermögen des Ich zu bezeichnen und die anderen Weisen der Produktion der Vorstellung, wie z.B. das Fühlen oder Anschauen, nur als spezifische Handlungen der Einbildungskraft zu begreifen. Für die pragmatische Geschichte ist es entscheidend, dass im Rahmen der im § 4 geführten Deduktion die ideal-formalen Bestimmungen dieser gesamten Tätigkeit, die jedem möglichen Bewusstseinsinhalt zugrunde liegt, entdeckt werden. Eben diese

---

1 Vgl. GWL GA I/2, 362.
2 Vgl. ebd., 359ff., 367. Vgl. auch Düsing, Klaus: » Einbildungskraft und selbstbewußtes Dasein beim frühen Fichte. « In: ders.: *Subjektivität und Freiheit. Untersuchungen zum Idealismus von Kant bis Hegel*. Stuttgart–Bad Cannstatt 2002, S. 89–110, insb. S. 92ff.
3 Vgl. GWL GA I/2, 366ff.

innere Gesetzmäßigkeit der epistemischen Tätigkeit des Ich wird nämlich die Quelle der notwendigen Strukturen der Erfahrung und aller kategorialen Grundbestimmungen der gegenständlichen Realität.[4]

Das Bestehen des zweiten Grundvermögens des Ich, nämlich seines praktischen Strebens alle Realität zu werden, ist dagegen im § 5 der *Grundlage* durch das Argument gerechtfertigt, demgemäß das Ich ohne dieses Streben nie aus sich selbst herausgehen könnte und über keine Vorstellung der äußeren Welt verfügte. Diese Behauptung Fichtes ist folgendermaßen zu verstehen: Nur die praktische Forderung gibt dem vorstellenden Ich ein Maß der unendlichen Realität, mit dem es seine begrenzte Realität vergleicht und infolge des Vergleichs auch eine Vorstellung von dem ihm fehlenden Rest der Realität hervorbringt.[5]

Wenn diese zwei Grundvermögen des Ich bereits deduziert sind, fängt die eigentliche Darstellung der pragmatischen Geschichte des menschlichen Geistes an. In der Wissenschaftslehre sollen wir von jetzt an nur der immanenten und selbstbeweglichen Entwicklung aller spezifischen theoretischen und praktischen Handlungen des Ich zusehen.[6] Für die Durchführung und Darstellung solch einer Geschichte zeigt sich als systematisch erforderlich die Unterscheidung dessen, was nur „für uns" als philosophische „Zuschauer" oder „Beobachter" ist, von dem, was für das sich entwickelnde Ich ist.[7] Auf der einen Seite verfolgen wir also die Handlungen des Ich, deren sich aber das

---

4   Zur ausführlichen Darstellung der Fichteschen Kategorien-Deduktion vgl. Metz, Wilhelm: *Kategorienproduktion und produktive Einbildungskraft in der theoretischen Philosophie Kants und Fichtes*. Stuttgart–Bad Cannstatt 1991; Inciarte, Fernando: *Transzendentale Einbildungskraft. Zu Fichtes Frühphilosophie im Zusammenhang des transzendentalen Idealismus*. Bonn 1970.

5   Vgl. GWL GA I/2, 397ff.

6   Mit dem Terminus » pragmatisch « möchte Fichte auf folgende Charakteristik dieser Geschichte hindeuten: Erstens soll diese Geschichte kein empirisches Vorkommen und zeitliche Abfolge verschiedener Handlungen verfolgen, sondern sie soll ihren *apriorischen* Zusammenhang darstellen. » Wir sind nicht Gesetzgeber des menschlichen Geistes, sondern seine Historiographen; freilich nicht Zeitungsschreiber, sondern pragmatische Geschichtsschreiber. « (BWL GA I/2, 147) Zweitens soll diese Geschichte die *realen* Tätigkeiten und Strukturen des menschlichen Geistes betrachten, wodurch sie sich von einer Philosophie unterscheidet, die sich nur mit den leeren Denkmöglichkeiten beschäftigt. » [...] in einer Wissenschaftslehre allerdings Facta aufgestellt werden, wodurch sich dieselbe als System eines reellen Denkens von aller leeren Formularphilosophie unterscheidet. « (GWL GA I/2, 363) Vgl. dazu Breazeale, Daniel: » Fichte's Conception of Philosophy as a ›Pragmatic History of the Human Mind‹ and the Contributions of Kant, Platner and Maimon. « In: *Journal of History of Ideas* 62 (Oct. 2001, 4), S. 658–703. Vgl. auch Crone, Katja: *Fichtes Theorie konkreter Subjektivität. Untersuchungen zur » Wissenschaftslehre nova methodo «*. Göttingen 2005, S. 46.

7   Vgl. GWL GA I/2, 420 u. a. Vgl. auch Fichte, Johann Gottlieb: *Grundriß des Eigentümlichen der Wissenschaftslehre*. GA I/3, 169ff. u. a.

sich entwickelnde Ich nicht bewusst sein kann, weil sie sein Bewusstsein erst konstituieren und allen bestimmten Inhalten seines Bewusstseins als reale Bedingungen ihrer Möglichkeit zugrunde liegen. Auf der anderen Seite verfolgen wir die Bewusstseinsinhalte des sich entwickelnden Ich selbst. In dieser zweiten Hinsicht stellen wir uns sozusagen auf die Position des sich entwickelnden Ich und verfolgen die spezifischen Gestalten seiner Erfahrung, d.h. die spezifischen Gestalten seines Welt- und Selbstverständnisses. Es liegt hier die Frage nahe, ob Fichtes philosophische Methode nicht in einen bloßen Psychologismus mündet. Auf diesen Einwand soll erwidert werden, dass sowohl die verfolgten Handlungen des Ich, als auch die korrespondierenden Gestalten der Erfahrung nicht mittels der empirischen Introspektion abgelesen werden, sondern gemäß der notwendigen Gesetze der Einbildungskraft entwickelt werden, deren Beschaffenheit eben in dem vorbereitenden Teil der Wissenschaftslehre festgestellt wurde.

In der *Grundlage* konzentriert sich Fichte vornehmlich auf die pragmatische Geschichte der *theoretischen* Beziehung zur Welt, die er noch in der unmittelbar anschließenden Schrift *Grundriss des Eigentümlichen der Wissenschaftslehre* ergänzt und präzisiert. Die hier beschriebene Entwicklung des theoretischen Ich erreicht sein Ende in einem Zustand, in dem solches Ich die Vorstellung von sich als dem vorstellenden Subjekt gewinnt.[8] Die Entwicklung der *praktischen* Beziehung zur Welt umspannt in der *Grundlage* nur die Entwicklung vom Streben zum Trieb und Sehnen, aber die Bildung des Ich zum Bewusstsein seines freien Willen, das durch andere Personen vermittelt ist, stellt Fichte erst in den Schriften *Grundlage des Naturrechts* und *System der Sittenlehre* dar. Bei einer näheren Untersuchung des Verhältnisses, das zwischen der Geschichte des theoretischen und des praktischen Ich herrscht, stellen wir fest, dass diese Geschichte einen gemeinsamen Ausgangspunkt hat und dass eine gewisse Stufe des praktischen Wissens jedem theoretischen Wissen vorausgeht. Dieser gemeinsame Ausgangspunkt jeder weiteren Entwicklung des endlichen Ich wird als Zustand des Fühlens oder Empfindens aufgefasst. Der Terminus „Gefühl" akzentuiert vielmehr die praktische (d.h. dynamische) Seite des ersten Zustandes, weil das Ich in diesem Zustand die Begrenzung seines ursprünglichen Strebens fühlt; der Terminus „Empfindung" akzentuiert dagegen seine proto-theoretische Seite, weil die gefühlte Begrenzung ein konkret bestimmtes „Material" liefert, aus dem alle empirischen Bestimmungen der Gegenstände nachher konstituiert werden.[9]

---

8 Vgl. GWL GA I/2, 361.

9 » Alles Setzen des Ich ginge demnach aus vom Setzen eines bloß subjektiven Zustandes; alle Synthesis von einer in sich selbst notwendigen Synthesis eines Entgegengesetzten [nämlich

Auf dieser ersten Stufe des Bewusstseins bringt die Einbildungskraft bereits drei Vorstellungen hervor, nämlich die Vorstellung der Begrenzung des Ich, die Vorstellung des Ideals des unbegrenzten Ich und die Vorstellung des Nicht-Ich.[10] Das Produzieren dieser Vorstellungen durch die Einbildungskraft und besonders das Schwanken der Einbildungskraft zwischen diesen drei produktiven Akten ist aber noch nicht vollendet, das Ich verfügt also über keine festen und stabilen Bewusstseinsinhalte, die voneinander unterscheidbar wären. Somit gelangt ein solches Ich auf dieser Stufe seiner Entwicklung zu keinem expliziten Welt- und Selbstbewusstsein.

Erst auf der zweiten Stufe ist das Ich fähig sich selbst von der Welt abzuheben und erreicht das explizite Gefühl seiner eigenen praktischen „Begrenztheit", seines „Nicht-Könnens" oder „Zwangs". Diesem Selbstgefühl entsprechend tritt dem Ich bereits die Welt gegenüber, die als etwas Fremdes und Begrenzendes gilt. Das Ich überträgt auf diese Welt auch die Bestimmtheit seiner Empfindung und verwandelt „das an sich und ursprünglich *subjektive* in ein *objektives*" (GWL GA I/2, 438), was nichts anderes besagt, als dass das Ich die Welt bereits empirisch anschaut. Weil aber dieser Akt des „Übertragens" oder Anschauens noch nicht vollendet ist, hat er, ähnlich wie beim Akt des Fühlens, noch keine Resultate im expliziten Bewusstsein. Somit tritt dem Ich die Welt nur als ein unbestimmtes und inhaltlich unartikuliertes Wesen gegenüber.[11]

Das Bewusstsein einer qualitativ wie auch temporal und räumlich artikulierten Welt taucht auf der dritten Stufe der Entwicklung auf. Das Ich versteht sich dabei als ein diese Welt nur passiv wahrnehmendes Wesen und schreibt sich eine Mannigfaltigkeit von verschiedenen Zuständen des Wahrnehmens zu. Das heißt aber noch nicht, dass es für sich selber ein psychisches Inneres hätte, sein Wahrnehmen scheint ihm vielmehr als bloßes Erscheinen-Lassen der Dinge selbst, welches nicht „im" Ich, sondern in der Welt stattfindet.

der Einschränkung und Wiederherstellung des gehemmten Strebens – M. V.] im bloßen Subjekte. Dieses bloß und lediglich subjektive wird sich tiefer unten als das *Gefühl* zeigen. « (Ebd., 401) » Das Ich hat schon ursprünglich beim Anfange alles seines Handelns über sich reflektiert [...] Es war in ihm die Tendenz überhaupt zu reflektieren; durch die Begrenzung kam die Bedingung der Möglichkeit des Reflektierens hinzu, es reflektierte notwendig. Daher entstand ein Gefühl, und aus dem alles übrige, was wir abgeleitet haben. « (Fichte: *Grundriß*, GA I/3, 172) Am Ende dieses Zitats weist Fichte eben auf seine Deduktion des *Empfindens* hin, die er im § 3 dieser Schrift vorgenommen hat.

10   Obwohl das Fühlen oder Empfinden bloß ein subjektiver Zustand ist, bringt in diesem Zustand die produktive Einbildungskraft bereits eine implizite Vorstellung von einem (noch ganz unbestimmten) Nicht-Ich hervor. Vgl. dazu GWL GA I/2, 418, und Fichte: *Grundriß*, GA I/3, 148f.

11   Vgl. GWL GA I/2, 438ff. Vgl. auch Fichte: *Grundriß*, GA I/3, 180ff.

Erst auf der letzten Stufe begreift das Ich sein Selbst als ein spontan vorstellendes Subjekt und schreibt sich die Vorstellungen als seine eigenen Produkte zu. Dieser Umstand bringt mit sich, dass für das Ich erstmals eine psychische Sphäre auftaucht, die mit seinen eigenen Nachbildungen der Dinge besiedelt ist und sich von der Sphäre der Dinge ontologisch unterscheidet. Mit diesem Sachverhalt ist das betrachtete Ich zum Ende seiner theoretischen Entwicklung gelangt, weil es die gleiche Überzeugung über sich Selbst, über die Welt und über den Charakter seiner erkennenden Beziehung zur Welt gewonnen hat, wie wir ihr in unserer alltäglichen Erfahrung begegnen.

Für das zureichende Verständnis der Fichteschen Transzendental-Geschichte ist es unentbehrlich, noch den Mechanismus des menschlichen Geistes zu charakterisieren, mittels dessen das Ich von einer Stufe des Bewusstseins zur anderen gelangt.[12] Dieser Übergang geschieht laut Fichte mittels einer spontanen *Reflexion* des Ich auf sich selbst, die folgendermaßen zu beschreiben ist: Auf einer Stufe der Entwicklung bringt die Einbildungskraft mehrere Vorstellungen hervor und diese Produktion kann sich sowohl als ein Fühlen bzw. Empfinden,[13] als auch als ein Anschauen vollziehen.[14] Weil aber die Einbildungskraft bei solch einem produktiven Handeln frei schwebt, sind diese Vorstellungen noch keine festen Bewusstseinsinhalte, die für das Ich aufträten. Es kann hier also nur von einem Vorbewusstsein oder von einem niederen Grad des Bewusstseins gesprochen werden.[15] Die neue und höhere

---

12 Auf eine ausführliche Beschreibung der Entwicklung der spezifischen Gestaltungen der theoretischen Erfahrung, wie auch auf eine nähere Betrachtung der komplexen Handlungen des Ich, die diese Gestaltungen und Strukturen entstehen lassen, muss hier verzichtet werden. Die Rekonstruktionen dieser Entwicklung bieten folgende Ausführungen: Claesges, Ulrich: *Geschichte des Selbstbewußtseins. Der Ursprung des spekulativen Problems in Fichtes Wissenschaftslehre von 1794–95*. Den Haag 1974; Metz, Wilhelm: » Die produktive Reflexion als Prinzip des wirklichen Bewußtseins. « In: *Fichte-Studien* 20 (2003), S. 69–99. Beide Versuche vernachlässigen jedoch die wechselseitige Verbindung der theoretischen und praktischen Entwicklung des Ichs, wie auch den gemeinsamen Ausgangspunkt dieser Entwicklungen.

13 Vgl. Fichtes Beschreibung des Empfindens als einer zugleich thetischen, antithetischen und synthetischen Handlung in: Fichte: *Grundriß*, GA I/3, 149.

14 » Das producirende Vermögen ist immer die Einbildungskraft; also jenes Setzen des angeschauten geschieht durch die Einbildungskraft, und ist selbst ein Anschauen. « (GWL GA I/2, 371).

15 » [...] indem das Ich eben beschriebener maßen fühlt, handelt es auch, nur ohne Bewußtseyn; an die Stelle dieser Handlung soll eine andere treten, die das Bewußtseyn wenigstens möglich mache [...] « (Ebd., 427) Im *Grundriß* spricht Fichte z. B. über eine » ursprüngliche Anschauung, aus welcher aber noch gar kein Bewußtseyn [...] entsteht « (Fichte: *Grundriß*, GA I/3, 171) oder über eine » völlig bestimmte, aber bewußtseynlose

Stufe des Bewusstseins taucht immer dann auf, wenn das Ich das vorangehende Produzieren der Vorstellung spontan reflektiert. Es ist hier wichtig, sich darüber im Klaren zu sein, dass solche Reflexion *nicht* zum Bewusstsein dieser *produzierenden Tätigkeit* führt.[16] Fichte fasst den Reflexions-Akt auf eine ganz andere Weise auf. Im Rahmen solcher Reflexion sollen nämlich drei Momente unterschieden werden:[17] Zur Reflexion gehört erstens das *Abbrechen* der freien produktiven Tätigkeit der Einbildungskraft, welches durch das absolut spontane und „schlechthin setzende Vermögen im Ich, oder die Vernunft" (GWL GA I/2, 373f.) vollzogen wird. Das zweite Moment der Reflexion ist das *Fixieren und Behalten* des Produktes der Einbildungskraft im Verstand. Erst mittels dieses Fixierens der Vorstellung wird ihr Inhalt zu etwas Festgesetztem und mit sich Identischem, dessen man sich deutlich bewusst werden kann.[18] Das dritte Moment der Reflexion ist die Synthesis des fixierten Produktes der Einbildungskraft mit den anderen fixierten Produkten, wodurch die Beschaffenheit der Vorstellungsinhalte zum Vorschein kommt. Dieser Akt des Synthetisierens und Bestimmens wird durch die Urteilskraft vollzogen, welche aber nichts anderes ist, als eine spezifische Funktion der Einbildungskraft selbst.[19]

Der komplexe Akt der Reflexion hat also zum Ergebnis, dass die gegenständliche Realität für das Ich um die neuen apriorischen Bestimmungen bereichert wird, die sie auf der vorhergehenden Stufe der Entwicklung noch nicht enthielt. Auf der vorhergehenden Stufe hat nämlich die Einbildungskraft – gemäß ihrer notwendigen Gesetze – mannigfaltige Vorstellungen produziert, die bereits „an sich" oder „für uns" eine Bestimmtheit hatten. Aber erst durch die nachfolgende Reflexion der Einbildungskraft auf ihre Produkte können diese Vorstellungen und ihre inhaltliche Bestimmtheit für das Ich erscheinen und zu seinem Bewusstsein gelangen. Bei solchem reflexiven Bestimmen werden zugleich die neuen, noch nicht fixierten Vorstellungen hervorgebracht, die

---

Anschauung des Dinges « (Ebd., 180). Zu diesem Thema vgl. Metz, Wilhelm: » Fichtes genetische Deduktion von Raum und Zeit in Differenz zu Kant. « In: *Fichte-Studien* 6 (1994), S. 71–94, insb. S. 80–86; Düsing: » Einbildungskraft und selbstbewußtes Dasein beim frühen Fichte «, S. 94f.

16 » In dieser Reflexion auf sich selbst nun kann das Ich, als solches, nicht zum Bewußtseyn kommen, weil es seines Handelns unmittelbar sich nie bewußt wird. « (GWL GA I/2, 424) Vgl. auch Fichte: *Grundriß*, GA I/3, 178f.

17 Vgl. dazu GWL GA I/2, 373ff., 441. Vgl. auch Fichte: *Grundriß*, GA I/3, 178ff.

18 » Die Einbildungskraft producirt Realität; aber es *ist* in ihr keine Realität; erst durch die Auffassung und das Begreifen im Verstande wird ihr Produkt etwas Reales. « (GWL GA I/2, 374) Vgl. auch Fichte: *Grundriß*, GA I/3, 180.

19 Vgl. GWL GA I/2, 380f. Vgl. auch Fichte: *Grundriß*, GA I/3, 184.

erst auf der nächsten Ebene der Entwicklung wieder fixiert, bestimmt und bewusst gemacht werden usw.[20]

Fichtes Theorie-Programm der pragmatischen Geschichte des menschlichen Geistes kann also folgendermaßen zusammengefasst werden: Der menschliche Geist entwickelt sich mittels einer Abfolge von Reflexionen, die die Wissenschaftslehre von zwei Seiten rekonstruiert. Von der „äußeren" Seite verfolgt sie die Entwicklung der Handlungen des Subjekts, d. h. seine immer komplexere Art und Weise des Setzens, Entgegensetzens und Synthetisierens. Der sich entwickelnde Geist wird sich jedoch dieser Handlungen nicht bewusst, diese Handlungen spielen sich sozusagen hinter seinem Rücken ab, weil sie alle Inhalte des Bewusstseins erst hervorbringen, und sind also ausschließlich mittels der philosophischen Untersuchung thematisierbar und nachweisbar. Dagegen von der „inneren" Seite verfolgt die Wissenschaftslehre die Grundgestalten der Erfahrung des sich entwickelnden Geistes. Sie thematisiert also sowohl die Gestalten, in denen die Welt dem Ich erscheint, als auch die Gestalten des Selbstverständnisses des Ich. Solche Erfahrungs-Gestalten sind in unserem alltäglichen Erlebnis auffindbar, das heißt aber nicht, dass wir uns normalerweise ihres Zusammenhangs und ihrer genetischen Abhängigkeit bewusst sind. Diese Weisen des Selbst- und Weltverständnisses kommen in unserem gewöhnlichen Leben vielmehr bloß nebeneinander vor. Ein systematischer Zusammenhang solcher Erfahrungs-Gestalten kann wieder nur mittels der transzendentalen Philosophie enthüllt werden.

2 Hegel

Gehen wir jetzt zu Hegel über, der seine eigene Fassung der idealistischen Geschichte des menschlichen Geistes bekanntermaßen als eine „Phänomenologie" konzipiert. Wir werden uns erst der gleichnamigen Schrift aus dem Jahre 1807 widmen, um uns dann der Phänomenologie des Geistes als dem Bestandteil der *Enzyklopädie der philosophischen Wissenschaften* kurz zuzuwenden.

Es ist augenfällig, dass die *Phänomenologie* aus dem Jahre 1807 ein ähnliches Programm und methodologisches Verfahren wie Fichtes pragmatische Geschichte verfolgt.[21] Auch hier wird ein genetischer Zusammenhang

---

20 Vgl. dazu Metz: »Die produktive Reflexion«, S. 8of.
21 Systematische Darstellung Hegels *Phänomenologie des Geistes* als einer idealistischer Geschichte des Selbstbewusstseins bietet Claesges, Ulrich: *Darstellung des erscheinenden Wissens. Systematische Einleitung in Hegels Phänomenologie des Geistes. Hegel-Studien. Beiheft 21* (1981).

verschiedener Erfahrungs-Gestalten des menschlichen Geistes rekonstruiert, obwohl diese apriorische Rekonstruktion nicht nur theoretische und praktische, sondern auch philosophisch gedeutete realgeschichtliche Inhalte umspannt. Auch hier wird bei der Darstellung solcher Entwicklung zwischen dem, was „für uns" ist, und dem, was für den betrachteten Geist ist, streng unterschieden. Was zeigt sich also nur für uns, d.h. für die philosophischen Betrachter, und was zeigt sich auch für den betrachteten Geist selbst?

Der betrachtete menschliche Geist verfügt über verschiedene Gestalten der Erfahrung, die im Allgemeinen dadurch charakterisiert sind, dass der Geist in diesen Erfahrungen immer seinen Gegenstand von seinem Verhalten zu diesem Gegenstand unterscheidet, sei es ein theoretisches Verhalten, nämlich das Wissen, oder praktisches Verhalten, z. B. die Begierde.[22] Dieser übliche Standpunkt, auf dem der Geist von dem Unterschied zwischen seinem selbst und dem Gegenstand fest überzeugt ist, haben alle in der *Phänomenologie* betrachteten Bewusstseins-, Selbstbewusstseins-, Vernunft- und Geistes-Gestalten gemein und er kann als Standpunkt des „Bewusstseins" im weiteren Sinne bezeichnet werden.[23]

Entgegen dieser natürlichen Überzeugung ist aber „für uns", d.h. für die philosophischen Betrachter, offensichtlich, dass diese Entzweiung des Bewusstseins ein Produkt des Geistes selbst ist. Ein solches Hauptprinzip der idealistischen Philosophie vertritt Hegels *Phänomenologie* schon von Anfang an; allerdings verbleibt es zunächst nur in Form einer abstrakten und unbestimmten Behauptung, die erst im Verlauf der Untersuchung konkretisiert und verifiziert wird. Aus diesem Grunde verfügt Hegels Darstellung der idealistischen Geschichte des menschlichen Geistes über keine im Voraus ausgewiesenen Gesetze der grundlegenden Tätigkeit des Geistes, welche als Anhaltspunkte für die Rekonstruktion der jeweiligen Erfahrungs-Gestalten dienen könnten.

Dieser wichtige methodische Unterschied zu Fichte ist durch die einleitende Funktion verursacht, welche Hegel seiner Phänomenologie aus dem Jahre 1807 zuschreibt. Dieser Funktion der Einleitung in die spekulative Wissenschaft gemäß kann uns die *Phänomenologie* erst an ihrem Ende zu einer konkreten

---

22 Dieser Sachverhalt drückt Hegel in seinem berühmten Satz des Bewusstseins aus, demgemäß das Bewusstsein » *unterscheidet* [...] etwas von sich, worauf es sich zugleich *bezieht.* « (Hegel, Georg Wilhelm Friedrich: *Phänomenologie des Geistes*. TWA 3, S. 76) Vgl. dazu Stolzenberg, Jürgen: » Geschichte des Selbstbewußtseins. Fichte – Schelling – Hegel. « In: Sandkaulen, B. u. a. (Hg.): *Gestalten des Bewußtseins. Genealogisches Denken im Kontext Hegels. Hegel-Studien. Beiheft 52* (2009), S. 27–49, insb. S. 40–43.

23 Vgl. dazu Düsing, Klaus: » Hegels › Phänomenologie ‹ und die idealistische Geschichte des Selbstbewusstseins. « In: *Hegel-Studien* 28 (1993), S. 103–126, insb. S. 122.

und erschöpfenden Kenntnis der grundlegenden Tätigkeit des menschlichen Geistes bringen. Erst an ihrem Ende kann sie überzeugend zeigen, dass der menschliche Geist im absoluten Geist metaphysisch fundiert ist und dass alle Bewusstseins-Gestalten die Erscheinungen dieses sich-wissenden absoluten Geistes sind. Dieser spekulative Standpunkt gewinnt hier seine Rechtfertigung und seine inhaltliche Bestimmtheit dadurch, dass das betrachtete Bewusstsein am Ende seiner Entwicklung eben zu diesem Standpunkt des absoluten Wissens gelangt.[24] Das am Anfang der *Phänomenologie* aufgenommene Prinzip der Subjektivität muss auch darum abstrakt und formal bleiben, weil auf dem Weg zur wahren philosophischen Wissenschaft die Wahrheitsansprüche aller anderen, dem spekulativen Wissen konkurrierenden Theorien zurückgewiesen werden sollen. Eine solche Kritik der anderen philosophischen Theorien kann aber nur dann stringent sein, wenn sie von den allgemein angenommenen und nicht kontroversen Prinzipien ausgeht, die auch für die Kontrahenten akzeptabel sind.

In dieser Situation lässt sich nun fragen: Wie kann die *Phänomenologie* eine systematische und vollständige Abfolge der Erfahrungs-Gestalten des endlichen Geistes deduzieren? Sie kann nur so verfahren, dass sie direkt von einer natürlichen und scheinbar unvermittelten Gestalt des Bewusstseins ausgeht, nämlich von der sinnlichen Gewissheit.[25] Die Entstehung aller folgenden Bewusstseins-Gestalten verbindet Hegel in der ersten Fassung der Phänomenologie eng mit der skeptischen Erfahrung des Bewusstseins. Es ist wohl bekannt, wie diese Erfahrung zustande kommt, und deshalb genügt es hoffentlich nur an folgendes zu erinnern: Das Bewusstsein gliedert sich selbst nicht nur in die Seite des Gegenstandes und in die Seite seines Verhaltens zum Gegenstand, sondern es verfügt auch über eine Überzeugung davon, was die Wahrheit seines Gegenstandes ist, und hält sein theoretisches oder praktisches Verhalten zu dieser Wahrheit für angemessen. Wenn aber das Bewusstsein die Beschaffenheit seines Gegenstandes näher untersucht, entdeckt es, dass sein Gegenstand, den es für wahr hält, sich in sein Gegenteil verkehrt, so dass das ursprüngliche

---

24 »Weil nun diese Darstellung nur das erscheinende Wissen zum Gegenstande hat, so scheint sie selbst nicht die freie, in ihrer eigentümlichen Gestalt sich bewegende Wissenschaft zu sein, sondern sie kann von diesem Standpunkte aus als der Weg des natürlichen Bewußtseins, das zum wahren Wissen dringt, genommen werden [...] Die Reihe seiner Gestaltungen, welche das Bewußtsein auf diesem Wege durchläuft, ist vielmehr die ausführliche Geschichte der *Bildung* des Bewußtseins selbst zur Wissenschaft.« (Hegel: *Phänomenologie*, S. 72f.).

25 Es ist hier zu bemerken, dass der Zustand des Fühlens, mit dem die Fichtesche Geschichte anfängt, für solchen Zweck ungeeignet wäre, weil sich in diesem Zustand der Geist von seinem Gegenstand noch nicht explizit genug unterscheidet.

Fürwahrhalten diesem nicht mehr angemessen ist. Solch eine Erfahrung hat für das betrachtete Bewusstsein selbst zwar nur eine negative Bedeutung, weil sein ursprüngliches Fürwahrhalten durch diese Erfahrung zugrunde geht und sich in einen bloßen Schein verwandelt. Für den beobachtenden Philosophen ist es aber offenbar, dass aus dieser Negation des bestimmten Fürwahrhaltens eine neue Beschaffenheit des Gegenstandes und des Verhaltens zum Gegenstand entsteht. Solch ein spekulativer Zusammenhang verschiedener Gestalten des Bewusstseins ist – ähnlich wie bei Fichte – eben nur „für uns", d. h. für die philosophischen Betrachter, erkennbar, während der betrachtete menschliche Geist die eigene Umgestaltung gewöhnlich nur unbewusst realisiert und erlebt.[26]

Sollte Hegels Ableitung der neuen Stufen des Bewusstseins mit Fichtes verglichen werden, dann ist Folgendes zu sagen. Fichtes Darstellung der transzendentalen Geschichte ist durch die schon im Vorhinein ausgewiesenen Gesetze der unbewussten geistigen Tätigkeit, die alle Bewusstseins-Inhalte und ihre apriorische Beschaffenheit hervorbringt, geleitet. Die Hegelsche Darstellung kann demgegenüber – im Einklang mit ihrer einleitenden Funktion – über keine genaueren Charakteristika solcher konstituierenden geistigen Tätigkeit verfügen. Deshalb kann sie sich bei der Rekonstruktion einer Stufenfolge verschiedener Bewusstseins-Gestalten nicht auf die spezifischen Leistungen dieser unbewussten Tätigkeit stützen und die ursprünglichen Handlungen und Fähigkeiten des menschlichen Geistes müssen für sie sogar unthematisierbar bleiben. Stattdessen wird sie ausschließlich von den Bewusstseins-Inhalten selbst und von ihrer negativen, sich selbst verleugnenden Struktur geleitet.[27] Solche skeptische Erfahrung und das damit verbundene Scheitern des Wahrheitsanspruchs jeder Bewusstseinsstufe ist das Novum der Hegelschen

---

26 Vgl. Hegel: *Phänomenologie*, S. 79f.

27 Es scheint allerdings, dass die Abfolge der jeweiligen Weisen des Fürwahrhaltens beruht auf der Abfolge der Kategorien, wie sie Hegel in seinem früheren Entwurf einer spekulativen Logik vorgenommen hat. Dadurch ergibt sich in Hegels Konzeption der *Phänomenologie* als einer Einleitung in die Wissenschaft ein Zirkel: Auf einer Seite sollte die Gültigkeit der Kategorien, bzw. der spekulativen Logik durch die dialektische Entwicklung der einzelnen vorläufigen Weisen des Fürwahrhaltens aufgewiesen werden. Auf der anderen Seite muss die spekulative Logik in der *Phänomenologie* bereits als gültig vorausgesetzt werden, weil die Reihe der Erfahrungs-Gestalten wissenschaftlich und dialektisch entwickelt werden soll. Vgl. Pöggeler, Otto: » Die Komposition der Phänomenologie des Geistes. « In: *Hegel-Studien. Beiheft 3* (1966), S. 27–74; Fulda, Hans Friedrich: » Zur Logik der Phänomenologie von 1807. « In: *Hegel-Studien. Beiheft 3* (1966), S. 75–101. Vgl. auch Düsing: » Hegels › Phänomenologie ‹ und die idealistische Geschichte des Selbstbewusstseins. «, insb. S. 123f.

Methode und wir würden es bei Fichte vergeblich suchen. Der Fichteschen pragmatischen Geschichte gemäß tritt nämlich jede neue Reflexion ganz spontan auf und hat kein nachweisbares Motiv in der Sphäre der Bewusstseins-Inhalte selbst. Es scheint, dass hier jede Stufe der Erfahrung aufrechterhalten werden könnte und die ganze Entwicklung des Ich nur durch sein allgemeines Streben danach, sein eigenes Wesen anzuschauen und völlig zu realisieren, fortbewegt wird.[28]

Zur späteren Fassung der Hegelschen Phänomenologie, die als ein Teil der *Enzyklopädie der philosophischen Wissenschaften* erscheint, sei nur Folgendes angeführt: Auch diese verkürzte Version folgt, zusammen mit der ihr vorausgehenden Anthropologie und mit der an sie anschließenden philosophischen Psychologie, dem Programm einer transzendentalen Geschichte des menschlichen Geistes. Die Entwicklung des subjektiven Geistes wird hier aber nicht mehr durch die skeptische Erfahrung des Bewusstseins bewegt. Stattdessen wird die Beschaffenheit der jeweiligen Bewusstseins-Gestalt auf der Basis der rein formalen Bestimmungen oder Kategorien rekonstruiert, die in der spekulativen Logik im Vorhinein ausgewiesen wurden. Die philosophische Wissenschaft verfügt also an der Stelle, wo die idealistische Geschichte anfängt, schon über einen inhaltlich artikulierten Begriff des Geistes und soll von jetzt an nur dem Prozess, in dem der Geist seinen Begriff stufenweise verwirklicht und realisiert, zusehen.[29] Daher kann – trotz aller Unterschiede – behauptet werden, dass die spekulative Logik in Hegels System die Funktion des Vorfelds der Geschichte des (menschlichen) Selbstbewusstseins übernimmt, die in der Fichteschen Darstellung durch die Ableitung der Einbildungskraft und des Strebens erfüllt wurde. Dank dieser kategorialen Führung kann in der neuen Version der Hegelschen transzendentalen Geschichte auch der Zustand des bloßen Fühlens thematisiert werden, welcher in der ersten Fassung der Phänomenologie außer Betracht bleiben musste.[30] In der neu angefügten philosophischen „Psychologie" wird sogar die Entwicklung der verschiedenen Erkenntnis- und Begehrungsvermögen des subjektiven Geistes verfolgt. Es handelt sich hier aber nicht – im gravierenden Unterschied zu Fichtes pragmatischer Geschichte – um grundlegende Vermögen, die aller Erfahrung zugrunde liegen, sondern nur um spezifische Fähigkeiten, die der endliche Geist sich zuschreibt. Nach Hegelscher Auffassung haben nämlich diese Fähigkeiten letztlich keine selbstständige Realität, vielmehr stellen sie nur verschiedene

---

28 Vgl. GWL GA I/2, 406f.
29 Vgl. z. B. Hegel, Georg Wilhelm Friedrich: *Enzyklopädie der philosophischen Wissenschaften*. TWA 10, § 379 Zus., S. 14f. und § 386, S. 34f.
30 Vgl. Fußnote 25.

Gestaltungen dar, in denen der subjektive Geist, welcher seine Wahrheit noch nicht erkennt, stufenweise für sich erscheint.[31] In diesem Zusammenhang taucht Hegels Überzeugung auf, dass die von Fichte hervorgehobene Einbildungskraft nicht ein Grundvermögen des theoretischen Geistes ist.[32] Sie kann laut Hegel lediglich als eine unvollkommene Weise des *Denkens* aufgefasst werden, weil eben das Denken, das selber in der absoluten Vernunft fundiert ist, dem theoretischen subjektiven Geiste wesentlich ist.[33]

Abschließend ist zu konstatieren, dass beide Hegelschen Fassungen der idealistischen Geschichte des menschlichen Geistes die Fichtesche Darstellung sowohl in thematischem Umfang als auch in Ausführlichkeit übertreffen. Für diejenigen aber, die in heutigen philosophischen Diskussionen den Hegelschen spekulativen Anspruch, das menschliche Bewusstsein im absoluten Geist zu verankern, nicht folgen möchten, sollte die Fichtesche genetische Explikation an Beachtung gewinnen. Sowohl Fichtes Ansicht, dass jedem menschlichen Bewusstsein die Einbildungskraft und das Streben zugrunde liegen, als auch seine konkreten Analysen des Fühlens, Wahrnehmens usw. könnten besonders für die gegenwärtige phänomenologische Forschung, die unabhängig von Fichte eben diese Richtung eingeschlagen hat,[34] interessant sein.

---

31 Vgl. Hegel: *Enzyklopädie*, § 440, S. 229ff. und § 441, S. 231ff. Dazu vgl. auch Lugarini, Leo: » Die › vernünftige Betrachtungsweise ‹ des Geistes in der Hegelschen Psychologie. « In: Henrich, D. (Hg.): *Hegels philosophische Psychologie. Hegel-Studien. Beiheft 19* (1979), S. 141–158.

32 Vgl. Düsing, Klaus: » Hegels Theorie der Einbildungskraft. « In: Hespe, F. – Tuschling, B. (Hg.): *Psychologie und Anthropologie oder Philosophie des Geistes. Beiträge zu einer Hegel-Tagung in Marburg 1989*. Stuttgart–Bad Cannstatt 1991, S. 297–320.

33 So gelangt der theoretische subjektive Geist oder Intelligenz am Ende seiner Entwicklung zum Wissen, » daß, was *gedacht* ist, *ist*; und daß, was *ist*, nur *ist*, insofern es Gedanke ist. « (Hegel: *Enzyklopädie*,§ 465, S. 238) Zum subjektiven Geist und zu seinem Verhältnis zur absoluten Subjektivität vgl. Düsing, Klaus: » Hegels Begriff der Subjektivität in der Logik und in der Philosophie des subjektiven Geistes. « In: Henrich (Hg.): *Hegels philosophische Psychologie*, S. 201–214.

34 Vgl. bes. die Untersuchungen von M. Merleau-Ponty und R. Barbaras.

KAPITEL 15

J. G. Fichtes kritische Lektüre von Franz Anton Mesmers „Allgemeine Erläuterungen über den Magnetismus und den Somnambulismus" als Ausgangspunkt für eigene naturphilosophischen Überlegungen

Hans Georg von Manz

Abstract

J. G. Fichte's »Tagebuch über den [animalischen] Magnetismus« [»Diary of the [animal] Magnetism«] from 1813 consists largely of excerpts and comments on reports from patients who have been treated with applications of animal magnetism. As part of the preparations for the critical edition of Fichte's „Tagebuch über den Magnetismus" the central text on which Fichte founded his further philosophical considerations could be identified: It is Franz Anton Mesmer's „Allgemeine Erläuterungen über den Magnetismus und den Somnambulismus. Als vorläufige Einleitung in das Natursystem." [„General Explanations about magnetism and somnambulism. As a preliminary introduction to the system of nature."] of 1812. The following article shows how Fichte came into touch with the subject of animal magnetism and how he specifically dealt with Mesmer's text. Mesmer's concern to develop a unified conception of nature that brings all the laws of nature into a closed system matches with Fichte's intention to form a systematic unity of all knowledge. However, Fichte discovered in Mesmer's project several problematic concepts such as the constitution of the organism and of man as a spiritual being, which Fichte criticizes and makes the starting point for his own ideas. His idea of a liberal-idealistic and thus dynamic system of nature always remains present.

Zusammenfassung

J. G. Fichtes „Tagebuch über den [animalischen] Magnetismus" aus dem Jahr 1813 besteht zum großen Teil aus Exzerpten und Kommentaren zu Berichten von Kranken, die mit Anwendungen des animalischen Magnetismus behandelt worden sind. Im Rahmen der Vorbereitungen für die kritische Herausgabe von Fichtes „Tagebuch über den [animalischen] Magnetismus" konnte der zentrale Text, dessen kritische Lektüre Fichte zu seinen weitergehenden philosophischen Überlegungen führt, identifiziert werden: Es handelt sich um Franz Anton Mesmers „Allgemeine Erläuterungen über den Magnetismus und den Somnambulismus. Als vorläufige Einleitung in das Natursystem." von 1812. Im folgenden Aufsatz wird gezeigt, wie Fichte mit der Thematik des animalischen Magnetismus in Berührung kam und wie er sich speziell mit Mesmers Text auseinandersetzte. Mesmers Anliegen, eine einheitliche Naturkonzeption zu entwickeln, die alle Naturgesetzlichkeiten in ein geschlossenes System bringt, kommt Fichtes Intention nach systematischer Einheit allen Wissens entgegen. Allerdings entdeckt Fichte bei Mesmer etliche problematische Konzepte, etwa zur Konstitution des Organismus und des Menschen als geistigem Wesen, die er kritisiert und zum Ausgangspunkt eigener Überlegungen macht. Die Idee eines freiheitlich-idealistischen und damit dynamischen Natursystems bleibt dabei stets präsent.

Schlüsselwörter

Fichte, J.G – Mesmer, F.A – Wolfart, K.Chr – Magnetismus, animalischer – Somnambulismus – Naturphilosophie

1   Fichtes Kontakt mit dem Mesmerismus und Mesmer

Das „Tagebuch über den Magnetismus", wie Fichte selbst seine Notate betitelte, schrieb er im September 1813. Es ist chronologisch einzuordnen zwischen dem zweiten und dritten Diarium. Der letzte Datumseintrag des ersteren ist der 29. September 1813, das dritte Diarium beginnt am 25. Oktober 1813. Fichtes erste Eintragung bezieht sich auf den 14. September 1813 als den Tag, an dem er sich in die Wohnung des Arztes Karl Christian Wolfart begab, um dort eine Behandlungssitzung mitzuerleben, in der die Patienten mittels des magnetischen Heilschlafes therapiert wurden. Nach der Beschreibung, was er bei diesem Besuch erlebt hatte, exzerpiert und kommentiert er in dem Tagebuch Krankengeschichten, die von französischen Mesmer-Anhängern veröffentlicht worden sind, und ein Werk von Mesmer selbst; dazwischen und am Ende finden sich freie Reflexionen.

Fichtes Beschäftigung mit dem animalischen Magnetismus ist nicht ohne die Begegnung mit Karl Christian Wolfart denkbar. Es ist gut möglich, dass der Anstoß zur Beschäftigung mit dem animalischen Magnetismus von Wolfart kam. Wolfart, der mit äußerstem Enthusiasmus der Mesmerschen Lehre und Behandlungsmethode den Weg bahnen wollte, und der auf allen Seiten Unterstützer seines Anliegens suchte, hoffte wohl auch, in Fichte einen Unterstützer zu finden. Wenn ein namhafter Philosoph sich von den Erfahrungsberichten der Behandlung beeindrucken ließe und dieser auch die naturphilosophischen Grundlagen des Mesmerschen Systems akzeptierte oder zumindest ihnen nicht völlig widersprach, wäre dies ein weiterer entscheidender Schritt in der Akzeptanz der Mesmerschen Theorien in der wissenschaftlichen und ärztlichen Gemeinschaft.

1.1 Fichte und Wolfart

Fichte und Wolfart konnten sich leicht kennengelernt haben, sei es über ihre gemeinsame Zugehörigkeit zur „Deutschen Tischgesellschaft", sei es über gemeinsame Bekanntschaften, etwa über bedeutenden Mediziner Christoph Wilhelm Hufeland,[1] den Fichte seit Jenaer Zeiten kannte, und der 1812 als Vorsitzender der Kommission zur Prüfung des tierischen Magnetismus auch Wolfart als Mitglied ernannte.

1.2 Die Rolle Wolfarts in der Vermittlung des Mesmerismus in Berlin um 1812

Der in Hanau im Jahr 1778 geborene Karl Christian Wolfart hatte in Göttingen und Marburg studiert und war 1797 zum Doktor der Medizin promoviert worden. Im Jahr 1800 wurde er zum außerordentlichen Professor der Physik und Medizin in seiner Geburtsstadt ernannt. 1810 ließ er sich in Berlin nieder und bewarb sich mehrfach um eine Professur an der neu gegründeten Universität; dies wurde jeweils abgelehnt, er konnte jedoch dort als Privatdozent lehren.

Um 1810 nahm die Anhängerschaft der Mesmerschen Lehre in Berlin zu und die Auseinandersetzung um die Anerkennung dieser Heilmethode und ihrer Institutionalisierung als akademisches Lehrfach spitzte sich zu. (In Österreich, wo Mesmer ab 1773 wirkte, und in Frankreich, wo Mesmer von 1778 bis 1784 sich aufhielt, war die Begeisterung für diese Heilmethode bereits deutlich abgeklungen.) Die preußische Regierung in Person des für Medizinalfragen zuständigen Ministers Friedrich von Schuckmann sah sich schließlich veranlasst, die Debatte politisch zu lösen und gab am 23. Mai 1812 einen Erlass heraus, der zwei Ziele verfolgte: Zum einen sollte die Heilmethode nur von approbierten Ärzten und unter Kontrolle des jeweiligen Stadtarztes durchgeführt werden; zum anderen sollte eine Kommission eingerichtet werden, die das Heilverfahren auf seine Wissenschaftlichkeit und seine Wirksamkeit prüfen sollte. Als Leiter der Kommission wurde der leitende Beamte der Abteilung Gesundheitswesen des Innenministeriums Christoph Wilhelm Hufeland (1762–1836)

---

1 Hufeland war an der Gründung der Berliner Universität beteiligt. Er war erster Dekan der medizinischen Fakultät; zugleich war er als Staatsrat der leitende Beamte der Abteilung Gesundheitswesen im Innenministerium. (*Neue deutsche Biographie*. Hrsg. von der Historischen Kommission bei der Bayerischen Akademie der Wissenschaften. Hufeland–Kaffsack. Berlin, 1974, Bd. 10, 1–7).

berufen. Ihm war die Ernennung weiterer Mitglieder überlassen. Er nahm auch Wolfart auf. Was die Kommission leistete, ist leider nicht überliefert. Wolfart seinerseits versuchte, die Kommission in seinem Interesse zu instrumentalisieren, indem er sich entschloss, Mesmer persönlich in Frauenfeld am Bodensee zu besuchen. Entgegen der Erlaubnis des Ministers von Schuckmann gab sich Wolfart Mesmer gegenüber als Beauftragter der Kommission aus und berechtigt, von Mesmer persönlich Unterweisungen zu erhalten. Wolfart reiste im September nach Frauenfeld und blieb dort einige Wochen; am 10. November 1812 war er wieder in Berlin und verfasste sogleich einen dreizehn Bogen umfassenden Bericht darüber, was er bei Mesmer erfahren hat. Während seines Aufenthaltes bei Mesmer wurde dessen Schrift „Allgemeine Erläuterungen über den Magnetismus und den Somnambulismus. Als vorläufige Einleitung in das Natursystem." redaktionell fertig gestellt. Wolfart brachte sie im selben Jahr in seiner Zeitschrift Asklepieion heraus; in der gleichen Zeit stellten Wolfart und Mesmer Manuskripte zusammen, die Mesmer früher, vor allem in Frankreich verfasst hatte, um daraus eine umfassende Darstellung des Mesmerismus zu verfertigen. Diese erschien dann auch unter der Herausgeberschaft von Wolfart im Jahr 1814 unter dem Titel: „Mesmerismus. Oder System der Wechselwirkungen, Theorie und Anwendung des thierischen Magnetismus als die allgemeine Heilkunde zur Erhaltung des Menschen von Dr. Friedrich Anton Mesmer. Herausgegeben von Dr. Karl Christian Wolfart. Berlin, in der Nikolaischen Buchhandlung 1814."

Um Wolfarts Besuch bei Mesmer und vor allem um die Tatsache, dass er sich als offizieller Gesandter ausgegeben hat, entbrannte eine heftige Debatte. Wolfart wurde von der weiteren Kommissionsarbeit ausgeschlossen, sein Bericht wurde nicht zur Kenntnis genommen. Im Dezember 1812 wurde die Kommission ergebnislos aufgelöst; auch hat Hufeland keinen Bericht über die Arbeit der Kommission verfasst.[2]

2 Fichtes „Tagebuch" im Überblick

Fichtes „Tagebuch über den Magnetismus" ist kein einheitlicher Text. Er besteht aus seinem Bericht des Besuchs einer Heilsitzung bei Wolfart, aus Exzerpten von Berichten von Heilbehandlungen durch die französischen Mesmer-Adepten Puységur und Tardy, kommentierenden Anmerkungen zu dem

---

2 Am Rande sei nur erwähnt, dass Wolfart später, im Jahr 1816, per Kabinettsorder (und wider den Willen der Ärzteschaft) zum ordentlichen Professor für Heilmagnetismus an der Berliner Universität ernannt worden ist.

vornehmlich theoretisch gehaltenen Text von Mesmer und eigenen, freien Reflexionen, die einmal sich zwischen den Exzerpten finden und als längeres Stück im Anschluss an die Kommentierung des Mesmerschen Textes.

Es ist anzunehmen, dass Fichte die Werke, die ihm zur Verfügung standen, von Wolfart erhalten hatte. Das letzte Werk in dieser Reihe ist, wie wir für die Vorbereitung der Herausgabe des Textes innerhalb der Fichte-Gesamtausgabe an Hand der Übereinstimmung der von Fichte zitierten Seitenzahlen ermitteln konnten, der 3. Band des 2. Jahrgangs der von Wolfart seit 1811 herausgegebenen Zeitschrift „Asklepieion. Allgemeines medicinisch-chirurgisches Wochenblatt für alle Theile der Heilkunde und ihre Hülfwissenschaften." Dieser vom September 1812 datierte Band enthält den von Franz Anton Mesmer verfassten Text mit dem Titel: „Allgemeine Erläuterungen über den *Magnetismus* und den *Somnambulismus*. Von *Mesmer*. Als vorläufige Einleitung in das Natursystem."

2.1   Herkunft und Struktur des Mesmer-Textes

Um Fichtes kommentierende Bemerkungen zu Mesmers Text einordnen zu können, ist es sinnvoll, sich die Struktur und den Inhalt davon kurz zu vergegenwärtigen. Die Schrift erschien in der von Wolfart herausgegebenen Zeitschrift Asklepieion im Jahr 1812. Wie aus der Schlussbemerkung der Vorrede hervorgeht, ist die Schrift anlässlich des Aufenthalts Wolfarts bei Mesmer entstanden.[3] Die Schrift besteht aus einer Vorrede und sieben Abschnitten. Die Vorrede und die Abschnitte I. bis IV. erschienen in der Septembernummer des 3. Bandes des Jahrgangs 1812, von S. 247 bis 302, die Abschnitte V. bis VII. in der Oktobernummer, im 4. Band von Seite 1 bis 25. (Fichte schien allerdings nur der Textteil aus der Septembernummer vorzuliegen, da er sich nur auf dessen Seiten bezieht.)

In der Vorrede berichtet Mesmer von der Entstehung seiner Lehre und den Widerständen, die er erfahren musste, als er um ihre Anerkennung rang. In einigen methodischen Überlegungen zur Begriffsbildung und zur Sprache gibt er an, warum es bei der Erfassung des Phänomens immer wieder zu Missverständnissen kommen musste. Die Schrift ist in zwei Abteilungen gegliedert: in der ersten geht es um „die Bestimmung der Grundprinzipien der Natur",[4] in der zweiten wird „die Lehre von der praktischen Anwendung dieser

---

3   Mesmer, Franz Anton: *Allgemeine Erläuterungen über den Magnetismus und den Somnambulismus. Von Mesmer. Als vorläufige Einleitung in das Natursystem*. In: *Asklepieion. Allgemeines medicinisch-chirurgisches Wochenblatt für alle Theile der Heilkunde und ihre Hülfwissenschaften*. Herausgegeben von Karl Christian Wolfart,. 2. Jg., 2. Band, 1812, S. 260.
4   Mesmer: *Allgemeine Erläuterungen*, S. 256.

TABLE 16.1 Gliederung von Fichtes „Tagebuch über den Magnetismus" 1813

Inhalt	Seiten	Original	SW XI	GA II/16
1. Besuch bei Wolfart	2	1r–1v	297–309	273–275
2. Exzerpte von Puységur: Appel, Du magnétisme, Mémoires	6	6r–7v, 2r–2v	310–312 300	275–302
3. freie Reflexion zum Thema „Mitteilung"	3	2v–3v	300–305	303–307
4. Exzerpte von Puységur: Recherche	4	4r–5v	305–316	307–331
5. Exzerpte von Tardy: Journal I u. II	1	5v	316–332	331–340
6. Kommentar zu Mesmers „Allgemeine Erläuterungen"	6	8r–10v	332–332	341–355
7. freie Reflexion zu naturphilosophischen Konzepten	8	11r–14v	332–344	356–367

TABLE 16.2 *Überblick zur Schrift „Allgemeine Erläuterungen über den Magnetismus und den Somnambulismus. Von Mesmer. Als vorläufige Einleitung in das Natursystem."*

	Inhalt	Paginierung	F.-Kommentar	GA II/16
Vorrede	Von der Schwierigkeit, die neue Lehre zu etablieren. Methodisches: Sprach- und Begriffsschwierigkeiten, Grobeinteilung; Theorie und Anwendung	247–261	3:253–259	346–348
I.	Einleitung; Grundprinzipien des animalischen Magnetismus	261–270	1:264–266 4:263–265	341–342 348–352
II.	Organisation der Natur im allgemeinen; Grundelemente: Materie und Bewegung, Elementarteilchen	270–277		
III.	Organismus des Menschen. Irritabilität als Grundfaktum des Organischen. Ihre Störung ist Krankheit. Krisis als Wiederherstellung der gestörten Harmonie. Grundlegung der Anwendung.	278–290		
IV.	Weitere Bestimmung. Sinne, feinere Sinne, innerer Sinn, Möglichkeit mit entfernten Wesen in Kontakt zu treten, Möglichkeit der Empfindung der Zukünftigen. Schlaf als vegetabler Zustand, welcher der Bestimmung der Menschen am nächsten kommt. Wachen, um zu vegetieren. Vergegenwärtigung der Zukunft und Vergangenheit. Somnambulismus.	290–302	2:295–299	343–345
V.	Somnambulismus. Beantwortung kritischer Einwände. Vertiefung des Konzepts des inneren Sinnes, des Instinkts.	1–19		
VI.	Warum der Somnambulismus häufiger und vollkommner seit Mesmers Anwendungen. Magnetismus einziges und allgemeines Mittel Krankheiten vorzubeugen und zu heilen.	20–22		
VII.	Warum hat der Magnetismus bisher so wenig Anerkennung gefunden?	22–25		

Naturkenntnisse auf den menschlichen Körper"[5] dargelegt. Insbesondere über den Somnambulismus will er Klarheit schaffen.

Im ersten Abschnitt stellt Mesmer die Grundprinzipien des animalischen Magnetismus vor. Ausgangspunkt war seine Suche nach „einem *direkten, auf die Nerven wirkenden Heilmittel*";[6] er war der Überzeugung, „daß dieses Mittel, als ein alles belebendes, allgemeines *Agens* oder *Prinzip* nicht aus der gröbern, in die gewöhnlichen Sinne fallenden Materie bestehen – daß es zwar *Materie*, jedoch keine wiegbare *Substanz* seyn könne."[7] Mesmer verfolgt die Überlegung, dass *alle* Naturgegebenheiten unter einem allgemeinen wechselseitigen Einfluss stehen. Er bezeichnet dies als „allgemeinen Magnetismus". Die magnetisierte Eisennadel, die sich immer wieder in die eine Richtung ausrichtet, ist nur ein Spezialfall und kann als Modell dienen. Das, was diesem wechselseitigen Einfluss zu Grunde liegt und ihn ermöglicht, ist ein alles durchströmendes „subtiles Fluidum". Auch Organismen, seien es pflanzliche, tierische oder menschliche, unterliegen der Gesetzlichkeit dieses allgemeinen wechselseitigen Einflusses; die speziellen Gesetzlichkeiten und Möglichkeiten der Einflussnahme auf Organismen fasst Mesmer unter dem Begriff des „thierischen Magnetismus" zusammen; „eine Benennung, welche sich durch die Natur der Sache als ein Theil des *allgemeinen Magnetismus* rechtfertigt."[8]

Im zweiten Abschnitt seiner Schrift legt Mesmer dar, in welchem Verhältnis die physikalischen Grundelemente, Materie und Elementarteilchen, zueinander stehen und welche Rolle das allgemeine Fluidum dabei spielt. „Das allgemeine Fluidum in Verbindung mit dem thierischen Körper betrachtet, ist das Prinzip des *individuellen Lebens*";[9] im dritten Abschnitt wendet er dies auf den menschlichen Organismus an. Dabei spielt der Begriff der Irritabilität als entscheidendes Merkmal höherer Organismen eine zentrale Rolle. Krankheiten sind als die verschiedenen Arten der Störung der Irritabilität aufzufassen. Die Anwendung des tierischen Magnetismus kann die gestörte Harmonie in der Reizbarkeit wiederherstellen. Im vierten Abschnitt geht Mesmer zur Darstellung des Somnambulismus über. Als Voraussetzung dazu beschreibt er das menschliche Empfindungsvermögen. Neben den bekannten Sinnen postuliert er weitere Organe, die „geeignet sind, Empfindungen aufzunehmen."[10] Zentral ist die Annahme eines „inneren Sinnes", „welcher mit dem Ganzen des

---

5 Ebd.
6 Ebd., S. 263.
7 Ebd.
8 Ebd., S. 267.
9 Ebd., S. 277.
10 Ebd., S. 295.

Universums in Beziehung ist, und der als eine *Ausdehnung* des Sehvermögens betrachtet werden könnte."[11] Mittels dieses Organs sollte es schließlich auch möglich sein, mit entfernten Wesen in Kontakt zu kommen und Vergangenes und Zukünftiges zu empfinden. Dies geschieht, wenn es geschieht, vornehmlich in einer besonderen Form des Schlafes und wird unter dem Begriff des „Somnambulismus" gefasst. „Der Schlaf des Menschen" ist nach Mesmer, „kein negativer Zustand, oder eine bloße Abwesenheit des Wachens; er scheint vielmehr derjenige natürliche Zustand zu seyn, welcher seiner [d. h. des Menschen] Bestimmung am nächsten entspricht, nämlich der zu *vegetiren*."[12] Die höheren Fähigkeiten des Menschen, die im Wachen aktiv sind, sind letztlich nur Funktionen, um diesen Grundzustand zu erhalten.

In den Abschnitten V. bis VII., die sich im Oktoberband finden und offensichtlich Fichte nicht vorlagen, geht Mesmer auf kritische Fragen ein, vertieft noch das Konzept des inneren Sinnes und des Instinkts und reflektiert über die Wirkungsgeschichte seiner Lehre.

2.2 Fichtes Lektüre und Kommentierung des Mesmer-Textes

Den Notaten nach ist Fichte den Text nicht chronologisch durchgegangen. (Siehe dazu Übersicht über den Mesmer-Text.) Fichte setzt ein auf den Seiten 264 bis 266, d. h. im ersten Abschnitt, wo es innerhalb der Darstellung der Grundprinzipien des „allgemeinen Magnetismus" um den „Beweis" des allgemeinen Einflusses mittels des „subtilen Fluidums" geht. Fichte springt dann zu den Seiten 295 bis 299 im vierten Abschnitt, wo Mesmer das „Empfindungsvermögen" des Menschen, seinen „inneren Sinn" und dessen Wahrnehmungsmöglichkeiten, sowie die Funktion des Schlafes und des Wachens und schließlich den Somnambulismus erläutert. Von dort geht Fichte zu den Seiten 253 bis 256 über, d. h. zur Vorrede und den propädeutischen Bemerkungen Mesmers, um dann im anschließenden ersten Abschnitt von Mesmers Schrift das Grundprinzip des „animalischen Magnetismus" und die Prinzipien des „allgemeinen Magnetismus" zu kommentieren.

Auffällig ist, dass Fichte gar keine Bemerkungen zu den Abschnitten II. und III. macht, in denen Mesmer seine Auffassung einer Elementarphysik und die Grundelemente einer Physiologie und Pathophysiologie darlegt. Das heißt, dass Fichte sich nur mit den allgemeinen Grundprinzipien auseinandergesetzt hat und mit Phänomenen an der Schwelle der nur physiologisch-unbewussten menschlichen Existenz (d. h. dem Schlaf) zum bewussten menschlichen Leben, das von Freiheit bestimmt ist.

---

11   Ebd.
12   Ebd., S. 296.

3 Themen der Kommentierung

Im Folgenden soll thesenhaft und unabhängig von Fichtes chronologischem Vorgehen, vielmehr in einer gewissen Systematik, die Reaktionen Fichtes auf Mesmers Text vorgestellt werden.

3.1 Methodisches: Denken ohne Sprache und Denken als reine Konstruktion

In der Vorrede versucht Mesmer, die in seinen Augen unzureichende Rezeption seiner Lehre, die Missverständnisse und die daraus resultierende scharlatanhafte Anwendung seiner Lehre (die seinem Ruf geschadet hat), zum Teil damit zu begründen, dass die Vorgegebenheiten der Sprache dazu führen, Sachverhalte nicht adäquat darzustellen. „Der Gebrauch der Sprache," – schreibt Mesmer – „das gewöhnlich einzige Mittel zur Mittheilung unsrer Gedanken, hat von jeher dazu beigetragen, unserm Wissen eine falsche Richtung zu geben."[13] Für eine solch subtile Materie und solch feine Strukturen und Funktionen, wie sie im animalischen Magnetismus gegeben sind, gibt es bislang kein entsprechendes Ausdrucksmittel. Die bisherige Sprache ist nach Mesmer nur geeignet, die „einfache gröbere Mechanik" in Worte zu fassen; „nun sollen" – so Mesmer – „eben diese Worte dazu dienen, die feinsten Produkte des Verstandes und des Witzes zu modeln. [...] Die aus vielen Charakteren zusammen gesetzten Begriffe werden in ein einziges Wort eingezwängt, und auf diese Weise, so zu sagen, verkrüppelt dargestellt."[14] Ideal wäre es nach Mesmer, sich eine Sache ohne vorgegebene Begriffe, aber „nach allen ihren Bestandtheilen" hin vorzustellen, d. h. „*ohne Sprache zu denken.*"[15]

Fichte selbst hat sich immer wieder mit der Frage auseinandergesetzt, wie Sprache, Denken und Erfassung bzw. Konstruktion der Wirklichkeit zusammenhängen. Es sei nur erinnert an seinen Aufsatz im Philosophischen Journal aus dem Jahr 1795: „Von der Sprachfähigkeit und dem Ursprung der Sprache."[16] Aber auch wenige Wochen vor der Niederschrift des Tagebuchs über den Magnetismus reflektiert er in den Vorlesungen der „Staatslehre" über das Verhältnis von Verstand und Sprache und kommt zu dem Schluss, dass man annehmen muss, dass die Sprache nicht nur vorgegeben ist, sondern „zugleich auch schöpferisches Produkt wäre der Freiheit aus dem Nichts heraus",[17] d. h. dass

---

13 Ebd., S. 253.
14 Ebd., S. 254f.
15 Ebd., S. 254.
16 *Philosophisches Journal.* Bd. I, S. 255–273, S. 287–326.
17 StL, GA II/16, 102.

das Denken vorgängig sein und mit neu geschaffenen Begriffen die Sprache erweitern, verfeinern und fortentwickeln kann. Insofern hat er Sympathie mit Mesmers sprachkritischen Überlegungen. Fichte notiert ins Tagebuch Mesmers Worte „ohne Sprache zu denken". Und kommentiert: „Da deutet er etwas sehr hohes an, die Konstruktion."[18]

3.2 Was ist das Wesen menschlichen Daseins?

Eine der zentralen Anwendungen des animalischen Magnetismus ist es, den Kranken in den „kritischen Schlaf", d. h. in einen somnambulen Zustand zu versetzen. Um dies zu erläutern geht Mesmer auf die Bedeutung des Schlafs für den Menschen im Allgemeinen ein. „Der Schlaf des Menschen ist kein negativer Zustand, oder eine bloße Abwesenheit des Wachens; er scheint vielmehr derjenige natürliche Zustand zu seyn, welcher seiner Bestimmung am nächsten entspricht, nämlich der zu *vegetiren*, in diesem Zustand fängt er an zu leben, vollendet in demselben seine Bildung, und endet darin seine Laufbahn."[19] Mesmer formuliert dies kurz später noch einmal ausdrücklich: „Es ist aber der Entzweck oder die Bestimmung der Natur aller organisirten und lebenden Wesen zu *vegetiren*, d. h. ihre Existenz *fortzusetzen*, und ihr Vermögen zu entwickeln. Der Zustand des Schlafes scheint hierzu geeignet zu seyn."[20] Dieser obersten Bestimmung sind dann alle anderen Funktionen und Fähigkeiten funktional untergeordnet. So kann Mesmer über den Zustand des Wachens schreiben: „Das *Wachen*, oder der Gebrauch der äußern Sinne dient lediglich dazu, uns mit den erforderlichen Nahrungsmitteln zu versorgen, und dieselben zu gebrauchen, und endlich um den Hindernissen auszuweichen, welche der Erreichung dieses allgemeinen Zweckes im Wege stehen. *Sollte man wohl nicht zugeben können, daß wir nur wachen um zu schlafen?*"[21] Diese letzten, offensichtlich von Mesmer durchaus ernst gemeinten Worte notiert sich Fichte und setzt dahinter drei Ausrufezeichen – eine Markierung, die er immer dann anwendet, wenn er eine Aussage für völlig unzutreffend oder gar absurd hält.

Von der Erläuterung der Funktion des Schlafes im Allgemeinen geht Mesmer über zur Beschreibung jenes besonderen Typs von Schlafzustands, der für die Anwendung des Magnetismus die entscheidende Rolle spielt: ein Schlafzustand, in dem Personen bestimmte Handlungen verrichten und dies sogar

---

18 GA II/16, 346.
19 Mesmer: *Allgemeine Erläuterungen*, S. 296f.
20 Ebd., S. 298.
21 Ebd., Hervorhebung hinzugefügt.

mit größerer Genauigkeit als im Wachzustand.[22] Auch hier setzt Fichtes Kritik ein: „[G]eistige, u. freie Thätigkeit [sollen] im Zustande des Schlafes [möglich sein]?" fragt sich Fichte. Für ihn gibt es eine klare Unterscheidung. Entweder ist sich der Handelnde über den Grund seiner Handlung, seine Zwecksetzung, bewusst, dann ist es die Handlung eines sich frei entscheidenden Ich oder die Person ist sich über das, was sie tut, nicht bewusst, dann liegt keine freie Entscheidung vor, dann kann man auch nicht von einer Handlung eines freien Bewusstseins, der eines Ich, sprechen. Es gibt hier keine Abstufungen: „die Ichheit" – so Fichte – „ist bloß *formales* Prinzip, durchaus u. niemals qualitatives. Zufolge des ersten ist etwas, oder ist nicht."[23] Fichte vergleicht die Handlungen der somnambulen Person mit denen eines Menschen, der sich nur von sinnlichen Trieben leiten läßt. „Der sinnliche Mensch ist noch wie im Somnambulism. Und ich habe nur diesen von dem wirkl[ichen] zu unterscheiden. Der Unterschied ist etwa der: der erstere erscheint in der objektiven Allgemeingültigkeit als *wachend*; der andere in derselben Allgemeingültigkeit als *schlafend*. Das wahre Wachen ist das Leben in Gott; das frei seyn in ihm, alles andere ist Schlaf u. Traum."[24] Fichte endet diese Überlegungen zur Frage, ob es freie und geistige Tätigkeiten im Zustand des Schlafs oder des Somnambulismus geben kann, mit den Worten: „In welcher schreckl[ichen]. Verw[irrun]g M[esmer]. und W[olfart]. sind, ist nun klar."[25]

3.3 *Gibt es Mitteilung ohne Sprache? Wie ist Kommunikation möglich?*

Im Zusammenhang mit der Frage nach den Fähigkeiten, die Personen im Zustand des Somnambulismus haben, taucht noch die eine Frage auf, die auch für den Philosophen von Bedeutung sein kann: die Frage, ob es eine Kommunikation, eine Übermittlung von Willensäußerungen, jenseits der Sprache, d. h. eine unmittelbare, geben kann. Mesmer kommt zu der Auffassung, dass dies möglich ist aufgrund folgender Voraussetzungen: Es gibt neben den bekannten Sinnesorganen noch weitere, „welche geeignet sind, Empfindungen aufzunehmen";[26] ihre feineren Wahrnehmungen sind im Laufe der Entwicklung

---

22 » Es ist von jeher beobachtet worden, daß gewisse Personen im Schlafe gehen, die verwickeltsten Handlungen mit eben derselben Überlegung, mit dergleichen Aufmerksamkeit, und mit noch größerer Pünktlichkeit, als im Zustande des Wachens, unternehmen und ausführen. Und man ist in noch größere Verwunderung gesetzt, diejenigen Fakultäten, welche die *intellektuellen* genannt werden, auf eine solchen Grade zu sehen, daß die ausgebildetsten im gewöhnlichen Zustande dieselben nicht erreichen. « (Ebd., S. 298f.)
23 GA II/16, 345.
24 Ebd., S. 344f.
25 Ebd., S. 345.
26 Mesmer: *Allgemeine Erläuterungen*, S. 295.

eines Menschen von stärkeren Eindrücken verdrängt worden. Neben diesen feineren Organen ist ein „innerer Sinn" anzunehmen, „welcher mit dem Ganzen des Universums in Beziehung ist, und der als eine *Ausdehnung* des Sehvermögens betrachtet werden könnte."[27] Im Zustand des kritischen Schlafes ist dem Mensch dieser Sinn wieder zugänglich. Da auf der anderen Seite alles sowohl räumlich als auch zeitlich miteinander verkettet ist, ist diesem inneren Sinn entsprechend auch alles zugänglich.

> Ihre [der Personen im Zustand der kritischen Schlafs] Sinne können sich nach allen Distanzen und nach allen Richtungen ausdehnen, ohne daß sie ein Hindernis hemmt. Kurz, es scheint, als ob die ganze Natur ihnen gegenwärtig sey. Der Wille selbst kann ihnen unabhängig von den durch Konvention dafür angenommenen Mittel mitgetheilt werden.[28]

Fichte fällt über Mesmers Annahmen zur Möglichkeit der Fähigkeiten im Somnambulismus, einschließlich der Möglichkeit einer nicht-sprachlichen Kommunikation ein vernichtendes Urteil. Zunächst weist er die Behauptung zurück, dass Empfindungen allgemein (und hier die der feineren Organe bzw. des inneren Sinns) die Ursachen von Handlungen (hier speziell die Handlungen des somnambulen Menschen) seien; ebenso weist er die Annahme eines inneren Sinnes, der mit dem Ganzen des Universums in Beziehung ist, zurück, als auch die Auffassung, dass es Organe gäbe, die Empfindungen aufnähmen.[29]

Auch Mesmers Behauptung, somnambulen Personen können Mitteilungen gemacht werden ohne Inanspruchnahme eines Zeichensystems, weist Fichte zurück.[30] Fichte geht aber auf diese Punkte an dieser Stelle nicht weiter ein. Die Frage nach der Möglichkeit der Mitteilung, der Kommunikation zwischen Therapeuten und Patienten, hat ihn innerhalb dieses Textes schon früher beschäftigt und zu eigenen Reflexionen veranlasst.[31] Er sieht eine Analogie in

---

27 Ebd.
28 Ebd., S. 299.
29 » 295.[»] Alle Handlungen sind Resultate der Empfindungen. «!!! ibid: innerer Sinn, welcher mit dem Ganzen des Universum in Beziehung ist u. der als eine Ausdehnung des Sehvermögens betrachtet werden könne. Organe, um *Empfindungen aufzunehmen*!!!« (GA II/16, 343). – Zu Fichtes Theorie der Empfindung vgl. seine Deduktion der Empfindung im *Grundriss des Eigenthümlichen der Wissenschaftslehre* von 1795, § 2. Erster Lehrsatz. Das aufgezeigte Factum wird gesetzt: durch Empfindung, oder Deduction der Empfindung. (GA I/3, 147–151).
30 » 299. ein durch die *Konvention angenommenes Mittel den Willen* mitzutheilen!!! « (GA II/16, 345).
31 Ebd., S. 303–305.

der Kommunikation zwischen Arzt und Patient und der zwischen Lehrer und Schüler[32] und fragt sich, wie aus seiner Sicht, als Lehrer, es möglich ist, Wissen zu übermitteln. Auch hier sind Momente der Freiheit entscheidend. Zum einen ist es die Aufmerksamkeit,[33] die vom Schüler, vom Zuhörer aufgebracht werden muss, dass er sich in den Zustand der Hingebung[34] versetzt, in dem alles Individuelle zurückgenommen ist, damit Raum geschaffen ist für das Aufnehmen der „Bilder", die ihm der Lehrer vorgibt. Zum anderen ist es das freie Erfassen der eigenen Einsicht, das Sich-Bewusstwerdens, dass man etwas weiß; Fichte nennt es „die Besonnenheit, das Sehen des Sehens."[35] „Das Element der geistigen Mittheilung" ist nach Fichte „die *Sprache*", „wie Luft, u. Licht [das Element] der sinnl[ichen]."[36] Damit ist klar, dass eine geistige Mitteilung im Zustande des Somnambulismus nicht möglich ist.

3.4 Wie ist eine Naturphilosophie möglich?

Fichte hält Mesmers Naturverständnis für durchgehend materialistisch. Exemplarisch wird dies deutlich, wenn Mesmer auf Seite 265 beschreibt, wie er zu der Einsicht kam, dass der „wechselseitige Einfluß" das grundlegende Prinzip aller Naturerscheinungen sei:

> In der nämlichen Einwirkung dieses wechselseitigen Strömens entdeckte ich die unmittelbare Ursache jener alternirenden Bewegung des Ozeans, der Ebbe und Fluth, und erhielt die Überzeugung, daß die Naturthätigkeit, – die Ursache dieser Erscheinung [des wechselseitigen Strömens], – [...] sich über alle Bestandtheile des Erdballes ausbreite, [...] wodurch alles, was ist, Leben und Seele erhält.[37]

Dazu notiert Fichte: „Welch ungeheu[r]er Materialism."[38] Dass Fichtes Position die gegenteilige ist, und dass ein Übergang vom Materiellen zum Lebendigen und gar Geistigen nach Fichte nicht denkbar ist, dürfte bekannt sein. Um Fichtes Position, die durchgängig den transzendentalphilosophischen Standpunkt beibehält, zu verdeutlichen, sei auf Überlegungen Fichtes verwiesen, die er

---

32 » Die Analogie mit der Gemeinschaft der Lehre. « (Ebd., S. 303)
33 » Nicht zu erlassen ist das absolut individuelle, die *Aufmerksamkeit*; dies aber ist reines Hingeben, reines Vernichten der eignen Thätigkeit. « (Ebd., S. 304)
34 » Muster ist alles von dem *Hingeben*, u. sich vernichten vor Gott. « (Ebd., S. 304)
35 Ebd.
36 Ebd.
37 Mesmer: *Allgemeine Erläuterungen*, S. 265
38 GA II/16, 342. – in sw nicht enthalten

nur ein Jahr zuvor in den Vorlesungen der Transzendentalen Logik im Herbst 1812 anstellte. Dort schreibt er:

> Das Denken ist nemlich die unmittelbare Erscheinung des übersinnlichen, des Einen und absoluten Seyns selbst; u. dessen, des Denkens, oder der Erscheinung Seyn sezt erst das faktische, u. sinnliche. – Das Denken u. das Wahrnehmen sollten durch die Philosophie als Einheit begriffen werden, was ganz richtig war. Alle Philosophie vor der W.L. wollte das Denken zum faktischen Seyn, zum sinnlichen machen, durch eine Vergeistigung, was durchaus unmöglich ist. Die W.L. kehrt es um, u. leitet das faktische ab aus dem Denken: es ist dies Faktische Seyn des Denkens selbst, und nichts andres: u. nun ist die Einheit durchaus begreiflich.[39]

Für Fichte ist entscheidend, dass eine Bestimmung der Prinzipien der Natur, eine Naturphilosophie, vom Denken, vom Bewusstsein ausgehen muss. Wenn wir die Natur als ein strukturiertes Ganzes auffassen wollen, dann ist dies nur möglich, wenn wir sie unter Gesetzmäßigkeiten stehend betrachten. Diese Gesetze kommen als solche in der Natur nicht vor, sondern es sind solche, die wir als eine Bewusstseinsleistung formulieren. „Wenn er [der Mensch] nicht *frei* wäre, das könnte er nicht bilden, nach dem bekannten Gesetze. So allein erkennt er die *Gestaltung*. Aus der seinigen."[40] Das heißt mit anderen Worten, wie uns das Faktische, die Natur erscheint, ist ein Produkt des freien Bewusstseins. So kann Fichte sagen: „Ich komme da auf eine Physicirung des Idealismus."[41]

3.5 Einblick in Fichtes Persönlichkeit

Liest man Fichtes Notate, so ergibt sich ein spannender Einblick in seine Arbeitsweise und in seine Persönlichkeit. Es ist erstaunlich, mit welcher Aufgeschlossenheit und Offenheit Fichte diesem Text begegnet. Trotz der Tatsache, dass Fichte Mesmer in seinem Vorgehen amateurhaft, nicht wissenschaftlich, und für nicht auf der Höhe der Zeit (er kennt die gängige naturphilosophische Literatur nicht),[42] sein materialistisches Naturverständnis für unakzeptabel, ihn gar in „schrecklicher Verwirrung" befindlich hält, gibt er ihm immer wieder eine Chance, und will abwarten, wie er ein bestimmtes Problem löst. So

---

39 [Vom Unterschiede zwischen der Logik und der Philosophie selbst, als Grundriss der Logik und Einleitung in die Philosophie] (TL II), GA II/14, 343.
40 GA II/16, 355.
41 Ebd.
42 » N. B. Er ist eben ein Autodidaktor, der drum andere nicht versteht, ihre Lehren nicht kennt, u. alles selbst erfunden zu haben glaubt. « (Ebd., S. 347).

schreibt er z. B.: „erst zu verstehen suchen!"[43] oder: „wie denke ich *mirs*: [...] ich werde ja sehen. Ich will ihm folgen".[44] An einigen Stellen räumt er ein, dass Mesmer in diesem oder jenen Punkt recht haben könnte. Zu den Punkten, mit denen Fichte nicht einverstanden ist, entwickelt er eigene Überlegungen und sucht alternative Lösungen. Diese führen ihn gelegentlich zu neuen, in seinen Augen klareren Einsichten. Er schreibt dann z. B.: „Hier sind neue Anstöße: dies sollte gut geprüft werden."[45] Man gewinnt den Eindruck, dass Fichte selbst genau das tut, was er vom Lehrling im Lehrer-Schüler-Verhältnis fordert, wenn es um die Möglichkeit geistiger Mitteilung und Übermittlung von Erkenntnis geht. Er geht zu Beginn mit voller Aufmerksamkeit auf den Text unter völliger Ausklammerung seiner Position ein und sieht zu, ob sich bei ihm eine Evidenz einstellt oder nicht. Aber gerade eine unbefriedigende Lösung stellt für ihn eine Aufgabe dar, die es zu lösen gilt, und ist Ansporn, neue Wege einzuschlagen und die eigene Position noch deutlicher zu entwickeln.

---

43   Ebd., S. 342, 10.
44   Ebd., S. 347, 7.
45   Ebd., S. 345, 25f.

TEIL 4

Momente und Aspekte einer Rezeption

∴

KAPITEL 16

„Wechselbestimmung"? Fichte und seine Rezeption bei Schiller, Friedrich Schlegel und Hölderlin (1795)

Jonas Gralle

Abstract

This essay examines the earliest reception of Johann Gottlieb Fichte's *Wissenschaftslehre* (1794/95) focusing on his notion of consciousness as "Wechselbestimmung". The adoption of this notion leads to a divergent discussion which casts doubts on the idea of a reliable continuity in the history of reception. At this point in history, Fichte's readers seem to be interested in a cultural aspect of his philosophical argument that is not discussed by him. Fichte is looking for a way to explain the unity of consciousness in a strictly epistemological sense, whereas his poetically orientated readers identify his concept of conflicting consciousness with a cultural problem. Only Hölderlin discusses the logical problem addressed by Fichte, but deliberately transfers it into his poetics. Schiller and Friedrich Schlegel discuss the concept of "Wechselwirkung" in respect of problems within modern culture partially evoking a theory of alienation. They are not interested in Fichte's epistemological problem, even though it also is central to modern subjectivity in philosophical terms.

Zusammenfassung

Der Aufsatz untersucht die früheste Rezeption der Wissenschaftslehre Johann Gottlieb Fichtes (1794/95) im Blick auf seinen Begriff vom Bewusstsein: die „Wechselbestimmung". Dabei zeigt die Momentaufnahme ein divergentes bis disparates Bild der philosophischen Diskussion, das zur Geltung kommen soll gegenüber einer idealisierten Auffassung von hermeneutisch zuverlässiger Rezeptionsgeschichte. Es wird gezeigt, dass die ‚Rezipienten' sich gewissermaßen für einen externen Aspekt des Theorems interessieren, das in dem philosophischen Werk nicht Thema ist. Während Fichte mit der in Frage stehenden Einheit des Bewusstseins ein Grundproblem der theoretischen Philosophie diskutiert, behandeln seine poetisch ausgerichteten Leser die „Wechselbestimmung" eher aus kulturkritischer Perspektive. Allein Hölderlin setzt sich mit Fichtes eigentlich gemeintem, logischen Widerspruch auseinander, verschiebt seine Darstellung und ‚Lösung' jedoch bewusst auf die Ebene seiner philosophischen Dichtung. Schiller und Friedrich Schlegel diskutieren unter „Wechselwirkung" ein Problem der modernen Kultur, das teilweise Züge einer Entfremdungstheorie annimmt. Sie gehen nicht auf den epistemologischen Gedankengang Fichtes ein, auch wenn dieser ebenfalls ein typisch modernes Problem behandelt: die Möglichkeit von Gewissheit im Rahmen der Subjektivitätsphilosophie.

Schlüsselwörter

Wechselbestimmung – Wechselwirkung – Kulturkritik – Schiller – Schlegel – Hölderlin

1 „Wechselbestimmung" bei Fichte (GWL 1794)

Johann Gottlieb Fichtes öffentliche Wirksamkeit setzt mit seinem Lehrstuhlantritt in Jena 1794 ein: Ende Mai beginnt er Vorlesungen zu halten, darunter eine private „*Ueber theoretische Philosophie* [*und*] (...) *allgemeine praktische Philosophie*" (GA III/2, 92), in der er sein eigenes, noch unvollständig ausgearbeitetes System vorträgt. Um den Vortrag zu erleichtern, gibt er bogenweise Abschnitte seiner *Grundlage der gesammten Wissenschaftslehre als Handschrift für seine Zuhörer* (GWL GA I/2, 249–451) aus. Ein paar Monate später werden sie gebunden in der Buchhandlung verkauft: Die ersten zwei Teile der GWL, das Grundsatzkapitel und die theoretische Philosophie, erscheinen im Oktober 1794, der dritte und abschließende zur praktischen Philosophie, in unserem Zusammenhang von untergeordneter Bedeutung, beim Abschluss der ganzen Vorlesung im August 1795.[1] – Die „Wechselbestimmung" taucht in der Mitte des Gedankengangs auf und ist von der übergreifenden Fragestellung untrennbar. Hinzu kommt, dass Fichte sein Projekt hier *durchführt* und nicht mehr von einer Außenperspektive erklärt wie in den vorangegangenen Schriften, sodass ein Blick auf diese viel zum Verständnis beiträgt.

Die Wissenschaftslehre gehört zur klassischen Transzendentalphilosophie, d. h. sie erklärt Wissen aus seinen apriorischen Grundlagen im Bewusstsein: Fichte war zunächst einer von vielen Nachkantianern, die im transzendentalen Idealismus einen wissenschaftlichen Fortschritt sahen und von der Wahrheit seiner Resultate überzeugt waren, in den Grundlagen aber Probleme erkannten und sich darum verpflichtet fühlten, ihn neu zu begründen.[2]

---

[1] Vgl. Lauths Vorwort im Band der Historisch-Kritischen Gesamtausgabe (GA I/2, 175–247).

[2] So hält Dieter Henrich in seiner letzten großen Publikation zur nachkantischen Philosophie etwa schlicht fest: » Eigenständige Theorieversuche galten als notwendig, um Kants Einsichten zu bewahren und angemessen neu zu entfalten. « (Henrich, Dieter: *Grundlegung aus dem Ich. Untersuchungen zur Vorgeschichte des Idealismus: Tübingen – Jena (1790–1794)*. Frankfurt

Inwiefern? Kant war angetreten das Problem der Erkenntnis zu lösen, indem er sie als bewusstseinsinternen Vorgang dachte: als Erkenntnis von Erscheinungen, die immer schon Leistungen unserer Subjektivität sind. Tatsächlich hatte er so eine Lösung für die Probleme des mentalen Repräsentationalismus geboten und weitgehend auf die metaphysische Annahme einer an sich seienden, kausal wirkenden Außenwelt verzichtet – aber nicht vollständig. Denn von einem substantialen Dualismus zwischen Erscheinung und Ding an sich löst Kant sich nicht und muss auch letzterem wieder eine gleichsam kausale Wirkung im „Affizieren" unserer Sinne unterstellen. Insofern konnte man, wie Fichte eben, der Überzeugung sein, Kant habe das Problem des Übergangs nur verschoben und das Projekt der Transzendentalphilosophie nicht ganz durchgeführt. Denn [e]s ist ja eben das Geschäft der kritischen Philosophie, zu zeigen, dass wir eines Ueberganges nicht bedürfen; dass alles, was in unserm Gemüthe vorkommt, aus ihm selbst vollständig zu erklären und zu begreifen ist." (*Aenesidemus-Rezension* GA I/2, 55) – Fichte glaubt nun einen Weg entdeckt zu haben, das gesamte Bewusstsein, also auch unser Bewusstsein von realen Objekten, unsere Vorstellungen von der Natur und unsere Sinnlichkeit, als Entfaltung eines einzigen, internen Grundes im Ich verständlich machen zu können. Ungeachtet des Wertes seiner Philosophie ist es dabei wichtig, die schiefe Hermeneutik im Umgang mit Kant zu bemerken. Indem Fichte wie viele andere beansprucht, die Kantische Lehre nicht bloß schülerhaft nach zu buchstabieren, sich nicht an ihrem „Buchstaben" zu orientieren, sondern ihren „Geist" fortzusetzen, *verändert* er sie gleichzeitig. Das mag sachlich gesehen ein richtiger Weg sein, aber es verdeckt den Umstand, dass es sich um verschiedene Philosophien handelt: Die Kantischen Kritiken werden durch Fichtes System im Wortsinn *radikalisiert*, insofern sie alles Wissen auf eine einzige „Wurzel", die autonome Vernunft, zurückzuführen versuchen. Während Kant von Dualismen ausgeht – Sinnlichkeit und Verstand, Erscheinung und An-Sich-Sein der Dinge – will Fichte einen Monismus entwickeln, der von einem absoluten Ich ausgeht und zeigt, dass sie alle aus ihm abgeleitet, als in ihm enthalten gedacht werden können. So meint er die Kantische Transzendentalphilosophie als einheitliches System mit einem unbezweifelbaren Geltungsanspruch neu entfalten zu können.

Dafür muss Fichte allerdings auf einer tieferen Ebene ansetzen als der des Bewusstseins selbst: So nimmt die GWL ihren Ausgangspunkt von einer Reihe schlechthin voraussetzungsloser Grundlagen unseres Denkens – den unbedingten „Grundsätzen" –, um zu zeigen, wie durch ihr Zusammenwirken

---

a. M. 2004. Erster Band, S. 13). Die einschlägigen Stellen bei Fichte stammen aus einem berühmt gewordenen Brief vom Januar 1793 (vgl. GA III/2, 28) und seiner ersten Vorrede zum *Begriff der Wissenschaftslehre* (vgl. BWL GA I/2, 109–111).

die Bewusstseinsakte des Denkens oder Vorstellens *allererst entstehen*. Der Gedankengang der Wissenschaftslehre besteht also in einer Rekonstruktion der logischen Genese von Bewusstsein: Sie ist eine apriorische „Geschichte" oder „Bildungstheorie" des Geistes. Zentral ist dabei Fichtes Anliegen, alle Grundsätze auf einen einzigen zu reduzieren, der zwar nicht prädikativ bestimmt und phänomenal vorgestellt werden kann, weil er Akte dieser Art erst möglich macht – eben darum aber als *Gewissheit* in allem Bewusstsein vorausgesetzt werden muss, von der wir im Grunde nie abstrahieren können.[3] Selbst die Grundsätze der formalen Logik können, so Fichtes Beweisführung, nur dann Geltung beanspruchen, wenn sie als inhaltliche Aussagen über das Ich verstanden werden, das sie vollzieht. Mit dieser transzendentallogischen Reflexion beginnt sein System: Im ersten Teil der GWL werden nacheinander die drei Grundsätze (§§ 1–3) aufgestellt, angefangen mit dem ersten, der als Grund alles Notwendigen ursprünglich frei ist und als Grund alles bedingten Wissens sich unmittelbar zugleich produziert und weiß: *„Das Ich sezt ursprünglich schlechthin sein eignes Seyn."* (GWL GA I/2, 261) Im Anschluss wird das systematische Problem aufgeworfen: Der zweite Grundsatz soll die ‚besonderen' Bedingungen von Objektbewusstsein bzw. dem Wissen *von etwas* ausdrücken. Fichte formuliert ihn programmatisch im Passiv und mit unbestimmtem Subjekt: Es *„wird dem Ich schlechthin entgegengesezt ein Nicht-Ich."* (GWL GA I/2, 266) Ziel der GWL ist zu beweisen, dass das *Ich* aktives Subjekt dieses Satzes, das Nicht-Ich also sein Produkt, ein von ihm „gesetztes" ist und so, in gewisser Weise, hinter dem natürlichen Eindruck kausaler Fremdbestimmung – wie es uns in der Wahrnehmung und im triebhaften Wollen begegnet – eine produktive Leistung des Ichs steht. Zunächst aber ist das natürlich ein Widerspruch. Um ihn zu lösen, *postuliert* Fichte im § 3 seine angestrebte Vereinigung, d. h. die Einheit von Ich und Nicht-Ich im Bewusstsein, um im Folgenden erst der „Aufgabe" (GWL GA I/2, 268) seiner Lösung eigentlich nachzukommen: Ihr erster Schritt besteht nun in der Einsicht, dass jene Einheit nur durch gegenseitige Einschränkung oder „Theilbarsetzung" von Ich und Nicht-Ich möglich wäre, durch eine Vermittlung des Widerspruchs also. Der zweite

---

3 Fichte definiert »Gewissheit« hier tatsächlich nicht phänomenal, sondern als »Einsicht in die Unzertrennlichkeit eines bestimmten Gehalts von einer bestimmten Form.« (BWL GA I/2, 123 [§ 2]) Damit soll nicht unterschlagen sein, dass in den wenig später geschriebenen, neuen Einleitungen durchaus ein phänomenaler Zugang zum »Ich« plausibilisiert wird, der sich in einer späteren Kollegnachschrift als methodische Reflexion über »Das Ich als Gegenstand der Anschauung« (WLnm GA IV/2, 108) niederschlägt. Ferner eröffnet sich, im Anschluss an Kants Primat der Praxis, auch in der praktischen Philosophie der GWL dem Bewusstsein die Absolutheit des Ich über das Streben nach absoluter Selbstbestimmung im Einklang mit dem Sittengesetz.

Lösungsschritt ist, dass ein dergestalt *relativer* Gegensatz nur unter Voraussetzung einer absoluten Gemeinsamkeit, auf einheitlicher Grundlage denkbar ist: Jede „Analyse" setzt eine „Synthese" voraus und die letzte synthetische Einheit des Bewusstseins wird im absoluten Ich zu finden sein. Damit hat Fichte die Widersprüchlichkeit präzisiert und fasst sie in der Handlung zusammen: *„Ich setze im Ich dem theilbaren Ich ein theilbares Nicht-Ich entgegen."* (GWL GA I/2, 272)

In allem Bewusstsein gelten Ich und Nicht-Ich also immer nur zum Teil – das ist klar: in allem wissenden Denken liegt etwas selbsttätig-denkendes und etwas vorgegeben-sachliches – nur wie es zusammenkommt, ist fraglich. Fichte spitzt den Widerspruch nun weiter zu: *Insofern*, heißt es weiter, der referentiell-gegenständliche, d. h. der objektive Teil des Wissens bestimmend ist, insofern kann *nicht zugleich und in derselben Hinsicht* der selbsttätig-denkende, d. h. der subjektive Teil des Wissens bestimmend sein, und umgekehrt. Obwohl beide irgendwie vereinigt *sein müssen*, stellen sie sich in der Reflexion widersprüchlich dar: als ein Verhältnis sich streng ausschließender, einseitiger Bestimmungen, die Fichte zusammenfasst im Begriff der „Wechselbestimmung". Reflektiere ich auf das eine, schließe ich das andere notwendig aus. Betrachte ich das Bewusstsein z. B. als kausal bestimmtes, kann ich es nicht zugleich als selbsttätig-spontan denken. Es erscheint dann als eine „Synthesis der *Wirksamkeit*" (GWL GA I/2, 294), die nicht erklären kann, inwiefern es um Wahrnehmungen eines *Ichs* geht, die potenziell bewusst sind, d. h. ich ende in einem reinen Sensualismus. Irgendwie muss ich das Bewusstsein aber denken und ich habe nicht mehr als diese zwei Perspektiven: Selbsttätig oder „leidend", eine dritte Möglichkeit gibt es für Fichte nicht. So definiert er schließlich am Anfang der theoretischen Philosophie:

> Durch die Bestimmung der Realität oder Negation des Ich wird zugleich die Negation oder Realität des Nicht-Ich bestimmt; und umgekehrt. Ich kann ausgehen, von welchem der Entgegengesetzten; wie ich nur will; und habe jedes Mal durch eine Handlung des Bestimmens zugleich das andere bestimmt. Diese bestimmtere Bestimmung könnte man füglich *Wechselbestimmung* […] nennen.
> GWL GA I/2, 290

Damit drückt die Wechselbestimmung ein logisches Grundgesetz aus: Denken vollzieht sich immer in Gegensätzen, denen Einheiten zu Grunde liegen müssen, d. h.: Prädikate ergeben Sinn erst durch ihren impliziten Gegensatz zu allen anderen, nicht gemeinten Prädikaten. Ist die logische Verbindung zwischen Subjekt und Prädikat positiv, setzt sie, wenn es sich nicht um eine vollständige Tautologie handeln soll, einen „Unterscheidungsgrund" beider voraus. Widerspricht hingegen das Prädikat seinem Subjekt, setzt das, wenn es sich überhaupt um eine sinnvolle Aussage handeln soll, einen gemeinsamen „Beziehungsgrund" voraus. So hat Fichte den „Satz vom zureichenden Grund" transzendentalphilosophisch abgeleitet; in einer späteren Vorlesung wird er ihn „Reflexionsgesetz aller unserer Erkenntnis" nennen.[4] (vgl. WLnm GA IV/2, 34-36) – Allerdings diskutiert Fichte natürlich keinen „abstrakten", formallogischen Gegensatz, sondern den ursprünglichen Bewusstseinsinhalt, als dessen bloße Form dieser verstanden wird. Dabei wird sich zeigen, dass die *theoretische Philosophie* das Problem der Erkenntnis nicht erklären kann, weil sie im Reflexionsgesetz der Wechselbestimmung verhaftet bleibt. Eine Lösung wird erst in der *praktischen Philosophie* denkbar: Der formale Gegensatz erweist sich hier als inhaltlich scheinbarer, insofern „Leiden" – also Fremdbestimmung – sich als „verminderter Grad an Tätigkeit" denken lassen soll. Unserer Freiheit vergewissern können wir uns letztlich aber nur als moralische Wesen. Darum gründet für Fichte die theoretische Philosophie in der praktischen.– Das war auch bei Kant in gewisser Weise schon der Fall gewesen: „Primat der Praxis" meint bei ihm, dass die Spontaneität des Erkenntnis-Subjekts eine Voraussetzung ist, die erst über das moralische Freiheitsbewusstsein des Subjekts eingeholt werden kann. Zu einem wirklichen Fundierungsverhältnis der Kritiken kommt es darum aber nicht. Eine radikale Umsetzung erfährt der Gedanke erst in Fichtes System.

2 Ästhetische „Wechselwirkung" bei Schiller (*Ästhetische Briefe* 1795)

Friedrich Schillers umfangreichste theoretische Abhandlung *Über die ästhetische Erziehung des Menschen in einer Reihe von Briefen* (NA XX, 309-412)[5] erscheint dreigeteilt in der ersten Jahreshälfte 1795 in den von ihm selbst

---

4 » Wie haben die entgegensezten Ich und Nicht-Ich vereinigt durch den Begriff der *Theilbarkeit*. Wird von dem bestimmten Gehalte, dem Ich und Nicht-Ich abstrahirt, und die *bloße Form der Vereinigung entgegensezter durch den Begriff der Theilbarkeit* übrig gelassen, so haben wir den logischen Saz, den man bisher den des *Grundes* nannte: A zum Teil=-A und umgekehrt. « (GA I/2, 272) Eine zentrale Frage ist dabei natürlich, ob Fichte tatsächlich aus apriorischen Grundlagen abgeleitet oder vielmehr von empirischen ausgehend jene entwickelt hat, um sie im System dann wiederzufinden, ob also eine *petitio principii* vorliegt. Fichte betont den Unterschied zwischen der Wissenschaftslehre, also der Ebene philosophischer Reflexion, und ihrem Gegenstand, dem System des Wissens selbst, sehr deutlich und weist darauf hin, dass jene niemals Ansprüche auf Infallibilität machen könne (Vgl. BWL GA I/2, 140-149).
5 Zitiert wird im Folgenden die Nationalausgabe von Schillers Werken nach der Sigle » NA «: Friedrich Schiller: *Werke. Nationalausgabe*. Hg. v. Julius Petersen u. a., Weimar 1943 ff.

herausgegebenen *Horen*, wird grundlegend für die Entwicklung der Ästhetik um 1800, wichtig für den Diskurs der Moderne und zählt noch heute zu den berühmtesten Dokumenten deutscher Kulturkritik. Aus dieser Perspektive wendet sie sich der denkbar aktuellen, noch im Vortrag begriffenen Wissenschaftslehre aus Jena und ihrem Begriff der „Wechselbestimmung" zu. Schiller studiert die GWL wahrscheinlich einigermaßen parallel zu ihrem Vortrag auf Grundlage der Vorlesungsbögen und erhofft sich von der Lektüre v. a. ein vertieftes Verständnis der *Kantischen* Philosophie. Sie hatte schließlich auch schon seine vorangegangenen, theoretischen Schriften stark geprägt und bot sich den ästhetischen Interessen des Dichters klarer Weise besser an als Fichtes Wissenschaftslehre.[6] Tatsächlich suchte er dort, ähnlich wie zunächst auch Friedrich Schlegel, mehr nach einem Fundament seiner Ästhetik als dass ihn erkenntnistheoretische Fragestellungen wirklich beschäftigt hätten:

Die *ästhetischen Briefe* beginnen mit einem Blick auf die revolutionären Unruhen ihrer Zeit und betonen die Notwendigkeit politischer Veränderungen, erklären dann aber das Schöne und die Kunst zu einem autonomen Bereich, dessen Kultivierung allererst den Weg zur erhofften, gesellschaftlichen Veränderung biete. Im Gegensatz nämlich zur ganzheitlichen Kultur der Griechen – hier ist natürlich Winckelmanns Idealisierung der Antike wirksam – sei die der Modernen einseitig und habe sich innerlich, in der Isolation ihrer Vermögen voneinander, niedergeschlagen: in dem Gegensatz von Sinnlichkeit und Vernunft. So komme es in der Moderne entweder zur Herrschaft roher Kulturlosigkeit – man denke an den *terreur* der Revolution – oder zu einer sinnlich depravierten Verstandesaufklärung, in deren Beschreibung Impulse Rousseaus eingehen. Letztlich überwiegt dabei aber wohl die Wirkung der idealistischen Geschichtsphilosophie, denn Schillers Ausführungen gehen nicht in die pessimistische Richtung einer „Dialektik der Aufklärung". In der Erfahrung des Schönen jedenfalls sollen die innerlich und äußerlich zerrissenen, auch von ihrer sozialen und gesellschaftlichen Umwelt entfremdeten Modernen wieder harmonisiert werden können. Zu diesem Zweck kündigt Schiller jetzt an, einen „reine[n] *Vernunftbegriff* der Schönheit" (NA XX, 340) auf „transcendentale[m] Weg" (NA XX, 341) zu entwickeln. Wie in Kants transzendentaler Kritik

---

6 Schillers Beschäftigung mit Kant beginnt im Frühjahr 1791 und prägt sein theoretisches Denken schließlich umfassend wie auch die sog. *Kallias-Briefen* an Körner und seine Abhandlung *Über Anmut und Würde* zeigen. Im Blick auf Fichte heißt es in einem Brief vom Juli 1794 dann: »Ich habe jetzt auf eine Zeit lang alle Arbeiten liegen laßen, um den Kant zu studieren. Einmal muß ich darüber ins Reine kommen, wenn ich nicht immer mit unsichern Schritten meinen Weg in der Speculation fortsetzen soll. Humboldts Umgang erleichtert mit diese Arbeit sehr, und die neue Ansicht, welche Fichte dem kantischen Systeme gibt, trägt gleichfalls nicht wenig dazu bey, mich tiefer in diese Materie zu führen. « (NA XXVII, 20).

des Geschmacks also wird Schönheit als eine Selbsterfahrung des Subjekts erklärt und ausgedeutet. Zugleich zitiert Schiller dabei jedoch Fichtes Grundsätze und ihre Wechselbestimmung.

So führt er im elften Brief einen Dualismus ein, dessen Substanzialität man beständig zu Gunsten des Monismus' bezweifeln muss. Schiller spricht von „zwey letzten Begriffen" (ebd.): einer intelligiblen, rein rationalen „Person" – dem Bleibenden in allen Veränderungen unseres Bewusstseins – und ihrem empirischen, vielfältig bestimmbaren „Zustand". Die „Person" setzt er mit Fichtes erstem Grundsatz gleich, indem er sie als Absolutes (vgl. NA XX, 345, 348, 371), „absolute[s] Daseyn" (NA XX, 345, 370), „absolutes Subjekt" (NA XX, 341) und sogar als „absolute Thathandlung des Geistes" (NA XX, 369) beschreibt, deren Autonomie fraglos ist: „[U]nd so hätten wir denn fürs erste die Idee des absoluten, in sich selbst gegründeten Seyns, d. i. die *Freiheit*." (NA XX, 342) Auch spielt er zumindest auf Fichtes Reduktionsgedanken des „Nicht-Ich" genannten ‚Realen' im Bewusstsein an (vgl. NA XX, 342), äußert sich aber nicht zu seiner epistemologischen Genese und den damit zusammenhängenden Problemen.[7] – Vielmehr hält er in oftmals auf Kantische Formulierungen anspielender Weise an der Faktizität eines Dualismus' von Sinnlichkeit und Verstand fest und leitet aus dem Geltungsanspruch beider Elemente einen vernünftigen „Formtrieb" und einen natürlich-sinnlichen „Stofftrieb" im Menschen ab. Diese Trieblehre ist Schillers anthropologische Grundlage. Sie kann zwar kaum transzendentalphilosophisch genannt werden, ermöglicht aber jene ‚Ableitung' der einseitig vom Stoff des Bewusstseins getriebenen „Barbaren" und der einseitig von seiner Form getriebenen „Verstandesaufklärer". – Wie soll nun also der harmonische Ausgleich beider gedacht werden, wenn, so Schiller am Anfang des zentralen 13. Briefes, „[b]eym ersten Anblick [...] nichts einander mehr entgegengesetzt zu seyn [scheint], als die Tendenzen dieser beyden Triebe, [...] und ein dritter *Grundtrieb* der beyde vermitteln könnte [...] schlechterdings ein undenkbarer Begriff [ist?]" (NA XX, 347)

„Wahr ist es", fährt er unmittelbar fort, „ihre *Tendenzen* widersprechen sich, aber was wohl zu bemerken ist, nicht in *denselben Objekten*." (ebd.) So entschärft Schiller seine widersprüchlich anmutende Kulturtheorie und weist thetisch auf die faktischen Grenzen von Form und Stoff hin: Das eine dehne sich nun einmal nicht bis auf das Gebiet des anderen aus. Die erkenntnistheoretische Frage ihrer *Vermittlung* wird dabei ausgeklammert, jenes systematische Problem also, mit dem Kant seine *Kritik der Urteilskraft* eingeleitet

---

7   Mitunter wirkt das beinahe lustig. So verweist Schiller auf die zwei widersprüchlichen Begriffe von Bewusstsein, um anschließend zu bemerken, dass der echte Philosoph dabei fortfahre » ohne sich weiter um ihre Vereinbarkeit zu bekümmern. « (NA XX, 371).

hatte: Wie soll die freie Vernunft in der empirischen Welt überhaupt wirksam werden, wenn beide Wirklichkeitsbereiche auf ganz verschiedenen Gesetzgebungen beruhen und zwischen ihnen eine „unübersehbare Kluft" (KdU, B IX) herrsche? Fichtes Grundsatzphilosophie ist eine Antwort auf diese Frage, Schillers Spieltheorie nicht. Sie liegt auf einer anderen Ebene und verfolgt andere Zwecke. Ihr geht es nicht um die *Denkbarkeit* von Vernunftwirkungen, sondern um das Problem ihrer kulturellen Dominanz. – Dabei hat Schillers Lösung nun durchaus etwas Pointiertes. Sie lautet: „Die Unterordnung muß allerdings seyn, aber wechselseitig[.]" (NA XX, 348) Er fordert also lediglich, dass die Bestimmung des einen durch das andere gleichermaßen vollzogen werde, *wechselseitig* und *zugleich*. Wie im harmonischen Spiel der Gemütskräfte bei Kant sollen sich hier Form- und Stofftrieb gegenseitig durchdringen, nur spricht Schiller dabei nicht vom freien Spiel der Einbildungskraft, sondern vom „*Spieltrieb*" (NA XX, 353). Form- und Stofftrieb seien in ihm „zugleich subordiniert und coordiniert, d. h. sie stehen in Wechselwirkung[.]" (NA XX, 348) Die „Wechselwirkung" beschreibt also den theoretischen Kern der Briefe. Tatsächlich wird ihrer Erläuterung aber gleich hinzugefügt: „(Diesen Begriff der Wechselwirkung und die ganze Wichtigkeit desselben findet man vortrefflich auseinandergesetzt in *Fichte*'s Grundlage der gesammten Wissenschaftslehre, Leipzig 1794." (ebd.)

Das scheint mir nun klarer Weise unsinnig zu sein. Schiller identifiziert hier die ästhetische Lösung eines ,kulturellen Dualismus' mit dem logischen Problem eines ,erkenntnistheoretischen Monismus'. Nicht nur hat er den Gegensatz von Form und Stoff aber für meine Begriffe nicht erkenntnistheoretisch diskutiert, – mir scheint eben, auch nicht in der zurückhaltenden Weise Kants – sondern v. a. meint er damit nicht jenen radikalen Widerspruch Fichtes. Schillers Verweis Recht zu geben hieße, Fichtes Wechselbestimmung als eine Art schönen Gleichklang mit der Natur zu denken, was offenbar nicht funktioniert.[8] Zwar stellt dieser in seiner theoretischen Philosophie – formal

---

8 Emiliano Acosta, der gegen Schillers ausdrückliche Identifikation dessen Wechselwirkung in sehr bemerkenswerter Weise als Theorem einer eigenständigen Philosophie untersucht, urteilt hier, » dass Schillers Trieblehre inkonsistent in ihrer Behandlung des Verhältnisses zwischen Dualität und Einheit verfährt, insofern Schiller die verschiedenen Triebe als in Wechselwirkung gesetzt begreift[,] aber nicht auf eine Einheit gründet, wie es der (Fichtesche) Begriff von Wechselwirkung fordert. « (Acosta, Emiliano: *Schiller versus Fichte*. Amsterdam 2011, S. 188). Waibel konstatiert zurückhaltend, aber klar: » Insofern also Schiller mit der Wechselwirkung einen harmonischen Gleichgewichtszustand der beiden gegensätzlichen Wesensmomente der menschlichen Natur darstellt, greift er über Fichtes Theorie hinaus. « (Waibel, Violetta: » Wechselbestimmung. Zum Verhältnis von Hölderlin, Schiller und Fichte in Jena. « In: *Fichte-Studien* 12 (1997), S. 43–69, hier: S. 55). Wolfram Hogrebe stellt die

und punktuell betrachtet analog – ebenfalls die gegenseitige Bestimmung von Ich und Nicht-Ich dar, doch hat das hypothetische Geltung: *Wie* der Übergang möglich sein soll, ist hier ja nicht klar und wird denkbar erst dadurch, dass das Nicht-Ich gar nicht sein, keinen Inhalt haben soll. – Bemerkenswert scheint mir dabei, dass Schiller sich der „Naturfeindlichkeit" Fichtes durchaus bewusst zu sein scheint, sie jedoch irgendwie aus dessen Philosophie ausgeklammert und sie eher wie eine Antipathie zu werten scheint, die konzeptuell irrelevant ist – als ob Fichtes Grundbegriffe nicht von der These tangiert werden, die er mit ihnen ausdrückt. Denn im unmittelbaren Anschluss an seinen affirmativen Fichte-Verweis verteidigt Schiller die Irreduzibilität der realen Natur – d. h. des Dinges an sich – und behauptet damit exakt dasjenige, das aus der Welt zu schaffen Ziel der ganzen GWL war.⁹

Im Blick auf die Grundlegung seiner Ästhetik geht es mir darum nicht weit genug, lediglich die verschiedenen Kontexte beider zu betonen: Schiller weitet den Begriff der Wechselbestimmung nicht einfach in ästhetisch-anthropologischer Weise aus, er unternimmt logisch und systematisch etwas, das mit der GWL inkompatibel ist. Zwar benutzt er durchgehend Fichtes Begrifflichkeit, bezieht sich aber sachlich vielmehr auf Kants dritte Kritik. Was aber heißt das eigentlich? Schiller kritisiert das Kantische Vernunftideal im Rückgriff auf ein System der Vernunft, das noch radikaler ist. Der Interpret ist praktisch gezwungen, Schiller gegen seinen durchgehenden Fichte-Bezug in Schutz zu nehmen, um die Konsistenz seiner Argumentation zu erhalten. Erklären kann man die Vermischung der Idealisten wohl aus der Wirkung, die Fichtes schiefe Kant-Hermeneutik ausgeübt haben muss. Von einem eigentlichen Einfluss der Fichte'schen Philosophie, einer eigentlichen Fichte-Rezeption aber lässt sich nicht reden. – Ob das nun besonders wichtig ist, weiß ich nicht, will es aber

---

systematischen Differenzen zwischen dem Kantianer Schiller und Fichte fest: » Für Schillers Konzeption ist es von substantieller Bedeutung, daß der von Kant explizierte vermittelnde Status der ästhetischen Urteilskraft zwischen theoretischer und praktischer Vernunft sich systematisch halten läßt. In Fichtes System kann die ästhetische Urteilskraft eine solche Funktion allerdings nicht haben, da es für ihn überhaupt kein Vermittlungsproblem zwischen theoretischer und praktischer Vernunft im kantischen Sinn gibt. « (Hogrebe, Wolfram: » Fichte und Schiller. Eine Skizze. « In: *Schillers Briefe über die ästhetische Erziehung*. Hg. v. Jürgen Bolten. Frankfurt a.M. 1984, S. 276–289, hier: S. 283).

9   Hier heißt es: » [I]n diesem Reiche [in der empirischen Welt, J.G.] also wird die Materie nicht bloß *unter* der Form, sondern auch *neben* der Form, und unabhängig von derselben, etwas zu bestimmen haben. « (ebd.) Der ganze Passus endet mit einer Stellungnahme, die inhaltlich ähnlich klingt, jedoch kaum argumentativ ist: » In einer Transcendental-Philosophie [...] gewöhnt man sich gar leicht, das Materielle sich bloß als Hinderniß zu denken, und die Sinnlichkeit [...] in einem nothwendigen Widerspruch mit der Vernunft vorzustellen. « (ebd.).

eigentlich bezweifeln. Der Wert der *ästhetischen Briefe* sollte letzten Endes jedenfalls nicht im fraglichen Gelingen ihrer philosophischen Grundlegung gesehen werden. Wichtig scheint mir nur, künftige Generationen von Studierenden vor Schillers Empfehlung zu bewahren: Liest man tatsächlich in der Wissenschaftslehre nach, was die schöne Wechselwirkung genau bedeutet, versteht man das Konzept des Spieltriebs nicht besser, sondern wird in die Irre geführt.

3 Anthropologische „Wechselwirkung" bei Fr. Schlegel (Studium-Aufsatz 1795)

Friedrich Schlegels erster großer Aufsatz *Über das Studium der Griechischen Poesie* (KA I, 217–367)[10] erscheint mit gehöriger Verspätung Anfang des Jahres 1797 auf der Grundlage von Manuskripten, die der Verleger schon Ende 1795 erhalten hatte.[11] Damit fällt seine Ausarbeitung in den Zeitraum vor Schlegels eigentlicher und eigenständiger Beschäftigung mit Philosophie im Allgemeinen und Fichtes Wissenschaftslehre im Besonderen: Sie setzt mit den philosophischen Notizheften ein, die er im Rahmen seines Umzugs nach Jena im Spätsommer 1796 zu schreiben beginnt, ihn zu einer skeptischen Ablehnung aller Gewissheitsansprüche führen und seine frühromantische Hinwendung zur Moderne philosophisch begründen (vgl. KA XVIII, 3–15, 505–521). Zwar deutet Schlegels Wende sich schon in literaturtheoretischen Spannungen des Aufsatzes an, die philosophische Grundlage der Argumentation ist davon aber noch nicht berührt: Ihre Aufgabe ist fraglos noch, die zu erneuernde Klassik in vermeintlichen Gewissheiten zu fundieren. Schlegel nennt sie *„Bildungstheorie"* (KA I, 229–232) und meint damit eine kulturgeschichtliche Anthropologie, die er mit Hilfe Fichtes entwickelt. Ähnlich wie Schiller bedient er sich also bei der hoch im Kurs stehenden Transzendentalphilosophie, indem er seine Skizze einer allgemeinen Kulturgeschichte aus strukturellen Veränderungen im menschlichen Bewusstsein zu erklären versucht. Die *ästhetischen Briefe* des Weimarers kennt er zur Zeit der Niederschrift denn auch, plant sogar eine Rezension.[12] Im Unterschied zu ihnen ist der *Studium*-Aufsatz jedoch keine

---

10   Zitiert wird im Folgenden nach der *Kritischen Friedrich-Schlegel-Ausgabe* unter der Sigle » KA «. Begründet und herausgegeben von Ernst Behler u.a. Fortgeführt von Andreas Arndt und Ulrich Breuer. Paderborn 1958 ff.
11   Vgl. Behler: Einleitung. In: KA I, S. XIII–CXCIII, hier: S. CLXI–CLXXIV.
12   Vgl. ebd.

philosophische Ästhetik, sondern eine historisch verfahrende Poetik und äußert sich kaum zu Fragen der Philosophie.

Schlegel diagnostiziert den Verfall natürlich-organischer Schönheit in der Literatur seit der griechischen Antike und kontrastiert damit – im Sinne einer Verfallsgeschichte – jene der Moderne, die in einem chaotischen und charakterlosen Streben nach interessanter Individualität bestehe. Ähnlich wie bei Schiller also richtet sich die Kritik gegen den modernen Menschen, d. h. seine künstliche und fragmentarische Bildung, dem das von Winckelmann übernommene, klassische Ideal der naturhaft schönen „Alten" entgegensteht. Fichtes Philosophie soll nun dazu dienen, ihre Objektivität auf einer modernen Grundlage zu erneuern und die skeptische Degeneration des neuen Zeitalters zu überwinden. Denn nachdem Schlegel mit Emphase die anarchische Verwirrung der modernen Literatur beklagt und in geradezu dramatischer Weise das Bedürfnis vor Augen gestellt hat, einen inneren „Leitfaden" in ihr zu entdecken, d. h. „über das *Prinzipium ihrer Bildung* aufs Reine" (KA I, 224) zu kommen, führt er seine anthropologische Bildungstheorie ein, um jenen Grund oder jene Einheit zu finden, aus der das Chaos der modernen Literatur, gleich einem Symptom, entsprungen sei.

Ausgangspunkt von Schlegels Anthropologie ist nun ein harter Dualismus, der zunächst sehr befremdlich wirkt und das Verhältnis zur inneren und äußeren Natur durchgehend als gewalttätige, kriegerische Auseinandersetzungen beschreibt: Vom „stete[n] Kampf" (KA I, 229) und „Kriege der Menschheit" (KA I, 230) mit „sein[em] Feind" (ebd.), der Natur, ist die Rede. Zweitens wird der Mensch als geschichtliches, entwicklungsfähiges Wesen verstanden. Auf diesen Kontext verweist denn auch das substantivierte „Zeitwort" *Bildung*, mit dem Schlegel den Menschen von vornherein charakterisiert. Ganz selbstverständlich gehört für Schlegel zum Wesen des Menschen seine Entwicklung, die jedoch nicht als offene in einem kontingenten Sinn verstanden wird: „Bildung ist der eigentliche Inhalt jedes menschlichen Lebens, und der wahre Gegenstand der höhern Geschichte, welche in dem Veränderlichen das Notwendige aufsucht." (KA I, 229) Obwohl Schlegel hier auch vom Kampf mit dem „Schicksal" spricht, ist diese Geschichte nicht in einem tragischen Sinn zu verstehen. Ganz im Gegenteil: Sofern die Freiheit bestimmender Faktor der menschlichen Geschichte werde, und das müsse sie werden, sei diese Geschichte eine des *Fortschritts*, nur eben keines harmonischen: „Man könnte die Geschichte der Menschheit, welche die notwendige Genesis und Progression der menschlichen Bildung charakterisiert, mit militärischen Annalen vergleichen." (ebd.) Auch bei Schlegel werden so Spuren von Kants Idee des Antagonismus als Fortschrittsmotor deutlich. – Wie dem auch sei: Das ist Schlegels anthropologische Grundlage. Sein nächster Schritt ist, sie im Rückgriff auf Fichte zu präzisieren und sowohl den antiken als auch den modernen Menschen aus ihr ‚abzuleiten'.

Tatsächlich aber kann selbst hier nicht von einer erkenntnistheoretischen Argumentation die Rede sein. Schlegel spricht, darin Schiller ähnlich, gleichsam nur im Vorbeigehen die unerklärliche Vereinigung von „Freiheit" und „Natur" im Bewusstsein, „die unauflöslichen Widersprüche, die unbegreiflichen Rätsel" (KA I, 230) an, ohne darauf einzugehen, wie man sich diese Einheit nun denken könne. Während Schillers philosophische Ausführungen sich m. E. in Widersprüche verstricken, kann man bei Schlegel kaum überhaupt von derartigen Ausführungen reden. Er ist bei näherem Hinsehen sehr zurückhaltend und scheint kaum Interesse daran zu haben, Position zu beziehen.[13] In nicht-philosophischer Weise also – wenn das nicht als ein polemisches Urteil missverstanden wird – unternimmt er, das antagonistische Verhältnis von Freiheit und Natur zu präzisieren ohne das logische *Problem* ihres Ineinandergreifens dabei lösen zu wollen. Unter seinem Antagonismus versteht Schlegel dabei ein Verhältnis gegenseitigen, logischen Ausschlusses, das er „Wechselwirkung" oder „Wechselbestimmung" nennt und eine notwendige Einseitigkeit menschlicher Entwicklung ausdrückt:

> In dem gegenseitigen Einfluß, der steten Wechselbestimmung, welche zwischen beiden stattfindet, muß nun notwendiger Weise eine von den beiden Kräften die wirkende, die andre die rückwirkende sein. Entweder die Freiheit oder die Natur muß der menschlichen Bildung den ersten bestimmenden Anstoß geben, und dadurch die Richtung des Weges [...] [und das] Ziel der ganzen Laufbahn determinieren[.][...] Im ersten Fall kann die Bildung eine natürliche, im letztern eine künstliche heißen. In jener ist der erste ursprüngliche Quell der Tätigkeit ein unbestimmtes Verlangen; in dieser ein bestimmter Zweck.
>
> KA I, 230

Auch der Begriff des „Anstoßes" ist ein unverkennbares Fichte-Zitat, das den irreduziblen, realistischen Rest einer Wirkung auf das Ich ausdrückt und

---

13   Schon die eigentümliche Einführung des Dualismus scheint sich fast nur auf Intuitionen und Konventionen zu berufen – » Niemand wird wohl leugnen «, » der gewöhnliche Sprachgebrauch « (KA I, 229) – und scheint über die Naturfeindlichkeit und den rationalen Fortschrittsgedanken in die Nähe Fichtes zu rücken, lässt letzten Endes jedoch, im Gegensatz zu Schiller, offen, ob der Dualismus elementar sein soll oder nicht. Die Offenheit drückt sich auch in der Terminologie aus: Schlegel spricht hier lediglich vom » Menschen « und später von » Freiheit «, nirgendwo von » Vernunft «, » Subjekt « o. ä.

dessen Selbstentfaltung auslöst. Analog modelliert Schlegel nun den Beginn der künstlichen Bildung durch einen natürlichen Anstoß und den Beginn der natürlichen Bildung durch einen künstlichen. Letzterem ließe sich zwar kein logisches Pendant in der Wissenschaftslehre zuordnen – eine naturhafte Vorgeschichte des Ichs ist für Fichte undenkbar, doch Schlegel hat sein Ziel erreicht: Das Chaos der modernen Literatur konnte als Symptom der künstlichen Bildung ihrer Zeit, als Ausdruck einer historisch notwendigen Bildungsstufe erklärt werden, in der die Menschen nicht mehr vom natürlichen Trieb, sondern von „dirigierende[n] Begriffe[n]" (KA I, 232) des Verstandes geleitet werden.[14]

Zugleich aber hatte Schlegels ‚transzendentalphilosophische' Anthropologie ja eine Fortschrittsidee entwickelt, die seiner harten Gegenwartsdiagnose widersprach. Die „Wechselbestimmung" hat das Problem darum lediglich präzisiert, nicht gelöst wie bei Schiller – unter Absehung der gewaltigen systematischen Differenzen also durchaus analog zur Funktion des Begriffs bei Fichte. Die Lösung liegt für Schlegel nicht in unserer künstlich gebildeten Gegenwart, sondern in einer künstlichen Bildung der Zukunft, die nicht mehr unter der Herrschaft der „Wechselbestimmung" steht und an deren Schwelle Schlegel sich in Deutschland zu befinden wähnt. Das Verhängnis der modernen Literatur hatte er ja in der Dominanz des Subjektiven gesehen im Sinne des individuell Beliebigen und oberflächlich Reizenden. Eine wirkliche, „die Objektivität der ganzen Masse" (KA I, 331) aneignende Nachahmung der Alten hingegen müsse es möglich machen, zu einer neuen Objektivität auch des gegenwärtigen Dichtens zu finden, die sich in Goethe schon ankündige. Das scheint nun im Widerspruch zur unabänderlichen Subjektivität unserer modernen Episteme zu stehen, doch in Fichtes Wissenschaftslehre sieht Schlegel eine Vollendung der Subjektivitätsphilosophie, die wieder objektive Gewissheiten

---

14   Allgemein gewendet: Die entgegengesetzten Kulturen der Antike und Moderne sind als komplementäre Entfaltungen einer gemeinsamen Grundstruktur logisch entwickelt worden. So nämlich hatte Schlegel seinen Gedankengang in der unveröffentlicht gebliebenen Variante bzw. dem Varianten-Anhang *Die Geschichte der Griechen und Römer ist die wichtigste Hälfte der Geschichte der Menschheit* (KA I, 626–642) formuliert: » Aus dem einfachen Begriff einer Wechselbestimmung der Vorstellungen und Bestrebungen des Gemüts in der menschlichen Bildung, oder der Wechselwirkung von Freiheit und Natur, ergibt sich a priori, daß eine zwiefache Art der Bildung, also auch der Geschichte möglich sei, je nachdem das vorstellende oder das strebende Vermögen den ersten bestimmenden Stoß der Bildung gibt,– eine *natürliche* und eine *künstliche* Bildung: daß jene in der Zeit vorangehen müsse, und diese nur auf jene folgen könne, und das System des Kreislaufs nur in der natürlichen Bildung, das der unendlichen Fortschreitung nur in der künstlichen möglich und in ihnen notwendig sei, indem beide wie vollendete Wechselbegriffe sich gegenseitig auf das vollkommenste entsprechen. « (KA I, 631).

schaffe. Auf der von ihr entwickelten Grundlage müsse sich darum, so Schlegel hoffnungsvoll, eine allgemeingültige, objektive Ästhetik entwickeln lassen, mit der die zweite Bedingung einer neuen Klassik erfüllt wäre (vgl. KA I, 357 f.). So glaubt Schlegel zeigen zu können, wie „der Streit der antiken und modernen ästhetischen Bildung wegfällt," (KA I, 354).

Die „Wechselbestimmung" ist die theoretische Grundlage dieses Streites. Schlegel löst den Gegensatz, indem er zeigt, inwiefern Natur und Freiheit im Menschen *identisch* sind bzw. sein könnten: im Ideal der Objektivität. Strukturell ist Schlegels Lösung damit keine harmonische Vermittlung Gleichberechtigter wie bei Schiller im ästhetischen Spiel, der den Dualismus von Sinnlichkeit und Vernunft beibehält, sondern es ist die Überführung eines ‚Dualismus' in eine Identität.[15] Das lässt eine grobe Analogie zu Fichte erkennen, obwohl die Inhalte völlig andere sind: Schlegel geht es nicht um logisch-philosophische Probleme. Er hat sich die Auflösung der Differenzen vielleicht auch in der Weise Winckelmanns gedacht, nach der die vollendete Künstlichkeit gleichsam wieder Natur wird. Man muss jedoch im Blick zu behalten, dass der *Studium*-Aufsatz keine philosophische Abhandlung zu sein versucht und die „Bildungstheorie" nur einen Bruchteil seines Umfangs ausmacht. Mit Beginn der eigenständigen, philosophischen Untersuchungen ab 1796 wird Schlegels Naturverständnis jedenfalls eine emphatische Aufwertung erfahren. Wer seine eigentliche Fichte-Rezeption untersuchen will, muss dort beginnen.

4   „Widerstreitender Kampf" bei Hölderlin (*Briefe*, *Hyperion* 1795)

Bislang haben wir es mit einem durchaus produktiven, sachlich aber eher zweifelhaften Rezeptionstypus zu tun gehabt: Weil bei Schiller und beim frühen, klassischen Friedrich Schlegel Sinn und Kontext sich stark veränderten, konnte man von einer Fichte-Rezeption im eigentlichen Sinn kaum sprechen.

---

15   Peter Szondi ist einer der wenigen, die darauf hinweisen, dass der *Studium*-Aufsatz auf Fichtes » Wechselbestimmung « verweist. Nachdem er die betreffenden Passagen zitierend aufgegriffen hat, verfehlt er für meine Begriffe allerdings das theoretische Profil der Schlegel'schen Argumentation. Zwar tastet dieser in der Tat schon nach einer Verbindung des objektiv-Schönen mit dem interessant-Manierierten, doch schließt die hier geforderte » Synthese « das Letztere ja noch klar aus. Schlegel lässt das Subjektive der modernen *Literatur* ja eben noch nicht gelten, sondern nur das Subjektive der modernen Philosophie – und zwar nur deshalb, weil er zu diesem Zeitpunkt noch glaubt, sie schaffe eine neue Objektivität (vgl. Szondi, Peter: » Antike und Moderne in der Ästhetik der Goethezeit. « In: Szondi: *Poetik und Geschichtsphilosophie I. Studienausgabe der Vorlesungen*. Band 2. Hg. v. Senta Metz und Hans-Hagen Hildebrandt. Frankfurt a.M. 1974, S. 11–265, hier: S. 123).

Bei Friedrich Hölderlin ist das anders: Nicht nur liest er die GWL von Anfang an mit *philosophischem* Interesse, – dem sich freilich ein besonderes an der Ästhetik anschließt, durch dieses aber nicht ersetzt wird – sondern er zählt auch zu ihren ersten ernst zu nehmenden Kritikern, deren konstruktive Ablehnung gewisser Theoreme in eigene Systemskizzen übergehen. Im Gegensatz zu den anderen beiden Autoren können wir bei Hölderlin jedoch keine Werke, ja kaum überhaupt Veröffentlichungen zu Lebzeiten interpretieren, sondern müssen uns auf Briefe, private Notizen und verschiedene Fassungen des *Hyperion* stützen, die größtenteils erst in den Gesamtausgaben zugänglich gemacht wurden. Ihre methodisch aufwendige Erschließung geht dabei wesentlich auf Dieter Henrichs Impulse im Rahmen der von ihm begründeten Konstellationsforschung zurück: Seine eigenen Untersuchungen fanden 1992 schließlich ihren Ausdruck in dem Standardwerk *Der Grund im Bewußtsein. Untersuchungen zu Hölderlins Denken (1794–1795)* und machten Hölderlin gar zum prominentesten Beispiel der frühen Fichte-Rezeption. Die wichtigste Arbeit der daran anschließenden, philosophischen Forschung stellt Violetta L. Waibels Dissertation *Hölderlin und Fichte (1794–1800)* dar.

Hölderlins Studium der GWL beginnt höchstwahrscheinlich im August 1794 auf Grundlage der Vorlesungsbögen.[16] Seine Kritik an Fichte ist nun vor dem Hintergrund zu verstehen, dass er die philosophischen Grundlagen seiner Ästhetik durchaus schon gefunden, nur noch nicht ganz entwickelt hatte: Hier dient ihm die GWL, der kritisch gegenüber zu treten er schon gebildet und reflektiert genug ist, vielmehr zu einer Präzisierung eigener Überzeugungen als dass sie ihn in die Rolle eines zitierenden Schülers gezwungen hätte. So verspricht er Neuffer schon im Oktober 1794 einen „Aufsatz über die ästhetischen Ideen", der „als ein Kommentar über den Phädrus des Plato gelten kann" und weiter „über die Kantische Gränzlinie" (StA IV, 137) hinausgehen soll, als Schiller das gewagt habe.[17] Hölderlin will Kants Dualismen überwinden und deutet an, dass Schönheit sich für ihn nicht auf ein bewusstseinsinternes Phänomen reduzieren lässt, sondern epistemisch-ontologisch gedacht werden muss: als Erfahrung des Seins an sich, das den wahren Grund unseres Bewusstseins ausmache. So nämlich versteht er Platons Idee des Schönen und schreibt in der Vorrede zur vorletzten Fassung seines *Hyperion*: „Wir hätten auch keine

---

16 Vgl. Waibel, Violetta: *Hölderlin und Fichte. (1794–1800)*. Paderborn 2000, S. 23f.
17 So berichtet Hölderlin gegen Ende eines Briefe an Hegel vom Juli 1794: »Kant und die Griechen sind beinahe meine einzige Lectüre. Mit dem ästhetischen Theile der kritischen Philosophie such' ich vorzüglich vertraut zu werden.« (StA VI, 128). Zitiert wird im Folgenden nach der Stuttgarter Ausgabe unter der Sigle »StA«: *Sämtliche Werke. Stuttgarter Hölderlin-Ausgabe.* Hg. v. Friedrich Beissner und Adolf Beck. Stuttgart 1943 ff.

Ahndung von jenem unendlichen Frieden, von jenem Seyn, im einzigen Sinne des Worts,/[...] wenn [es] nicht [...] vorhanden wäre. Es ist vorhanden – als Schönheit[.] [...] – Ich glaube, wir werden am Ende alle sagen: heiliger Plato, vergib! Man hat schwer an dir gesündigt." (StA III, 236f) *Im Rahmen dieser Überzeugung integriert Hölderlin kritisch die Wissenschaftslehre*: Der Brief an Hegel vom 26. Januar 1795 gilt nun weithin als erstes Dokument einer Kritik an Fichte überhaupt, handelt aber weniger von jener fraglichen Einheit des Bewusstseins als vielmehr vom Begriff des absoluten Ich, den Hölderlin als offenbaren Widerspruch darstellt: Ein Ich sei nicht anders denkbar als in reflexiver Entgegensetzung von Subjekt und Objekt, was den Status des Absoluten klarer Weise ausschließe. Das hängt mit dem Problem des eigentlichen Bewusstseins zwar zusammen und wurde in diesem Sinn wahrscheinlich auch diskutiert; nur ist der Brief an der entscheidenden Stelle leider unvollständig überliefert: „Fichte bestätigt mir [fehlender Text] Seine Auseinandersezung der Wechselbestimmung des Ich und Nicht-Ich (nach s. Sprache) ist gewis merkwürdig; auch die Idee des Strebens p.p. Ich muß abbrechen[.]" (StA VI, 155) Höchstwahrscheinlich war Hölderlin allerdings ziemlich genau zu diesem Zeitpunkt mit einer „Umbildung" (StA VI, 154) des *Hyperion* beschäftigt, in die der Fichte'sche Bewusstseinsbegriff tatsächlich zentral eingearbeitet worden war. Diese Stelle soll interpretiert werden.

Um sie richtig zu verstehen, müssen wir uns klar machen, worum es in dem Roman geht. Dafür bietet sich ein Blick auf den programmatischen Beginn der ersten, überlieferten Fassung an – von Schiller erst im November 1794 in der *Neuen Thalia* veröffentlicht: Hölderlin leitet seinen Briefroman hier mit einer anthropologischen Bildungstheorie ein, die uns stark an die teleologischen Kulturgeschichten Schillers und Friedrich Schlegels erinnert: Es ist seine Rede von der „exzentrischen Bahn" unseres Daseins, die mit einer „höchsten Einfalt" des gleichsam naturhaften Lebens unserer Kindheit beginnt, – ihr kulturgeschichtliches Pendant liegt natürlich in der griechischen Kunst – ein Zustand in sich abgeschlossener, ganzheitlicher Harmonie, noch nicht verwirrt und gestört von der Künstlichkeit eines reflektierten Selbstverhältnisses, eine selig-vorbewusste Einheit, in der „unsre Bedürfnisse" fraglos noch zusammenstimmen mit allen eigenen und fremden Kräften in der Welt, „durch die *bloße Organisation der Natur*" (StA III, 163). Und auf der anderen Seite die bewusste und reflektierte Entwicklung menschlichen Lebens, in der wir stehen, – deren modellhaftes, kulturgeschichtliches Pendant die Moderne im Zeichen rationaler Naturbeherrschung ist und als deren praktisch unerreichbares Ziel Hölderlin eine künstlich *wiederhergestellte, bewusste Harmonie* angibt. Um diesen zielgerichteten Bewusstseinsprozess geht es in dem philosophischen Bildungsroman, dessen Protagonist seine Entwicklung zugleich selbst reflektiert, während er sie in Form von Briefen erinnernd erzählt – und sie dadurch wesentlich voranbringt.[18] Während diese Version in ihrer Durchführung noch unverkennbar literarischer wirkt, ist die wenig später entstandene *metrische Fassung mit zugehörigem Prosa-Entwurf* (StA III, 186–198/DKA II, 205–216)[19] diejenige, um die es hier gehen muss: Unter dem stärkeren Einfluss Fichtes, den Hölderlin im November persönlich gesehen hatte, ist sie thematisch und begrifflich unverkennbar philosophischer, der *Prosa-Entwurf* insbesondere. Hier wird die Logik des Verhältnisses von natürlichem und künstlichem Leben diskutiert und Stellung bezogen zur Frage ihrer Vermittelbarkeit oder Identität im Ziel der Geschichte, d. h. es wird die „Wechselbestimmung" Fichtes eingearbeitet.

So exponiert der *Prosa-Entwurf* zunächst den Konflikt des Protagonisten, indem dieser, auf sein Leben zurückblickend, selbst davon erzählt und ein Bild von sich in der „exzentrischen Bahn" schafft, einseitig orientiert am modernen Ideal der freien, die Natur beherrschenden Vernunft:

> Unschuldiger Weise hatte mich die Schule des Schicksaals und der Weisen ungerecht und tyrannisch gegen die Natur gemacht. Der gänzliche Unglaube, den ich gegen alle hegte, was ich aus ihren Händen empfing, ließ keine Liebe in mir gedeihen. Der reine freie Geist glaubt ich könne sich nie mit den Sinnen und ihrer Welt versöhnen und es gebe keine Freuden als die des Siegs[.]
>
> STA III, 186/DKA II, 205

---

18   Vgl. Jochen Schmidts ausnehmend wertvolle, allgemeine Einführung »Konzeption und Struktur« im Kommentar seiner eigenen Hölderlin-Ausgabe beim Deutschen Klassiker Verlag (Schmidt, Jochen: »Kommentar.« In: Friedrich Hölderlin: *Sämtliche Werke und Briefe in drei Bänden*. Hg. v. Jochen Schmidt in Zusammenarbeit mit Katharina Grätz. Bd. 2: *Hyperion, Empedokles, Aufsätze, Übersetzungen*. Frankfurt a.M. 2008, S. 923–1510, hier: S. 940–665). Lediglich die Engführung des *Hyperion* mit Friedrich Schlegels frühromantischer Universalpoesie erscheint mir überzogen (vgl. ebd., S. 942). Die zweifellos bestehenden und richtiger Weise betonten Nähen verdecken hier letztlich doch, dass die Frühromantiker sehr viel skeptischer waren: Dem positiven Konzept einer ästhetischen intellektuellen Anschauung standen sie ebenso distanziert gegenüber wie Hölderlins auf Systeme zielenden, philosophischen Skizzen und seinem klar komponierenden Ordnungsdenken. Darum gehört der Roman eben vielmehr in den »Deutschen Idealismus« als in die Deutsche Romantik, wie Schmidt denn zugleich auch in der größten Klarheit festhält: »*Hyperion* ist *der* Roman des Deutschen Idealismus.« (ebd.).

19   Da die gemeinsame Anordnung der zwei Fassungen in der Stuttgarter Ausgabe gewissermaßen zwar dem Aufbau im Original entspricht, dadurch aber komplizierter zu lesen ist, gebe ich zusätzlich die Seitenangaben des leichter zu verfolgenden, linear wiedergegebenen Lesetextes in der Klassiker-Ausgabe an – die im Folgenden unter der Sigle »DKA« zitiert wird – folge jedoch nicht ihrer modernisierten Orthographie.

Dabei ist mit den Begriffen der „Liebe" und „Versöhnung", in der unvergleichlich existenziellen Dimension von Hölderlins philosophischer Dichtung, auch schon jenes logisch-erkenntnistheoretische Problem des Substanzen-Dualismus angesprochen, das Fichte im Rahmen einer absoluten Subjektivität lösen wolle, durch einen „Sieg" der Vernunft also, poetisch gesagt, der hier jedoch als Unglück verdeutlicht wird und dessen logische Inkonsistenz er ungefähr zur gleichen Zeit in jenem Brief an Hegel darlegt. Im Folgenden nähert Hölderlin sich dann seinem epistemisch-ontologischen Verständnis von Schönheit an: Zunächst wird auf die Kantische Lösung angespielt, nach der die „Erscheinungen [...] [lediglich] *Symbole* des Heiligen und Unvergänglichen" (StA III, 190/DKA II, 207; Hervorhebung J.G.) in uns seien, um anschließend einen unmissverständlichen Schritt über sie hinaus zu tun:

> Ich weiß, daß nur Bedürfnis uns dringt, der Natur eine Verwandtschaft mit dem Unsterblichen in uns zu geben und in der Materie einen Geist zu glauben, aber ich weis, daß dieses Bedürfnis uns dazu *berechtigt*, ich weis, daß wir da, wo die schönen Formen der Natur uns die gegenwärtige Gottheit verkünden, wir selbst die Welt mit *unserer* Seele beseelen[.]
>
> STA III, 192/DKA II, 207; erste Kursivsetzung J.G.

In der wohl verstandenen Schönheit liege also nicht bloß eine symbolische, sondern die wirkliche Einheit von Vernunft und Natur.

Der entscheidende Punkt dabei wird deutlich, wenn man auf seine Wortwahl Acht gibt: Statt von „Einheit" spricht Hölderlin von schöner „Einigkeit" (StA III, 186/DKA II, 205), einer Einheit also, die noch Spuren des in ihr beschlossenen Widerspruchs trägt, ihn nicht ganz getilgt hat; eine Einheit *im* Gegensatz. Die Harmonisierung des Gegensatzes war schon zu Anfang als versöhnende Liebe Thema gewesen; entsprechend lautet der Schluss: „Jenes höchste Bedürfnis unseres Wesens, das uns dringt, der Natur eine Verwandtschaft mit dem Unsterblichen in uns beizulegen, und in der Materie einen Geist zu glauben, es ist diese Liebe." (StA III, 194/DKA II, 208) Die von Hölderlin gemeinte Liebe *führt* also zu jener Schönheit, in der die widersprüchliche Einheit des Seins erfahren werden könne. Er verdeutlicht sie in bewusster Abkehr von der logisch-argumentativen Ebene der Philosophie, rückgreifend auf den zentralen Eros-Mythos aus Platons *Symposion*: Diotimas Erzählung von der Zeugung des Eros, der als Mittler zwischen Sterblichen und Unsterblichen nach der Idee des Schönen strebt und die Philosophie selbst als Erotik erscheinen lässt. Auf diese mythologische Vermittlungsfigur überträgt Hölderlin, wie Waibel gezeigt hat,[20] Fichtes logisches Vermittlungsproblem der Wechselbestimmung

---

20   Vgl. Waibel. *Hölderlin und Fichte*, S. 132–139.

und erzählt die apriorische Geschichte seiner Genese, den Gedankengang des Grundsatzkapitels, auf eine poetische Weise:

> Als unser ursprünglich unendliches Wesen zum ersten male leidend ward und die freie volle Kraft die ersten Schranken empfand, als die Armuth mit dem Überflusse sich paarte, da ward die Liebe. Fragst du, wann das war? Plato sagt: Am Tage da Aphrodite geboren ward. Also, als die schöne Welt für uns anfieng, da wir zum Bewußtsein kamen, da wurden wir endlich.
> STA III, 192/DKA II, 207f

Dieses Bewusstsein hatte seine Widersprüchlichkeit für Hölderlin ja nicht verloren, nur weil es nicht mehr in einem „absoluten Ich" fundiert werden soll. Die Widersprüchlichkeit bleibt bestehen und verliert ihre Problematik erst aus der Perspektive jener Anschauung des Schönen, deren reflexive Verinnerlichung die Handlung des *Hyperion* nuanciert erzählt: So wird die Widersprüchlichkeit ‚gelöst' durch ihre Anerkennung, durch die Einsicht des Protagonisten, dass sein Schicksal unverfügbar bleibt und sein soll. In diesem Sinn überträgt Hölderlin die Wechselbestimmung analog als ein Problem, dessen *eigentliche* Gestalt jedoch keine logisch-erkenntnistheoretische Frage, sondern eine Art existenzieller Naturverlust ist. Sie wird einerseits auf harmonisierende Weise ‚gelöst', läuft zugleich jedoch auf eine Theorie eines Absoluten hinaus, das in sich selbst differenziert ist. Prägnant wird das im späteren „Athener-Brief" deutlich, in dem vom „Wesen der Schönheit" gesagt wird, es sei „das εν διαφερον εαυτω (das Eine in sich selber unterschiedne)." (StA III, 81). Aus dieser höheren Perspektive kann die – in logischer Hinsicht „Wechselbestimmung" genannte – Gegensätzlichkeit nur als eine anzuerkennende Notwendigkeit erscheinen:

> Nun fühlen wir tief die Beschränkung unseres Wesens, und die gehemmte Kraft sträubt sich ungeduldig gegen ihre Fesseln, und doch ist etwas in uns das diese Fesseln gerne behält – denn würde das Göttliche in uns von keinem Widerstande beschränkt, so wüßten wir nichts außer uns, und so auch von uns selbst nichts, und von sich nichts zu wissen, sich nicht zu fühlen, und vernichtet seyn, ist für uns Eines. [...] Wir müßten untergehn im Kampfe dieser widerstreitenden Triebe. Aber die Liebe vereiniget sie.
> STA III, 194/DKA II, 208

KAPITEL 17

Novalis et la question du prolongement poétique de la philosophie de Fichte

Laurent Guyot

Abstract

Novalis explores the possibilities contained within the intellectual intuition highlighted by Fichte. The pure I or intellectual intuition is the absolute organ of the mind ; it no longer serves merely to deduce the world a priori, as it does in Fichte, but to discipline all the other organs with which man is endowed. It does so in order to abstract the body and soul from any mechanical influence and allow each of our senses to engender an a priori world. This article set outs to analyse the meaning of this aesthetic and poetic extension of Fichte's philosophy.

`Résumé

Novalis explore les possibilités recelées par l'intuition intellectuelle mise en évidence par Fichte. Le Moi pur ou intuition intellectuelle est l'organe absolu de l'esprit qui ne servira plus simplement, comme chez Fichte, à déduire a priori le monde, mais à discipliner la totalité des autres organes dont l'homme est pourvu, de manière à pouvoir soustraire le corps et l'âme à toute influence mécanique, et à permettre à chacun de nos sens d'engendrer un monde a priori. C'est le sens de ce prolongement esthétique et poétique de la philosophie de Fichte que cet article se propose d'analyser.

Mots clés

Absolu – Intuition intellectuelle – Liberté – Moi – Poésie

Les liens entre Fichte et ce qu'il est convenu d'appeler le premier romantisme allemand sont à la fois importants et complexes. Ils sont importants car le premier romantisme allemand a trouvé dans la philosophie de Fichte un foyer d'inspiration majeur pour sa quête d'absolu. Fichte a en effet rétabli dans ses droits, après les restrictions apportées par le criticisme de Kant, le projet de se saisir de l'absolu et de s'élever jusqu'à lui pour en faire partir la philosophie. Mais ces liens sont complexes, car les emprunts à Fichte sont intégrés à des préoccupations qui débordent largement sa doctrine et qui s'inscrivent dans un cadre de pensée parfois opposé au sien. Novalis est peut-être, de tous les premiers romantiques, celui qui cristallise le mieux la complexité de ces rapports. Initié à la philosophie de Fichte, s'étant douloureusement et passionnément mesuré à elle, il la tient à la fois pour dépositaire de la plus grande découverte pour l'humanité à venir, et comme n'ayant pas su apercevoir l'étendue de son champ d'application. Aussi prétend-il qu'elle porte tout ensemble en elle la nécessité, le sens et l'instrument de son propre dépassement, qu'elle doit être dépassée poétiquement, et qu'elle marque la dernière étape de l'idéalisme avant que celui-ci ne trouve à s'achever pleinement dans l'idéalisme magique. Dans la mesure où c'est bien d'abord comme une extension de la philosophie de Fichte que Novalis conçoit son dépassement, c'est le sens de ce prolongement/dépassement, saisi comme poétisation de la philosophie de Fichte, que nous voulons chercher à éclairer. Que peut bien vouloir dire poétiser une philosophie, et celle de Fichte en particulier ? Qu'est-ce que signifie » idéalisme magique « ? Aussi bien, nous chercherons à déterminer, à travers ces questions, dans quelles limites il y a fidélité à la pensée de Fichte dans l'utilisation romantique de sa découverte.

Le lien entre l'idéalisme de Fichte et le romantisme de Novalis se fait d'abord à travers la notion de vie. » Le romantique – écrit Novalis – étudie la vie comme le peintre, le musicien et le mécanicien étudient la couleur, le son et la force. L'étude attentive de la vie fait le romantique, de même que l'étude attentive de la couleur, de la forme, du son et de la force font le peintre, le musicien et le mécanicien.[1] « Or, Novalis écrit : » Dans l'intuition intellectuelle est la clef de la vie.[2] « Ainsi, en découvrant l'intuition intellectuelle et en en faisant la clef de voûte de son système, Fichte a porté son attention au cœur de la vie intellectuelle, qui est le cœur de la vie tout court, et c'est par là, aux yeux de Novalis, qu'il y a une dimension romantique de la philosophie de Fichte. Et c'est bien, d'ailleurs, comme vie, que Fichte lui-même désigne l'intuition intellectuelle : » En elle, dit-il, réside la source de la vie, et sans elle il n'est que la mort. « (ZwE GA I/4, 217) C'est donc la découverte de l'intuition intellectuelle comme instrument par lequel la vie se donne accès à elle-même, c'est-à-dire se saisit elle-même dans son essence spirituelle, qui est d'emblée retenue par Novalis comme la découverte capitale qui ouvre, précisément parce qu'elle porte sur la vie, la possibilité d'une compréhension romantique de soi-même et du monde. Mais pour autant qu'elle ouvre la possibilité d'une telle compréhension,

---

1 Novalis : *Le brouillon général*, trad. O. Schefer, Paris, 2000, fragment n° 1073, p. 252.
2 Novalis : *Semences*, trad. O. Schefer, Paris, 2004, Poéticismes, fragment n° 173, p. 159.

celle-ci n'a pas encore eu lieu, et il est remarquable que c'est toujours en référence à l'avenir que Novalis parle de la découverte de Fichte : il est

> le premier génie qui s'est pénétré lui-même [et] a trouvé ici le germe typique d'un monde incommensurable. Il a fait une découverte qui, dans l'histoire du monde, devait être forcément la plus merveilleuse, car avec elle commence pour l'humanité une ère entièrement nouvelle [...] Archimède peut maintenant accomplir sa promesse (de soulever le monde), le point d'appui qu'il cherchait hors du monde est là.[3]

Ce qui donne tout son sens à cette déclaration, c'est que la découverte de Fichte ne réside pas tant, au fond, pour Novalis, dans l'objet même de la découverte – l'intuition intellectuelle ou le Moi pur comme condition de possibilité de toute conscience –, que dans l'art de procéder qui a permis la découverte. En d'autres termes, la vraie découverte de Fichte tiendrait dans ce qui l'a rendue possible, à savoir une nouvelle manière de penser, de philosopher : » Il se pourrait bien que Fichte fût l'inventeur d'une manière totalement neuve de penser – pour laquelle il n'est encore aucun nom. «[4] Dans le fragment 657 du *Brouillon général*, Novalis précise : » Fichte enseigne le secret de l'expérimenter – il apprend à transformer des faits et des actes, ou des faits et des actes réels en expériences et en concepts «;[5] ce que le fragment 603 explique ainsi : » L'exigence fichtéenne d'une pensée, d'une action et d'une observation simultanées est l'idéal du philosopher.[6] « Avec Fichte, en effet, la pensée s'expérimente, c'est-à-dire se discipline, dans un ordre et sous des conditions établis par elle, à observer ce qu'elle fait au moment même où elle le fait, pour saisir sur le vif l'enchaînement des actes nécessaires de l'intelligence par lesquels s'engendre la conscience de soi réelle et le monde, soit le système de l'expérience. Ce qui frappe ici Novalis, ce qui l'intéresse et qu'il retient pour ce qu'il va lui-même chercher à mettre en oeuvre, c'est la mise au point d'une méthode qui revient à rendre l'esprit maître et possesseur de lui-même, non seulement grâce à la connaissance qu'il obtient de ses propres lois, mais aussi et surtout grâce au fait d'apprendre à se servir de la condition la plus haute de la pensée, l'intuition intellectuelle, comme d'un instrument, et à le discipliner. De là la volonté de Novalis de surpasser Fichte lui-même dans l'art de se servir de l'instrument de la pensée et de donner à l'esprit toute puissance sur lui-même : » L'inventeur,

---

3 Novalis : *Schriften*, Berlin, 1901, pp. 26–27 ; cité par Léon Xavier : *Fichte et son temps*, T 1. Paris, 1922, p. 460.
4 Semences, *Fragments logologiques*, fragment n° 11, op. cit., p. 122.
5 Novalis : *Le brouillon*, p. 175.
6 Ibid., p. 156.

dit-il, n'est peut-être pas l'artiste le plus habile ni le plus ingénieux pour ce qui est de son instrument. [...] Il est [...] vraisemblable qu'il y a et qu'il y aura des hommes – qui fichtiseront bien mieux que Fichte lui-même.[7] « Que fichtiser mieux que Fichte lui-même veuille effectivement dire donner à sa découverte une extension et une application plus grandes qu'il ne lui en a données lui-même, c'est-à-dire acquérir sur elle une plus grande maîtrise que Fichte n'a pu en avoir, c'est ce que confirme le passage suivant : » Fichte a enseigné et découvert l'usage actif de l'organe de la pensée. Fichte aurait-il découvert les lois de l'usage actif des organes en général ? L'intuition intellectuelle n'est pas autre chose.[8] « Par organes en général, il faut entendre tous les organes, pour autant qu'ils ne sont des organes, des instruments, que parce qu'ils sont au pouvoir de l'esprit, que l'esprit en commande et en dirige l'usage ; il ne faut donc pas seulement compter les organes ou facultés de l'âme, mais aussi les organes du corps, principalement les sens, pour autant que le pouvoir de sentir est sous la dépendance de l'esprit (c'est l'esprit et non le corps qui sent) et participe du pouvoir d'agir son corps, s'il est permis de s'exprimer ainsi. » Si nos sens ne sont en effet rien d'autre que des modifications de l'organe intellectuel – de l'élément absolu – nous pourrons alors, en maîtrisant cet élément, modifier et diriger nos sens à volonté.[9] « Comprendre cet idéal de maîtrise de l'esprit et du corps, c'est comprendre le projet du romantisme tel que le conçoit Novalis. Novalis n'entend pas séparer sa pensée de celle de Fichte, et malgré la direction originale qu'il lui fait prendre, malgré même, comme on va le voir, les matériaux d'autres philosophies qu'il convoque et lui associe, il inscrit son projet dans celui de la Doctrine de la science. Car enfin, le but qu'il assigne à l'homme de parvenir à se subordonner ses organes en général se confond tout entier avec ce qu'il appelle la tâche de la culture, qu'il énonce en ces termes : » La plus importante tâche de la culture est de maîtriser son soi transcendantal, d'être en même temps le moi de son moi. «[10] Cette proposition, formulée dans le langage de Fichte, répond pleinement à sa pensée. Le soi transcendantal est le Moi pur, lequel est à la fois le principe et l'horizon du moi fini, c'est-à-dire du moi empirique. Devenir le Moi de son moi, c'est repousser les limites de notre activité finie pour coïncider avec l'activité pure et sans limite qui fait l'essence de notre moi. C'est ce que Fichte appelle le » Moi comme Idée « et qu'il désigne » comme but suprême de l'effort de la raison. « (ZwE GA I/4, 266) Novalis reprend donc à Fichte l'idée que notre but pratique le plus élevé, notre destination, est de réduire indéfiniment notre part de passivité et d'inertie pour nous rapprocher tangentiellement de

---

7 Novalis : *Semences*, p. 122.
8 Ibid., *Anecdotes*, fragment n° 247, p. 182.
9 Ibid., fragment n° 248, p. 183.
10 Ibid., *Pollen*, fragment n° 28.

la liberté infinie qui fait le fond de notre essence. Dans la mesure où la liberté est l'imposition des lois de la raison à soi-même et à tout ce qui nous entoure, le règne de la liberté vers lequel nous tendons est identique au règne de la morale. Le moralisme de Fichte se retrouve ainsi chez Novalis, qui parle en ce sens de moraliser la nature, de l'annexer à la liberté. De même que Fichte écrit que

> le Moi, comme Idée, est l'être raisonnable, dans la mesure où […] celui-ci a parfaitement présenté en soi-même la raison universelle qui lui dit qu'il est raisonnable et rien d'autre que raisonnable, [c'est-à-dire] dans la mesure où il a cessé d'être individu, comme il l'était uniquement en vertu d'une limitation sensible, [bref,] dans la mesure où il a parfaitement réalisé la raison hors de lui-même
>
> ZWE GA I/4, 266

de même Novalis écrit : » Nous ne sommes pas du tout un Moi – mais nous pouvons et nous devons en devenir un. Nous sommes des germes en vue du Moi. […] – de cette manière seulement nous nous élevons au grand Moi qui est en même temps Un et Tout. « [11]

Mais la question se pose de savoir comment le projet de Novalis, à partir du moment où il se donne comme une reprise, pour l'essentiel, du projet de Fichte, peut être accompli d'une manière différente de Fichte. En d'autres termes, la question plus générale que pose le projet de Novalis, c'est : comment peut-on dépasser un système sans en sortir ? Dépasser un système sans en sortir, n'est-ce pas proprement ce qu'on appelle l'achever ? C'est ce qu'a fait Fichte par rapport à Kant, il a voulu achever le kantisme : c'est ce qu'il a fait en important dans le kantisme l'intuition intellectuelle. Novalis veut faire par rapport à Fichte ce que Fichte a fait par rapport à Kant : il veut achever la pensée de Fichte. Par là s'explique la filiation, depuis Kant jusqu'à lui, que Novalis prend soin d'indiquer dans un de ses fragments : après avoir mentionné les empiristes, il écrit : » on passe […] à Kant – de là on passe à Fichte – et pour finir à l'idéalisme magique «,[12] c'est-à-dire à la pensée novalisienne. Comment achever la pensée de Fichte ? Réponse : en important dans son système la poésie et l'art : » Si l'on commence à prolonger le fichtiser de manière artistique, dit Novalis, – de merveilleuses *œuvres d'art* peuvent en résulter «,[13] et le fragment 31 du recueil *Poésie* précise : » la poésie est en somme la clef de la philosophie, son but et sa signification. « [14] Dans la mesure où, comme on l'a dit,

---

11   Novalis : *Le Brouillon*, p. 97.
12   Novalis. *Semences*, Fragments de Teplitz, fragment n° 375, *op. cit.*, p. 204.
13   Ibid., *Fragments logologiques*, p. 122.
14   Ibid., *Poésie*, p. 130.

Novalis interprète la succession des philosophies de Kant, Fichte, et de l'idéalisme magique, comme l'approfondissement d'une seule et même pensée, la pensée transcendantale, c'est la pensée transcendantale qui est ainsi censée trouver son achèvement dans la poésie, ou, dans le langage de Novalis, dans la poétisation de la philosophie de Fichte. » L'artiste est de part en part transcendantal «,[15] confirme ainsi le fragment 40 du recueil *Poésie*, et le fragment 47 développe : » La poésie transcendantale est un mélange de philosophie et de poésie. Elle s'occupe au fond de toutes les fonctions transcendantales et contient en fait le transcendantal de façon générale. Le poète transcendantal est en général l'homme transcendantal. «[16] Le transcendantal est donc le fil conducteur qui relie Kant, Fichte et Novalis. Par où il est indispensable de définir la façon dont Novalis se rattache à la philosophie transcendantale, pour répondre à la seule question qui se pose ici pour nous : qu'est-ce une poésie transcendantale et comment peut-elle régénérer l'homme au point de lui permettre de s'accomplir moralement ? Le projet moral, fichtéen autant que novalisien, d'extension indéfinie de la sphère de liberté du moi, et donc de domination du non-moi par le moi, suppose en effet résolu le problème de la nature du rapport entre le moi et le non-moi, le sujet et l'objet, le monde intérieur et le monde extérieur. Or, c'est dans un approfondissement successif de la réponse transcendantale fournie par Kant à ce problème, que consiste *celles* apportées par Fichte et Novalis. C'est la raison pour laquelle Novalis résume ainsi le problème de Fichte : » comment les choses sont-elles liées aux représentations ? «[17] Saisir, même brièvement, les étapes de cet approfondissement, devrait donc nous permettre de comprendre au mieux la signification du prolongement artistique de l'idéalisme de Fichte.

La philosophie transcendantale fait résider la possibilité de la connaissance des objets de l'expérience, non dans les objets, mais dans le sujet. Dans la mesure où le sujet renferme les conditions a priori de la possibilité de l'expérience, les objets de l'expérience sont une construction de l'esprit. Fichte radicalise la position de Kant, en gommant toute référence à la chose en soi, jugée contradictoire car représentée en nous comme se tenant hors de nous, c'est-à-dire représentée comme non représentable tout court. Ainsi, même la matière de la sensibilité qui, chez Kant, restait tributaire de la chose en soi, est expliquée chez Fichte par les lois de l'intelligence. Le sentiment de nécessité accompagnant nos représentations des choses extérieures, et qui nous fait croire à l'indépendance de ces choses par rapport à nous, n'est autre, en fait, que le sentiment de la nécessité des lois qui sont à l'œuvre dans l'esprit. Les

---

15   Ibid., p. 132.
16   Ibid., p. 133.
17   Novalis, *Le brouillon général*, fragment n° 730, p. 193.

corps extérieurs ne nous paraissent exister en soi que parce que nous n'avons pas conscience de l'activité de l'esprit qui leur donne naissance dans la représentation. Novalis s'inscrit dans la continuité de ce mouvement transcendantal qui va dans le sens d'un effacement progressif de la séparation qui passe entre le monde intérieur et le monde extérieur. Or, cette évolution de la philosophie transcendantale passe par le renforcement progressif de l'importance donnée au rôle de l'imagination dans le jeu des facultés de l'esprit. Déjà placée par Kant au centre du procès de la construction de l'expérience, Fichte et Novalis accentuent encore la portée de l'imagination en en faisant, pour parler le langage de Novalis, l'organe principal de la liaison du monde intérieur et du monde extérieur. De productive qu'elle est chez Kant (en plus d'être reproductive), elle devient créatrice avec Fichte et Novalis. Expliquons le sens de cette évolution.

Comme on sait, l'imagination est chez Kant le pouvoir qui, par sa double appartenance, à la sensibilité d'une part, et à la spontanéité d'autre part, relie la sensibilité et l'entendement au moyen du schème transcendantal, rendant ainsi possible a priori l'expérience. Mais c'est comme spontanéité qu'elle est productive, c'est-à-dire qu'elle effectue une synthèse du divers a priori : » en tant que sa synthèse, écrit Kant, est un exercice de la spontanéité, qui est déterminante et pas simplement, comme le sens, déterminable, et qu'elle peut par suite déterminer a priori le sens selon sa forme, conformément à l'unité de l'aperception, l'imagination est à ce titre un pouvoir de déterminer la sensibilité a priori, et sa synthèse des intuitions, conformément aux catégories, doit être la synthèse transcendantale de l'imagination. «[18] Bref, l'imagination productive est le pouvoir de présenter a priori l'objet dans le schème, avant toute expérience. Ainsi que le note Kant, » l'imagination, en tant que pouvoir d'intuitions hors de la présence même de l'objet, est soit productive, c'est-à-dire faculté de présentation originaire de cet objet, précédant ainsi l'expérience ; soit reproductive, faculté de présentation dérivée, ramenant dans l'esprit une intuition empirique antérieure. «[19] Fichte retient de Kant sa définition de l'imagination comme pouvoir d'intuitions a priori, mais en étendant en même temps sa définition du transcendantal, car l'imagination produit désormais a priori la totalité de l'objet, et non plus seulement sa présentation pure, anticipée, dépourvue de sa matière empirique. Une étape est ici franchie par rapport à Kant, car ce n'est plus là ce que Kant appelle imagination productive, mais imagination » créatrice «, qu'il récuse, car ce serait attribuer à l'imagination ce qui provient d'une autre source, à savoir de la chose en soi qui peut seule

---

18   Kant, Immanuel, *Critique de la raison pure*, A. tr., § 24, tr. F. Marty et A. J-L. Delamare, Paris, 1980, p. 867 ; AK III, 120.
19   Kant, Immanuel, *Anthropologie du point de vue pragmatique*, 1P, § 28, tr. P. Jalabert. Paris, 1986, p. 985 ; AK VII, 167–169.

fournir à la sensibilité sa matière. » L'imagination productive, note bien Kant, n'est pas pour autant créatrice, c'est-à-dire douée du pouvoir d'engendrer une représentation sensible qui n'ait jamais été donnée auparavant à notre faculté sensitive. »[20] Chez Fichte, l'abolition de la chose en soi entraîne nécessairement l'abolition de la frontière entre imagination productive et imagination créatrice. La sensation, la matière de l'intuition, est expliquée sans compromission de l'idéalisme et du dogmatisme, dont la chose en soi restait le dernier refuge. Une explication vraiment idéaliste de la sensation ne doit faire appel qu'au Moi et à son activité. La sensation est ainsi déduite de la conjugaison de deux activités opposées du Moi, l'une inconsciente et l'autre consciente, l'activité inconsciente étant supportée par l'imagination et l'activité consciente par la réflexion. Ce que le Moi réfléchissant sur lui-même prend pour de la passivité en lui, n'est que le résultat d'une activité inconsciente en lui : ainsi la sensation, dont la cause ne nous paraît extérieure à nous, que parce que nous n'apercevons pas en nous l'œuvre inconsciente de l'imagination qui la produit. On peut citer là-dessus ce passage remarquable de Xavier Léon :

> Le mécanisme de la production des objets par l'imagination est la clef de voûte de l'Idéalisme de Fichte. Jusqu'alors l'idéalisme se heurtait, comme à une pierre d'achoppement, à ce fait que la matière tout au moins de la connaissance était inintelligible puisqu'elle était pour l'Intelligence même une donnée primitive ; or sans doute Fichte reconnaît que cette donnée est primitive pour l'Intelligence, étrangère à elle, parce qu'elle est antérieure à la réflexion, mais il montre justement qu'elle est encore un produit de l'Esprit, un produit inconscient, et c'est l'inconscience de cette production qui confère au produit l'apparence du donné ; [...] et par là il fonde véritablement l'idéalisme critique.[21]

Le Non-moi et son action sur le Moi se ramenant, en définitive, à une production inconsciente du Moi, on voit que l'abaissement du niveau de conscience du Moi augmente la quantité de passivité en lui, et que, à l'inverse, l'augmentation du niveau de conscience du Moi diminue la part de passivité en lui. C'est-à-dire plus la conscience réfléchie se substitue à la conscience spontanée, plus l'activité se substitue à la passivité. Le développement de la conscience va donc de pair avec l'accroissement de la liberté. – Novalis s'appuie sur cette vision élargie de l'imagination pour bâtir sa théorie de l'imagination poétique, et se rallie à cette explication de l'existence de la passivité en nous, ou, ce qui revient au même, de l'action mécanique du Non-Moi sur le Moi.

---

20 Ibid., p. 987.
21 Léon, Xavier : *La philosophie de Fichte*. Paris, 1902, p. 85.

> La fatalité qui pèse ainsi sur nous, écrit-il, c'est, en somme, l'inertie de notre esprit. Elargissons et cultivons notre activité, et cette fatalité se transformera : elle deviendra nous-mêmes. Tout semble se précipiter sur nous en torrent parce que nous sommes pareils à un fleuve qui ne sort pas lui-même de son lit. Nous sommes négatifs parce que nous voulons l'être. Plus nous devenons positifs, plus le monde qui nous entoure devient négatif jusqu'à ce qu'à la fin il n'y ait plus de négation du tout, et que nous soyons tout en tout. Dieu veut des dieux.[22]

Comme le réel, en somme, est de nature spirituelle, l'esprit peut transformer son rapport au réel, et devenir actif là même où il était passif. Or, puisque c'est dans la sensation qu'il se reconnaît passif, notre rapport au réel se transformera, non pas d'abord, comme on serait tenté de le croire, en agissant sur les objets du monde, mais sur l'organe de notre rapport au monde, c'est-à-dire sur les sens. L'idéal d'activité du moi serait ainsi de parvenir à ce que Novalis appelle » un usage inversé des sens «,[23] c'est-à-dire à rendre la sensation indépendante de tout stimulus ou de toute cause extérieurs et de placer en notre pouvoir l'art de la causer, bref, de la rendre dépendante de notre volonté : » on place l'organe de la sensation, comme l'organe de la pensée, sous son emprise «,[24] de manière à avoir » la faculté et la capacité d'engendrer des sensations à volonté «.[25] Il y aurait alors véritablement usage inversé des sens, puisque la sensation, au lieu d'être produite de l'extérieur vers l'intérieur, serait produite de l'intérieur vers l'extérieur. C'est par là que prend sens l'expression forgée par Novalis d' » idéalisme magique «, car » Magie=art d'utiliser à volonté le monde des sens «.[26] Ce que Novalis entend par magie n'est que l'art de faire surgir par nous-mêmes ce qui nous est d'habitude apporté par une affection extérieure. A bien réfléchir, dit Novalis, nous faisons inconsciemment déjà cela en partie. L'usage des sens ne peut jamais être totalement passif. Dans toute sensation, il y a jugement, comparaison, discrimination : » Ainsi là où la main sent et où l'oreille entend, l'œil doit former une couleur déterminée et un contour précis et approprié – Sans esprit, pas de couleurs et de contours – pas de sons différents, etc. «[27] Il ne s'agit donc que de renforcer cette union déjà existante de l'esprit et du sens, de manière à ce que le sens entre de plus en plus sous la dépendance

---

22 Novalis : *Schriften*, Zweiter Theil, Erste Hälfte, Fragmente. Berlin, 1901, pp. 175–176 ; cité par Léon : *Fichte et son temps*, T.I. Paris, 1922, p. 464.
23 Ibid., *Semences, Anecdotes*, Fragment n° 226, p. 172.
24 Ibid., *Fragments de Teplitz*, Fragment n° 383, p. 206.
25 Ibid., *Poéticismes*, Fragment n° 112, p. 144.
26 Ibid., p. 143.
27 Ibid., *Semences, Anecdotes*, fragment n° 243, pp. 180–181.

de l'esprit et soit progressivement soustrait aux influences extérieures. Ce que Fichte a réussi avec l'organe de la pensée – avoir appris à en faire » un usage actif «, c'est-à-dire libre et maîtrisé –, il faut le faire avec l'organe du sens. Celui qui nous montre la voie pour y parvenir est l'artiste, car il le fait déjà dans ses œuvres, et c'est en quoi il nous faut devenir artiste. Le véritable artiste n'est pas un imitateur ; il ne reproduit pas les sensations provenant du monde extérieur. L'image qu'il produit ne fait pas suite à l'expérience, elle est a priori. Au lieu d'être la restitution de sa vision extérieure, elle est la traduction de sa vision intérieure. Ainsi, puisque l'image qui traduit sa vision tout intérieure est a priori, les sensations diverses qui la composent (de couleurs, de sons, ou autres) sont elles aussi a priori. C'est comme cela que le peintre voit a priori les couleurs qu'il disposera sur sa toile, ou que le musicien entend a priori la musique qu'il jouera sur son instrument. Citons là-dessus le fragment 226 des *Travaux préparatoires à divers recueils de fragments* :

> La nature visible semble partout préparer le travail du peintre – et être son modèle. [...] Mais en vérité l'art du peintre s'est développé de manière tout aussi indépendante et a priori que celui du musicien. [...] Voir est ici une activité totalement active – entièrement formatrice. [...] Le musicien entend d'une manière proprement active – il entend du dedans vers le dehors. A vrai dire, cet usage inversé des sens est un mystère pour la plupart des hommes, mais chaque artiste en aura plus ou moins conscience. Chaque homme, à un degré infime, est presque déjà artiste – Il voit en vérité du dedans vers le dehors et pas le contraire – il sent du dedans vers le dehors et pas le contraire. La différence principale réside en ceci que l'artiste a animé en ses organes le germe d'une vie autoformatrice – a accru leur excitabilité pour l'esprit et peut par conséquent faire jaillir des idées au dehors, à volonté, sans sollicitation externe.[28]

Or, l'organe qui commande cet usage inversé des sens et qu'il s'agit par conséquent d'apprendre à maîtriser autant et aussi bien que l'organe de la pensée, est précisément l'imagination : véritable » force d'auto-incitation «,[29] de sollicitation ou de stimulation interne, elle est proprement la faculté de produire des images a priori, d'engendrer les sensations de l'intérieur vers l'extérieur. Son pouvoir est de résorber en quelque sorte tout le corps dans le corps propre, de le spiritualiser, de rompre avec la matérialité qui lui sert de points de contact avec l'extérieur pour le transformer en un centre d'excitabilité tout intérieur :

---

28   Ibid., *Anecdotes*, p. 172.
29   Ibid., *Fragments logologiques*, Fragment n° 14, p. 124.

» L'imagination est le sens merveilleux qui peut remplacer en nous tous les sens. [...] Si les sens externes semblent être sous la dépendance des lois mécaniques – l'imagination quant à elle n'est manifestement pas liée à la présence et au contact de stimuli externes. «[30]

L'art de diriger l'imagination appartient au poète, qui doit tout à la fois parfaire et prolonger le » fichtiser «. Car tandis que la philosophie, même en son point culminant avec Fichte, s'est bornée à être l'art de diriger » l'organe de la pensée «, la poésie s'apprête à lui succéder comme art total, comme art de diriger l'ensemble des organes de l'homme. » Fichtiser mieux que Fichte « devient en effet possible au poète, lequel » n'est qu'un degré supérieur de penseur «,[31] dans la mesure où il comprend, selon la formule déjà citée, que l'intuition intellectuelle n'est pas seulement la clef de l'usage actif de l'organe de la pensée, mais de tous les organes en général. Voici pourquoi : l'intuition intellectuelle peut être désignée par Novalis d' » organe absolu «,[32] parce qu'il s'emploie lui-même, ce qui est la marque de la Liberté. Or, la Liberté étant le point d'accès originaire de l'esprit à lui-même, elle est l'organe qui s'emploie à diriger l'organe de son choix, ce qui la pose bien comme la clef de l'usage actif de » tous les organes «. La poésie, comme art d' » engendrer «,[33] c'est-à-dire » de devenir tout puissant, de réaliser totalement notre volonté «, est ainsi, selon Novalis, l'instrument de la Liberté totale. Elle doit marquer l'avènement du génie, pour autant que » le génie n'est autre que l'esprit utilisant activement des organes «.[34] Fichte a été le premier génie, mais un génie incomplet, puisqu'il n'a pas conçu le projet de faire un usage actif des sens. C'est ce qui explique cette proposition de Novalis : » Jusqu'à présent nous n'avons eu qu'un génie individuel – mais l'esprit doit devenir totalement génie. «[35] » Un génie individuel « signifie ici : la domination que s'est acquise l'esprit sur un seul organe.

Comme chez Fichte, l'avènement de la Liberté totale n'est chez Novalis qu'un horizon, un idéal régulateur ; il est fruit d'un effort infini et n'interviendra pas à un moment donné de l'histoire. Et comme chez Fichte encore, sa réalisation infinie appelle la perte de toute limitation, la perte de la limitation individuelle – nécessaire si toute passivité doit disparaître – entraînant l'effacement de la limite entre monde intérieur et monde extérieur. Le sens de la moralisation du monde est là.

---

30 Ibid., *Etudes sur l'art plastique*, Fragment n° 481, p. 248.
31 Novalis : *Le brouillon*, Fragment n° 190, p. 190.
32 Novalis : *Anecdotes*, Fragment n° 249, p. 183.
33 Ibid., *Poésie*, Fragment n° 36, p. 131.
34 Ibid., *Anecdotes*, Fragment n° 249, p. 183.
35 Ibid.

Mais force est de bien noter que, même s'il se comprend chez Novalis en rapport avec la philosophie de Fichte et son langage, ce sens les déborde aussi. » Fichtiser mieux que Fichte «, cela passe aussi, pour lui, par faire un libre usage des apports de la philosophie de Fichte, et à les fusionner, notamment, avec des idées inspirées de la théosophie et de la pensée mystique allemande, ainsi qu'avec les grands principes de la philosophie de la nature de Schelling. C'est en philosophe de la nature, paradoxalement (mais non contradictoirement), que Novalis » fichtise «, et qu'il conçoit le dessein d'une moralisation du monde. Chez Novalis, contrairement à Fichte, le monde est à la fois le sujet et l'objet de la moralisation. Elle porte sur le monde, car elle concerne un processus qui émane de lui. Même s'il est idéaliste, Novalis admet l'existence d'un monde qui me déborde, mais c'est aussi que ce monde qui m'englobe est esprit – » les corps dans l'espace, dit bien Novalis, sont des pensées précipitées et cristallisées «[36] –, et mon esprit, par rapport à l'esprit du monde, ne représente qu'une étape et qu'un état de son développement et de son devenir. Aussi bien, ce qui me dépasse – le monde, ou, mieux, l'esprit du monde – est à la fois hors de moi et en moi, puisqu'il est de même nature que moi.[37] Cette identité fonde la possibilité de la moralisation du monde, car il me revient, puisque cet esprit est le mien, de rendre l'esprit du monde raisonnable, en un mot, de le cultiver : » A présent, écrit ainsi Novalis, l'esprit est issu d'un esprit instinctif – un esprit de nature – il lui faut devenir un esprit rationnel, un esprit issu de la réflexion et de l'art. (La nature doit devenir un art et l'art une 2e nature.) «[38] Autrement dit, puisque ma » pensée […] n'est que la force universelle de la nature à la dignité «,[39] c'est la nature qui, à travers moi, doit devenir ce que je dois devenir, à savoir le Moi de mon moi, c'est-à-dire moi moins l'individualité qui me limite.

L'entretien très riche entre Sylvestre et Henri, à la fin du roman inachevé *Henri d'Ofterdingen*, approfondit cette idée de moralisation de la nature. Il met en évidence que son sens ultime est religieux. C'est ce qu'il convient d'examiner pour finir.

Parce que la nature est le fond inconscient du moi, on a vu que la moralisation de la nature passait par le développement rationnel de la conscience : » la conscience de soi est une tâche – un idéal – l'état dans lequel il n'y aurait

---

36 Novalis : *Le brouillon*, Fragment n° 942, *op. cit.*, p. 234.
37 Ainsi Novalis peut-il écrire : » Que je pose l'univers en Moi, ou que je me pose dans l'univers cela revient au *même*. « : *Le brouillon*, Fragment n° 633, p. 165.
38 Ibid., *Sur Goethe*, Fragment n° 468, p. 243.
39 Novalis : *Le brouillon*, Fragment n° 1144, *op. cit.*, p. 262.

plus aucune progression temporelle «,[40] précise bien Novalis, et c'est la tâche morale par excellence. A Henri qui demande : » Mais les terreurs, les douleurs, les misères et les maux, quand donc, oh ! quand donc ne seront-ils plus une nécessité dans l'univers ? «, Sylvestre répond : » Lorsqu'il n'existera qu'une force unique : la force de la conscience. Quand la nature aura fait son éducation et sera devenue morale. Le Mal n'a qu'une cause unique : l'universelle débilité, la faiblesse qui nous est commune à tous et qui n'est rien d'autre que pauvre sensibilité morale et manque d'élan pour la liberté. «[41] Faire de la conscience de soi un impératif, cela veut dire obliger l'esprit à se traverser lui-même, à se rendre de plus en plus intérieur à soi. Or, à mesure qu'il le fait, il sympathise avec le fond de son essence, et renoue, en quelque sorte, par delà la vie inconsciente de la nature, ou, mieux, à travers elle, avec sa source même, qui est divine. Ce qu'il pressent alors en lui, c'est Dieu même. A mesure que l'usage des sens se fait moins mécanique et plus actif, le monde auquel ils nous donnent accès, bref, leur objet, se fait aussi moins extérieur, jusqu'à nous faire sentir ce qu'il y a de plus intérieur en nous :

> Avec et par des sens plus élevés, dit ainsi Henri, se conçoit et naît la religion ; et ce qui jusque là nous paraissait une incompréhensible nécessité de notre nature au plus profond de nous, [...] se transforme alors et nous devient un monde merveilleux et miraculeusement nôtre, [...] un monde qui nous est [...] une divinisante et sensible présence, au plus profond de notre Moi, de l'Etre suprêmement, absolument personnel, ou de sa volonté et son amour.«[42]

Deux mouvements se font ainsi jour dans la moralisation du monde : il faut – régressivement – aller chercher Dieu au fond de soi, pour – progressivement – tendre à le devenir. La nature, à travers l'homme, remonte à la source qui l'a posée, c'est-à-dire, pour Novalis, à la déesse de Saïs, la Vierge mère de la Nature, que l'on peut encore rapprocher du Verbe de Dieu. Le mouvement régressif aboutit chez Novalis à une communion mystique de l'Etre et du Moi grâce à leur point d'union, en quelque sorte, qu'est le Verbe de Dieu, et le mouvement progressif doit aboutir à l'infini, par l'effort pour devenir libre, à l'identification de la force de la conscience à l'Etre.

---

40 Ibid., Fragment n° 832, p. 216.
41 Novalis : *Henri d'Ofterdingen*, trad. A. Guerne. Paris, 1975, pp. 214–215.
42 Ibid., p. 219.

KAPITEL 18

Ironie in der Wissenschaftslehre: Reflexion und Glaube bei Fichte in romantischer Perspektive

Nobukuni Suzuki

Abstract

Though Fichte had many romantics among his colleagues and his influence on them is undeniable, the concept of irony, one of the most characteristic terms for the romantics of his time, occupies no relevant place in his thought. Friedrich Schlegel, the most well-known representative of the romantic movement in Germany, however, not only recognized Fichte's relevant impact on his era in general but also developed a clear idea of Fichte's philosophical standpoint. He crystallized his understanding in the concept of philosophical irony, especially in the fragments published in *Athenäum* and *Lyceum*. I want to show the parallel structure between the philosophical aims of the poet and of the philosopher, especially in the use of the ideas of "irony" on Schlegel's side and of "belief" on Fichte's side. The shared problem is how to reconcile and integrate the contradictory epistemological instances; and the analogously shared solution to this problem is to set up a balancing medium in the mid of the mutually opposing epistemological instances.

Zusammenfassung

Obwohl sich unter Fichtes Kollegen viele Romantiker befinden und sein Einfluss auf sie unleugbar ist, spielt der Begriff der Ironie in Fichtes Philosophie keine bedeutende Rolle. Doch hat Friedrich Schlegel in Fichtes Philosophie nicht nur den Einfluss auf seine Zeit, sondern auch die philosophische Relevanz seines Beitrags gewürdigt, und diese Anerkennung im Ironiebegriff kristallisiert, besonders in den *Athenäums-* und *Lyceumsfragmenten*. In diesem Artikel möchte ich im Hinblick auf die Aufgabe der philosophischen Reflexion auf eine parallele Zielsetzung bei Fichte und Schlegel hinweisen und die analoge Rolle von Schlegels Ironie-Begriff und Fichtes Glaubensbegriff in ihren Systemen feststellen. Ihre gemeinsame philosophische Aufgabe war die einheitliche Einsicht in sich widersprechende epistemologische Instanzen, und der analog gemeinsame Weg der Auflösung dieser Antinomie war die Einführung der Methode der Relativierung dieser Instanzen.

Schlüsselwörter

Romantische Poesie – Ironie – WL 1805 – Glaube

1 Philosophische Reflexion bei Fichte und Friedrich Schlegel

Als Fichte 1794 ein System, das auf der Selbstsetzung des Ichs basiert und diese als die Quelle seiner Realität ansetzt, konzipierte, gab er schon der WL eine bestimmte Denkrichtung. Bald danach musste er die intellektuelle Anschauung, die Kant in seiner Erkenntnistheorie nie anerkannte, in sein System einführen. Damit ergab sich für Fichte die Forderung, noch weiter bis zur Annahme des Begriffs des Absoluten als des Grunds des Wissens voranzugehen. Der Begriff des Absoluten überschreitet jedoch notwendig das System selbst. Losgerissen von einer festen Annahme der Kantischen transzendentalen Reflexion, wovon sie als Suche nach der Bedingung ihrer Möglichkeit ausgeht und wobei sie endet, entfaltet Fichtes WL immer neue Dimensionen der Reflexion, ohne einen festen Endpunkt zu erreichen.

Solche Problematik ist für Dichter kein besonderes Problem, weil Dichtkunst immer freies, wiewohl ernstes Spiel ist. Für den Philosophen stellt es aber ein Problem dar. Transzendentalphilosophie untersucht die Bedingungen von Erkenntnissen, die schon zuvor als gültig anerkannt sind. In Fichtes WL wird jedoch die Untersuchung bis zu dem Punkt vorangetrieben, wo die Erkenntnis nicht mehr aufgrund von zuvor angenommenen Bedingungen in ihrer Gültigkeit anerkannt wird, sondern wo sie zur Einsicht in das Wissen als solches gelangt. Eines der Merkmale der WL liegt somit darin, dass sie einerseits als Kritik der epistemischen Systeme klar die Grenze des Vernunftgebrauchs markiert, sie aber anderseits als Versuch, die Spaltungen des Wissens auf Einheit zurückzuführen, die Aufgabe in sich trägt, darauf zu reflektieren, wie sich das Wissen an der Grenze der Reflexion zu verhalten habe, und eine adäquate Methode ihrer Betrachtungsweise zu entwickeln. Mit dieser Aufgabe liegt der Standpunkt der WL nahe bei dem der Romantiker, die sich mit ihrer Lizenz von dem an subjektive Interessen gebundenen Erkenntnisfeld losreißen, um sich „das Objektive" jenseits davon vorzustellen.

Auf der anderen Seite war es aber notwendig, die bloß epistemologische Kritik auf den meta-epistemologischen Standpunkt hin zu übersteigen. Dessen war Friedrich Schlegel sich wohl bewusst.[1] Nicht nur lobte er Fichte - neben der

---

1 Vgl. Schlegel, Friedrich von: *Athenäums-Fragmente*, n. 216. Behler, Ernst, u.a. (Hg.): *Kritische Friedrich- Schlegel-Ausgabe*, Bd. II, München 1967, S. 198f.

Französischen Revolution und Goethes Meister - für seinen Einfluss auf ihre Zeit, sondern er erkannte hinter dem dogmatischen Anschein der epistemologischen Struktur der *Grundlage der gesamten Wissenschaftslehre* (1794) ihre kritische Absicht an:

> Fichtes Wissenschaftslehre ist eine Philosophie über die Materie der Kantischen Philosophie [...]. Wenn aber das Wesen der kritischen Methode darin besteht, dass [die] Theorie des bestimmenden Vermögens und [das] System der bestimmten Gemütswirkungen in ihr wie Sache und Gedanken in der prästabilierten Harmonie innigst vereinigt sind: so dürfte er wohl auch in der Form ein Kant in der zweiten Potenz und die Wissenschaftslehre weit kritischer sein, als sie scheint. Vorzüglich die neue Darstellung der Wissenschaftslehre ist immer zugleich Philosophie und Philosophie der Philosophie.[2]

Dabei sieht Schlegel „das Wesen der kritischen Methode" in der Zurückführung der Bedingungen der Erkenntnisse auf die innigste, hier aber harmonische Wissenseinheit, die nicht nur epistemologische Vorstellungen begleiten, sondern zugleich harmonisch reflektiert werden soll. Schlegel war sich bewusst, dass für die Befestigung der Erkenntnis der Überstieg auf eine höhere Stufe der Reflexion notwendig war.

2 Ironie und philosophische Reflexion bei Schlegel

Wenn man Schlegel als einen der modernen Gründer des philosophischen Gebrauchs der Ironie anerkennt, ist es wichtig, deren Eigenart zu erfassen, hier besonders in Rücksicht auf die Struktur der poetischen Reflexion. Zu ihrer Eigenart gehört nun das Losreißen des Wissensstandpunktes von allem Bedingten, und das ist es, was Schlegel von der Philosophie erwartet.[3]

„Die Philosophie ist die eigentliche Heimat der Ironie. [...] Es lebt in ihnen [= Gedichte] eine wirklich transzendentale Buffonerie. Im Innern, die Stimmung, welche alles übersieht, und sich über alles Bedingte unendlich erhebt [...]"[4]

Wenn die Forderung an die Philosophie noch kritischer und die Kriterien für das Wissen noch genauer werden, wird das epistemologische Feld der

---

2 Schlegel: *Athenäums-Fragmente*, n. 281. Ebd. S. 213.
3 Vgl. Walser, Martin: *Selbstbewußtsein und Ironie. Frankfurter Vorlesungen*. Frankfurt a. M. 1981, bes. 13–33.
4 Schlegel: *Lyceums-Fragmente*, n. 42, S. 152.

Philosophie aufgeteilt und der Gesamtüberblick noch schwieriger. Was hier mit „Buffo" gemeint ist, ist der Träger des epistemologischen Schwungs. In einer Oper kann man sich damit etwa von den vielfältig zerrissenen gewöhnlichen Realitäten freimachen und eine eigentümlich gemütliche Stimmung zeugen, um darin die Realitäten nochmals zu befestigen. Hier aber erhebt man sich von den pluralen Ansichten der einzelnen Erkenntnisse zur umfassenden epistemologischen Übersicht. In dieser Ansicht von der umfassenden Übersicht des Wissens stimmen Schlegels Idee der romantischen Poesie und die der WL Fichtes überein. Schlegel fordert hier aber keinen subjektiven epistemologischen Kern, durch den die angenommenen Realitäten in einer konkreten Form gefasst werden können, wie in dem Begriff des Ichs bei Fichte.

Schlegel treibt nun den Begriff der Ironie weiter voran. Wenn man sich einmal von den bestimmten Ansichten losgerissen hat und zu allumfassender Übersicht gelangt ist, ist es möglich, dass diese Übersicht sich vom Rest der Ansichten abspaltet und in eine der Ansichten umschlägt. Dann würde die Realität darin nur einen Teil der vielfältigen Realitäten repräsentieren. Hier ist der Punkt, wo Schlegel von der romantischen Poesie verlangt, ihren eigenen Beitrag zu leisten. Bei Schlegel soll der Buffo keine Pause haben.

> Nur sie [= die romantische Poesie] kann gleich dem Epos ein Spiegel der ganzen umgebenden Welt, ein Bild des Zeitalters werden. Und doch kann auch sie am meisten zwischen dem Dargestellten und dem Darstellenden, frei von allem realen und idealen Interesse auf den Flügeln der poetischen Reflexion in der Mitte schweben, diese Reflexion immer wieder potenzieren und wie in einer endlosen Reihe von Spiegeln vervielfachen.[5]

Dabei ist zu berücksichtigen, dass die poetische Reflexion, die sich und alles außer ihr in sich reflektiert, an keine bestimmte epistemologische Annahme gebunden ist. Sonst würde jeder Teil der Reflexion auf die korrespondierenden äußere Erkenntnisse reduziert und die innere Ganzheit sowie die Realität der poetischen Reflexion selbst ginge verloren. Aber sie muss auch von sich selbst frei bleiben, sich von sich distanzieren. Das andere Kennzeichen der Ironie ist die absolute Relativierung. Die romantische Poesie erlaubt sich nicht, in ihrer eigenen Ansicht Zuflucht zu suchen. Sie spiegelt in sich alles außer sich wie auch sich selbst in unendlichem Fortgang, schließt sich also nie ab. Das war Schlegels Antwort auf die Problematik der Philosophie seiner Zeit.

---

5 Schlegel: *Athenäums-Fragmente*, n. 116, S. 182f.

In der romantischen Poesie ist die Ironie eine wesentliche Methode. Klar repräsentiert das bei Schlegel beliebte Begriffspaar von Scherz und Ernst seine originelle Idee der Ironie. Wie er mit Erwähnung der Sokratischen Ironie darstellt, muss allerdings die Suche nach einer einheitlichen Harmonie der Erkenntnisse dem Begriff „Ernst" zugerechnet werden. Sonst wäre die Suche von Anfang an wertlos. Nun muss sich aber der Ernst mit Scherz abwechseln, so dass die Sicht der einzelnen Ansichten geöffnet und diese in weiteren Spiegeln reflektiert wird. So spielt die Ironie mit ihrem besonderen Charakter, nämlich der Verstellung der Vorstellungen.

> Die Sokratische Ironie ist die einzige durchaus unwillkürliche, und doch durchaus besonnene Verstellung. Es ist gleich unmöglich sie zu erkünsteln, und sie zu verraten. Wer sie nicht hat, dem bleibt sie auch nach dem offensten Geständnis ein Rätsel. [...] In ihr soll alles Scherz und alles Ernst sein, alles treuherzig offen, und alles tief verstellt. [...] Sie ist die freieste aller Lizenzen, denn durch sie setzt man sich über sich selbst weg [...]. Es ist ein sehr gutes Zeichen, wenn die harmonisch Platten gar nicht wissen, wie sie diese stete Selbstparodie zu nehmen haben, immer wieder von neuem glauben und mißglauben, bis sie schwindlicht werden, den Scherz grade für Ernst, und den Ernst für Scherz halten.[6]

In der romantischen Poesie müssen die rhetorischen wie auch die epistemologischen Spiegel in bestimmter Weise schief gestellt werden, weil sonst die Reflexion in die Mitte der gegenseitigen Ansichten, wie der realen und idealen oder der subjektiven und objektiven, in sich geschlossen gestellt werden kann. Durch die Mitwirkung der Ironie kann die romantische Poesie die stete Losreissung von epistemischen Ansichten und das unendliche Schweben zwischen diesen ermöglichen.

Hier ist nun noch auf eine weitere typische Rolle der Ironie aufmerksam zu machen. Wenn die Ironie jeweils die Vorstellungen verstellt, kann sie die Wahrheit in einer Ansicht nicht direkt treffen. Wie in der Sokratischen Ironie („Ich weiß, dass ich nicht weiß") teilt sie jedoch dem Hörenden in unableugbarer Weise eine Wahrheit mit. Die Ironie lässt den Erkennenden ohne positiven Gebrauch der Wahrheitsinstanz nur mit Hilfe der Konstellation der allumfassenden Spiegel das Sein einer Wahrheit erfassen. Die Ironie bestimmt positiv keine Erkenntnis, weist aber durch ihre Fähigkeit zur Relativierung der Ansichten der Poesie ihren Ort in der Konstellation der vielfältigen Erkenntnisse zu.

---

6   Schlegel: *Lyceums-Fragmente*, n. 108, S. 160.

3   Meta-epistemologische Funktion des Glaubens in der Erlanger WL

Die Entwicklung einer angemessenen Reflexionsmethode war für Fichte eine der Aufgaben der WL, besonders nach 1800. In der Erlanger WL (1805) findet sich ein Begriff von „Glaube", der im allgemeinen Gebrauch einen positiven Entschluss und die nachfolgende Gewissheit der entsprechenden Erkenntnis besagt, wie dies in der *Bestimmung des Menschen* zu sehen ist. Doch impliziert der Glaubensbegriff bei näherer Betrachtung eine zweischichtige Funktion.

Will man in philosophischer Reflexion die epistemologische Einheit erfassen, so kann eine solche Reflexion offenbar in eine Aporie geraten. Wenn sie alle Ansichten umfassen und deshalb außer ihr keine entsprechende Ansicht zulassen würde, wäre sie schon in sich geschlossen und es gäbe keine Möglichkeit, ihren epistemologischen Grund außerhalb von ihr zu suchen. Weil aber Reflexion ihrem eigentümlichen Sinn nach immer Reflexion von etwas anderem ist, besteht für Fichte das Problem dabei in der Realität innerhalb der Reflexion und in der Realität der Reflexion selbst. Fichtes Wort der „Bilder von den Bildern [...] ohne etwas in ihnen Abgebildetes" (GA I/6, 251), kurz vor Ende des zweiten Buch der *Bestimmung des Menschen*, kann der beste Ausdruck für dieses Problem sein. Ein Bild ohne Abgebildetes kann keine eigene Realität haben, weil dies der Definition aus ihrem eigenen Wesen widerspricht. Doch drückt dieselbe Bemerkung klar aus, dass ihre Wahrheit die positive Unterscheidung des Bildes vom Abgebildeten und deshalb auch das Sein des Abgebildeten voraussetzt. Damit entsteht das Problem, wie der Begriff des Absoluten, dessen Sein vonseiten der Reflexion nie bestimmt werden kann, aber in Rücksicht auf das Sein der Reflexion immer schon vorausgesetzt ist, in die WL eingeführt werden kann.

Der Knotenpunkt des Problems liegt darin, wie die Reflexion, ohne durch methodische Selbsttäuschung ihre Gültigkeit abzuschaffen, ihre eigene Realität einsichtig bestimmen könne. Die Erlanger WL greift direkt diesen Punkt auf. Hier ist das Wissen als „die Existenz des Absoluten" bezeichnet, eine andere Formulierung von „Erscheinung des Absoluten" in WL-1804-II. Nach Entfaltung des besagten Problems, ruft Fichte die Teilnehmer der Vorlesung zum Urteil auf, indem er den Glaubensbegriff einführt:

> [S]etzen Sie dieses rein faktische Licht als Mittelpunkt, zwischen der Anforderung des Scheines, zu gelten, gegen die Wahrheit, und der Wahrheit, zu gelten gegen den Schein; so wäre die Bestimmung dieses faktischen Lichts dem Schein zuwider die Wahrheit geltenzulassen, ein absolutes,

und reines Machen seines innern Wesens, schlechthin aus nichts, von nichts, und seinem eignen Wesen zuwider.

GA II/10, 233

„Licht" bedeutet hier die Gültigkeit der meta-epistemologischen Reflexion, womit das Vermögen der Selbstkritik der Reflexion gegen die Möglichkeit des Seins der absoluten Reflexion auf die Waage gelegt ist. Dabei bedeutet die Leugnung des Lichtes, dem skeptischen Standpunkt einzunehmen und die vorgenommene Reflexion nicht gelten zu lassen. Dagegen bedeutet das Setzen des Lichtes die Reflexion zur höchsten Instanz zu erheben, sie also einfach gelten zu lassen, wie es Fichte durch einen „Entschluss des Willens" in der *Bestimmung des Menschen* (GA I/6, 257) machte. Fichte weist aber hier darauf hin, dass es eine Selbsttäuschung der Reflexion sei, in dieser Lage die höchste epistemologische Instanz der Faktizität des Wissens statt der epistemologischen Einsicht zuzusprechen, ebenso aber auch dagegen eine skeptische Haltung einzunehmen. Der Glaube spielt seine Rolle dazwischen. „Glaube: sezt faktisches Licht, durchaus leer und nichtig: absolut aus u[nd] von sich selber machend, das formale Quale." (GA II/10, 233)

Fichte unterscheidet zwei Arten des Glaubens im Hinblick auf seine Funktion. Die eine ist die Entscheidung, das Sein der Reflexion anzuerkennen ohne auf die skeptische Forderung einzugehen. Dies wird von Fichte später „blinder Glaube" (ebd. S. 233f.) genannt. Die andere besteht darin, die absolute Reflexion „faktisch" gelten zu lassen. Die zweite wird hier vollzogen, weil sich die Waage nach der letzten Instanz hin neigt, weil nämlich sonst der skeptische Standpunkt, der sich auf die Reflexion des Wissens gründet, sowie die gesamte Problemlage der Reflexion ihrem Wesen nach scheitert. Dabei ist die Funktion des zweiten Glaubensbegriffs nur formal, denn er bietet dem epistemologischen System keine nachfolgende faktische Gültigkeit an. Dieser Glaube ist nur vollzogen, um zwischen den gegensätzlichen epistemologischen Instanzen ein Gleichgewicht zu halten, ohne das Schwergewicht auf die eine oder die andere Seite zu legen.[7] Der Glaubensakt, den Fichte hier einfügt, bietet der Reflexion keinen absoluten epistemologischen Anfang, sondern erklärt ihren epistemologischen Status in der Konstellation der Instanzen, wobei der Glaube sich selbst nicht glaubt.

Somit gelingt es dem Glauben meta-epistemologisch, sich in der Bestimmung des Gleichgewichts zwischen den epistemologischen Instanzen zu halten. Die

---

7 Das Gleichgewicht der epistemologischen Instanzen ist hier nicht eine Prämisse des Glaubensvollzugs wie im *Versuch einer Kritik aller Offenbarung*, sondern dient einem meta-epistemologischen Zweck. Vgl. GA I/1, 69 u. 147.

romantische Ironie besteht nun darin, ungebunden zwischen und über gegensätzlichen Elementen zu schweben. Epistemologisch bestimmt Fichtes Glaube in der Erlangener WL die Reflexion nicht absolut, sondern erklärt nur ihre Struktur als faktischen Zustand, eben weil der Glaube als Entscheidung den hiatus absolutus durch einen willkürlichen Sprung auflöst. Dieser Glaube setzt überdies den Konflikt der gegensätzlichen epistemologischen Instanzen voraus und ortet sich selbst auf meta-epistemologischer Ebene durch die negative Bezugnahme auf die Ansprüche der sich widerstreitenden epistemologischen Instanzen, nämlich ohne endgültige Bindung an die eine oder die andere dieser Instanzen. Dieser Standpunkt ist der der „Wissenschaft", die im folgenden Jahr in Fichtes Religionslehre klar formuliert wird.[8] Dieser Glaube bestimmt jedoch den Mittelpunkt dadurch, dass er aufzeigt, dass die Bevorzugung einer Wahrheitsinstanz gegenüber einer anderen Wahrheitsinstanz sich selbst schon als eine Verfälschung des Wahrheitsbegriffs positiv widerspricht.

8　Vgl. GA I/9, 112.

KAPITEL 19

Drive, Formative Drive, World Soul: Fichte's Reception in the early works of A.K.A. Eschenmayer

Monica Marchetto

Abstract

This article reconstructs the reception of Fichte's philosophy in the works of the physician and philosopher A.K.A. Eschenmayer between 1796 and 1801. In 1796/97, Eschenmayer was working on his project of a metaphysics of nature which would be capable of constituting a middle term between the empirical sciences and the transcendental philosophy. In doing so, he explicitly engaged with Kant, on the one hand, and with scientists of the time, on the other hand, while the influence of Fichte is comparatively slight and less easily discerned. In 1798, however, he introduced into his studies of magnetism an explicit recognition of Fichte and a reference to the third principle of the *Wissenschaftslehre*. In 1799, Eschenmayer adopted a higher standpoint from which it was possible to conceive the genesis of the concepts which up to that point had been merely analysed. This change of viewpoint coincided with a deeper engagement with the works of Fichte. The analysis of the *Dedukzion* and of Eschenmayer's explicit references to Fichte that is attempted in the present study leads to the conclusion that Eschenmayer not only adopted some terminology typical of Fichtean philosophy but also integrated into his deduction several theoretical elements developed by Fichte (e.g. the concept of the I as interaction with itself; the idea of intersubjectivity as a necessary condition of self-consciousness, the concept of striving). The reconstruction of the influences that Fichte exercised on Eschenmayer's thought is fundamental to an understanding of the theoretical position of Eschenmayer and the point of view from which in 1801 he formulated his criticism of Schelling's idea of nature as autarchic and as its own legislator.

Zusammenfassung

Der Beitrag rekonstruiert die Rezeption der Philosophie Fichtes in den Werken des Arztes und Philosophen A.K.A Eschenmayer aus den Jahren 1796 bis 1801. 1796/97 verfolgt Eschenmayer das Ziel, eine Naturmetaphysik zu entwickeln, die als Mittelglied zwischen den empirischen Wissenschaften und der Transzendentalphilosophie fungieren soll. Dabei setzt er sich einerseits mit Kant und andererseits mit den Wissenschaftlern seiner Zeit auseinander. Der Einfluss von Fichte auf Eschenmayer ist hingegen vergleichsweise gering und nicht leicht festzustellen. Dennoch erkennt Eschenmayer bereits in seiner Studie zum Magnetismus aus dem Jahr 1798 das Verdienst Fichtes an und verweist auf den dritten Grundsatz der *Wissenschaftslehre*. Im Jahr 1799 erhebt sich Eschenmayer insofern zu einem höheren Standpunkt, als er nun die Genese der Begriffe entfaltet, die er vorher bloß analysiert hatte. Diese Änderung des Standpunktes führt Eschenmayer zu einer tieferen Auseinandersetzung mit den Werken Fichtes. Die in diesem Beitrag durchgeführte Untersuchung der Passagen aus Eschenmayers *Dedukzion*, in denen sich explizite Verweise auf Fichte finden, hat zu dem Schluss geführt, dass Eschenmayer sich nicht nur Fichtes Terminologie zu eigen macht, sondern auch mehrere von Fichte aufgestellte Theorien in seine eigene Deduktion integriert (den Begriff des Ich als Wechselwirkung mit sich selbst, die Theorie der Intersubjektivität als notwendiger Bedingung des Selbstbewusstseins, den Begriff des Strebens). Die Rekonstruktion der Einflüsse Fichtes auf Eschenmayer ist nicht nur für ein besseres Verständnis der Philosophie Eschenmayers unentbehrlich, sondern trägt auch zum Verständnis des Standpunktes bei, von dem aus Eschenmayer im Jahre 1801 Kritik an Schellings Idee der Natur als ihrer eigenen Gesetzgeberin übt.

Keywords

Fichte's Reception – Philosophy and Medicine – Nature – Subjectivity

In a letter to Goethe, A.W. Schlegel wrote with respect to the physician A.K.A. Eschenmayer: *"There is perhaps no other physician in Germany at the moment who combines so much physics and philosophy with his own science."*[1] In a letter to Schelling, Eschenmayer himself acknowledged that his "own road to medicine passes through philosophy."[2] As we shall see, Eschenmayer's desire to provide a foundation for medicine through a transcendental deduction from

---

1 Schlegel, August Wilhelm: "Letter to Goethe, October 15, 1803." In: Hahn, K.-H. (Ed.): *Briefe an Goethe. Gesamtausgabe in Regestform [Band 4: 1802–1804]*. Weimar 1988, p. 321.

2 Eschenmayer, Adolf Karl August: "Letter to Schelling, July 21, 1801." In: Kisser, Th. (Ed.): *F.W.J. Schelling Briefwechsel 1800–1802*. Stuttgart 2010 [= Schelling, Friedrich Wilhelm Joseph: *Historisch-kritische Ausgabe*. Stuttgart 1976-, Reihe III, Band 2,1], p. 362. Cf. Jantzen, Jörg: "Adolph Karl August von Eschenmayer." In: Bach, Th. – Breidbach, O. (Hg.): *Naturphilosophie nach Schelling*. Stuttgart-Bad Cannstatt 2005, pp. 153–179; Wiesing, Urban: *Kunst oder Wissenschaft: Konzeptionen der Medizin in der deutschen Romantik*. Stuttgart 1995; Jantzen, Jörg: "Eschenmayer und Schelling. Die Philosophie in ihrem Übergang zur Nichtsphilosophie." In: Jaeschke, W. (Hg.): *Religionsphilosophie und spekulative Theologie*. Hamburg 1994, pp. 74–97; Marks, Ralph: *Konzeption einer dynamischen Naturphilosophie bei Schelling und*

the necessary conditions of self-consciousness would lead Eschenmayer not only to deal critically with Schelling's philosophy of nature, but also to engage with Fichte, to the point of adopting some theoretical elements of Fichte's philosophy in his own thought.

1 Eschenmayer's Project of a Metaphysics of Nature

In his work of 1797, *Säze aus der Natur-metaphysik auf chemische und medicinische Gegenstände angewandt* – a revised and expanded version of the doctoral dissertation he had written in Tübingen in 1796[3] – Eschenmayer deals mainly and explicitly with, on the one hand, Kant's *Metaphysische Anfangsgründe der Naturwissenschaft* and, on the other hand, several scientific theories of the time,[4] while the influence of Fichte is comparatively slight and less easily discerned.[5]

The objective of Eschenmayer is to develop a metaphysics of nature which would be capable of constituting a middle term between empirical sciences and philosophy. Eschenmayer presents this middle term precisely as the link needed to connect the applied sciences with the "general science of knowledge [*allgemeine Wissenschaftslehre*],"[6] whereby he speaks of what he calls *allgemeine Wissenschaftslehre* sometimes as if it were the *Transcendentalphilosophie* itself, sometimes as if a different and more elevated science, to which the *Transcendentalphilosophie* must refer.[7] According to Eschenmayer, while the scientist supplies the metaphysician of nature with the concept of matter, the *Wissenschaftslehre* provides him with the categories; the task of

---

  Eschenmayer. München 1982; Wuttke, Walter: "Materialien zu Leben und Werk Adolph Karl August von Eschenmayers." In: *Sudhoffs Archiv* 56 (1972), pp. 255–296.

3 Eschenmayer, Adolf Karl August: *Principia quaedam disciplinae naturali, in primis chemiae, ex metaphysica naturae substernenda*. Tübingen 1797.

4 Cf. Eschenmayer refers *inter alia* to the chemical theories of Lavoisier and Gren (cf. *Säze*, p. 45).

5 In *Eschenmayer-Studien* Novalis reads this work of Eschenmayer in light of his own interest in the *Wissenschaftslehre*. Cf. Loheide, Bernward: *Fichte und Novalis*. Amsterdam/Atlanta 2000, p. 253. On the early influence of Fichte upon Eschenmayer, cf. Wiesing Urban: *Kunst oder Philosophie*, pp. 153ff. and Maier, Sonja: *Der Einfluss der Fichteschen Philosophie in der Medizin bei Adolph Karl August Eschenmayer*. Tübingen 2009 [Diss.].

6 Cf. Eschenmayer, Adolf Karl August: *Säze aus der Natur-metaphysik auf chemische und medicinische Gegenstände angewandt*. Tübingen 1797, p. VI; cf. Eschenmayer, Adolf Karl August: *Versuch, die Geseze magnetischer Erscheinungen aus Säzen der Naturmetaphysik mithin a priori zu entwikeln*. Tübingen 1798, p. 230.

7 Cf. Eschenmayer: *Versuch*, p. IV; cf. *ibid.*, p. 195.

the metaphysician of nature is to carry the concept of matter through the functions of understanding.[8] Only this analysis can furnish the propositions that can rightly constitute the principles for every possible science of nature. Eschenmayer places great emphasis on the fact that the principles of the empirical sciences are merely empirical and possess only a relative universality; these principles are mere hypotheses that contain crucial assumptions that only a philosopher can demonstrate: one of these assumptions in chemistry is the concept of affinity (*Affinität*), in medicine it is the concept of irritability (*Reizbarkeit*).[9] The task of the philosopher is to deduce these concepts from metaphysical propositions,[10] thus demonstrating the necessity of these concepts. According to Eschenmayer, who seems here already to hint at Fichte even though he does not mention him explicitly, the assumption (common in the empirical sciences of the time) of a duplicity of opposite matters or opposing forces can be justified only through deduction from the necessity of original positing and counterpositing: "To assume this dualism becomes necessary as soon as the concept of matter is analyzed with reference to the category of quality. [...] In the end, such a dualism is deduced from the necessity of the original positing and counter positing [*aus der Notwendigkeit des ursprünglichen Sezens und Gegensezens*], which are conditions under which the very possibility of our consciousness stands [*Bedingungen sind, unter denen selbst die Möglichkeit unseres Bewustseins steht*]."[11]

In the first part of the *Säze*, Eschenmayer analyzes the concept of matter in reference to reality and negation and deduces in this way the two opposing forces of attraction and repulsion. In the second part, he analyzes in reference to those categories the concept of life,[12] and engages with some of the central ideas of John Brown's medicine. As is well known, for the Scottish physician

---

8   Cf. Eschenmayer: *Säze*, p. VII; cf. Kant, Immanuel: *Metaphysische Anfangsgründe der Naturwissenschaft*. Riga 1786. In: AA IV, 476 (Eng. tr. by M. Friedman, Cambridge 2004, p. 12).The reviewer of the *Versuch* points out that even though Eschenmayer takes the Kantian idea of a metaphysics of nature as his point of departure, he actually ends up misinterpreting it, since he tries to overcome, by means of a priori deductions, the unbridgeable gap between the metaphysics of nature and the empirical sciences (cf. *Neue Allgemeine deutsche Bibliothek* 55 (1800), pp. 97–101, p. 98).
9   Cf. Eschenmayer: *Säze*, p. IX. On the concept of *Reizbarkeit*, cf. Eschenmayer, Adolf Karl August: *Über die Enthauptung. Gegen die Sömmerringische Meinung*. Tübingen 1797, p. 26.
10 Cf. Eschenmayer: *Säze*, p. VIII.
11 Ibid., p. 4. Cf. Fichte, Johann Gottlieb: GWL GA I/2, 265 (Engl. tr. under the title *Foundations of the Entire Science of Knowledge*. In: Fichte: *Science of Knowledge With the First and Second Introductions*, trans. by P. Heath and J. Lachs. Cambridge 1982, pp. 87–286, p. 103).
12 Cf. Eschenmayer: *Säze*, pp. 88–89.

John Brown (1735–1788) life consists in the non-voluntary reaction of the body equipped with excitability to external and internal stimuli. According to Brown, there is no difference in principle between illness and health: health consists in the middle position which is reached when excitation and excitability are quantitatively in equilibrium; illness consists in an excess of excitation (sthenic illnesses) or in an excess of excitability (asthenic illnesses).[13] When dealing with the concept of life, Eschenmayer admits that Brown has been able to expound correctly the two antithetical propositions which concern the reciprocal interaction between stimulus and excitability, but he nevertheless criticizes him for having neglected the third proposition, i.e. the synthetic one.[14] Since stimulus and excitability mutually determine each other, the diminution of one brings about the increase of the other, so that the total sum remains the same; the only possibility is a partial and non-uniform alteration of the stimulus and the excitability with respect to the whole. Eschenmayer argues that Brown has considered the illness as either sthenic or asthenic, while in reality every time an organism becomes ill, there are "in part sthenia and in part asthenia in a relative sense, and beyond this *divisible positing* [theilbares Sezen] of both there is no illness."[15] The physician A. Röschlaub (1768–1835) responded to this criticism in his *Untersuchungen über Pathogenie*[16] in 1798. Röschlaub was one of the proponents of the growing appreciation of Brown in Germany since 1794/95, which was especially encouraged by the philosophical climate that prevailed owing to the publication of the first works of Fichte.[17] Röschlaub himself underlined the importance of Fichte's philosophy for medicine and dedicated to him the second volume of his *Magazin zur Vervollkommnung der theoretischen und praktischen Medizin* of 1799, which contains the

---

13   In the first case, the body is stimulated to such a degree that it is excited above the normal measure, and thus consumes all the excitability; in the second case, the body is excited to an insufficient degree, thus causing an accumulation or increase of excitability (cf. Jantzen, Jörg: "Physiologische Theorien." In: *Schellings Werke. Ergänzungsband zu Werke Band 5 bis 9*. Stuttgart/Bad Cannstatt 1994, pp. 373–668, p. 468).

14   Cf. Eschenmayer: *Säze*, p. 91.

15   Ibid., p. 94. Cf. Fichte: GWL GA I/2, 270 (Eng. tr., p. 108).

16   Cf. Röschlaub, Andreas: *Untersuchungen über Pathogenie*. Frankfurt a.M. 1798–1800, vol. II, p. 4.

17   On Röschlaub and his relationship to Fichte's philosophy, cf. Tsouyopoulos, Nelly: *Andreas Röschlaub und die romantische Medizin*. Stuttgart 1982, p. 112; Tsouyopoulos, Nelly: "Die neue Auffassung der klinischen Medizin als Wissenschaft unter dem Einfluß der Philosophie im frühen 19. Jahrhundert." In: *Berichte zur Wissenschaftsgeschichte* 1 (1978), pp. 87–100, note 38. Cf. Grant, Iain Hamilton: *Philosophies of Nature after Schelling*. London/New York 2006, pp. 102–104.

essay of Eschenmayer that most effectively attests to Eschenmayer's reception of Fichte's thought, *Dedukzion des lebenden Organism*.[18]

2 The Reception of Fichte's *Wissenschaftslehre* in the *Dedukzion*

From 1799, Eschenmayer revised and deepened the theory of nature expounded in the *Säze*. Whereas up to 1798 he had limited himself to the analysis of the concept of matter, he now realised that the analysis had at its foundation a more original synthesis and he therefore assumed a more elevated perspective from which it was possible to conceive the genesis of the concepts which up to that point had been merely analysed.[19] This change of viewpoint coincides with a deeper and more effective engagement with the works of Fichte.[20]

In his *Dedukzion des lebenden Organism* Eschenmayer sets himself a very specific goal, namely to provide a foundation for and to illuminate the work of the physician by deducing from the necessary conditions of self-consciousness the very object towards which the work of the physician is directed, that is to say, the living organism: "This research precedes any medical science; the physician simply finds his object at the end as its result. It does not deal yet with a law or a principle for medical science, but simply with its object and, before the object is given, there is no speculative activity of the physician: a physician cannot find any law or principle if the object of this activity is not available to him beforehand. Certainly, it could seem strange to some that I would like

---

18   In his work from 1798, *Versuch*, Eschenmayer had already referred to the Third Principle of the *Wissenschaftslehre* and had clearly praised Fichte for having been the first philosopher who was able to pose and to solve the most difficult problem of philosophy: "the I is equal to the I and yet also equal to its relative opposite, the Non-I. Such is the task, and the solution is the following: if human knowledge should exist at all, then the identical elements, the I and the I, must repulse, and the opposite elements, the I and the Non-I, must attract each other [...]. The dictum is: reality and negation ought partly to annul each other and a limitation of Being should emerge [...]. In this, the most extreme problem that the human mind can pose (a = a and yet + a = − a), lies all the magic spell that until now the philosophers could not penetrate; *Fichte* is the first, who in his general *Wissenschaftslehre* clearly presented and solved this problem, even though the remarkable thoughts that Kant has already had 34 years ago in the essay cited above [*Versuch den Begriff der negativen Größen in die Weltweisheit einzuführen*] concentrate on this point." (Eschenmayer: *Versuch*, pp. 252–253).
19   Cf. Marks, Ralph: *Konzeption einer dynamischen Naturphilosophie bei Schelling und Eschenmayer*, pp. 54–55.
20   Cf. ibid., p. 55.

to find a priori the object of the physician which he has known by experience for millennia [...]. To us [however] it is not enough that we necessarily have experience of such an object, but we would like to know how it necessarily comes to be this way."[21]

In order to show the genesis of an organism out of the necessary conditions of self-consciousness, Eschenmayer must have recourse to some fundamental philosophical propositions, and in particular those of Fichte. Eschenmayer makes an explicit reference to Fichte at the beginning of his treatise, as soon as he presents the method of his investigation. As Eschenmayer specifies, a philosopher has to explain in particular two facts that are opposite to one another: the fact that the I posits the things outside itself, and the fact the I posits itself; since these two facts are opposite to one another, the principle upon which the first fact is founded must necessarily be opposite to the one upon which the second is founded. Given that science must be a circle, the second principle will be found at the turning point, i.e. the point to which the deduction carried out from the first point leads: "There are two essential modes of seeing. According to one, the philosopher simply observes the rational being that acts; according to the other, he shows how the I itself appropriates its own actions. *Fichte*, who for the first time has clearly set forth the original actions of the I, in his *Wissenschaftslehre* has always placed side by side the deductions carried out from both principles; he has always first reflected as a philosopher upon the I that acts, and then he has reflected upon that reflection, whereby the rational being itself could rise to the expression: I feel, I intuit, I represent etc. In this exposition, the two views are divided and perhaps this is to the advantage of the clarity of the subject."[22]

At the beginning of the deduction Eschenmayer once again refers to Fichte, since he immediately points out that the nature of the I consists in a reciprocal interaction of the I with itself and argues that this interaction constitutes for us a circle that cannot be avoided:[23] "It is now quite well known in philosophy that a theoretical power would not be present in us without a practical power,

---

21 Cf. Eschenmayer, Adolf Karl August: "Dedukzion des lebenden Organism." In: *Magazin zur Vervollkommnung der theoretischen und praktischen Medizin* 2 (1799), pp. 329–390, pp. 332–333.
22 Eschenmayer: *Dedukzion*, pp. 338–339.
23 Cf. Eschenmayer: *Dedukzion*, p. 364: "diese Wechselwirkung ist die Natur des Ichs, über welche wir schlechthin nicht mehr hinauskommen können". Cf. Fichte: GWL GA I/2, 413 (Eng. tr. p. 248): "der letze Grund alles Bewußtseins ist eine Wechselwirkung des Ich mit sich selbst vermittelst eines von verschiednen Seiten zu betrachtenden Nicht-Ich. Dies ist der Zirkel, aus dem der endliche Geist nicht herausgehen kann, noch, ohne die Vernuft zu verläugnen, und seine Vernichtung zu verlangen, es wollen kann."

and that even the deduction of the representation [*Vorstellung*] could not be completed without the concept of striving [*Streben*] (which actually pertains only to the practical) and that, therefore, the I actually consists in a reciprocal interaction [*Wechselwirkung*] of intelligence and freedom, i.e. in a reciprocal interaction with itself."[24]

According to Eschenmayer, the I has two powers: the power to fill out the infinite – the infinite production – and the power of returning to itself from the infinite – the infinite reflection. Eschenmayer explicitly indicates his source by remarking at this point that "*Fichte* has expressed the two powers in his *Grundlage des Praktischen* in this way: the I strives to fill out the infinite, but at the same time has in itself the law of reflecting upon itself."[25] For Eschenmayer, there are two possible ways of acting, which originate from the type of relationship that is established between these two powers: on the one hand, the necessary acting [*das notwendige Handeln*], and, on the other hand, the free acting [*das freie Handeln*]. Eschenmayer expresses the particular connection between the two powers which is characteristic of a necessary acting by means of the imperative which demands that the I *acts simultaneously* with both powers. Now, if the I actually succeeded in acting simultaneously in production and reflection, nothing would emerge; it is the reciprocal interaction between intelligence and freedom (spontaneity) that restrains the I from realizing what is demanded by the imperative, thus allowing it to produce something determinate: "The imperative requires that the I acts simultaneously; the I tries but is impeded by the part of spontaneity which lies in reciprocal interaction [...]: consequently the I cannot express itself through two opposite powers simultaneously, but the very fact that the I ought but cannot produces a *conflict* within it, a conflict which manifests itself now for the first time as a *striving* [Streben], which demands causality but cannot attain it."[26]

What Eschenmayer does here is to re-elaborate in a new speculative context what he had theorized in the *Säze*, but basing it upon some more elevated premises. Already in 1797 the physician Eschenmayer had infringed the Kantian prohibition of going beyond that which makes possible the universal concept of matter in general and of wishing to explain a priori determinations and particular differences of this matter. He had actually tried to determine a priori the

---

24 Eschenmayer: *Dedukzion*, p. 339. Cf. Fichte: GWL GA I/2, 409 (Eng. tr., p. 244).
25 Eschenmayer: *Dedukzion*, p. 342. Eschenmayer refers to Fichte's *Grundlage der Wissenschaft des Praktischen*; cf. e.g. Fichte: GWL GA I/2, 419: "Das Ich strebt die Unendlichkeit auszufüllen; zugleich hat es das Gesez, und die Tendenz über sich selbst zu reflektieren" (Eng. tr., p. 254).
26 Eschenmayer: *Dedukzion*, p. 345.

gradual series of the qualities of matter.[27] Since the repulsive force, considered absolutely, ends up producing the infinitely big, and the attractive force by itself ends up generating the infinitely small, the forces have to mediate each other reciprocally. Matter (as something finite) is, therefore, possible – so Eschenmayer, who takes Kant's dynamical theory of matter as his point of departure – only through concurrence, i.e. reciprocal limitation of the two forces. Matter, as the unity of the forces, however, is only a substrate of gradation and, considered as such, expresses no grade, given that the forces attain an equilibrium in matter. From this point of indifference – which still precedes all intuition – Eschenmayer constructed a series of grades of relationship between the forces,[28] by holding constant one of the two and raising the other to powers.[29]

Every time the repulsive force increases with respect to the attractive force (which is assumed to be constant), the grade of the relationship increases; however, in order to maintain the equilibrium between the forces, the increase of the grade of the relationship on the one side corresponds to an equal diminution of the same relationship (by means of raising the positive force to a negative power) on the other side: "Supposing that the substrate of the grades is equal to M, then, if the relationship of the fundamental forces in M is modified, $A.B^{-1}$ must be given every time together with $A.B^{+1}$. In fact, every middle grade, if it is broken down, splits into a higher grade and a lower grade. Consequently, in the series described below the superior sequences are always given together with the inferior ones."[30]

In 1799, in the context of his deduction of the organism from the necessary conditions of self-consciousness, Eschenmayer applies the idea of progression to the relationship between the two powers of the I, namely to production and reflection.

The substrate of gradation in this case coincides with the point at which the two powers reach an absolute equilibrium with each other: if the I acted with both, the two powers would end up mutually supressing the effects of each other and the result would be a mere absolute finiteness which for the I is equal to nothing. The reciprocal interaction with freedom impedes [*hemmt*]

---

27   M. Durner argues that "Im ausdrücklichen Gegensatz zu Kant versucht Eschenmayer eine Konstruktion der spezifischen Bestimmungen der Materie aus deren allgemeinem Begriff." (Durner, Manfred: "Freies Spiel der Kräfte". In: Zimmerli, W.Ch. (Hg.): *"Fessellos durch die Systeme": frühromantisches Naturdenken im Umfeld von Arnim, Ritter und Schelling*. Stuttgart/Bad Cannstatt 1997, pp. 341–368, p. 352).
28   Cfr. Eschenmayer, *Säze*, p. 11.
29   Cf. ibid., p. 12.
30   Ibid., pp. 13–14; cf. Eschenmayer: *Versuch*, p. 42.

the absolute equilibrium, by introducing a conflict [*Widerstreit*] and therefore a striving [*Streben*]: the consequence of the emergence of *Streben* is that the powers go beyond the point of absolute equilibrium and thereby the absolute equilibrium becomes merely a relative one.[31] On account of this striving, it is at first the production that goes beyond the point of absolute equilibrium, thus prevailing over the reflection: the fact that the production is the first power to withdraw from the absolute equilibrium can be explained, according to Eschenmayer, only by the fact that "the positive precedes the negative, the positing precedes the counterpositing;" in his interpretation, that precedence "is that which Fichte wants to express in his *Wissenschaftslehre* with the first, absolutely unconditioned principle."[32] According to Eschenmayer, the prevalence of the production makes the "thing [*Ding*]" appear, but this prevalence is immediately balanced by an equal prevalence of the reflection upon it, by means of which the "representation [*Vorstellung*]« originates: the unity of the two is the unity of consciousness. Eschenmayer then proceeds to deduce intuition and sensation, space and time, i.e. all the interrelated elements of the progression, and he also introduces the productive imagination as the power which every time unites these interrelated elements in one relationship.[33] Referring once more to Fichte, he specifies that what appears in this way is, however, only one possible material for representation [*Stoff für die Vorstellung*] and that »this [material] has to be determined further: the wavering [*Schweben*] of the power of imagination [*Einbildungskraft*] has to be fixed and this happens through the *understanding* [*Verstand*] or the *deduction of the categories*."[34]

In Eschenmayer's deduction the understanding opens the way that leads from the absolutely necessary to the spontaneity. Just as the intelligence, from which the necessary acting arises, is never separated from the spontaneity, so the spontaneity, from which the free acting of the I originates, is always united with the intelligence. Certainly, in the free acting the I is every time called upon to exert a single one of its powers infinitely; nevertheless, even though it tries to do so, it never succeeds in reflecting without producing or in producing

---

31 Cf. Eschenmayer: *Dedukzion*, pp. 347–348.

32 Ibid., pp. 347–348. Eschenmayer adds that "what lies outside the limit is the objectivity and what lies within it is the subjectivity, while the two coincide at the limit itself; for this reason, as Fichte so precisely expresses himself in his *Sittenlehre*, the I consists in the synthetic union of Subject – Object, a concept that is = x."(*ibid.*, p. 350; cf. Fichte: SL GA I/5, 56; Engl. tr. by D. Breazeale – G. Zöller, Cambridge 2005, pp. 45–46).

33 Cf. Eschenmayer: *Dedukzion*, p. 359.

34 *Ibid.*, p. 354. Cf. Fichte: GWL GA I/2, 374 (Engl. tr., p. 207): "Der Verstand läßt sich als die durch Vernunft fixirte Einbildungskraft beschreiben."

without reflecting, because the intelligence interferes with freedom. The I tries to act only with reflection, which by itself alone leads to absolute annihilation, but is hindered by the series of the necessary – in which both objects and representations are given – so that instead of annihilation the abstracting [*abstrahiren*] originates and, consequently, the concept [*Begriff*].[35] The I tries also to exercise the producing in an absolute way, but is hindered again, so that instead of creating[36] the modifying [*modifiziren*] of material and, therefore, an artistic product [*Kunstprodukt*] originates.[37] At this point Eschenmayer specifies that the I can complete the two processes only separately, while in the natural product – which is the final objective of the entire deduction of Eschenmayer – concept and act are always intimately united, so that the whole refers to the parts and the parts to the whole.[38] Therefore, Eschenmayer has to proceed further in his deduction. Once one has arrived at these two processes, one has to understand (1) how the I becomes conscious of these two actions and so of itself; (2) how, even though the I manages to complete the two actions – to form concepts and to modify material – only separately, it nevertheless succeeds in positing an organized product of nature, or, more simply, how the I itself arrives at having a material body which is an organized product of nature. In addressing these two questions Eschenmayer appeals once again to Fichte's philosophy.

In order for the I to become conscious of the two actions of forming concepts and modifying material, and, therefore, conscious of itself, these two actions have to be driven back into themselves, and this can happen only through what Eschenmayer calls counter-relationship [*Gegenverhältnis*],[39] i.e. a relationship that takes place between homogeneous magnitudes and, therefore,

---

35   Cf. Eschenmayer: *Dedukzion*, p. 369.
36   Cf. ibid., p. 366.
37   Cf. ibid., p. 370.
38   Cf. ibid., p. 382.
39   Eschenmayer contrasts the reciprocal interaction [*Wechselverhältnis*] with the counter-relationship [*Gegenverhältnis*]. Cf. ibid., pp. 372–373: "In order to make it clearer, I offer some examples taken from the doctrine of nature (not however as if I would like to base my propositions on it, since the things are the other way around, i.e. these propositions provide a foundation for the doctrine of nature): attraction and repulsion are opposites; the attraction takes place only between two opposing forces, and such a relationship is called a dynamic reciprocal interaction [*Wechselverhältnis*]. Repulsion takes place only between two homogeneous magnitudes, and this is called a dynamic counter-relationship [*Gegenverhältnis*]." On account of the *Wechselverhältnis*, see the Fichtean treatment of the concept of reciprocal determination (*Wechselbestimmung*) in Fichte: GWL GA I/2, 299 (Eng. tr., p. 135).

between a rational being and another being which is equal to it and outside of it. On the authority of Fichte, Eschenmayer argues that the human being becomes a human being only among human beings:

> The man becomes man only among men, as *Fichte* says.[40]
>
> We have inferred a counter-relationship as a necessary condition of self-consciousness; through this counter-relationship the free reflection, which forms concepts, and the free production, which creates artistic products, are *driven back into themselves*, and thereby originates for the rational being a *sphere,* which he attributes to himself in a peculiar way, just because these actions were his own. By means of this peculiar sphere the I becomes an individual (it is at this point that the proposition which is so important in the *Natural Right* becomes evident for the first time: *No I, no Thou,* and vice versa, only the individual is in the true sense an I; however, it becomes an I only through the counter-relationship in which lies the Thou).[41]

The counter-relationship is for Eschenmayer a necessary condition of self-consciousness; furthermore, through this relationship, it is possible to resolve the difficulty of understanding how the I – even though it can complete two actions only separately – arrives at having a body which is an organized product of nature: in fact, the individuality which now originates contains both the expression of an artistic product and the expression of the concept, i.e. an end. The reflection, which is now driven back into itself, does not merely delimitate, so that the whole refers to the parts; the production, driven back into itself, does not merely spread, so that the parts refer back to the concept of the whole. In this way, and referring repeatedly to theoretical elements of Fichtean philosophy, Eschenmayer has deduced and demonstrated that our material body appears of necessity in the form of a natural organic product. But that is not sufficient, as Eschenmayer has still to demonstrate that this organism is also alive. To this end, he argues that the two processes united in the sphere of the individuality should not annihilate one another and it is once again the spontaneity that hinders an absolute equilibration of the opposite

---

[40] Eschenmayer: *Dedukzion*, p. 374. Cfr. Fichte: GNR GA I/3, 347 (Eng. tr. by M. Baur, Cambridge 2000, p. 37): "der Mensch (so alle endliche Wesen überhaupt) wird nur unter Menschen ein Mensch."

[41] Eschenmayer: *Dedukzion*, pp. 383–384. Cf. Fichte: GWL GA I/2, 337: "Kein Du, kein Ich; kein Ich, kein Du" (Eng. tr., pp. 172–173).

activities, by introducing as a middle term a drive [*Trieb*], which in its specific function is a formative drive [*Bildungstrieb*].[42]

---

42 Eschenmayer: *Dedukzion*, p. 389. Blumenbach's concept of *Bildungstrieb* had enjoyed a wide reception among philosophers: in his *Kritik der Urteilskraft* Kant pronounced a favourable verdict about Blumenbach's theory, attributing to Blumenbach the merit of having been able to join together mechanism and teleology, and recognizing, on the one hand, the irreducibility of the organic, and on the other hand, the role played by the mechanism in the processes of the organized matter (cf. KdU, AA V, p. 424; on this issue, cf. Roth, Siegfried: "Kant und die Biologie seiner Zeit (§§ 79–81)." In: Höffe, O. (Ed.): *I. Kant: Kritik der Urteilskraft*. Berlin 2008, pp. 275–287. On the relationship between Kant and Blumenbach, cf. e.g. Richards, Robert J.: "Kant and Blumenbach on the *Bildungstrieb*: A Historical Misunderstanding." In: *Studies in History and Philosophy of Biological and Biomedical Sciences* 31 (2000,1), pp. 11–32, p. 29; van den Berg, Hein: "Kant on Vital Forces." In: Onnasch, E.-O. (Hg.): *Kants Philosophie der Natur*. Berlin/New York 2009, pp. 115–135, p. 134). Fichte, then, makes an explicit reference to Kant's reception of Blumenbach's theory of the *Bildungstrieb* in *Practische Philosophie*, written in 1794, where he integrates the concept of *Bildungstrieb* in his theory of *Streben* (cf. Fichte: *Practische Philosophie*, GA II/3, 255–256; on this issue, cf. Moiso, Francesco: *Natura e cultura nel primo Fichte*. Milano 1979, pp. 291–299). What Fichte particularly emphasizes, however, is that all the natural configurations derive from the fact that rational moments are *trasferred* from the I to nature: "everything is as above! We transferred (by means of our theoretical judgment) reality from the I to the not yet realized Non-I; in a similar way, in this part of philosophy we transfer to every successive grade that which it does not possess: on the dead matter, *striving in general* (movement, end, organization), on the sentient matter (e.g. animal beings) we will transfer once again something from us." (Fichte: *Practische Philosophie*, GA II/3, 262–263) Fichte returns to deal with *Bildungstrieb* in the *Grundlage des Naturrechts* (1796), where he succeeds in clearly distinguishing – through the concept of an interior formative drive – the human body as an organized product of nature from the product of art (cf. Fichte: GNR GA I/3, 378–379 (Engl. tr. pp. 72–74); cf. Zöller, Günther: "Leib, Materie und gemeinsames Wollen als Anwendungsbedingungen des Rechts." In: Merle, J.-C. (Hg.): *J.G. Fichte: Grundlage des Naturrechts*. Berlin 2001, pp. 97–111, p. 105). In *System der Sittenlehre* of 1798, Fichte conceives of the *Bildungstrieb* as the drive on account of which "every part of nature strives to unite its being and its efficacious action with the being and efficacious action of another determinate part of nature; and if one thinks of these parts as occupying space, then [this same law states that] every part [of nature] strives to unite itself in space with another part. This drive is called the *formative drive* [*Bildungstrieb*], taking this term in both the active and the passive sense: both as a drive to form or to shape or to cultivate and as a drive to allow oneself to be formed or shaped or cultivated." (SL GA I/5 117; Engl. tr., p. 116) On this issue, cf. Fabbri Bertoletti, Stefano: *Impulso, formazione e organismo*. Firenze 1990, p. 85 and De Pascale, Carla: "Die Trieblehre bei Fichte." In: *Fichte-Studien* 6 (1994), pp. 229–251. On Schelling's conception of the *Bildungstrieb*, cf. Marchetto, Monica: *Materia, qualità, organismo*. Milano 2011, pp. 80–87; on his concept of the World Soul, cf. Vassányi, Miklós: *Anima mundi: the rise of the world soul theory in modern German philosophy*. Dordrecht 2011, pp. 375–396.

3   Eschenmayer's Critique of Schelling's *Entwurf*

The reconstruction of the influences exerted by the thought of Fichte on Eschenmayer is essential in order to grasp the theoretical point of view Eschenmayer assumed and from which he launched his critique of Schelling's concept of nature. In 1801, Eschenmayer published an essay (which is in facta review of Schelling's *Erster Entwurf*) in which he criticised the idea that stands at the core of Schelling's philosophy of nature, i.e. the thesis according to which nature is an autonomous legislator of itself, autarchic and provided with unconditioned reality.

For Eschenmayer Schelling's position is based on an assumption that is not discussed and not even addressed: "*Schelling* begins from an *unconditioned empiricism*, i.e. within the empiricism the question of the first *movens* of nature should not be discussed; the philosopher of nature, as soon as he takes nature into consideration, finds it already posited in *becoming* and can do no more than develop in their activity the natural principles that are presently active; the empiricism is, however, unconditioned only for the philosopher of nature, and therefore it is unconditioned only under the condition that the *principle of becoming* – which is precisely addressed by the problem that *Schelling* had posed and the solution of which is the task of the transcendental philosopher – is excluded."[43]

But what is this principle of becoming that according to Eschenmayer is already presupposed by Schelling's system of nature and in the context of this system cannot even be discussed? Since for Eschenmayer nature in itself is nothing other than simple being [*bloßes Seyn*],[44] mere passivity, this principle of becoming cannot be anything other than the spontaneity of the I. It is the spontaneity of the I that hinders the absolute equilibrium between reflection and production, i.e. that through which nature wakes up in front of our eyes and

---

43   Eschenmayer, Adolf Karl August: "Spontaneität=Weltseele oder das höchste Princip der Naturphilosophie." In: *Zeitschrift für spekulative Physik* 2.1 (1801), pp. 3–68, p. 4.

44   Cf. ibid., p. 6. According to Fichte, "Nature as such, as not-I and as object in general, possesses only passivity, only being; it is what it is, and to that extent no active force whatsoever is to be ascribed to nature" (SL GA I/5, 183; Eng. tr., p. 189; cf. Lauth, Reinhard: *Die transzendentale Naturlehre Fichtes nach den Prinzipien der Wissenschaftslehre.* Hamburg 1984, p. 64). The *Hemmungen* are static in themselves, and it is the I that transfers the concept of itself to nature: "the most elevated thing in me, independent of the consciousness, and the immediate object of the latter, is the drive. It is the most elevated thing that I represent in the nature outside me […] it is through this positing and realising a drive outside me, that I posit a nature" (*Sätze zur Erläuterung des Wesens der Thiere* [ca. 1800], GA II/5, 423; Lauth: *Die transzendentale Naturlehre Fichtes*, p. 162ff.).

becomes drive [*Trieb*]: "Therefore it is the spontaneity through which nature wakes up in front of our eyes and it is nature through which spontaneity bows to the laws of finiteness and so the original drive, the point of union between the two, is the authentic foundation (the original principle) to which the philosopher of nature can connect the development of his inferior principles."[45]

According to Eschenmayer, Schelling has surreptitiously introduced into the nature itself the only principle of becoming (which is actually nothing other than spontaneity) and only in this way managed to attribute to it autonomy and autarchy: "Clearly, here the principle of becoming that is completely extraneous to nature in itself has already been introduced into it; however, we do not know of any other principle of becoming (principle of initiating a series absolutely) than the *spontaneity*. This, joined with nature, becomes attenuated in a drive [*erlischt in einem Trieb*], and this is, of course, represented as *immanent* to nature – i.e. a World Soul."[46]

Even if Schelling's idea of a nature that is a universal organism might seem very suggestive, it cannot be expounded without demonstration. But the demonstration cannot be conducted by recourse to experience, and can only consist in the exhibition of the conditions under which an organism in general originates: "The rationalist who removes the unconditionality of the empiricism asks that question at a clearly superior level: he asks which are the conditions under which the organism in general originates, and thus he sends us back to the transcendental philosophy, i.e. he assigns us the task of searching in ourselves for the roots of the organism."[47]

In this sense Eschenmayer can only express his dissatisfaction with the theoretical project advanced by Schelling: according to him, Schelling actually fails to acknowledge that nature is given only in the forms of consciousness that are exteriorisations and transfers from the I: "As I am almost convinced, the unconditioned empiricism cannot provide a complete foundation for the form of a system of natural philosophy; in general, it seems now that it is too early to speak of a system of natural philosophy, before a propaedeutic of it is available. It is precisely this propaedeutic that would coincide with the passage that transcendental philosophy opens up in the philosophy of nature. It would concern itself with the proofs that all laws of nature are only laws that have been *transferred* (übertragene) from our spirit, that the first impulse of nature lives inside us – *Spontaneity* =*World Soul*."[48]

---

45 Eschenmayer: "Spontaneität=Weltseele," p. 11.
46 Ibid., pp. 22–23.
47 Ibid., p. 22.
48 Ibid., p. 58.

In 1801, a review of the *Entwurf* and of the *Einleitung zu seinem Entwurf* appeared (anonymously) in *Erlanger Litteratur-Zeitung*, in which Eschenmayer stressed his own point of view, making it appear convincing even to Fichte himself. In a letter to Schelling written on 31 May 1801, Fichte made the following observation: "I am reading now the Erlanger Literatur-Zeitung n. 67. What is written on p. 531 contains my very thoughts, only I would not have expressed myself on this subject in such a *doubtful* but rather in a *categorical* way. In the same way also the raisonnement expressed on p. 533 and ff. is excellent."[49]

In this review Eschemayer challenges the consistency of Schelling's point of view regarding the relationship between philosophy of nature and transcendental philosophy and criticizes him for having rejected the idealistic way of explaining nature, and for not having seen that the idealistic point of view actually coincides with the realistic one. He asks him polemically where the evidence of his explanation of the ideal from the real is to be founded: "If the philosopher were to succeed in deducing exactly those natural forces from which *Schelling* begins his construction as *necessary conditions of our self-consciousness*, the idealistic point of view would coincide with the realistic one; the treatment of the philosophy of nature would proceed from this deduction along its path undisturbed and even if this path should thereby be altered, this could only be of advantage to the systematic elaboration. Is there perhaps other evidence [*Evidenz*], some a priori other than the coincidence with the unique immediately certain fact of our self-consciousness?"[50]

The nature in itself is mere being. If it has a drive to infinite development, as Schelling claims, it is only because through the unconscious activity of the intelligence a drive enters into nature and then becomes known from the point of view of consciousness as objective, as independent from the I, as a World Soul. This does not mean that this drive properly belongs to nature: "The author says that it would be impossible to consider nature as an Unconditioned if it were not possible to discover in the concept of being a hidden trace of freedom. But from where does this trace of freedom arrive in nature? To begin absolutely a series of productions is characteristic of a free intelligence only; to wish to attribute this characteristic to nature is to suffocate all philosophy at its root."[51]

---

49 Fichte, Johann Gottlieb: "Letter to Schelling, [May 31/]August 7, 1801." In: Kisser, Th. (Ed.): *F.W.J. Schelling Briefwechsel 1800–1802*, p. 369.
50 "Rezension über Schelling: Erster Entwurf und Einleitung [I Teil]." In: *Erlanger Litteratur-Zeitung* 67–68 (4.7/8.1801), coll. 529–540, coll. 530–531.
51 Ibid., p. 533.

The "Fichtean" spirit with which these affirmations were made by Eschenmayer certainly does not escape Schelling's notice. In a letter to A.W. Schlegel, in which he makes reference to Eschenmayer's review, he observes: "I should not be surprised that Fichte found this review so good."[52]

4 Conclusions

In these pages we have considered the works written by the physician and philosopher A.K.A Eschenmayer between 1796/97 and 1801. The investigation has demonstrated that even if Eschenmayer takes Kantian philosophy and, in particular, the idea of a metaphysics of nature as his point of departure, Kant isnot his only source of inspiration. On the contrary, Fichte's philosophy exerts a significant influence on Eschenmayer, especially from the moment when Eschenmayer places himself at the standpoint of the transcendental deduction of the organism from the necessary conditions of self-consciousness. Eschenmayer's wish to defend a truly transcendental perspective of nature leads him to criticize Schelling, thereby gaining a favourable response from Fichte.

---

52 Schelling, Friedrich Wilhelm Joseph: "Brief an A.W. Schlegel, Juli 3, 1801." In: Kisser, Th. (Ed.): *F.W.J. Schelling Briefwechsel 1800–1802*, p. 355.

KAPITEL 20

Das „Losreißen" des Wissens: Von der Schopenhauer'schen Nachschrift der Vorlesungen Fichtes „Ueber die Tatsachen der Bewusstseins" und „Ueber die Wissenschaftslehre" (1811/12) zur Ästhetik von *Die Welt als Wille und Vorstellung*

Alessandro Novembre

Abstract

In the Summer 1811 Schopenhauer decided to move from Göttingen to Berlin, in order to hear Fichte's lectures there. So, in the winter semester 1811/1812 he attended four lectures «Upon the study of philosophy», and then the lectures «Upon the facts of consciousness» and «Upon the doctrine of science». Although Schopenhauer in *The World as Will and Representation* flaunts his contempt for Fichte in a very colourful way (and actually such an open ostentation is already suspicious), many scholars alleged and proved a certain affinity of his philosophy with Fichte's philosophy, namely concerning the concepts of "body" and "will". However, in this paper, a very likely influence that Fichte could exert on Schopenhauer is pointed out, not in relation to Schopenhauer's doctrine of the world «as will», but to his doctrine of the world «as representation». For this purpose a comparison is made between some excerpts from Schopenhauer's notes of Fichte' s lectures and some passages from the third book of *The World as Will and Representation*, in particular with respect to the «Losreißen des Wissens» (Wrenching of Knowledge): a theoretical point, that receives a great relevance both in Fichte and in Schopenhauer.

Zusammenfassung

Im Sommer 1811 entschied sich der junge Philosophiestudent Schopenhauer, von Göttingen nach Berlin umzuziehen, um die Vorlesungen Fichtes hören zu können. So besuchte er im Wintersemester 1811/1812 vier Vorlesungen Fichtes »Über das Studium der Philosophie«, die Vorlesung »Über die Tatsachen des Bewusstseins« und die »Über die Wissenschaftslehre«. Obwohl nun Schopenhauer in *Die Welt als Wille und Vorstellung* seine Geringschätzung für Fichte sehr explizit geäußert hat – und eine so offene Zurschaustellung ist eigentlich schon verdächtig – , so haben nicht wenige Forscher doch eine gewisse Verwandtschaft seiner Lehre mit der von Fichte behauptet und bewiesen;

und zwar in Hinsicht auf die Grundbegriffe »Leib« und »Wille«. In diesem Beitrag soll nun aber auf eine Wirkung Fichtes auf Schopenhauer hingewiesen werden, welche eigentlich nicht dessen Betrachtung der Welt »als Wille«, sondern die der Welt »als Vorstellung« betrifft. Zu diesem Zweck wird also ein Vergleich zwischen einigen Textauszügen aus der Schopenhauer'schen Nachschrift der Vorlesungen Fichtes und einigen Stellen des dritten Buchs von *Die Welt als Wille und Vorstellung* gezogen; insbesondere in Hinsicht auf das »Losreißen des Wissens«, oder des »Erkennens« – ein theoretischer Zug, der sowohl im Diskurs Fichtes als auch in dem Schopenhauers eine zentrale Relevanz erhält.

Schlüsselwörter

Der späte Fichte – Schopenhauers Philosophie – Losreißen des Wissen – Duplizität des Bewusstseins

Unter den Zuhörern der Vorlesungen »Ueber die Tatsachen des Bewußtseins« und »Ueber die Wissenschaftslehre«, die Fichte im Wintersemester 1811–1812 in Berlin hielt, saß auch ein junger Philosophiestudent, welcher kurz nachher zu einem heftigen und überzeugten Gegner des Klassischen Deutschen Idealismus werden würde: Arthur Schopenhauer. Wie er selbst in einem Brief erzählt, hatte er sich im Sommer 1811 dafür entschieden, von Göttingen nach Berlin umzuziehen, weil er gehofft habe, in Fichte »einen ächten Philosophen und großen Geist« finden zu können.[1] Diese Hoffnung musste er aber ziemlich bald fallen lassen: Seine »Verehrung *a priori*« für Fichte »verwandelte sich« schnell »in Geringschaetzung und Spott«.[2]

In seiner sieben Jahre später erschienenen *Welt als Wille und Vorstellung* (1819) lässt Schopenhauer seine Leser wissen, er erkenne eigentlich nicht an, dass zwischen ihm und Kant in der Philosophie »irgend etwas geschehen sei«; daher knüpfe er »unmittelbar an« Kant an.[3] Dies soll heißen, Fichte, Schelling und Hegel hätten überhaupt nichts Beachtenswertes geschrieben. Diese sehr provokante Behauptung wird in *Parerga und Paralipomena* (1851) häufig und grollend wiederholt: Fichte, Schelling und Hegel seien »keine Philosophen, indem ihnen das erste Erforderniß hiezu, Ernst und Redlichkeit des

---

1 Schopenhauer, Arthur: *Gesammelte Briefe*. Hrsg. von A. Hübscher. Bonn 1978, S. 654.
2 Ebd.
3 Schopenhauer, Arthur: *Die Welt als Wille und Vorstellung*. In *Schopenhauers Sämtliche Werke* (im Folgenden zitiert als Schopenhauer: sw). Hrsg. von Paul Deussen, München 1911–1926. Bd. I (im Folgenden zitiert als: W I), § 18, S. 118.

Forschens, abgeht [...]. Daher bestehn sie nicht die Eintrittskontrolle und können nicht eingelassen werden in die ehrwürdige Gesellschaft der Denker für das Menschengeschlecht.«[4] »Spott der Nachwelt, der sich auf ihre Verehrer erstreckt, und dann Vergessenheit warten ihrer.«[5]

Dass nun diese harte Beurteilung über die drei glänzendsten Gestirne des Klassischen Deutschen Idealismus, auch nur von einem bloß historischen Standpunkt aus, völlig irrtümlich war, ist schon klar; es war auch damals klar, als Schopenhauer schrieb. Letzterer aber, im Gegensatz zu Hegel, hielt das Gericht der Geschichte nicht für wichtig. Dass aber jene Beurteilung unstatthaft, ja vielleicht gar undankbar, auch hinsichtlich der persönlichen Lebensgeschichte Schopenhauers, d. h. in Bezug auf bestimmte Ereignisse seiner frühen Philosophieausbildung, war – das scheint nun weniger offenbar zu sein.

Eigentlich war im Laufe des 19. Jahrhunderts der Verdacht, dass Schopenhauer Fichte und Schelling plagiiert habe, unter den Eingeweihten zu einem so verbreiteten Klischeewort geworden, dass Schopenhauer selbst in *Parerga und Paralipomena* für die Unbegründetheit dieser Anklage argumentieren musste.[6] Diesbezüglich reicht es hier, zu erwähnen, dass bereits in der allerersten Rezension (1820) von *Die Welt als Wille und Vorstellung* Johann Friedrich Herbart aussagte, Schopenhauer habe »eigentlich nur Fichte wiederholt; wenn gleich in einer neuen, der Form nach verbesserten Auflage.«[7] Herbart erkannte nämlich eine gewisse Verwandtschaft des Meisterwerkes Schopenhauers mit dem *System der Sittenlehre* Fichtes (1798), und zwar hinsichtlich der Begriffe »Wille« und »Leib«.[8] Auf diese Weise traf nun aber Herbart das Denken Schopenhauers direkt ins Herz.

Denn Schopenhauer zufolge ist der eigene Leib »das einzige Objekt«, das wir nicht nur »von außen«, d. h. als eine »Vorstellung« unter Vorstellungen, wie alle anderen Objekte, zu erkennen vermögen, sondern auch von innen, und zwar als: »Wille«.[9] Der Titel seines Meisterwerkes (*Die Welt als Wille und Vorstellung*) ist in der Tat der Schluss eines analogischen Syllogismus, dessen Obersatz den Schlussstein des ganzen Systems ausmacht, und lautet: »Der (eigene) Leib als Wille und Vorstellung«. Der Untersatz jenes Syllogismus drückt eben das Setzen der Analogie aus, der zufolge jedes Objekt der Welt, ja die erscheinende

---

4   Schopenhauer, Arthur: *Parerga und Paralipomena*. In: Schopenhauer: SW. Bd. IV, S. 32.
5   Ebd.
6   Ebd., S. 151ff.
7   Herbart hat seine Rezension der *Welt als Wille und Vorstellung* in *Hermes oder Kritisches Jahrbuch der Literatur* (Nr. 7, Amsterdam 1820, S. 131–147) publiziert. Wiederabdruck in: *Schopenhauer-Jahrbuch* 6 (1917), S. 89–117, hier S. 102.
8   Ebd.
9   W I, § 18, S. 118ff.

»Welt« in ihrer Ganzheit als ein *analogon* des Leibes betrachtet werden kann – das ist eigentlich eine analogische Subsumtion des Begriffs »Welt« unter den Begriff »Leib« – , *also* (Analogieschluss) ebenfalls »als Wille und Vorstellung«.

Die Frage nach dem Verhältnis zwischen den Lehren Schopenhauers und Fichtes wurde in den Aufsätzen des 19. Jahrhunderts meistens von einem bloß theoretischen Standpunkt aus aufgeworfen und erörtert; ein diesbezüglicher Blick auf die Genese des Schopenhauerschen Denkens wurde sehr selten, und jedesmal nur unzusammenhängend geworfen.[10] Diese letzte Forschungsrichtung hat sich erst in den letzten Jahrzehnten durchgesetzt (nach der Publikation eines relevanten und nicht vorher veröffentlichten Teils des Schopenhauerschen Nachlasses)[11] und, nicht sekundär auch Schelling einbeziehend, zu sehr bedeutsamen Ergebnissen geführt. Die Hauptpunkte dieses erneuten Vergleiches zwischen den Philosophien Fichtes und Schopenhauers waren meistens immer noch die Begriffe »Wille« und »Leib« – diesmal aber auch von einem dokumentierten geschichtlich-philosophischen Standpunkt aus betrachtet.[12] Besonders war es der Gedankengang, dem Fichte in *Die Bestimmung des*

---

10 Vgl. Willy, Rudolf: *Schopenhauer in seinem Verhältniss zu J. G. Fichte und Schelling.* Phil. Diss., Zürich 1883. Seydel, Rudolf: *Schopenhauers philosophisches System dargestellt und beurtheilt.* Leipzig 1857. Schwabe, Gerhard: *Fichtes und Schopenhauers Lehre vom Willen mit ihren Konsequenzen für Weltbegreifung und Lebensführung.* Jena 1887. Thilo, Christfried Albert: *Die Religionsphilosophie des absoluten Idealismus: Fichte, Schelling, Hegel und Schopenhauer.* Langensalza 1905.

11 Vgl. Schopenhauer, Arthur: *Der handschriftliche Nachlass in fünf Bänden.* Hrsg. von A. Hübscher. Band I: *Frühe Manuskripte (1804–1818)*, München 1985 (im Folgenden zitiert als HN I); Band II: *Kritische Auseinandersetzungen (1809–1818)*, München 1985.

12 Vgl. Decher, Friedhelm: »Schopenhauer und Fichtes Schrift » Die Bestimmung des Menschen « «. In: *Schopenhauer-Jahrbuch* 71 (1990), S. 45–67. Metz, Wilhelm: »Der Begriff des Willens bei Fichte und Schopenhauer«. In: Hühn, L. (Hg.): *Die Ethik Arthur Schopenhauers im Ausgang vom Deutschen Idealismus (Fichte/Schelling).* Beiträge des Internationalen Kongresses der Schopenhauer-Gesellschaft in Verbindung mit der Internationalen Schelling-Gesellschaft und der Internationalen Johann-Gottlieb-Fichte-Gesellschaft vom 5. bis 8. Mai 2005 (in Folgendem zitiert als: *Die Ethik Arthur Schopenhauers*).Würzburg 2006, S. 386–398. Waibel, Violetta: »Die Natur des Wollens. Zu einer Grundfigur Fichtes im Ausblick auf Schopenhauer«. In: *Die Ethik Arthur Schopenhauers*, S. 402–422. Zöller, Günther: »Kichtenhauer. Der Ursprung von Schopenhauers » Welt als Wille und Vorstellung « in Fichtes Wissenschaftslehre 1812 und » System der Sittenlehre ««« (im Folgenden zitiert als *Kichtenhauer*). In: *Die Ethik Arthur Schopenhauers*, S. 365–386. d'Alfonso, Matteo Vincenzo: »Schopenhauer als Schüler Fichtes«. In: *Fichte-Studien*, 30 (2006) S. 201–211. In Hinsicht auf die Systematik Fichtes und Schopenhauers, vgl.: Koßler, Matthias: »Die eine Anschauung – der eine Gedanke. Zur Systemfrage bei Fichte und Schopenhauer«. In: *Die Ethik Arthur Schopenhauers*, S. 350–364. Für einen systematischen Vergleich bezüglich des Begriffs »Leib« vgl.: Schöndorf, Harald: *Der Leib im Denken Schopenhauers und Fichtes*, München 1982.

Menschen (1800) folgt, der auf Schopenhauer wieder den Verdacht des Plagiates fallen lassen hat; wenngleich es keine Belege dafür gibt, dass Schopenhauer jene Schrift kannte.[13]

Das, was auf jeden Fall bewiesen werden kann, ist, dass die Lektüre von *Das System der Sittenlehre* Fichtes für die philosophische Entwicklung des jungen Schopenhauers schlechthin entscheidend war. In den vor dem Studium dieses Buchs verfassten Notizen setzt Schopenhauer immer voraus, »Der Begriff Subjekt [...] hat nur ein einziges Merkmal, nämlich daß es Objekte wahrnehme«;[14] d. h.: Das Subjekt ist nur ein Wahrnehmendes oder Erkennendes. Aus diesem Grund hält er die Selbsterkenntnis des Subjekts für widersprüchlich, also unmöglich: Um sich selbst zu erkennen, müsste das Subjekt zugleich erkennend und erkannt (d.h. nicht-erkennend) sein.[15] Das galt beim jungen Schopenhauer als ein bestimmender Einwand gegen den Fichte'schen und Schelling'schen Begriff der »intellektuellen Anschauung«.

In *Das System der Sittenlehre* Fichtes fand aber Schopenhauer ein *zweites* »Merkmal« des Subjekts, und zwar *das Wollen*. Der erste »Lehrsatz« jenes Werks lautet nämlich: »Ich finde mich selbst, als mich selbst, nur wollend.« (SL GA I/5, 37) Fichte erklärt weiter: »Ich finde mich *wollend*; und *nur als* wollend kann ich mich finden.« (SL GA I/5, 38) »Nun giebt es nur zwei Aeusserungen, die unmittelbar jener Substanz [die dem Ich entsprechen soll] zugeschrieben werden: *Denken* (im weitesten Sinne des Wortes, Vorstellen oder Bewußtseyn überhaupt) und *Wollen*.« (SL GA I/5, 38)

Aus den Glossen des jungen Schopenhauers zu diesem Werk[16] ergibt sich deutlich, dass es für ihn eine sehr wichtige (theoretische) Entdeckung war: Das Ich hat nämlich *zwei* Prädikate, und zwar nicht nur das »Denken« (oder »Erkennen«), sondern auch das »Wollen«.[17] 1828 notiert Schopenhauer: »Die Zerlegung des bis dahin einfachen Ich in Willen und Erkenntniß [...] ist der Wendepunkt meiner Philosophie«.[18] Von dieser »Zerlegung« gibt es aber in seinen frühen Fragmenten vor 1812 überhaupt keine Spur; in seinem handschriftlichen

---

13   Darüber hat Günter Zöller geschrieben: »Der Umstand, dass sich diese Schrift Fichtes nicht unter den Beständen der zum großen Teil erhaltenen Bibliothek Schopenhauers befindet, [...] sollte dabei nicht als Indiz von Schopenhauers Unkenntnis dieser [...] Schrift Fichtes gelten. Eher wäre schon eine gezielte Spurenbeseitigung zu vermuten« (*Kichtenhauer*, S. 372).

14   HN II, S. 332.

15   Vgl. Ebd., S. 332, 335–336.

16   Ebd., S. 347–352.

17   Ebd., S. 348.

18   Vgl. Schopenhauer, Arthur: *Der handschriftliche Nachlass in fünf Bänden*. Hrsg. von A. Hübscher. Band III: Berliner Manuskripte (im Folgenden zitiert als HN III), München 1985, S. 451.

Nachlass hat es allerdings den Anschein, als wäre jener »Wendepunkt« erst beim Studium von *Das System der Sittenlehre* Fichtes zu Stande gekommen.

In der Dissertation 1813 *Ueber die vierfache Wurzel des Satzes vom zureichenden Grunde* gibt es ziemlich viele den Willen betreffende Passagen, die an einige Stellen des *System der Sittenlehre* eindeutig und unleugbar erinnern (was in der Forschung bislang noch kaum berücksichtigt wurde).[19] Ferner wird die von Fichte als kausal bestimmte Verbindung zwischen Willen und Leib (»Unser Wille wird [...] in unserem Leibe unmittelbar Ursache«: SL GA I/5, 196) auch in der ersten Auflage der Dissertation Schopenhauers vertreten.[20] In *Die Welt als Wille und Vorstellung* (wie auch später in der zweiten Auflage der Dissertation) wird das Verhältnis zwischen dem »Willensakt und der Aktion des Leibes« nicht mehr als Kausalität, sondern sogar als »Identität« bestimmt;[21] die Selbsterkenntnis des (körperlichen) Ich als »Wille« ist daselbst der »Grund« des Analogieschlusses, der die Betrachtung des Willens als das »Ding an sich«, oder das »innere Wesen« der Welt, letztendlich ermöglicht.[22] Nur vermöge der Selbsterkenntnis des Subjekts ist das »Rätsel der Welt« (in einem gewissen Maße) lösbar.[23]

Infolgedessen muss festgestellt werden, dass für die Entstehung der Lehre Schopenhauers, der zufolge die Welt in seinem innersten Kern »Wille« ist, die Auseinandersetzung mit *Das System der Sittenlehre* Fichtes ein grundlegendes Ereignis darstellte. Dabei ist dennoch immer der wichtige Unterschied hervorzuheben, dass der Fichte'sche »Wille« wesentlich und überhaupt unter einer sittlich-vernünftigen Bestimmung steht, während der Schopenhauer'sche »Wille« ein »blinder Drang und erkenntnisloses Streben« ist.[24] In dieser Hinsicht ist Ersteres gleichsam als βούλησις, Letzteres eher als θέλημα zu verstehen.[25]

---

19   Schopenhauer, Arthur: *Ueber die vierfache Wurzel des Satzes vom zureichenden Grunde*. In: Schopenhauer: SW, Bd. III (im Folgenden zitiert als: Schopenhauer, Dissertation 1813) § 41–42, S. 71ff. Darüber vgl.: Novembre, Alessandro: »Johann Gottlieb Fichte«. In: Schubbe, D. – Koßler, M. (Hg.): *Schopenhauer Handbuch. Leben – Werk – Wirkung*. Stuttgart/Weimar 2014, S. 231–236.

20   In der Dissertation 1813 wird also behauptet, »das Wollen« »wirkt« »ursächlich« unmittelbar auf den Leib (Schopenhauer S W, III, § 42, S. 76–77.).

21   Vgl. W I, § 18, S. 119.

22   Ebd., § 19, S. 125.

23   Ebd. Darüber vgl.: Zimmermamm, Ekkehard: *Der Analogieschluss in der Lehre von Ich-Welt-Identität bei Arthur Schopenhauer*. Dissertation, München 1970.

24   W I, § 27, S. 178.

25   Vgl. HN III, S. 213–214.

Im vorliegenden Beitrag möchte ich nun aber versuchen, auf einen Einfluss Fichtes auf Schopenhauer hinzuweisen, welcher die sozusagen andere Hälfte des Diskurses Schopenhauers betrifft; und zwar nicht die Betrachtung der »Welt als Wille«, sondern die der »Welt als Vorstellung«. Ich werde nämlich einige Textauszüge aus der Nachschrift Schopenhauers der Fichte'schen Vorlesungen[26] mit einigen Stellen des dritten Buchs der *Welt als Wille und Vorstellung* vergleichen, dessen Titelseite lautet: »Der Welt als Vorstellung. Zweite Betrachtung: Die Vorstellung, unabhängig vom Satze des Grundes: die Platonische Idee: das Objekt der Kunst.«[27]

In der dritten Vorlesung »Ueber das Studium der Philosophie« (Oktober 1811) geht Fichte davon aus, jede Wissenschaft betreffe ein spezielles »Phänomen« (oder Bereich) der Erfahrungswelt: Von diesem gebe sie den übersinnlichen »Grund« und das aus diesem folgende allgemeine »Gesetz« an.[28] Er definiert dann die Philosophie als dasjenige Wissen, dessen eigentliches Phänomen selbst das Wissen ist:[29] Sie bestehe im Wissen des Wissens, und sei daher »*Wissenschaftslehre*, im strengen Sinn des Worts«.[30] Der gewöhnliche Standpunkt des Menschen gehe im Wissen, oder Bewusstsein, der Dinge auf; der eigentümliche Standpunkt der Philosophie sei hingegen das Bewusstsein des Wissens, oder des Bewusstseins, der Dinge.[31]

In der ersten Vorlesung »Ueber die Tatsachen des Bewußtseins« nennt Fichte das Bewusstsein des Wissens »absolute Besonnenheit« und bestimmt ihren Begriff als »Wahrnehmung der Wahrnehmung«.[32] Im Gegensatz zum

---

26 Die Nachschrift Schopenhauers der Fichte'schen Vorlesungen wurde sowohl in HN II als auch, aber teilweise (und zwar nur bezüglich der Vorlesungen »Über das Studium der Philosophie« und »Über die Tatsachen des Bewusstseins«), in StA–2/SWV–2 veröffentlicht. Im Folgendem wird daher aus HN II zitiert. Vgl. darüber: Hübscher, Arthur: *Denker gegen den Strom*. Bonn 1973, S. 127ff. Kamata, Yasuo: *Der junge Schopenhauer. Genese des Grundgedankens der Welt als Wille und Vorstellung*. Freiburg/München 1982, S. 119ff. De Cian, Nicoletta: *Redenzione, colpa, salvezza. All'origine della filosofia di Schopenhauer*. Trento 2002, S. 95ff. d'Alfonso, Matteo Vincenzo: »Schopenhauer als Schüler Fichtes«. Novembre, Alessandro: *Il giovane Schopenhauer e Fichte. La duplicità della coscienza*, Dissertation (Lecce/Mainz) 2011, S. 9–238.
27 W I, S. 197.
28 HN II, S. 26.
29 Ebd.
30 Ebd.
31 Ebd., S. 26–27.
32 Ebd., S. 30. Über die Bedeutung des Terminus »Besonnenheit« in der späten Philosophie Fichtes, vgl.: Janke, Wolfgang: »Besonnenheit. Der philosophiegeschichtliche Ort von Fichtes Spätphilosophie«. In: *Fichte-Studien*, 17 (2000), S. 1–15. Über die Glosse des jungen Schopenhauers zum Vortrag Fichtes, vgl.: Novembre, Alessandro: »Schopenhauers

gewöhnlichen Menschen, der bloß die Dinge wahrnimmt, nimmt der Philosoph »durch einen innern Sinn« auch sein Wahrnehmen der Dinge wahr – wodurch er zu einem »höheren Bewußtsein« gelangt.[33] Die Philosophie ist also das in die zweite Potenz erhobene Wahrnehmen (oder Bewusstsein).

Dieser Diskurs wird in den ersten Vorlesungen »Ueber die Wissenschaftslehre« wieder aufgenommen und nun in einer höheren Komplexität fortentwickelt. Fichte sagt hier, dass die Wissenschaftslehre, als »Lehre« oder »Theorie der Wissenschaft überhaupt«, zunächst ihren Inhalt voraussetzen muss: »Die Wissenschaft, also das Wissen.«[34] Ferner muss die Wissenschaftslehre noch voraussetzen, dass dieser Inhalt zu einem Objekt eines Wissens werde, d.h., dass es ein Wissen, oder eine »Lehre« über das »Wissen« überhaupt geben kann.[35] Als Inhalt einer Wissenschaft, d. h. eines festen und unwandelbaren Wissens, muss aber das Wissen selbst »ein festes Unwandelbares, sich selbst Gleiches« sein: »Es muss angesehen werden als sich gestaltend nach Gesezzen, nur insofern ist eine Lehre, eine Theorie davon möglich.«[36] Kurz gesagt setzt also die Wissenschaftslehre (als solche) sowohl das Wissen voraus, welches sie als ihren eigenen Inhalt angibt, als auch das Wissen, welches sie selbst zu sein verlangt.

Die Wissenschaftslehre setzt aber zudem voraus, dass der Urheber des »Bildes« des Wissens *das Wissen selbst* ist: »Voraussezzung ist daß das Bild des Wissens giebt das Wissen selbst. Es ist nicht nur [,] sondern es bildet sich auch ab, und diese Abbildung ist die W.L.«[37] Das Wesen des Wissens bestehe nicht nur darin, es selbst (Wissen) zu »sein«, sondern auch darin, sich selbst »abzubilden« (d. h., zu wissen); und die Wissenschaftslehre ist gerade diese Abbildung, die das Wissen von sich selbst gibt. Denn »nicht wir denken, vorstellen [,] wissen; sondern sich uns [sic] ein Denken, Vorstellen, Wissen macht«, welches still in uns eben darauf wartet, sich zum Wissen seiner selbst zu erwecken.[38] Es geht also letzten Endes, aber in erster Instanz, eigentlich darum, zu erklären, was es heißen soll und wie es überhaupt möglich ist, dass das Wissen sich von sich selbst »entfremdet« und sich selbst abbildet – d. h.,

---

Verständnis der Fichte'schen »absoluten Besonnenheit««. In: *Schopenhauer-Jahrbuch* 93 (2012), S. 53–62.

33   HN II, S. 30.
34   Ebd., S. 82.
35   Ebd.
36   Ebd.
37   Ebd., S. 85.
38   Ebd., S. 87.

wie die Wissenschaftslehre überhaupt möglich ist: Von dem Verständnis ihrer Möglichkeit hängt nach Fichte die Möglichkeit ihres Verständnisses ab.[39]

In der zweiten Vorlesung zeichnet Fichte an die Tafel zwei konzentrische Kreise, und sagt:

> Wissen ist alles in beyden Kreisen: denn das faktische Wissen bildet sich ab selbst im höhern Wissen: wir bekommen 2 verschiedene Sphären: die kleinere enthält das faktische Wissen, die größere das Wissen vom Wissen. Die kleinere das Wissen als *factum*, die größre das Wissen als ein Bild, Abbild, des ersten *factums:* in der kleineren ist das Wissen; in die größere erhebt es sich über sein faktisches Seyn: in der kleineren ist alles bestimmt durch ein Gesez, in der größeren ist ohne Ausnahme das Gesez aufgenommen ins Sehn selbst und wird ersehn. In der kleineren ist das Wissen etwas was es nicht sieht, nämlich was es ist zufolge des Gesezzes: in der größern sieht es alles was es ist, ist aufgegangen in absol[ute] Durchsichtigkeit und Klarheit. In der W.L. reden wir vom faktischen Wissen das in der kleineren Sphäre ist: in der größren sind wir selbst, stehn in dieser Region und sehn hinab auf die kleinere Sphäre.[40]

Das faktische, kleinere Wissen (oder Bewusstsein) ist hier als dasjenige zu verstehen, das eben bloß die Fakten, und nicht auch ihr Gewusst- oder Bewusstwerden, einschließt. Der Lehrling der Wissenschaftslehre muss nicht, und kann auch nicht, das Bild des Wissens aus sich selbst produzieren; er kann und *soll* sich allein von dem Gesetz »losreißen«, welchem das faktische Wissen (oder Bewusstsein) als solches unterworfen ist, und sich dadurch in die »höhere Sphäre« des Wissens, diese »neue Welt«, begeben.[41] Auf diese Weise erhebt er sich über jene faktische »Gesezgebung« und wird *frei*, sich bloß »leidend« »an dies sich selbst machende Bild, diese Evidenz« hinzugeben – also, die Wissenschaftslehre in sich »eindringen« zu lassen.[42] Um die Wichtigkeit dieses Punktes zu fassen, muss man nur eine Passage der vierten Vorlesung zur Hand nehmen. Hier beklagt Fichte die Unangemessenheit des Vorwurfes, der ihm häufig gemacht wird, und zwar dass die Wissenschaftslehre so »schwer« sei.[43] Darauf antwortet er, die Wissenschaftslehre sei überhaupt nicht »schwer«: Sie

---

39 Ebd., S. 83.
40 Ebd., S. 86.
41 Ebd., S. 87–88.
42 Ebd.
43 Ebd., S. 91.

sei ja gar »unmöglich« für die, welche »in dieser faktischen Welt bleiben« wollen, d. h. »aus diesem Dem-Gesez-hingegeben-seyn nicht heraus« wollen.[44]

Um in die Wissenschaftslehre eintreten zu können (oder vielmehr, um die Wissenschaftslehre in sich eintreten zu lassen), muss man sich also vom faktischem Bewusstsein, d. h. von dem »Gesetz« »losreißen«, durch welches das Wissen als bloß »faktisch« bestimmt und begrenzt wird. Der Lehrling der Wissenschaftslehre wird demzufolge zu einem transzendentalen *secessum a mundo*, einer gleichsam theoretischen Askese berufen: Es handelt sich eigentlich um eine beständige und radikale Übung (ἄσκησις) der »Reflektion«.[45] »Reflektieren« heißt nämlich bei Fichte, sich über ein bestimmtes faktische Gesetz zu »erheben«, welchem zuvor das eigene Bewusstsein unterworfen war, und jenes Gesetz zu »ersehen«.[46] »Die *Reflektion* ist der Grund daß der W.L. alle Realität verschwindet [...] Es entstand die Frage: wo soll man das Reflektieren verlassen? *Schelling* hörte auf bei der Natur.«[47] Die Wissenschaftslehre strebt hingegen danach, sich »über aller Faktizität« zu »erheben«; ihr Wahlspruch ist daher: »Führe die Reflektion bis am Ende, dann bist du am Ziele und dir erscheint die wahre Anschauung.«[48]

Eben aufgrund der Notwendigkeit, dass der Lehrling am Anfang des Lernprozesses überhaupt tätig und aktiv werde, ist die Wissenschaftslehre – d. h., Fichtes Ansicht nach, die Philosophie selbst in ihrem Wesen – keine bloße »Lehre« oder Theorie, die einfach gelernt oder aufgenommen werden soll, sondern eigentlich eine »Aufgabe«, ja sogar »ein Kategorischer Imperativ«.[49]

Ich schweife hier nur kurz von unserem Thema ab, um hervorzuheben, wie in dieser letzten Beteuerung der methodische Hinweis implizit begründet wird, den Fichte in der vierten Vorlesung »Ueber das Studium der Philosophie« seinen Studenten gegeben hatte. Da sagte er nämlich:

> Ich mißbillige das Nachschreiben des ganzen Vortrags im Kollegio: es muß nothwendig die Aufmerksamkeit abziehn indem es sie auf die schriftliche Abfassung des soeben Gehörten richtet, auch das Gesagte hingeschrieben wird ohne die Modifikation zu erleiden die das Individuelle jedes Zuhörers erfordert. Denn wenn der Lehrer auch der Wissenschaft ganz mächtig ist, und auch die glücklichste Form der

---

44   Ebd., S. 92.
45   Ebd., S. 93.
46   Ebd.
47   Ebd.
48   Ebd.
49   Ebd., S. 88.

Mittheilung gewählt hat, und er redet vor 20–30 Zuhörern, so müßte er doch wenn er es Jedem auf die Weise beybringen sollte die seiner Individualität die angemessenste ist wieder 20–30 verschiedene Formen des Vortrags haben und einzeln vortragen. Um also diesen nothwendigen Mangel zu ersezzen, wende der Lehrling seine ganze Aufmerksamkeit auf den Vortrag, und wenn er ihn aufgefaßt hat, bedenke er ihn für sich, stelle das Erfaßte so zusammen wie es für seine Individualität paßt, zu einem organischen Ganzen, und fasse dies schriftlich ab. Während des Vortrags mag er sich kurze Säzze zur Erinnerung aufschreiben.[50]

Eben weil die Wissenschaftslehre *sive* Philosophie grundlegend ein »Kategorischer Imperativ« ist, kann von ihr keine end- und allgemeingültige Darstellung gegeben werden, die jedem möglichen Zuhörer ganz angemessen sei, und ihm also jene persönliche »Aufgabe« ersparen mag, in welcher sie doch besteht. Die eigene Überarbeitung und Fassung des Vortrags, zu welcher der Lehrling von Anfang an veranlasst wird, nimmt in den letzten Vorlesungen die Gestalt der *Anwendung* der Wissenschaftslehre an – die ihrem Wesen nach eben etwas ist, was nicht bloß ‚gewusst' oder ‚wiederholt', sondern stets neu *angewandt* werden soll. In der Ganzheit des Diskurses Fichtes verwirklicht sich daher ein vollkommener Kreislauf, in welchem die Darstellung, (auch) von einem ‚pädagogischem' Standpunkt aus betrachtet, letztendlich wieder zu ihrem Anfang kommt: Das letzte Ergebnis der Untersuchung steckt schon in ihrem, von Fichte geforderten, methodischen Verfahren. Das eigentliche Ziel des ganzen Vortrags »Ueber die Wissenschaftslehre« ist es nämlich, dass die Zuhörer zu philosophieren, d. h., die Wissenschaftslehre anzuwenden, endlich *anfangen* können:

> Die Wissenschaftslehre soll eine Wegbahnung seyn zur Sittlichkeit, eine klare, besonnene Kunst zur Sittlichkeit. Es leuchtet wohl Jedem ein, dass nachdem dieser Grund gelegt ist, das Philosophieren erst recht angehn soll. Meine Absicht ist dass dies von nun an können diejenigen, die dem Begriff gefolgt sind.[51]

So endet der Vortrag Fichtes nach der Nachschrift Schopenhauers.

---

50 Ebd., S. 28 (Die Nachschrift Schopenhauers wurde aber meistens nicht nach dieser Angabe verfasst. Für die Belege, die diese These unterstützen, vgl. Novembre, Alessandro: *Il giovane Schopenhauer e Fichte*, S. 10–21.

51 Ebd., S. 216.

Bevor wir nun die Aufmerksamkeit auf Schopenhauers Lehre wenden, soll das bisher Gesagte im Wesentlichen und nach Fichtes Ausdrücken kurz zusammengefasst werden. Der Lehrling der Wissenschaftslehre findet am Anfang sein eigenes Bewusstsein in der faktischen Welt noch ganz vertieft und versunken. Er »soll« sich daher zuerst von ihr »losreißen« und sich zu einem höheren Bewusstsein, ja »einer andern Welt«,[52] »erheben«; allein dadurch kann er sich dem neuen Wissen der Wissenschaftslehre »frei« »hingeben«.

Es ist sehr bemerkenswert, dass Schopenhauer, im dritten Buch von *Die Welt als Wille und Vorstellung*, genau dieselben Fichte'schen Ausdrücke verwendet, um den Übergang des Menschen vom »Individuum« (oder »empirischen Subjekt«) zum »reinen Subjekt der Erkenntnis« zu beschreiben. Diesbezüglich nennt er die »Duplizität seines [des Menschen] Bewusstseins«.[53] Um diesen Punkt recht aufklären zu können, ist es hier dennoch zuerst notwendig, die ersten zwei Bücher desselben Werks kurz zu resümieren.

Schopenhauer geht im ersten Buch von der »Unterscheidung der Erscheinung vom Dinge an sich« (»Kants größtes Verdienst«)[54] aus, deren eigentlichen Sinn er folgendermaßen wiederzugeben meint: »Die Welt ist meine Vorstellung.«[55]

> [Denn] dies ist eine Wahrheit, welche in Beziehung auf jedes lebende und erkennende Wesen gilt; wiewohl der Mensch allein sie in das reflektirte abstrakte Bewußtseyn bringen kann: und thut er dies wirklich; so ist die philosophische Besonnenheit bei ihm eingetreten. Es wird ihm dann deutlich und gewiß, daß er keine Sonne kennt und keine Erde; sondern immer nur ein Auge, das eine Sonne sieht, eine Hand, die eine Erde fühlt; daß die Welt, welche ihn umgiebt, nur als Vorstellung da ist, d.h. durchweg nur in Beziehung auf ein Anderes, das Vorstellende, welches er selbst ist.[56]

Dass die Erfahrungswelt »Vorstellung« ist, soll hier bedeuten, dass sie bloß »Erscheinung«, also kein »Ding an sich« ist. Hier ist es schon sehr beachtenswert, dass Schopenhauer das klare Bewusstsein der Welt *als eines Vorgestellten*, d. h. der vorgestellten Welt (oder der »Vorstellung«) *als solcher* durch den Terminus »Besonnenheit« bezeichnet – der bei Fichte eben das Bewusstsein

---

52   Ebd., S. 90.
53   W I, § 39, S. 241–242.
54   W I, S. 494 (Anhang: »Kritik der Kantischen Philosophie«).
55   W I, § 1, S. 4.
56   Ebd.

des Wissens (d. h., des Gewussten oder Wahrgenommenen) *als solches* bedeutet.⁵⁷

Im zweiten Buch des Werkes kommt Schopenhauer zum entscheidenden Gedanken, dass diese uns erscheinende Welt in ihrem tiefsten und wahrsten »Kern«, d. h. nicht als »Vorstellung«, sondern eher als »Ding an sich« betrachtet, »Wille« ist. Das ist nun eben der oben erwähnte »Analogieschluss«. Jedes erkennende Subjekt ist nämlich »Individuum« allein vermöge seiner besonderen, ja einzigartigen Beziehung zu seinem »Leib«: Dieser gibt sich ihm nicht nur als »Vorstellung«, sondern auch als »Wille« kund .⁵⁸ Der eigene Leib ist Jedem »unmittelbares Objekt« sowohl seines Erkennens, als auch seines Wollens.⁵⁹ Oder, anders gesagt: Das selbe (körperliche) Ich ist zugleich »Subjekt des Erkennens« und »Subjekt des Wollens«:⁶⁰ Die Identität beider in einem einzigen Ich ist nach Schopenhauer »das Wunder κατ' ἐξοχήν«.⁶¹ Der Wille ist jedem das innere »Wesen an sich« des eigenen Leibes, »dasjenige was [ihm] dieser Leib ist, außerdem daß er Objekt der Anschauung, Vorstellung ist.«⁶² Schopenhauer schlägt daher seinem Leser vor, jedes Objekt der Welt und die ganze Welt selbst »nach Analogie jenes Leibes« aufzufassen, und sie aus diesem Grund eben nicht nur als »Vorstellung«, sondern auch als »Wille« zu bestimmen. Demgemäß wird die vor uns stehende Welt als ein übergroßer Leib gedeutet, und damit als die »Erscheinung« oder Äußerung eines metaphysischen Willens. In diesem ganzen Gedankengang ist es nicht der Mensch, der als Mikrokosmos, sondern umgekehrt der Kosmos, der als Makro-Mensch (oder »Makranthropos«) begriffen wird.⁶³

---

57 Über die Relevanz des Terminus »Besonnenheit« im Denken Schopenhauers, vgl. Koßler, Matthias: *Substantielles Wissen und subjektives Handeln, dargestellt in einem Vergleich von Hegel und Schopenhauer*. Frankfurt/M. u. a. 1990, 157–163. Koßler, Matthias: »Zur Rolle der Besonnenheit in der Ästhetik Arthur Schopenhauers«. In: *Schopenhauer-Jahrbuch* 83 (2002), S. 119–133. Koßler, Matthias: » » Der Gipfel der Aufklärung «. Aufklärung und Besonnenheit beim jungen Schopenhauer«. In: Broese, K. – Hütig, A. – Immel, O. – Reschke, R. (Hg.): *Vernunft der Aufklärung – Aufklärung der Vernunft*. FS *für Hans Martin Gerlach*. Berlin 2006, S. 207–216.
58 W I, § 18, S. 118–119.
59 Ebd., S. 120.
60 Ebd., 118ff.
61 Schopenhauer, Dissertation (1813), § 42, S. 136.
62 W I, § 19, S. 126–127.
63 Schopenhauer, Arthur: *Die Welt als Wille und Vorstellung. Zweiter Band, welcher die Ergänzungen zu den vier Büchern des ersten Bandes enthält*. In: Schopenhauer: SW, Band II (im Folgendem zitiert als: W II), Kap. 50, S. 736.

In dem (nicht-zeitlichen) Erscheinens- oder Objektivationsprozess des Dinges an sich (d.h., des Willens) bestimmt nun Schopenhauer eine Zwischenstufe, und zwar *die Platonischen Ideen*: Diese sind nämlich »die unveränderlichen Formen«, die ewigen und allgemeinsten Musterbilder der einzelnen, vergänglichen Dinge, die der Welt der Erscheinung, also des Werdens, angehören.[64] Die Ideen sind »die unmittelbare und daher adäquate Objektität des Dinges an sich«, die allererste Stufe, auf welcher das Wesen des Willens überhaupt in die Vorstellung tritt.[65]

Im ersten Buch seines Hauptwerks definiert Schopenhauer den »Satz vom zureichenden Grunde« als das apriorische Gesetz unseres Erkenntnisvermögens: Diesem ist alles unterworfen, was für uns überhaupt »Objekt« sein kann (d. h. die Erscheinungen).[66] Nur innerhalb dieses Satzes ist jede »Relation« denkbar: Er betrifft nämlich alles und allein das, was nur relativ, also nicht-absolut, ist.[67]

Im dritten Buch betont Schopenhauer noch einmal, dass das erkennende Subjekt als »Individuum«, d. h. sofern es mittelst eines bestimmten Leibes individualisiert ist, die Sachen notwendig und ausschließlich durch den Satz vom Grunde erkennt. Denn dieser stellt alle Objekte eben »in Beziehung zum Leibe« (dem unmittelbaren Objekt des Erkennens) »und dadurch« – d. h. aufgrund jener »Identität des Leibes und Willens«[68] – »zum Willen«.[69] Dieser letzte Schritt ist schlechthin bestimmend: Indem die nach dem Satz vom Grunde stattfindende Erkenntnis die Beziehung der Objekte zum (eigenen) Leibe betrifft, betrifft sie dann letzten Endes die Beziehung der Objekte zum (eigenen) *Willen*. Hierin liegt eigentlich die Relativität jeder solchen Erkenntnis: Sie ist eigentlich nichts als ein bloßes »Mittel (μηχανή)« zu den Zwecken des Willens – etwas bloß Funktionales oder Sekundäres gegenüber den Primärinteressen des Individuums: Leben und Selbsterhaltung.[70] Jedes (empirische) »Objekt« ist zunächst und wesentlich *Objekt des Willens*, also des Begehrens oder Ablehnens, je nachdem, ob es das Leben fördert oder verhindert. Nur infolge dieser grundlegenden Alternative ist es dann *auch* Objekt des Erkennens.

Die Platonischen Ideen liegen nun aber ganz außerhalb der Erkenntnissphäre des Satzes vom Grunde, denn diesem sind allein die Erscheinungen als

---

64 W I, § 30, S. 200.
65 Ebd., S. 199.
66 Ebd., § 1, S. 6–7.
67 Ebd., § 33, S. 208–209.
68 Ebd., § 21, S. 118.
69 Ebd., S. 207.
70 Ebd.

solche unterworfen.[71] Dieser gegenüber erkennen die Ideen »weder Vielheit noch Wechsel«:[72] Ihnen kommt daher keine Form und kein Prädikat der Erscheinung zu – außer, dass die Ideen, nun im Gegensatz zum »Ding an sich« und ebenso wie die Erscheinungen, immer noch »Objekt-für-ein-Subjekt« sind.[73]

Demzufolge können die Ideen keinesfalls vom Subjekt als »Individuum« erkannt werden: »Wenn [...] die Ideen Objekt der Erkenntniß werden sollen; so wird dies nur unter Aufhebung der Individualität im erkennenden Subjekt geschehen können«.[74] »Das Individuum als solches erkennt nur einzelne Dinge«; denn es ist nichts als »das Subjekt des Erkennens in seiner Beziehung auf eine bestimmte einzelne Erscheinung des Willens, und dieser dienstbar. Diese einzelne Willenserscheinung ist als solche dem Satz vom Grunde, in allen seinen Gestaltungen, unterworfen: alle auf dasselbe sich beziehende Erkenntniß folgt daher auch dem Satz vom Grunde, und zum Behuf des Willens taugt auch keine andere als diese, welche immer nur Relationen zum Objekt hat.«[75]

Die dem Satz vom Grunde unterworfene Erkenntnis kann daher allein dann aufgehoben werden, wenn selbst der τηλος aufgehoben wird, demgegenüber sie eine bloße μηχανή darstellt; d. h, wenn »die Erkenntniß sich vom Dienste des Willens losreißt«; wodurch »das Subjekt aufhört [,] ein bloß individuelles zu seyn und jetzt reines, willenloses Subjekt der Erkenntniß ist.«[76] Der Mensch ist hier nicht mehr Subjekt des Wollens, sondern allein des Erkennens: »Die Welt als Vorstellung ist dann allein noch übrig, und die Welt als Wille ist verschwunden.«[77]

Die Kunst drückt nun Schopenhauer zufolge gerade diese nicht mehr dem Dienste des Willens unterworfene, also nicht mehr zum eigenen Leib bezogene, Erkenntnis aus. Folgerichtig gelangt das Subjekt vom einzelnen (durch die Sinne wahrgenommenen) Dinge zur Erkenntnis dessen ewigem Archetypen. Es ist gerade in Bezug auf diesen Erkenntnisanstieg, dass Schopenhauer die Terminologie der Wissenschaftslehre Fichtes verwendet. Damit das Objekt der Erkenntnis vom einzelnen Ding zur Platonischen Idee wird, so muss nämlich auch das erkennende Subjekt dementsprechend vom Individuum »zum

---

71 Ebd., § 30, S. 200.
72 Ebd.
73 Ebd., § 32, S. 206.
74 Ebd., § 30, S. 200.
75 Ebd., § 34, S. 211.
76 Ebd., § 34, S., 209.
77 Ebd., § 38, S. 234.

reinen Subjekt des Erkennens«, zum »klaren Weltauge«, werden:[78] »Denn in dem Augenblicke, wo wir, vom Wollen losgerissen, uns dem reinen willenlosen Erkennen hingegeben haben, sind wir gleichsam in eine andere Welt getreten, wo Alles, was unsern Willen bewegt und dadurch uns so heftig erschüttert, nicht mehr ist«:[79] Wobei »zugleich und unzertrennlich das angeschaute einzelne Ding zur Idee seiner Gattung, das erkennende Individuum zum reinen Subjekt des willenlosen Erkennens sich erhebt.«[80]

Dieser Erkenntnisübergang geschieht nach Schopenhauer eigentlich und zuerst beim *Genie*, d. h. bei dem, der das Kunstwerk nach dem Bild der Platonischen Idee entwirft und erzeugt; zweitens und infolgedessen auch bei Allen, die das Kunstwerk, und überhaupt das »Schöne« und das »Erhabene«, betrachten und genießen können.[81] Diese zwei Arten von ästhetischem Wohlgefallen, das Schöne und das Erhabene, unterscheiden sich dadurch, dass beim Letzteren, im Gegensatz zum Ersteren, die Gegenstände der Natur, die zu ihm einladen, doch »gegen den menschlichen Willen überhaupt, wie er in seiner Objektität, dem menschlichen Leibe, sich darstellt, ein feindliches Verhältniß haben«, und zwar »ihm entgegen sind, durch ihre allen Widerstand aufhebende Uebermacht ihn bedrohen, oder vor ihrer unermeßlichen Größe ihn bis zum Nichts verkleinern«.[82] Dennoch richtet hier »der Betrachter« seine Aufmerksamkeit »nicht auf dieses sich aufdringende feindliche Verhältniß zu seinem Willen«; vielmehr kontempliert er bloß und ruhig, »als reines willensloses Subjekt des Erkennens«, »allein der Erkenntniß hingegeben«, »jene dem Willen furchtbaren Gegenstände«, und fasst ausschließlich »ihre jeder Relation fremde Idee« auf.[83] Eben und allein auf diese Weise kann er daraus einen ästhetischen Genuss ziehen.

Dafür ist es aber zuerst notwendig, dass der Betrachter sich »von seinem Willen und dessen Verhältnissen gewaltsam losreißt« – womit er »über sich selbst, seine Person, sein Wollen und alles Wollen hinausgehoben« wird.[84] Hier »erfüllt ihn das Gefühl des *Erhabenen*«: Er ist eben »im Zustand der Erhebung, und deshalb nennt man auch den solchen Zustand veranlassenden Gegenstand *erhaben*«.[85] Die »Duplicität seines Bewußtseyns« erreicht in ihm damit »die höchste Deutlichkeit«:

---

78 Ebd., § 36, S. 219.
79 Ebd., § 38, S. 233.
80 Ebd., S. 232.
81 Ebd., § 37, S. 229; vgl. auch § 43, S. 255.
82 Ebd., § 39, 237–238.
83 Ebd.
84 Ebd.
85 Ebd.

[Denn »] er empfindet sich zugleich als Individuum, als hinfällige Willenserscheinung, die der geringste Schlag jener Kräfte zertrümmern kann, hülflos gegen die gewaltige Natur, abhängig, dem Zufall Preis gegeben, ein verschwindendes Nichts, ungeheuren Mächten gegenüber; und dabei nun zugleich als ewiges ruhiges Subjekt des Erkennens, welches, als Bedingung des Objekts, der Träger eben dieser ganzen Welt ist und der furchtbare Kampf der Natur nur seine Vorstellung, es selbst in ruhiger Auffassung der Ideen, frei und fremd allem Wollen und allen Nöthen.«[86]

Dass der Betrachter sich seiner selbst als ewiges Subjekt des Erkennens bewusst wird, fällt daher damit zusammen, dass er »das unmittelbare Bewusstsein« erreicht, alle jene Objekte, die *ihn* (als »Individuum«) zur Vernichtung bringen könnten, seien doch nur seine Vorstellungen, existieren ja nur in *ihm* (als überindividuellem, reinen Subjekt des Erkennens).[87]

Die Terminologie der Wissenschaftslehre (das »Losreißen« des faktischen Wissens, oder des empirischen Erkennens, von dem »Gesetz«, das es als solches bestimmt; das darauffolgende »sich erheben« des Menschen zu einem höhren »Bewusstsein«, einer »anderen Welt«, und das »Sich-Hingeben« zu einer ganz anderen »Erkenntnis«) findet sich in den gerade aus der *Welt als Wille und Vorstellung* zitierten Stellen nun mit vielen Themen verbunden, die im Vortrag Fichtes überhaupt nicht auftauchen: das Wesen der Kunst, die notwendigen Bedingungen des ästhetischen Urteils, der Bezug auf die Platonischen Ideen, der innere, unvermeidliche Zusammenhang zwischen Wollen und Leiden. Hierin soll man nämlich das Ergebnis der Auseinandersetzung Schopenhauers mit anderen Philosophen und Dichtern (u.a. Kant, Schelling, Tieck, Wackenroder[88]) erkennen.

Dies darf aber auf keinen Fall die Tatsache übersehen lassen, dass der von Schopenhauer beschriebene Übergang eines selben Menschen vom »Individuum« zum »reinen Subjekt des Erkennens« eine nicht bloß terminologische, sondern auch theoretische Fichte'sche Physiognomie hat. Zuerst handelt es sich hier nämlich um den Übergang von dem gemeinsamen zu einem zweiten, umfangreicheren (oder erhabeneren) Bewusstsein. Der Fokus des Letzteren

---

86 Ebd., S. 241–242.
87 Ebd., S. 242.
88 Über die Entstehung der Ästhetik Schopenhauers, vgl. u.a.: Hübscher, Arthur: *Denker gegen den Strom*. Bonn 1982, S. 32ff. Kamata, Yasuo: *Der junge Schopenhauer*, S. 15ff., 224ff. Barbera, Sandro: *Une Philosophie du Conflit. Etudes sur Schopenhauer*. Paris 2004, S. 129ff. De Cian, Nicoletta: *Redenzione, colpa, salvezza*, S. 193ff., 218ff. App, Urs: *Schopenhauers Kompass*. Rohrschach/Kyoto 2011, S. 24ff., 55ff.

ist ferner das Vorstellen (als solches), in welchem das erstere Bewusstsein aufgeht; d. h. das Vorgestellt-Werden der *vorgestellten* Objekte, die im begrenzten Gesichtskreis des gemeinen Bewusstseins doch als bloße »Objekte« vorkommen. Drittens geschieht jener Übergang erst mittelst einer entscheidenden Losreißung des Subjekts von dem »Gesetz«, welches das Erkennen des ersteren Bewusstseins bestimmt.

Daraus entsteht aber im System Schopenhauers eine hohe theoretische Spannung. Denn diese Züge seines Diskurses setzten offensichtlich eine, wenn auch teilhafte, Unabhängigkeit und Selbstständigkeit der Erkenntnis vom Wollen voraus; der Zusammenhang aber, in den sie sich einfügen, beruht sich doch auf einer ›voluntaristischen‹ Grundthese, der zufolge das Erkennen, als bloßes Mittel des Wollens, diesem »immer unterworfen« sei.[89]

In einem oben angeführten Zitat aus der *Welt als Wille und Vorstellung* tritt ein Ausdruck hervor, dessen Relevanz sehr deutlich ist: »Duplizität des Bewusstseins«. Seit dem Ende des Jahres 1811, und zwar bereits während des Besuchs der Fichte'schen Vorlesungen, stellte der junge Schopenhauer das Philosophem des »besseren Bewusstseins« auf. Seinen Gedanken zufolge finde sich in jedem Menschen ein Zwiespalt zwischen einem »besseren« und einem »empirischem« Bewusstsein[90] – wobei er für das erste Mal die »Duplizität des [menschlichen] Bewusstsein« erwähnt.[91]

Aus einer Glosse zur ersten Vorlesung Fichtes »Ueber die Tatsachen des Bewusstseins«, in der es um das »höhere Bewusstsein« der »Wahrnehmung der Wahrnehmung«, oder »absoluten Besonnenheit«, geht, ergibt sich klar, dass Schopenhauer seine Grundidee eben in Auseinandersetzung mit Fichte formuliert hat.[92] Durch diese Theorie meinte er ein selbstständiges nachkantisches System aufzubauen, in welchem das letzte Wort der Philosophie endlich erklingen könnte. In den Manuskripten aus dem Jahr 1814 gebraucht er die Wendung »sich losreißen«, um die Auflösung des Menschen vom Willen zum Leben zu bezeichnen; was ihm ermöglichen würde, zum »besseren Bewusstsein« zu gelangen.[93]

Jenes Philosophem ließ aber Schopenhauer selbst 1814 fallen.[94] Fast alle Schopenhauerforscher sind dennoch der Ansicht, dass dieser allererste

---

89   W I, S. 209, § 33.
90   HN I, Nr. 35, S. 23.
91   Ebd., Nr. 99, S. 68.
92   HN II, S. 32.
93   HN I, Nr. 256, S. 154.
94   Das letzte Fragment der frühen Manuskripte, in dem das »bessere Bewusstsein« erwähnt wird, ist der Nr. 287 (vgl. HN I, S. 187).

theoretische Versuch für die Entwicklung seiner späteren Gedanken und die Aufstellung seiner Willensmetaphysik einen wesentlichen Schritt dargestellt hat.[95] Es kann nämlich sehr konkret und mit genauem Bezug auf die Texte bewiesen werden, dass die Bestimmungen, die das »empirische Bewusstsein« ausmachten, sich 1814 in der Beschaffenheit des Menschen (und der ganzen »Welt«) als »Vorstellung« und als »Wille« zergliedert haben; während aus der Entzweiung der Bestimmungen, die das »bessere Bewusstsein« ausmachten, die Figur des »reinen Subjekts des Erkennens« und die der »Willensverneinung« entstanden sind.[96] Diese *vier* Hauptmomente bedingen nämlich die Struktur des Hauptwerks Schopenhauers in ebenso viele Bücher.[97]

Hier können diese Thesen leider bloß ausgesprochen, aber nicht gerechtfertigt werden. Diesbezüglich soll die Aufmerksamkeit zum Schluss auf zwei bedeutende Indizien kurz gerichtet werden.

Zuerst soll nämlich bemerkt werden, dass sowohl das »bessere Bewusstsein« als auch das »reine Subjekt des Erkennens« ein zweites, und zwar dem gemeinen ganz entgegengesetzte Bewusstsein darstellen; eben dadurch bezeugen sie beide die »Duplizität« des menschlichen Bewusstseins. Das

---

95 Bezüglich der Philosophie des besseren Bewusstseins und, im Allgemeinen, des jungen Schopenhauer, vgl.: Lorenz, Theodor: *Zur Entwicklungsgeschichte der Metaphysik Schopenhauers. Mit Benutzung des handschriftlichen Nachlasses.* Leipzig 1897. Weiss, Otto: *Zur Genesis der Schopenhauers Metaphysik.* Leipzig, 1907. Zint, Hans: »Schopenhauers Philosophie des doppelten Bewußtsein«. In: *Schopenhauer-Jahrbuch* 10 (1921), S. 3–45. Hübscher, Arthur: *Denken gegen den Strom*, S. 1–155. Kamata, Yasuo: *Der junge Schopenhauer.* Mirri, Edoardo: »Un concetto perduto nella sistematica schopenhaueriana: la »migliore coscienza««. In: Penzo, G. (Hg.): *Schopenhauer e il sacro. Atti del Seminario tenuto a Trento il 26–28 aprile 1984.* Bologna 1987, S. 59–82. Decher, Friedhelm: »Das bessere Bewußtsein: Zur Funktion eines Begriffs in der Genese der Schopenhauerschen Philosophie«. In: *Schopenhauer-Jahrbuch* 77 (1996), S. 65–83. Chenet, François-Xavier: »Conscience empirique et conscience meilleure chez le jeune Schopenhauer«. In: *Les Cahiers de l'Herne*, Nr. 69 (1997), S. 103–130. De Cian, Nicoletta: *Redenzione, colpa, salvezza.* De Cian, Nicoletta – Segala, Marco: »What is will?«. In: *Schopenhauer-Jahrbuch* 83 (2002), S. 13–42. Barbera, Sandro: *Une Philosophie du Conflit. Etudes sur Schopenhauer.* App, Urs: *Schopenhauers Kompass.* Novembre, Alessandro: *Il giovane Schopenhauer e Fichte.*

96 Diesbezüglich vgl. Novembre, Alessandro: *Il giovane Schopenhauer e Fichte*, S. 435–439.

97 Die Titelblätter der vier Bücher lauten nämlich: »Erstes Buch. Der Welt als Vorstellung. Erste Betrachtung: Die Vorstellung unterworfen dem Satze vom Grunde: das Objekt der Erfahrung und Wissenschaft.« »Zweites Buch. Der Welt als Wille. Erste Betrachtung. Die Objektivation des Willens.« »Drittes Buch. Der Welt als Vorstellung. Zweite Betrachtung: Die Vorstellung, unabhängig vom Satze des Grundes: die Platonische Idee: das Objekt der Kunst«. »Viertes Buch. Der Welt als Wille. Zweite Betrachtung: Bei erreichter Selbstkenntniß Bejahung und Verneinung des Willens zum Leben«.

»Losreißen« vom Wollen bestimmt ferner Schopenhauer als die Grundbedingung beider. Sehr bezeichnenderweise ist ferner bei Schopenhauer das »Losreißen« vom Wollen auch die Bedingung der »Willensverneinung«, oder *noluntas*,[98] dessen Ergebnis die »Ueberwindung und Vernichtung der Welt« ist.[99]

In seinen letzten Vorlesungen »Ueber die Tatsachen des Bewußtseins« bestimmt Fichte die ganze »Wahrnehmungswelt« als die »Anschaubarkeit des Triebes« des Ich.[100] Es ist eben in der Welt der Erfahrung, dass der sonst ganz »gestaltlose« Trieb eine »Gestalt« erhält: Denn das Ich »deutet« seinen Trieb als auf einen bestimmten Zweck gezielt, und »übersetzt« ihn dadurch in einen konkreten »Zweckbegriff«.[101] Dieser Trieb ist nun an sich schlechthin »unvergänglich«, weil er im Ich »der unmittelbare Ausdruck des überfaktischen Seyns« ist: Von ihm kann es also überhaupt keine endgültige »Befriedigung« geben, die ihn ganz aufheben würde.[102] Das Ich wird demzufolge in »eine unendliche Reihe« von Handlungen hineingezogen; d. h. in einen endlosen und progressiven Kreis, der vom Triebe oder Streben zu dessen »Erfüllung«[103] oder »Befriedigung«[104] geht, und von dieser wieder zu einem erneuten Streben; und so weiter »ins Unendliche«.[105]

Um sich diesem ganzen Kreislauf entziehen zu können, muss sich nun das Ich eigentlich von dessen Grundprinzip »losreißen«: d. h., *vom Triebe*.[106] Die Welt der Erfahrung ist nun aber »nichts als die Anschaubarkeit des Triebes«: Indem sich das Ich vom Triebe losreißt, so reißt es sich damit von *allen* Bestimmungen los, die das ganze »System der Faktizität«[107] ausmachen (»Mannigfaltigkeit«, »Raum«, »Zeit«).[108] Das, was sodann übrigbleibt, ist daher *das Nichts*: Das »Sehen« der »höheren«, nicht mehr faktischen »Anschauung« ist »ein Sehen von Nichts«.[109]

In einer Glosse zu Fichtes Vorlesung interpretiert nun der junge Schopenhauer jenen »Trieb« ausdrücklich *als »Wollen«*. Dass der Trieb des Ich ins Unendliche geht, wird von ihm nämlich so gedeutet, dass nach Fichte die

---

98 Vgl. W II, Kap. 44, S. 640–641.
99 W I 390, § 60.
100 HN II, S. 69–70.
101 Ebd., S. 59ff.
102 Ebd., S. 59.
103 Ebd.
104 Ebd., S. 60.
105 Ebd.
106 Ebd., S. 73ff.
107 Ebd., S. 79.
108 Ebd., S. 74.
109 Ebd., S. 75.

»Seele« des Menschen »einen Trieb« habe, der »immer etwas will und wenn ers hat, wieder etwas andres will«.[110] Diese Lehre, die Schopenhauer 1811 Fichte zuschreibt, scheint eine Vorwegnahme seiner reifen Lehre zu sein, der zufolge eine »dauernde, nicht mehr weichende Befriedigung kann kein erlangtes Objekt des Wollens geben«.[111] Jede »Befriedigung« sei vielmehr stets »nur der Anfangspunkt eines neuen Strebens«, das »ins Unendliche« gehe;[112] weil dem Wollen »kein erreichtes Ziel ein Ende macht«.[113] Als »Subjekt des Wollens« liege daher der Mensch unvermeidlich auf einem endlos »drehenden Rade des Ixion«.[114]

Das, worum es aber hier hauptsächlich geht, ist, dass Schopenhauer zufolge der Mensch sich jenem »Rad« allein entziehen kann, wenn er sich von dessen ‚Beweggrund' »losreißt«: nämlich seinem eigenen *Willen*. Das letzte Ergebnis des völligen »Losreißens« vom »Willen« – welcher bei Schopenhauer zugleich für das »innerste Wesen« jedes Menschen und der ganzen »Welt« gilt – ist nun eben *das Nichts*: Denn

> für Das, was er [der Mensch] sodann ist, fehlt es uns an Begriffen, ja, an allen Datis zu solchen. Wir können es nur bezeichnen als Dasjenige, welches die Freiheit hat, Wille zum Leben zu seyn, oder nicht. [...] Es ist der Punkt, welcher aller menschlichen Erkenntniß, eben als solcher, auf immer unzugänglich bleibt.[115]

Die »Verneinung«, oder »Aufhebung«, des »Willens zum Leben« ist ein Losreißen des Menschen von *Allem*, was sein eigenes »Wesen«, so wie auch das der Erfahrungswelt, überhaupt ausmacht. Infolgedessen wird die »Welt« *ganz* verneint und aufgehoben: sowohl »als Wille«, als auch »als Vorstellung«. Das, was dann übrigbleibt, ist allein das *Nichts*, als Schrein der wahren »Erlösung« von dieser Leidenswelt: dasjenige »Nichts«, welches das eigentliche (nicht nur im metonymischen Sinne gemeint) letzte Wort von *Die Welt als Wille und Vorstellung* ist.[116]

---

110 Ebd., S. 60.
111 W I, S. 231, § 38.
112 Ebd., S. 365, § 56.
113 Ebd., S. 364.
114 Ebd., S. 231, § 38.
115 Ebd.
116 Vgl. Ebd., § 71, S. 796: »Wir bekennen es vielmehr frei: was nach gänzlicher Aufhebung des Willens übrig bleibt, ist für alle Die, welche noch des Willens voll sind, allerdings Nichts. Aber auch umgekehrt ist Denen, in welchen der Wille sich gewendet und verneint hat, diese unsere so sehr reale Welt mit allen ihren Sonnen und Milchstraßen – *Nichts*.«

TEIL 5

Politik und Wirtschaft

KAPITEL 21

Philosophische Modelle einer globalen Weltordnung im Vergleich: Kants Föderation freier Staaten vs. Fichtes geschlossenen Handelsstaat

Irene Sacchi

Abstract

What can two philosophical texts contribute to the discourse 200 years after their first publication? This main question guides the identification and analysis of two models of global world order, developed by Kant and Fichte in two of their selected works. These are respectively a small text by Immanuel Kant bearing the title *Zum ewigen Frieden* and a supplement to Fichte's legal doctrine entitled *Der geschlossene Handelsstaat*. It became evident that the authors support two opposite positions: A federation of politically sovereign states, which engage in constant economic relationships on the one hand, and a closed nation-state, which can only maintain its internal economical and political balance in the absence of economic relations with other countries. A thematical comparison is undertaken with the intention to underpin the importance of these writings for current debates. A particular focus is put on the phenomenon of globalization, being the most important current challenge in the shaping of international political and economic relations.

Zusammenfassung

Was können zwei philosophische Beiträge knapp 200 Jahre nach ihrer Veröffentlichung zu aktuellen Themen noch beitragen? Diese zentrale Frage leitet die Ausarbeitung und Untersuchung der Modelle globaler Weltordnung, die Kant und Fichte in zwei ausgewählten Referenzwerken entwickelt haben, ein. Dabei handelt es sich um die kleine Schrift Kants *Zum ewigen Frieden* und um den Anhang zu Fichtes Rechtslehre, der unter dem Titel *Der geschlossene Handelsstaat* erschienen ist. Es kristallisieren sich zwei entgegengesetzte Entwürfe heraus: Eine Föderation freier Staaten, die sich in kontinuierlichen politisch-ökonomischen Verhältnissen aufeinander beziehen, steht einem geschlossenen Nationalstaat gegenüber, der nur ohne Kontakte mit dem Ausland die eigene innere wirtschaftliche und politische Harmonie beibehalten kann. Es wird ein thematischer Vergleich mit der Absicht vollzogen, die Bedeutung dieser Beiträge für aktuelle Diskussionen hervorzuheben. Besonders im Fokus steht das Phänomen der

Globalisierun gals wichtigste gegenwärtige Herausforderung für internationale, politische und wirtschaftliche Beziehungen.

Schlüsselwörter

Globalisierung – Weltbürgerrecht – Kosmopolitismus – Nationalismus

1   Einleitung

Dieser Beitrag ist ein Versuch, eine Art Debatte zwischen zwei Autoren entstehen zu lassen bzw. die Bedeutung ihrer Beiträge und Ansätze für aktuelle Diskussionen hervorzuheben. Besonders soll das Phänomen der Globalisierung als wichtigste Herausforderung für internationale politische und wirtschaftliche Beziehungen während des Überganges vom 20. ins 21. Jahrhundert im Fokus stehen.[1] Die rasant zunehmende Interaktion zwischen Menschen und Institutionen auf globaler Ebene hat einerseits neue Wege der wirtschaftlichen und soziokulturellen Kommunikation eröffnet, andererseits aber unkalkulierbare globale Auswirkungen gezeigt, für deren Verantwortung keine internationale Zuständigkeit geklärt ist.[2]

Die Pluralität der Dimensionen der Globalisierung reicht von politischen bis hin zu sozialen und wirtschaftlichen Aspekten. Das Verstehen und der Umgang mit der Globalisierung stellt sicherlich eine schwere Herausforderung für die gegenwärtige politische Philosophie und Moralphilosophie dar und bietet einen großen Raum für eine breitgefächerte Debatte.[3]

---

1   Siehe zu Begriffsbildung und Konnotation: Beck, Ulrich: *Was ist Globalisierung?* Frankfurt a.M. 1997, S. 26; Über die Definitionsmerkmale, die den Prozess der Globalisierung beschreiben: Müller, Klaus: *Globalisierung*. Frankfurt a.M. 2002, S. 7.

2   Obwohl jeder Einzelstaat eine extraterritorial wirkende Rechtsordnung besitzt, sind dennoch die möglichen Maßnahmen begrenzt, wenn wirtschaftliche Beziehungen dem nationalen Rechtsrahmen ausweichen. Dazu siehe: Meng, Werner: *Extraterritoriale Jurisdiktion im öffentlichen Wirtschaftsrecht*. Berlin 1994, S.116ff.; Über die Bedeutung unzureichender Kontrollverantwortung im Wirtschaftsgeschehen: Mestmäcker, Ernst-Joachim: *Recht in den offenen Gesellschaft*. Baden-Baden 1993, S.112f.

3   Exemplarisch dazu: Kuschel, K.-J. u.a. (Hg.): *Ein Ethos für eine Welt? Globalisierung als ethische Herausforderung*. Frankfurt a.M 1999; Schüttauf, K. – Brudermüller, G. (Hg.): *Globalisierung: Probleme einer neuen Weltordnung*. Würzburg 2007; Höffe, Otfried: *Demokratie im Zeitalter der Globalisierung*. München 2002.

Das Anliegen meines Beitrages besteht darin, zwei wertvolle Stimmen aus der Vergangenheit mit all ihren Grenzen und Utopien ins Spiel zu bringen, um eine Konfrontation mit der Problematik im Nachhinein herauszuarbeiten.
Das erste Referenzwerk ist Kants *Zum ewigen Frieden*. Dabei geht es Kant primär um eine vernunftgeleitete Ablehnung des Krieges und um die Etablierung eines dauerhaften internationalen Friedens.[4] Kant thematisiert die Grundsätze des republikanischen Staatsrechts und entwickelt Leitprinzipien der internationalen Politik. Er entscheidet sich für eine Regelung supranationaler Beziehungen durch eine föderalistische Assoziation freier und souveräner Staaten.[5]

Kant gelingt es, durch die Abfassung seiner Friedensschrift die Ausmaße der zeithistorischen Ereignisse zu erfassen und somit eine große Debatte in den Fachkreisen über die politischen Veränderungen zu eröffnen.[6] Denn für einen massiven politischen Wandel bedarf es neuer politischer Theorien.

Das Hauptwerk Fichtes, das als komparativer Akteur gegenüber der kantschen Friedensschrift dienen wird, ist *Der geschlossene Handelsstaat* aus dem Jahr 1800. Dem Titel entsprechend befasst sich Fichte mit der Errichtung eines exemplarischen nationalen Wirtschaftsstaates. Im Vordergrund stehen die Überwindung der Handelsanarchie und die parallele strenge Regulierung politischer und ökonomischer Verhältnisse im Innerstaatlichen. Dieses Ziel ist nach Fichte nur durch die ausnahmslose Schließung jeglicher ökonomischer Beziehungen gegenüber dem Ausland und durch das Erlangen der vollkommenen wirtschaftlichen Autarkie zu erreichen. Denn die freie Marktwirtschaft ist für Fichte nichts anderes als ein aus Gewohnheit beibehaltenes Überbleibsel aus den Zeiten der gesetzlosen Vergangenheit. Das heißt es besteht für ihn eine deutliche Inkongruenz des Entwicklungsstadiums zwischen politischer und ökonomischer Ebene.[7]

---

4   Die kantische Friedenskonzeption wird bedeutend durch die Prägung des Begriffes der Pax Kantiana in der Monografie von Cavallar, Georg beschrieben: *Pax Kantiana: systematisch-historische Untersuchung des Entwurfs „Zum ewigen Frieden" (1795) von Immanuel Kant*. Köln u.a. 1992.

5   Die föderalistische Idee eines Zusammenschlusses vieler souveräner Staaten findet man bereits bei Abbé de Saint-Pierre und nach ihm auch bei Jean Jacques Rousseau. Dazu exemplarisch: Asbach, Olaf: *Die Zähmung der Leviathane: Die Idee einer Rechtsordnung zwischen Staaten bei Abbé de Saint-Pierre und Jean Jacques Rousseau*. Oldenburg 2002.

6   Kants Friedensschrift gibt vor allem im deutschsprachigen Raum einen neuen Denkanstoß bezüglich der Friedensthematik und ihres Zusammenhangs mit der französischen Revolution. Dazu erläutert Cavallar in dem Kapitel *Wirkungsgeschichte* (S. 436ff.) drei Rezeptionsphasen des Friedenstraktat bis etwa 1806.

7   »[...] die Anarchie des Handels [soll] ebenso aufgehoben werde[n], wie man die politische almählig aufhebt, und der Staat ebenso als Handelsstaat sich schliesse[n], wie er in seiner Gesetzgebung und seinem Richteramte geschlossen ist. « (GA I/7, 95).

Bereits die grobe Darstellung der beiden Werke suggeriert eine eindeutige Diametralität beider Positionen: Eine Föderation freier Staaten, die in kontinuierlichen politisch-ökonomischen Verhältnissen zueinander stehen, gegenüber einem geschlossenen Nationalstaat, der nur ohne Kontakte mit dem Ausland die eigene innere wirtschaftliche und politische Harmonie beibehalten kann.

2   Kants Föderation freier Staaten

Kants politische Perspektive in seinem Friedenstraktat eröffnet die Dimension des Kosmopolitischen und behandelt beispielsweise die Problematik der Vereinbarkeit der staatlichen Souveränität und der außenpolitischen Intervention, die heute noch eine große Rolle in Debatten der internationalen Politik spielt.[8] Die Aktualität der Inhalte des Werks Kants knapp 200 Jahren nach seiner Abfassung ist unbestritten.[9]

Ich sehe dennoch erst einmal von dem postulierenden Ausgangspunkt der Aktualitätsfrage ab.

Kants wiederkehrender Gedanke, dass politische Änderungen nur in Form einer langsamen Entwicklung stattfinden sollen und seine grundsätzliche Ablehnung eines *revolutionären* Wandels in der Politik ist meines Erachtens hauptsächlich als Reaktion gegenüber den politischen Ereignissen in der Entstehungszeit seines Werkes zu interpretieren. Im Hintergrund steht die Erfahrung der Französischen Revolution, die Bilder der Gewalt und politische Unsicherheit mit sich gebracht hatte. Kants Modell strebt dagegen nach einer progressiven Veränderung des Systems. Ohne die politiktheoretische These beurteilen zu wollen, lässt der Blick in die historische Wirklichkeit Zweifel über die reale Faktizität des politischen Evolution-Postulats aufkommen. Viele Widerstandsbewegungen, die gegen politische Diktaturen gekämpft haben, endeten in Volksrevolutionen, um dann teilweise demokratische Verhältnisse zu etablieren. Selbst die Entstehung von internationalen Institutionen wie dem Völkerbund und später der UNO sind an internationale politische Umstürze wie die Weltkriege gekoppelt.

Die politisch-rechtlichen Strukturen sollen nach Kant auf den Prinzipien der praktischen Vernunft basieren und dem öffentlichen Vernunftgebrauch entspringen, also keineswegs in Form eines abrupten und plötzlichen

---

8   Vgl. u.a. Philpott, Daniel: *Revolutions in Sovereignity. How Ideas Schaped Modern International Relations*. Princeton 2001; Kritisch zur Problematik des Prinzips der Nichteinmischung: Krasner, Stephen D: *Sovereignity. Organised Hypocrisy*. Frankfurt a.M. 1999.

9   Cavallar bietet in dem Kapitel 14.2. eine systematische Analyse über die Aktualität der Kantischen Friedenskonzeption, indem er u.a. die jüngsten Beispiele zeitgenössischer Autoren nennt, die sich auf die *Pax kantiana* beziehen.

politischen Umbruchs zustande kommen.[10] In der neueren Geschichte lassen sich dennoch zahlreiche Beispiele politischer Katastrophen nennen, die nur durch einen radikalen politischen Umbruch zu überwinden gewesen sind. Die 200 Jahre Ereignisgeschichte, die die Gegenwart von Kants historischem Kontext trennen, haben sozialpolitische wie auch technologische Entwicklungen gebracht, die sicherlich eine vielseitige Verschiebung der Voraussetzungen, die Kants Überlegungen zugrunde liegen, bedeuten. So ist aus meiner Sicht auf praktisch-politischer Ebene eine derartige Ablehnung zu radikal.

Bei der schwierigen Frage der Vereinbarkeit von staatlicher Selbstbestimmung und globaler Rechtsordnung erreicht Kant in seiner Friedenschrift in gewisser Weise eine argumentative Grenze. Dabei entsteht ein Konflikt zwischen der rein transzendentalphilosophischen und der praktischen Ebene. Kant stellt die utopische Idee einer Weltrepublik als einzig positives Ziel des globalen Zusammenschlusses dar.

Aus praktischen Gründen muss Kant das Modell eines Weltstaates mit der Begründung ablehnen, dass seine Realisierung letztendlich zu dem „größte[n] denkbare[n] Despotismus"[11] führen würde. Für Kant gilt nach wie vor die Prämisse der unantastbaren Souveränität der Einzelstaaten als Grundlage seiner Vorstellung einer freiwilligen Föderation freier Staaten. Analog zur Befreiung vom Naturzustand auf innerstaatlicher Ebene soll im internationalen Bereich der Schritt zu einer allgemein geltenden Rechtsordnung die Sicherung des Weltfriedens garantieren.[12] Politisch gesehen enthält die kantsche Idee der Föderation freier Einzelstaaten als praktikables Surrogat einige Defizite: Da die Konfliktbewältigung auf zwischenstaatlicher Ebene nicht institutionell geregelt ist, weist die Föderation einen provisorischen Charakter auf; denn eine Aufhebung des Zusammenschlusses ist jederzeit für jedes Mitglied straffrei möglich. Diese pragmatische Auslegung von Kants politischem Konstrukt steht meiner Ansicht nach somit ganz klar im Widerspruch zum Ziel und zum Leitkonzept des ewigen Weltfriedens.

---

10 » Diese Begebenheit ist das Phänomen nicht einer Revolution sondern der Evolution einer naturrechtliche Verfassung « (AA VII, S.88, Z. 12–13).

11 Kant, Immanuel: *Über den Gemeinspruch: Das mag in der Theorie richtig sein, taugt aber nicht für die Praxis*. AA VIII, S. 291, Z. 3–4.

12 Dieser Parallelität-Gedanke entspringt aus der wiederkehrenden Analogie zwischen Individuen und Staaten, der Staat wird als » moralische Person « betrachtet und damit mit dem Bedürfnis versehen, sich aus dem Naturzustand (Kriegszustand) zu befreien. Vgl. Kant, Immanuel: *Metaphysik der Sitten*. Der Rechtslehre Zweiter Teil. Des öffentlichen Rechts, § 53. AA VI, S. 343, Z. 20ff.

2.1 Kants Weltwirtschaftsmodell

Kant schreibt der wirtschaftlichen Ebene im internationalen Raum eine eindeutige friedenfördernde Bestimmung zu. Da für ihn ökonomische Beziehungen auf wechselseitigem Eigennutz (AA VIII, S. 368, Z. 5) basieren, tritt die utilitaristische Ebene für alle Akteure in den Vordergrund, so dass die Sicherung des grenzüberschreitenden Friedens für alle von Vorteil sei. Kant entscheidet sich für eine ausnahmslos positive Darstellung der freien Wirtschaft als tragendes Element im Friedensfestigungsprozess. Die logische Konklusion besteht darin, dass eine möglicherweise in Kraft tretende universale Rechtsordnung keinerlei Begrenzungen bezüglich der globalen Weltwirtschaft vorgeben darf, denn „die Geldmacht [bleibt] wohl die zuverlässigste [...] unter allen der Staatsmacht untergeordneten Mächte[n] (Mitteln)." (AA VIII, S. 368, Z. 8–9). Diese Zuverlässigkeit basiert nach Kant auf dem menschlichen Egoismus – dem von Natur aus gegebenen Streben nach Selbstbestätigung und Eigennutz – Eigennutz, der die Bekräftigung friedlichen Zusammenlebens garantieren soll.

Kants Beschreibung und Bewertung der internationalen Zusammenhänge in Bezug auf den Handelsverkehr wirkt nicht völlig unverständlich, vielmehr scheint seine Auffassung nicht vollständig zu sein, da die positiven Aspekte als einzige benannt werden. Die Negation der Notwendigkeit irgendeiner Einschränkung der weltweiten Handelsverhältnisse ist meines Erachtens eine große Schwäche in seiner Weltbürgerrechtslehre. Denn da die angemessenen politischen Organe fehlen, die die rechtlichen Bedingungen der ökonomischen Beziehungen weltweit regulieren sollten, kann das für Kant begrüßenswerte Streben nach Eigennutz vor allem in der Wirtschaft nicht ohne Weiteres als integratives Prinzip zum Weltbürgerrecht gelten. Durch das Fehlen eines politischen Hauptverantwortlichen oder jeglicher autoritätstragender Gremien auf globaler Ebene scheint kein juridischer Sanktionsmechanismus möglich, was sich als ein großes Manko des kantschen Systems herauskristallisiert. Zur kritischen Gegendarstellung in Bezug auf die globalen ökonomischen Entwicklungen dienen meines Erachtens 200 Jahre Zeitgeschichte.[13] Nur dadurch kann man heute behaupten, dass der freie Markt auf internationaler Ebene eine Entmachtung des Staates und eine Schutzlosigkeit des einzelnen Wirtschaftsakteurs bewirkt.[14] Diese Realität würde Kant wahrscheinlich viele

---

13 Als Beispiele für Globalisierungskritik gelten exemplarisch Chossudowski, Michel: *Global brutal. Der entfesselte Welthandel, die Armut, der Krieg.* Frankfurt a.M. 2002 und Mander, J. – Goldsmith, E. (Hg.): *Schwarzbuch Globalisierung: eine fatale Entwicklung mit vielen Verlierern und wenigen Gewinnern.* München 2004.

14 Nicht nur die Nationalstaaten sondern auch einzelne Wirtschaftsteilnehmer sind auf global geltende Rechtsrahmen angewiesen, um Vertrags- Eigentums- und Zahlungssicherung

Punkte seiner Thesen über internationale Wirtschaft revidieren lassen, denn der Primat der Wirtschaft über die Rechtsordnung bis hin zu einer Teilauflösung des Letzteren verstößt eindeutig gegen Kants gesamte politische Theorie. Doch die Frage, warum Kant die Wirkung des Handelsgeistes nur nebenbei erwähnt und nicht weiter ausführt, obwohl er doch die wirtschaftlichen Beziehungen als friedenfördernd bezeichnet, bleibt meines Erachtens unmöglich zu beantworten.

Bezüglich der Globalisierungsthematik könnte Kants Beitrag als eine zustimmende Position hinsichtlich der internationalen Beziehungserweiterung eingeordnet werden. Doch von meinem Standpunkt aus ist zweifelhaft, ob der Traktat *Zum ewigen Frieden* als Manifest der Globalisierungsbefürwortung behandelt werden darf. Die kantsche Darstellung der Föderation freier Staaten präsentiert eine in erster Linie politische Lösung, während sich das realhistorische Phänomen der Globalisierung zunächst auf die wirtschaftliche Ebene zu beschränken scheint.[15] Die Problematik der sozialen und ökologischen Konsequenzen, welche gerade aus der globalen Erweiterung von Konflikten und Möglichkeiten entstehen, beschäftigt Kant keineswegs. Bei der Betrachtung des fortschreitenden Globalisierungsprozesses fällt eine Wechselwirkung des gemeinsamen Tätigkeitsfeldes auf: Aktionen auf globaler Ebene bringen Reaktionen auf globaler Ebene. So trivial sich diese Aussage auch anhört, fasst sie einen wichtigen Punkt zusammen, der eine zentrale Rolle im Rahmen der kritischen Auseinandersetzung mit dem Phänomen Globalisierung spielt. Durch die Feststellung, dass Kant einen aktiven Prozess des politischen Zusammenschlusses befürwortet und dabei die soziokulturellen Konsequenzen völlig außer Acht lässt, werden auch die Grenzen seines Modells noch stärker deutlich. Wie Orlando Budellacci in seiner Monographie[16] treffend behauptet, scheint das Interessensfeld Kants das rein rechtliche zu sein, denn beispielsweise die wirtschaftliche Ebene wird nur am Rande behandelt. Jedoch erscheint es mir schwierig zu sein, die Bereiche so voneinander zu trennen, dass es möglich wäre, diese gesondert zu behandeln. Deshalb kristallisiert sich hier ein weiteres Defizit in Kants Entwurf heraus.

---

und Schonung der Umwelt zu beanspruchen. Vgl. Stober, R. (Hg.): *Globales Wirtschaftsverwaltungsrecht*. Köln 2001. S. 8ff.

15 Stober (ebd., S.1) spricht von einer »klassischen« und einer »modernen« Globalisierungsform: Die erste beschreibt die schon seit »prähistorischen Zeiten existierende Fern-, Außen- und Überseehandelstradition«, während die moderne Globalisierung eine deutliche Veränderung des »Tempos und Maßstabs der ökonomischen Integration« vorweist.

16 Vgl. Budellacci, Orlando: *Kants Friedensprogramm*. Oberhausen 2003.

3 Fichtes geschlossener Handelsstaat

Die von Kant vertretene kosmopolitische Position scheint bei Fichtes Werk von 1800 keinen Platz zu finden. Schon in seiner Rezension über Kants Friedensschrift, obwohl diese noch vor der Verfassung der *Grundlagen des Naturrechts* veröffentlich wurde, findet man eine knappe aber eindeutige Formulierung über die tragende These des kantschen Weltbürgerrechts über die Bedingungen der allgemeinen Hospitalität: „[Hospitalität] [...]also das Recht jedes Menschen; um seiner bloßen Ankunft willen auf den Boden eines anderen Staats, nicht feindselig behandelt zu werden; wozu nach den Grundsätzen des bloßen Staatsrechts der Staat allerdings das vollkommenste Recht hätte."(GA I/3, 221). Fichte entwickelt in seinem Werk von 1800 einen Entwurf des Staates als eines geschlossenen Gebildes, dessen harmonische Existenz sich genau auf die Abriegelung gegenüber dem Ausland gründet. Eine vorgesehene Zahl von Bürgern, die jeweils bestimmte Tätigkeiten ausüben und ein begrenztes Territorium bevölkern, sind für Fichte die Garantie eines gut funktionierenden Staatsgebildes, das akribisch in seiner Schrift *Der geschlossene Handelsstaat* beschrieben wird (Vgl. GHS GA I/7, 38).Vor diesem Hintergrund ist der Schlusssatz zum kantschen Prinzip der allgemeinen Hospitalität eine skeptische Reaktion auf ein Konzept, das in Fichtes Staats- und Völkerrecht von 1800 keinerlei Begründung finden würde. Fichte scheint hier gegen die politische und soziale Offenheit des Kosmopolitismus angehen zu wollen, mit der Begründung der sich aus dieser Offenheit ergebenden gefährlichen sozialen Ungerechtigkeit. Der erreichte innere Lebensstandard wird durch die autarken Verhältnisse gesichert, und dadurch, dass jeglicher Einfluss von außen ausbleibt, existiert keinerlei Bedrohung der internen politischen wie ökonomischen Stabilität. Stabil bleiben damit sowohl der Arbeitsmarkt und der Preis als auch der Wert der Ware. Dieser allgemeine Wohlstand bringt nach Fichtes Entwurf eine weit verbreitete Harmonie im Lande und garantiert Friedfertigkeit und gegenseitigen Respekt zwischen Bürgern und Regierung, so dass die militärische Rüstung kaum für interne und sicherlich nicht für externe Angelegenheiten notwendig wird. Die Vorstellung Fichtes, dass eine kompromisslose Schließung des Staates gegenüber dem Ausland eine Garantie für die innere Stabilität und den Wohlstand sei, lässt sich nur bedingt nachvollziehen. Denn die Konsequenzen der unmittelbaren Kontrolle über alle staatsinternen Angelegenheiten bringen nicht nur Sicherheit, sondern auch die gleichzeitige freiwillige Ausschließung von der ökonomischen und kulturellen Bereicherung durch das Ausland bzw. innere freiheitsrechtliche Problematiken wie die Einschränkung der Reisefreiheit. Die eigentlich vormundschaftliche Rolle des Staates gegenüber dem Staatsbürger wandelt sich zu einem totalitaristischen

Verhältnis, in dem nicht nur die Gewährleistung der Persönlichkeitsrechte nicht gegeben ist, sondern sogar rechtliche Maßnahmen dafür verantwortlich sind, dass die Individualfreiheit eingeschränkt wird. Die Außenbeziehungen sollen nach Fichtes Text von 1800 vollkommen minimiert und kontrolliert sein: Für den wirtschaftlichen Teil ist alleine die Regierung durch den Einsatz des eingezogenen *Weltgeldes* verantwortlich, während ein kultureller Austausch ausschließlich für Gelehrte und Künstler möglich sein soll (Vgl. GHS GA I/7, 137). Somit stellt sich Fichte radikal gegen die Vorstellung einer positiven Auswirkung internationaler Beziehungen, indem er jedem Kontakt eines einfachen Staatsbürgers mit dem Ausland ein bedrohliches Potential zuschreibt. Es besteht für ihn kein Zweifel, dass eine grundsätzliche Ungerechtigkeit bei supranationalen ökonomischen Beziehungen entstehen würde und der Einzelne somit nur einen Schaden davon tragen würde. Unklar scheint mir allerdings, wie sich die Regierung als einzig Berechtigte, Geschäfte mit dem Ausland abzuwickeln, gegen dieses Schicksal wehren kann und es doch schaffen soll, gerechte Verhältnisse in diesem Falle zu etablieren. Fichtes Warnung vor der verbreiteten Profitgier in der Wirtschaft scheint sicherlich sinnvoll, gerät dennoch in den Hintergrund bei der Aufstellung des strengen Lösungsansatzes einer geschlossenen Planwirtschaft.

Problematischer scheint vor allem die sich daraus ergebende gesellschaftliche und kulturelle Realität: Die Schließung gegenüber dem Ausland würde jede Form des kulturellen Austauschs und die daraus entstehende Bereicherung behindern. Fichte erwähnt zwar am Ende seines Werkes das letztendliche Ziel des Friedens zwischen den autarken Einzelstaaten im Sinne einer vollkommenen gegenseitigen Anerkennung der bestehenden Rechtsordnungen als den fruchtbarsten Boden für den wissenschaftlichen Fortschritt durch eine uneigennützige Mitarbeit, sieht aber völlig von der Möglichkeit des positiven sozialen Austauschs zwischen einzelnen Bürgern ab. Aus meiner persönlichen Überzeugung der erfolgreichen und horizonterweiternden Funktion der transkulturellen Interaktion fehlt es meines Erachtens Fichtes Gedankengang hier an Scharfsinn in der Einschätzung des menschlichen Miteinanders. Das Verbot des Umganges kann in der Tat nicht das Risiko des gegenseitigen Eigennutzes komplett überwinden, verhindert aber jegliche konstruktive Interaktion.

3.1   *Fichtes Nationalökonomie*

Auch auf rein wirtschaftlicher Ebene entsteht durch die Schließung des Imports und Exports eine künstliche Starrheit, welche sich negativ auf Wohlstand und Geldfluss auswirken würde. Nicht umsonst gelten Embargos als politische Strafmaßnahme zur Regelung internationaler Beziehungen. Es ist in der Tat schwierig, sich die von Fichte als Idealzustand bezeichnete Konstellation vieler autarker Einzelstaaten vorzustellen, denn die ökonomisch-politische Entwicklung verläuft seit der griechischen Polis in der entgegensetzen Richtung bis hin zur gegenwärtigen globalen Weltwirtschaft.[17] Es ist der Versuch, eine praktische und konkrete Anwendung der Vernunft auszubuchstabieren, die Fichte dazu verleitet, die akribische Beschreibung des kollektiven Lebens im Staat zu entwerfen und somit die Grundlage des Gesellschafts- und Eigentumsvertrages vernunftgemäß zu definieren. Darauf richtet sich eindeutig die Leitfrage, welche Gestalt eine vernunftgerichtete Handelspolitik haben sollte, um den obersten Zwecken des Staates dienen zu können. Fichtes Lösungsansatz ist die vollständige Regulierung der Wirtschaftsgesellschaft, einerseits durch die ausnahmslose Verstaatlichung derselben, anderseits durch eine strikte Ordnung der voneinander streng getrennten Arbeitssphären.[18] Es besteht für ihn keine Möglichkeit, den freien Handel in den Vernunftstaat zu integrieren. Das einzige Wirtschaftssystem, welches das Vernunftrecht zulässt, ist die vollständige Planung von Produktion und Zirkulation seitens der Regierung. Der von Fichte dargebotene Ansatz scheint gewissermaßen selbst in der Zeit seiner Entstehung anachronistisch zu sein.[19] Durch eine extreme Zuspitzung der Prinzipien der Nationalökonomie scheint Fichtes Entwurf von 1800 in eine konservative und utopische Konzeption zu verfallen. Das in Kants Friedensschrift behandelte Leitthema des Kosmopolitismus war eine stolze Eroberung der Aufklärung und der Versuch, eine gemeinsame Perspektive für alle Erdbewohner zu thematisieren. Die Vorstellung des Weltbürgertums kennzeichnet den Willen zum offenen Umgang mit kulturellen und sozialen Diversitäten und die Anerkennung eines allgemeinen Empfindens. In dieses historisch-kulturelle Spektrum bringt Fichte seine Theorie des selbstgenügsamen Idealstaates ein und erntet deshalb kaum Resonanz, besser gesagt, seine Schrift wurde praktisch ignoriert.[20] Dramatisch ist allerdings die Tatsache,

---

17 Zur historischen Perspektive der Entwicklung des modernen Staates: Benz, Arthur: *Der moderne Staat: Grundlagen der politologischen Analyse*. Oldenburg 2008, S. 11f.

18 Der Staat als » durch Vernunft gefordertes System « soll einen » abgesonderten Handelskörper bilden, wie er bisher schon einen abgesonderten juridischen und politischen Körper gebildet hat. « (GHS GA I/7, S.114).

19 » Fichte war der Romantiker unter den Rationalisten und der Rationalist unter den Romantikern. Er symbolisiert sicherlich mehr als irgendeine andere Gestalt der Revolutionsperiode die Begegnung dieser beiden Welten. « In: Talmon, Jacob L.: *Die Geschichte der totalitären Demokratie. Politischer Messianismus*. Göttingen 1963, S. 167.

20 Die Rezeption von Fichtes Handelsstaat beschränkt sich hauptsächlich auf politische Interpretationen wie beispielsweise bei Weber, Marianne: *Fichte's Sozialismus und sein Verhältnis zur Marx'schen Doktrin*. Tübingen/Freiburg 1900. Johann Braun definiert Fichte als » der Begründer einer Staatsutopie von ungleich anderem Kaliber, als wir sie bisher

dass Fichtes Sozialphilosophie und Staatsrecht von 1800 als Basis für absolutistische Interpretationen im 20. Jahrhundert dienten und somit als Inspiration für den Höhepunkt antidemokratischer und totalitaristischer Politik in der neueren Geschichte galten.[21]

Die Prämissen zur erfolgreichen Durchführung von Fichtes Programm setzen so viele genaue Berechnungen voraus, dass die Praktikabilität unabhängig vom realhistorischen Kontext in Frage gestellt werden darf. Der vertretene strenge ständische Gesellschaftsaufbau scheint eine derart künstliche Struktur zu besitzen, dass er aus meiner Perspektive unmöglich aus einem fließenden soziopolitischen Prozess entstehen kann. Vielmehr bedarf es eines abrupten Bruchs und einer Umorganisierung der einzelnen gesellschaftlichen, politischen und wirtschaftlichen Komponenten, so dass am Ende der Errichtung des von Fichte angestrebten Vernunftstaats nichts mehr in Wege steht. So beinhaltet bereits die Konzeption ein utopisches Potential, obwohl die systematische Auslegung im Text durchaus Kontinuität aufweist. Es scheint sich zudem bei Fichtes angewandtem Vernunftrecht die grundlegende Problematik der angemessenen Verbindung von individueller und gemeinschaftlicher Freiheit zu eröffnen. Hierzu beobachtet Verzar, indem er sich auf Fichtes Beitrag stützt, dass „noch 1793 [...] für Fichte die Freiheit, nach individuellem Können und Belieben Handel zu treiben, zu jene[n] ursprünglichen, unveräußerlichen Rechtsansprüche[n] [gehört]".[22] Bei der Verfassung des *Geschlossenen Handelsstaat* wird diese Form der Freiheit nicht nur nicht beachtet, sondern praktisch aussortiert zu Gunsten der gemeinschaftlichen Sicherheit sowohl auf wirtschaftlicher als auch militärischer Ebene.

4 Fazit: Zwei Modelle im Vergleich

Jedoch liegt der wertvollere Gehalt des *Geschlossenen Handelsstaat*s meines Erachtens in der Sozialkritik, welche im Werk vorzufinden ist. Genau hier sehe ich eine Verknüpfung zur Globalisierungsdebatte. Fichtes Skepsis gegenüber einer freien und unkontrollierten Entwicklung der Weltwirtschaft wird mit

---

kennengelernt haben. « In: Braun, Johann: *Einführung in die Rechtsphilosophie: Der Gedanke des Rechts*. Tübingen 2006, S.122.

21   Dazu vgl. u.a.: Hein, M. – Gretic, G. (Hg.): *Philosophie und Zeitgeist im Nationalsozialismus*. Würzburg 2006 und Laugstien, Thomas: *Philosophieverhältnisse im deutschen Faschismus*. Hamburg 1989.

22   Verzar, Andreas: *Das autonome Subjekt und der Vernunftstaat. Eine systematisch-historische Untersuchung zu Fichtes "Geschlossenem Handelsstaat" von 1800*. Bonn 1979, S.71.

möglichen Konsequenzen begründet, welche argumentativ in der heutigen Globalisierungskritik wiederzufinden sind. Sehr interessant dazu äußert sich beispielsweise Stefan Groß.[23]

Auch hierbei wäre allerdings das Extrapolieren prophezeiender Aussagen ebenso falsch, wie der Versuch, bei Kants Friedensschrift seherische Inhalte erkennen zu wollen.

Das große Thema des Vernunftrechts, die Frage nach seiner zeitgemäßen Gestaltung und das Dilemma der Positionierung und der Zuständigkeiten des Subjektes als Staatsbürger gehören eindeutig zum Themenspektrum beider Texte. Die Reaktionen auf die realhistorischen Wandlungen sind dennoch bei beiden Autoren diametral, obwohl Fichte bekanntlich in Kant sein geistiges Vorbild sieht. Der kantsche Lösungsansatz, der die Errichtung einer Weltgesellschaft unter den Prinzipien des Weltbürgerrechts als notwendigen Schritt zur Realisierung und Beibehaltung eines dauerhaften friedlichen Zustands in der Welt postuliert, prallt gegen die eher konservative Ansicht Fichtes von 1800, der die ausnahmslose Schließung der Nationalstaaten als einzig mögliche Garantie für Wohlstand und Sicherheit der Bürger vorschlägt.

Ebenso verhält es sich auch teilweise bei der Konzeption weltweiter ökonomischer Zusammenhänge. Die kantsche Figur des Handelsgeistes ist ein zuverlässiger Faktor bei der Entstehung und Etablierung des Weltfriedens, ein Zustand, der auch gesellschaftlichen Wohlstand und Sicherheit verspricht. Fichte dagegen sieht im freien Weltmarkt ein drohendes Konfliktpotential und eine Quelle sozialer Ungerechtigkeit. Es lässt sich hierin meines Erachtens eine hochaktuelle Diskussion der Gegenwart wiederfinden: Die eine Fraktion betont das Sich-Eröffnen von neuen wertvollen Chancen, die sich aus der Zusammenführung verschiedener Kulturkreise ergeben, während die entgegengesetzte Meinung von einer bedrohlichen und allgemein negativen Auffassung des Phänomens geprägt ist.

Nachdem die Defizite beider Ansätze hervorgehoben worden sind, gehe ich auf die vielfältigen positiven Aspekte ein.

Der größte Verdienst Kants – und mutmaßlich auch der Grund des Erfolges seiner Friedensschrift – liegen meines Erachtens darin, dass er das internationale politische und ökonomische Gerüst nicht auf moralische Intentionen stützt, sondern auf das Prinzip der Eigennützigkeit aufbaut. Somit stehen – natürlich unter der Voraussetzung eines funktionierenden Rechtsrahmens – Bedürfnisse

---

23 Siehe Groß, Stefan: »Handelsstaat versus Globalisierung – Anmerkungen zu Fichtes Schrift *Der geschloßne Handelsstaat*«, in: *Información Filosófica, Revista International de Filosofia Humanas* V (2008) 11, S 201–215.

und Interessen der Menschen im Vordergrund. Diese Idee emanzipiert die Bereiche des politischen und vor allem des wirtschaftlichen von jedem ethischen Anspruch, so dass keinerlei Ausschluss einzelner Interessenverfolgung zu Gunsten einer moralischen Pflicht notwendig ist. Die einzigen Schranken, die für Kant sowohl in der Regulierung von inneren Angelegenheiten als auch in der Außenpolitik unverzichtbar sind, sind die juridischen. Die Ausübung der Individualfreiheit darf nur im Rahmen der vom Rechtssystem gesetzten Legalität stattfinden. Möglicherweise ist auch diese Tatsache der Grund, warum Kant in seiner Friedensschrift das Thema der Handelsbeziehungen nur nebenbei erwähnt, ohne sich spezifisch damit auseinanderzusetzen. Ihm genügt es, das Paradigma aufzustellen, dass das freie Verfolgen des eigenen Vorteils als Prinzip und eigenständige Motivation parallel im wirtschaftlichen und politischen Bereich gelten soll. Dadurch wird auch die Sicherung weltweiter gewaltloser Beziehungen gestiftet. Mit den exakten Entwicklungen und sozialen Konsequenzen, welche sich aus der unkontrollierten Handelsintensivierung auf globaler Ebene ergeben könnten, beschäftigt sich Kant nicht, oder besser gesagt, er zieht die Tatsache nicht in Erwägung, dass, wenn es um Eigennutz geht, die menschliche Natur schnell unberechenbar werden kann bis zum völligen Vernunftverlust.

Für Fichte soll nicht der aktive Eigennutz – wie bei Kant etwa der Handelsgeist – die bewegende Kraft hin zum Errichten des Vernunftstaates verkörpern, sondern der Wille zur Erhaltung eines harmonischen Zustands. Als Grundlage dafür dienen gerechte Eigentumsverhältnisse und deren Sicherung seitens des Staatsgebildes: „[...] es sey die Bestimmung des Staats, jedem erst das Seinige zu geben, ihn in sein Eigenthum erst einzusetzen, und sodann erst, ihn dabei zu schützen [...]." (GHS GA I/7, 53). Zur Gewährleistung der Sicherheit und des Eigentums sollen strenge interne Strukturen wie beispielsweise eine minuziös durchdachte und durchgezählte Ständegesellschaft realisiert werden, welche aus dem Gedanken entspringt, dass "das Eigenthumsrecht [...] das ausschließende Recht auf Handlungen, keineswegs auf Sachen" (GHS GA I/7, 54) sei. Ein weiteres Hauptmerkmal seiner Staatslehre – wie Fichte immer wieder betont – ist die ausnahmslose wirtschaftliche Schließung als einziger Weg zur Beibehaltung des innenstaatlichen Gleichgewichts. Die gesellschaftliche Arbeitsteilung, die streng durchgeplante Produktion und die monetäre Erneuerung würden bei einer Einmischung des Auslandes ihre sicherheitsgebende Wirkung völlig verlieren. Es gibt für Fichte zahlreiche Gründe, die die Notwendigkeit einer Überwindung wirtschaftlicher Habgier, des Opportunismus und der Distanzierung von der freien Marktwirtschaft zugunsten einer sozialeren Lösung der vom Staatsapparat geplanten Ökonomie begründen. Die verwerfliche Habsucht, welche die Prinzipien der kapitalistischen Wirtschaft im privaten und öffentlichen Bereich steuert, soll durch die ökonomische Isolation des Staates für die Errichtung eines gerechten sozialen Zustandes überwunden werden.

Fichte stellt zudem die Behauptung auf, dass jeder Form von Kolonialismus Unterdrückung und Raub zugrunde liegt und dass die Ausbeutung fremder Länder nicht nur ungerecht ist, sondern auch kein Dauerzustand sein kann, denn selbst die gestohlenen Ressourcen sind nicht unerschöpflich. Aus dem steigenden Drang des Eigennutzes ergibt sich nach Fichte dramatischerweise auch der automatische Wunsch nach der Schädigung der Anderen. Ein weiteres Argument gegen den freien Welthandel besteht nach Fichte darin, dass eine logische Verbindung zwischen wirtschaftlichem und territorialem Expansionswunsch besteht. Sobald eine stetige Maximierung der Handelserfolge stattfindet, wächst automatisch der Wunsch nach einer Ausdehnung des Herrschaftsgebiets, der sich nur durch die Missachtung des Prinzips der „sichtbar von der Natur bestimmt[en]" (GHS GA I/7, 117) natürlichen Grenzen erfüllen kann und eine weitere Ursache supranationaler Kriege darstellt. Es sind die hier ausgeführten Motive wie Kriegsstiftung, Entstehung sozialer Ungerechtigkeit und Unterdrückung, die Fichte dazu bewegen, seinen Vernunftstaat nach dem strengen Prinzip der wirtschaftlichen Isolation auszurichten. Die objektive Schädlichkeit der freien Wirtschaft zeigt sich für Fichte bereits auf der Mesoebene der Staatsökonomie, in der die skrupellose Orientierung an der Kapitalmaximierung zulasten der Anderen und die daraus entstehenden Interessenkonflikte zwangsläufig einen „endlose[n] Krieg [...] zwischen Käufer und Verkäufer" (GHS GA I/7, 98) ausbrechen lassen. Dieser Konflikt wird allerdings „heftiger, ungerechter und in seinen Folgen gefährlicher" (ebd.) wenn die Makroebene der Weltwirtschaft betroffen ist, denn in suprastaatlichen Angelegenheiten kann „das streitende Handels=Interesse [...] oft die wahre Ursache von Kriegen [sein]" (GHS GA I/7, 106). Doch eine andere Qualität, die sich Fichte höchstwahrscheinlich nie hätte vorstellen können, gewinnt die Profitsteuerung des Marktes, wenn man das Wirkungsfeld für global agierende Wirtschaftssubjekte wie multinationale Unternehmen eröffnet. Die verheerenden Folgen wie die steigende Verarmung der Arbeiterschichten ergeben sich für Fichte automatisch durch den in der freien Marktwirtschaft regierenden Konkurrenzkampf, der gleichermaßen Produzenten, Handwerker und Handelsleute unter Druck setzt. Es entsteht somit eine Art Kettenreaktion, die Fichte bereits anspricht:

> Das eigentliche Resultat [...] ist, dass [...] das Land sich fortdauernd entvölkert [...], die Menschen wandern aus und suchen unter einem anderen Himmelstriche Zuflucht gegen die Armuth [...] oder die Regierung

macht sie zur Waare, und zieht Geld für sie vom Auslande. [...] Die Ländereien fallen im Preise oder liegen wüste in einem volksleeren Lande [...]. Der Staat verkauft sich selbst, seine Selbständigkeit.

GHS GA I/7, 103

Im Hinblick auf globalisierungstypische Vorgehensweisen wie Produktions- und Arbeitsplätze-Verlagerung ins Ausland auf Grund der höchstmöglichen Produktionspreisminderung wird die Tatsache klar, dass wirtschaftsdiktierte Interessen schon lange gegen jede politische und gesellschaftliche Logik überwiegen, so dass die angesprochene Wechselwirkung dadurch künstlich erzeugt wird.

Fichte ist bei der Lösungsfindung dieser miteinander verketteten gesellschaftspolitischen Probleme bekanntlich rigoros: Jeder Staat soll sich ohne Ausnahmen wirtschaftlich wie politisch bei den Beziehungen mit dem Ausland zurückhalten und sich am besten nach einer Übergangsphase komplett isolieren.

Die gegenwärtige Globalisierungskritik in Form von NGOs und anderen zivilgesellschaftlichen Gruppen steht der internationalen Verflechtung und der Entstehung einer Weltkultur nicht in einem grundsätzlichen Dissens gegenüber, ganz im Gegenteil wird stattdessen ein Mitgestaltungsrecht mit dem Ziel der Ausdehnung sozialer Sicherheit und der Bekämpfung der ungleichen Verteilung der Vor- und Nachteile der Globalisierung gefordert.

Es scheint zwar verlockend – es liegt mir allerdings fern, aus Fichte einen Propheten der Kapitalismuskritik zu machen, denn das würde die notwendige analytische Distanz zugunsten einer spekulativen und revidierenden Vorgehensweise ersetzen. Zudem soll hier in keiner Weise ausgeblendet werden, dass Fichtes Theorie von extrem antidemokratischen Gedanken bezüglich der Innen- als auch der Außenpolitik geprägt ist.

Sowohl historisch als auch geistesgeschichtlich ist die Auseinandersetzung mit dem Thema der internationalen Beziehungen und deren Spannungsverhältnissen keinesfalls erst ein Phänomen der Postmoderne, sondern vielmehr eine Thematik, die bereits seit der Entwicklung des neoliberalen Freihandels aktuell ist und auch die Soziophilosophie und Rechtsphilosophie zu zahlreichen Beiträgen animiert hat. Als eines der wichtigsten Ergebnisse der Untersuchung lässt sich meines Erachtens die skeptische Haltung gegenüber jeder Form von politischer Aktualisierung nennen, die zulasten der analytischen Herausarbeitung und der Einbettung in den historischen Kontext geht. Es ist in der Tat nicht falsch, das Thema der Globalisierung den Beiträgen nahe zu legen, dennoch soll darauf hingewiesen werden, dass sich der Aktualitätswert der Inhalte aus einer Beobachtung im Nachhinein ergibt und deshalb als eine künstliche Vorgehensweise zu betrachten ist. Doch ist es wichtig zu betonen, dass der Globalisierungsprozess bereits in Kants und Fichtes zeitgenössischem Kontext in Gange war, sich allerdings noch in einer Entstehungsphase befand. Aus diesem Grund kann man sicherlich über eine Zukunftsorientiertheit sprechen, jedoch nicht von seherischen Fähigkeiten. Damals wie heute, wenn es um Globalisierung geht, zeichnet sich die Tendenz zweier Extreme ab. Kants Friedensschrift lässt sich eindeutig den Befürwortern zuordnen, während Fichtes Handelsstaat zu den Globalisierungskritikern zählt. Die politischen Lösungsansätze verlaufen demnach gegensätzlich.

Fichtes Nationalstaat weist eindeutige Defizite hinsichtlich der Praktikabilität auf und enthält inakzeptable freiheitsrechtliche Mängel. Es repräsentiert sein reaktionäres Patentrezept zur Verbesserung in erster Linie der staatsinternen Wirtschaft und als Nebeneffekt zur Überwindung des progressiven Verlusts des Nationalzugehörigkeitsgefühls. Ganz im Gegenteil behauptet Fichte, dass die Geschlossenheit des Staates „sehr bald ein[en] hohe[n] Grad der National=Ehre, und ein[en] scharf bestimmte[n] National=Charakter entstehen [lassen] werde." (GHS GA I/7, 139)

Kant dagegen erarbeitet eine weltoffene politische Lösung, die aber schon bei der Frage nach der Gestaltung eines ausgeglichenen Verhältnisses zwischen Einzelstaatsautonomie und globalem Zusammenschließens ihre Grenzen zeigt. Beide Entwürfe sehen vollkommen von einer genauen Beschreibung der idealen Regierungsform ab, sowohl im nationalen als auch – bei Kant – im supranationalen Bereich.

Abschließend bleibt der Fakt unumstritten, dass Kant im Gegensatz zu Fichte dank der kosmopolitischen Dimension seines Beitrages genau dem Zeitgeist der Aufklärung entspricht und somit eine durchaus positive Rezeptionsgeschichte genießt. Auch bezüglich des politischen Verständnisses scheint Kants Traktat dem von Fichte vorgelegten einiges voraus zu haben. Beispielsweise ist im staatsrechtlichen Bereich seine Republikkonzeption durchaus vergleichbar mit den postmodernen Nationalstaaten und im weltbürgerrechtlichen Bereich seine Erklärung über die Notwendigkeit geregelter transnationaler Beziehungen sehr fortschrittlich. Kant beschreibt zudem die Idee sowohl der Weltkollektivität als Einheit wie auch der Erde als eines gemeinsamen Tätigkeitsfelds. Durch diese Definition erkennt er zutreffend das Hauptsubjekt des Globalisierungsprozesses und spricht die Notwendigkeit aus, dass sich die traditionelle Politik konform der Zeitentwicklungen reformieren soll. Es zeichnet sich somit Kants grundsätzliches Bewusstsein für die Thematik der globalen Verflechtung politischer, wirtschaftlicher und sozialer Beziehungen ab.

Doch dafür mangelt es bei Fichte nicht an einer scharfsinnigen und kritischen Realitätsbetrachtung, ganz im Gegenteil scheinen in seinem Werk viele Probleme thematisiert zu werden, die berechtigte Einwände gegenüber den ökonomischen und politischen Entwicklungen der Postrevolutionszeit beinhalten. Doch die Radikalität und Kompromisslosigkeit des Entwurfs seines Staatskonzepts erschweren es, einen vorhandenen wertvollen Gehalt in dem utopischen und absolutistischen Konstrukt zu behaupten. Es ist meines Erachtens sehr irritierend, wie Fichte einen grundsätzlichen Gerechtigkeitsanspruch mit seiner politischen Lösung von 1800 vereinbaren möchte, da bereits die autoritäre Staatsform Keime der Ungerechtigkeit in sich trägt.

KAPITEL 22

Fichtes „Handelsstaat" im Kontext der Rezeption zeitgenössischen sozialökonomischen Denkens und der Begründung bürgerlich-demokratischer Ideale

Jürgen Stahl

Abstract

The essay deals with the question whether Fichte's socio-economic model was a utopia, which missed the contemporary economic theories of Western Europe and neglected its historical realities, or whether Fichte developed socio-political guidelines based both on the experiences and ideas of his time. Additionally, it explores how his socio-economic theorems stood out against cameralistic and feudal-conservative discussions and to what extent they can be described as an early critique of capitalism. Is the essence of Fichte's socio-economic ideas to be seen in his model of state regulation or rather in his methodological claim of genetically *developing* the phenomena by showing their mediating links? Finally, the author criticizes a superficial „up-dating" of Fichte's theoretical or political-economical ideas, because this would presuppose a horizon of problems which emerged only later. What is however still relevant today is Fichte's idea that human beings are not the objects or means of social relations but their subjects and aims. For this purpose, Fichte developed a concept of justice that is constitutive for his notion of society. Democracy aiming at an active use of reason and social justice are the two moments which depend on each other.

Zusammenfassung

Im Zentrum des Beitrags steht die Problemstellung: Ist Fichtes sozialökonomisches Modell eine sowohl an den entwickelten zeitgenössischen ökonomischen Lehren Westeuropas vorbeigehende und historische Realitäten missachtende geschichtsferne Utopie? Oder entwickelte Fichte ein sowohl erfahrungsbasiertes wie auch zeitgenössische Ideen aufnehmendes sozialpolitisches Handlungskonzept? Weiterhin wird untersucht, wie sich seine sozialökonomischen Theoreme von kameralistischen und feudal-konservativen Erörterungen unterscheiden und inwieweit die These einer bereits kapitalismuskritischen Position Fichtes haltbar ist. Darüber hinaus wird erörtert, ob das Wesentliche der fichteschen sozialökonomischen Ideen in seinem Modell staatlicher

Regulation zu sehen ist oder in seinem mit der genetischen Darstellungsweise verbundenen Anspruch, die Erscheinungen durch den Nachweis ihrer Vermittlungsglieder in ihrem Wesenszusammenhang theoretisch zu *entwickeln*. Abschließend wendet sich der Autor gegen das Zuschreiben einer vordergründig theoretischen oder politisch-ökonomischen Aktualität der Fichteschen Ideen. Aktuell erscheint dagegen der Gedanke, wonach der Mensch nicht Objekt oder Mittel sozialer Beziehungen, sondern deren Subjekt und Zweck ist. Dazu entwickelt Fichte einen für seine Gesellschaftsauffassung konstitutiven Gerechtigkeitsbegriff: Auf eingreifenden Vernunftgebrauch abzielende Demokratie und soziale Gerechtigkeit sind dabei einander bedingende Momente.

Schlüsselwörter

Handelsstaat – Wirtschaftssystem – Sozialutopie – Gerechtigkeit – genetische Methode

In einer Zeit, da der Zivilisationsprozess von deutschen Intellektuellen wie Herder und Goethe vor allem als ein Fortschreiten Einzelner durch moralische Bildung und darüber vermittelt der Gattung verstanden wurde, beschränkte sich der Dichter Novalis keineswegs auf eine Perspektive, die das Innere anrief. Schließlich stütze sich Kultur ebenso auf geschichtliche Kräfte; neben dem Staat sah er die herausragende Rolle des Handelskapitals: „Der Handelsgeist ist der *Geist der Welt*. Er ist der *großartige* Geist schlechthin. [...] Er weckt Länder und Städte – Nationen und Kunstwercke. Er ist der Geist der Kultur – der Vervollkommnung des Menschengeschlechts."[1] Dass diese 1798/99 geschriebenen Gedanken in einem auffallenden Gegensatz zur zeitgleich von Fichte entwickelten Idee eines ›Geschloßnen Handelsstaates‹ stehen, ist offensichtlich.

Vor dem Hintergrund europäischer, respektive deutscher sozioökonomischer Wandlungen zwischen 1760–1800 wäre zu fragen, wer von beiden hier eine idealisiertere geschichtsphilosophische Perspektive entwickelte. Schließlich wird auch die Vision von Novalis weder in zeitgenössischen deutschen Wirtschaftstheorien noch in der Wirtschaftspolitik eines der damals existierenden deutschen Staaten zum Tragen kommen. In der Umkehrung der Perspektive wäre bezüglich Fichte differenzierter zu fragen: Ist Fichtes sozialökonomisches Modell eine an den entwickelten zeitgenössischen ökonomischen Lehren Westeuropas vorbeigehende und zugleich geschichtsferne Utopie, weil historische Realitäten und erarbeitete ökonomische Theorien

---

1 Hardenberg, Friedrich v.: *Werke, Tagebücher u. Briefe* Hg. v. Mähl, H.-J. 2. Bd. München 1978, S. 706.

missachtend? – Eine Problemstellung, die der Jenaer Philosophiehistoriker Klaus Vieweg in einer Diskussion in Rammenau 2010 aufwarf. Oder entwickelte Fichte ein sowohl erfahrungsbasiertes wie auch zeitgenössische Ideen aufnehmendes sozialpolitisches Handlungskonzept?

Zunächst bleibt festzuhalten, dass Fichtes Einlassungen zu den sozialpolitischen Gegebenheiten seiner Zeit und das Formulieren von Ideen für deren politische und sozialökonomische Neugestaltung nicht erst mit dem Erscheinen des „Geschloßnen Handelsstaates" 1800 datieren. Vielmehr durchziehen sie sein gesamtes Werk – beginnend mit den Revolutionsschriften über seine Arbeiten zum Naturrecht, den Schriften, die sich mit den historischen Umbrüchen im Gefolge der napoleonischen Eroberungskriege auseinandersetzen, bis hin zu dem so genannten ›Politischen Testament‹, dem „Entwurf zu einer politischen Schrift im Frühjahr 1813".

Die politische Gestaltung vermittels theoretischer Konzeptionsbildung zu beeinflussen war natürlich Anliegen auch anderer Wortführer jener Zeit. Jedoch unterscheidet sich Fichtes sozialökonomisches Denken grundlegend von konservativ-feudalen (respektive spätromantischen) Denkmodellen mit der ihnen eigenen Betonung der Funktion des Adels, des spätabsolutistischen Staates und seiner Bürokratie.[2] Denn die Welt wurde durch Fichte nicht als unveränderlich ungerecht interpretiert, der gegenüber Gerechtsein nur dem Frommen möglich sei. Stattdessen wird die angestrebte gerechte Welt ganz im Sinne der bürgerlichen Emanzipationsbewegung als eine *diesseitige* Alternative vorgestellt.[3] Und es war die *philosophische* Begründung der Gleichheit, durch die man die neue deutsche Philosophie als theoretisches Pendant der Großen Revolution der Franzosen bewertete.[4]

---

2 Zum Problemfeld Konservatismus versus aufklärerischer Utopie vgl.: Marquardt, Jochen: »›Der geschloßne Handelsstaat‹ – Zur konservativen Kritik einer aufklärerischen Utopie. Adam Müllers Replik auf Fichte.« In: *Deutsche Zeitschrift für Philosophie*. 39 (1991, 3), S. 294ff.

3 J.G. Fichte: Brief an Achelis, Nov 1790: » Ich bin ferner sehr fest überzeugt, daß hienieden gar nicht das Land des Genußes, sondern das Land der Arbeit, u. Mühe ist, u. daß jede Freude nichts weiter als Stärkung zu größerer Mühe sein soll; daß die Bereitung unsers Schiksals gar nicht, sondern blos die Cultur unsrer selbst von uns gefordert wird; kümmere mich um die Dinge, die außer mir sind, gar nicht; trachte nicht zu scheinen, sondern zu sein [...] Meine äußerl. Lage ist völlig so wie sie für eine solche Disposition sein muß. Ich bin niemands Herr noch Knecht [...] « (Brief Nr. 70, GA III/1, 194).

4 Vgl.: Schlegel, Friedrich: »Athenäums-Fragmente« (Fragment 216). In: *Kritische Friedrich-Schlegel-Ausgabe*, 1. Abt. 2. Bd. München/Paderborn/Wien 1967, S. 198. Ebenso wurde dies im regierungsamtlichen ›Moniteur‹ in Frankreich geltend gemacht. Siehe hierzu: Stahl, J.: [Stichwort] » klassische deutsche Philosophie.« In: *Historisch-kritisches Wörterbuch des Marxismus*. Hg. v. Haug, W.F. Bd. 7/1. Hamburg 2008, S. 921.

Hier wäre zunächst zu verfolgen, ob die fichteschen Ideen gleichsam aus dem ›Nichts‹ entwickelt wurden oder sich nur als ›Verlängerung‹ einer allgegenwärtigen, wesentlich über Rousseau vermittelten, physiokratisch inspirierten, durch die deutsche Kameralistik ebenso wie durch kleinbürgerliches Ideengut gebrochenen Diskussion sind. Sieht man Arbeiten zur Geschichte des ökonomischen Denkens durch, so fällt auf, dass Fichte keine Würdigung in dem Sinne erfährt, dass er eine originäre, zukunftsweisende Konzeption für das Begreifen und Gestalten des gesellschaftlichen Reproduktionsprozesses geleistet hätte. Die Theoretisierung sozialer und ökonomischer Probleme durch Fichte im Kontext naturrechtlicher Erörterungen ordnet sich vielmehr ein in den Prozess des Herauswachsens der bürgerlichen Staatswissenschaften aus der feudalen Kameralistik in Deutschland.[5] Entgegen der Position von Klaus Vieweg bin ich jedoch der Auffassung, dass Fichtes Sozialtheorie deutlich beeinflusst ist vom zeitgenössischen ökonomischen Denken in Europa, welches er seinen philosophischen Intentionen gemäß brach. Doch erhob er nirgends den Anspruch, an einer *ökonomischen* Theorienbildung mitzuwirken, noch fühlte er sich verpflichtet, sich einer bestimmten Schule anzuschließen. Wenn Fichtes Philosophie und seine Sozialtheorie im Besonderen dabei das Durchdenken auch ökonomischer Sachverhalte implizierte, so soll damit keineswegs ein Denken in ökonomischen Begriffen oder deren Analyse als Ausgangspunkt seines Denkens unterstellt werden. Dem entsprechend spielt er auch in einschlägigen Darstellungen der Geschichte ökonomischer Theorienbildung meines Erachtens zu Recht nur eine untergeordnete Rolle.

Seinen Erörterungen sozialer und wirtschaftlicher Sachverhalte lag als Erfahrungsbereich die ländliche und städtische Kleinproduktion mit der das Leben prägenden protestantischen Arbeitsethik zugrunde. Darüber hinaus nahm Fichte ihm entgegenkommende Grundsätze des Merkantilismus (der ja insbesondere auch in Preußen praktisch sehr wirksam war[6] und seine weiter treibenden Theoretiker wie Theodor Schmalz[7] hatte), der Physiokraten und der der Arbeitswerttheorie auf. Man darf wohl auch davon ausgehen, dass er

---

5 Vgl.: Krause, Werner : »Fichtes ökonomische Anschauungen im › Geschlossenen Handelsstaat ‹. « In: Buhr, M. (Hg.): *Wissen und Gewissen*. Berlin 1962, S. 227–251; vgl. weiter: Lehmann, H. (Hg.): *Grundlinien des ökonomischen Denkens in Deutschland. Von den Anfängen bis zur Mitte des 19. Jahrhunderts*. Berlin 1977, S. 329.

6 Egon Friedell gibt einige instruktive Beispiele für die Rigorosität, mit der merkantile Grundsätze in Preußen zu befolgen waren. So bedrohte Friedrich Wilhelm I. Trägerinnen englischer Kattunstoffe mit dem Halseisen. (Siehe: Friedell, Egon: *Kulturgeschichte der Neuzeit*. 2. Buch. Hamburg 2012, S. 203).

7 Vgl. Fichtes Kommentar zu dessen Handbuch der Staatswirthschaft in GA II/13, 7–34 oder die Argumentation gegen dessen Eigentumstheorie im › Handelsstaat ‹ (GA I/7, 85).

Rousseaus Ideen zur staatlichen Regulation der Wirtschaft mit dem Ziel, durch „Steuern, welche die Armut erträglicher machen und den Reichtum belasten," um „der unaufhörlich wachsenden Ungleichheit des Besitzes" vorzubauen,[8] kannte. Fichte setzte sich weiterhin mit der Wirtschaftspolitik des Konvents auseinander, ihm waren die Auffassungen der bürgerlichen Demokraten in Deutschland zugänglich,[9] und er hatte die Möglichkeit, mit den Anschauungen Babeufs vertraut zu sein.[10] Vor allem aber war er Zeuge eines Umbruchs, den er in seinen widersprüchlichen Auswirkungen wahrnahm, von den einsetzenden Veränderungen unter französischer Herrschaft im linksrheinischen Gebiet über den unter der Ägide Napoleons nach 1807 zum ›Modellstaat‹ avancierten Königreich Westfalen,[11] vor allem aber die Entwicklung in Mitteldeutschland/ Preußen.

Die Zeit von 1792 und 1805 gilt als Phase wirtschaftlicher Prosperität in Deutschland. Nur bringt dieser Hinweis keineswegs die komplexe, widersprüchliche Situation zum Ausdruck. Die scheint dagegen auf in Mirabeaus berühmter „Chronique scandaleuse" über den Berliner Hof 1786/87, wenn er den Zustand Preußens als „Fäulnis vor der Reife" beschrieb. Prägend für die Zeit seit 1760 ist zunächst das explosionsartige Bevölkerungswachstum,[12] das

---

8   Rousseau, Jean-Jacques: »Von der Ökonomie des Staates« In: Rousseau: *Frühe Schriften*. Hg. v. Schröder, W., Leipzig 1970, S. 292.

9   Z.B. von Forster, Georg: »Ansichten vom Niederrhein, von Brabant, Flandern, Holland, England und Frankreich, im April, Mai u. Junius 1790« In: *G. Forster's sämmtliche Schriften*. Berlin 1843. 3. Bd, S. 133 und 203ff., in der er die 1790 erfolgte Gründung der Vereinigten Staaten von Belgien im Ergebnis der Revolution gegen die Habsburger Monarchie als eine Folge politischer, sozialer und insbesondere auch ökonomischer Entwicklungen beschrieb. Oder Rebmanns Begründung des Rechts auf Eigentum (neben dem auf Freiheit und Gleichheit) gegen die »Eingriffe der Tyrannen«, gegen unübersehbare Abgaben und übertriebene Auflagen. (Rebmann, Georg Friedrich: »Das neue graue Ungeheuer. 9. Stück. (1797)« S. 72, 74; zit. nach: Lamprecht, Oliver: *Das Streben nach Demokratie, Volkssouveränität und Menschenrechten in Deutschland am Ende des 18. Jahrhunderts*. Berlin 2001, S. 136.

10 Vgl.: Markov, W. (Hg.): »Babeuf in Deutschland.« In: *Literaturgeschichte als geschichtlicher Auftrag*. Hg. v. Bahner, W. Berlin 1961, S. 61ff.; Buhr, Manfred. *Vernunft – Mensch – Geschichte*. Berlin 1977, S. 148.

11 Siehe hierzu Berding, Helmut: »Französische Reformpolitik aus revolutionärem Anspruch in später preußischen Gebieten 1794–1814.« In: Büsch, O. – Neugebauer-Wölk, M. (Hg.): *Preußen und die revolutionäre Herausforderung seit 1789*. Berlin/New York 1991, S. 332f.

12 Dass Fichte dieses Problem beachtete, belegt der Hinweis im ›Handelsstaat‹ (GA I/7, S. 81): »So ergibt sich [...], dass auch durch den Fortschritt der Nation zu höherem Wohlstande, und durch die steigende Bevölkerung, das Gleichgewicht nicht nothwendig gestört werde [...]« In diesem Sinne argumentiert er in den »Grundzügen« gegen die 1798 erschienenen Thesen von Malthus: » [...] wenn aber, mit zunehmender Bevölkerung, in

faktisch zu deren Verdoppelung im Verlauf von zwei Generationen mit allen daraus erwachsenden Problemen führte. In Preußen schossen infolge der Aufhebung der „staatlichen Getreidemagazinpolitik" zur Niedrighaltung der Preise durch Friedrich Willhelm II. diese in die Höhe. Die Verarmung breiter Schichten war die Konsequenz. Parallel bildeten sich agrarkapitalistische Elemente in Preußen aus, deren Handel auf Außenmärkten prosperierte und die von gestiegenen Gewinnspannen profitierten,[13] während das lokale Marktgeschehen stagnierte. Damit einher ging die sich entfaltende Güterspekulation in den 90er Jahren mit der Konsequenz, dass Güter wie Produkte zunehmend in die Geldwirtschaft involviert waren.

Dem Problem der Nahrungsmittelversorgung stand das der Bereitstellung von Brennholz für den privaten und gewerblichen Gebrauch zur Seite. Zugleich war die mitteldeutsche Region traditioneller Holzlieferant für Holland, England und Nordeuropa. Kurz gesagt: Es war das für jedermann offensichtliche Auseinanderdriften der Gesellschaft, in der die überwiegende Mehrheit der Bevölkerung in totaler Armut vegetierte.[14] Das Gefüge der überlieferten Lebenswelt mit ihren spätabsolutistischen Strukturen zerbrach; die Versorgung von Millionen der rapide verelendeten Unterschichten stand als Dauerproblem vor dörflichen Gemeinden, Städten und staatlichen Gebilden. $^4/_5$ der ländlichen Bevölkerung hatten in ihren „Kümmerwirtschaften"[15] kein Auskommen, waren somit der beständigen Notwendigkeit des Hinzuverdienens ausgesetzt. Eine entwickelte gewerbliche Industrie, welche die Bevölkerungsmassen aufzunehmen und in die Arbeits- und Lebenswelt zu integrieren vermochte, existierte nicht. Durch die partielle Verdichtung europäischer Marktbeziehungen drangen ›wohlfeilere‹ Waren aus anderen europäischen Ländern ein und verdrängten lokale Produzenten. Wie sehr man sich davon betroffen sah, ist daran zu ermessen, dass Preußen 1798–1800 nicht der von Großbritannien initiierten Zweiten Koalition beigetreten war, jedoch 1800/01 der ›Bewaffneten Neutralität‹, in der Russland, Preußen und Dänemark gemeinsam mit Frankreich gegen

---

demselben Maaße Ackerbau, Gewerbe, und Handel, in richtigem Gleichmaaße zu einander, ebenfalls zunehmen, so kann das Land wohl nie zu viel Bewohner haben; denn die Ergiebigkeit der Natur, bei zweckmäßiger Behandlung, dürfte sich unendlich finden. « (GdgZ, GA I/8, 359/360).

13 So wurde der englische Getreideimport bis 1806 zu rund 50% durch ostelbische Großbetriebe abgedeckt. Vgl. Wehler, Hans-Ulrich: *Deutsche Gesellschaftsgeschichte. 1. Bd.: Vom Feudalismus des Alten Reiches bis zur Defensiven Modernisierung der Reformära 1700–1815.* München 2006, S. 84.

14 Ebd., S. 193; in Berlin erhielten nach dem 7-jährigen Krieg » nicht selten ein Drittel der Stadtbevölkerung Armenunterstützung «. (Ebd., S. 197).

15 Ebd., S. 119.

die sogenannte ›Handelsdespotie‹ Englands agierten. Und 1805 prangerte Hardenberg die wirtschaftliche Vormachtstellung Großbritanniens an, welche es zum „gefährlichsten Feind des Kontinents" werden ließe.[16]

Die tiefgehende Fragmentierung der Gesellschaft erschien wegen der festen ständischen Schranken, im „Allgemeinen Preußischen Landrecht" 1794 erneut festgeschrieben, geradezu zementiert, während sich der Adel zunehmend „in ein Spannungsverhältnis mit [der] bürgerlichen Leistungs- und Statuskonkurrenz gezogen" sah.[17] Die Armut hatte ihr Vexierbild in Bettelei, Vagabundentum, Elendskriminalität ebenso wie in der Desintegration der ländlichen Bevölkerung, der die rechtliche Diskriminierung im Allgemeinen zur Seite stand. Die aus der Zwergstaaterei resultierenden sozioökonomischen und -kulturellen Binnenschranken mit ihren vielfältigen Restriktionen, Münz- und Maßsystemen erwiesen sich für die Entwicklung gewerblicher Ansätze als außerordentlich hemmend. Ein in politischer oder ökonomischer Hinsicht handlungsfähiges gesamtnationales Subjekt war bei der territorialen und politischen Zerrissenheit in Deutschland nirgends in Sicht.

Zugleich ist im Hinblick auf Fichtes „Handelsstaat" positiv erlebte Erfahrung der Wirksamkeit staatlicher Institutionen zu bedenken. So sticht Preußen bei der Bewältigung der ›Energiekrise‹ hervor. Ebenso wie die Durchsetzung des Kartoffelanbaus war auch die Ablösung des Holzes als vorrangigen Energielieferanten durch die Kohle in Preußen überhaupt erst durch staatliche Interventionen möglich geworden.[18]

Entsprechend suchte Fichte die Einheit von individueller und gesellschaftlicher Reproduktion in einem auf Grundeigentum und landwirtschaftlicher Kleinproduktion basierenden Gemeinwesen zu konstituieren, das er letztlich in der Re-Interpretation der ständischen Gesellschaft verankerte: Eigene Arbeit sollte sich mit eigenen Mitteln erhalten. Auf dem Boden der frühen Arbeitswertlehre stehend, verlieh er in vorkapitalistischen Gemeinwesen existierende Formen der Produktion und der Organisation des gesellschaftlichen Verkehrs mit den ihnen eigenen sozialen und moralischen Werten einen bürgerlichen Schein und eliminierte deren besondere feudalen Elemente. Entgegen Positionen, die Fichte deshalb eine kapitalismuskritische Haltung unterstellten,

---

16   Zitiert nach: Simms, Brendan: »Insulare und kontinentale Politik: Hardenberg und England, 1795–1815.« In: Stamm-Kuhlmann, Th. (Hg.): *Freier Gebrauch der Kräfte. Eine Bestandsaufnahme der Hardenberg-Forschung*. München 2001, S. 65.

17   Wehler: *Deutsche Gesellschaftsgeschichte*. 1. Bd. S, 149.

18   Vgl.: Harnisch, Hartmut: »Die Energiekrise des 18. Jahrhunderts als Problem der preußischen Staatswirtschaft. Dargestellt am Beispiel von Berlin und seinem weiteren Umland« In: Gerhard, H.-J. (Hg.): *Struktur und Dimension. Festschrift für Karl Heinrich Kaufhold. Bd. 1. Mittelalter und frühe Neuzeit*. Stuttgart 1997, S. 510.

meine ich, dass er den Anfängen der kapitalistischen Gesellschaft weitgehend verständnislos gegenüber stand. Deren immanente Widersprüche werden als dem System fremd angesehen und in einer harmonisierenden Gesellschaftskonzeption aufgehoben.

Doch sollte deswegen keineswegs unbeachtet bleiben, dass die von Fichte entwickelten Positionen den politischen Gegebenheiten absolutistischer Kleinstaaterei in Deutschland grundsätzlich entgegen standen. Und so unterscheidet sich sein umfassender rechtsphilosophischer, ökonomischer und politisch-kultureller Ansatz zur Gestaltung der gesellschaftlichen Verhältnisse gänzlich von zeitgenössischen Erörterungen wie sie sich etwa in den kameralistischen Veröffentlichungen der Leipziger ökonomischen Societät (1764–1825) darstellten.[19] Ihm ging es gerade auch um die Ausbildung eines gesamtdeutschen Nationalstaates nicht nur als politischen Organismus, sondern ebenso als einheitlichen Wirtschaftsraum. Als Voraussetzung und Bedingung dafür sah er die Konstitution eines entsprechenden gesellschaftlichen Subjekts vermittels der durch „besonnene u. kunstmäßige Erziehung" erlangten Sittlichkeit. Sittlichkeit bedeutet Fichte ein Subjekt, das sein Handeln „in der Form des klaren und besonnenen Begriffs", „mit eignem klaren Bewußtseyn"[20] (SL 1812, GA II/13, 337) vollzieht, das sich vermittels der transzendentalen Erkenntnislehre über das unbewusste Tun erhebt.

Dennoch sollte eine Bewertung der fichteschen sozialökonomischen Auffassungen, insbesondere auch des „Geschloßnen Handelsstaates", sich nicht auf eine Einordnung in Theoriebildung ökonomischen Denkens beschränken und darin lediglich ein Beispiel unter anderen „für den Nachhall der frühen klassischen politischen Ökonomie" erblicken.[21] Nach meiner Auffassung gehören diese Ideen eher wohl zu den herausragenden Manifestationen der Eröffnung einer historischen Perspektive, welche die ständische Begrenzung zu überwinden suchte und aus der sozialen Partikularität einen umfassenden Anspruch *eigener* sozialer, ökonomischer und politischer Interessen des aufkommenden deutschen Städte- bzw. Bildungsbürgertums als eines nationalen Subjekts entwickelte. Natürlich gaben sie zugleich auch einer spezifischen

---

19 Vgl.: Schöne, Andreas: » Die Leipziger ökonomische Societät. « In: Middell, K./Middell, M./Stockinger, L. (Hg.): *Sächsische Aufklärung*. Leipzig 2001, S. 82.

20 An anderer Stelle, ganz in dem Sinne, dass Sittlichkeit sich nicht auf das Individuelle beschränkt, sondern auf das Gesellschaftliche bezieht: » Die ganze gegenwärtige Welt hat keine andere Absicht ihres Daseyns als die Bildung der Menschheit zur Sittlichkeit [...] Freilich nur auf *diesen*, der *freien*, u. *bewußten* Sittlichkeit [...] « (SL-1812, GA II/13,367).

21 Lehmann, (Hg.): *Grundlinien*, S. 335, zumal die Rezeption an deutschen Hochschulen mit Sartorius, Kraus und Lueder erst in den 90er Jahren einsetzte. Die unzulängliche erste deutsche Übersetzung von » Wealth of Nation « datiert von 1776 bzw. 1778; die von Garve und Dörrien von 1794–96, deren 2. Auflage von 1799. (Siehe ebd., S. 312f.).

Etappe der Rezeption der westeuropäischen Nationalökonomie Ausdruck.[22] Aber ungeachtet der theoretischen Differenz zur politischen Ökonomie A. Smith' stand Fichte durchaus an der Seite der deutschen Smitheaner. Das gilt es auch gegen das sich aus der ablehnenden Haltung Mehrings zum paternalistischen ›Staatssozialismus‹ Bismarcks erklärende Urteil herauszuheben, der in der fichteschen Sozialutopie vor allem eine Vision, die „den altpreußischen Staat, so wie er nach den Forderungen der bürgerlichen Vernunft hätte eingerichtet werden müssen", ausmachte.[23]

Zweifellos kommt in Fichtes sozialökonomischen Auffassungen sowie deren Wandlungen die Widersprüchlichkeit der gesellschaftlichen Entwicklung jener Zeit zum Ausdruck. Vornehmlich bewegte sich Fichtes Denken dabei um das Problem der Entwicklung eines staats- und rechtsbezogenen Bürgerbegriffs im Verhältnis zu dem seine eigenen Zwecke verfolgenden Individuum. Während er 1793 in der Tradition aufklärerischer Gesellschaftstheorien das Individuum weitgehend von (feudalem) staatlichem Zwang befreit wissen wollte und in den Vorlesungen „Über die Bestimmung des Gelehrten" die Gesellschaft als „Beziehung vernünftiger Wesen untereinander" (BdG, GA I/3, 34) bestimmte, deren positiver Charakter in der *„Wechselwirkung durch Freiheit"* bestehe (Ebd., S. 38), gewannen in den Folgejahren in den theoretischen Erwägungen zur Ablösung der herrschenden ständischen und Ausgestaltung der angestrebten neuen Gesellschaft etatistische Elemente den Vorrang. Absolutes Wissen wird zum Garanten der höchsten Freiheit. Diese in einer vollkommenen institutionellen Ordnung zu verbürgen, erschien in der Erkenntniseuphorie Fichtes (ebenso wie in der Hegels) als Sinn der Geschichte.

Ihre spezifische Kontur gewannen Fichtes Auffassungen zu Gerechtigkeit und Gleichheit vor allem in der Auseinandersetzung mit den zeitgenössischen Vorstellungen der Aufklärung, die in dem durch die Große Französische Revolution markierten Epochenwandel wirksam waren. Zwar hatten die französischen Enzyklopädisten die „egalité naturelle" postuliert, die „Gleichheit, die zwischen allen Menschen auf Grund der Beschaffenheit ihrer Natur besteht."[24] Doch gegen das „Trugbild der *absoluten Gleichheit*" setzte Diderot „die Notwendigkeit der Standesunterschiede, der Rangstufen [...], der

---

22   Thal, Peter: *Zur Stellung des klassischen bürgerlichen Ökonomen Adam Smith in der Geschichte der politischen Ökonomie*. Habilitationsschrift. Halle-Wittenberg 1965, S. 175ff. Ders.: »Aufklärung und politische Ökonomie.« In: Mocek, R. (Hg.): *Die Wissenschaftskultur der Aufklärung*. Martin-Luther-Universität Halle-Wittenberg. Wissenschaftliche Beiträge. 1990/18 (A 123). Halle (Saale), S. 47ff.

23   Vgl.: Mehring, Franz: »Deutsche Geschichte vom Ausgange des Mittelalters.« In: Mehring: *Gesammelte Schriften*. Bd. 5. Berlin 1964, S. 110.

24   Diderot, Denis: [Stichwort] »Natürliche Gleichheit« In: Naumann, M. (Hg.): *Artikel aus Diderots Enzyklopädie*. Leipzig 1972, S. 385.

Vorrechte, der Unterordnung, die unter allen Regierungen bestehen müssen", voraus.[25] Die natürliche Gleichheit widerspreche keineswegs dieser vorausgesetzten sozialen Ungleichheit. Nicht anders lautet die Forderung bei Kant: Jedes Glied des Gemeinwesens muss „zu jeder Stufe eines Standes in demselben (die einem Untertan zukommen kann) gelangen dürfen, wozu ihm sein Talent, sein Fleiß und sein Glück hinbringen können [...]"[26] Das Untertanenverhältnis ist also nicht grundsätzlich in Frage gestellt; die geforderte Rechtsgleichheit bezieht sich auf das Verhältnis zur Obrigkeit.

Demgegenüber ging der Anspruch Fichtes entschieden weiter. Zwar setzte er gleichfalls die natürliche Gleichheit der Menschen voraus, jedoch suchte er im Unterschied zu den Aufklärern ein Gesellschaftsmodell zu konzipieren, das die aktuelle gesellschaftliche Ungleichheit aufhebt. Der von ihm ausgearbeitete Gerechtigkeitsbegriff ist konstitutiv für sein sozialtheoretisches Denken,[27] das er nach der politischen Seite durch Ausgestaltung des rousseauschen Gedankens der Volkssouveränität und nach der ökonomischen Seite durch die Ausgestaltung des *liberalistischen* Prinzips, wonach der Einzelne seinen Platz in der Gesellschaft durch Leistung selbst bestimmen könne, konkretisierte. Dass sich eine solche Position gegen die gegebenen ständischen Beschränkungen richtete, war den (rezensierenden) Zeitgenossen offensichtlich.

Die Analyse zeitgenössischer Einlassungen auf Fichte zeigt dann auch eine interessante Verschiedenheit: Adam Heinrich Müller (Nestor konservativen Denkens in Deutschland) bezieht sich in seiner Kritik des „Handelsstaates" ebenfalls auf Smith, interpretiert diesen aber in einem eigenartigen, rückwärtsgewandten Sinne. Im Zentrum steht bei ihm der mit dem *ererbten* Bodeneigentum verbundene Adel. Der von diesem beanspruchte Anteil am gesellschaftlichen Gesamtprodukt wird eben nicht aus einer (landwirtschaftlichen) Arbeit, sondern allein aus der besitzenden Verfügbarkeit abgeleitet.[28] Das Neue bei Smith übersieht Müller dagegen völlig: Die über Geld, Zins und Profit vermittelte Funktion des Kapitals. Demgemäß gehen Gedanken der Arbeitswertlehre an ihm gänzlich vorbei.

Anders Fichte: In seinem Gesellschaftsmodell ist der Austausch von Waren wesentlich begriffen als ein Austausch von direkt aneignenden *Tätigkeiten*

25　Ebd., S. 386/387.
26　Kant, Immanuel: »Über den Gemeinspruch: Das mag in der Theorie richtig sein, taugt aber nicht für die Praxis.« In: *Werkausgabe*. Hg. Weischedel, W. Bd. IX, S. 147.
27　Vgl.: Stahl, Jürgen: »Le concezioni socioeconomiche di Johann Gottlieb Fichte come banco di prova della filosofia trascendentale « In: *Rinascita della scuola. Nuova Serie. Bimestrale Internazionale di Cultura, Scienza, Educazione*. Anno XVI. No. 1. Rom 1992, S. 3–22.
28　Die Einordnung Müllers als › Vertreter des Wirtschafts*liberalismus* ‹ (GA I/7, Vorwort S. 29) lasse ich dahingestellt.

zwischen den Individuen der verschiedenen Stände zum Zwecke der Bedürfnisbefriedigung.[29] Freilich steht die von Fichte dergestalt akzentuierte lebendige Arbeit für Subjektivität, Leib und Person der Arbeitenden, entgegen der abstrakten Lohnarbeit. Dennoch setzt Fichtes Vorstellung von der Entscheidungsfähigkeit für die eine oder andere Arbeit eine entwickelte Totalität von Tätigkeiten voraus, in der keine gegenüber den anderen beherrschend ist, also entgegen Müllers physiokratisch geprägter Vorstellung und erst recht entgegen den ständischen Gegebenheiten. Zugleich steht der daraus folgende Subjektbegriff mit seiner Energiebeladenheit einem ökonomistischen Verständnis entgegen, erscheint doch das tätige Individuum – organisiert über das „*Collectivum*, Staat"[30] – als aktiv Gestaltender, die natürlichen und gesellschaftlichen Bedingungen seines Daseins Beherrschender.

Fichtes Modell des durch staatliche Regulierung vermittelten Gleichgewichts der Wirtschaftszweige bedurfte jedoch eines möglichst objektiven Maßstabs der Wertbewegung. Während Fichte im Handelsstaat dafür den Gebrauchswert (den Nutzen) der Agrarprodukte in Anschlag bringt und Smith' Wertauffassung *expressis verbis* ablehnt,[31] kommt in der Rechtslehre 1812 ein neues, bisherige Auffassungen sprengendes Moment hinzu: „Werth des

---

29 Zu Lockes Eigentumstheorie, auf die Fichte offensichtlich in seiner Argumentation zurückgreift, siehe: Arendt, Hannah: *Vita activa oder Vom tätigen Leben*. München 1994, S. 101. Zur Differenz Locke – Fichte vgl.: Merle, Jean-Christophe: »Fichte's economic philosophy and the current debate concerning distributive justice« In: *Δαιμων, Revista de Filosofia* 9 (1994), S. 260. Anhand der Position Fichtes lässt sich auch der Gegensatz zum neoliberalen ›bürgerlichen Manifest‹ Peter Slotderdijks (2009) aufzeigen, der politische Rechte wieder direkt an Eigentum und Vermögen zu binden vorschlug, indem er den » Aufbruch der Leistungsträger «, gemessen am Steueraufkommen, fordert und ihre » Zentralstellung « im Sozialen und Politischen durch einen » neuen Gesellschaftsvertrag « sichern möchte (siehe: Slotderdijk, P.: »Aufbruch der Leistungsträger« In: *Cicero*. H. 11/2009, S. 95ff.). Bei Fichte gilt dagegen gleich bewertete Arbeit und Existenzsicherung *aller* Individuen, analysiert im Zusammenhang des » Eigenthumsvertrags «, als Voraussetzung und Bedingung der Bildung zur Fertigkeit, » sich selbst Zweke zu entwerfen « (RL-1812 GA II/13, 228). Entsprechend steht die Problematik der » Erweiterung der menschlichen Freiheit gegenüber der äußeren Natur « im Zentrum seines Denkens. (Schneider, Peter K.: »Sozialismus als Kritik der Wirklichkeit durch die Vernunft.« In: Hammacher, K. – Mues, A. (Hg.): *Erneuerung der Transzendentalphilosophie im Anschluss an Kant und Fichte*. Stuttgart-Bad Cannstatt 1979, S. 326). Dass die aufgeworfene Problematik keinesfalls als erledigt gelten kann, zeigen aktuelle Beiträge wie der von Castel, Robert: *Die Krise der Arbeit. Neue Unsicherheiten und die Zukunft des Individuums*. Hamburg 2011.

30 Klemperer, Victor: *Leben sammeln, nicht fragen wozu und warum. Tagebücher 1918–1924*. 1. Bd. Berlin 1996, S. 497.

31 Vgl.: GHS GA I/7, 96.

Arbeitsprodukts. Nur die Arbeit, das bedachte Menschenwerk an ihr, in Rechnung gebracht [...] nur gemessen werden kann, durch die Zeit." Folglich: „Also eine Stunde jedes ist werth die Stunde aller übrigen ohne Ausnahme." (RL-1812 GA II/13, 243) Hier reflektiert sich wohl am deutlichsten eine sich aus der Arbeitswerttheorie ergebende Einsicht.[32] So wenig Fichte diese Position aus eigener ökonomischer Analyse gewann, so wenig war er darum bemüht, daraus weitergehende ökonomische Folgerungen zu ziehen. Vielmehr – und das scheint mir entscheidend – passte er diese Erkenntnis in die Begründung seines Gesellschaftsentwurfes ein, um damit verstärkt einen Gesichtspunkt zu entwickeln: den der Gleichheit und Gerechtigkeit. Gerade hier wird der Gegensatz zu der sich prononciert auf Smith berufenden, jedoch die Ungleichheit und die Nichtäquivalenz des Austauschs sanktionierenden Auffassung Adam Müllers deutlich.

Fichte setzte mit Locke und Smith die Quelle des Reichtums nicht in eine bestimmte Arbeit (wie die landwirtschaftliche bei den Physiokraten), sondern sieht jede Arbeit als gleichwertig an. Damit wird auch jeder Platz eines Individuums in der Gesellschaft gleich gewichtet, sofern es einen sinnvollen Beitrag für die Gesellschaft leistet – ob Gelehrter, Handwerker oder Bauer. Fichtes Gesellschaftsmodell setzt freie Bürger voraus. Die Leibeigenschaft spielt in seinen Überlegungen überhaupt keine Rolle – ganz entgegen den faktischen Gegebenheiten nicht nur in deutschen Landen. Und die Abhängigkeit vom Landesherrn ist aufgegeben zugunsten des Bildens eines sich selbst organisierenden sozialen Organismus.

Das Formulieren derartiger Gleichheitsvorstellungen war immer Ausdruck der Suche nach Alternativen gegenüber der Existenz gravierender sozialer Unterschiede. Auch bei Fichte gerannen alltägliche Erfahrungen von Armut, von aus feudalen Privilegien resultierenden Unrechtshandlungen und Unrechtszuständen in sozialtheoretischen Ideen. Insofern setzte das Streben nach Gerechtigkeit auf dem Streben nach einer *neuen* Gesellschaft auf, weil die bestehende zeitgenössische Gesellschaft eben diesen Anspruch nicht erfüllte. Fichtes Gesellschaftskonzept war dabei getragen vom *Ideal der Harmonie* zwischen Arbeit und Eigentum, ganz im Sinne der jüdischen Gerechtigkeitstradition und der christlichen Liebesethik. Der erstrebte ›wahre‹ Naturzustand wies letztlich jedoch einen weitgehend statischen Charakter auf. Obgleich Fichte im Einzelfall gegen das lineare Fortschreiben überholter sozialökonomischer Gesellschaftszustände argumentierte, indem er den Antagonismus

---

32   Vgl.: Ebd., S. 244; wenngleich der physiokratische Einfluss mit der Unterscheidung von absolutem Wert (durch involvierte Arbeitszeit) und relativem Wert (Zeitaufwand für den Lebensunterhalt des Ackerbauern) nicht gänzlich verloren geht.

zur Erklärung und Begründung sozialer Umschwüngen heranzog,[33] wird im „Geschloßnen Handelsstaat" die als vernunftgemäß angenommene ökonomische Struktur faktisch als zeitlose, optimale Form des sozialen und individuellen Reproduktionsprozesses unterstellt.

Für diese angenommene ökonomische Struktur formulierte Fichte eine wesentliche Bedingung: Die Schließung des Wirtschaftsraumes gegen äußere, weil damit unwägbare, nicht beeinflussbare Einwirkungen ausgeschlossen bleiben sollten, die sich aus der „Anarchie in der bürgerl. Gesellschaft" ergeben.[34] (Wobei – darauf sei ausdrücklich hingewiesen – damit eben nicht ein besonderer, mehr oder minder ›großer‹ deutscher Kleinstaat unterstellt war, sondern ein den deutschsprachigen Raum umfassendes gesamtstaatliches Gebilde.) Da dieser Aspekt aus der Perspektive entwickelter bürgerlicher Verhältnisse ebenso abgelehnt wurde wie Fichte bei Bedarf als Vater eines ›Staatssozialismus‹,[35] ›Kriegssozialismus‹[36] oder im Geiste eines ›Preußischem Sozialismus‹ in Anspruch genommen wurde, sei kurz auf dessen Geschichte eingegangen.

Die Idee des Schutzes des eigenen Wirtschaftsraumes war keine neue und folglich keine auf Fichtes Gedankenwelt begrenzte Besonderheit. Der Gedanke staatlicher Protektion war vielmehr ein generelles Phänomen im 16./17. Jh. in Europa. Während das Handelskapital nach Freiheit für den Warenverkehr verlangte, forderten Manufakturen und das sich etablierende Handwerkerkapital staatlichen Schutz.[37] Auch in seiner Zeit stand Fichte mit seinen Forderungen nach staatlichen Regulierungsmaßnahmen und zum Schutz vor

---

33 Vgl.: Rez. Zum ewigen Frieden. GA I/3, 227; BdM GA I/6, 274.

34 Struensee, Karl August: Brief vom 16.11.1800 an Beyme. Zit. nach Vorwort der Herausgeber: In: GA 7/1, 13.

35 Vgl. u.a.: Diehl, Karl: *Deutschland als geschlossener Handelsstaat im Weltkriege*. Stuttgart/Berlin 1916, S. 14; Lembke, Bernhard: *Immanuel Kants Geld-Theorie*. Danzig 1933, S. 40f. Der von Oswald Spengler beschworene preußische,» autoritative Sozialismus «,» dem Wesen nach illiberal und antidemokratisch «, reklamierte mit Fichte eine gemeinsame Frontstellung sowohl gegen » englischen Liberalismus und französische Demokratie « (Spengler, Oswald: *Preußentum und Sozialismus*. München 1920, S. 15) als auch den sich an Marx orientierenden Sozialismus: » Der Sozialismus Fichtes würde sie [welche nicht zu arbeiten brauchen] als Faulenzer verachten, [...] der Instinkt von Marx aber beneidet sie. « (S. 74).

36 Vgl.: Heuß, Theodor: *Kriegssozialismus*. Stuttgart/Berlin 1915, S. 13.

37 Gelehrte wie J.J. Becker, Ph.W. Hornigk, J. Sonnenfels, J.H.G. Justi forderten in Deutschland – gegen die Kameralistik gewandt – eine Entwicklung und Stabilisierung des inneren Marktes, wobei Geld vornehmlich als ein destruktives Element erfasst wurde. Absolutistische Reglementierungen wurden zunehmend abgelehnt; die private Wirtschaftstätigkeit sollte aber nicht Förderung unter dem Gesichtspunkt der Vermehrung der Besteuerung erfahren, sondern der Entwicklung der Produktion, der Verwertung von Kapital. Vgl.: Lehmann (Hg.): *Grundlinien*, S. 186ff.

dem Einfluss aus dem Ausland keineswegs allein. Er nahm vielmehr diese, die deutsche Nationalökonomie in der ersten Hälfte des 19. Jahrhunderts prägende und mit dem Namen von Friedrich List verbundene Tendenz vorweg.[38] Diese Ideen waren keineswegs nur aus theoretischen Überlegungen geboren, sondern entsprachen durchaus Erfolg verbürgende Erfahrungen. Erinnert sei beispielsweise an die merkantilistisch ausgerichteten Wirtschaftsreformen unter Josef II. in Österreich, der den Handel im Innern freigab, ausländische Waren mit hohen Zöllen belegte und die Ausfuhr von Rohstoffen verbot, oder an die verschiedenen Acts des Continental Congress' im Verlauf der nordamerikanischen Unabhängigkeitsbewegung gegenüber Großbritannien.[39] Fichtes eigenen Erfahrungsraum betreffend, wurde rückblickend festgestellt:

> Das Wachstum und die Entwicklung Berlins zum bedeutendsten Gewerbestandort im nördlichen Deutschland ist das Ergebnis des Umverteilungseffektes der absolutistischen Staatswirtschaft. Die Rahmenbedingungen für ein schnelles Wachstum der gewerblichen Wirtschaft konnte in Berlin-Brandenburg nur der Staat schaffen.[40]

Im Übrigen: Protektionismus war und ist ein wesentliches Element in den ökonomischen und politischen Handlungsoptionen von Staaten und politischen Bewegungen, ökonomischen und politischen Bündnissen.[41]

---

38   List forderte in der Tradition der von Alexander Hamilton begründeten amerikanischen Schutzzollbewegung in seinen »Outlines of American Political Economy« gegen die Konkurrenz aus dem gewerblich führenden England die Einführung von Schutzzöllen. Vgl. hierzu: Friedrichs, Arno: *Klassische Philosophie und Wirtschaftswissenschaft. Untersuchungen zur Geschichte des deutschen Geisteslebens im neunzehnten Jahrhundert.* Gotha 1913, S. 251ff. Gegen eine unvermittelte Gleichsetzung von Fichte und List siehe die Argumentation: Stahl, J.: »Socialno-ekonomitscheskie vozzrenija I.G. Fichte kak osnova konstitutivnogo ponjatija spravedlivosti« In: *Filosofskaja mysl i filosofija jazyka w istorii i sovremennosti. Sbornik nautschnych statej. Vostozzschnyj universitet.* Perevod: M.A. Puschkarevoj. Redaktirovanie: A.V. Lukjanova. Ufa 2008, S. 17.

39   Vgl.: Breen, Timothy H.: *The Marketplace of Revolution: How Consumer Politics Shaped American Independence.* New York 2004, S. 294ff. Wallerstein, Immanuel: *Die große Expansion. Das moderne Weltsystem III. Die Konsolidierung der Weltwirtschaft im langen 18. Jahrhundert.* Wien 2004, S. 328, 338, 360.

40   Harnisch: »Die Energiekrise ...«, S. 510.

41   Von den gegensätzlichen Erscheinungsformen seien kurz angeführt: Die Sicherung der Verfügbarkeit erforderlicher Rohstoffe sowie die Sicherung notwendiger Produktionskapazitäten in der Kriegsökonomie – unabhängig vom Welthandel – war die Hauptaufgabe von Walter Rathenau als Leiter der Kriegsrohstoffverwaltung im preußischen Kriegsministerium in der Zeit des 1. Weltkrieges. Fichte wurde mit seinem etatistischen

Fragt man nun nach dem über die Zeit hinaus weisenden Ertrag von Fichtes Überlegungen, so scheint mir dieser weder im formulierten etatistischen Ansatz[42] zur Beherrschung der angesprochenen Probleme noch im utopischen Überschuss zu liegen, der in der Vergangenheit in die Nähe früher sozialistischer Ideen gerückt wurde. Die vor allem im 19. und 20. Jahrhundert aufkommenden sozialistischen Ideen haben den sich entfaltenden Industriekapitalismus als Voraussetzung und Bedingung. Sie entwickeln eine Perspektive zu dessen Aufhebung in eine *nach*kapitalistische Welt. Fichtes Problemhorizont formulierte dagegen einen Gesellschaftszustand, der eine solche Entwicklungsperspektive noch gar nicht annimmt. Wenn er anstatt des Besitzindividualismus einen eher korporistischen Zusammenhang produzierender Eigentümer favorisierte, so erscheint das als Zustände ›restaurierend‹. Diese über die Kapitalbildung aufzulösen, ist außerhalb des Blickfeldes. Aber in seinem Denkansatz ging es nicht um das konservative Bewahren überholter spätabsolutistischer Sozialstrukturen und der damit verbundenen Akzeptanz einer sozialen oder ökonomischen Ständehierarchie. Fichte wollte einen ihm funktionsfähig erscheinenden sozialen Zusammenhang bewahren, der jedem ein selbstbestimmtes Leben ermöglichen sollte. Durch die implizite Kritik der noch existenten alten Welt suchte er auf diese Weise eine neue Welt in ihrem Werden zu befördern.

Es scheint mir ebenso wenig sinnvoll, Fichte eine Perspektive zu unterstellen, die erst in der Distanz einer vollzogenen historischen Entwicklung zu gewinnen war. Anders gesagt: Ich möchte ihm nicht eine vordergründige theoretische oder politisch-ökonomische Aktualität zuschreiben, wenngleich eine Reihe der angesprochenen Probleme unabgegolten ist. Sie werden heute mit Stichworten wie globale Marktdurchdringung international agierender

---

Wirtschaftsmodell folgerichtig auch in der Zeit der Vorbereitung des II. Weltkrieges als ein Vordenker nationalsozialistischer Wirtschafts- bzw. kriegsvorbereitenden Politik in Anspruch genommen. Vgl.: Lütke, Heinz: »Johann Gottlieb Fichte.« In: Wiskemann, E. – Lütke, H. (Hg.): *Der Weg der deutschen Volkswirtschaftslehre. Ihre Schöpfer und Gestalter im 19. Jahrhundert.* Berlin 1937, S. 18–37.

Die von Gandhi initiierte Kampagne der Nichtkooperation ist hier ebenso zu erwähnen wie der » Smoot-Hawley Tariff Act «in den USA von 1930 im Gefolge der Weltwirtschaftskrise.

42 Es sei darauf hingewiesen, dass Fichte mit seiner Position keineswegs allein war. So gab sein Altersgenosse Friedrich Buchholz ab 1815 das » Journal für Deutschland, historisch-politischen Inhalts « (ab 1820 unter dem Titel » Neue Monatsschrift für Deutschland «) heraus. Die Zeitschrift wurde zum » Zentrum eines etatistischen Liberalismus «, der im Wirken Colberts sein Vorbild sah. (Vgl.: Garber, Jörn: »Politische Revolution und industrielle Evolution« In: Büsch, O. – Neugebauer-Wölk, M. (Hg.): *Preußen und die revolutionäre Herausforderung seit 1789*, S. 310).

Konzerne einerseits und der Entfaltung national/regionaler Wirtschaftsstrukturen mit dem Ziel planmäßiger und dadurch nachhaltiger ökonomischer, ökologischer und sozial-kultureller Effekte andererseits beschrieben. Bei der Erörterung dieser Fragestellung sollte man auch darauf sehen, dass von Fichte eine Vielzahl der für die Organisation eines sozialen Organismus wesentlichen Aspekte noch gar nicht betrachtet wurde. Im Rahmen der vorgestellten Selbstorganisation der Gemeinschaft stellten sich diese ihm offenbar nicht. Hierzu gehört beispielsweise, dass er kein konkretes Modell dafür entwarf, wie die Ablösung der um 1790/1800 bestehenden rund 1900 Zollgrenzen in Deutschland, (da noch keine Einkommenssteuer existiert, sind sie neben Verbrauchssteuern die Haupteinnamequelle aller staatlichen und kommunalen Administrationen) vollzogen werden könnte.

Es sei hier erneut darauf verwiesen, dass von Fichte ein methodischer Weg eingeschlagen wurde, der weitaus zukunftsweisender ist, als seine im Vergleich zu den in Westeuropa diskutierten aktuellen ökonomischen Theorien doch unentwickelten wirtschaftspolitischen Überlegungen. Und das ist die Idee, die „gesammte Staatswirthschaft aus Einem gemeinen GrundPrincip zu entwikeln."[43] Wenngleich der daraus entspringende Deduktionismus Fichtes oft genug kritisch vermerkt wurde, so sollte der mit der genetischen Darstellungsweise verbundene Anspruch, die Erscheinungen durch den Nachweis ihrer Vermittlungsglieder in ihrem Wesenszusammenhang theoretisch zu *entwickeln*, nicht übersehen werden.[44] Gerade dieser Anspruch wies über die Methode der zeitgenössischen klassischen politischen Ökonomie (beispielsweise Ricardos) hinaus, welche die Erscheinungsform als die *unmittelbare* Darstellung des allgemeinen Gesetzes auffasste.[45]

Die Herausgeber der Gesamtausgabe trafen die Wertung, dass „in Fichtes Buch zum erstenmal der durchgehende Zusammenhang zwischen ökonomischen und politischen Tatsachen mit gesellschaftlichen, rechtlichen, staatlichen und kulturellen systematisch dargelegt" wurde.[46] Ich lasse dahingestellt, ob dies die erste systematische Darlegung des Zusammenhangs

---

43   J.G. Fichte: Ueber StaatsWirthschaft. GA II/6, 5.
44   Vgl. Merle, Jean-Christophe: »Fichte's economic philosophy«, S. 261; Merle verweist in diesem Zusammenhang weiterhin auf die Arbeit von Elster, Jon: *Making sense of Marx*. Cambridge. 1985.
45   Vgl.: Marx, Karl: »Theorien über den Mehrwert. Zweiter Teil« In: Marx, Karl/Engels, Friedrich: *Werke*. Bd. 26.2. Berlin 1987, S. 100. Das Problem der Vermittlung des theoretisch gefassten Wesens und dessen konkreter Erscheinungsweise bzw. politischer Umsetzung ist eben Gegenstand der Zueignung des ›Geschloßnen Handelsstaates‹ an den preußischen Staatsminister von Struensee. (Vgl.: GA I/7, 41, 43).
46   Vorwort (der Herausgeber). In: GA I/7, 17.

war. Wichtiger scheint mir in diesem Zusammenhang, dass vermittels der genetischen Methode weiterreichende Theoreme formuliert werden konnten (woraus sich mit der utopische Überschuss speist), umfassendere und tiefergehende Zusammenhänge und folglich auch neue Perspektiven aufgedeckt werden konnten als mit einem auf empirischer Ebene verharrenden Ökonomismus.[47] Eben unter dieser Bedingung des Aufspürens der Vermittlungen war Fichtes Sicht auf das Eigentum als ein interpersonal vermitteltes Verhältnis zu gewinnen, das Eigentum nicht betrachtet als ein „Verhältnis zwischen Person und einer Sache, sondern ein Verhältnis zwischen Personen, das sich nur mittelbar auf Gegenstände bezieht."[48]

Bei aller geschichtlichen Bedingtheit der fichteschen Philosophie sind deren sozialökonomische Auffassungen jedoch keineswegs allein von historischem Interesse. Der in ihr weiter entfaltete Gedanke, wonach der Mensch nicht Objekt oder Mittel sozialer Beziehungen, sondern deren Subjekt und Zweck ist, besitzt zweifellos eine anhaltende, aktuelle Dimension. Hierzu entwickelte Fichte einen für seine Gesellschaftsauffassung konstitutiven Gerechtigkeitsbegriff: Öffentliche, auf eingreifenden Vernunftgebrauch abzielende Demokratie und soziale Gerechtigkeit sind danach einander bedingende Momente. Folglich gelten Fichte soziale Missstände und die sich daraus ergebende Depravation der Individuen weder in ihrer Faktizität noch in ihrer liberalistischen Verbrämung als unabwendbare Erscheinungen, sondern als im bewussten, den Gesetzen der menschlichen Vernunft folgenden gesellschaftlichen Tun aufhebbar. Daher stehen ihm die Ideale Freiheit und Gleichheit nicht als sich ausschließend, die Priorität des Eigentums gegen den Gemeinnutz behauptend, sondern als Bedingung von Emanzipation und solidarischem Zusammenleben. Freiheitsrechte und soziale Rechte ergeben sich aus einem nicht aufhebbaren Zusammenhang aus dem Urrechtsvertrag.[49]

Entgegen dem objektivistischen Schein gesellschaftlicher Bewegung, der sich vielfältig reflektiert in vorgeblicher Sachzwanglogik, technizistischen Auffassungen und lähmendem Pessimismus, gilt es den in der Transzendentalphilosophie Fichtes hervortretenden Aspekt herauszuheben, dass der Mensch

---

47   Vgl.: Stahl, Jürgen: »Von der Form der Anschauung zur Anschauung der Form. Zu Fichtes Verständnis des Formbegriffs« In: *Fichte-Studien*. 31 (2007) 7, S. 21f.
48   Kloc-Konkolowicz, Jakub: »Beati possidentes? Eigentum und Freiheit bei Kant und Fichte« In: Asmuth, Ch. (Hg.): *Kant und Fichte – Fichte und Kant*. Amsterdam-New York 2009. Fichte-Studien 33 (2009), S. 137.
49   Vgl.: Frischmann, Bärbel: »Fichte über den Rechtsstaat als Sozialstaat« In: Zöller, G. – Manz, H.G. v. (Hg.): *Praktische Philosophie in Fichtes Spätwerk*. Fichte-Studien 29 (2006) S. 50.

in seinem Handeln die Wirkungsbedingungen sozialen Seins selbst mit setzt, verändert und somit Verantwortung für die Ausbildung einer gerechten, *allen* Individuen zur Entfaltung ihrer Anlagen und Interessen Raum gebenden Gesellschaft trägt. Zudem scheint mir der dann in der *Rechtslehre* 1812 aufblitzende Gedanke, wonach der „eigentl. Werth u. Prozeß des Lebens [...] die Muße" ist (RL-1812, GA II/13, 252), durch seine über das Ökonomische hinausgehenden Perspektive auf eine nicht entfremdete Arbeit ein weit höheres utopisches Potenzial aufzuweisen als Überlegungen zur Art und Weise, wie Verteilungsgerechtigkeit oder eine gesamtgesellschaftliche Planung unter staatlicher Ägide zu organisieren sei.

KAPITEL 23

Fichte und die Reform des preußischen Heeres

Elena Alessiato

Abstract

At the beginning of the 19. century the call for a general reform of the State rose in Prussia: after the collapse of the German Empire in 1806, the need for reform became still more pressing. A fundamental part of this renovation process was the reform of the Prussian army, to which men like Clausewitz, the general von Scharnhorst, the war ministers von Stein and later von Boyen contributed. All they were convinced that a new way of making war was necessary for freeing Prussia from the French invader: only that the military reform should be founded on a spiritual renovation of the political and military life. In particular, a new conception of the soldier as human being and of the war as spiritual event should be established and trained by means of a new organization of the military forces and of the cultivation of a shared national feeling.

The purpose of the present essay is to point out the position of Fichte towards both the problems connected to the war, the Napoleonic invasion and the crisis of the traditional State and the proposals formulated by the reform party in order to solve those problems. In this way it is possible to achieve a better comprehension of Fichte's political thought in the last period of his life, the so called "national" period, by highlighting the correspondences existing between his thought and the political context of his time.

Zusammenfassung

Am Anfang des XIX. Jahrhunderts stand Preußen im Zentrum einer gewaltigen Reformbewegung, die jeden Bereich des staatlichen Lebens neu gestalten wollte. Nach dem Sturz des Reiches im Jahre 1806, als das Reformbedürfnis des Staates mit noch größerer Dringlichkeit empfunden wurde, erwarb die Reform des Heeres eine zentrale Stelle. Zu dieser trugen Persönlichkeiten bei wie Carl von Clausewitz und der General von Scharnhorst in Zusammenarbeit mit den Ministern von Stein und später Hermann von Boyen. Die ihrem Engagement zugrunde liegende Überzeugung war es, dass eine neue Art der Kriegsführung unausweichlich, jedoch nur auf der Basis einer neu gedachten Anthropologie zu verwirklichen sei. In dem Maße, in dem die Reformbewegung sich nicht auf eine verwaltungsorientierte Neugestaltung des Staates bzw. des Heeres beschränkte, sondern auf einer grundlegenden Erneuerung des nationalen Geistes beruhen sollte, muss sie in einen weiteren, nicht nur politischen, sondern in erster Linie geistigen, kulturellen und philosophischen Zusammenhang eingeordnet werden.

Der vorliegende Beitrag setzt sich zum Ziel, die Stellung Fichtes im Zusammenhang der preußischen Reformbewegung hervorzuheben, mit der Absicht, die gegenseitigen Einflüsse und die Übereinstimmungen zwischen Fichtes politischen und pädagogischen Ansichten einerseits und dem Reformgeist, seinen politischen Ansprüchen und militärischen Vorschlägen andererseits klar herauszustellen.

Schlüsselwörter

Fichte – Clausewitz – Preußisches Heer – Reformbewegung – Befreiungskriege – Volkskrieg

1 Fichte und seine Zeit: Fragestellung

In seinen *Reden an die deutsche Nation* stellt Fichte die Deutschen mit Nachdruck vor ihre unausweichliche Verantwortlichkeit. Ermahnungen zur Selbständigkeit kommen an vielen Stellen vor: »Lasset, o lasset euch ja nicht lässig machen durch das Verlassen auf andere, oder auf irgendetwas, das außerhalb eurer selbst liegt; [...] euch [kann] durchaus nichts helfen, denn ihr euch selber.« (Reden GA I/10, 289)

Diese Aufforderung sollte sich in zwei Aufgaben konkretisieren, die als zwei Momente derselben Handlungsstrategie gedacht sind: Zuerst sollten der Geist und das Gewissen des Volkes durch eine Neugestaltung des staatlichen und sozialen Lebens darauf vorbereitet werden, die Deutschen zur Vaterlandsliebe zu erziehen und einen bewussten und einheitlichen Sinn für Dienst und nationale Solidarität zu erschaffen. Das entspricht dem Plan der Nationalerziehung, deren Gründungsprinzip die Idee innewohnt, dass »es schlechthin nur die Erziehung, und kein anderes mögliches Mittel sei, das die deutsche Selbständigkeit zu retten vermöge.« (Ebd., S. 214). Dann, und infolgedessen, musste der Welt gezeigt werden, »was dieses Selbst ist, oder nicht ist« (Ebd., S. 287), denn der Wert solchen Seins wird an seiner Fähigkeit gemessen werden, »sich ihnen [den Feinden] gegenüber [zu] erheben, und aufrecht [zu] stehen,« um schließlich »die rohe körperliche Gewalt insgesamt, als Beherrschendes der Welt, zu vernichten.« (Ebd., S. 296)

Wenn solche Ausdrücke in eine von den Beschränkungen der Zensur befreite Sprache übersetzt werden, wird klar, dass sie dazu auffordern, ein strategisches Verhalten zu befolgen, dessen Ziel die Anerkennung der deutschen Macht durch das Ausland ist, und zwar einer Macht, die der inneren politischen und geistigen Stärke der deutschen Nation entspreche. Es ging fundamental darum, die deutsche Nation aus der Lage von Erniedrigung und Schwäche zu erheben, in die sie abgestürzt war, um dann eine auswärtige Politik in Gang zu setzen, die dem im Inland errungenen Fortschritt- und Bewusstseinsniveau entsprach. »Wir wollen nur Raum zum Schaffen und Handeln« (Ebd., S. 141), erklärt Fichte. Bestandteil einer solchen Handlungsstrategie soll die Ausführung einer Militärpolitik sein, die fähig ist, die geistigen Kräften der Nation aufleben zu lassen und zu mobilisieren.

In dieser Hinsicht lässt sich Fichtes Vorhaben zur nationalen Erziehung einem weiteren geschichtlichen und kulturellen Zusammenhang zuschreiben, der die Neugestaltung des ganzen preußischen Staates betrifft.[1] Diese Neuordnung hatte neben den institutionellen, den sozialen und ökonomischen Maßnahmen auch die Reform des Heeres zum Gegenstand. Das Ziel des vorliegenden Beitrags ist es herauszuarbeiten, wie weit und in welcher Hinsicht Fichtes politische und pädagogische Ansichten mit dem reformistischen Geist und seinen politischen Ansprüchen übereinstimmen. Insbesondere wird der Bezug zu Carl von Clausewitz hergestellt, der unter den preußischen Reformern derjenige ist, der Fichte explizit in Betracht zog.[2]

---

1 Sehr umfangreich ist die Literatur über die preußische Reform. Als Hinweise, die eine gute sowohl inhaltliche als auch bibliographische Einführung zum Thema darstellen können, werden hier die folgenden Titel angegeben: Huber, Ernst Rudolf: *Deutsche Verfassungsgeschichte seit 1789*. I: *Reform und Restauration 1789 bis 1830*. Stuttgart-Berlin-Köln 1960², S. 95–313; Nitschke, Heinz G.: *Die Preußischen Militärreformen, 1807–1813: die Tätigkeit der Militärorganisationskommission und ihre Auswirkungen auf die preußische Armee*. Berlin 1983; Heinzel, Winfried: *Staatliche Reformversuche und die Entwicklung der preussischen Technischen Hochschulen von 1918 bis 1933: Aspekte einer Kontinuitätsdebatte*. Darmstadt 1986; Ludger, Herrmann: *Die Herausforderung Preußens: Reformpublizistik und politische Öffentlichkeit in napoleonischer Zeit (1789–1815)*. Frankfurt a.M. [u.a.] 1998; Walter, Dierk: *A military revolution? Prussian military reforms before the wars of German unification*. Oslo 2001; Haas, Stefan: *Die Kultur der Verwaltung: die Umsetzung der preussischen Reformen 1800–1848*. Frankfurt a.M. [u.a.] 2005; Holtz, Bärbel (Hg.): *Krise, Reformen und Kultur: Preußen vor und nach der Katastrophe von 1806*. Berlin 2010.

2 Das Interesse für solches Thema wird dadurch erhöht, dass es bis jetzt sowohl von der Fichte-Forschung als auch von den geschichtlichen Studien um die Zeit der Befreiungskriege und die preußische Reform fast völlig vernachlässigt worden ist. Nicht einmal Xavier Léon in seiner herausragenden Fichte-Biographie (*Fichte et son temps*. 3 Bd., Paris 1922–1927) oder Raymond Aron in seiner umfangreichen Studie über Clausewitz (*Clausewitz. Penser la guerre*. Paris 1976) – um nur zwei Namen ersten Ranges zu machen – erforschen die geistige und historische Verbindung. Die neuesten Fichte-Biographien beschäftigen sich mit dem Thema nicht: vgl. Kühn, Martin: *Johann Gottlieb Fichte. Ein deutscher Philosoph*. München 2012 und Jacobs, Wilhelm G.: *Johann Gottlieb Fichte. Eine Biographie*. Berlin 2012. Die geschichtliche Kritik erwähnt das Thema oft nur am Rand des Hauptdiskurses oder flüchtig. Beispiele dafür

In der Geschichte des deutschen nationalen Denkens wird Fichte insofern eine erhebliche Rolle anerkannt, als er zu wichtigen Fragen der Zeit ausdrücklich Stellung nahm. Das ist natürlich historisch und begriffsgeschichtlich berechtigt, da Fichte einen wichtigen Beitrag zur Bestimmung der inhaltlichen Bedeutung von Begriffen (wie z.B. Nation, nationaler Krieg, Staat) leistete, die Deutschlands politische Geschichte in den nachfolgenden zwei Jahrhunderten auf abwechselungsreiche Weise entscheidend prägten. Trotzdem sollten der historischen Kontext und der geschichtsbedingte begriffliche Rahmen, in dem Fichte politisch handelte und dachte, sorgfältiger bedacht werden, um zu vermeiden, dass unrichtige Kontinuitätslinien bei der Wahrnehmung *a posteriori* von politischen Phänomenen und unberechtigte, einseitige Folgerungen bezüglich der geschichtlichen Quellen des extremen deutschen Nationalismus des 20. Jahrhunderts gezogen werden. Durch eine kulturgeschichtliche Perspektive, die mehr daran interessiert ist, die Beziehung Fichtes zu seiner historischen Zeit hervorzuheben, als seine politische Auffassung geschichtslos und systematisch zu rekonstruieren, möchte der folgende Beitrag einen solchen Kontextualisierungsversuch liefern.[3]

---

sind, unter anderen, Nipperdey Thomas: *Deutsche Geschichte 1800–1866. Bürgerwelt und starker Staat*. München 1994, S. 11–82; Clark, Christopher M.: *Iron Kingdom. The Rise and Downfall of Prussia. 1600–1947*. London 2006; Münkler, Herfried: »» Wer sterben kann, wer will denn den zwingen «. Fichte als Philosoph des Krieges.« In: Ders.: *Über den Krieg. Stationen der Kriegsgeschichte im Spiegel ihrer theoretischen Reflexion*. Weilerswist 2005[4], S. 53–74. Unter den wenigen Ausnahmen sind zu nennen: Paret, Peter: *Clausewitz and the State. The man, his theories, and his times*. Princeton-Oxford 2007[2], S. 169–208 und Wagner, Wilhelm: *Die preußischen Reformer und die zeitgenössische Philosophie*. Köln 1956. In einigen Hinsichten auch Schmitt, Carl: *Clausewitz als politischer Denker. Bemerkungen und Hinweise* [1967], in Ders.: *Frieden oder Pazifismus? Arbeiten zum Völkerrecht und zur internationalen Politik 1924–1978*. Berlin 2005, S. 887–918, insbes. S. 900. Friedrich Meinecke öffnet das Kapitel über die Reformer mit einem langen Zitate aus den *Reden*, dies bleibt aber den einzigen Hinweis auf den Philosophen: vgl. Meinecke, Friedrich: *Das Zeitalter der deutschen Erhebung. 1795–1815*. Bielefeld-Leipzig 1906, S. 42. Die Tatsache, dass die Forschung das Thema der Beziehung zwischen Fichte und den Geist der preußischen Militärreform meistens übersehen hat, erklärt die relativ begrenzte hier zitierte Bibliographie und begründet zugleich die Bedeutung des vorliegenden Beitrags, der einen ersten Anfang zur Erschließung der Forschungslücke darstellen möchte.

3 Die vorwiegend geschichtliche Perspektive des vorliegenden Beitrags begründet auch sein Besonderes: es besteht in der ausführlichen Anwendung von Stellen aus Fichte's *Diarium* des Jahres 1813, einer Quelle, die erst neulich in der kritischen Ausgabe veröffentlicht wurde und die selten von den Fichte-Auslegern zitiert wird.

2 Der Staat und der (wahrhafte) Krieg

Die auf das traumatische Debakel des Jahres 1806 antwortende preußische Reformbewegung wurde auch von der kantischen Philosophie und ihren idealistischen Abzweigungen stark beeinflusst, ebenso von den Idealen der Aufklärung und, *volens nolens*, von der Französischen Revolution inspiriert. Zum Ziel setze sie sich, die Kriegskunst dadurch neu zu beleben, dass sie auf eine *in toto* neue Einsicht des Krieges gegründet werde: Voraussetzung einer solchen neue Weise, den Krieg zu führen, sollte eine neue Auffassung des Menschen sein. Friedrich Meinecke bringt den Reformgedanken auf den Punkt: »Eine militärische Kunst, die ihre Grundlagen nicht in der Anthropologie sucht, wird eine Art Parade oder zerplatzt wie eine Seifenblase.«[4] Die Aufgabe, die Staatskunst zu reformieren und damit die Berechtigung des Staatshandelns zu erneuern, schloss das Einströmen von geistigen Kräften in den Körper der Nation auf allen Ebenen notwendigerweise ein – was durch das Aufbauen und das Heraufbeschwören einer gemeinsam vertretenen und individuell verinnerlichten Vaterlandsliebe zu erreichen war. Polemisch gegen die Künstlichkeit des französischen Lebens merkt Fichte an: »Der vernunftgemäße Staat lässt sich nicht durch künstliche Vorkehrungen aus jedem vorhandenen Stoffe aufbauen, sondern die Nation muss zu demselben erst gebildet, und heraufgezogen werden. Nur diejenige Nation, welche zuvörderst die Aufgabe der Erziehung zum vollkommen Menschen durch die wirkliche Ausübung gelöst haben wird, wird sodann auch jene des vollkommnen Staats lösen.« (Ebd., S. 178–179)

Aus dieser Perspektive betrachtet, verläuft das Engagement der Reformer und insbesondere Clausewitz' als Kriegstheoretiker demjenigen Fichtes als Theoretiker der Nation parallel: denn Fichtes philosophisch-pädagogische Anstrengungen haben die Errichtung eines Staates zum Gegenstand, der nicht nur seine Aufgaben als »höchster Verweser der menschlichen Angelegenheiten« (Ebd., S. 245) ausführt, sondern auch seine Bestimmung als Nation bzw. als Nationalstaat, nämlich das Vaterland aller Deutschen zu sein, erfüllt. Die zwei Dimensionen verbinden sich in dem Ideal der *Staatspädagogik*, deren Prämissen in einer zweifachen Überzeugung bestehen: einerseits der Glaube, dass die ethische und politische Solidität eines Staates die individuelle Bildung und die geistige Erziehung der einzelnen Bürger notwendigerweise voraussetzt; andererseits die Idee, dass Erziehung in die unausweichliche Zuständigkeit des Staates und seiner Institutionen fällt. Darin hat das Heer eine Vorrangstellung. Nicht zufällig betrachtete Clausewitz – und zusammen mit

---

4 Meinecke, Friedrich: *Das Leben des Generalfeldmarschalls Hermann von Boyen*. 2 Bd., II: *1814 bis 1848*. Stuttgart 1899, S. 446.

ihm auch die Kollegen, denen 1807 vom König aufgetragen wurde, die Militärreorganisationskommission zu bilden[5] – »das Heer als eine Schule für den Militärdienst und für die Entwicklung des nationalen Geistes.«[6] Meinecke vertritt die gleiche Auffassung, wenn er »das stehende Heer« als »Kern aller bewaffneten Macht« und als »die Schule aller kriegerischen Einrichtungen der Nation«[7] bezeichnet.

Diese doppelstufige, sozial-politische und militärische, Auffassung des Staates schließt eine enge Verbindung zwischen Krieg und Staat ein. Der Staat ist die Institution, die den Krieg vorbereitet und führt, die Krieger zum Kampf ausbildet, die Ressourcen bereitstellt und die politischen, finanziellen und nicht zuletzt die geistig-psychologischen Voraussetzungen für die Kriegsführung schafft. Bereits in seinen früheren Werken hatte Fichte die gegenseitige Abhängigkeit von kriegerischem Handeln und staatlichem Rahmen so ausgedrückt, dass offenkundig wurde, nur der Staat könne sowohl Objekt als auch Führer des Krieges sein. Denn in der *Grundlage des Naturrechts* (1797) behauptet er zum Beispiel einerseits, »der natürliche Zweck des Staates [sei] immer die *Vernichtung des bekriegten Staats*, d.h. die Unterwerfung seiner Bürger«,[8] andererseits »nur der bewaffnete Macht der kriegenden Staaten führt[e] den Krieg« (GNR GA I/4, 158). Noch klarer wird der Begriff dadurch, dass der idealistische Philosoph schreibt: »Der verletzte Staat hat [...] das vollkommene Recht, den ungerechten Staat zu bekriegen [...]. Nur bleibt allerdings der Krieg das einzige Mittel, einen Staat zu zwingen« (Ebd., S. 159). Wieder in den *Reden* schreibt Fichte selbst dem Staat insofern dasjenige Kriegsvermögen zu, als er bemerkt, dass in Anwesenheit eines »höhern Zweckes [...], denn de[s] gewöhnlichen der Erhaltung des innern Friedens, des Eigentums, der persönlichen Freiheit, des Lebens, des Wohlseins aller« der Staat dazu Befugnis hat, »eine bewaffnete Macht zusammen« zu bringen und »die wahren Majestätsrechte der Regierung« durchzusetzen, die darin bestehen, »gleich Gott um höhern Lebens willen das niedere Leben daran zu wagen.« (Reden GA I/10, 204)

Der Staat erweist sich als Machtinstitution auch dadurch, dass er traditionsgemäß für die Verwaltung und die Aufrechterhaltung der öffentlichen

---

5 Dabei waren Scharnhorst, Gneisenau, von Boyen, Grolman, Clausewitz, Stein in der Rolle von Erstem Staatsminister.
6 Cit. in Paret: *Clausewitz and the State*. S. 208. Vgl. Meinecke: *Das Leben*, I: *1771 bis 1814* (1896), S. 101: »Das Heer [ist wie] eine Schule der Nation und Quelle der kraft und Männlichkeit.«
7 Meinecke: *Das Leben*, I, S. 404.
8 Ähnlich in dem *System der Sittenlehre* (1798): »Der Zweck des Krieges ist keineswegs die Tödtung der Bürger des bekriegten Staats. Sein Zweck ist lediglich der, den Feind zu verjagen, oder zu entwafnen, den bekriegten Staat dadurch wehrlos zu machen, und ihn zu nöthigen, in ein rechtliches Verhältniß mit unserm Staate zu treten.« (SL GA I/5, 250).

Sicherheit sorgt, indem er »Gerichts- und Polizeianstalten,« »Zucht- und Verbesserungshäuser« (Ebd., S. 243) errichtet. Zukünftig sollte er sich folgerichtig auch um die Erziehung von Kindern und Knaben dahingehend kümmern, dass er mit voller Berechtigung einen positiven »Zwang« ausübt, um die Kinder den jeweiligen Familien zu entziehen und somit der »Vormund der Unmündigen« (Ebd., S. 245) zu werden. »Wo gibt es denn dermalen einen Staat, der da zweifle, ob er auch wohl das Recht habe, seine Untertanen zu Kriegsdiensten zu zwingen?« (Ebd., S. 246)

Die »Macht zum Zwang« stellt dann *die* unentbehrliche Komponente der Macht des Staates und die grundlegende Voraussetzung ihrer Ausführbarkeit dar. Bereits in der *Grundlage des Naturrechts* wird das in dem Maße klar ausgesprochen, als die Wirksamkeit des Staates in Verbindung mit »dem Zwangsrecht, jeden zum Vertrage zu nöthigen« gesetzt wird (GNR GA I/4, 6): Denn »die Staatsgewalt hat die Oberaufsicht über diesen Theil des Vertrags, so wie über alle Theile desselben; und Zwangsrecht, sowohl als Gewalt, jeden zur Erfüllung desselben zu nöthigen.« (Ebd., S. 24) Die Macht zum Zwang beschränkt sich aber nicht auf die bloße Funktion der rechtlicher Zusicherung: »Die executive Macht ist darüber so gut als über alle andere Zweige der Staatsverwaltung verantwortlich, und der Armee, es versteht sich, derjenige der den Bürgervertrag mit geschlossen hat, hat ein absolutes Zwangsrecht auf Unterstützung.« (Ebd., S. 23)

Fichtes philosophisch-pädagogische Gedanken bezüglich der Zwangsfähigkeit des Staates erreicht in dem Maße einen beträchtlichen Radikalisierungspunkt, als einerseits die Erziehungsmacht des Staates als Zwangsmacht zur Erziehung verstanden wird, andererseits die höchste und effektivste Erziehungsform in Verbindung mit dem militärischen Kontext gesetzt wird. »Uebernimmt der Staat die ihm angetragene Aufgabe, so wird er diese Erziehung allgemein machen, über die ganze Oberfläche seines Gebiets, für jeden seiner nachgebornen Bürger, ohne alle Ausnahme; auch ist es allein diese Allgemeinheit, zu der wir des Staates bedürfen, indem zu einzelnen Anfängen und Versuchen, hier und da, auch wohl das Vermögen von wohlgesinnten Privatpersonen hinreichen würde.«[9] (Reden GA I/10, 244)

---

9 Die Bibliographie über die Frage der Erziehung und der Staatspädagogik bei Fichte ist ansehnlich. Hier beschränke ich mich auf wenige, ausgewählte Beiträge: Traub, Hartmut: »Der Staat und die Erziehung. Die Entstehung von Fichtes staats- und erziehungsphilosophischem Denken aus dem Geist seiner früher Predigtem.« In: Zöller, G. (Hg.): *Der Staat als Mittel zum Zweck: Fichte über Freiheit, Recht und Gesetz*. Baden-Baden 2011, S. 133–168; Soller, Alois K.: »Nationale Erziehung und sittliche Bestimmung.« In: *Fichte-Studien* 2 (1990), S. 89–110, und Reiß, Stefan: *Fichtes ›Reden an die deutsche Nation‹ oder: Vom Ich zum Wir*. Berlin 2006, S. 169–206. In breiterem Zusammenhang auch Kelly, Georg Armstrong: *Idealism, Politics and History*. Cambridge 1969.

Die Aufmerksamkeit, die Fichte in den 'Reden an seine Nation' dem Thema der Erziehung widmete, wirkt als Beweis für ein politisch-pädagogisches Programm, das den Zwang in geradliniger Kontinuität mit der Erziehungstätigkeit sehen bzw. setzen will, da – wie Fichte erklärt – »derjenige Zwang, von dem wir reden, nach vollendeter Erziehung, die ganze persönliche Freiheit zurück giebt.« (Ebd., S. 246) Dies macht auch den Grund aus, weil letzter Zweck der Erziehung gerade die Auflösung des Zwanges an sich sein soll. Was aber früher die Pflicht der Eltern darstellte, indem man die Rolle des Richters dem Staat zuschrieb,[10] macht später die Macht des Staates aus: Gehorsam im Hinblick auf einen höheren Zweck durchzusetzen. Je dunkler die Zeiten sind, desto mächtiger darf bzw. kann der Eingriff des zuständigen »Vormundes« sein. In Kriegszeiten fällt dann der Zwang zum Krieg in den Machtbereich der staatlichen Zwangsanstalt, da dann die Hauptpflicht des Staates darin besteht, seine Bürger zu Soldaten für die Verteidigung der Nation zu erziehen. Fichte schreibt in den *Reden*:

> Die Not [gebot] den Zwang. Möchten nur auch in dieser Rücksicht uns die Augen aufgehen über unsere Noth, und der Gegenstand uns gleichfalls wichtig werden, so würde jene Bedenklichkeit von selbst wegfallen; da zumal es nur in dem ersten Geschlechte des Zwanges bedürfen, und derselbe in den folgenden, selber durch diese Erziehung hindurch gegangen, hinweg fällt, auch jener erste Zwang zum Kriegsdienste dadurch aufgehoben wird, indem die also erzogenen alle gleich willig sind, die Waffen für das Vaterland zu führen. Will man ja, [...], diesen Zwang zur öffentlichen National-Erziehung, auf dieselbe Weise beschränken, wie bisher der Zwang zum Kriegsdienste beschränkt gewesen [...], so ist dies von keinen bedeutenden nachtheiligen Folgen.

Schließlich wird der hoffnungsvolle Endpunkt der Staatspädagogik ausgesprochen: »Soll nun diese Erziehung National-Erziehung der Deutschen schlechtweg seyn.« (Ebd.)

Es ist auffällig genug, dass die geschichtlichen Umstände, unter denen Fichte lebte und politisch-philosophisch dachte, auf sein politisch-pädagogisches Programm eine ansehnliche Wirkung ausübten. Die sogenannte *Staatslehre*, verfasst in dem für die preußische und deutsche Geschichte entscheidenden Jahr 1813, endet gerade mit dem Bezug auf den »Zwang zum Krieg,« der als eine Notwendigkeit angesehen wird, die der Staat ausüben muss, bis die Verwandlung zu einem neuen Menschen- und Bürgertyp, also zu einem neuen Staat,

---

10   Vgl. *Das System der Sittenlehre* (SL GA I/5, 298).

vollendet wird. Diese Ansicht wird nun durch die Bemerkungen des sogenannten *Diariums I* vertreten, dessen Abfassung am 26.03.1813, also einen Monat vor den unter dem Namen *Staatslehre* postum veröffentlichten Vorlesungen, angefangen und dann parallel zu diesen weitergeführt wird. Dort merkt Fichte notizenweise mit Bezug auf den neuen Vernunftstaat an: Ihn »gründe ich auf die *Notwendigkeit* des Krieges, wenigstens des äußern. Ein solcher muss eine *bewaffnete Macht* haben, wenigstens zum Anfange des Zwanges/ denn keiner will streiten. [...] Wenn die Menschen gegen Gottes Gebot <gezwungen> werden. positiv, negativ. *negativ*: wenn ihnen ihr Recht versagt wird – hängt mit der Unvollkommenheit zusammen – *positiv*: für die Erhaltung des Staates beizutragen müssen sie gezwungen werden.« (Diarium-I GA II/15, 387 und 389) Und noch kurz nachher:

> Also – die Schule selbst löst den Staat ab. [...] Der Zwang zum Kriege: auch dieser würde bei durchaus christlichen *Menschen* wegfallen. Sie werden *wollen*, u. nur das Kontingent wäre durch die Obern zu bestimmen.[11]
>
> EBD., S. 404

Mit Bezug auf Clausewitz ist es üblich geworden, die Beziehung zwischen Krieg und Politik durch die folgende, sehr berühmte und viel zitierte Definition zu bestimmen: »Der Krieg [ist] nichts als die fortgesetzte Staatspolitik mit anderen Mitteln«[12] – womit die gewaltsamen Mittel gemeint sind. In der unvollständigen Abhandlung *Vom Kriege* merkt der Autor mehrmals an, dass der Krieg »ein Instrument der Politik« ist – so lautet der Titel eines der letzten Kapitel – und »als Teil eines anderen Ganzen betrachtet werden muss – und dieses Ganze ist die Politik.«[13]

---

11 Vgl. auch Fichte: StL GA II/16, 174–176. Über das Zwangsrecht und den staatlichen Zwang als Rechtsinstitut, vor allem hinsichtlich der *Staatslehre*, hat Richard Schottky grundlegende Beiträge geliefert: vgl. u.a. »Rechtsstaat und Kulturstaat bei Fichte. Eine Erwiderung.« In: *Fichte-Studien* 3 (1991), S. 118–153. Im weiteren Zusammenhang vgl. auch Ders.: »Staatliche Souveränität und individuelle Freiheit bei Rousseau, Kant und Fichte.« In: *Fichte-Studien* 7 (1995), S. 119–142; Ivaldo, Marco: »Politik, Geschichte und Religion in der *Staatslehre* von 1813.« In: *Fichte-Studien* 11 (1997), S. 209–227, und Jakl, Bernhard: »Recht und Zwang in Fichtes *Rechtslehre* von 1812.« In: *Fichte-Studien* 29 (2006), S. 29–44. Aus demselben Band vgl. auch: Kinlaw, C. Jeffery: »Law, Morality and *Bildung* in the 1812 *Rechtslehre*«, S. 67–78 und Rametta, Gaetano: »Das Problem der Souveränität in Fichtes *Staatslehre*«, S. 89–100. Schließlich ist ein Sammelband zu nennen: Goddard, J.-C. – Rivera de Rosales, J. (Hg.): *Fichte et la politique*. Monza-Milano 2008.

12 Clausewitz, Carl von: *Vom Kriege*. München 2000, S. 19.

13 Ebd., S. 684.

Es ist bekannt, dass *Vom Kriege* aus der persönlichen Kriegserfahrung heraus entstand, die Clausewitz in den Jahren des Militärdienstes direkt auf den Schlachtfeldern machte. Das Buch stellt die systematische intellektuelle Verarbeitung von solchen Erfahrungen dar. Anders sind die Aufgabenstellung, der Zweck und der Ton, die man aus derjenigen Schrift des Jahres 1812 herauslesen kann, die unter dem Namen *Bekenntnisdenkschrift*[14] bekannt ist. Es handelt sich um eine Art antifranzösisches Manifest für die nationale Wiedergeburt Preußens, das zur Verbreitung und Bekanntmachung in engen Kreisen gedacht war. Denn es brachte Gefühle und Gedanken zum Ausdruck, die von patriotisch und reformatorisch gesinnten Militärs und hohen Offizieren geteilt waren. Es verwundert deshalb nicht, dass es Irritationen beim König und bei seinen Funktionären hervorrief. Denn hier äußert sich Clausewitz streng über das politische Verhalten der preußischen Regierung: Diese wird angeklagt, sich darauf zu beschränken, Preußen »dahinvegetieren« zu lassen, indem sie sich dem französischen Besatzer gegenüber nachgiebig zeigt und sich mit dessen Bewilligungen und betrügerischen Versprechen begnügt. Diejenigen, die eine Einwilligungs- und Annäherungspolitik dem Feind gegenüber vertreten, vergessen Clausewitz zufolge ihre Pflicht als Bürger und Patrioten, die sie dazu anhalten sollte, »an [der] Erhaltung des Staates auf dem Wege der Pflicht und Ehre« nicht zu verzweifeln.[15] Die Ehre ist das Prinzip, das Clausewitz für den Widerstand gegen den Invasor ins Spiel bringt, da »die Ehre des Königs und der Regierung eins ist, mit der Ehre des Volks, und das einzige Palladium seines Wohls.«[16] Erst die Ehre, die ein Volk im Kampf gegen den Feind aktiv und bewusst zeigt, und nicht das unzuverlässige und eigennützige Wohlwollen des Eroberers bietet Gewähr für die echte Wiedergeburt des Vaterlands. Dies ist die Perspektive, in der auch die Maßnahmen der Staatsreformer gestaltet werden, die nicht zufällig das Bedürfnis betonten, »im Heere wie in der Nation das Gefühl für kriegerische Ehre wieder zu erwecken.«[17]

---

14   Erstmals veröffentlicht 1869, jetzt in Clausewitz, Carl von: *Schriften, Aufsätze, Studien, Briefe*. I [Deutsche Geschichtsquelle des 19. und 20. Jahrhunderts], hg. v. W. Hahlweg, Göttingen 1966, S. 678–751.
15   Clausewitz: [*Bekenntnisdenkschrift*], S. 687. Vgl. auch Ders.: *Vom Kriege*, S. 535–536: »Eine Regierung also, die nach verlorener Hauptschlacht nur daran denkt, das Volk schnell in das Bette des Friedens steigen zu lassen und [...] nicht mehr den Mut und die Lust in sich füllt, alle Kräfte anzuspornen, begeht in jedem Fall aus Schwäche eine große Inkonsequenz und zeigt, dass sie des Sieges nicht würdig und eben deswegen vielleicht auch gar nicht fähig war.«
16   Clausewitz: [*Bekenntnisdenkschrift*], S. 689.
17   Meinecke: *Das Leben*, I, S. 203.

Binär ist das Schema, mit dem Clausewitz argumentiert: Der Ehre stellt er das Bedürfnis nach Wohlstand und Ruhe entgegen, dem Kampf eine Gesinnung, die sich mit dem bloßen Überleben und den materiellen Gütern zufrieden gibt. Gerade dies ist die emotionale und geistige Einstellung, die Clausewitz beschuldigt, dass sie dazu beigetragen hat, und noch dazu beiträgt, Preußen in einen schwachen und feindfreundlichen Satellitenstaat umzuwandeln. Gewiss bekenne ich den Werth der Ruhe, die Annehmlichkeiten der Gesellschaft, die Freuden des Lebens; auch ich wünsche glücklich zu sein [...] So sehr ich aber diese Güter begehre, so wenig mag ich sie durch Niederträchtigkeit und Ehrlosigkeit erkaufen.« Die patriotische Flamme tritt dann in einem wirkungsvollen Glaubensbekenntnis auf:

> Ich glaube und bekenne, dass ein Volk nichts höher zu achten hat, als die Würde und Freiheit seines Daseyns./ Dass es diese mit dem letzten Blutstropfen vertheidigen soll./ Dass es keine heiligere Pflicht zu erfüllen hat, keinem höhern Gesetz zu gehorchen./ Dass der Schandfleck einer feigen Unterwerfung nie zu verwischen ist./ Dass dieser Gifttropfen in dem Blute eines Volkes in die Nachkommenschaft übergeht, und die Kraft später Geschlechter lähmen und untergraben wird.

Am Ende behauptet Clausewitz, es sei aber nicht die politische Realität, die zu solchen Betrachtungen bewege: es sei eher die Philosophie, die uns lehre, »unsre Pflicht [zu] thun, unserm Vaterlande selbst mit unserm Blut treu [zu] dienen, ihm unsre Ruhe, ja unser ganzes Daseyn auf[zu]opfern.[18]

Tatsächlich hatte es einige Jahren zuvor eine Philosophie gegeben, die den kräftigen Appell an die Deutschen gerichtet hatte, dass sie keine falsche Hoffnung auf den guten Willen des feindlichen Usurpators setzen und sich mit seinen anscheinend nachsichtigen, doch aus Interesse und Machtkalkül motivierten Handlungen nicht begnügen sollten. »Dies ist eben das Gefährlichste an der Unterworfenheit, dass sie für alle wahre Ehre abstumpft, und sodann ihre sehr erfreuliche Seite hat für den Träger, indem sie ihn mancher Sorge und manches Selbstdenkens überhebt.« Schließlich wird die Mahnung formuliert: »Lasst uns auf der Hut sein gegen diese Überraschung der Süßigkeit des Dienens, denn diese raubt sogar unsern Nachkommen die Hoffnung künftiger Befreiung.« (Reden GA I/10, 254)

Einige Jahre später war die Enttäuschung noch größer: Gründe dafür gaben die Nachgiebigkeit von Kaiser Friedrich Wilhelm III. Napoleon gegenüber, der Tilsiter Frieden (9.7.1807), durch den Preußen tatsächlich ein französisches Protektorat wurde, und schließlich die Ratifikation der Pariser Konvention im

---

18 Clausewitz: [Bekenntnisdenkschrift], S. 684.

Winter 1808, die dem preußischen Heer deutliche Einschränkungen auferlegte. Unter diesen Umständen ließ sich Fichte dazu hinreißen, sich mit Worten nicht verhehlter Bitterkeit auszudrücken. Die Notizen des *Diariums I*, das diesmal fast als ein privates Tagebuch gilt, zeigen das deutlich: »Wer sich auf die Güte eines anderen verlassen muss, der ist schon sein Sklave« (Diarium-I GA II/15, 211), vermerkte Fichte. Und ein paar Seiten danach: »Dasselbe, was die Regierung unsrer deutschen Fürsten erträglich gemacht hat, ihre Biegsamkeit, hat uns eben auch der Herrschaft des Ausländers überliefert.« (Ebd., S. 213) Schließlich gibt Fichte ein Urteil ab, das weit über die Landesgrenzen Preußens hinausging: »Der Zustand der Abhängigkeit ist den teutschen Fürsten natürlich, weil sie eben nicht stark genug sind, auch es in ihrer Geschichte liegt.« (Ebd., S. 209)

In der Zeit der größten Gefahr und Demütigung hatte Fichte die Deutschen dazu aufgefordert, die eigene Zukunft in die Hand zu nehmen und sich dem Glauben an das »Gesetz der Entwicklung des Ursprünglichen und Göttlichen« hinzugeben, denn »jenes Gesetz bestimmt durchaus und vollendet das, was man den Nationalcharakter eines Volkes genannt hat.« (Reden GA I/10, 201)

Ehre, Wille zur Freiheit, Streben nach Selbstständigkeit und Unabhängigkeit: dies sollten die Leitsterne des Handeln der Deutschen sein, damit sie nicht nur die zweifache Schmach der militärischen Niederlage und des politischen Scheitern auslöschen konnten, sondern auch eine noch schwerere und erniedrigendere Schande, die moralische. Denn eine ihrer Ursachen ist die Unehre bzw. die Eigensucht, gegen die Fichte im Laufe seiner ganzen Philosophie kämpfte und die er im Besonderen bereits in den *Patriotischen Dialogen* 1807 herb kritisiert hatte. Dort hatte sich der Philosoph gegen die Plattheit derjenigen geäußert, die nur in ihrer »selbstgeschaffenen NebelWelt« leben und die »reine Selbstsucht« zur »einzige[n] Triebfeder des menschlichen Lebens« machen, so dass »Bürgersinn, Moralität, und Religion notwendig verschwinden müssen.«[19]

Am Beginn der *Reden* kehrt Fichte zu diesem Thema zurück, in einer Form, die zwischen Tadel und Diagnose steht:

> Bis zu ihrem höchsten Grad entwickelt ist die Selbstsucht, wenn, nachdem sie erst mit unbedeutender Ausnahme die Gesamtheit der Regierten ergriffen, sie von diesen aus sich auch der Regierenden bemächtigt [...]. Es entsteht einer solchen Regierung zuvörderst nach außen die Vernachlässigung aller Bande, durch welche ihre eigne Sicherheit an die Sicherheit anderer Staaten geknüpft ist, das Aufgeben des Ganzen, dessen Glied sie ist, lediglich darum, damit sie nicht aus ihrer trägen Ruhe

---

19 Fichte: *Der Patriotismus und sein Gegentheil. Patriotische Dialoge.* GA II/9, 393–445: 433.

aufgestört werde, und die traurige Täuschung der Selbstsucht, dass sie Frieden habe, solange nur die eignen Grenzen nicht angegriffen sind; sodann nach innen jene weichliche Führung der Zügel des Staats, die mit ausländischen Worten sich Humanität, Liberalität und Popularität nennt, die aber richtiger in deutscher Sprache Schlaffheit und ein Betragen ohne Würde zu nennen ist.« (Reden GA I/10, 109)

Gegen diese reine Selbstsucht spricht Fichte seinen ethisch-philosophischen Plan zur Erneuerung des nationalen Geistes aus, der auf die Forderung fokussiert ist, den Ehrensinn der Deutschen wieder lebendig zu machen. Diese Forderung stellt auch die Bedeutung und die Vorbedingung des einzigen Krieges dar, den man für »wahrhaft« halten kann: nämlich den Krieg, den ein Volk nicht für die Machtinteressen der Könige und den Wohlstand der Eigentümer kämpft, sondern erst für sich selbst, nicht mit dem Ziel, sich Güter zu verschaffen und zu erobern, sondern mit dem Willen, dasjenige Gut zu gewinnen, das dem Leben allein Sinn und Wert verleiht: die Freiheit. Denn wo der Krieg ein »Kampf auf Leben und Tod« ist, wird das zeitliche Leben zum »Kampf um Freiheit.« (StL, GA II/16, 47–49) Das ist, was Fichte in dem Jahr der Befreiungskriege in der *Staatslehre* vertritt, insbesondere in derjenigen Sektion, die schon 1815 als separates Büchlein mit dem Titel *Vorlesungen über den wahrhaften Krieg* erschien. Sowohl in der dritten dieser Vorlesungen als auch in dem *Diarium I* findet man eine eindrucksvolle Aussage, mit der Fichte die Eigentümlichkeit desjenigen Krieges betonen will, den ein geeintes Volk für seine Verteidigung und sein eigenes Selbst kämpft: dadurch, so deklariert Fichte, »wird ein Volk zum Volke.«[20] (Diarium-I GA II/15, 211) Und gerade dies ist die Art von Krieg, die Clausewitz in dem Brief an Fichte 1809 anlässlich der Lektüre von dessen Schrift *Über Machiavell als Schriftsteller* preist: Hier behauptet der Sachkundige in militärischen Fragen, dass der »schönst[e] aller Kriege« derjenige ist, »welchen ein Volk auf seinen eigenen Fluren um Freiheit und Unabhängigkeit führt.«[21]

Clausewitz verficht den Volkskrieg aus zweifachen Gründen: zuerst weil in Anbetracht des zwischen Volk und politischer Staatsführung bestehenden

---

20 In der zweiten *Vorlesung über den wahrhaften Krieg* kann man lesen: »Eine Menschenmenge, durch gemeinsame sie entwickelnde Geschichte zur Errichtung eines Reichs vereint, nennt man ein Volk. Dessen Selbstständigkeit und Frei[/]heit besteht darin, in dem angehobenen Gange aus sich selber sich fortzuentwickeln zu einem Reiche.« (StL GA II/16, 48).

21 Clausewitz, Claus von: [*Ein ungenannter Militär an Fichte als den Verfasser des Aufsatzes über Machiavell. 11. Juni 1809*]. In: Ders.: *Verstreute kleine Schriften*, hg. v. W. Hahlweg. Osnabrück 1979, S. 157–166, insbes. S. 163.

unauflösbaren Bundes das Leben und die Sicherheit Preußens von den Lebensbedingungen des Volkes abhängen, und zweitens weil das Volk selbst Subjekt und Hauptprotagonist eines solchen Krieges ist. In diesem Zusammenhang lassen sich Clausewitz' Einwilligung zu der allgemeiner Wehrpflicht[22] und seine Unterstützung der Pläne für die Reform des preußischen Heeres erklären, die der General Gerhard J.D. von Scharnhorst in Zusammenarbeit mit den Ministern von Stein und später Hermann von Boyen angeregt hatte.[23]

3 Die Reform des preußischen Heeres in Umrissen

Das Programm zur Modernisierung des preußischen Heeres bestand in einer Reihe von Maßnahmen und Vorschlägen, die auf zwei Prinzipien zurückzuführen sind: die Demokratisierung der Militärlaufbahn und die „Humanisierung" des Soldatenlebens. Der erste Artikel des *Vorläufigen Entwurfs der Verfassung der Reservearmee*, den Scharnhorst selbst am 31.08.1807 verfasste, lautete: »Alle Bewohner des Staates sind geborene Verteidiger desselben.« Die auf dem August 1808 datierten Reformgrundsätze stellten fest, dass erstens »künftig jeder Unterthan des Staates ohne Unterschied der Geburt zum Kriegsdienst verpflichtet werden soll;« dass es zweitens der hohe Beruf und die Pflicht Aller sei, »als Söhne des Vaterlandes dasselbe zu beschützen und zu verteidigen, und dass drittens »aller bisher stattgehabte Vorzug des Standes bei Militär ganz aufhört, und Jeder ohne Rücksicht auf seiner Herkunft gleiche Pflichten und gleiche Rechte [hat].«[24] Die Idee nimmt in dem von Kriegsminister von Boyen im September 1814 erlassenen Gesetz zur Einführung der allgemeinen Wehrpflicht Gestalt an.

Das tragende Prinzip der Reformvorschläge, die nicht wenig Widerstand bei den adeligen und höfischen Schichten hervorriefen, war die Abschaffung der Söldnertruppen, d.h. der auswärtigen Soldaten, die sich bei Kriegen ‚in Sold' von Eigentümern und Regierungen stellten – was hohe Kosten für den Staat und auch eine Ursache ständiger Unsicherheit bedeutete. Die Söldner

---

22 Das Vorbild dafür kam paradoxerweise aus der *levée en masse* des gehassten französischen Feindes. Vgl. über dieses Thema Koser, Reinhold: »Die preussische Reformgesetzgebung in ihrem Verhältnis zur französischen Revolution.« In: *Historische Zeitschrift*, 73 (1894, 2), S. 193–210. In breiterer Perspektive: Meier, Ernst von: *Französische Einflüsse auf die Staats- und Rechtsentwicklung Preussens im 19. Jahrhundert.* 2 Bd., II: *Preussen und die französische Revolution.* Leipzig 1908.

23 Für eine allgemeine, doch präzise Darstellung der Heeresreform vgl. Huber: *Deutsche Verfassungsgeschichte.* I, S. 216–260.Vgl. die Fussnote 1.

24 Droysen, Johann G.: *Vorlesungen über die Freiheitskriege.* 2 Bd., II, Kiel 1846, S. 438.

stellten einen wesentlichen Bestandteil dessen dar, was Fichte den »Landesherrenkrieg« oder den »Krieg der Herrscherfamilien« nennt (»Kabinettskrieg« nach der Benennung in militärgeschichtlichen Abhandlungen). Der massive Einsatz von Söldnern wurde innerhalb des bestehenden Befreiungs- und Selbstvertretungssystems für nötig erachtet, das die Zusammenstellung des preußisch-friderizianischen Heeres regelte: denn es handelte sich um ein auf persönliches Vermögen gegründetes System, das nur die Männer aus den niedrigsten Gesellschaftsschichten zum Militärdienst tatsächlich verpflichtete, und dabei zur Offizierslaufbahn nur die Söhne aus adligen Familien zuließ.[25]

Der institutionalisierten Ungerechtigkeit solcher Tradition wollten die Reformer die Erziehung der Bürgerschaft zur Verantwortung für das Vaterland mit der Absicht entgegensetzen, die geistigen Kräfte des Volkes von veralteten unterdrückenden Banden und von ökonomischen Schränken zu befreien und sie in den Dienst der gefährdeten Nation zu stellen. Zahlreich waren die Vorschläge, die aus dieser Perspektive ins Spiel gebracht wurden: Es wurde versucht, die Möglichkeiten zur Dienstbefreiung drastisch zu beschränken und die Erlassberechtigten genauer zu überprüfen; die Voraussetzungen zur Einberufung und zum Karriereaufstieg der Offiziere wurden dadurch geändert, dass auch die »zivilen« Bürger durch Bildung und Verdienst die Gelegenheit erwarben, innerhalb der Armee hohe Ämter bekleiden zu können. Viel Mühe wurde darin investiert, um das Bild und die Wahrnehmung des Wehrdienstes und des militärischen Lebens bei der Bevölkerung zu verbessern. In diesem Rahmen wurde das Militärrecht einer Revision dahingehend unterzogen, dass eine humanere Dienstdisziplin eingeführt und die körperlichen Züchtigungen sowie die demütigenden Bestrafungen aufgehoben wurden. Zugleich wurde die Unterstützung von Kriegsversehrten gefördert und die Dienstzeit merklich verkürzt.

---

25 Der General Yorck von Wartenburg kommentierte diesen ungerechten Zustand mit der Bemerkung: »wer nicht Bettler oder Vagabund sei, sei von der Dienstpflicht ausgenommen«: zit. in Brühl, Reinhard: »Stein und die Militärreformen.« In: Scheel, H. (Hg.), *Preussische Reformen – Wirkungen und Grenzen. Aus Anlass des 150. Todestages des Freiherrn von und zum Stein*. Berlin 1982, S. 84–90, insbes. 85. Vgl. auch was Fichte in der ersten Vorlesung *Über den Begriff von wahrhaften Krieg* um das System von Selbstvertretungen und *Kantonfreiheit* schreibt: »Wer nun einen Diener bezahlen kann, der dient [/] nicht: mithin kommen auf die Mitglieder der Staatsgewalt nur die Nichteigenthümer. Wer eigenes Vermögen hat, dient nicht: der Diener dient, weil er Nichts hat; um seinen Sold – der Soldat. Wer einen Diener hat, thut die Dienste, für die er diesen bezahlt, nicht selber. Das Zeichnen – die Kantonfreiheit.« (StL GA II/16, 42).

Wesentlicher noch: Die Dienstpflicht für das Vaterland wurde so weit ausgedehnt, dass neben dem stehenden Heer eine lokale Volksarmee gebildet wurde, die als Reserve und Stütze des Feldheeres dienen sollte. Dies war die Funktion der Landwehr, d.h. der Armee, die alle wehrdiensttauglichen Männer zwischen 17 und 40 Jahren, die noch nicht zum Heer einberufen waren, umfasste. In dem Begriff und in der Tätigkeit eines solchen Militärkörpers, der sich bereits im Krieg gegen Napoleon ausgezeichnet hatte, erblickte Clausewitz das Zeichen »einer außerordentlichen, mehr oder weniger freiwilligen Mitwirkung der ganzen Volksmasse beim Kriege mit ihren körperlichen Kräften, ihrem Reichtum und ihrer Gesinnung.«[26] In Vergleich zum Feldheer hatte die Landwehr den Vorteil, über einen »Kraftumfang« verfügen zu können, »der viel ausgedehnter, viel weniger bestimmt, viel leichter durch Geist und Gesinnung zu steigern ist.«[27]

Ergänzt wurde die Landwehr noch durch den Landsturm, der eine Art Guerillamiliz darstellte und im Fall eines feindlichen Angriffs zu Verteidigungs- und Störungsaktionen bestimmt war. In Clausewitz' Worten bezog der Landsturm »jede allgemeine Bewaffnung eines ganzen Volkes zur unmittelbaren Vertheidigung eines Landes« ein.[28]

Aber wie reagierte Fichte auf solche Vorkehrungen?

4 Fichte und der Geist der Reform

Es sei daran erinnert, dass der Philosoph sich an den Übungen des Berliner Landsturms regelmäßig beteiligte und sogar den Wunsch äußerte, sich im Jahre des Befreiungskrieges 1813 zum Heeresdienst zu melden, um mindestens als Feldprediger zu wirken.[29] Die erste *Vorlesung über den wahrhaften Krieg* bezieht sich eingehend und ohne Rhetorik auf den kaum einige Monate vorher (zwischen Februar und März 1813) einberufenen Landsturm: In seiner Konstituierung sieht Fichte »eine[n] der seltenen, nicht oft erlebten Fälle, wo Wissenschaft und Regierung übereinkommen.« (StL GA II/16, 39) Auch in der *Staatslehre*, das sei hier betont, begründet der politische Redner den vom

---

26 Clausewitz: *Vom Kriege*, S. 386.
27 Ebd.
28 Clausewitz: [*Bekenntnisdenkschrift*], S. 720.
29 Vgl. Léon, Xavier: *Fichte et son temps*. 3 Bd., II/2: *Fichte à Berlin (1799–1813). La lutte pour l'affranchissement national (1806–1813)*, Paris 1927, S. 254–257. Dazu auch, unter anderen: Fuchs, Erich: *Fichte e la guerra: tra esperienza personale e teoria*. In: Rametta, G. (Hg.), *Filosofia e guerra nell'età dell'idealismo tedesco*. Milano 2003, S. 93–108.

Staat ausgeübten Zwang als eine vorübergehende Maßnahme, die dafür einzusetzen ist, um das Verhalten der noch unmündigen Bürger den Grundsätzen und Ansprüchen der Vernunft anzupassen. In diesem Rahmen wird der durch die Wehrpflicht geübte Zwang zur Verteidigung des Vaterlands völlig gerechtfertigt, zumindest solange die Bürger nicht erlernt haben, die eigene Pflicht selbstständig und freiwillig zu erfüllen. Fichte bemerkt jedoch, dass diese Pflicht den Bedürfnissen der Nation entsprechend und angemessen, darum erst vorläufig, zeitlich und notbedingt, sein muss.[30] Ohnehin stellt Fichte mit einem auffallend zeitnahen Hinweis fest: »Doch haben es unsre Jünglinge gewollt, u. dadurch ein Zeichen der *Freiheit* gegeben.« (Diarium-I GA II/15, 387) An einer anderen Stelle des *Diariums I* setzt Fichte dem Eroberungskrieg und dem Söldnerbündnis, beide ablehnend, die Erziehung zur Freiheit entgegen, zudem ein vom ganzen Volk gekämpfter Krieg als entscheidende Bildungserfahrung bei solch einer Erziehung vollkommen ist. Letztendlich drückte sich Fichte in der zweiten Vorlesung über den Begriff des wahrhaften Krieges kategorisch aus: »Alle müssen drum ihre Freiheit selbst für ihren Teil verteidigen. Keine Stellvertretung, wie in jenem Systeme [nämlich in dem Landesherrenkrieg, *Anm.d.Verf.*].« (StL GA II/16, 48)

Jenseits jeglicher wörtlicher Entsprechungen, ist es nun in dem Geist der Reform offensichtlich, dass sich Übereinstimmungen mit Fichtes Ansicht und Gesinnung erkennen lassen. Denn ihnen gemeinsam war die »Grundaufgabe«, die Friedrich Meinecke knapp, doch präzis als folgende zusammenfasst: »Staat, Nation und Individuum neu zu verbinden.«[31]

Eines der größten Verdienste der Volksarmee war nach den Reformern die von ihnen gebotene Gelegenheit, den Einzelnen dazu auszubilden, »ganzer Bürger und ganzer Soldat«[32] zu sein. Darin war der Vorteil nicht nur numerisch und handlungsorientiert, sondern eher zivil-moralisch, denn die Hoffnung, die in die Landwehr gesetzt wurde, folgte aus der Fähigkeit der Armee, vaterländisches Bewusstsein und einen starken Sinn für die Volkseinheit in den kämpfenden Menschen heraufzubeschwören, so dass dadurch ein patriotisches Mitgefühl mobilisiert werden konnte, das sich durch das Kämpfen für eine gemeinsam geteilte Sache mächtig steigerte. Solch ein Anspruch war desto wichtiger, je aufmerksamer die neuesten politisch-militärischen Ereignisse in Erwägung gezogen wurden. „Revolutionär" waren in Napoleons Kriegsführung

---

30 »Beitrag: nun aber zu einer Lebensart z.B. zum Krieg. – Dies ist ja nur ein vorübergehendes, zur Selbstverteidigung. – Aber zeitlebens Soldat? – Ist nicht das rechte. Da sollte der Beruf abgewartet werden.« (Diarium-I GA II/15, 389).
31 Meinecke, *Das Zeitalter der deutschen Erhebung*, S. 50.
32 Meinecke: *Das Leben*, II, S. 254.

nicht nur die taktischen Neuerungen, die vermehrte Beweglichkeit der Truppe, die Änderungen bei der Positionierung von Angriff- und Verteidigungsaufstellungen, die Veränderungen in Gefecht und Übung,[33] sondern was dabei noch erstaunlicher und neuartiger war, war die Motivation, die die Truppen bei militärischen Unternehmungen zur Schau gestellt hatten und noch stellten. Diese entstand aus dem Bewusstsein von jedem, am Krieg mitbeteiligt zu sein und für ein Gut zu kämpfen bzw. kämpfen zu sollen: nämlich die Sicherheit und die Größe der eigenen Nation. Von dieser Beteiligung strömte eine vorher nicht erlebte sittliche Kraft aus, die die Soldaten-Bürger stolz und unternehmungslustig machte: das machte sie fähig, mit Leidenschaft, manchmal sogar mit euphorischem Elan, die schwersten Opfer auf sich zu nehmen und in die blutigsten Schlachten zu ziehen.

> Man muss die Standhaftigkeit eines jenen Haufens, die Bonaparte in seinem Eroberungsdienst erzogen und angeführt hat, im stärksten und anhaltendsten Geschützfeuer gesehen haben, um sich einen Begriff davon zu machen, was eine in langer Übung der Gefahr gestählte Truppen leisten kann, die durch eine reiche Siegesfülle zu dem edlen Satze gelangt ist, sich selbst die höchsten Forderungen zu machen. In der bloßen Vorstellung würde man es nie glauben.[34]

»So«, setzt der General an einer anderen Stelle in seinem Buch fort, »war also das kriegerische Element, von allen konventionellen Schranken befreit, mit seiner ganzen natürlichen Kraft losgebrochen. Die Ursache war die Teilnahme, welche den Völkern an dieser großen Staatsangelegenheit zugedacht wurde.«[35] Eine solche Motivation auch in Preußen zu erreichen, war nun die Absicht der Reformer. Doch dieser Zweck schloss die Notwendigkeit ein, sowohl die Rolle der militärischen Kräfte in der Gesellschaft und innerhalb des Staates, als auch die Stellung des Einzelnen innerhalb der Armee zu überdenken und neu zu definieren. Neu – und von der kantischen Moralphilosophie stark geprägt – war dabei die Idee, dass jeder Einzelne – auch der Soldat – nicht eine 'Kriegsmaschine', ein Werkzeug oder ein Automat, ein bloßes Rädchen in

---

33 Über die Kriegsführung Napoleons vgl. Willms, Johannes: »Das Primat des Militärischen. Napoleon I. (1769–1821).« In: Förster, S. – Pöhlmann, M. – Walter, D. (Hg.): *Kriegsherren der Weltgeschichte. 22 historische Portraits*. München 2006, S. 187–201. Vom demselben Autor vgl. auch *Napoleon. Eine Biographie*. München 2009, insbes. S. 69–94. Ein Klassiker über das Thema bleibt Delbrück, Hans: *Geschichte der Kriegskunst im Rahmen der Politischen Geschichte*. IV: *Neuzeit*, Berlin 1920, S. 445–530.
34 Clausewitz: *Vom Kriege*, S. 149.
35 Ebd., S. 669.

dem umfassenderen Getriebe des Staates und der Kriegsstrategie ist, sondern ein Mensch.[36] Als solcher besitzt er einerseits eine zu behütende Würde,[37] andererseits hat er Gefühle, Verlangen, Intuitionen, persönliche Einstellungen und Gesinnungen, Emotionen und Phantasie: Jeder Bürger ist zugleich Person und Charakter. Diesem Geist folgend fragte der Kriegsminister Hermann von Boyen tatsächlich, ob es »wahre Größe ohne Achtung der Menschenwürde geben« kann.[38] Denn »der Mensch verlangt nach Impuls, ohne ihn sinkt alle Spannkraft nieder.« Aus diesem Grund war es nun erforderlich, »dass man den Soldaten fortan als Menschen, und nicht als Maschine behandle, dass man den Geist des Heeres vor allem wecke.«[39]

Clausewitz' geistreiche und innovative Auffassung des Krieges stützt sich gar auf die Bemerkung und Herausstellung der entscheidenden Rolle, die die psychologischen Bedingungen und die moralischen Kräfte der beteiligten Akteure im Kriege spielen. Gerade dies ist die Idee, die der staatlichen Reformbewegung zugrunde lag: Der Anspruch auf die Aktivierung solcher Kräfte wirkte sowohl als Voraussetzung als auch als anzustrebendes Ziel der jeweiligen Anordnungen, insofern als die Reformer von der Notwendigkeit ausgingen, die Verschmelzung von militärischen und moralischen Tugenden, von Menschen und Geist praktisch zu verwirklichen.

In den traditionellen Armeen war es üblich, den Gehorsam der Soldaten durch eine eiserne Disziplin, schonungslose Bestrafungen, restriktive Gefechtsmaßnahmen, den Einsatz von Angst- und Drohmitteln zu gewährleisten; in Gegensatz dazu sollte sich die neue Kriegskunst auf die Innerlichkeit und die sittliche Natur des Menschen stützen, um damit in dem Kämpfer die Unternehmungslust, den Geist der Hingabe, den Sinn für Individualität und die Leidenschaft für das Größe zu erwecken und in Schwung zu bringen. Clausewitz fasste diese Ansicht in dem Brief an Fichte zusammen: »Denn in jeder Kunst ist ja der natürliche Feind aller Manier der Geist.«[40]

---

36 Ebd., S. 532: hier führt Clausewitz bei Erklärung der Volksbewaffnung die Entgegenstellung von Automaten und Menschen ein.

37 Die Wirkung der Moralphilosophie Kants, nach der der Mensch nicht als blosses Mittel, sondern immer auch als Zweck zu betrachten ist, wird paradigmatisch von Meinecke in Bezug auf Hermann von Boyen herausgestellt. Vgl. Meinecke: *Das Leben*, I, S. 80–100.

38 Zitiert nach Meinecke: *Das Leben*, I, S. 342.

39 Meinecke: *Das Leben*, I, S. 171.

40 Clausewitz: [*Ein ungenannter Militär*], S. 165. Um die Rolle des Geistes in Krieger gegen die blosse reine Disziplin oder die starren taktischen Anordnungen vgl. auch Boyens Meinung nach dem Zitat von Meinecke: »Der Geist des Heeres, die Kraft mit der seine Mitglieder die Gefahren trotzend ihren Zweck zu erreichen streben, kann die Intelligenz erfahrener Feldherren vernichten und den höchsten Grad taktischer Fertigkeit, den ein

Dieselbe Missbilligung, ja Abneigung der geistlosen Auffassung des Menschen und der mechanistischen Betrachtung von dessen Verhältnissen zur äußerlichen Welt ist also der Grundstein zu der Erziehungsphilosophie Fichtes, die sich zum Ziel setzt, den Bürger dem Pflichtgefühl und dem Sinn für das Ganze gemäß zu erziehen, jedoch nicht durch die äußerlichen und sinnlichen »Bande der Furcht und Hoffnung,« sondern durch »ein ganz anderes und neues [...] Bildungsmittel,« »um die Angelegenheit ihrer Gesamtheit an die Teilnahme eines jeden aus ihr für sich selber anzuknüpfen.« (Reden GA I/10, 110–111) Ein solches Mittel ist »das Wohlgefallen am Rechten und Guten um sein selbst willen« (Ebd., S. 233), das nichts anderes ist, als »die Liebe [...] auf geistige Tätigkeit, um der Tätigkeit willen, und auf das Gesetz derselben, um des Gesetzes Wille.« »So ist jene Liebe die allgemeine Beschaffenheit und Form des sittlichen Willens.« (Ebd., S. 126)

In Anbetracht von Fichtes Auffassung der Nation als des vernunftbedingten Raums für die Entfaltung jener sittlichkeits- und willensorientierten Tätigkeit spezifiziert sich jene Liebe als Liebe zum Vaterland. Denn »jener zu erzeugende Geist führt die höhere Vaterlandsliebe, das Erfassen seines irdischen Lebens als eines ewigen, und des Vaterlandes, als des Trägers dieser Ewigkeit, und, falls er in den Deutschen aufgebauet wird, die Liebe für das deutsche Vaterland, als einen seiner notwendigen Bestandteile unmittelbar in sich selber; und aus dieser Liebe folgt der mutige Vaterlandsverteidiger, und der ruhige und rechtliche Bürger von selbst.« (Ebd., S. 216)

Keinen Bruch zwischen bürgerlichem Gemeinsinn und militärischem Pflichtgefühl soll es geben: beide sind in dem Glauben verwurzelt – einem Glauben, der Fichtes Gedanken nach gleich mit dem Wissen ist, dass »die Liebe der Grundbestandteil des Menschen [ist]: diese liegt hinaus über die fortwachsende Erscheinung des sinnlichen Lebens, und ist unabhängig von ihm.« (Ebd., S. 233) Gerade dadurch, dass eine solche Liebe »die Wurzel der Unsittlichkeit aber rottet, indem sie den sinnlichen Genuss durchaus niemals Antrieb werden lässt, «erhöht sie so das Selbst des einzelnen Menschen, dass sie ihn ermöglicht, »in eine ganz neue Ordnung der Dinge« (Ebd., S. 126) einzutreten, präziser noch, eine neue Ordnung der Dinge selbst zu schaffen, die die deutsche Nation schrittweise verkörpern soll.

In diesem Zusammenhang kann Fichtes Ansicht über die vaterländische Bedeutung der Erziehung auf folgende Weise resümiert werden: Auch die Krieger sind Kinder gewesen und wenn ihre Erziehung nicht von Anfang an in die richtige Bahn gelenkt würde, könnte es auch für den militärischen Erfolg und

---

durch die Fesseln der Subordination wohlgeordnetes Heer sich kunstgerecht auszuüben bemüht, zerschellen.« (Meinecke: *Das Leben*, I, S. 197).

die politische Sicherheit des Staates keine Gewähr gegeben werden.[41] »Möchte [der Staat] lebendig einsehen, dass ihm durchaus kein anderer Wirkungskreis übriggelassen ist, in welchem er als ein wirklicher Staat, ursprünglich und selbständig, sich bewegen, und etwas beschließen könne, außer diesem, der Erziehung der kommenden Geschlechter.« Denn es ist »allein die Erziehung, die uns retten könne von allen Übeln, die uns drücken,« erklärt Fichte. (Ebd., S. 243)

Eine deutsche Nationalerziehung ist die Antwort Fichtes auf Preußens Zusammenbruch: sie sieht vor, jeden Standunterschied abzuschaffen und damit Bürger zu bilden, die sowohl das Bewusstsein als auch den Anspruch haben, an einem Ganzen teilzunehmen, das sie alle geistig verbindet, umfasst und doch übersteigt. Unter diesen intellektuellen Umständen lässt sich die Denkperspektive Fichtes auch im politischen Bereich mit Recht als idealistisch bezeichnen. Allerdings zeigt der Idealist Fichte ein deutliches Bewusstsein für die politische Relevanz des Problemkomplexes, indem er merkt, dass dank des von ihm vorgeschlagenen Erziehungssystems der Staat auf dem Punkt ankommen wird, »gar keines besondern Heeres [zu] bedürfen:« dagegen »hätte er an ihnen ein Heer, wie es noch keine Zeit gesehen« (Ebd., S. 242) hat. Denn »jeder Einzelne ist zu jedem möglichen Gebrauche seiner körperlichen Kraft vollkommen geübt, und begreift sie auf der Stelle, zu Ertragung jeder Anstrengung, und Mühseligkeit gewöhnt, sein in unmittelbarer Anschauung aufgewachsener Geist ist immer gegenwärtig, und bei sich selbst, in seinem Gemüte lebt die Liebe des Ganzen, dessen Mitglied er ist [...] Der Staat kann sie rufen, und sie unter die Waffen stellen, sobald er will, und kann sicher sein, dass kein Feind sie schlägt.« (Ebd.) An dieser Stelle kommt man nicht umhin, darauf aufmerksam zu machen, dass einer der Schlüsselpunkte des preußischen Staatsreformprogramms die zweifache Ausschaltung sowohl der sozialen, schichtbedingten Zugangsbeschränkungen zur Armee als auch der starr festgesetzten Rollenzuweisung und Funktionsverteilung in der Armee selbst war: »Die wahre Natur des Krieges erforderte es, dass jede Truppe für jede Lage im Kriege ausgebildet sein musste.«[42] Die Voraussetzung dafür war der Wunsch, dass »Zivil und Militär sich wechselseitig die Hände

---

41   Sei damit auch nicht vergessen, dass viele Reformer, *in primis* Clausewitz, die Pädagogie von Pestalozzi kannten und schätzten, so dass einige thematischen Ähnlichkeiten und *topoi* in ihren Ansichten besser erklären lassen. Vgl. diesbezüglich das Kapitel »Fichte, Machiavelli, Pestalozzi.« In: Paret: *Clausewitz and the State*. S. 169–208. Clausewitz selbst schrieb gegen 1807 eine Abhandlung über Pestalozzi, die obwohl unvollständig eine wesentliche Zustimmung zu Pestalozzis Methode zeigt.

42   Meinecke: *Das Leben*, I, S. 121.

bieten [würden], um als Diener nur eines Staates auch nur zu einem Zwecke hinzuarbeiten.«[43]

Gleicherweise kommt auch bei vielen Vertretern der Reformbewegung die Überzeugung vor, dass das geistige Band zwischen den verschiedenen Teilen des nationalen Organismus von einer derartigen Natur ist, dass der Dienst des Bürger-Kriegers für das Vaterland nicht aus Angst, Zwang, Drohung oder Nutzen folgt, sondern aus innerlichem Willen und spontanem Gemeinschaftsgefühl. Denn »wie kann der gebildete Krieger sich wohl heutzutage mutig dem Tode weihen, ohne den großen Zusammenhang des Ganzen übersehen gelehrnt zu haben?«[44] Mit Aufmerksamkeit auf die konkreten sozialen Bedingungen der Ideale der Volkseinheit und der Volksbewaffnung kommentierte Meinecke in Bezug auf Boyen und die anderen Reformer: »Dann musste die Absonderung der verschiedenen Stände, insofern sie in einer verschiedenen Abstufung der Pflichten gegenüber dem Gemeinwesen bestand, so weit beseitigt werden, dass die höchste Pflicht, die jeder leisten konnte, auch wirklich von jedem geleistet wurde.« Prägnant klingt nun der abschließende Satz: »Nicht aus Zwang, sondern aus Pflicht und innerer Neigung sollte auch der gemeine Soldat sich gewöhnen, sein Leben dem Vaterlande zu opfern.«[45]

Zentral in der ganzen Argumentation der Reformer war die Idee der durch Bildung und Erziehung mitgestalteten sittlichen Autonomie des Einzelnen, die – nach Meineckes Worten – »das Ferment des Geistes sein [sollte], den sie dem Heere wünschten.«[46] Solche Ideen bezogen sich auf dieselben Gedanken, die Fichte schon Jahre vorher bezüglich der Rolle und Natur der Erziehung verfasst hatte, als er zum Beispiel in der *Zweiten Einleitung in die* WL (1797) schrieb: Das bedachte Ziel der Erziehung ist »die innere Kraft des Zöglings nur zu entwickeln, nicht aber ihr die Richtung zu geben [...], den Menschen für seinen eignen Gebrauch, und als Instrument für seinen eignen Willen, nicht aber als seelenloses Instrument für andere zu bilden [...]. Bildung des ganzen Menschen von seiner frühesten Jugend an; dies ist der einzige Weg für Verbreitung der Philosophie. [...] Nur Wechselwirkung mit dem Zöglinge, nicht Einwirkung auf ihm.« (ZwE GA I/4, 259)[47] Wird eine solche Bemerkung politisch interpretiert und auf das gemeinschaftlich-nationale Wesen bezogen, dann erscheint der Aufruf Fichtes zu einer größeren Anteilnahme des Volkes an den vaterländischen Angelegenheiten als völlig konsequent. »Mehr

---

43   Ebd., S. 171.
44   So kommentiert Meinecke in Bezug auf Boyens Einstellung (Ebd., S. 118).
45   Ebd., S. 197.
46   Ebd.
47   Vgl. auch *Das System der Sittenlehre* (SL GA I/5, 298).

Antheil dem Volke gegeben,« schreibt er aim *Diarium I* in den Monaten der Befreiungskriege. Denn die Aufforderung beruht auf der Überzeugung, dass das Volk »nicht als stumme Maschine, sondern als bewusster gerühmter Aktor« (Diarium-I GA II/15, 244) zu betrachten und daher zur Mobilisation hineinzuziehen ist.

Aufmerksamkeit für die sittliche Bildung des Menschen und Achtung der sittlichen Persönlichkeit des Soldaten, Sorge um die Erziehung der Bürger, zunächst einmal die sittliche Erziehung, die sich dann in der politischen widerspiegelt, Entwicklung der geistigen Anlagen der Bürger-Krieger, insbesondere der Offiziere, Teilnahme der Bürgerschaft an gemeinschaftlichen Zwecken, Versöhnung von innerlicher Initiative und »Hingabe an ein nicht egoistisches höhers Ziel,«[48] Verantwortung für das geistige Leben des nationalen Ganzen, Annäherung von Volk und Heer, von Einzelnen und Nation, Gleichheit der Pflichten für alle: Es sind dies die Übereinstimmungen, die sich zwischen Fichtes politischem und pädagogischem Nationalgedanken und den der preußischen Reformbewegung zugrunde liegenden Prinzipien und Ansichten erkennen lassen. Sie stechen so auffallend hervor, dass sie die Position des Autors meines Erachtens berechtigt erscheinen lassen, der schrieb: »Die großen Reformer dachten mehr oder weniger in den Begriffen dieser Philosophie, zu deren Mitschöpfern Fichte gehört.«[49]

---

48 Meinecke: *Das Leben*, I, S. 121.

49 Anderson, Emil: »Die Wirkung der Reden Fichtes.« In: *Forschungen zur Brandenburgischen und Preußischen Geschichte* 48 (1936), S. 395–398, insbes. S. 398. Vgl. dazu auch Freyer, Hans: »Über Fichtes Machiavelli-Aufsatz.« In: Ders.: *Preußentum und Aufklärung und andere Studien zu Ethik und Politik*, hg. v. E. Üner. Weinheim 1986, S. 129–150.

TEIL 6

Zum Schluss

..

KAPITEL 24

Zum Ineinander von Denken und Wirken in Fichtes Leben

Erich Fuchs

Abstract

The unity of thinking and acting (saying and doing) will be assumed as a fundamental hypothesis for a biography of Fichte, allowing one to understand the different stages in J.G. Fichte's life.

Zusammenfassung

Die Einheit von Denken und Handeln (Sagen und Tun) wird als Grundhypothese für eine Biographie Fichtes angenommen, aus der sich die Etappen des Lebens von J.G. Fichte verstehen lassen sollen.

Schlüsselwörter

Biographie – Denken und Handeln – Philosophie – Politik

Eine Biographie geht von der Hypothese aus: Es läßt sich ein Bild der Einheit einer Person geben, aus dem sich die Hauptetappen ihres Lebens erklären lassen. Um sich dem „Grundprinzip" des zu beschreibenden Individuums zu nähern, bleibt dem Biographen – im Gegensatz zum Romanschreiber – nur der induktive Weg: das Aufsammeln möglichst vieler historischer Data, ihre Prüfung auf Authentizität und das vorsichtige Ziehen einer Resultante. An der Art und Weise, wie diese immer schon interpretierende Auswahl und Gewichtung *sine ira et studio* durchgeführt wird, wird sich die wissenschaftliche Qualität einer solchen biographischen Darstellung bemessen.

Unsere Tagung hat sich das Thema von Xavier Léons monumentalem Werk *Fichte et son temps* zu eigen gemacht. Xavier Léon zufolge „war Fichte kein ausschließlich spekulativer Kopf, der sich mit einsamer Meditation zufriedengegeben hätte; er trennte nicht das Denken vom Handeln; er urteilte, daß seine Philosophie ‚Konsequenzen' haben sollte; und schließlich: Fichtes Reflexion war vor allem eine Reaktion auf das Denken der anderen. Sein Werk trägt den Stempel dieser Herkunft; es ist zugleich wesentlich praktisch und wesentlich polemisch."[1]

Diese beiden Gesichtspunkte möchte auch ich in den Vordergrund stellen: (1) Denken und Handeln in Einheit und (2) Vollzug dieser Einheit im Diskurs (der manchmal recht harsche Form angenommen hat).[2]

Aus den genannten Gründen versuche ich, äußere Lebensereignisse und denkerische Leistung als ineinander wirkend darzustellen. In 14 Etappen könnte dies ein Programm bilden für eine anschaulich-unterhaltende und hoffentlich auch belehrende Biographie, wie sie mir seit längerem vorschwebt.[3]

1   Erste Prägungen

Die erste den jungen Fichte prägende Gestalt des deutschen, ja europäischen Geisteslebens war zweifellos Gotthold Ephraim Lessing. Xavier Léon betont sehr stark den Einfluß *Lessings* auf Fichte und sieht sich dabei auch in der Nachfolge Friedrich Schlegels. In den Schriften des „Fragmentenstreits" (1774–1778) zwischen Lessing und vornehmlich dem Hauptpastor Goeze hat der 17 bis 18-jährige Fichte, vermutlich in seinem letzten Jahr in Schulpforta (1780) den Geist der freien, rückhaltlosen Untersuchung begierig in sich aufgenommen. Zugleich nahm er damit den Anspruch wahr, diese Reflexion auf *alle* Gegenstände auszudehnen, auch den der Religion. Anders als in Frankreich begann man ja in Deutschland erst jetzt, Dogma und Bibel offen zu kritisieren. H.S. Reimarus konnte erst posthum durch Lessing als der „Unbekannte" öffentlich wirksam werden.

Trotzdem wollte Fichte seine ihm von den Eltern und Sponsoren für seinen Aufenthalt in der Fürstenschule Pforta mitgegebene Bestimmung erfüllen und als Prediger ein treuer Diener des sächsischen Staates werden. Deshalb schrieb er sich als Student der Theologie ein, als er im Oktober 1780 auf die Universität Jena wechselte. Aber ein breiter gefächertes Interesse bricht sich Bahn: neben

---

1 Léon, Xavier: *Fichte et son temps*. 2 Bände, Paris 1922/1924, S. 6 (meine Übersetzung).
2 Übrigens hat bei Fichte bekanntlich dieses Philosophieren im Kontext dazu geführt, daß er seine Terminologie seinen Gegnern weitgehend angepaßt hat. Mit der daraus folgenden terminologische Inkohärenz hat sich wohl schon jeder abgemüht, der sich mit über einen längeren Zeitraum hinweg abgefaßten Werken Fichtes beschäftigt hat.
3 Um einigermaßen unvoreingenommen an diese Arbeit zu gehen, habe ich vor Abfassung dieses Referats nicht gelesen, was aus Anlaß des 250. Geburtstags unseres Philosophen an Biographischem erschienen ist.

der Theologie hört der junge Student über Aischylos, ein *Collegium logicum* und Vorlesungen aus der Jurisprudenz. Auch in Leipzig hört er neben Theologie Philosophie bei Ernst Platner und juristische Vorlesungen.[4] Und auch in Briefen aus der etwa fünf Jahre dauernden Hauslehrerzeit von 1785 bis 1790 fällt dieses, für die spätere Lehrtätigkeit charakteristische Faible für Recht und Gerechtigkeit auf. Die *Zufälligen Gedanken in einer schlaflosen Nacht* (Juli 1788) sind davon erfüllt.

2 Vorsehung. Johannas Einfluß – F.H. Jacobi

Von erheblichem Einfluß auf den werdenden Philosophen war die Zürcherin Johanna Rahn, die im Herbst 1793 seine Frau werden sollte. In der Zeit, da Fichte sich noch im Predigen übt (zehn Predigten in Sachsen, Schweiz, Warschau sind belegt) treibt auch ihn die Frage um: sind Glaube und Wissen vereinbar? Hinsichtlich des Wissens ist Fichtes „Götze" die Notwendigkeit. Fichte plant eine Abhandlung über das Thema Determination oder Notwendigkeit.[5] Die Briefe an mögliche Sponsoren und noch mehr diejenigen an die Verlobte sprechen über die Vorsehung Gottes, an die Fichte glaubt und die ihm die richtigen Wege für seine Lebensentscheidungen weisen wird. Johanna erbittet einen Aufsatz zu diesem Thema.[6] Es scheint, daß in dieser Phase der Gedanke der Vorsehung mit dem Bewußtsein der eigenen Freiheit kollidiert. Zu einer Änderung in diesem Punkt bedarf es bekanntlich des Initationserlebnisses durch Kants *Kritik der praktischen Vernunft*. Eins scheint mir aber für diese Phase und darüber hinaus sehr bedeutsam: Johannas Gläubigkeit und Frömmigkeit, und diese bleibt m. E. auch für Fichtes ganzes Leben bestimmend.

In diesem Zusammenhang darf ein erster Hinweis auf Friedrich Heinrich Jacobi nicht fehlen. Nach der frühen Begeisterung für Lessing und dessen Rolle im Fragmentenstreit hat Fichte gewiß von der nächsten, das intellektuelle Deutschland bewegenden Aufregung Notiz genommen: dem Pantheismusstreit. Jacobi hatte nach dem Tod Lessings in seiner Publikation *Ueber die Lehre des Spinoza*[7] über ein Gespräch mit Lessing berichtet, das diesen als

---

4 Von gleichgerichteten Studien wird vom Studienaufenthalt in Wittenberg, 1–2 Jahre später, berichtet.

5 Dies berichtet ein Brief des Pastors Fiedler, mit dem Fichte als Hauslehrer des benachbarten Gutes sicherlich diese Themen diskutiert hat. (GA III/1, 9).

6 GA III/1, 63.

7 Jacobi, Friedrich Heinrich: *Ueber die Lehre des Spinoza in Briefen an den Herrn Moses Mendelssohn*. Breslau 1785.

Anhänger der Lehre des Spinoza entdeckte. Dies hieß nach dem damaligen Sprachgebrauch ihn zum Atheisten zu erklären. Bekanntlich wandte sich Jacobi gegen den spinozistischen Rationalismus, um ihm seine eigene Glaubensphilosophie entgegenzusetzen.

Aus Fichtes Brief, mit dem er die ersten Bogen der *Grundlage der gesammten Wissenschaftslehre* an Jacobi sandte, ist das Wort bekannt: „Ist irgend ein Denker in Deutschland, mit welchem ich wünsche und hoffe in meinen besondern Ueberzeugungen übereinzustimmen, so sind Sie es, mein verehrungswürdigster Herr."[8]

3 Kants praktische Philosophie: eine neue Welt

Wir stehen aber noch beim Jahr 1790, das für Fichte das Ende der in mehreren Briefen dokumentierten Phasen der Verzweiflung bedeuten sollte. Am Abend vor seinem 26. Geburtstag hatte er an Selbstmord gedacht, wurde aber durch eine neue Hauslehrerstelle in Zürich gerettet. Nach zwei ereignisreichen Jahren in Zürich kehrte er nach Leipzig zurück und fand – erneut in großer finanzieller Not – die Anfrage eines wohlhabenden Studenten vor, ihm die Philosophie Kants zu erklären. Immanuel Kant wurde für Fichte damit zum wichtigsten und bestimmendsten Anreger.[9]

Im August 1790 liest Fichte die *Kritik der praktischen Vernunft*. Wie sehr diese Lektüre Fichtes Leben umstürzt, kann man der oft zitierten Stelle seines Briefes an den Freund Weißhuhn entnehmen: „Ich lebe in einer neuen Welt, seitdem ich die Kritik der praktischen Vernunft gelesen habe. Sätze, von denen ich glaubte, sie seyen unumstößlich, sind mir umgestoßen; Dinge, von denen ich glaubte, sie könnten mir nie bewiesen werden, z. B. der Begriff einer absoluten Freiheit, der Pflicht u.s.w. sind mir bewiesen [...]."[10] Damit ist das große Thema angesprochen: die deterministische Sicht wird abgelöst von der Überzeugung von der Freiheit des Willens. „Nur unter dieser Voraussetzung [ist] Pflicht, Tugend, und überhaupt eine Moral möglich [...]".[11]

1795 verknüpft Fichte die Entdeckung der Wissenschaftslehre mit den politischen Ereignissen in Frankreich: „Mein System ist das erste System der

---

8   GA III/2, 202.
9   Daß auch schon in Zürich von Kants Philosophie gesprochen worden war, zeigen Briefe an den künftigen Schwiegervater (12. August 1790, GA III/1, 166) und seine Verlobte (5. September 1790, GA III/1, 171).
10 GA III/1, 167.
11 GA III/1, 193.

Freiheit[...]."¹² Jeder von uns kennt das Wort Fichtes, mit dem er sich im Januar 1800 gegenüber Reinhold und Jacobi erklärt: „Mein System ist vom Anfange bis zu Ende nur eine Analyse des Begriffs der Freiheit."¹³

Fichte wirft sich „über Hals und Kopf in die kantische Philosophie" (GA III/1, 166) und sagt seiner Verlobten voraus: „Ich werde dieser Philosophie wenigstens einige Jahre meines Lebens widmen". (GA III/1, 171) Diese „kopernikanische Wende" weg von jeder objektivistisch aufgefaßten Metaphysik zur Transzendentalphilosophie vollzieht Fichte so intensiv, daß er den *Buchstaben* der Lehre Kants vernachlässigt, um ihren *Geist* darzustellen.¹⁴

Man könnte dieses Thema (Notwendigkeit vs. Freiheit) einer ganzen Reihe von Philosophen zuordnen, auf die Fichte reagiert hat: Spinoza, Jacobi, Schelling, die alle viel von Freiheit sprechen, aber wohl etwas anderes damit meinen als Fichte. Jedenfalls ein wichtiges Indiz für Fichtes Zugang zur Transzendentalphilosophie: nicht die theoretische, sondern die praktische Philosophie Kants erweckt ihn philosophisch zum Leben. Das ist entscheidend für einen, der nicht um des Kaisers Bart philosophieren will, sondern den es zum Handeln drängt. Diesen Gedanken wird er auch bald vom Katheder in Jena verkünden: Theorie ist nicht Selbstzweck, im Gegenteil: „Handeln! Handeln! das ist es, wozu wir da sind."¹⁵

4 Reise zu Kant. *Critik aller Offenbarung*

Damit wird Kant für Fichte auch der Initiator eine Theorie, die ihm die Prinzipien für seine Beurteilung einer Bühne liefert, auf die es den Rammenauer Willensmenschen von Anfang an drängt, nämlich die im weiteren Sinne *politische* Bühne. Seine Pläne, durch Johannas Vater und Klopstock an den

---

12   GA III/2, 298.
13   » Jacobi sagt, daß er über den Begriff von Freiheit u.s.w. mit mir schwerlich eins werden werde, und erklärt sich in der Beilage 25 so, als ob er mich im Verdachte hätte, ein heimlicher Abläugner der Freiheit zu seyn. In Hinsicht des Letzteren hat es nun mit mir wohl keine Gefahr. Mein System ist vom Anfange bis zu Ende nur eine Analyse des Begriffs der Freiheit und es kann in ihm diesem nicht widersprochen werden, indem gar kein anderes Ingrediens hineinkommt. Aber ich fürchte aus dieser und allen Aeußerungen, die ich bei Jacobi noch je über Freiheit gefunden, daß Er selbst es sey, der die eigentliche persönliche Freiheit des endlichen Wesens läugnet, um alle Thätigkeit in diesem auf den Unendlichen, als den letzten Grund derselben, zu übertragen [...]. « (GA III/4, 182).
14   Man denke nur an das Wort vom »Dreiviertel Kopf« (an Reinhold, 18. Sept. 1800; GA III/4, 312).
15   BdG GA I/3, 67.

dänischen Hof in Kopenhagen als Prinzenerzieher vermittelt zu werden, waren ja gescheitert.

Es steht aber das die kantische Philosophie durchdringende Studium an, das unterbrochen wird von der Suche nach dem Lebensunterhalt. Entgegen früheren Versprechungen – ein dunkler Punkt für die Beurteilung von Fichtes Charakter – geht Fichte nicht nach Zürich zurück, sondern als Hauslehrer nach Warschau. Das Engagement scheitert und nach 2 ½ Wochen reist Fichte ab nach Königsberg, um Immanuel Kant zu erleben. Erneut führt finanzielle Not letztlich dazu, daß der *Versuch einer Critik aller Offenbarung* entsteht, der Fichte mit Kants Hilfe berühmt macht. Daß er gerade an dieses Thema geht und nachher eine „Critik des Begrifs der Vorsehung"[16] plant, zeigt auch hier wieder: es ist ein Problemkreis, der Fichte von Beginn seines philosophischen Reflektierens bewegt – und wie wir wissen, ihm noch größere Widrigkeiten bescheren wird. Ja, auch seine letzten „Inquirenda" drehen sich noch um diese Begriffe.[17]

5   Beurteiler der Französischen Revolution

Bevor Fichte die Früchte seines jungen Ruhms genießen kann, kehrt er ein letztes Mal ins Hauslehrerdasein zurück, nützt aber diese Zeit zwischen Krockow, Danzig und Königsberg, sich gesellschaftliche Reputation zu sichern, und betritt mit anonymen Schriften[18] das Podium des revolutionsfreundlichen Kommentators der Zeitereignisse. Diese Rolle sicherte ihm für die nächsten Jahre die Popularität unter den Studierenden, aber natürlich auch anfangs die Skepsis und dann den Haß der Mächtigen. Dies sollte 1799 im Atheismusstreit mit der Entlassung an der Universität Jena deutlich werden.

Erneut sehen wir, wie sehr Fichte im Zeitgeschehen und in der Auseinandersetzung mit dessen Wortführern involviert ist: er wendet sich scharf gegen den Hannoveraner Regierungsbeamten A.W. Rehberg und beweist, daß seine Züricher Rousseau-Lektüre nicht umsonst gewesen ist.

Rechtlichkeit – gerechte Ordnung gegen Privilegien und Willkür – ist der Schwerpunkt. Dies schließt die Ablehnung jedes Staats im Staate ein (Juden, Militär, Kirchen). Die *Zufälligen Gedanken in einer schlaflosen Nacht* sind von ähnlicher Tendenz.[19]

---

16   Brief an Weißhuhn, 11. Okt. 1791, GA III/1, 269.
17   Wie ein Blick in die Sachverzeichnisse der GA-Bände II/15–17 zeigt.
18   ZdDf und Beitrag.
19   GA II/1, 99–110.

6 Wissenschaftslehre

Als anerkannter Autor kann Fichte nach Zürich zurückgehen und seine Johanna ehelichen. In der Auseinandersetzung mit herausragenden Denkern seiner Zeit verbringt er den Winter 1793/94. Der Skeptiker Aenesidemus-Schulze verwirrt Fichte einige Zeit; als Karl Leonhard Reinholds Verdienst wird er später anerkennen, daß dieser zu Recht die Forderung nach der Einheit des Systems aufgestellt habe. Beiden schreibt Fichte selbst nebst Salomon Maimon großen Einfluß auf den Gang seines Denkens zu.[20] Bevor ihn der Ruf an die Universität Jena erreicht, entsteht in den Zürcher *Eignen Meditationen* und den daraus folgenden Vorlesungen im Hause Lavaters das, was bald in Jena vorgetragen und als *Grundlage der gesamten Wissenschaftslehre* veröffentlicht wird.

Der Grundgedanke und die Grundabsicht der Wissenschaftslehre in meiner Sicht: Fichte will nicht in erster Linie ein neues philosophisches System aufstellen. Er will die Gesellschaft verändern, ihr ein gerechtes Antlitz geben. Sein unbändiger Wille und sein Gerechtigkeitssinn verbinden sich. Weil für ihn auf dieser Grundlage nur eine *verantwortbare* Lösung in Frage kommt, geht er daran, eine letztbegründende Lösung der wesentlichen Fragen des menschlichen Daseins zu finden, die Fragen um Freiheit, Gott, Zweck und Ziel unserer Existenz, Kriterien zum Aufbau einer Gesellschaft, die diese Ziele (falls sie sich begründet aufstellen lassen) auf eine zu verantwortende Weise realisieren. Später wird die Formel lauten: Die Menschheit soll alle ihre Verhältnisse nach der Vernunft einrichten.

Der entscheidende Schritt, der ihn von allen anderen folgenden Metaphysikern unterscheiden wird: er geht sachlich denselben Weg wie Descartes und sucht die wesentlichen Elemente, die jedes Vernunftwesen verwenden muß, wenn es an den Aufbau einer allgemein verbindlichen und zugänglichen Grundlage geht. Dies ist ihm 1794 der systematisch grundlegende Gedanke des reinen (oder absoluten) Ich. Jeder, der gegen dieses Ich zu argumentieren versucht, tut dies als Ich. Wer diesen Grundgedanken außer Acht läßt, faßt sein Ich als totes Lavastück im Monde auf.[21]

Was sich aus diesem ersten Grundsatz alles entwickeln läßt und wie es der philosophierenden Gelehrtenrepublik verständlich zu machen ist, macht m. E. die selbstgesetzte Lebensaufgabe des J.G. Fichte aus. Aus dieser Aufgabe entspringen die ca. 15 Versuche, seine Wissenschaftslehre immer stringenter durchzuformen und in immer neuen Formulierungen und Terminologien vorzulegen.

---

20 Brief an Stephani, Mitte Dez. 1793, GA III/2, 28.
21 GWL GA I/2, 326.

Die erste folgende Variante stellt dann ab 1796 die sogenannte *Wissenschaftslehre nova methodo* dar.[22]

7   Naturrecht. Sittenlehre

Vom Interesse Fichtes für rechtliche Fragen war schon die Rede.[23] In der Folge der Umwälzungen, die die Französische Revolution mit sich brachte, erschienen eine Fülle von Abhandlungen zum Naturrecht (Hufeland, K.C.E. Schmid, Maimon). Aber letzlich scheint auch hier wieder der erste Anreger Kant gewesen zu sein.[24] Nach der Abfassung der *Grundlage des Naturrechts* nahm Fichte Kants Schrift *Zum ewigen Frieden* erfreut über die grundsätzliche Übereinstimmung in den naturrechtlichen Resultaten zur Kenntnis. Der charakteristische Unterschied zum Vorbild Immanuel Kant ist in Fichtes praktischer Philosophie der Fortschritt von einer individualistischen Betrachtungsweise zur Begründung der Interpersonallehre, sowohl im durch das Zwangsrecht zu charakterisierenden Staat (Naturrecht) und dem innerlich begründeten „Selbstzwang" im zu errichtenden Vernunftreich (Sittenlehre).

8   Atheismusstreit

Der Atheismusstreit ist schon oftmals dargestellt worden. Deshalb sei hier wieder nur knapp skizziert. Der radikale Selbstdenker Forberg erzwingt geradezu Fichtes Stellungnahme im Aufsatz *über den Grund unseres Glaubens*. Dort wird aus der uns schon bekannten „Vorsehung" die göttliche Weltregierung, die garantiert, daß kein sittliches Wollen vergeblich ist. Der wahre Glaube ist das moralisch fundierte Rechttun. Alles andere ist Aberglaube und Götzendienst.

Daß sich durch eine solche Religionsphilosophie die herrschende staatliche und geistliche Gewalt herausgefordert und bedroht sieht, liegt auf der Hand. Durch Fichtes stolzes Beharren erreichen die Gegner dieses angeblichen Jacobiners ihr Ziel: er verliert seine Professur.

---

22   Auf den Streit mit Schiller über Fichtes Horen-Aufsatz sei der Kürze halber hier nur hingewiesen.

23   Am 20. 9. 1793 schrieb Fichte in einem Brief an von Schön, daß der Gegenstand des Natur- und Staatsrechts ihn unwiderstehlich anzieht und daß er deshalb noch manches darüber schreiben wird. (GA III/1, 433).

24   Vgl. den Brief Fichtes an Reinhold v. 29. Okt. 1795 (GA III/2, 385); dort bescheinigt Fichte Kant in der *Grundlegung zur Metaphysik der Sitten* eine Argumentationslücke.

Mit dem Stichwort „Glauben" erscheint Jacobi jetzt auch direkt auf dem philosophischen Kampfplatz, um mit seinem Nihilismusvorwurf Fichte und Schelling, die er da systematisch noch eins wähnt, zu treffen.

In solcher Krise zeigt sich das Genie. Der Durchschnittsgeist würde resignieren. Nicht so Fichte. Er sucht einen neuen äußeren Lebensmittelpunkt und schreibt in Berlin, wo er – mit zwei Unterbrechungen (Erlangen 1805, Königsberg 1806/07) – die zweite Hälfte seines Denker- und Lehrerlebens verbringen wird, die *Bestimmung des Menschen*. Dieses Werk ist ein weiteres Beispiel dafür, wie Fichte sich in die Gedanken- und Begriffswelt seines Gegenübers einlebt und ihn im Versuch, diesen besser zu verstehen, als er selbst es tut, auf seine Seite zu ziehen. Auch bei Jacobi geht das gründlich daneben, wie wir aus dessen Berichten an Reinhold wissen.

9 Bruch mit Schelling

In der Folge mißlingt Fichtes Versuch, die Berliner Freimaurerei zu einem Mittel umzuformen, seine Vorstellungen von einer gerechteren Gesellschaft in die Tat umzusetzen. Auch die Zeitschriftenpläne mit den Romantikern zerschlagen sich, letztlich weil Fichte dort keine untergeordnete Rolle spielen will. Es soll jetzt aber die Rede von dem *Bruch mit Schelling* sein. Für Fichte verläßt Schelling den gemeinsamen Boden der Transzendentalphilosophie, indem er eine Identitätsphilosophie entwirft. Deren Grundprinzip analysiert Fichte in mehreren Anläufen als gnoseologisch unhaltbar. Mit der Einführung einer objektiven intellektuellen Anschauung wird das kantisch-fichtesche erkenntnistheoretische Grundprinzip zu einem metaphysischen Nebenprinzip. Der daraus erwachsenen Naturphilosophie muß Fichte natürlich den Kampf ansagen. X. Léon – und nicht nur er – sieht in den folgenden zahlreichen Anläufen Fichtes zu einer immer tiefer reflektierten Form der Wissenschaftslehre hauptsächlich eine Reaktion auf Schelling.

Daß die Biographie eines Philosophen wie Fichtes an dieser Stelle genauer auf die für die Letztbegründungsfrage entscheidenden Unterschiede und Fortschritte der folgenden Ausarbeitungen der Wissenschaftslehre einzugehen hat, halte ich für selbstverständlich. Davon kann aber hier aus Zeitgründen nicht weiter die Rede sein. Deshalb weise ich nur auf die Fassungen von 1801/02 hin, die drei von 1804, eine von 1805, die Königsberger von 1807 und die fünf Berliner Fassungen von 1810 bis 1814, von denen die beiden letzten aus äußeren Gründen Fragment geblieben sind.

Zurück zum Jahr 1800! Noch vor dem Streit mit Schelling hat Fichte sein polemisches Talent benutzt, um sich von Reinhold und Bardili abzusetzen, im

Sonnenklaren Bericht versucht Fichte, die Reputation der Transzendentalphilosophie gegen die Karikaturen zu verteidigen, die Jean Paul und Nicolai von ihr unter die Leute gebracht haben, gleichzeitig verfaßt er die bittere Satire auf Nicolai selbst.

Im Herbst 1800 machte er sich daran, die natur- und staatsrechtlichen Prinzipien auf das Gebiet der Volkswirtschaft anzuwenden. Der *Geschloßne Handelsstaat* scheint mir weniger wegen des utopischen Gesamtbildes einer sozialistischen Wirtschaftsweise bemerkenswert, sondern wegen der pointierten Behauptung der Gleichheit der Menschen, der Verdammung der Sklaverei, der Forderung, daß der Mensch von seiner Arbeit leben können und daß diese ihm auch menschenwürdige Muße verschaffen müsse.[25] Xavier Léon hat gezeigt, daß der 1797 als Verschwörer hingerichtete Noël Babeuf mit seinem Mitverschwörer Buonarroti wirtschaftliche Grundsätze aufgestellt hatte, die weitgehend mit denen Fichtes konform gehen.[26] Man kann also im Geschlossenen Handelsstaat einen weiteren Beleg für Fichtes Willen sehen, die gesellschaftlich-politische Welt vernünftig umzuformen, und zweitens als Hinweis darauf, daß er sich weiterhin als einen Verteidiger der Prinzipien der Französischen Revolution sah. Hatte man ihn doch in Jena – so sagt er selbst – als *Jacobiner* entlassen!

10 Gegen die „Verwesung aller Ideen"

Auch Fichtes Beschäftigung mit der Geschichtsphilosophie ist eine Reaktion auf den Geist und die Ereignisse der Zeit. 1804 bezeichnet er sein Zeitalter als das der „Verwesung aller Ideen". Damit meint er letztlich wieder Schelling, der sich an die Spitze der romantischen Bewegung hin zu Mythos, Parapsychologie, Mittelalterverehrung, Poesie gesetzt hatte. Niemand anderer kann gemeint sein, wenn Fichte in der 8. Vorlesung der *Grundzüge des gegenwärtigen Zeitalters* von „Individuen" spricht, die „geradezu das Princip des Zeitalters umkehrend, *das* eben als sein Verderben und als die Quelle seiner Irrthümer angeben, dass es alles begreifen wolle; und dass sie dagegen als ihr eigenes Princip, als das einzige, was noth thut, und als die wahre Quelle aller Heilung und Genesung, *das Unbegreifliche*, als solches und um seiner Unbegreiflichkeit willen, aufstellen."[27]

Hatte Fichte mit den *Grundzügen* auf Schellings geschichtsphilosophische Ausführungen in den *Vorlesungen über die Methode des akademischen*

---

25 Dazu gehört auch die Forderung nach Abschaffung eines Privateigentums von Grund und Boden (GA I/7, 85).
26 Léon: *Fichte et son temps*, S. 101–116.
27 AzsL GA I/8, 281.

Studiums (1803) geantwortet, so sah er sich durch *Philosophie und Religion* (1804) herausgefordert, mit der Vorlesung *Anweisung zu einem seligen Leben* zu reagieren. Auffällig, daß er für die Ankündigung aus Schellings Buch, S. 3, den Titel für diese Vorlesungen entnahm, selbstbewußt genug, den Vorwurf eines Plagiats ignorieren zu können! Der Inhalt sollte deutlich machen, daß durch diese Vorlesungen Schelling vom Standpunkt der Wissenschaftslehre aus korrigiert werde.[28] Zugleich zielt die inhaltliche Argumentation auch wieder darauf ab, dem Nihilismus-Vorwurf Jacobis gegen die WissenschaftsLehre zu begegnen.[29]

11 Politischer Einfluß

Durch seine Berliner Vorträge gewann Fichte mittelbar Einfluß auf die preußische Politik: Beyme und Altenstein blieben seit 1804 von Fichtes geistiger Kraft überzeugt. Die Erlanger Episode (1805) wurde dadurch möglich. Auch dort achtete Fichte auf den „genius loci" und erwies ihm durch die Ausarbeitung einer Logik und von Reflexionen zur Mathematik seine Reverenz. Daß Fichte Ende 1806 dem preußischen Staat die Treue hielt und nach der Niederlage gegen Napoleon mit nach Königsberg ging, verankerte ihn dort bis zum Lebensende. So nahm er Anteil an der Berliner Universitätsgründung, indem er im offiziellen Regierungsauftrag einen detaillierten *Deduzierten Plan* schrieb. Sein Antipode sollte an der Universität Schleiermacher werden. Auch vor der Gründung trat Schleiermacher mit konkurrierenden *Gelegentlichen Gedanken über Universitäten* hervor.

12 Kosmopolitischer Nationalismus

Der Königsberger Aufenthalt 1806/07 brachte Fichte auf dem philosophischen Katheder alles andere als Erfolg. Zu gravitätisch und anspruchsvoll scheint er dort aufgetreten zu sein. Aber seine persönlichen Verbindungen führten ihn in politische Kreise, die seiner Mission entgegenkommen mußten, die Prinzipien der Wissenschaftslehre im staatlichen Felde anzuwenden. Dort hatte er Gelegenheit, seine Ideen über die vordringlichsten Maßnahmen zu präzisieren, die dem politisch und moralisch darniederliegenden Preußen wieder

---

28 Schelling war sich dann 1806 nicht zu schade, dies als Indiz für eine eigene Priorität in dieser Sache zu werten.

29 Diesen Gedanken verdanke ich Marco Ivaldo, der ihn in Bologna vorgetragen hat.

emporhelfen sollten. Die ein Jahr später in den *Reden an die deutsche Nation* deutlich formulierten Pläne zu einer auf Pestalozzi gestützten allgemeinen Erziehung des ganzen deutschen Volks haben hier ihre Grundlage, wie das in Königsberg verfaßte „Zweite Gespräch" über *Patriotismus, und sein Gegentheil* zeigt.[30]

Über Dänemark nach Berlin zurückgekehrt hielt Fichte seine *Reden*, die ihm in einem 50–60 Jahre später einsetzenden Mißbrauch den Ruf einbringen sollten, den deutschen Nationalismus begründet zu haben. Dieser Mißbrauch dauert bis heute an. Fichte spricht dort aber nicht von einem Vorrang der Deutschen, sondern von einer besonderen Aufgabe und Verpflichtung.[31] Schon gar nicht hat er seine kosmopolitische Haltung aufgegeben; im Patriotismus-Dialog[32] ist deutlich ausgeführt, wie beide Haltungen miteinander vereinbar sind. Alle, die Fichtes *Reden* zur Unterstützung für deutsche Expansion und Herrschaftswahn mißbraucht haben und heute noch mißinterpretierend mißbrauchen, vergessen, in welch defensiver Situation und Absicht Fichte damals ans Rednerpult getreten ist.

13 Rektorat

Nach einer lebensbedrohenden Erkrankung begann für Fichte die letzte Phase seiner Lehrtätigkeit. Im zweiten Jahr der Berliner Universität wird er 1811 zum Rektor gewählt; erst im 3. Wahlgang. Die Zahl seiner Freunde unter den Kollegen hielt sich in Grenzen. Die Skeptiker sollten recht behalten. Schon in der Antrittsrede kündigte sich ein strenges Regiment an, was die Disziplin betraf. Fichte erneuerte seinen Jenaer Kampf gegen studentisches Renommistentum. Deshalb hat er auch keineswegs so positiv an der Begründung der Burschenschaften teilgenommen, wie dies vielfach behauptet wird.[33] Mit seinem Sinn für Recht und Gerechtigkeit eckte er bei der überwiegenden Mehrheit der

---

30 Daß Königsberg später ein Zentrum pestalozzisch geprägter Erziehungsmaßnahmen wurde, kann man durchaus auch auf das Konto von Fichtes Aktivitäten schreiben.

31 »Wir müssen [...] uns Charakter anschaffen; denn Charakter haben und deutsch sein, ist ohne Zweifel gleichbedeutend.« (GA I/10, 254–255).

32 »Und so wird denn jedweder Kosmopolit ganz nothwendig, vermittelst seiner Beschränkung durch die Nation, Patriot; und jeder, der in seiner Nation der kräftigste und regsamste Patriot ist, ist eben darum der regsamste Weltbürger, indem der lezte Zwek aller Nationalbildung doch immer der ist, daß diese Bildung sich verbreite über das Geschlecht.« (GA II/9, 400).

33 Vgl. sein Gutachten zu dem vorgelegten Plan Friedrich Ludwig Jahns und Friedrich Friesens. GA II/12, 401ff.

Professoren an. Der Fall, der den Streit auf die Spitze trieb und Fichtes freiwilligen Rücktritt vom Rektorat zur Folge hatte, als Fichte gegen die ungerechte Verurteilung eines insultierten jüdischen Studenten vorging, halte ich für exemplarisch. Ebenso Fichtes abschließende Stellungnahme an die Regierung: es käme nicht auf „die Ehre und das Ansehen dieses oder jenes" Professors an, sondern darauf, „daß das Recht herrsche".[34]

14 Späte Lehre, theoretisch und politisch

Nach der Demission wirkt Fichte an der Universität nur noch als philosophischer Lehrer.[35] An herausragenden Werken sind die Vorlesungen über Transzendentale Logik 1812 und Wissenschaftslehren 1811 und 1812 zu nennen. In den ersten bietet Fichte unter der Tarnkappe einer Vorbereitungsvorlesung eine höchst detaillierte und anspruchsvolle Analyse der höheren Erkenntnislehre. Als Charakteristikum der späten Wissenschaftslehre-Vorlesungen kann im Vergleich zu früheren Darstellungen nach R. Lauth der Versuch gelten, in der Letztbegründung von immer höher anzusetzenden Synthesen auszugehen.

Das letzte Lebensjahr war durch die Freiheitskriege (manchmal mit anderer Tendenz Befreiungskriege genannt) der Wissenschaft nicht günstig. Fichte wollte erneut auf die Entwicklung in Deutschland, ja in Europa, einwirken; er plante im Frühjahr 1813 eine Schrift, die die Öffentlichkeit darauf aufmerksam machen sollte, daß ein Krieg für die alten Dynastien unvernünftig und unsittlich sein würde. Er änderte seinen Lehrplan und sprach über die politischen und geistig-moralischen Probleme, die sich nach der endgültigen Besiegung Napoleons, des Feindes der Freiheit und Verräters an den ursprünglichen Prinzipien der Französischen Revolution, er geben würden. Posthum wurden diese Überlegungen in der *Staatslehre* veröffentlicht. Die hinter den

---

34   Das Zitat im Zusammenhang: » Das höchste und entscheidendste Motiv, auf welches die Majorität sich stüzt, ist die Bemerkung, daß durch die Faßung eines Beschlusses, der gegen ihre sattsam verlautete Wünsche liefe, das Ansehen des Senats gar sehr leiden würde. [...] Es würde ohne Zweifel für die Ehre und das Ansehen des [Senats] sehr nachtheilig seyn, wenn es schiene, daß er ganz ohne Grund, und auf die tollsten Hirngespinste hin, eine solche Bewegung veranlaßt hätte. Ich enthalte mich jedoch der weitern Ausführung dieses Gedankens; indem ich glaube, daß hier die nächste Rüksicht gar nicht sey die Ehre und das Ansehen dieses oder jenes, sondern vielmehr dies, daß das Recht herrsche, und daß, wenn nur dieses durchgesezt würde, jeder sich eben darein ergeben müße, was daraus für sein persönliches Ansehen erfolgen könne. « (GA III/7, 281).
35   14. Februar 1812 an das Departement (GA III/7, 227).

abgeleiteten Anwendungen unverändert wirksamen Leitprinzipien haben den Philosophen immer stärker zu erneuter Klärung DES Problems getrieben, das mindestens seit 1802 zur Lösung anstand: das des erscheinenden Absoluten und der Sicherscheinung. Die der Forschung seit ein paar Jahren vollständig zur Verfügung stehenden Diarien geben davon Zeugnis. Bis in die zum Tod führenden Fieberträume hinein beschäftigte ihn die Reflexion um die Bildlehre, die Letztbegründung alles Wissens und damit auch des Handelns.[36]

---

36   » In seiner letzten Krankheit rief er, von Fieberhitze erregt, öfters mit Eifer aus: ‚Gebt mir ein Bild!' Die Wärterin wußte das nichts anders als im gemeinen Sinn zu deuten, und sagte den Angehörigen: ‚Der Herr Professor wollen ein Bild haben; aber ich weiß nicht, was für eines?' « überliefert von K.A. Varnhagen von Ense (FG 5, 70).

Printed in the United States
By Bookmasters